Jesus in Nümbrecht

Band I-V

Jesus:
„Vater, mache sie eins,
damit die Welt erkennt,
dass du den Sohn gesandt hast."
Johannes 17,21

„Gehet hin in alle Welt und predigt das Evangelium der ganzen Schöpfung! …
Diese Zeichen aber werden die, welche glauben begleiten: In meinem Namen
werden sie Dämonen austreiben, mit neuen Zungen reden, … ;
Kranken werden sie die Hände auflegen, und sie werden sich wohl befinden …
und der Herr bekräftigte das Wort durch die begleitenden Zeichen."
Markus 16, 17-20

Herausgeber
2024 © Kay Faßbender

Eine Bitte:
Die Ausssagen dieser Ausarbeitung sind oft nicht christlicher „Main-Stream".
Sollte der Leser Aussagen finden, die nicht mit der Bibel übereinstimmen und nicht vom
Heiligen Geist inspiriert sind, dann bitte einen Hinweis zur Korrektur an
Kay.Fassbender@t-online.de mailen (oder mobil unter WhatsApp 0175-58 60 962).
Es geht bei diesen Ausführungen nicht um die Meinung des Autors – auch nicht um die
Meinung des Lesers. Es geht darum herauszufinden, wie Gott die Dinge sieht.
Es geht um die Realität. Es geht um Wahrheit.

www.Jüngerschaft.net
www.Jesus-in-Nümbrecht.de

Spendenkonto für das Jesus-Haus in Nümbrecht:
Gemeinnütziger
„Förderverein Gottes Reich in Oberberg e.V."
Sparkasse Gummersbach
IBAN DE40 3845 0000 1000 4222 44

Verlag: BoD · Books on Demand GmbH, In de Tarpen 42, 22848 Norderstedt, bod@bod.de

Druck: Libri Plureos GmbH, Friedensallee 273, 22763 Hamburg

ISBN: 978-3-7693-1689-6

Inhaltsverzeichnis

Band 1   Jesus in Nümbrecht – Geschichte, Gegenwart und Zukunft

Vorwort

Seit über 1000 Jahren wirkt Gott in Nümbrecht.

Die Schloss-Kirche war die ersten 500 Jahre katholisch – bis 1517 n.Chr., jetzt ist sie seit ca. 500 Jahren evangelisch. Die Frage nach Gott hat also in Nümbrecht eine lange Tradition. Wo ist Gott heute zu finden? Wo ist heute das Königreich Gottes in Nümbrecht erlebbar?

Die Bibel beschreibt dieses Königreich: Jesus ist der König. Sein Königreich besteht aus allen Nachfolgern Jesu. Heute gibt es Nachfolger Jesu in 11 Kirchen und Gemeinden in Nümbrecht. Dort, wo Jesus im Mittelpunkt steht, ist in manchen Bereichen ein spannender Prozess der Wiederentdeckung der Gemeinsamkeiten zu beobachten. Jesus sagte, dass Er seine Gemeinde bauen wird (in Matthäus 16,18) – das gilt auch für Nümbrecht.

Eine wichtige Voraussetzung für den Bau seiner Gemeinde steht in Epheser 4, 1-4. In diesen Versen es um die Einheit der Christen: „So ermahne ich euch nun, …, dass ihr … eifrig bemüht seid, die Einheit des Geistes zu bewahren durch das Band des Friedens: **Ein Leib** und ein Geist, wie ihr auch berufen seid zu einer Hoffnung eurer Berufung; **ein Herr**, ein Glaube, eine Taufe; ein Gott und Vater aller, … ."

Es um die Einheit der Christen. Und es geht um die Gemeinsamkeiten – trotz zahlreicher unterschiedlicher Erkenntnisse.

Daher werden hier diese Fragen untersuchen:
Welche Informationen über „Gemeinde" stehen im Neuen Testament?

Wie hatte Gott „Gemeinde" ursprünglich geplant?
Gibt es Merkmale der Gemeinde in der Bibel, die für ein gesundes Wachstum unbedingt vorhanden sein müssen?
Wird in der Bibel ein Muster der Gemeinde (eine Art „Masterplan") beschrieben? Wenn ja, an welchen Stellen?

Jesus sehnt sich nach Einheit in der Gemeinde:
In Johannes 17,20+21 betet er zu seinem Vater: „Aber nicht für diese allein bitte ich, sondern auch für die, welche durch ihr Wort an mich glauben, damit sie alle eins seien, wie du, Vater, in mir und ich in dir, dass auch sie in uns eins seien, damit die Welt glaube, dass du mich gesandt hast."

Gottes Reich in Nümbrecht hat also eine lange Geschichte. Neben vielen guten Entwicklungen gab es über die Jahrhunderte leider auch mache Spaltungen. Beide Aspekte haben bis heute Auswirkungen auf die geistliche Atmosphäre in Nümbrecht.

Jesus wünscht sich Einheit unter den Christen in Nümbrecht.
Es geht nicht um eine strukturelle Verschmelzung von Kirchen.

Es geht darum, dass die Nachfolger Jesu am Ort erkennen, dass sie zusammengehören – einen Leib bilden.

Ziel dieser Ausarbeitung ist, anhand der Bibel aufzuzeigen, wie Gott „Gemeinde" ursprünglich geplant hatte – und was wir heute von diesem ursprünglichen Masterplan praktisch umsetzen können.

Matthäus 16,18: „Und ich sage dir auch: Du bist Petrus, und auf diesen Felsen *will ich meine Gemeinde bauen*, und die Pforten des Totenreiches sollen sie nicht überwältigen."

1

Offenbarung 19,7-9: „Lasst uns fröhlich sein und jubeln und ihm die Ehre geben! Denn *die Hochzeit des Lammes ist gekommen, und seine Frau hat sich bereit gemacht.* Und es wurde ihr gegeben, sich in feine Leinwand zu kleiden, rein und glänzend; denn die feine Leinwand ist die Gerechtigkeit der Heiligen. Und er sprach zu mir: Schreibe: Glückselig sind die, welche zum Hochzeitsmahl des Lammes berufen sind! Und er sprach zu mir: Dies sind die wahrhaftigen Worte Gottes!"

Teil 1
Zur geistlichen Chronik von Nümbrecht

Was passierte in Nümbrechts Vergangenheit?

Um die derzeitige geistliche Situation in Nümbrecht richtig einschätzen zu können und um daraus für die Zukunft zu lernen, ist es wichtig zu wissen, was in den letzten Jahrhunderten in Nümbrecht passierte.

Welche Ungerechtigkeiten, welches Blutvergießen und welche andere Schuld der Vergangenheit gab es hier?

Eine der zentralen geistlichen Frage ist:
Welche noch nicht vergebene Schuld der Vergangenheit hat Auswirkung auf die heutige geistliche Situation in Nümbrecht?

Denn: Schuld wird nicht dadurch gesühnt, dass viele Jahre vergehen (sondern nur durch Bekennen und Vergeben).

Geschichtliche Hintergründe

Homburg bedeutet „Hohe Burg".
Nümbrecht, früher auch u.a. Nömmert, Nuenbret, Nuinbrecht bedeutet:
„Nüm" zu althochdeutsch niuwi; mittelhochdeutsch niuwe heißt „Neu", „brecht" oder Bracht ist ein durch Markierungen abgestecktes Geländestück, z.B. zum Zwecke der Rodung.

Erbaut auf einem karolingischen Gräberfeld, wie zahlreiche Funde bei Ausgrabungen beweisen, z.B. Scherben aus dem 8. Jahrhundert und Baumsärge.

Die heutige Gemeinde Nümbrecht existiert erst seit dem 11. Juni 1969. Vorher war es eine Bürgermeisterei, gegründet 1808 in der Franzosenzeit des napoleonischen Großherzogtums Berg (1806-1813). Davor war das heutige Nümbrecht Teil des Zwergenstaates der Fürsten von Sayn-zu Wittgenstein-Berleburg (eine 500 Jahre dauernde Herrschaft, die von Schloss Homburg und Nümbrecht ausging (1276-1806).

Auch im 17. Jahrhundert bestimmte die politische Obrigkeit die Konfession und den Glauben der Bevölkerung. Von ihr wurden Kirchenordnungen erlassen. Wer sich dieser Kirchenordnung nicht unterwarf, musste mit Bestrafung rechnen. So wurden im Jahr 1611 eine nicht unbeträchtliche Zahl von Homburger Christen, die die Glaubenstaufe praktizierten („Täufern"), per Edikt der Obrigkeit des Landes verwiesen.
Das war pure Christenverfolgung – mitten im Oberbergischen.
(Quelle: „Christliches Leben im Homburger Land", Klaus Goebel (Hrsg.), Seite 38)

Unrecht: Die 400 Jahre alte Ritterburg „Schloss Homburg" wurde durch das Haus „Sayn-Wittgenstein-Berleburg" in großartiger Bauweise aufgebaut und die damit zusammenhängenden Kosten der sehr verarmten Bauern-Bevölkerung zum großen Teil auferlegt. Die Frondienste, die Naturalabgaben (z.B. wurde Bauholz bei den Bauern beschlagnahmt) und später auch die Geldabgaben stiegen zu unerhörten Lasten an.

70 Jahre lang (1650-1720) wurde die homburgische Bevölkerung mit dem Schlossbau völlig überfordert. Diese Not führte zu Verzweiflungstaten unter der Bevölkerung.
Es kam zu allgemeinen Bauernaufständen (1699-1701) gegen die Herrschaft und deren Beamte. Die Aufstände der Bauern führten zum Tod dreier Männer.

Schuldenwirtschaft:
Grund dafür war die unangemessene Verschuldung wegen des Schlossbaus (aus Stolz, Geltungsdrang, Machtstreben?)

Die Herrschenden hatten ihre Verantwortung hinsichtlich des Gemeinwohls nicht wahrgenommen.

Eine hohe Verschuldung zieht sich durch die Jahrhunderte.

Auch gegen Ende der Landesherrschaft Homburg waren Nümbrecht und Marienberghausen hoch verschuldet (1806). In den folgenden Jahren (bis etwa 1845/46) waren die Haushalte durch hohe Zins- und Tilgungszahlungen belastet. Die Gemeinde konnte deshalb ihren Aufgaben (z.B. Wegebau) nicht nachkommen.

Interessant ist, dass auch heute noch Nümbrecht zu den höchst verschuldeten Gemeinden gehört.

Die Herren Homburg (Ludwig der Ältere und Sebastian II. zu Sayn) haben die Reformation im Homburger Land durch eine lutherische Kirchenordnung vom Jahr 1563 eingeführt. Die vorher katholische Bevölkerung tat sich mit den Veränderungen sehr schwer. Aber der Regent bestimmte in seinem Land das Religionsbekenntnis seiner Untertanen. Der erste reformatorische Pastor in Nümbrecht wurde von bergisch-windeckischer Seite auch körperlich angegriffen und gefangen gesetzt (am 9.9.1576).

Außer der allgemeinen Kirchenordnung wird für die Kirchenverwaltung angeordnet, dass ein Ältestenrat mit 7 Ältesten zur Unterstützung des Pfarrers eingesetzt wird. Dieser Ältestenrat hatte in machen Kirchen- und Verwaltungsangelegenheiten ein gewichtiges Wort mitzureden, besonders bei der Schul- und Armenverwaltung.

Unrecht: Ausnutzung des Berufsmonopols durch Dr. med. Ebisch. Durch herrschaftliche Anordnung wurde die Bevölkerung unter Androhung härtester Strafen angewiesen, nur diesen einen Arzt in Krankheitsfällen zur Behandlung aufzusuchen. Die verlangten höheren Arztgebühren flossen zum großen Teil in die gräfliche Kasse.

1789: Angriff der französischen Revolutionsarmee. Christian Heinrich legte die finanziellen Lasten (Schulden) der verarmten Bevölkerung auf (29.000 franz. Francs).

1795 und 1796 überfielen französische Truppen das Homburger Land und versetzten die leidgeprüften Menschen mit Raub, Diebstahl und Misshandlungen in Angst und Schrecken.

Am 1.4.1806 besetzten die Franzosen das Schloss. Franzosenherrschaft von 1806-1813.

Blutschuld: In dem Buch „Chronik von Nümbrecht" wird von „vier mörderisch Erschossenen" berichtet: 1704 ließen die Herrscher Homburgs vier Leute erschießen, obwohl das Gerichtsverfahren noch nicht abgeschlossen war.

Hexenverfolgung während des 30jährigen Krieges war in Nümbrecht stark ausgeprägt. Es gab erpresste Geständnisse und Folterungen. Am 16.9.1631 wurden in Nümbrecht sechs Frauen wegen angeblicher Hexerei enthauptet.

Folter und erpresste Geständnisse waren Teil des Geschehens.
Unter der Rubrik „Sehenswürdigkeiten" liest man auf der aktuellen Homepage der Gemeinde Nümbrecht (www.nuembrecht.net):
Hexenweiher - Schwarzer Weiher

Zwei Teiche (Weiher) unterhalb des Dörfchens "Spreitgen" tragen den Namen "Hexenweiher". Ob im Mittelalter noch sogenannte Hexenproben durchgeführt wurden, ist historisch nicht belegt.

Hexenproben bedeutet: Die Frauen wurden - an Händen und Füßen gefesselt - in den Teich geworfen. Gingen sie unter, galten sie als unschuldig. Meist hieß es jedoch: "Sie sind artig geschwommen." Dann war ihr Schicksal besiegelt.

4

Auf Schloß Homburg haben Hexenprozesse stattgefunden. So wurden am 14. September 1631 sechs Frauen aus dem Oberkirchspiel aufgrund einer solchen Anklage hingerichtet. Sie wurden zur Schärfe des Schwertes begnadigt, da sie "freiwillig" und noch über die Anklage hinaus "gestanden" hatten.

Zurzeit Herrmann Thümmels kam es zur **1. Nümbrechter Erweckung** (1848 / 1850). Unterstützt wurde die Erweckung von Diasporabrüdern der Herrnhuter Brüdergemeine.

1877/78 gab es eine **2. Erweckungsbewegung** in Nümbrecht und Waldbröl – vorbereitet von Jakob Engels.
Der entscheidende Funke kam aus Wuppertal durch homburgische Maurer und Arbeiter, die dort ihr Geld verdienten und Kontakte mit der Wuppertaler Erweckung hatten.
1887 wurde der erste CVJM in Harscheid gegründet, der schon bald 108 Mitglieder hatte.

Die **3. Erweckungsbewegung** fand in den Jahren 1905/1906 ihren Höhepunkt.
In 11 Gemeinden des Oberbergischen zeigte sich dieser Aufbruch. Zur Zeit der Nümbrechter Pfarrer Friedrich Mockert und Johannes Conrad bekannten Hunderte ihre Übergabe an Jesus Christus.

Die Anzahl der sonntäglichen Kirchenbesucher stieg während des Predigtamtes von Pfarrer Engels auf 1500-2000, die die Kirche kaum fassen konnte.

1936: 1. Schändung des jüdischen Friedhofs in Nümbrechts. 2. Schändung in der Progromnacht vom 9. auf den 10. November 1938.

Bei den Reichstagswahlen am 30.Mai 1928 erreichte die NSDAP im Reich 2,6% (in Nümbrecht 11%), bei den Wahlen am 14.9.1930 im Reich 18,3% (in Nümbrecht 63%), am 31.7.1932 37,4% (in Nümbrecht 78%), am 6.11.1932 33,4% (in Nümbrecht 79%).

Bei der Kommunalwahl am 17.11.1929 zieht die NSDAP mit 44,3% als stärkste Fraktion in den Nümbrechter Rat ein.

Auf Initiative der NSDAP-Gruppe Nümbrecht wird das Ehrenmal entworfen, gebaut und eingeweiht. Mit den „Spenden der gesamten arischen Bevölkerung" wurde das Nümbrechter Ehrenmal 1937 errichtet.

Den Juden wurde auch in Nümbrecht Jahrhunderte lang verboten andere Gewerbe als Kleinhandel (Trödel) und Finanzgeschäfte auszuüben.

In der Reichskristallnacht im November 1938 haben die Nümbrechter Juden hart gelitten. Kaum eine Fensterscheibe blieb heil, ihr Grundvermögen wurde enteignet und die drei noch verbleibenden Familien mussten in armseligen Hütten hausen, bevor sie deportiert wurden. „Eine Hundehütte ist für euch zu schade" hatte der Nümbrechter Bürgermeister Ende April 1941 zu dem Juden Julius Baer gesagt.
Vernehmungsprotokolle belegen, dass Nümbrechter Bürger sich aktiv und persönlich am Terror gegen jüdische Bürger beteiligten.

Ende 1944 gibt es ein Zwangsarbeiterlager in Grötzenberg und Kriegsgefangenenlager in Harscheid (im Sängerheim) und Marienberghausen.

Robert Ley, geboren in Nümbrecht-Niederbreidenbach und einer der Hauptkriegsverbrecher, war zeitweise Nümbrechter Ehrenbürger. Er erhängte sich im Vorfeld der Nürnberger Prozesse in seiner Zelle.

Am 10.4.1945 wird Nümbrecht von den Amerikanern erobert, danach belgische Besatzung bis 1948/49. Dann Teil der britischen Zone.

Die beiden Nümbrechter Pfarrer Johannes Conrad und Hans Nieden schätzen die aufkommende Gefahr des Nationalsozialismus völlig falsch ein. Sie schlossen sich nicht der „Bekennenden Kirche" im hiesigen Kirchenkreis an. Pastor Conrad entschuldigte sich später nachdrücklich für diese Fehleinschätzung.

Was ist zu tun?

▶ Gott fragen, ob es Schuld in der Vergangenheit gibt, die noch nicht bereinigt sind.

▶ Nachlesen, forschen, sich informieren – und den Heiligen Geist bitten, dass er einen dabei leitet.

▶ Wenn Dinge deutlich werden: Gott die Schuld bekennen, Gott um Vergebung bitten, Buße tun.

(Zum stellvertretenden Bekennen in der Bibel: 2.Mose 32,32; 3.Mose 26,40; Daniel 9,3-8; Esra 9,7; Nehemia 9,1+2; Psalm 106,23)

Der Nümbrechter Pastor i.R. Hans Henrici stellt in seinem Blog Nümbrechter Persönlichkeiten vor, die in der Vergangenheit maßgeblichen Einfluss auf die geistliche Entwicklung hatten - a.u. Wilhelm Seinsche, Jakob Gerhard Engels, Johannes Conrad, Friedrich Mockert, Christian Ley, Ernst Herrmann Thümmel, Johannes Bonekämper (siehe: http://nuembrechter-kirchengeschichte.over-blog.de/).

Geschichtliches gibt es auch auf der Homepage der Ev. Kirche Nümbrecht (www.ev-kirche-nuembrecht.de).

Auch aus geistlicher Sicht erwähnenswert:

▶ Auf dem jährlich stattfindenden Mittelalterlichen Markt auf Schloss Homburg bietet eine Handleserin gegen Bares ihre Dienste an.
Außerdem werden Halsketten-Anhänger mit okkulten Symbolen verkauft.

▶ Hetzparolen an Kirchenwand geschmiert
In der Nacht zum 21.4.2008 schmierten Unbekannte 13 Schriftzüge an die Mauer der Ev. Kirche in Winterborn und an das nebenstehende CVJM-Haus. U.a. war zu lesen: „Odin statt Jesus", „Wer hat die Hexenverbrennung von deutschen Frauen zu verantworten?" und „Wir wollen euren Judengott nicht".

Quellen / Literatur:

• Schild H., *Chronik der Gemeinde Nümbrecht*, Herausgeber und Verlag: Gemeinde Nümbrecht, 1977.

• Voglmayr, Anne, *Mein Name ist Mega Herz* – Erinnerungen an die jüdische Gemeinde Nümbrecht, Martina Galunder-Verlag, Nümbrecht-Elsenroth, ISBN 3-931251.

• Klaus Goebel (Hrg.), *Christliches Leben im Homburger Land,* Martina-Galunder-Verlag, Nümbrecht-Elsenroth.

• Arno Pagel, *Jakob Gerhard Engels – Ein gesegneter Pfarrer in Nümbrecht.*

• Ev. Kirchengemeinde Nümbrecht, *Spurensuche – Berichte, Aufsätze und Vorträge zum 100. Todesjahr von Pfarrer Jacob Gerhard Engels.*

• Landratsamt des Oberbergischen Kreises (Hrsg.), *Zwangsarbeit in Oberberg,* 2002, ISBN 3-00-010299-X.

▪ Hans Henrici, *Nümbrechter Christuszeugen*, Lebensbilder aus der Geschichte der Evangelischen Kirchengemeinde, 2024, zu beziehen über das Kirchenamt.

▪ Hans Joachim Söhn, *Dies und das aus der Homburger Kirchengeschichte*, ISBN 978-3-941276-10-9.

Heutige Kirchen, Gemeinden und Gruppierungen des Königreich Gottes in Nümbrecht

Laut Bibel gehören zum Königreich Jesu in Nümbrecht alle Nachfolger Jesu (Johannes 3,3).

Grundlegend charakteristisch für sie ist: Der Glaube an den einen Gott Abrahams, Isaaks und Jakobs (den Gott der Bibel), seinen Sohn Jesus Christus, den Heiligen Geist, praktizierte Umkehr (Buße) und die Taufe.

Neben vielen zentralen Übereinstimmungen (wie sie u.a. im Glaubensbekenntnis der Deutschen Evangelischen Allianz zum Ausdruck kommen - siehe www.ead.de) – besteht eine große Vielfalt bei weniger wichtigen Themen.

Letztlich weiß nur Gott, wer tatsächlich zum Reich Gottes dazugehört. Dennoch hat der einzelne Gläubige darüber durchaus Gewissheit – denn: „Gottes Geist gibt unserem Geist Zeugnis, dass wir Gottes Kinder sind" (Römer 8,16).

Dramatisch sind die biblischen Aussagen über diejenigen, die nicht Teil von Gottes Reich sind: Sie werden die Ewigkeit nicht in der liebevollen Gemeinschaft mit Gott verbringen – sondern in der Gottesferne (Hölle). Daher geht es hier um ein sehr ernstes Thema mit weitreichenden Folgen.

Wie viel Prozent der Gesamtbevölkerung Nümbrechts zurzeit dem Reich Gottes angehören, kann kein Mensch genau sagen. Nimmt man die Anzahl der Gottesdienstteilnehmer zur Orientierung – bewegt man sich bei einer Bevölkerung von ca. 19.500 im einstelligen Prozentbereich.

Im Umkehrschluss heißt das, dass über 90 % der Nümbrechter keinen engen Gemeindebezug haben. Viele glauben an Gott – haben aber Schwierigkeiten mit den Institutionen.

Gut ist, dass in Nümbrecht seit Jahren viel gebetet wird:
In Gemeindeveranstaltungen, hin und her in den Häusern, in Hauskreisen und vor allem im persönlichen Gespräch mit Gott.

Es gab z.B. u.a. auch 40 einzelne Gebets- und Fastentage und 40 Gebets-Ortskern-Umrundungen.
Beter hatten dabei den Eindruck, dass es u.a. diese geistlichen Hindernisse für ein gesundes Wachstum von Gottes Reich in Nümbrecht gibt:

Religiöser Stolz, ungeklärte Beziehungen, eine teilweise zurückhaltende Haltung gegenüber dem Wirken des Heiligen Geistes und Angst vor Kontrollverlust.

Die aktuelle Nümbrechter Struktur

Die gegenwärtige Struktur des Reiches Gottes besteht aus 11 Kirchen und Gemeinden, Hauskreisen und Bibelstunden, Hausgemeinden und u.a. aus den Mitwirkenden in bestimmten Diensten/Einrichtungen (wie die des Jugend-Cafés „Alte Schmiede").

16 Gottesdienste werden regelmäßig in Nümbrecht angeboten.
Manche Nümbrechter Christen fühlen sich einer Gemeinde außerhalb Nümbrechts zugehörig – andere Nachfolger Jesu sind keine Mitglieder irgendeiner Kirchengemeinde.

In Nümbrecht allein gibt es diese Kirchen bzw. freie Gemeinden:
► Die katholische Heilig-Geist-Kirche in Nümbrecht. Sie ist eine Filialkirche der Diasporagemeinde St. Michael in Waldbröl (www.st-michael-waldbroel.de).

► Die Katholische Kirche Marienberghausen.

► Die Evangelische Kirche Marienberghausen (www.kirchengemeinde-marienberghausen.de).

► Die Evangelische Kirche Nümbrecht: Mit Gottesdiensten in Winterborn, Bierenbachtal, Berkenroth, Harscheid (www.ev-kirche-nuembrecht.de).

► Freikirchliche Gemeinde der Sieben-Tags-Adventisten Lindscheid (https://nrw.adventisten.de/kirche-vor-ort/adventgemeinde/lo/nuembrecht/gottesdienst/).

► Freie evangelische Gemeinschaft Grötzenberg.

► Christliche Gemeinde Hammermühle (www.cgh.de).

► Christliche Versammlung, Alte Ziegelei 6, Elsenroth.

► Mennoniten-Brüder-Gemeinde Bierenbachtal –Bethaus- (www.mbg-nuembrecht.de).

► Brüdergemeinde, Elsenrother-Str. 15a, Elsenroth.

► Freie Christliche Gemeinde Nümbrecht-Harscheid, Im Oberhof 1, (www.fcg-harscheid.de).

Außerdem besuchen Nümbrechter
► die Wiehler Gemeinde „Christus für Alle" (www.cfa.de).

► das Christus Forum Wiehl (www.christusforum-wiehl.de).

► Russlanddeutsche Nümbrechter Christen besuchen z.T. die Brüdergemeinden in Waldbröl und Wiehl.

► die Kirche für Oberberg mit 8 Lokalgemeinden (www.kirchefueroberberg.de).

► und die Zion-Gemeinde Brüchermühle/Waldbröl.

Zur Gemeinde Jesu (dem Leib Jesu) in Nümbrecht gehören u.a. auch die Nachfolger Jesu aus diesen Gruppierungen:
► CVJM-Nümbrecht (www.cvjm-nuembrecht.de)

► Alte Schmiede (alteschmiede.cvjm-nuembrecht.de)

► Diakonie Nümbrecht (diakonie-nuembrecht.de/)

► Das Blaue Kreuz Nümbrecht (www.blaues-kreuz.de/de/rheinland/nuembrecht/begegnungsgruppe-nuembrecht-mitte/)

► Christliche Buchhandlung (www.aufatmen-buch.de)

► Arche Noah, christlicher Kindergarten (www.familienzentrum-arche.de)

► Der Förderverein Gottes Reich in Oberberg e.V.

Impuls 1: Ein Jesus-Haus in Nümbrecht

Was wäre, wenn die Nachfolger Jesu ein gemeinsames „Jesus-Haus" in Nümbrecht ins Leben rufen?

In so einem gemeinsamen „Haus der Christen" kann die Gemeinde Jesu in Nümbrecht sichtbar werden. Hier kann man Gott finden, Gemeinschaft erleben und persönlich weiterkommen.

Diese 5 Aspekte kann ein J-E-S-U-S-Haus haben:
J „Jesus first": Es geht um Ihn, um seine Anbetung, um Lobpreis, um intensive Fürbitte für die regionale und nationale Nöte. Das Jesus-Haus ist ein „Leuchtturm" in Nümbrecht. Das Jesus-Haus ist ein Ort der Wiederherstellung in Nümbrecht.

E „Einheit leben": Die Christen erkennen, dass sie zusammengehören. Das hat Auswirkungen auf die Strahlkraft der Christen in den Ort hinein (Joh. 17,21!).

S „Sendung": Das Jesus-Haus ist wie ein aufgerichtetes Panier, ein sichtbares Zeichen von Gottes Reich in Nümbrecht. Hier bekommen Interessierte wichtige Informationen, gute Lehre. Nümbrechter hören das Evangelium. Jesus soll bekanntwerden. Vom Jesus-Haus gehen lebenswichtige Impulse in den Ort.

U „Unterweisung": Im Jesus-Haus gibt es Seminare, Schulungen, Veranstaltungen. Alles mit dem Ziel, die Christen in der Stadt zu reifen Nachfolgern Jesu zu machen, die motiviert sind, auch andere auf Jesus hinzuweisen.

S „Soziale Dienste": Das Jesus-Haus ist eine Anlaufstelle bei Nöten. Es ist eine Begegnungsplattform, bei der Menschen praktische Hilfe bekommen. Warum? Weil Gott die Menschen in Nümbrecht liebt und möchte, dass ihnen geholfen wird.

Einheit scheint die effektivste Form der Evangelisation zu sein: „ … auf dass sie alle eins seien, gleichwie du, Vater, in mir und ich in dir; auf dass auch sie in uns eins seien, <u>damit die Welt glaube, dass du mich gesandt hast</u>. Und ich habe die Herrlichkeit, die du mir gegeben hast, ihnen gegeben, auf dass sie eins seien, gleichwie wir eins sind, ich in ihnen und du in mir, damit sie zu vollendeter Einheit gelangen, und <u>damit die Welt erkenne, dass du mich gesandt hast und sie liebst</u>, gleichwie du mich liebst." (Johannes 17,21-23).

Die Einheit unter Christen wird dann möglich, wenn sie sich in der Mitte treffen - direkt bei Jesus, am Kreuz.
Denn, wenn Jesus im Zentrum steht, wenn er erhöht wird, werden Nachfolger Jesu die Gemeinsamkeiten erkennen.
Eine herzliche Verbundenheit ist dann die natürliche Folge.

Impuls 2: Ein Jesus-Tag pro Jahr in Nümbrecht

Der Jesus-Tag kann ein weiteres Projekt für die Einheit der Christen in Nümbrecht sein.

Ziele des Jesus-Tags:

- Jesus verherrlichen.

- Jesus bekannt machen.

- Christen zusammenbringen (Einheit leben).

Merkmale:

- Evangelische, katholische und freikirchliche Christen feiern Jesus gemeinsam.

- Viele Kirchen, Gemeinden und Gruppierungen beteiligen sich.

- Sichtbarmachung des Leibes Jesu im Ort.

- Gemeinsam beten, danken, anbeten (kreativ gestaltet, Fürbitte, Versöhnung)

Ziel: „Die Heiligen sammeln (die Nachfolger Jesu)" – Es geht nicht darum, Kirchen zu fusionieren.

Es geht um die Nachfolger Jesu in den Gemeinden.

Mögliche themenorientierte Angebote (hier können sich die einzelnen Gemeinden einbringen):

- Staunen über Jesus

- Jesus rettet (Evangelistische Aktionen)

- Jesus hilft (praktisch und Gebet)

- Jesus heilt (Gebet anbieten, Lehreinheiten anbieten)

- Jesus versorgt (praktisch + Gebet)

- Jesus liebt Kinder (Play-Stage, …)

Werte für einen Jesus-Tag:

- Nachfolger Jesu aus verschiedenen Kirchen und Gemeinden treffen sich.

- Der Jesus-Tag wird von einem Team geleitet und verantwortet.

- Ziel ist nicht, eine weitere Gemeinde zu gründen.

- Gottes Wirken an den Menschen während des Jesus-Tags hat Priorität.

- Inhalt vor Programm (Flexibilität beim Veranstaltungsablauf).

- Das Wirken Gottes durch den Heiligen Geistes an diesem Tag wird ausdrücklich willkommen geheißen.
  (Gott möchte, dass allen geholfen wird und sie zur Erkenntnis der Wahrheit kommen.)

Teil 2
Das Königreich Gottes

Grundsätzliches zum Königreich Gottes
In Buch Daniel, Kapitel 2, haben wir einen wichtigen alttestamentlichen Hinweis auf das Reich Gottes:
Der babylonische König Nebukadnezar hatte einen Traum. Durch ihn zeigte ihm Gott, was zukünftig geschehen wird: Alle irdischen Weltreiche werden vergehen - das Reich Gottes wird sie zermalmen und immer mehr zunehmen.

Jesus Hauptthema in seinen Reden war das Reich Gottes. Selbst nach der Auferstehung sprach er noch 40 Tage lang über dieses Thema zu seinen Jüngern (Apostelgeschichte 1,3).

Die Wichtigkeit des Reiches Gottes kommt darin zum Ausdruck, dass Jesus es zum häufigsten Inhalt seiner Gleichnisse machte (in 10 verschiedenen Gleichnissen).

Die Strukturen des Königreichs:

► Jesus ist das Haupt der weltweiten Gemeinde und damit des Königreichs.

► Gott hat für die Gemeinde gesetzt: Apostel, Propheten, Hirten, Evangelisten, Lehrer (Epheser 4,11).

► Dazu kommen: Älteste, die die Verantwortung vor Ort tragen und Diakone, die die Ältesten in praktischen Dingen unterstützen.

Der Begriff „Reich Gottes" kommt 52mal im Neuen Testament vor. Der parallele Begriff „Himmelreich" 28mal.

Hier die selbsterklärenden Bibelstellen zu den Stichwörtern "Reich Gottes" und "Himmelreich":

Matthäus 4,23 Und Jesus durchzog ganz Galiläa, lehrte in ihren Synagogen und predigte das Evangelium von dem Reich und heilte alle Krankheiten und alle Gebrechen im Volk.

Matthäus 6,10 Dein Reich komme. Dein Wille geschehe wie im Himmel, also auch auf Erden.

Matthäus 6,31-33 Darum sollt ihr nicht sorgen und sagen: Was werden wir essen, oder was werden wir trinken, oder womit werden wir uns kleiden?

Denn nach allen diesen Dingen trachten die Heiden; aber euer himmlischer Vater weiß, dass ihr das alles bedürft.
Trachtet aber zuerst nach dem Reiche Gottes und nach seiner Gerechtigkeit, so wird euch solches alles hinzugelegt werden.

Matthäus 7,21 Nicht jeder, der zu mir sagt: «Herr, Herr», wird in das Himmelreich eingehen, sondern wer den Willen meines Vaters im Himmel tut.

Matthäus 10,7-8 Gehet aber hin, prediget und sprechet: Das Himmelreich ist nahe herbeigekommen!
Heilet Kranke, weckt Tote auf, reiniget Aussätzige, treibet Dämonen aus! Umsonst habt ihr es empfangen, umsonst gebet es!

Matthäus 13,44-46 Das Himmelreich ist gleich einem verborgenen Schatz im Acker, den ein Mensch fand und verbarg. Und vor Freude darüber geht er hin und verkauft alles, was er hat, und kauft jenen Acker.

Wiederum ist das Himmelreich gleich einem Kaufmann, der schöne Perlen suchte. Als er nun eine kostbare Perle fand, ging er hin und verkaufte alles, was er hatte, und kaufte sie.

Matthäus 19,14 Aber Jesus sprach zu ihnen: Lasset die Kindlein zu mir zu kommen und wehret ihnen nicht; denn solcher ist das Himmelreich!

Matthäus 19,16-26 Und siehe, einer trat herzu und fragte ihn: Guter Meister, was soll ich Gutes tun, um das ewige Leben zu erlangen? ... Da sprach Jesus zu seinen Jüngern: Wahrlich, ich sage euch, ein Reicher hat schwer in das Himmelreich einzugehen!

Matthäus 24,14 Und dieses Evangelium vom Reich wird in der ganzen Welt gepredigt werden, zum Zeugnis allen Völkern, und dann wird das Ende kommen.

Lukas 9,62 Jesus aber sprach zu ihm: Wer seine Hand an den Pflug legt und zurückblickt, ist nicht geschickt zum Reiche Gottes!

Lukas 17,20-21 Als er aber von den Pharisäern gefragt wurde, wann das Reich Gottes komme, antwortete er ihnen und sprach: Das Reich Gottes kommt nicht so, dass man es beobachten könnte. Man wird nicht sagen: Siehe hier! oder: Siehe dort ist es! Denn siehe, das Reich Gottes ist inwendig in euch.

Johannes 3,3 Jesus antwortete und sprach zu ihm: Wahrlich, wahrlich, ich sage dir, wenn jemand nicht von neuem geboren wird, so kann er das Reich Gottes nicht sehen!

Apostelgeschichte 1,3 ...welchen er sich auch nach seinem Leiden lebendig erzeigte, durch viele sichere Kennzeichen, indem er während vierzig Tagen ihnen erschien und über das Reich Gottes redete.

Apostelgeschichte 28,30-31 Paulus aber blieb zwei Jahre in einer eigenen Mietwohnung und nahm alle auf, die ihm zuliefen, predigte das Reich Gottes und lehrte von dem Herrn Jesus Christus mit aller Freimütigkeit und ungehindert.

Römer 14,17-19 Denn das Reich Gottes ist nicht Essen und Trinken, sondern Gerechtigkeit, Friede und Freude im heiligen Geist; wer darin Christus dient, der ist Gott wohlgefällig und auch von den Menschen gebilligt.
So lasst uns nun dem nachjagen, was zum Frieden und zur Erbauung untereinander dient.

1.Korinther 4,20 Denn das Reich Gottes besteht nicht in Worten, sondern in Kraft!

Galater 5,19-22 Offenbar sind aber die Werke des Fleisches, welche sind: Ehebruch, Unzucht, Unreinigkeit, Ausschweifung; Götzendienst, Zauberei, Feindschaft, Hader, Eifersucht, Zorn, Ehrgeiz, Zwietracht, Spaltungen, Neid, Mord; Trunkenheit, Gelage und dergleichen, wovon ich euch voraussage, wie ich schon zuvor gesagt habe, dass die, welche solches tun, das Reich Gottes nicht ererben werden.

Die Frucht des Geistes aber ist Liebe, Freude, Friede, Geduld, Freundlichkeit, Gütigkeit, Treue, Sanftmut, Enthaltsamkeit.

Kolosser 1,13 ...welcher uns errettet hat aus der Gewalt der Finsternis und versetzt in das Reich des Sohnes seiner Liebe, ...

Hebräer 12,28-29 Deshalb lasst uns, da wir ein unerschütterliches Reich empfangen, dankbar sein, wodurch wir Gott wohlgefällig dienen mit Scheu und Furcht!
Denn auch unser Gott »ist ein verzehrendes Feuer«.

Offenbarung 12,10-12 Und ich hörte eine laute Stimme im Himmel sagen: Nun ist das Heil und die Kraft und das Reich unseres Gottes und die Macht seines Christus gekommen; denn ‹hinab›geworfen ist der Verkläger unserer Brüder, der sie Tag und Nacht vor unserem Gott verklagte.

Buch-Empfehlungen:

Keith Warrington hat einen Klassiker zu dem Thema „Das Königreich Gottes" geschrieben: Titel: „Das Reich Gottes", ISBN 978-3-940188-36-6.

David Pawson, Kingdoms in Conflict, englisch, ISBN 9781909886049.

Colin Urquhart, Das Königreich Gottes, ISBN 3-925352-08-2.

Ein Königreich - ein Ort - eine Gemeinde

Im Neuen Testament lesen wir, dass es immer nur jeweils eine christliche Gemeinde in einer Stadt gab. Die Christen trafen sich in vielen, kleinen Hausgemeinden, die über die ganze Stadt verstreut waren. Außerdem kamen die Christen der Hausgemeinden zu stadtweiten Treffen zusammen, um Lehre zu empfangen, Reiseberichte der Apostel zu hören und Abendmahl zu feiern.

Die heutige Situation, dass es z.T. mehrere dutzend Kirchen, freie Gemeinden und Gemeinschaften in einer Stadt gibt, ist ein –neutestamentlich betrachtet - unnormaler Zustand.

Viele heutige Gemeinden entstanden durch Spaltungen - selbst die evangelische Kirche. Oft war es so, dass jemand eine biblische Wahrheit neu erkannte und dann eine neue Richtung einschlug z.B. Martin Luther: Errettung allein durch die Gnade Gottes, allein durch den Glauben, auf der alleinigen Grundlage der Schrift. Zunächst auch sein Taufverständnis: Er plädierte für die Erwachsenentaufe, anstatt Säuglinge zu taufen (später schwenkte Luther jedoch in der Tauffrage wieder um).

Der heutige Zustand: Es gibt viele Gemeinden in einer Stadt, die sich zwar oft gegenseitig als Brüder und Schwestern des einen Herrn akzeptieren, aber eher selten als Christen einer Stadt - als Leib Jesu einer Stadt- zusammenkommen und Gemeinschaft haben.

Auch an diesem Schwachpunkt innerhalb des Leibes Jesu beginnt der Heilige Geist zu wirken. Erweckung wird wahrscheinlich ausbleiben, solange die Christen einer Stadt nicht miteinander versöhnt sind - solange ungeklärte Beziehungen unter den Gemeinden und sonstige Uneinigkeit im Leib Jesu einer Stadt herrschen.

Im Neuen Testament gibt es immer jeweils nur eine Gemeinde pro Stadt, der ein gemeinsamer Ältestenrat vorstand.

Titus 1,5: „Ich habe dich zu dem Zweck in Kreta zurückgelassen, damit du das, was noch mangelt, in Ordnung bringst und in jeder Stadt Älteste einsetzt, so wie ich dir die Anweisung gegeben habe … ."

Auch in Ephesus (Apostelgeschichte 20,28):
„So habt nun acht auf euch selbst und auf die ganze Herde, in welcher der Heilige Geist euch zu Aufsehern gesetzt hat, um die Gemeinde Gottes zu hüten, die er durch sein eigenes Blut erworben hat!"

Neben den Ältesten in einer Stadt wurden der Gemeinde durch den fünffältigen Dienst geholfen: Durch Apostel, Propheten, Lehrer, Evangelisten und Hirten.

Epheser 4,11-15: „Und Er hat etliche als Apostel gegeben, etliche als Propheten, etliche als Evangelisten, etliche als Hirten und Lehrer, zur Zurüstung der Heiligen, für das Werk des Dienstes, für die Erbauung des Leibes des Christus, bis wir alle zur Einheit des Glaubens und der Erkenntnis des Sohnes Gottes gelangen, zur vollkommenen Mannesreife, zum Maß der vollen Größe des Christus; damit wir nicht mehr Unmündige seien, hin- und hergeworfen und umhergetrieben von jedem Wind der Lehre durch das betrügerische Spiel der Menschen, durch die Schlauheit, mit der sie zum Irrtum verführen, sondern, wahrhaftig in der Liebe, heranwachsen in allen Stücken zu ihm hin, der das Haupt ist, der Christus."

Die 3-Gemeinde-Ebenen

In diesem Abschnitt wird untersucht, in welchen strukturellen Formen sich die Christen im 1. Jahrhundert nach Christus trafen. Dies kann ein Hinweis sein, wie eine Gemeinde auch heute gesund wachsen kann.

Im Neuen Testament gibt es nur zwei strukturelle Formen von Gemeinde in einer Stadt:

1. Die Treffen in den Privathäusern (die 1. Ebene der Gemeinde) und 2. gemeinsame Treffen der Christen der Stadt (die 2. Ebene der Gemeinde).

Die 3. Ebene der Gemeinde ist die weltweite Gemeinde:
Sie ist die Gemeinde aller heutigen Nachfolger Jesu aus allen Regionen der ganzen Welt und die der Nachfolger Jesu aller Zeiten: Aus der Vergangenheit, in der Gegenwart und in der Zukunft.

1. Hausgemeinden in den Briefen des Paulus

Dass die Christen sich in den ersten Jahrhunderten n.Chr. in ihren Häusern trafen, kann man neben den Berichten aus den Evangelien und aus der Apostelgeschichte auch aus den Briefen des Apostel Paulus erkennen. Die vier oben genannten Bibelstellen (Römer 16,3-4; 1.Korinther 16,19, Kolosser 4,15, Philemon 1-2) nennen ausdrücklich Gemeinden in privaten Häusern.

Neben diesen Treffen, die die Größe hatten, in ein damaliges Wohnhaus zu passen, kamen die Christen auch zu größeren Treffen zusammen.

2. Die Stadtgemeinde

Wir wissen aus dem neuen Testament, dass sie sich zu bestimmten Anlässen als Christen einer Stadt und einer Region versammelten. Diese Stadtgemeindetreffen, bei denen die Christen aus allen Hausgemeinden zusammenkamen, fanden z.B. in Antiochia und in Jerusalem statt. Von den Gemeinden in Korinth, in Kolossä, in Laodizea und Thessaloniki lesen wir, dass die Briefe des Apostels „allen heiligen Brüdern" der jeweiligen Stadt vorgelesen wurden. Das Neue Testament gibt keine Auskunft darüber, wo sich die Menge der Gläubigen (die Gesamtheit der Hausgemeinden = die Stadtgemeinde) traf.

Wahrscheinlich wird es nicht erwähnt, weil der Ort unwichtig ist. Es muss ganz einfach ein für die Anzahl der Gläubigen geeigneter Ort gewesen sein.

Es wird lediglich von einigen verschiedenen Orten berichtet: Die Christen trafen sich im Tempel (der 70 n.Chr. zerstört wurde und nicht wieder aufgebaut wurde - Apostelgeschichte 2,46 + 5,42), in einer Philosophen-Schule (Apostelgeschichte 19,9) oder auch im Obergemach eines Hauses (Apostelgeschichte 28). Von einem Kindergottesdienst, wie er bei uns üblich ist, lesen wir nichts im Neuen Testament. Die geistliche Erziehung der Kinder erfolgte in der Familie. Die Eltern waren für die Jüngerschaft der Kinder zuständig und verantwortlich. Außerdem erlebten die Kinder in der Hausgemeinde, wie Christsein im Alltag gelebt wurde. In diesem Beziehungsgefüge erlebten sie bei sich zu Hause, wie für Kranke gebetet wurde, wie das Abendmahl gefeiert wurde, wie man Gottes Wort las, wie man miteinander teilte und mit Freunden gemeinsame Mahlzeiten zu sich nahm.

Interessant ist, dass nirgendwo im neuen Testament berichtet wird, dass Christen eine Kirche oder ein Gemeindehaus bauten!

Und dies, trotz der vorhandenen Bautradition: Die Juden bauten Synagogen, die Heiden bauten Tempel, aber die Christen bauten keine Kirchen. Nach Derek Prince fand erst im Jahre 222 n.Chr. der Bau der ersten Kirche statt – also rund 200 Jahre nach Pfingsten.

Kommen wir zurück zu den stadtweiten Treffen der Christen. Sie fanden, wie gesagt, an geeigneten Plätzen statt -wie oft und ob regelmäßig, ist nicht bekannt. Derek Prince berichtet von Studien, die besagen, dass die Gemeinde in Antiochia zu der Zeit als Paulus und

Barnabas dort wirkten, ca. 40.000 Christen umfasste. Sie kamen wahrscheinlich nicht immer alle in dieser Anzahl zusammen. Aber wenn nur die Hälfte der Gläubigen zu diesen stadtweiten Veranstaltungen kam, waren es immerhin ca. 20.000 Leute.

Die Größe der damaligen Gemeinde in Jerusalem wird auf 50.000 geschätzt, die in Korinth auf ca. 25.000.

Ein weiterer deutlicher Hinweis, dass Gott die Gesamtheit der Christen einer Stadt als Einheit sieht, geht auch aus dem 2. und 3. Kapitel der Offenbarung hervor. Die hier beschriebenen Sendschreiben sind jeweils für den gesamten Leib Christi in jeder der sieben Städte bestimmt. Die Schreiben gehen an die (eine!) Gemeinde in Ephesus, an die Gemeinde in Smyrna, an die Gemeinde in Pergamus, an die Gemeinde in Thyatira, an die Gemeinde in Sardes, an die Gemeinde in Philadelphia und an die Gemeinde in Laodizea – immer eine Gemeinde pro Stadt.

Im Brief des Paulus an die Epheser kommt Gottes Plan für die lokale Stadtgemeinde klar zum Ausdruck. Epheser 4,1-6: "So ermahne ich euch nun, ich, der Gebundene im Herrn, dass ihr würdig wandelt der Berufung, zu welcher ihr berufen worden seid, so dass ihr mit aller Demut und Sanftmut, mit Geduld einander in Liebe ertraget und fleißig seid, die Einheit des Geistes zu bewahren in dem Bande des Friedens: **ein Leib** und ein Geist, wie ihr auch berufen seid zu einer Hoffnung eurer Berufung; ein Herr, ein Glaube, eine Taufe; ein Gott und Vater aller, über allen, durch alle und in allen."

Die Christen in Ephesus mussten damals schon von Paulus ermahnt werden, sich nicht in einzelne Gruppierungen zu spalten. Eine Stadt (Ephesus) sollte nur eine Gemeinde haben, in der alle Christen Teil des lokalen Leibes Christi waren (eine stadtweite Gemeinde, die aus der Summe der wiedergeborenen Christen bestand). Da die großen Treffen sicherlich eher anonymer Natur waren, war die verbindliche Zugehörigkeit zu einer „Großfamilie" in einer Hausgemeinde elementar wichtig.

Paulus erinnert sie daran, dass es nur einen Herrn und eine Gemeinde gibt. Für Paulus ist es demnach selbstverständlich, dass neben den Hausgemeinden die Gesamtheit aller Gläubigen einer Stadt den lokalen Leib Christi bildet. Kolosser 4,16: „Und wenn der Brief bei euch gelesen ist, so sorget dafür, dass er auch in der Gemeinde zu Laodizea gelesen werde und dass ihr auch den aus Laodizea leset."

Bei anderen Briefen wird schon in der Anrede deutlich, dass für Paulus die Vereinigung der Christen zu einer stadtweiten Gemeinde selbstverständlich ist:
Am Anfang des Korinther-Briefs: „Paulus, berufener Apostel Jesu Christi durch Gottes Willen, und Sosthenes, der Bruder, an die Gemeinde (Singular!) Gottes, die in Korinth ist, an die Geheiligten in Christus Jesus, an die berufenen Heiligen, samt allen, die den Namen unsres Herrn Jesus Christus anrufen an jedem Ort, bei ihnen und bei uns." (1.Korinther 1,1-2)
Zur Erinnerung: Die Gemeinde in Korinth Bestand zu dieser Zeit aus ca. 25.000 Christen.

In Ephesus: „Paulus, Apostel Jesu Christi durch den Willen Gottes, an die Heiligen und Gläubigen in Christus Jesus, die in Ephesus sind." (Epheser 1,1)

Rom: „ … an alle in Rom anwesenden Geliebten Gottes, an die berufenen Heiligen: Gnade sei mit euch und Friede von Gott, unserem Vater, und dem Herrn Jesus Christus!" (Römer 1,7)

Philippi: „Paulus und Timotheus, Knechte Jesu Christi, an alle Heiligen in Christus Jesus, die in Philippi sind, samt den Aufsehern und Diakonen." (Philipper 1,1)

Im 11. Kapitel des 1. Korintherbriefes wird deutlich, dass die Gesamtheit der Christen als lokaler Leib Christi (Stadtgemeinde) zusammenkam. Dies wird deutlich, weil Paulus sagt, dass die Christen in ihren Häusern ihren Hunger stillen sollten und dann gemeinsam das Abendmahl als lokaler Leib Christi würdig feiern sollten (Vers 33).

1.Korinther 11: „Denn erstens höre ich, dass, wenn ihr in der Gemeinde zusammenkommt, ...

Wenn ihr nun auch am selben Orte zusammenkommt, so ist das doch nicht, um des Herrn Mahl zu essen... . Habt ihr denn keine Häuser, wo ihr essen und trinken könnt? ... Darum, meine Brüder, wenn ihr zum Essen (Abendmahl) zusammenkommt, so wartet aufeinander! Hungert aber jemand, so esse er daheim, ...“ Das heißt im Umkehrschluss, dass die Versammlung als Treffen der Christen -als Gemeinde- in Korinth stattfand.

Die einzelnen Christen waren also Teil einer Hausgemeinde, des lokalen Leibes Christi (der Stadtgemeinde/ des Treffens der Christen) und des weltweiten Leibes Christi (der Braut).

Bibelstellen zur Existenz der Gemeinde als weltweiter Leib Christi (die Braut):
Jesaja 62,5: „Denn wie ein junger Mann sich mit einer Jungfrau vermählt, so werden deine Söhne sich mit dir vermählen; und wie sich ein Bräutigam an seiner Braut freut, so wird dein Gott sich an dir freuen.“

2.Korinther 11,2: Paulus: „Denn ich eifere um euch mit göttlichem Eifer; denn ich habe euch einem Mann verlobt, um euch als eine keusche Jungfrau Christus zuzuführen.“

Offenbarung 19,7-9: „Lasst uns fröhlich sein und jubeln und ihm die Ehre geben! Denn die Hochzeit des Lammes ist gekommen, und seine Frau hat sich bereit gemacht. Und es wurde ihr gegeben, sich in feine Leinwand zu kleiden, rein und glänzend; denn die feine Leinwand ist die Gerechtigkeit der Heiligen. Und er sprach zu mir: Schreibe: Glückselig sind die, welche zum Hochzeitsmahl des Lammes berufen sind! Und er sprach zu mir: Dies sind die wahrhaftigen Worte Gottes!

Offenbarung 21,9: „Und es kam zu mir einer der sieben Engel, welche die sieben Schalen hatten, die mit den sieben letzten Plagen gefüllt waren, und redete mit mir und sprach: Komm, ich will dir die Frau, die Braut des Lammes, zeigen!“

Offenbarung 22,17: „Und der Geist und die Braut sprechen: Komm! Und wer es hört, der spreche: Komm! Und wen da dürstet, der komme; und wer da will, der nehme das Wasser des Lebens umsonst!“

Ein Leib pro Stadt– ein Ältestenrat pro Stadt
Ein Ältestenrat in einer Stadt

Warum ist es wichtig, Älteste in Nümbrecht zu haben, die verantwortlich dienen?

Weil Gott es offenbar so will. Ein Ältestenrat ist das Leitungsgremium im Reich Gottes. Ein Ältestenrat ist eine Schöpfungsordnung Gottes. Sowohl im Alten, wie auch im Neuen Testament, haben Älteste im Team dienend geleitet.

Wer kann Ältester sein?

Männer, die eine Berufung zum Ältestenamt in sich spüren. Sie werden von Gott berufen und von Gläubigen bestätigt (die 3fache Berufung).

Männer des fünffältigen Dienstes können gleichzeitig Älteste sein (z.B. 2.Joh. 1).

Älteste in einer Stadt müssen nicht in allen Erkenntnisfragen übereinstimmen. Sie haben jedoch dieselbe Grundüberzeugung (siehe z.B. das Glaubensbekenntnis der Ev. Allianz).

Weitere Voraussetzungen, um ein Ältester im Königreich Gottes in einer Stadt zu sein:

Die Bereitschaft, sich von Gott in der Stadt gebrauchen zu lassen. - dienend zu leiten- und Verantwortung zu übernehmen.

Was tun Älteste noch:

Sie greifen korrigierend bei Missständen ein.

- Sie „wachen über der Herde".

- Sie beobachten, was geistlich in der Stadt passiert

- und agieren entsprechend (vollmächtiges Gebet / z.B. Binden und Lösen, Fördern und Verhindern, …)

In vielen Orten gibt es eine Evangelische Allianz. Was ist der Unterschied zwischen der Evangelischen Allianz und einem Ältestenrat der Stadt?
In der Evangelischen Allianz treffen sich Vertreter von verschiedenen Gemeinden der Stadt. Oft steht bei der Evangelischen Allianz die Vorbereitung und Durchführung der Allianz-Gebetswoche, die jeweils im Januar stattfindet, im Mittelpunkt.

Was heißt das genauer, dass ein Ältestenrat einer Stadt leiten soll?

Grundsatz: Es geht um Leitung und Verantwortung.
Es geht darum, gemeinsam vor Gott zu treten und Ihn zu fragen, z.B. wie er die Situation seines Leibes/seines Reichs in der Stadt sieht. Es geht außerdem um strategische Überlegungen. Was hat Gott in der Stadt vor?

Der Ältestenrat hat die ganze Stadt im Blick – genauer gesagt: Das Reich Gottes in der Stadt.

Er tritt für die Gläubigen und Nichtgläubigen der Stadt vor Gott in den Riss (Hesekiel 22,30).

Dazu gehören primär: Gebetszeiten, Gott suchen, Hören, Wahrheit (Bibeltexte) über der Stadt proklamieren, Attacken des Feindes in der Autorität Jesu begegnen (Angriffe wie: Streit in den Gemeinden – auch Attacken auf die Ehen und Familien der Leiter, Esoterik-Kongresse, Sekten, Erotik-Messen, Krawalle, Halloween, etc.).

Der Ältestenrat einer Stadt hat die von Gott gegebene Autorität, darüber zu wachen, was geistlich in der Stadt passiert.

Wie werden Älteste für den Ältestenrat einer Stadt berufen?
In der Bibel geht es nicht um demokratische Abstimmungen (also nicht die „Herrschaft des Volkes" – sondern um drei Berufungen:

1. Ein Ältester wird von Gott in das Amt berufen (Galater 1,1).

2. Er selbst empfängt eine Berufung zu dem Ältestenamt (1.Timotheus 3,1).

3. Die Berufung von außen:
Berufung durch den Leib Jesu (Titus 1,5).

Bei einer ersten Zusammensetzung eines Ältestenrats einer Stadt werden wahrscheinlich Pastoren, Älteste und andere Leiter dem Rat angehören, die schon in ihrer Gemeinde berufen wurden und die eine Sicht über die Grenzen der eigenen Gemeinde haben.

Ein Ältestenkreis in einer Stadt (die Bibelstellen)

Im Alten Testament ist der Ältestenrat das Leitungsgremium des Volkes Israel in einer Stadt.

Ältestenkreise im Alten Testament (Beispiele):

5.Mose 19,12: „… so sollen die Ältesten seiner Stadt hinschicken und ihn von da holen lassen und ihn in die Hände des Bluträchers geben, dass er sterbe."

5.Mose 21,4: „Und die Ältesten jener Stadt sollen die junge Kuh hinabführen in das Tal eines immerfließenden Baches, wo weder gearbeitet noch gesät wird, und sollen dort der jungen Kuh bei dem Bach das Genick brechen."

5.Mose 21,6: „Und alle Ältesten der Stadt, die dem Erschlagenen am nächsten liegt, sollen ihre Hände waschen über der jungen Kuh, der im Talgrund das Genick gebrochen ist."

5.Mose 21,19+20: „ … so sollen sein Vater und seine Mutter ihn ergreifen und zu den Ältesten seiner Stadt führen und zu dem Tor jenes Ortes, und sie sollen zu den Ältesten seiner Stadt sagen: Dieser unser Sohn ist störrisch und widerspenstig und gehorcht unserer Stimme nicht; er ist ein Schlemmer und ein Säufer!

5.Mose 22,15: „ … so sollen der Vater und die Mutter der jungen Frau sie nehmen und die Zeichen der Jungfräulichkeit der jungen Frau zu den Ältesten der Stadt an das Tor hinausbringen."

5.Mose 22,17+18: „Und sie sollen das Tuch vor den Ältesten der Stadt ausbreiten. Dann sollen die Ältesten jener Stadt den Mann nehmen und ihn bestrafen; … ."

5.Mose 25,8: „Dann sollen die Ältesten der Stadt ihn herbeirufen und mit ihm reden."

Josua 20,4 „Und wer zu einer dieser Städte flieht, soll draußen vor dem Stadttor stehen bleiben und vor den Ältesten der Stadt seine Sache vorbringen; dann sollen sie ihn zu sich in die Stadt nehmen und ihm Raum geben, bei ihnen zu wohnen."

Richter 8,16: „Und er ließ die Ältesten der Stadt ergreifen und ließ Dornen aus der Wüste und Disteln holen und züchtigte die Leute von Sukkot damit."

Richter 11,5: „Als nun die Ammoniter mit Israel kämpften, gingen die Ältesten von Gilead hin, um Jeftah aus dem Lande Tob zu holen, …"So auch in den Versen 7,8,9,10+11.

Ruth 4,2: „Und Boas nahm zehn Männer von den Ältesten der Stadt und sprach: Setzt euch hierher!"

1.Samuel 16,4: „Und Samuel machte es so, wie es ihm der HERR gesagt hatte, und begab sich nach Bethlehem. Da kamen die Ältesten der Stadt ihm zitternd entgegen und sprachen: Bedeutet dein Kommen Frieden?

1.Könige 21,11: „Und die Männer seiner Stadt, die Ältesten und die Edlen, die in seiner Stadt wohnten, taten, wie Isebel ihnen aufgetragen hatte, wie in den Briefen geschrieben stand, die sie ihnen zugesandt hatte. Sie ließen ein Fasten ausrufen …"

2.Könige 10,1: „Ahab aber hatte siebzig Söhne in Samaria. Und Jehu schrieb Briefe und sandte sie nach Samaria, zu den Obersten der Stadt, zu den Ältesten und Vormündern der Söhne Ahabs; …"

2.Könige 10,5: „Und der Vorsteher über das Haus, der Vorsteher über die Stadt und die Ältesten und die Erzieher sandten hin zu Jehu und ließen ihm sagen: Wir sind deine Knechte und wollen alles tun, was du uns sagst! Wir wollen niemand zum König machen; tue, was dir gefällt!

Esra 10,14: „Lasst doch unsere Obersten für die ganze Gemeinde einstehen; und alle aus unseren Städten, die fremde Frauen heimgeführt haben, sollen zu bestimmten Zeiten kommen, und mit ihnen die Ältesten jeder Stadt und deren Richter, bis der glühende Zorn unseres Gottes,…"

Psalm 107,32: „Rühmen sollen sie ihn in der Volksversammlung und im Ältestenrat ihn loben."

Es sind also 17 Stellen im Alten Testament, an denen von „Älteste der Stadt" berichtet wird.

Im Neuen Testament ist der Ältestenrat in einer Stadt das Leitungsgremium der Gemeinde.

Ältestenkreise im Neuen Testament:

Apostelgeschichte 15,2: „Da sich nun Zwiespalt erhob und Paulus und Barnabas nicht geringen Streit mit ihnen hatten, ordneten sie an, dass Paulus und Barnabas und einige andere von ihnen dieser Streitfrage wegen zu den Aposteln und Ältesten nach Jerusalem hinaufziehen sollten.

Apostelgeschichte 15,4: „Als sie aber nach Jerusalem kamen, wurden sie von der Gemeinde (Singular!), den Aposteln und den Ältesten empfangen und berichteten, wie vieles Gott mit ihnen getan habe."

Apostelgeschichte 15,22 Jerusalem: „Da gefiel es den Aposteln und den Ältesten samt der ganzen Gemeinde, Männer aus ihrer Mitte zu erwählen und mit Paulus und Barnabas nach Antiochia zu senden, …"

Apostelgeschichte 16,4: „Indem sie aber die Städte durchzogen, übergaben sie ihnen zur Befolgung die von den Aposteln und Ältesten in Jerusalem gefassten Beschlüsse."

Apostelgeschichte 20,7: „Aber von Milet sandte er nach Ephesus und ließ die Ältesten der Gemeinde (Singular!) rufen." (Paulus ließ nicht die Pastoren oder Pfarrer rufen – sondern die Ältesten.
Man beachte: Es gab in Ephesus –wie überall im Neuen Testament- nur eine Gemeinde pro Stadt.)

Apostelgeschichte 21,17+18 Paulus in Jerusalem: „Und als wir in Jerusalem angekommen waren, nahmen uns die Brüder mit Freuden auf. Am folgenden Tage aber ging Paulus mit uns zu Jakobus, und alle Ältesten fanden sich ein.

Apostelgeschichte 22,5: (Paulus:) „Der Hohepriester und der gesamte Ältestenrat (von Jerusalem) können das bestätigen. Von ihnen ließ ich mir sogar Empfehlungsbriefe an die jüdische Gemeinde in Damaskus geben. Ich reiste in jene Stadt, um auch dort die Anhänger der neuen Lehre festzunehmen und sie dann in Ketten nach Jerusalem bringen zu lassen, wo sie bestraft werden sollten."

Titus 1,5: „Ich habe dich zu dem Zweck in Kreta zurückgelassen, damit du das, was noch mangelt, in Ordnung bringst und in jeder Stadt Älteste einsetzt, so wie ich dir die Anweisung gegeben habe: …"

1. Petrus 5,1-5: „Die Ältesten unter euch ermahne ich, der Mitälteste und Zeuge der Leiden Christi, der ich auch teilhabe an der Herrlichkeit, die offenbart werden soll:

Weidet die Herde Gottes, die euch anbefohlen ist, und achtet auf sie, nicht gezwungen, sondern freiwillig, wie es Gott gefällt, nicht um schändlichen Gewinns willen, sondern von Herzensgrund, 3 nicht als solche, die über die Gemeinden herrschen, sondern als Vorbilder der Herde. 4 So werdet ihr, wenn erscheinen wird der Erzhirte, die unverwelkliche Krone der Herrlichkeit empfangen.

5 Desgleichen ihr Jüngeren, ordnet euch den Ältesten unter. Alle aber miteinander bekleidet euch mit Demut; denn Gott widersteht den Hochmütigen, aber den Demütigen gibt er Gnade."

Zusammenfassung:

1. Ein Ältestenrat in der Stadt ist daher sowohl eine alttestamentliche, wie auch eine neutestamentliche Ordnung Gottes, eine Struktur, die Er für das Zusammenleben der Gläubigen vorgegeben hat.

2. Durch die Einführung eines Ältestenrats wird die Einheit der Christen in einer Stadt maßgeblich gefördert.

Die Ältesten müssen nicht immer derselben theologischen Meinung sein und den denselben Erkenntnisstand haben. Es geht vielmehr darum, respektvoll miteinander umzugehen, Gottes Willen für die Stadt zu suchen und zu erkennen, gemeinsam Verantwortung zu übernehmen und gemeinsam Leitungsaufgaben zu erfüllen.

3. Durch die Leitung und die Übernahme von Verantwortung stärkt der Ältestenrat die Gemeinde in der Stadt (u.a. durch die klare Struktur – und dies vor der sichtbaren und der unsichtbaren Welt).

4. In der Bibel gibt es, von der Apostelgeschichte bis zur Offenbarung, immer nur eine Gemeinde pro Stadt. Es gab pro Stadt einen Ältestenrat.

5. In der Bibel (Alten Testament und Neuen Testament) werden „Älteste in der Stadt" 23mal erwähnt. Die Nachfolger Jesu, die Gott hingebungsvoll lieben und das Wort Gottes ernst nehmen, werden Gott fragen, welche Bedeutung dies für die heutigen Gemeinden hat.

Kann es sein, dass Gott diese Ordnung jetzt, in unserer Zeit, wiederherstellen möchte?

Was spricht dafür, was spricht dagegen, heute in einer Stadt einen Ältestenrat zu etablieren?

Argumente dafür:

- Ein Ältestenrat in einer Stadt ist eine Ordnung Gottes in seinem Königreich.

- Ein Ältestenrat fördert die Einheit der Gemeinde in der Stadt.

- Durch die zunehmende Einheit hat es der Feind deutlich schwerer Unruhe und Verderben zu stiften.

Argumente dagegen:

- Ist ein Ältestenrat noch zeitgemäß? Er passt im Moment noch nicht in die heutige Gemeindelandschaft.
- Ist die Bildung eines Ältestenrats unrealistisch/ schwärmerisch?
- Die Entwicklungen der Kirchengeschichte in den letzten Jahrhunderten mit der Bildung der Denominationen widersprechen einem gemeinsamen Leitungskreis in der Stadt.

Die eigentliche Frage ist jedoch:
Möchte Gott in unserer Zeit einen Ältestenrat pro Stadt haben?

Wie kann die Bildung eines Ältestenrats in einer Stadt praktisch aussehen?

- Beten und Fasten sind immer eine gute Vorgehensweise. Hierbei kann man Gott um Bestätigung, Korrektur und Leitung bitten.

- Informationen und Lehre über Gottes Ordnungen und Strukturen einholen.

- Eine Koalition der Willigen bilden: Bereits eingesetzte Älteste, Pastoren und Leiter starten einen gemeinsamen (zunächst vielleicht kleinen) Ältestenkreis.

- Andere Älteste, Pastoren und Leiter in der Stadt werden informiert und eingeladen Gott zu fragen, ob sie persönlich einen Ruf haben, in einem Ältestenrat in der Stadt mitzuwirken.

Das Gute ist, dass Jesus in Matthäus 18,16 sagt, dass Er seine Gemeinde bauen wird. Er wird sich darum kümmern, dass die Gemeinde in der Endzeit so gebaut wird, wie Er es geplant hat. Daher kann man Diskussionen um die Weiterentwicklung von Gemeindestrukturen ganz entspannt führen.

Die Gemeinde

Die Gemeinde - die alttestamentliche Parallele
Alles Wichtige, was im Neuen Testament steht, hat seine Wurzeln im Alten Testament. So auch die Gemeinde. Das, was im Neuen Testament die Hausgemeinde und stadtweite/weltweite Gemeinde ist, hat entsprechende Vorläufer im Alten Testament.

Im Alten Testament berief Gott Israel zum Volk seines Eigentums.

5. Mose 7,6ff: „Denn ein heiliges Volk bist du für den HERRN, deinen Gott; dich hat der HERR, dein Gott, aus allen Völkern erwählt, die auf Erden sind, damit du ein Volk des Eigentums für ihn seist. Nicht deshalb, weil ihr zahlreicher wärt als alle Völker, hat der HERR sein Herz euch zugewandt und euch erwählt — denn ihr seid das geringste unter allen Völkern—, sondern weil der HERR euch liebte ... ."

Das Volk Israel bestand aus Großfamilien.

Im Neuen Testament beruft Gott beruft ein zweites Volk: Das weltweite Volk Gottes (erlöste Sünder, die zu wiedergeborenen Nachfolgern Jesu werden).
Auch sie trafen sich am Anfang - in den ersten beiden Jahrhunderten - in "Familien" (Hausgemeinden) bis man anfing Kirchen zu bauen - ca. im Jahr 222 n.Chr..

Gott hat gute Absichten mit den vielen heute existierenden Gemeinden einer Stadt.

Gott möchte die Zersplitterung im Leib Jesu überwinden. Er fängt an, Christen aus verschiedenen Kirchen und Gemeinden eine neue Liebe füreinander zu schenken.

Wiedergeborene und geisterfüllte Christen werden anfangen, Gott in ihrer Stadt gemeinsam anzubeten, für die Stadt zu beten und Einheit zu leben.

Praktisch umgesetzt wird dies heute schon durch die freundschaftlichen Verbindungen in regionalen Netzwerken, durch lokale Gebetsinitiativen und gemeinsame Projekte.

Kann denn Spaltung Sünde sein?

Dazu ist das Wort Gottes erschreckend klar: "Welche solches tun, werden das Reich Gottes nicht ererben!"
Galater 5,19-21:
„Offenbar sind aber die Werke des Fleisches, welche sind: Ehebruch, Unzucht, ..., Zwietracht, Parteiungen; ..., wovon ich euch voraussage, wie ich schon zuvor gesagt habe, dass die, welche solche Dinge tun, das Reich Gottes nicht erben werden."

Das Gute ist: Durch Bekennen und Buße ist Umkehr möglich.

Was ist eigentlich das Ziel der Gemeinde?

Das Ziel der Gemeinde ist das kommende (historische) Mega-Event:
Die Hochzeit Jesu mit seiner reinen und makellosen Braut (der Gemeinde). Darauf steuert die ganze Weltgeschichte zu (Offb. 19).

Gott möchte, dass möglichst viele Menschen mit dabei sind und sie zur Erkenntnis der Wahrheit kommen! Er möchte, dass möglichst viele Menschen die ewige Herrlichkeit mit Ihm verbringen.

In der heutigen Zeit geht es darum, dass die Christen einer Stadt in Einheit zusammenstehen, um Gott anzubeten, um voneinander zu lernen, um Gemeinschaft zu haben und auch um vereint dem Feind Widerstand leisten zu können - damit Friede und Ordnung in der Stadt herrschen und es einfach für Menschen wird, gerettet und zu Jüngern gemacht zu werden.

Wer sind unsere geistlichen Brüder und Schwestern?
Wer gehört zum Reich Gottes in einer Stadt?

Letztlich steht uns darüber kein Urteil zu – das ist alleine Gottes Sache. Aber es gibt klare biblische Anhaltspunkte:
Diejenigen, die an Jesus glauben und ihn lieben (Johannes 14,23 + Titus 3,5) und anerkennen,
- dass er der Herr ist (Lukas 2,11),

- dass er am Kreuz für unsere Sünden starb, auferstand und wieder lebt (Römer 5,8f),

- dass er jetzt zur Rechten des Vaters sitzt (Hebräer 1,3),

- dass es notwendig ist geistlich wiedergeboren zu sein (Johannes 3,3),

- die glauben, dass die Bibel das inspirierte Wort Gottes ist (2. Timotheus 3,16),

und die sich nach der leibhaftigen Wiederkehr des Herrn Jesus sehnen (Offenbarung 22,20).

Vom Umgang mit unterschiedlichen theologischen Ansichten

Paulus: „Denn wir erkennen stückweise und wir weissagen stückweise; wenn aber einmal das Vollkommene da ist, dann wird das Stückwerk weggetan." 1. Korinther 13,9+10

Wir leben in einem Zeitabschnitt, in dem unsere Erkenntnis lückenhaft ist. Das gilt für alle Christen. Keiner hat zu allen Fragen immer die richtigen Antworten. Gott hat die Christen auf Ergänzung angelegt. Das gilt sowohl für die Gaben, die der Heilige Geist austeilt, wie auch für das Erkennen geistlicher Wahrheiten. Wahrscheinlich ist dies so, damit sich keiner über den anderen erhebt. Der Heilige Geist teilt aus, wie er will (1.Korinther 12,11).

Dazu kommt, dass wir durch unsere Herkunft geprägt sind. Wenn wir z.B. in einer katholischen Familie und einem katholischen Gemeindeumfeld aufgewachsen sind, werden wir anders geprägt sein, als diejenigen, die in einer Freikirche viele Jahre ihres bisherigen Lebens verbracht haben. Unsere Herkunft prägt unsere Ansichten oft stärker, als wir uns dessen bewusst sind.

Deshalb sollten wir bei unterschiedlichen Meinungen und Erkenntnissen zunächst Gott fragen, wie Er die Dinge sieht. Denn nur das zählt letztendlich. Außerdem sollten wir die Frage stellen: Was sagt die Bibel zu dem jeweiligen Thema? Denn Gott offenbart seinen Willen in erster Linie durch sein Wort. Welche Informationen haben wir tatsächlich zu dem jeweiligen Thema im Wort Gottes? Und welche Aussagen bestätigt der in uns wohnende Heilige Geist?

Gut ist, um Weisheit zu bitten. In Jakobus 1,5 steht: „Wenn es aber jemand unter euch an Weisheit mangelt, so erbitte er sie von Gott, der allen gern und ohne Vorwurf gibt, so wird sie ihm gegeben werden." Das sollen wir großzügig und mir Dankbarkeit in Anspruch nehmen.

Da Gott mit jedem Einzelnen eine eigene Geschichte hat und jeder Einzelne einen anderen Erkenntnisstand hat, ist es völlig normal in einigen Punkten unterschiedliche Ansichten zu haben. Aber dies darf nicht die Einheit des Leibes, der Gemeinde, beeinträchtigen.

Wichtig: Trotz theologisch unterschiedlicher Ansichten sieht Gott alle Wiedergeborenen, alle Nachfolger Jesu, in einer Stadt als eine Gemeinde an!

Was bedeutet dies alles praktisch heute für uns?
An vielen Orten fangen Christen an, gemeinsam zu beten – füreinander, für die Stadt, den Leib Jesu am Ort und Anliegen, die ihnen während des gemeinsamen Gebets wichtig werden.

Ein Punkt kann auch die Aufarbeitung der Vergangenheit sein. Dies hilft Blockaden, auch geistliche Blockaden, zu überwinden. Wo sind wir als Christen in der Vergangenheit aneinander schuldig geworden? Wo gab es Streit? Wo geschahen Spaltungen?
Hier gilt es Buße zu tun, einander zu vergeben und gemeinsam nach vorne - auf Jesus - zu schauen.

Gott ist seit Jahren dabei, seine Nachfolger in den Städten zu vernetzen. Es entstehen Freundschaften und Kontakte. Vertrauensvolle Beziehungen und der gemeinsame Herr bilden eine Grundlage für ein gutes Zusammenleben.

Wozu brauchen Christen eigentlich zusätzliche Namen und Logos für ihre Kirchen und Gemeinden? Dienen sie nicht oft der Abgrenzung von anderen Christen in der Stadt?

Aus Gottes Sicht gilt: Entweder man ist wiedergeboren oder nicht. Wenn man wiedergeboren ist, gehört man zum Leib Jesu - zur stadtweiten Gemeinde. Wenn nicht, dann nicht.

Wozu brauchen wir die Einteilungen in evangelisch, katholisch, freikirchlich, griechisch-orthodox, methodistisch, mennonitisch, baptistisch etc.? Ist diese Aufteilung von Gott? Ist sie menschengemacht?

Das einzige biblische Kriterium für die Abgrenzung von Gemeinden ist geographischer Natur. Alleine die Stadtgrenze bestimmte in biblischen Zeiten die Abgrenzung zu anderen Gemeinden. Wir lesen von der Gemeinde (Einzahl!) in Jerusalem, von der in Lystra, Korinth, Derbe, Kolossä, Troas, Philippi, Rom, Thessaloniki, Antiochia, usw. .

Im Neuen Testament gibt es auch keine nationalen oder internationalen Gemeindeverbände.

Stattdessen gab es einen apostolischen Dienst. Er wurde ergänzt durch das Wirken von prophetisch Begabten.

Es wird Zeit, wieder stärker zu den biblischen Gemeindestrukturen zurückzukehren - auch um der Verlorenen willen! Jesus Wunsch ist nach wie vor: "... damit sie zur vollendeter Einheit erlangen, <u>damit</u> die Welt erkenne, dass du mich gesandt hast und sie liebst ... ." (Johannes 17,23)

Das Gute an unserer heutigen Situation ist, dass Gottes Liebe in den Christen weiter wirkt, so dass sie ihren Bruder und ihre Schwester in der anderen Kirche und Gemeinschaft erkennen und sie schätzen und lieben lernen. Es liegt auf dem Herzen unseres gemeinsamen Herrn, uns dem normalen Zustand des Leibes Jesu in einer Stadt anzunähern.

Gott möchte es tun - und bei ihm ist kein Ding unmöglich!

Welche Aspekte über „Gemeinde" finden wir im Neuen Testament?

Zunächst das Prinzip, dass aus Gottes Sicht, alle wiedergeborenen Nachfolger Jesu eine Gemeinde in der Stadt bilden:

1. Ein Königreich - ein Ort - eine Gemeinde

(Das heißt: Ein Leib Jesu, dem alle Nachfolger Jesu des Ortes angehören - mit Jesus als dem gemeinsamen Haupt)

1. Korinther 12,12: „Denn gleichwie der Leib einer ist und doch viele Glieder hat, alle Glieder des einen Leibes aber, obwohl es viele sind, als Leib eins sind, so auch der Christus.

Kolosser 1,18: „Und er ist das Haupt des Leibes, der Gemeinde, er, der der Anfang ist, der Erstgeborene aus den Toten, damit er in allem der Erste sei.

Epheser 1,22+23: „ … und er hat alles seinen Füßen unterworfen und ihn als Haupt über alles der Gemeinde gegeben, die sein Leib ist, die Fülle dessen, der alles in allen erfüllt."

Epheser 4,15+16: „ … sondern, wahrhaftig in der Liebe, heranwachsen in allen Stücken zu ihm hin, der das Haupt ist, der Christus. Von ihm aus vollbringt der ganze Leib, zusammengefügt und verbunden durch alle Gelenke, die einander Handreichung tun nach dem Maß der Leistungsfähigkeit jedes einzelnen Gliedes, das Wachstum des Leibes zur Auferbauung seiner selbst in Liebe."

Epheser 5,30: „Denn wir sind Glieder seines Leibes, von seinem Fleisch und von seinem Gebein."

Diese Argumente sprechen dafür, dass es aus Gottes Sicht eine Gemeinde pro Stadt gibt:
▶ Im ganzen Neuen Testament – von der Geburtsstunde der Gemeinde in der Apostelgeschichte bis zur Offenbarung – lesen wir immer nur von einer Gemeinde pro Stadt!

Wenn man in der Konkordanz alle neutestamentlichen Stellen nachschaut, in denen die Worte „Gemeinde" und „Gemeinden" enthalten sind, erhält man diese interessante Statistik (von Derek Prince - siehe Literaturangaben):

- „Gemeinde" in Häusern: 4x

- „Gemeinde" als weltweiter Leib (die Braut Jesu): 15x

- „Gemeinde" (Einzahl) in einer Stadt: 61x

- „Gemeinden" (Plural, als Summe von Stadtgemein den), z.B. Region: 35x

- **„Gemeinden" (Plural) in einer Stadt: 0x (!)**

▶ Der Heilige Geist ist betrübt über Gemeindespaltungen. Jesus ringt wiederholt um die Einheit unter seinen Jüngern.

▶ Die Spaltungen der Gemeinde Jesu an einem Ort haben oft ihren Ursprung in Verletzungen, Streit, Unfrieden, Anklagen, Stolz, Besserwisserei, anderen Erkenntnissen. Dies führt zur Abgrenzung voneinander, zu Sprachlosigkeit, Verwirrung, Verletzungen, Uneinigkeit. Sie sind daher keine Bereicherung des geistlichen Lebens in einer Stadt, sondern ein Armutszeugnis der Christen. Außerdem ist es ein Sieg des Feindes, der durch die Zerstörung der Einheit die Gemeinden erfolgreich in ihrer Außenwirkung lähmt (Johannes 17,21!).
Das muss nicht so bleiben. Buße/ Umkehr ist möglich.

2. Hausgemeinden, die sich untereinander vernetzten und sich selbst multiplizieren

Die Erwähnungen von Hausgemeinden im Neuen Testament befinden sich hier:
Bei den ersten beiden Stellen geht es um das Haus von Prisca und Aquila.

Paulus in Römer 16,3-4: "Grüßet Prisca und Aquila, meine Mitarbeiter in Christus Jesus, welche für mein Leben ihren Nacken dargeboten haben, denen nicht allein ich danke, sondern auch alle Gemeinden der Heiden; grüßet auch die Gemeinde in ihrem Hause."

1.Korinther 16,19: „Es grüßen euch die Gemeinden in Asien. Es grüßen euch vielmals im Herrn Aquila und Priscilla samt der Gemeinde in ihrem Hause."

In dem Brief des Paulus an die Kolosser wird die Hausgemeinde des Nymphas erwähnt.

Kolosser 4,15: „Grüßet die Brüder in Laodizea und den Nymphas und die Gemeinde in seinem Hause."

Auch Philemon hatte eine Gemeinde in seinem Haus. Philemon 1-2:

"Paulus, ein Gebundener Christi Jesu, und Timotheus, der Bruder, an Philemon, den geliebten und unsren Mitarbeiter; und an Apphia, die geliebte, und Archippus, unseren Mitstreiter, und an die Gemeinde in deinem Hause."

Die Christen trafen sich also in ihren Häusern. Dort spielte sich ein Großteil des Gemeindelebens ab. Hier hatten sie Gemeinschaft, aßen zusammen, halfen, ermutigen einander und "machten" Jünger.

In den Hausgemeinden lebten die Christen verbindlich zusammen. Durch sie wurde evangelisiert, es wurden Leute zu Jüngern gemacht und das Leben geteilt.

3. Gesamttreffen der Christen einer Stadt

Die Christen der Hausgemeinden kamen zu stadtweiten Treffen zusammen, um Lehre zu empfangen, Reiseberichte der Apostel zu hören und Abendmahl zu feiern:

Apostelgeschichte 14,27: Paulus in Antiochia: „Als sie aber angekommen waren und die Gemeinde versammelt hatten, erzählten sie, wie viel Gott mit ihnen getan hatte, und dass er den Heiden die Tür des Glaubens geöffnet hatte."

Apostelgeschichte 15,22: „Daraufhin beschlossen die Apostel und die Ältesten zusammen mit der ganzen Gemeinde, Männer aus ihrer Mitte zu erwählen und mit Paulus und Barnabas nach Antiochia zu senden, nämlich Judas mit dem Beinamen Barsabas und Silas, führende Männer unter den Brüdern.

Apostelgeschichte 21,17+22: „Und als wir in Jerusalem angekommen waren, nahmen uns die Brüder mit Freuden auf. Am folgenden Tag aber ging Paulus mit uns zu Jakobus, und alle Ältesten fanden sich ein. Was ist nun zu tun? Auf jeden Fall muss die Menge zusammenkommen; denn sie werden hören, dass du gekommen bist."

1.Korinther 11,18: „Wenn ihr nun am selben Ort zusammenkommt, …"

1.Korinther 14,23+24: „Wenn nun die ganze Gemeinde am selben Ort zusammenkäme, und alle würden in Sprachen reden, und es kämen Unkundige oder Ungläubige herein, würden sie nicht sagen, dass ihr von Sinnen seid? Wenn aber alle weissagten, und es käme ein Ungläubiger oder Unkundiger herein, so würde er von allen überführt, von allen erforscht; …")

1. Thessalonischer 5,27: „Ich beschwöre euch bei dem Herrn, dass dieser Brief allen heiligen Brüdern vorgelesen wird."

Diese großen Treffen sind auch dafür geeignet, um Gott gemeinsam zu loben, für die Stadt zu beten und Einheit am Ort zu demonstrieren.

4. Ein Ältestenrat im Ort

Ältesten werden benötigt, um die Gesamtgemeinde der Stadt verantwortlich zu leiten und ihr vorzustehen.

Im Alten Testament wird davon berichtet, dass das Volk Israel von Ältesten geleitet wurde. Im Neuen Testament wurden in den Gemeinden jeweils Älteste (immer im Plural) eingesetzt.

Ein Ältestenrat besteht aus geistlich reifen Männern und Frauen, die dazu berufen sind. Sie übernehmen vor Gott Verantwortung für das, was in einer Stadt im geistlichen/spirituellen Bereich geschieht, bzw. nicht geschieht. Die Bibel kennt nur eine Teamleitung. Die Leitung durch einen einzelnen Pastor oder Pfarrer ist ihr fremd.
Von Paulus erhalten wir einen klaren Hinweis auf die Ältesten der Stadtgemeinde (Apostelgeschichte 20,17): „Von Milet aber schickte er gen Ephesus und ließ die Ältesten der Gemeinde herüberrufen."

Jesus – das Haupt der Gemeinde
Jesus Christus ist das Haupt der Gemeinde! Er ist der Mittelpunkt!

Kol. 1,18-20: "Und er ist das Haupt des Leibes, nämlich der Gemeinde. Er ist der Anfang, der Erstgeborene von den Toten, damit er in allem der Erste sei.
Denn es hat Gott wohlgefallen, dass in ihm alle Fülle wohnen sollte und er durch ihn alles mit sich versöhnte, es sei auf Erden oder im Himmel, indem er Frieden machte durch sein Blut am Kreuz."

Jesus ist der König aller Könige, der Herr aller Herren!
Off. 17,14 :"Die werden gegen das Lamm kämpfen, und das Lamm wird sie überwinden, denn es ist der Herr aller Herren und der König aller Könige, und die mit ihm sind, sind die Berufenen und Auserwählten und Gläubigen."

Jesus ist der Bräutigam!

Off. 22,17: "Ich, Jesus, habe meinen Engel gesandt, euch solches für die Gemeinden zu bezeugen. Ich bin die Wurzel und der Spross Davids, der glänzende Morgenstern.
Und der Geist und die Braut sprechen: Komm! Und wer es hört, der spreche: Komm! Und wen dürstet, der komme; wer will, der nehme das Wasser des Lebens umsonst. … Es spricht, der dieses bezeugt: Ja, ich komme bald! Amen, komm, Herr Jesus!"

Die Strukturen der neutestamentlichen Gemeinde kann man in einer Skizze darstellen.

Die wichtigste Position hat Jesus inne:

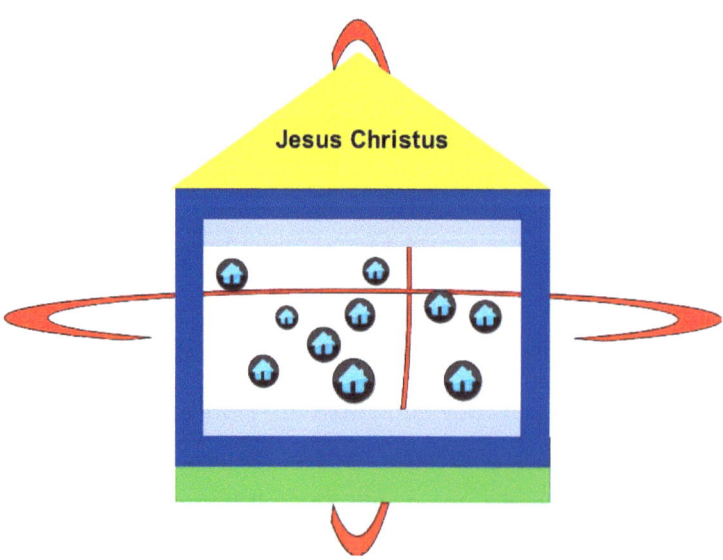

Dann folgen die Ämter in der Gemeinde.

Ämter in der Gemeinde

Der Dienst der Ältesten

Er darf und soll nach 1.Timotheus 3:1 angestrebt werden: „Wer nach einem Aufseherdienst trachtet, der begehrt eine vortreffliche Tätigkeit."

Wenn wir verstehen, dass jedes Leitungsamt in der Gemeinde Dienerschaft ist, zeugt es von Reife, wenn jemand das Ältestenamt anstrebt.

Alttestestamentlicher Hintergrund der Ältesten:

Im Alten Testament gibt es die Familien-und Sippenälteste (1.Mose 50:7; 2. Mose 12:21).

Sie sind Mitverantwortliche bei Mose (4.Mose 11:16-17), eine Art Stadtrat (1.Könige 20:8; 21:11) und dienen auch als Synagogenvorsteher (Matthäus 16:21; Apostelgeschichte 4:5).

Älteste im Neuen Testament:

1. Wer sind Älteste?

► Hirten - sie versorgen und leiten die Herde Gottes. 1.Petrus 5:1-4: „Die Ältesten, die unter euch sind, ermahne ich als Mitältester und Zeuge der Leiden des Christus, aber auch als Teilhaber der Herrlichkeit, die geoffenbart werden soll: Hütet die Herde Gottes bei euch, indem ihr nicht gezwungen, sondern freiwillig Aufsicht übt, nicht nach schändlichem Gewinn strebend, sondern mit Hingabe, nicht als solche, die über das ihnen Zugewiesene herrschen, sondern indem ihr Vorbilder der Herde seid! Dann werdet ihr auch, wenn der oberste Hirte offenbar wird, den unverwelklichen Ehrenkranz empfangen."

► Aufseher - sie haben die Aufsicht und die Übersicht.

Apostelgeschichte 20:17+28: „Von Milet aber sandte er nach Ephesus und ließ die Ältesten der Gemeinde herüberrufen. … So habt nun acht auf euch selbst und auf die ganze Herde, in welcher der Heilige Geist euch zu Aufsehern gesetzt hat, um die Gemeinde Gottes zu hüten, die er durch sein eigenes Blut erworben hat!"

► Leiter - sie stehen vor der Gemeinde, gehen voran, führen an!

Hebräer 13:7 + 17: „Gedenkt an eure Führer, die euch das Wort Gottes gesagt haben; schaut das Ende ihres Wandels an und ahmt ihren Glauben nach! … Gehorcht euren Führern und fügt euch ihnen; denn sie wachen über eure Seelen als solche, die einmal Rechenschaft ablegen werden, damit sie das mit Freuden tun und nicht mit Seufzen; denn das wäre nicht gut für euch!"

Älteste werden im Neuen Testament stets im Plural erwähnt. Sie bilden ein Team und arbeiten miteinander!
Einen alleinigen Leiter (z.B. einen Pastor, der alleine eine Gemeinde führt) gibt es im Neuen Testament nicht.

2. Wozu gibt es Älteste?

► Zur Leitung. 1.Timotheus 5:17 „Die Ältesten, die gut vorstehen, sollen doppelter Ehre wertgeachtet werden, besonders die, welche im Wort und in der Lehre arbeiten."

► Sie geben Beispiel, leiten an, trainieren.

► Sie lehren. Titus 1:9: „ … einer, der sich an das zuverlässige Wort hält, wie es der Lehre entspricht, damit er imstande ist, sowohl mit der gesunden Lehre zu ermahnen, als auch die Widersprechenden zu überführen." - Sie sind für die gesunde Lehre in der Gemeinde verantwortlich.

► Seelsorge- sie sind für die Seelen der Gläubigen verantwortlich, in dem Sinn, dass Gott von den Ältesten Rechenschaft über ihren Dienst an den Heiligen fordert. Hebräer 13,17: „Gehorcht euren Führern und fügt euch ihnen; denn sie wachen über eure Seelen als solche, die einmal Rechenschaft ablegen werden, damit sie das mit Freuden tun und nicht mit Seufzen; denn das wäre nicht gut für euch!".

3. Sie sollen gut vorstehen (1.Timotheus 5:17).

Apostelgeschichte 20:27-32 „Denn ich habe nichts verschwiegen, sondern habe euch den ganzen Ratschluss Gottes verkündigt. So habt nun Acht auf euch selbst und auf die ganze Herde, in welcher der Heilige Geist euch zu Aufsehern gesetzt hat, um die Gemeinde Gottes zu hüten, die er durch sein eigenes Blut erworben hat! Denn das weiß ich, dass nach meinem Abschied räuberische Wölfe zu euch hineinkommen werden, die die Herde nicht schonen; und aus eurer eigenen Mitte werden Männer aufstehen, die verkehrte Dinge reden, um die Jünger abzuziehen in ihre Gefolgschaft. Darum wacht und denkt daran, dass ich drei Jahre lang Tag und Nacht nicht aufgehört habe, jeden Einzelnen unter Tränen zu ermahnen. Und nun, Brüder, übergebe ich euch Gott und dem Wort seiner Gnade, das die Kraft hat, euch aufzuerbauen und ein Erbteil zu geben unter allen Geheiligten."

►Sie sollen den ganzen Ratschluss Gottes verkündigen.

►Sie sorgen für jeden Einzelnen.

►Sie bieten Schutz vor Irrlehren und Wölfen.

1.Petrus 5:1-5: „Die Ältesten, die unter euch sind, ermahne ich als Mitältester und Zeuge der Leiden des Christus, aber auch als Teilhaber der Herrlichkeit, die geoffenbart werden soll: Hütet die Herde Gottes bei euch, indem ihr nicht gezwungen, sondern freiwillig Aufsicht übt, nicht nach schändlichem Gewinn strebend, sondern mit Hingabe, nicht als solche, die über das ihnen Zugewiesene herrschen, sondern indem ihr Vorbilder der Herde seid! Dann werdet ihr auch, wenn der oberste Hirte offenbar wird, den unverwelklichen Ehrenkranz empfangen. Ermahnung zu Demut und Wachsamkeit gegenüber dem Widersacher Ebenso ihr Jüngeren, ordnet euch den Ältesten1 unter; ihr alle sollt euch gegenseitig unterordnen und mit Demut bekleiden! Denn »Gott widersteht den Hochmütigen; den Demütigen aber gibt er Gnade«."

►Sie sollen nicht gezwungen dienen, sondern freiwillig und gern.

►Sie sollen eifrig sein, aber nicht um eigener Ehre willen.

►Sie sollen demütig und nicht herrschsüchtig sein.

►Sie verhalten sich nicht als Besitzer der Herde, sondern als berufene Haushalter.

4. Qualitäten eines Ältesten

1.Timotheus 3:1-6: „Glaubwürdig ist das Wort: Wer nach einem Aufseherdienst trachtet, der begehrt eine vortreffliche Tätigkeit. Nun muss aber ein Aufseher untadelig sein, Mann einer Frau, nüchtern, besonnen, anständig, gastfreundlich, fähig zu lehren; nicht der Trunkenheit ergeben, nicht gewalttätig, nicht nach schändlichem Gewinn strebend, sondern gütig, nicht streitsüchtig, nicht geldgierig; einer, der seinem eigenen Haus gut vorsteht und die Kinder in Unterordnung hält mit aller Ehrbarkeit — wenn aber jemand seinem eigenen Haus nicht vorzustehen weiß, wie wird er für die Gemeinde Gottes sorgen? —, kein Neubekehrter, damit er nicht aufgeblasen wird und in das Gericht des Teufels fällt."

Die Qualitäten:

- ein vorbildlicher Lebensstil

- nüchtern (nicht fanatisch)

- besonnen (ausgewogen)

- ordentlich (nicht durcheinander, chaotisch)

- nicht den eigenen Vorteil suchend

- nicht einer Sucht verfallen

- Mann einer Frau oder ledig (wie Paulus)

- ein guter Ruf in der Öffentlichkeit

Leitungsqualitäten:
- die eigene Familie führen können

- schon länger in der Mitarbeit

- lehrfähig (kann anderen was beibringen)

1.Titus 1,9 „ … einer, der sich an das zuverlässige Wort hält, wie es der Lehre entspricht, damit er imstande ist, sowohl mit der gesunden Lehre zu ermahnen als auch die Widersprechenden zu überführen."

5. Wie wird man ein Ältester?

- Durch das eigene Zeugnis: Es muss eine Sehnsucht des Anwärters zum verantwortlichen Dienst am Hause Gottes gewachsen sein (1.Timotheus 3,1).

- Älteste werden durch den Heiligen Geist „gesetzt"! (Apostelgeschichte 20,17+28)

- Durch die Bestätigung des apostolischen Dienstes (z.B. in Titus 1,5 + Apostelgeschichte 14,14+23).

6. Wie sollen Älteste eingesetzt werden?

Es gibt im Neuen Testament keine allgemeingültige Handhabung - jedoch zwei Berichte von der Einsetzung von Ältesten bei Gemeindegründungen:

A) Von den Aposteln Barnabas und Paulus in Städten in der heutigen Türkei (Apostelgeschichte 14,14+23) und

B) von Titus während seines apostolischen Dienstes in verschiedenen Städten auf Kreta (Titus 1,5). - Petrus schreibt, dass er als Apostel Mitältester ist (1.Petrus 5,1).

Die neuen Ältesten wurden von den vorhandenen Mitältesten ausgesucht (in Ephesus waren dies die Apostel Paulus und Barnabas) und vom Heiligen Geist „gesetzt": „So habt nun acht auf euch selbst und auf die ganze Herde, in welcher der Heilige Geist euch zu Aufsehern gesetzt hat, die Gemeinde Gottes zu weiden, welche er durch das Blut seines eigenen Sohnes erworben hat!" (Apostelgeschichte 20,28)

„Gesetzt" werden auch diejenigen, denen ein Amt des fünffältigen Dienstes gegeben wurde (und zwar von Gott – nach Epheser 4,11).

1.Korinther 12,28a: „Und so hat Gott in der Gemeinde gesetzt erstens Apostel, zweitens Propheten, drittens Lehrer, …"

Epheser 4,11: „Und er hat die einen als Apostel gegeben und andere als Propheten, andere als Evangelisten, andere als Hirten und Lehrer."

Eine demokratische Abstimmung oder Wahl durch die Gemeinde wird bei Ältesten an keiner Stelle erwähnt. Es sprechen einige biblische Argumente für die Benennung der neuen Ältesten durch die bestehende Ältestenschaft (oder falls noch keine vorhanden sind – durch einen Leitungskreis):

Bei Gemeindegründungen lesen wir davon, dass die bestehenden Leiter (die Apostel) die Ältesten eingesetzt haben - und nicht die Gemeinde im Allgemeinen. Leiter setzen unter dem Einfluss des Heiligen Geistes (Apostelgeschichte 20,28) Älteste ein.

Es gehört zum Aufgabenbereich der Ältesten, der Gemeinde vorzustehen (1.Tim.5,1 + Hebräer 13,17), sie zu weiden, zu leiten und zu führen (Apostelgeschichte 20,28). Die Vergrößerung der bestehenden Ältestenschaft ist eine typische Leitungsaufgabe.

Folgende Vorgehensweise ist sinnvoll:

Wenn die vorhandenen Ältesten die Berufung zum Ältesten in anderen erkannt haben und sich u.U. mit Gebet und Fasten einig geworden sind, ist es sinnvoll, der Gemeinde die Vorschläge zu unterbreiten - mit der Bitte um Prüfung. Die Gemeinde ist aufgefordert zu beten, ob sie das auch so sehen kann. Bedenken können den vorhandenen Ältesten oder dem begleitenden Apostel mitgeteilt werden. Dann beraten die Ältesten (die Leitung) nochmals über die eingegangenen Reaktionen. Ist eine Übereinstimmung festzustellen, werden die neuen Ältesten unter Handauflegung offiziell vor der Gemeinde eingesetzt.

7. Die Gemeinde und ihre Ältesten

Die Hauptverantwortlichen werden in der Bibel als Älteste bezeichnet (1.Petrus 5,1-4).

Ihnen soll Achtung und Gehorsam entgegengebracht werden (1.Timotheus 5,17, Hebräer 13,17, 2.Thessalonicher 3,14+15).

Sie sollen materielle Versorgung erhalten (1.Korinther 9,7-14).

Klagen gegen einen Ältesten werden nur angenommen, wenn zwei oder drei Zeugen auftreten (1.Timotheus 5 19+20).

8. Ämter der neutestamentlichen Ortsgemeinde (Begriffserklärungen)

Um Gottes Vorstellung über „Gemeinde" möglichst nahe zu kommen, ist es anstrebenswert, nur Ämter und Dienste in der Gemeinde zu haben, die biblisch belegbar sind. Daher ist die Kenntnis über die Bedeutung und die Ursprünge der Begriffe „Ältester", „Diakon", „Bischof", „Aufseher", „Pastor" wichtig.

Ältester (presbyteros), Bischof /Aufseher (episkopos) und Hirte (= lat. Pastor, grie. poimen) beschreibt interessanterweise das gleiche Amt, den gleichen Dienst bzw. die gleiche Funktion in der Gemeinde. Die verschiedenen Begriffe beschreiben dieselbe Person oder denselben Dienst lediglich aus verschiedenen Blickwinkeln.

„Die Qualifikation ist die eines Ältesten, der geistliche Dienst ist der eines Hirten und das Werk, das getan werden muss, ist das eines Aufsehers" (Derek Prince).
Das geht aus Apostelgeschichte 20, 17+28, Titus 1,5-7 und 1.Petrus 5,1+2 hervor.

9. Älteste werden im Neuen Testament immer im Plural erwähnt.

Die Gemeindeleitung durch eine Person (einen Pastor oder Pfarrer) kennt das Neue Testament nicht.

10. Älteste als Väter und Richter

Paulus erklärt wiederholt, dass die Ältesten, die einer Gemeinde vorstehen, auch die Aufgabe der Zurechtweisung haben (1.Thessalonicher 5,12; 2.Timotheus 2,24+25).
Dennoch sollte die Zurechtweisung im väterlichen Stil stattfinden und nicht im Stil eines Zuchtmeisters (1.Korinther 4,15); denn in Christus sind wir nicht mehr unter dem Zuchtmeister (Gesetz), sondern sind Söhne und Töchter geworden (Galater 3,25). Zurechtweisung, Zucht, Erziehung muss sich an der Vaterschaft Gottes orientieren, von dem alle Vaterschaft kommt und nicht an der Pädagogik der gegenwärtigen Gesellschaft. Es ist unser Auftrag "Menschen zu Jünger zu machen und sie zu lehren alles zu halten, was Jesus befohlen hat". Darum sollen sie ringen.

11. Voraussetzungen, um Ältester zu sein (nach 1.Timotheus 3,1-7 u. Titus 1,5-9)

Er soll „tadellos", gerecht, heilig, Ehemann einer Frau (oder ledig), nüchtern, ehrlich, gastfrei, geschickt zu lehren, nicht vom Rausch abhängig, nicht gewalttätig und streitsüchtig, nicht geizig und wer jung im Glauben steht, soll nicht Ältester werden.

12. Verantwortlichkeiten des Ältesten

Der Älteste ist natürlich zuerst für sich selbst vor Gott und Menschen verantwortlich, aber auch für seine Familie und für die ihm anvertrauten Leute (z.B. für seine Hausgemeinde, die er leitet. Er soll zu ihnen eine verantwortliche, verbindliche Jüngerschaftsbeziehung haben). Hebräer 13,17: „Gehorcht und fügt euch euren Führern! Denn sie wachen über eure Seelen, als solche, die Rechenschaft geben werden, damit sie dies mit Freuden tun und nicht mit Seufzen; denn dies wäre nicht nützlich für euch." Er ist auch den anderen Ältesten und -soweit schon vorhanden- dem apostolischen Dienst gegenüber rechenschaftspflichtig. Die Ältesten einer Gemeinde, bzw. einer Stadt, haben die Verantwortung dafür, was im Leib Jesu passiert und auch was nicht geschieht.

1.Thessalonicher 5,12 „Wir bitten euch aber, ihr Brüder, anerkennet diejenigen, welche an euch arbeiten und euch im Herrn vorstehen und euch ermahnen; haltet sie um ihres Werkes willen desto größerer Liebe wert; lebet im Frieden mit ihnen!"

Quellen dieses Abschnitts:

Michael Winkler, Älteste in der Gemeinde- Inkubator für Älteste, Seminarunterlagen.

Derek Prince, Audio-Serie, „Die Gemeinde", IBL-Deutschland.

Anton Schulte, Unsere Gemeinde kann wachsen, Brendow-Verlag.

Die Ältesten tragen die Verantwortung vor Ort:

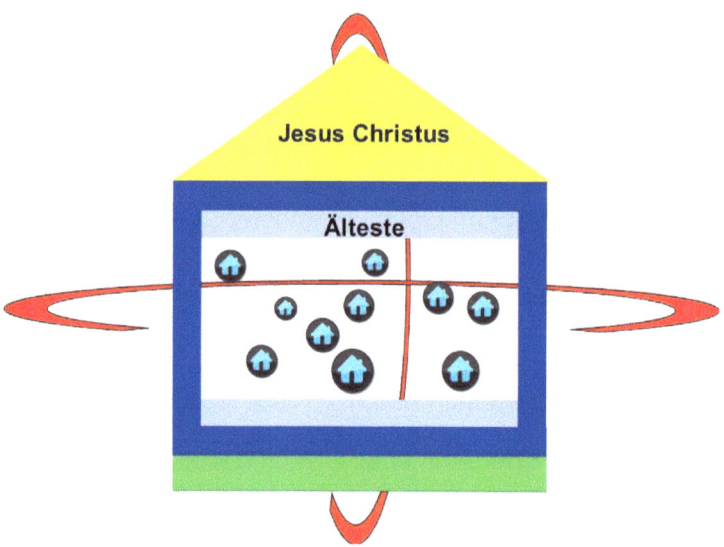

Der Dienst der Diakonen

Diakone in der Gemeinde

Das Wort Diakon kommt von dem grie. Wort "diakonos" was so viel wie "Diener" bedeutet oder noch genauer: "der zu Tische dient". Dieses Wort kommt 24mal im Neuen Testament vor – es wird aber nur 4mal im Sinne eines speziellen Dienstes verwendet.

Die neutestamentlichen Grundlagen

Apostelgeschichte 6,1-7: „In diesen Tagen aber, als die Jünger sich mehrten, entstand ein Murren der Hellenisten gegen die Hebräer, weil ihre Witwen bei der täglichen Bedienung übersehen wurden.

Die Zwölf (Apostel/Älteste) aber riefen die Menge der Jünger herbei und sprachen: Es ist nicht gut, dass wir das Wort Gottes vernachlässigen und die Tische bedienen.
So seht euch nun um, Brüder, nach sieben Männern unter euch, von ‹gutem› Zeugnis, voll Geist und Weisheit, die wir über diese Aufgabe setzen wollen!

Wir aber werden im Gebet und im Dienst des Wortes verharren.
Und die Rede gefiel der ganzen Menge; und sie erwählten Stephanus, einen Mann voll Glaubens und Heiligen Geistes, und Philippus und Prochorus und Nikanor und Timon und Parmenas und Nikolaus, einen Proselyten aus Antiochia. Diese stellten sie vor die Apostel; und als sie gebetet hatten, legten sie ihnen die Hände auf. Und das Wort Gottes wuchs, und die Zahl der Jünger in Jerusalem mehrte sich sehr; und eine große Menge der Priester wurde dem Glauben gehorsam."

Hier die Voraussetzungen, die für Älteste und Diakone gleichermaßen gelten:

1.Timotheus 3,1-13: „Das Wort ist gewiss: Wenn jemand nach einem Aufseherdienst trachtet, so begehrt er ein schönes Werk. Der Aufseher nun muss untadelig sein, Mann einer Frau, nüchtern, besonnen, sittsam, gastfrei, lehrfähig, kein Trinker, kein Schläger, sondern milde, nicht streitsüchtig, nicht geldliebend, der dem eigenen Haus gut vorsteht und die Kinder mit aller Ehrbarkeit in Unterordnung hält - wenn aber jemand dem eigenen Haus nicht vorzustehen weiß, wie wird er für die Gemeinde Gottes sorgen? -, nicht ein Neubekehrter, damit er nicht, aufgebläht, dem Gericht des Teufels verfalle. Er muss aber auch ein gutes

Zeugnis haben von denen, die draußen sind, damit er nicht in übles Gerede und in den Fallstrick des Teufels gerät.

Ebenso die Diener (grie. diakonoi): ehrbar, nicht doppelzüngig, nicht vielem Wein ergeben, nicht schändlichem Gewinn nachgehend, die das Geheimnis des Glaubens in reinem Gewissen bewahren.

Auch sie aber sollen zuerst erprobt werden, dann sollen sie dienen, wenn sie untadelig sind.

Ebenso sollen die Frauen ehrbar sein, nicht verleumderisch, nüchtern, treu in allem.

Die Diener seien ‹jeweils› Mann einer Frau und sollen den Kindern und den eigenen Häusern gut vorstehen; denn die, welche gut gedient haben, erwerben sich eine schöne Stufe und viel Freimütigkeit im Glauben, der in Christus Jesus ist."

Römer 16,1: „Ich empfehle euch aber unsere Schwester Phöbe, die eine Dienerin (von: diakonos) in der Gemeinde in Kenchreä ist."

Diakone können also sowohl Männer als auch Frauen sein.

2. Die Aufgaben der Diakone

Sie dienen den Ältesten, indem sie eine Teilverantwortung übernehmen z.B. Finanzen, soziale Dienste, Hausmeister-Dienste, Jugendarbeit etc. . Oft sind es praktische Dienste.

3. Die notwendigen Qualitäten eines Diakons.

Sie werden aus den erwähnten Texten aus 1.Timotheus 3,8-13 und Apostelgeschichte 6,1-7 deutlich.

4. Die Einsetzung von Diakonen

Die Anforderungen sind dieselben wie bei den Ältesten.
Jedoch erwählt die Gemeinde die Diakone selbst aus ihrer Mitte.

Die Ältesten bestätigen und bevollmächtigen durch Handauflegung.

5. Weitere Punkte und Unterschiede zwischen Ältesten und Diakonen

Für Diakone und Älteste wird eine Art Probe am Anfang ihres Dienstes empfohlen (1.Timotheus 3,10: „Auch sie sollen geprüft und erst darauf zum Dienst zugelassen werden...").

Von einem Diakon wird nicht unbedingt gefordert, dass er fähig ist, andere zu lehren. Er soll das Geheimnis des Glaubens mit reinem Gewissen bewahren. Glauben und Leben sollen bei ihm übereinstimmen. Das verhilft ihm zu einem guten Ruf in der Öffentlichkeit.

Die Ältesten sollen im Gebet und im Dienst am Wort stehen.
Die Diakone haben ihren Schwerpunkt bei praktischen Diensten.

Von einzelnen Diakonen werden jedoch auch weitere Aufgaben und Tätigkeiten im Neuen Testament berichtet.
Beispiel: Der Diakon Stephanus
Aus der Apostelgeschichte (6,3ff+7,54-60) wissen wir, dass er ein gutes Zeugnis bei anderen hatte, voll heiligem Geist und Weisheit war, bei den Tischen diente, voll Gnade und Kraft, Wunder und große Zeichen unter dem Volk tat, ein guter Redner war und gut argumentieren konnte, ein Visionär war: Er sah Jesus zur Rechten Gottes sitzen. Er sah die Herrlichkeit Gottes. Er bat stellvertretend für seine Feinde um die Vergebung ihrer Schuld. Er war der erste Märtyrer.

Beispiel: Der Diakon Philippus

Er predigte das Evangelium (Apostelgeschichte 8,5).

Er reiste viel.

Er tat Zeichen und Wunder (Apostelgeschichte 8,6).

Durch seinen Dienst wurden viele Kranke gesund (Apostelgeschichte 8,7)

Er taufte (Apostelgeschichte 8,12+ 8,38).

Der Heilige Geist sprach zu ihm und gab ihm glasklare Anweisungen (Apostelgeschichte 8,26).

Er wurde vom Heiligen Geist übernatürlich von einem Ort zum anderen Ort „versetzt" (Apostelgeschichte 8,39).

6. Das Verhältnis von den Diakonen zu den Ältesten

Die Diakone unterstützen die Ältesten, indem sie klar abgegrenzte Aufgabenbereiche eigenverantwortlich leiten (wobei die letzte Verantwortung bei den Ältesten bleibt).

Die Diakone setzen damit die Ältesten frei, damit sie „im Gebet und im Dienst des Wortes verharren können" (Apostelgeschichte 6,4).

Über die Diakone wird berichtet:

„Die, welche gut gedient haben, erwerben sich eine schöne Stufe und viel Freimütigkeit im Glauben, die in Christus Jesus ist." 1.Timotheus 3,13

Die Diakone unterstützen die Ältesten:

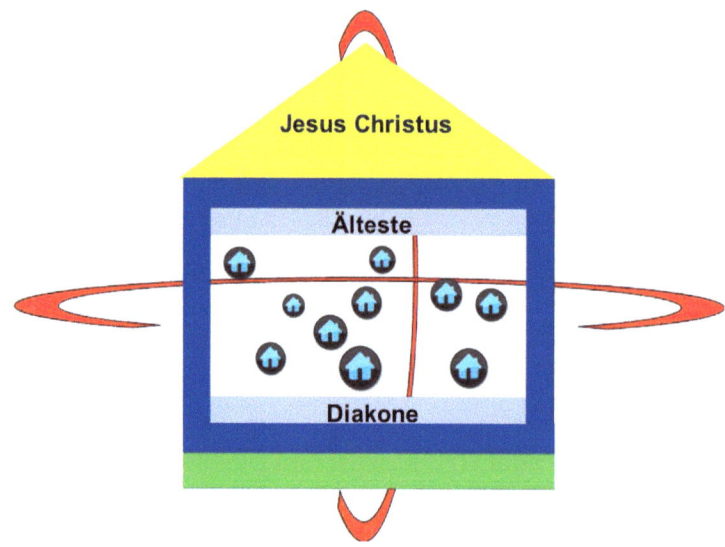

Der fünffältige Dienst

Der fünffältige Dienst wurde von Gott der Gemeinde gegeben, damit die Christen zugerüstet werden. Fehlt ein oder mehrere Dienste herrscht Mangel in der Gemeinde. Wachstumsstörungen und Lähmungen sind die Folge. Dies passiert in Gemeinden, die (dominant) von einzelnen Personen geleitet werden.

Alle fünf Dienste sind zum gesunden Wachstum der Gemeinde von Gott vorgesehen.

Die Bibelstellen zum fünffältigen Dienst:
„Und er (Gott) hat gegeben etliche zu Aposteln, etliche zu Propheten, etliche zu Evangelisten, etliche zu Hirten und Lehrern, um die Heiligen zuzurüsten für das Werk des Dienstes, zur Erbauung des Leibes Christi, bis dass wir alle zur Einheit des Glaubens und der Erkenntnis des Sohnes Gottes gelangen und zum vollkommenen Manne werden, zum Maße der vollen Größe Christi." Epheser. 4,11-13.

„Ihr aber seid Christi Leib, und jedes in seinem Teil Glieder. Und so hat Gott in der Gemeinde gesetzt erstens Apostel, zweitens Propheten, drittens Lehrer, danach Wundertäter, sodann die Gaben der Heilung, der Hilfeleistung, der Verwaltung, verschiedene Sprachen. Es sind doch nicht alle Apostel, nicht alle Propheten, nicht alle Lehrer, nicht alle Wundertäter? Haben alle die Gaben der Heilung? Reden alle mit Zungen? Können alle auslegen? Strebet aber nach den besten Gaben; doch zeige ich euch jetzt einen noch weit vortrefflicheren Weg ... ." 1.Korinther 12,27+31.

"So seid ihr nun nicht mehr Fremdlinge und Gäste, sondern Mitbürger der Heiligen und Gottes Hausgenossen, auferbaut auf die Grundlage der Apostel und Propheten, während Jesus Christus selber der Eckstein ist, in welchem der ganze Bau, zusammengefügt, wächst zu einem heiligen Tempel im Herrn, ..." Epheser 2,19-21.

Die mobilen Dienste sind die der Apostel, Propheten, Lehrer und Evangelisten.

Ortsgebunden Dienste sind die der Hirten, Älteste und Diakone.

Der Theologe Jens Kaldewey bezeichnet den fünffältigen Dienst als den „Schlüsseldienst Gottes". Er schreibt:
„Wenn ein Apostel auftaucht, geraten Dinge in Bewegung. Neues beginnt."

„Ein Prophet Gottes ist ein Mensch, der von Gott etwas vernimmt und es weitersagt."

„Ein Lehrer zieht den Vorhang zur Seite, der die Schrift so oft verdeckt."

„Der Hirte fragt nicht nach besonderen Leistungen, sondern nach dem Menschen selbst."

„Ich glaube, dass Gott den evangelistischen Dienst viel stärker beglaubigen will durch Zeichen und Wunder – auch bei uns."

Im neuen Testament werden 28 Personen als Apostel bezeichnet, zehn Personen als Propheten. Im Gegensatz dazu wird nur eine Person als Evangelist bezeichnet!

Christen, die Jesus bewusst nachfolgen, die sich nach der Ausbreitung von Gottes Reich an ihrem Ort sehnen, werden immer mehr fragen, wie Gott ursprünglich „Gemeinde" geplant hatte. Dies wird zu Veränderungen führen: Auch kirchenhistorisch gewachsene Strukturen werden sich weiterentwickeln. Inwieweit stimmen die heutigen Strukturen mit den Planungen Gottes für seine Gemeinde überein?

Eine Auswirkung dieser Bewegung wird eine stärkere Rückbesinnung auf die Förderung des fünffältigen Diensts sein.

Der fünffältige Dienst (Epheser 4,11) aus: Jens Kaldewey, *Die starke Hand Gottes*

	Apostel	Prophet	Lehrer	Hirte	Evangelist
Vorlieben Was er liebt:	Länder, Regionen, Völker. Strategien entwerfen und umsetzen	Das Herz Gottes spüren, die Stimme Gottes hören	Das Wort Gottes studieren, verstehen und verständlich machen	Eine Gemeinde, einzelne Christen, individuelle Menschen: Beziehungen zu Gläubigen aufbauen	Die Welt der Nichtchristen: Gottes Handeln an Nichtchristen hier und jetzt erwarten und freisetzen
Wohin er schaut:	In die Weite	In die Tiefe	In das Wort Gottes	In die Gesichter der Christen	In die verlorene Welt
Hauptverant-wortung	Gründen, berufen, senden, multiplizieren. Das Ganze im Auge zu behalten. Langfristig und strategisch denken und planen.	Die Stimme Gottes hören und das Gehörte weiterleiten.	Das Wort Gottes verständlich lehren, Menschen im Wort gründen.	Den Schafen (Christen) nachgehen und sie fürsorglich betreuen.	Kontakte zu Nichtchristen aufbauen und ihnen das Evangelium verkünden, Gläubige zur Evangelisation ermutigen.
Risiken und Gefahren bei Überbetonung	Starkult; personenabhängige Megagemeinde mit vielen unmündigen Gläubigen und ausgebrannten Mitarbeitern	Unmündigkeit der Gläubigen, fehlende Stabilität, Verführungsgefahr, Hin- und Hergeworfensein der Gläubigen, geistliche Sensationsgier	Dogmatismus, Starrheit, Kopflastigkeit, zu wenig Aktion, Gesetzlichkeit.	Verwöhnen, „Kuschelchristentum", Wachstumsstopp, Betonung des eigenen „Stallgeruchs"	Hohe „Kindersterblichkeit", keine bleibende Frucht, keine Wachstum sichernde Maßnahmen, Gefahr der Zerstreuung der Gläubigen.
Wirkungen und Frucht	Bewegung, Ausbreitung, Multiplikation	Betroffene Herzen, Umkehr, Motivation	Stabilität, Reife, Ausrüstung	Heilung, Geborgenheit, Offenheit, Schutz	Neue Menschen, neue Frische, zahlenmäßiges Wachstum
Varianten der Dienste	Gemeindeleiter einer großen, wachsenden und sendenden Gemeinde, Gemeindegründer, Pioniermissionar, Gründer translokaler (die örtliche Region überschreitender christlicher Werke, die nachher noch lange Zeit vor Ort selbstständig weiterarbeiten	Vollmächtiger Prediger, welche die Gläubigen zurückführen zu Gott und zur ersten Liebe; Fürbitter, die nicht nach Listen beten, sondern ihre Anliegen direkt von Gott erhalten und häufig Offenbarungen erfahren über andere Menschen, für die sie beten; Seelsorger, deren Hauptinstrument in der Seelsorge die Offenbarung ist und weniger irgendeine spezielle seelsorgerliche Technik	Prediger mit dem Schwerpunkt guter, verständlicher Predigten, Mentor, Schriftsteller, Bibelschullehrer, Hauskreisleiter mit dem Schwerpunkt Lehre.	geistliche Mütter und Väter; Leiter von Großfamilien oder therapeutischen Einrichtungen, Seelsorger, Hauskreisleiter, väterlicher Leiter kleiner Gemeinden, Kindergärtnerinnen, Schulleiter.	Pastor einer jungen (!) wachsenden Gemeinde, Missionar, Leiter von Straßeneinsätzen, Jugendgruppenleiter.

Die Einbettung des fünffältigen Dienstes in die Ortsgemeinde:

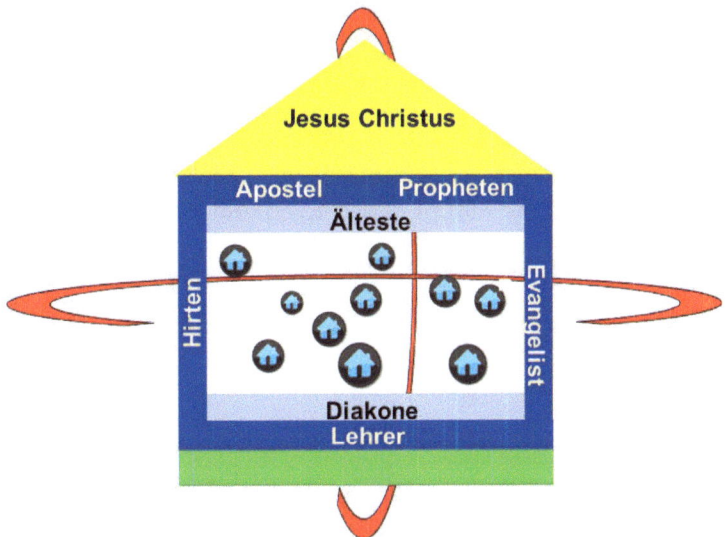

Das allgemeine Priestertum

Was ist ein Priester?

Im Alten Testament war er ein Mittler zwischen Gott und den Menschen.

Er war jemand, "der dienend vor Gott steht". Die Priester dienten an der Stiftshütte und später im Tempel. Nur Aaron und seine männlichen Nachkommen wurden von Gott berufen, Priester zu sein. Die Leviten wurden ihnen untergeordnet und sollten beim Dienst am Heiligtum behilflich sein.

Die Priester lebten von den Gaben, die Israel dem Herrn darzubringen hatten (4.Mose 18,8). Außerdem gaben die Leviten den Priester den zehnten Teil der Zehnten, die sie vom Volk erhielten (4.Mose 18,25ff).

Was sagt die Bibel über Priester in Bezug auf die heutige und zukünftige Zeit?

Israels Bestimmung ist es, ein Volk von Priestern zu sein:
2.Mose 19,5-6: "Werdet ihr nun meiner Stimme Gehör schenken und gehorchen und meinen Bund bewahren, so sollt ihr vor allen Völkern mein besonderes Eigentum sein; denn die ganze Erde ist mein; ihr aber sollt mir ein Königreich von Priestern und ein heiliges Volk sein!"

Jesaja 61,6: "Ihr aber werdet Priester des Herrn heißen, und man wird euch Diener unseres Gottes nennen. Ihr werdet die Güter der Nationen genießen und in ihre Machtstellung eintreten.

Paulus beschreibt seinen priesterlichen Dienst:

Römer 15,16 "... dass ich ein Diener Jesu Christi für die Heiden sein soll, der das Evangelium Gottes priesterlich verwaltet, auf dass das Opfer der Heiden angenehm werde, geheiligt im heiligen Geist."

Petrus sagt den heidnischen Christen:

1.Petrus 2,4-5: "Da ihr zu ihm (Jesus) gekommen seid, als zu dem lebendigen Stein, der von den Menschen zwar verworfen, bei Gott aber auserwählt und köstlich ist, so lasset auch ihr euch nun aufbauen als lebendige Steine zum geistlichen Hause, zum heiligen Priestertum, um geistliche Opfer zu opfern, die Gott angenehm sind durch Jesus Christus."

Weiter sagt er zu den Christen:

1.Petrua 2,9-10: "Ihr aber seid ein auserwähltes Geschlecht, ein königliches Priestertum, ein heiliges Volk, ein Volk des Eigentums, damit ihr die Tugenden dessen verkündigt, der euch aus der Finsternis zu seinem wunderbaren Licht berufen hat, die ihr einst nicht ein Volk wart, nun aber Gottes Volk seid, und einst nicht begnadigt wart, nun aber begnadigt seid."

Offenbarung 1,6: "Ihm (Jesus), der uns liebt und uns durch sein Blut von unsren Sünden gewaschen und uns zu einem Königreich gemacht hat, zu Priestern für seinen Gott und Vater: Ihm gehören die Herrlichkeit und die Macht in alle Ewigkeit! Amen."

Die Bestimmung der Nachfolger Jesu wird in Offenbarung 20,6 deutlich:

"Selig und heilig ist, wer teilhat an der ersten Auferstehung. Über diese hat der zweite Tod keine Macht, sondern sie werden Priester Gottes und Christi sein und mit ihm regieren tausend Jahre."

Die Gemeinde ist ausgesondert zum Dienst für ihren Herrn. Indem jeder einzelne sich Ihm ausliefert, bringt er sich selbst Gott zum Opfer dar (Römer 12,1).

In diesem Sinne ist von der Gemeinde als dem "königlichen Priestertum" die Rede (1.Petrus2, 5+9).

Mit anderen Worten: Aus den genannten neutestamentlichen Bibelstellen geht hervor:

Jeder wiedergeborene, geisterfüllte Christ ist im neutestamentlichen Sinn ein Priester!

Anders ist die Regelung in kirchlichen Organisationen: Hier sind ein Theologiestudium und eine Ordination der jeweiligen Kirche i.d.R. notwendig, um das Amt eines Priesters inne zu haben.

Ein Merkmal eines Priesters ist, dass er hört, was Gott sagt:

Johannes 18,37

Jesus: "Ich bin dazu geboren und da-zu in die Welt gekommen, dass ich der Wahrheit Zeugnis gebe; jeder, der aus der Wahrheit ist, hört meine Stimme."

Wie wird man zu einem Priester?

Zu einem Gott wohlgefälligen Priester gehören (seit Golgatha) folgende Elemente:

• die Wiedergeburt (Johannes 3, Galater 6,15, 1.Petrus 1,23),

• die Taufe (Buße, Jesus zum Herrn seines Lebens machen).
• die Geistestaufe (Matthäus 3,11; Markus1,8, Apostelgeschichte 1,5 + 8,15-17 + 19,5-7),

• das sich Einlassen auf den Heiligungsprozess, den der Heilige Geist in uns bewirkt,

(dazu gehört z.B. Gott zu lieben und die Sünde zu hassen).

Welche praktischen Auswirkungen hat es, dass ein wiedergeborener, geisterfüllter Christ ein Priester Gottes ist?

Seit Jesu Tod am Kreuz und seit der Ausgießung des Heiligen Geistes gilt:

• Männer und Frauen können Priester sein.

• Sie sind Priester und Kinder Gottes.

• Sie haben direkten Zugang zum Vater, sie können sich direkt an ihn wenden.
  Der Vorhang zum Allerheiligsten ist seit Golgatha zerrissen.

- Sie können und sollen seinen Willen erfahren (Johannes 18,37).
- Als Priester können sie das Abendmahl feiern und austeilen.
- Sie können und sollen andere taufen (Matthäus 28,19).
- Sie sind bevollmächtigt Dämonen auszutreiben (Markus 16,17).
- Sie sind Botschafter an Christi Statt.
- Sie sollen nicht alle Aufgaben und die ganze Arbeit in der Gemeinde von vollzeitigen und bezahlten "Professionellen" erledigen lassen - denn sie sind selbst Priester.
- Sie sollen ihre Berufung, ihren Teil im Reich Gottes wahrnehmen und ausfüllen.
- Sie haben grundsätzlich nur noch einen Mittler zwischen Gott und Menschen: Jesus (nicht Maria, keinen Heiligen, keinen Pastor etc.) 1. Timotheus 2,5: „Denn es ist ein Gott und ein Mittler zwischen Gott und den Menschen, nämlich der Mensch Christus Jesus, …".

Was sind die Aufgaben der heutigen Priester?

- Nach 1.Petrus 2,9: „Ihr seid Priester, damit ihr Jesus bekannt macht!" (Auch in Markus 16,16 + Matthäus 28,19)
- Jesus mit „Haut und Haar", mit „Hab und Gut" zur Verfügung stehen- Römer 12,1 (ein hingegebener Nachfolger sein).
- Salz sein, Licht in der Welt sein (Matthäus 5,13+14).

Im Alten Testament war der Priester ein Mittler zwischen Gott und den Menschen. Heute ist Jesus der einzige Mittler (1.Timotheus 2,5). Er vertritt uns vor dem Vater (1.Johannes 2,1). Früher -im Alten Testament- wurden bei der Weihe der Priester Tieropfer gebracht und sie wurden mit Öl gesalbt.
Heute ist Jesus unser Opferlamm. Das Öl wird über die Christen seit Pfingsten in Form des Heiligen Geistes ausgegossen.

Früher gab es jeweils einen Hohepriester, der der einzige war, der einmal im Jahr ins Allerheiligste durfte. Heute ist Jesus unser Hohepriester (Hebräer 6,22). Er steht uns, einem Volk aus Priestern, vor. Wir dürfen jederzeit ins Allerheiligste (in die Gegenwart Gottes, unseres Vaters, vor den Gnadenthron treten). Der Weg zu unserem Vater ist seit Jesu Tod frei - der Vorhang im Tempel zerriss (Lukas 23,45).
(Quelle und Literatur: Lexikon zur Bibel, Stichwort "Priester")

Das Schaubild zeigt den ursprünglichen Plan, die ursprüngliche Struktur, die Ämter der Gemeinde einer Stadt:

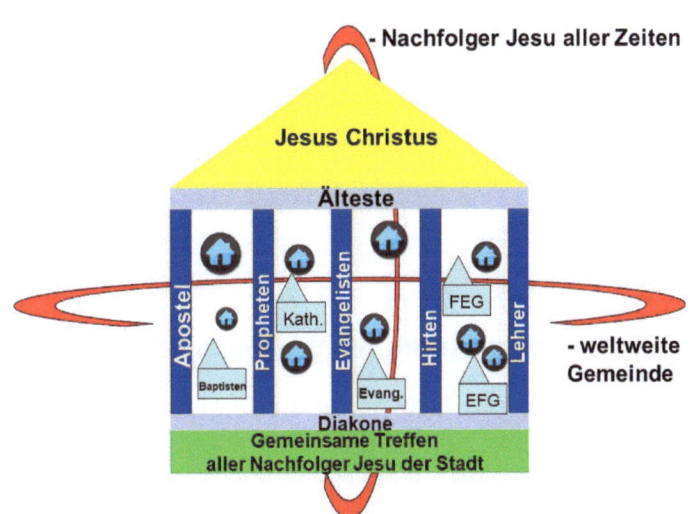

Fragen zum Thema

Was ist mit dem ökumenischen Prozess?

Der seit über hundert Jahren andauernde ökumenische Prozess der großen Kirchen brachte bereits Klarheit bei einigen theologischen Fragen. Dies ist eindeutig der Verdienst dieses Prozesses.
Die von Gott gewünschte Einheit des Leibes Jesu vor Ort wird aber nicht primär durch die Übereinstimmung in theologischen Fragen herbeigeführt. Einzig in der Person Jesu ist diese Einheit realisierbar. Wenn Er der Mittelpunkt des Denkens und Handelns der Christen in der Stadt ist, wird Einheit möglich.

Es geht um vertrauensvolle Beziehungen und Freundschaften.
Es ist akzeptabel, unterschiedliche Erkenntnisse zu haben. Wir sind alle auf dem Weg.

Abweichende theologische Erkenntnisse können in den verschiedenen Gemeinden unterschiedlich gelebt werden. Hier besteht die Freiheit, das zu praktizieren, was man bisher anhand der Bibel erkannt hat. Trotzdem kann es eine geistgewirkte Einheit in der Stadt geben. Sie ist das Werk des Heiligen Geistes, der in den Gläubigen Demut, Toleranz, Respekt und Liebe hervorbringt.

Es geht bei der Einheit der Christen in Nümbrecht <u>nicht</u> um die organisatorische Verschmelzung von Kirchen oder freien Gemeinden.

Welche Alternativen zur Finanzierung von Hauptamtlichen wird es in der Zukunft geben?

Eine biblische Alternative ist, dass die Christen der Stadt ihr Geld „zu den Füßen der Apostel legen" (Apostelgeschichte 4,37). Die Apostel verwalten dann das Geld.

Sinnvoll ist heute sicherlich auch, einen gemeinnützlichen Verein oder eine Stiftung als rechtlichen Träger zu gründen. Dadurch können angemessene Gehälter gezahlt werden, Verträge geschlossen werden und diakonische Arbeiten finanziert werden.

Welche praktischen Schritte sollte man gehen, wenn ein gemeinsamer Ältestenkreis in Nümbrecht angestrebt wird?

Die Willigen zusammenbringen. Dann – kurz gesagt: Beten, Gott fragen, was zu tun ist, auf Ihn hören und gehorsam handeln.

Wenn sich zukünftig Hausgemeinden und gemeinsame Treffen der Christen in einer Stadt als wichtige Strukturen der Gemeinde zeigen werden: Was wird aus den bestehenden Kirchen und Freikirchen?

Alle Dienste und Gemeinden, die gute Früchte hervorbringen, sollen natürlich gefördert werden. Es geht in erster Linie um eine Einheit im Geist. Die Strukturen sollen der Gemeinde dienen, sie sollen kein Hindernis sein.

Lassen sich bestehende Gemeindestrukturen grundlegend verändern?

Bisherige Erfahrungen bei einer grundsätzlichen Änderung der Struktur und Ausrichtung einer Kirche oder christlichen Organisation zeigen: Eine tiefgreifende Veränderung war fast nie möglich. Denn der Veränderungsprozess führt zu Unruhe, Uneinigkeit, Parteienbildung, Frustration und Lähmung. Daher ist die neutestamentliche Empfehlung - neuen Wein in neue Schläuche abzufüllen - zielführender.

Jesus: „Niemand setzt einen Lappen von einem neuen Kleid auf ein altes Kleid; denn sonst zerreißt er auch das neue, und der Lappen vom neuen passt nicht zu dem alten. Und niemand füllt neuen Wein in alte Schläuche; denn sonst wird der neue Wein die Schläuche zerreißen, und er wird verschüttet, und die Schläuche verderben; sondern neuer Wein soll in neue Schläuche gefüllt werden, so bleiben beide miteinander erhalten. Und niemand, der alten trinkt, will sogleich neuen; denn er spricht: Der alte ist besser!" (Lukas 5,36-39)

Was sind die nächsten praktischen Schritte?

Anfangen, gemeinsam zu beten. Sich freundschaftlich vernetzen.
Gott fragen, was er vorhat, was der nächste Schritt ist.

Gemeinsame Projekte angehen: z.B. ein **Jesus-Haus** der Christen in Nümbrecht gründen.

Ein weiteres Projekt, das die Einheit der Christen vor Ort stärken kann, ist ein gemeinsamer **Jesus-Tag** in Nümbrecht.

Fragen zur weiteren praktischen Umsetzung zum Thema „Gemeinde":

Wenn „Gemeinde" tatsächlich so wie beschrieben von Gott geplant war - was würde dies für mich persönlich bedeuten?

Was würde dies für meinen Dienst bedeuten?

Was würde dies für meine Gemeinde bedeuten?

Was würde dies für die Zusammenarbeit der einzelnen Gemeinden in der Stadt bedeuten?

Tipps zur weiteren Vorgehensweise:

► Gott fragen, wie er die Dinge sieht.

► Ins Gebet gehen; in der Stille vor Gott diese Gedanken bewegen.

► Ihn um Weisheit und Klarheit bitten.

► Offensein sein für das (oft leise) Reden des Heiligen Geistes.

Wenn Gott seine Gemeinde tatsächlich wie oben beschrieben geplant hat, könnten dies einige Schlussfolgerungen sein:

- Hausgemeinden gründen, die untereinander vernetzt sind (anstatt neue freikirchliche Gemeinden zu gründen), die Hauskirchen werden von Ältesten geleitet – sie bilden einen Ältestenkreis,

- den fünffältigen Dienst fördern (Apostel, Propheten, Lehrer, Evangelisten und Hirten),

- die Christen am Ort treffen sich regelmäßig in großen Zusammenkünften (in geeigneten Hallen oder Open-Air),

- gemeinsame Projekte fördern die Einheit der Christen in der Stadt – z.B. ein Jesus-Haus und/oder ein stadtweiter Jesus-Tag.

Bei allen Abwägungen gilt: „**Prüfet alles – und behaltet das Gute**".

Nachwort

Das Reich Gottes in Nümbrecht hatte in der Vergangenheit drei besonders lichte Momente: Die drei Erweckungsbewegungen im 19. Jahrhundert und am Anfang des 20.Jahrhunerts. Damals wurden Gottesdienste mit 1500-2000 Teilnehmern gefeiert.

Seit vielen Jahrzehnten wird das Evangelium in klarer Weise in mehreren Gemeinden verkündigt. Durch gute, biblisch fundierte Lehre werden in vielen Gemeindeveranstaltungen Nümbrechter zu Jüngern gemacht.
Die derzeitige Gesamtsituation von Gottes Reich in Nümbrecht ist trotzdem beunruhigend:

- Zu viele Menschen haben keine persönliche Beziehung zu Gott und werden daher - laut der Bibel - die Ewigkeit nicht bei Ihm verbringen („Wer glaubt und getauft soll gerettet werden, wer nicht glaubt wird verdammt werden." Markus 16,16)!

- Nachfolger Jesu bilden eher eine ruhige Subkultur als eine hörbare Leitkultur.

- Christen haben von Jesus den Auftrag: „Darum gehet hin und machet zu Jüngern alle Völker: Taufet sie auf den Namen des Vaters und des Sohnes und des Heiligen Geistes und lehret sie halten alles, was ich euch befohlen habe." Math. 28,19

Diesem Auftrag werden wir Nachfolger Jesu in Nümbrecht nur teilweise gerecht. - Die Einheit des Leibes Jesu lässt zu wünschen übrig. Man ist sich zwar oft nicht böse – aber man ist so sehr mit seiner eigenen Gemeinde beschäftigt, dass Begegnungen oft nur wie ein Händeschütteln über dem Gartenzaun anmuten.

- Es passieren noch zu wenig die Dinge, die nach dem Neuen Testament normal sein sollten: Jüngerschaft, Weitergabe der frohen Botschaft – begleitet mit bestätigenden Krafterweisungen Gottes wie Heilungen, Wunder der Umkehr zu Gott, Befreiungen, Totenauferweckungen - das „ganz normale Programm" des Neuen Testaments: „Gehet hin in alle Welt und predigt das Evangelium der ganzen Schöpfung! Wer glaubt und getauft wird, soll gerettet werden; wer nicht glaubt wird verdammt werden! Diese Zeichen werden die, welche glauben: In meinem Namen werden sie Dämonen austreiben, mit neuen Zungen reden, Schlangenaufheben, und wenn sie etwas Tödliches trinken, wird es ihnen nicht schaden; Kranken werden sie die Hände auflegen, uns sei werden sich wohl befinden." (Markus 16, 15-18).

„… und der Herr wirkte mit ihnen und bekräftigte das Wort durch die begleiteten Zeichen." (Markus 16,20)

Daher muss sich etwas ändern!

Es stellen sich Fragen:

▶ Was behindert diese neutestamentliche Normalität in Nümbrecht?

▶ Was kann der einzelne Christ dazu tun, damit sich etwas ändert?

▶ Braucht Nümbrecht eine neue Sicht darüber, wie Gemeinde in Nümbrecht von Gott geplant war?

▶ Wie kann die Einheit der Christen in Nümbrecht gefördert werden?

▶ Gibt es geistliche Hindernisse, die Ihre Wurzel in der Vergangenheit haben?

▶ Gibt es unvergebene Schuld? Ungeklärte Beziehungen?

▶ Gibt es Götzendienst in Nümbrecht? Evtl. auch unter Christen?

▶ Wie sieht Gott die Situation von Seinem Reich in Nümbrecht?

▶ Was hat Er hier vor?

Die entscheidende Frage ist, wie Gott die Dinge sieht!

Dies gilt auch beim Thema der „Gemeinde" und ihrer Strukturen.
Daher kommt es nicht auf eine persönliche Meinung an. Es geht nicht darum, wie ein einzelner Christ
oder eine Gruppe von Christen die Dinge sehen. Es geht darum, was Gott meint. Seine Sicht ist ausschlaggebend.
Gut ist, den Heiligen Geist auch zu den hier genannten Punkten zu fragen. Denn: „Meine Schafe hören meine Stimme." (Johannes 10,10).

Gott selbst ist die Quelle der Weisheit und der Erkenntnis - auch bei Fragen über seine Gemeinde.
In der Bibel finden wir alle für uns wichtigen Informationen zu diesem Thema.

„Wenn es aber jemand unter euch an Weisheit mangelt, so erbitte er sie von Gott, der allen gern und ohne Vorwurf gibt, so wird sie ihm gegeben werden." (Jakobus 1,5).

Gut ist, dass Jesus sagt: „Ich werde meine Gemeinde bauen." (Matth. 16,18). Das gilt auch für Nümbrecht.

„Und dieses Evangelium vom Reich wird in der ganzen Welt gepredigt werden, zum Zeugnis allen Völkern, und dann wird das Ende kommen." (Jesus in Mt 24,14)

Weitere verwendete Literatur:

Ulrich Wößner, *Die Gemeinde des Messias*, Vom organisierten und kontrollierten Christentum zu christlicher Freiheit und Verantwortung, 2024, ISBN 978-3-95578-640-3.

Don Atkin, *Die Taten der Neuen Schöpfung*, Wenn Gottes Söhne und Töchter in Einheit zusammenwirken, ISBN: 978-3-95578-336-5.

Derek Prince, *Die Gemeinde*, Teil 1&2, ISBN: 978-3-932341-41-0 und ISBN: 978-3-932341-40-3.

Jens Kaldewey, *Die starke Hand Gottes*, Der fünffältige Dienst, ISBN: 978-3-928093-39-2.

Wolfgang Simson, *Häuser, die die Welt verändern*, Gemeinde als eine geistliche Großfamilie, ISBN: 978-3-928093-75-0.

John So, *Einheit der Gemeinde - sichtbar oder unsichtbar*, ISBN: 9783880839809.

Joachim Gnilka, *Die frühen Christen,* Herders Theologischer Kommentar, ISBN: 9783451270949.

Tim Dowley (Hrg.): *Handbuch - Die Geschichte des Christentums,* ISBN: 9783417245684.

Heinrich Christian Rust, *Prophetisch leben - prophetisch dienen,* ISBN: 978-3-417-26606-1.

▶ Die wichtigsten 100 Jüngerschaftsthemen, kurz zusammengefasst nach dem Motto "Das Wichtigste auf zwei Seiten": www.Jüngerschaft.net .

Anhang
Statusbericht Hausgemeinden 2021
Hausgemeinden sind inzwischen wieder ein weitverbreitetes Phänomen. Diese
neutestamentliche Basis-Form der Gemeinde erlebt durch das Wirken des Heiligen Geistes
eine weltweite Renaissance. Sie ist elementar wichtig für die Gemeinde Jesu in Nümbrecht.
Als Ermutigung hier der aktuelle Bericht dazu von Wolfgang Simson:

Bereits mehr als 300 Millionen
Mitglieder in 22,6 Millionen Haus-
Gemeinden

Der STATUS REPORT
Haus-Gemeinden 2021

© Von Wolfgang Simson, Autor des Buchs "Häuser die die Welt verändern"

Aufgrund biblischer, archäologischer und historischer Belege sind es Hausgemeinden
gewesen - und flach strukturierte, regionale Netzwerke von Hausgemeinden – die der
ursprünglicher Ausdruck der *ekklesia* gewesen sind, die Jesus Christus im Neuen Testament
versprochen hat zu bauen. Schon während der Entstehung von hierarchischen
Kirchensystemen, die auf Sakralbauten, Verflechtungen mit dem Staat und später
konfessionellen Doktrinen basierten, etwa ab 100 – 400 n.Chr, wurden Hauskirchen allerdings
oft ins Abseits gedrängt, unterdrückt und sogar von dem verfolgt, was sich selbst als
„Staatskirche" bezeichnete (siehe das Kapitel zur Geschichte in: „Häuser die die Welt
verändern"). Hauskirchen haben in verschiedenen Formen und unter verschiedenen
Bezeichnungen wie pietistische Gruppen, Gemeinschaften, Zellen oder Basisgemeinden
immer unter dem Radar sowohl säkularer als auch religiöser Beobachter existiert.

Ein großes und historisches Comeback der Hauskirchen gab es in China - kurioserweise
direkt *nach* der Vertreibung westlicher Missionare und ihres religiösen Einflusses durch Mao
Zedong im frühen 20 Jahrhundert. Einige Forscher sprechen von derzeit 160-200 Millionen
Mitgliedern in wahrscheinlich mehr als 10 Millionen einzelnen Hauskirchen allein in China.

Seit Anfang der 1990er Jahre erleben Hauskirchen aber auch außerhalb Chinas eine rasante
Renaissance. Mitte der 90er Jahre entstanden in Ägypten und Indien so stark multiplikative
Hausgemeinden, dass diese beiden Länder in der Folge zu modernen apostolischen
Epizentren wurden. Von dort aus wurden Hausgemeinden nicht nur zu einem globalen
Phänomen, **sondern zur am schnellsten wachsenden Ausdrucksform von
Christusnachfolgern auf dem Planeten.** Dazu eine vergleichende Statistik: Die Summe aller
derzeitigen Gläubigen in Hauskirchen *allein in Indien*, etwa 80 Millionen, ist mehr *als alle 75,5
Millionen Mitglieder aller 149 Mitgliedskirchen des Lutherischen Weltbundes zusammen!*

Was folgt ist ein kurzer Überblick über die globale Hauskirchen-Situation Mitte 2021, wobei wir
neun verschiedene Strömungen unterscheiden. In vielen Nationen ist es möglich,
empirische Forschung zu betreiben. Dabei ist jedoch zu berücksichtigen, dass viele

Hauskirchen entweder unerkannt, unter dem Radar säkularer oder religiöser Gruppen arbeiten müssen, oder wollen. Das macht es schwierig, sie zu erforschen, es sei denn, man ist ein vertrauenswürdiger Insider und steht in Verbindung mit anderen vertrauenswürdigen Insidern, die zuverlässige Informationen liefern. Unser Überblick ist also sowohl das Ergebnis langjähriger, empirischer Forschung, Insider-Wissen und in einigen Fällen statistischer Hochrechnungen:

1) 10 Millionen Hauskirchen in China, siehe oben.

2) Seit 1996 wurden ca. 2 Millionen Hausgemeinden in Indien, Ägypten und dem restlichen Nahen Osten gegründet.

3) 3 Millionen Hauskirchen wurden Berichten zufolge in den letzten Jahren von verschiedenen Missionskollektiven wie "24:14" gegründet, die von etwa 1.000 Hauskirchenbewegungen (Englisch: House Church Movements, HCM) mit *jeweils* mehr als 1.000 einzelnen Hauskirchen sprechen. Einige HCMs haben 100.000de von Hausgemeinden, wie etwa T4T. Wir gehen von einer durchschnittlichen Größe eines HCM von 3.000 Hausgemeinden aus. Ein amerikanischer Geschäftsmann hat beispielsweise allein in den letzten 3 Jahren in Ostafrika sechs verschiedene HCMs mit jeweils weit mehr als 1.000 Hausgemeinden gegründet.

4) 2 Millionen Hauskirchen, die *auf keinem offiziellen Radar sind*. Dazu gehören Bewegungen wie "Hoffnung Deutschland" (gegründet von Marcus Rose, ca. 1.000 Hausgemeinden europaweit) oder ca. 20.000 neu gegründete Dorf-/Hausgemeinden in Uganda (viele treffen sich mangels einer ausreichend großen Hütte unter einem Baum), wie Riccardo Meusel, Deutschland, berichtet.

5) 1,5 Millionen "Half Way Houses" für kirchliche Aussteiger nur allein in den USA. Laut dem amerikanischen Soziologen Josh Packard (Autor des Buches "Church Refugees") erleben die USA mit 65 Millionen (im Jahr 2015) eine gigantische Kirchenflucht von Menschen, die "church misfits" sind: Sie folgen Christus nach, gehen aber nicht mehr in klassische Gemeinden. Manche nennen sich "*Doners*", weil sie zwar mit der Kirche fertig (done!) sind - aber nicht unbedingt mit Gott. Etwa 20% von ihnen – also etwa 13 Millionen Menschen - organisieren sich in meist kleinen Gruppen (6-10 Personen) in etwa 1,5 Millionen Hausgemeinden oder "Half Way Houses" (Treffen aller Art für Nicht-mehr-Kirchgänger). Den Rest der 52 Millionen *Doners* zählen wir noch nicht zu dieser Gruppe - sie driften weg von den Kirchen, sind buchstäblich geistlich
heimatlos und genießen diesen Status mehrheitlich wie eine neue Freiheit.

6) 1 Million "Doner"-Hauskirchen/Gruppen *außerhalb der USA*. In vielen Ländern des kulturellen Westens außerhalb der USA wie z.B. Australien oder Großbritannien beobachten wir sehr ähnliche Gemeindefluchtbewegungen, die sich teilweise in Hauskirchen organisieren. Ähnliche Entwicklungen gibt es auch in Südafrika, Korea, Singapur oder Israel. Die meisten haben nicht den Wunsch, auf dem Radar von irgendjemandem zu erscheinen.

7) 1,7 Millionen Hauskirchen in Firmen/Unternehmen und Insider-Bewegungen. Insider-Bewegungen sind HCMs, die sich nicht offen mit der Religion des Christentums identifizieren, sondern nach außen hin ihrem religiösen System loyal bleiben und sich bewusst innerhalb bestehender Religionen wie Islam Hinduismus, Shintoismus oder Buddhismus positionieren. Viele sehen ihr religiöses Umfeld als ihr *kulturelles* Erbe, innerhalb dessen sie zu heimlichen Nachfolgern Christi geworden sind. Dieses Phänomen gibt es auch innerhalb säkularer Gruppen, Clans oder Stämme. Hochrechnungen zufolge schätzen wir mindestens 1 Million Hauskirchen in so genannten Insider-Movements. Eine weitere Form davon sind "Business-Churches", Hauskirchen, die unter dem tarnenden Dach einer Firma fungieren, was sich beispielsweise im Konzept von BAM – Business as Missions – niedergeschlagen hat. Gutinformierte Beobachter in China sprechen von etwa 500.000 "Business-Hauskirchen", zu denen nochmals mindestens weiter 200.000 Business-Hauskirchen außerhalb Chinas kommen, was die Gesamtzahl in dieser Kategorie auf weltweit 1,7 Millionen erhöht.

8) 400.000 politisch inkorrekte Gruppen innerhalb offiziell „Hauskirchen-phober" Kirchensysteme. In vielen stark hierarchischen Kirchensystemen wie der römisch-katholischen Kirche, orthodoxen Kirchen oder auch Randgruppen oder Sekten sehen wir ein wachsendes Aufkommen von Hauskirchen, die sich vielleicht nicht so nennen - aber im Grunde wie eine solche funktionieren. Selbst in den jüngsten und stark römisch-katholisch geprägten Plänen, 100 Millionen Europäer zu evangelisieren, wie von Johannes Hartl (Gebetshaus Augsburg, Deutschland) propagiert, spielen Hauskirchen eine bedeutende Rolle. Wir rechnen aktuell weltweit mit etwa 400.000 solcher "politisch unkorrekten" Gruppen.

9) 1 Million Hauskirchen in HCMs mit *weniger* als 1.000 Hauskirchen pro Netzwerk. Nach unseren Informationen gibt es weltweit etwa 20.000 solcher "kleineren" HCMs. Hinzu kommt die Entstehung von etwa 10.000 sogenannter "Apostolischen Netzwerken" weltweit seit den 1980er und 1990er Jahren, zu der oft 10.000de von klassischen Sonntags-Gemeinden gehören. Viele von ihnen erleben derzeit eine Bewegung von mehr kontrollierten "Zellen" hin zu Hausgemeinden. Wenn wir einen Durchschnitt von 50 Hausgemeinden pro kleinerer HCM nehmen (und alle "apostolischen Bewegungen" derzeit als noch „nicht hausgemeindlich bedeutsam" ausschließen), kommen wir mit den weltweit kleineren HCMs auf eine Gesamtzahl von etwa 1 Million Hausgemeinden.

Maßgebliche Faktoren für die Ausbreitung von Hauskirchen

■ Der renommierte Missionsforscher Dr. Todd Johnson listet in seinem jährlichen "Status of Global Christianity"- Bericht (2021) **113 Millionen "unaffiliated" oder "Krypto-Christen"** auf, die Christus außerhalb des offiziellen Kirchensystems nachfolgen - viele von ihnen in "Krypto-Kirchen" - privaten, nicht-öffentlichen Versammlungen in Häusern.

■ Ein ägyptischer Missiologe berichtete, dass sich während des "Arabischen Frühlings" allein in Ägypten mindestens **vier Millionen Muslime vom Islam abgewandt** haben - viele auf der Suche nach Gott - und sich keiner anderen Religion angeschlossen haben.

■ **„Apostolische Evangelisation".** Eine wachsende Zahl von Evangelisten, wie etwa Torben Sondergaard (The Last Reformation, ehemals Dänemark, jetzt USA) oder Werner Nachtigall (G.O.D.: Global Outreach Day, Deutschland) verbinden immer mehr bewusst Evangelisation mit der unmittelbaren Gründung von Hausgemeinden. G.O.D. hat beispielsweise die Gründung von über 30.000 neuen Hausgemeinden in Kuba in den letzten Jahren gemeldet. Bill Bright (1921 - 2003), der Gründer von Campus Crusade, gab kurz vor seinem Tod einen klaren Aufruf an sein Missionswerk, sich für die Gründung von vielen Millionen Hausgemeinden einzusetzen.

■ **Mehrere Megachurches in den USA haben von einem Ruf Gottes berichtet, sich an der Gründung von Hausgemeinden zu beteiligen.** In mehreren „Mega-Micro"-Treffen haben Vertreter von Haus- und Megakirchen an gemeinsamen Synergien gearbeitet, um die gemeinsame Sache von Christus zu fördern.

■ **Der Missionsstratege Curtis Sergeant** hat ein webbasiertes Projekt zur "flächendeckenden Haus-Gemeindegründung" (www.movements.net) ins Leben gerufen. Das Projekt plant, eine "einfache Gemeinde" für je 5.000 Menschen in den USA und für je 50.000 Menschen weltweit zu gründen. Das Trainings-Material ist derzeit in mindestens 37 Sprachen verfügbar. **Allein in den letzten 10 Jahren haben Curtis Sergeant und seine Partner 16 Million Taufen registriert.**

■ **„Bleib-zu-Haus-Kirche" wegen CORONA:** Während des COVID19-Lockdowns fanden sich viele traditionelle Gemeindeglieder gezwungen, im eigenen Haus Gemeinde zu leben. Nach den Lockdown-Phasen 2020 und 2021 kehrte ein signifikanter Prozentsatz der traditionellen Kirchgänger nicht zu KWASK (Kirche-wie-alle-sie-kennen) zurück, sondern organisiert sich neu, viele in Nachbarschaftskirchen in den eigenen vier Wänden, manchmal mit Online-Imput. Diese Zahlen sind noch nicht vollständig erforscht, könnten aber sehr signifikant sein. Eines ist offensichtlich: Die Post-Corona-Kirche wird nicht mehr dasselbe sein wie die Prä-Corona-Kirche.

■ **Die Millenials (und ihre Folgegenerationen Z und Alpha) sind fast völlig weg aus den Kirchen – aber nicht unbedingt weg von Gott.** Ein sehr großer Prozentsatz der Kinder von Kirchgängern hat sich von "Mamas und Papas Kirche" verabschiedet und ist auf der Suche nach Gemeinschaft, Werten und Lebensstilen, die sich radikal von denen ihrer kirchlich geprägten Eltern unterscheiden. Abraham Piper zum Beispiel, der Sohn des berühmten US-Theologen John Piper, betreibt einen TikTok-Account mit mehr als 1,1 Millionen Followern namens #exvangelical, auf dem er versucht, die fundamentalistische evangelikale Kirchenkultur auf der Suche nach einem neuen und nicht-religiösen Lebensentwurf zu dekonstruieren. Die NEW YORK TIMES nannte dies etwas reißerisch eine "TikTok-Sensation" - in Wirklichkeit gibt es wohl **mindestens 1,5 Milliarden junger Menschen weltweit,** die mit dem Konzept "Gott ja - Kirche nein" sympathisieren würden. In einer Sache sind sie sich alle einig: *KWASK ist nichts für uns.* Es bleibt abzuwarten, welche Formen der Christusnachfolge aus dieser sehr explosiven und kreativen globalen „Volksgruppe" hervorgehen werden.

DIE ENTDECKUNG DES KÖNIGREICHES GOTTES

Seit einigen Jahren entdeckt eine immer größere Zahl (Millionen) von Christen, was es bedeutet, dass Jesus nicht der Gründer der Religion des Christentums ist, sondern der Gründer des Reiches Gottes. Diese Entdeckung bringt oft die Suche nach einem "Reset auf Werkseinstellung" - wie Gott uns ursprünglich gemeint hat – mit sich. Diese neue Suche führt häufig zu einer neuen Migration, einer geistlichen Wanderung weg von klassischen Formen von "Kirche". An hunderten von Orten in aller Welt beobachten wir das Entstehen von "Kingdom Conversations" – Gesprächskreise und Foren, die das Leben unter der Königsherrschaft von Christus zum Thema haben, die aber alle entschieden außerhalb des traditionellen religiösen Rahmens stattfinden.

Insgesamt gibt es derzeit (Mitte 2021) weltweit mindestens 22,6 Millionen Hauskirchen mit insgesamt rund 300 Millionen Mitgliedern.
Sie sind, unter Berücksichtigung aller internen und kontextuellen Faktoren, das bei weitem viralste, anpassungsfähigste und multiplizierbarste Segment der Christus-Nachfolger weltweit. **Wenn ihre Zahl weiterhin mit einer sehr realistischen Rate von 20% pro Jahr wächst, haben sie das Potential, innerhalb der nächsten 15 Jahre auf eine Mitgliederzahl von mehr als 4 Milliarden Menschen anzuwachsen - während die meisten traditionellen Kirchensysteme besuchermässig insgesamt im starken Rückgang begriffen sind.**
Deshalb ermutigt der Autor in seinen Publikationen "Starfish Vision" und "Starfish Manifesto" alle Nachfolger von Christus weltweit, zusammenzuarbeiten mit dem Ziel, die Hälfte der Bevölkerung des Planeten in unserer Lebenszeit zu Jüngern zu machen (siehe Mt 24,39-41), vor allem durch das Gründen zahlloser HCM, die das Königreich Gottes als ihre Heimat verstehen.

Quellen: Viele Hauskirchen funktionieren im Untergrund – entweder weil sie in repressiven politischen Systemen oder Verfolgungssituationen leben oder weil sie bewusst unerkannt bleiben wollen. Die Natur der „Forschungs-Sache Hauskirchen" erfordert daher eine multiple Research-Methodik. Neben eigenen empirischen Daten und Fremd-Forschungen sowie den leicht zugänglichen Berichten von Forschern wie Dr. Todd Johnson (Gordon Conwell, USA), der Barna-Group oder Dr. Peter Brierly (UK), wenden wir auch Hochrechnungen an wie etwa von Gallup oder anderen demoskopischen Instituten bekannt. Eine unersetzliche Quelle sind persönliche Beziehungen zu Hauskirchen-Insidern und Beobachtern, die aus verständlichen Gründen oft nicht genannt werden können. Die erwähnten Starfish-Materialien können auf www.refornation.eu kostenlos heruntergeladen werden.

Wolfgang Simson ist seit fast 40 Jahren missionarischer Vordenker, Pionier, Autor und Mentor. Er war u.a. Mitbegründer der europäischen DAWN Bewegung und hat viele nationale Forschungsprojekte wie z.B. „Wie christlich ist Deutschland" und „Wie christlich ist die Schweiz" geleitet. Seine Forschungstätigkeiten, Analysen und das Mentoring von Pionieren konzentrieren sich auf die Gründung von derzeit knapp 180 Millionen weiterer Hausgemeinden auf der Basis des Königreichs Gottes.

Band 2   Die 100 wichtigsten Jüngerschaftstehmen

Einleitung zu den Jüngerschaftsthemen

Warum Jüngerschaftsthemen?
Die Nachfolger Jesu wurden in der Bibel Jünger genannt.
Sie lernten als „Lehrlinge" von ihrem Meister. Sie verbrachten viel Zeit mit ihm, um seine Weisheit und seine Erfahrungen in ihr Leben zu integrieren.

Das Ziel ist, Gott, unserem Schöpfer, zu gefallen.
Die Folge ist ein erfülltes, sinnvolles und erfolgreiches Leben.

Die gute Nachricht ist, dass Gott uns Menschen so sehr geliebt hat, dass Er das, was uns von Ihm trennte -unsere Schuld- getilgt hat. Dafür musste Sein Sohn Jesus -stellvertretend für uns- am Kreuz sterben. Dieser neue Zugang zu Gott, dem Vater, gilt für jeden, der dies im Glauben annimmt.

Die Bibel berichtet, dass Jesus physisch auferstanden ist, lebt und als König wiederkommt.
Er ist ein Gott der persönlichen Beziehung.
Davon handeln diese Themen.

Eine Übersicht über die Themen befindet sich vorne im Inhaltsverzeichnis.

1.1 Anbetung – ein Lebensstil

Einführung:
Wenn wir von „Anbetung" sprechen, meinen wir oft die Lobpreiszeiten in einem Gottesdienst. In diesem Zusammenhang wird „Anbetung" häufig mit Musik in Verbindung gebracht. Dabei hat „Anbetung" erst einmal nichts mit Instrumenten zu tun. Lobpreiszeiten in der Gemeinde sind wichtig, um Gott zu ehren und sie können erfrischend sein.

Warum sollen wir anbeten?
1. Wegen des 1.Gebots (Ich bin der Herr, dein Gott).
2. Weil Gott der Vater und sein Sohn würdig sind, angebetet zu werden.
3. Weil es gut für uns ist (wir schauen weg von uns auf Gott).

Definition:
„Anbeten" = griechisch: proskyneo; sich niederwerfen, auf die Knie fallen, fußfällig verehren.
Anbetung ist eine Sache oder eine Person zum Mittelpunkt seines Lebens zu machen und alle Bereiche des Lebens nach dieser Mitte hin auszurichten.
Gott anbeten heißt, ihn für seine Charaktereigenschaften zu erheben:
z.B. „Du bist treu, gnädig, liebevoll ...".
Lobpreis hingegen ist Dank für das, was er getan hat.

Die wichtigsten Stellen:
Jh 4,23-24 Jesus sagt:
Es kommt aber die Stunde und ist jetzt, da die wahren Anbeter den Vater in Geist und Wahrheit anbeten werden; denn auch der Vater sucht solche als seine Anbeter.
Gott ist Geist, und die ihn anbeten, müssen ihn in Geist und Wahrheit anbeten.
1.Chr 16,29
Gebt dem HERRN die Ehre seines Namens! Bringt

Speisopfer und kommt vor sein Angesicht! Betet den HERRN an in heiliger Pracht!
Ps 81,10
Kein fremder Gott soll unter dir sein, und einen unbekannten Gott bete nicht an!
Ps 95,6-7
Kommt, lasst uns anbeten und uns neigen, lasst uns niederknien vor dem HERRN, der uns gemacht hat! Denn er ist unser Gott, und wir sind das Volk seiner Weide und die Herde seiner Hand.
Ps 96,9
Betet an den HERRN in heiliger Pracht! Erzittere vor ihm, ganze Erde!
Jes 2,8
...auch ist ihr Land voll Götzen, das Werk ihrer Hände beten sie an und das, was ihre Finger gemacht haben.

Jes 66,23
Und es wird geschehen: ...alles Fleisch wird kommen, um vor mir anzubeten, spricht der HERR.
Mt 4,10
Da spricht Jesus zu ihm: Geh hinweg, Satan! Denn es steht geschrieben: »Du sollst den Herrn, deinen Gott, anbeten und ihm allein dienen.«
Offb 14,7
und er (der Engel) sprach mit lauter Stimme: Fürchtet Gott und gebt ihm Ehre! Denn die Stunde seines Gerichts ist gekommen. Und betet den an, der den Himmel und die Erde und Meer und Wasserquellen gemacht hat!
Offb 15,4
Wer sollte nicht fürchten, Herr, und verherrlichen deinen Namen? Denn du allein ‹bist› heilig; denn alle Nationen werden kommen und vor dir anbeten, weil deine gerechten Taten offenbar geworden sind.

Abraham wird von Gott herausgefordert. Er soll Ihm seinen geliebten Sohn Isaak opfern. Interessant ist, was Abraham zu seinen mitreisenden Knechten auf dem Weg zur Opferstelle sagt:
Bleibt ihr hier, wir gehen anbeten. (1.Mose 22,5)
Fragen zur Umsetzung des Themas in mein Leben:
- Welchen geliebten „Isaak" muss ich in meinem Leben auf den Brandopferaltar bringen, um wirklich anbeten zu können?
- Was bete ich in meinem Leben mehr an als Gott/Jesus? (Versteckte Götzen) Hinweis: Womit verbringe ich am liebsten meine (Frei-)Zeit? Wofür gebe ich am liebsten mein Geld aus? Wofür schlägt mein Herz? Womit ist mein Herz erfüllt? Wovon träume ich? Was plane ich am liebsten?
- Was muss ich tun, wenn ich falsche Götzen in meinem Leben entdeckt habe?
- Was heißt das praktisch, wenn ich Jesus zur Mitte meines Lebens mache und alle Bereiche nach Ihm ausrichte? (Siehe die Definition von „Anbetung".)

Was hat Jesus mit dem Thema zu tun:
Er ist der Mittelpunkt der Anbetung. Der Schlüssel, um Jesus von ganzen Herzen anbeten zu können, ist:
Jesus lieben und kennen lernen (eine leidenschaftliche Liebe zu Ihm entwickeln).
Dahin zu kommen ist auf der einen Seite Gnade (dass ich Ihn erkennen darf) und auf der anderen Seite meine Entscheidung, mehr über Ihn zu erfahren (z.B. die Bibel lesen und Zeit mit Ihm zu verbringen).

Die größte Sehnsucht des Feindes (Satans) ist angebetet zu werden. Seine größte Lüge zu diesem Thema:
Sünde macht mehr Spaß, als seine Lust am Herrn zu haben.
Mit anderen Worten:
Andere Dinge oder Personen anzubeten befriedige mehr, als Jesus zum Mittelpunkt zu machen und Ihn

allein anzubeten.

Durch die Anbetung haben wir engen Kontakt zu unserem lebendigen Gott.
Anbetung führt direkt in seine Gegenwart. Hier findet man als Folge der Anbetung Friede, Trost, Ermutigung, Ruhe, Heilung, Versorgung, Wegweisung…
Anbetung gehört zu den vornehmsten Aufgaben eines Nachfolger Jesus. Hier ist schon auf der Erde die größte Erfüllung überhaupt zu finden. Das Staunen über Ihn und seine Liebe und Güte verändert uns nachhaltig.

Die sieben wichtigsten Punkte zum Thema „Anbetung":
- Wir sind zur Anbetung berufen (Der Herr sucht Anbeter).
- Anbetung ist nicht nur ein Teil des Gottesdienstes, sondern umfasst jeden Bereich meines Lebens.
- Anbetung ist Jesus zum Mittelpunkt meines Lebens zu machen und alle Bereiche danach auszurichten.
- Musik ist eine wertvolle Ausdrucksform der Anbetung. Wichtiger ist jedoch, dass ich in meinem Alltag die richtige Mitte (Jesus) habe.
- Ich darf den Heiligen Geist bitten, mir die Dinge zu zeigen, die mir wichtiger als Jesus geworden sind.
- Anbetung fängt an, wenn ich erkenne, wer Jesus ist, was Er für mich getan hat, wie groß seine Liebe zu mir ist. Dieses Erkennen entflammt in mir eine Begeisterung und eine Leidenschaft, die zur Anbetung Jesu führt.
- Anbetung heißt gehorsam sein, auch wenn ich Gottes Anweisungen nicht verstehe und mich auch nicht danach fühle.
(z.B. Naeman in 2.Könige 5,10)

weiterführende Literatur:
- Graham Kendrick, *Anbetung als Lebensstil*,
- Maria Emilia Baptista de Oliveira, *"Anbetung"*, ISBN 3-87482-607-4 und *"Bete Gott an"*, ISBN 3-87482-605-8
- MP3-Vorträge von Dr. Arne Elsen (www.online-predigt.de)

1.2 Wie wir anbeten können

Tipp: Täglich lesen und sich bewusst sein, dass wir zur Anbetung in den „Thronsaal Gottes" eintreten.

**Jesus Christus,
Du bist …**
… das Alpha und das Omega
… der Anfang und das Ende
… der Urheber des Lebens
… der einzig Erhabene
… der gute Hirte
… der Anfänger und Vollender meines Glaubens
… die Tür
… das Haupt der Gemeinde
… mein Ratgeber
… das Lamm Gottes
… die Auferstehung
… der, auf den die Völker hoffen
… der starke Gott
… Gott Immanuel
… der geliebte Sohn des Vaters
… der einzige Souverän
… Gottes Sohn
… Menschensohn
… die Herrlichkeit des Herrn
… der große Hohepriester
… der Richter Israels
… Abbild Gottes
… Mittler zwischen mir und dem Vater
… der Weg
… die Wahrheit
… das Leben
… Erbe aller Dinge
… unser Ostern
… das Brot des Lebens
… Vater der Ewigkeit
… Hirte und Aufseher meiner Seele
… die größte Macht in mir
… der Eckstein
… die Wurzel Davids
… der Erlöser
… die Rose von Sharon
… liebevoll
… mein Freund
… rein
… erhaben
… der König der Könige
… die Majestät
… heilig
… kostbar
… mächtig
… mein Sieg
… mein Glück
… mein Frieden und mein Wohlstand
… meine Kraft
… mein Banner
… meine Freude
… meine Hoffnung

… meine Heilung
… mein Herr
… ich gehöre Dir
… kostbarer als Gold
… kostbarer als Silber
… kostbarer als Diamanten
… der Duft des Lebens
… der ersehnte Wohlgeruch
… Sieger, du besiegtest den Tod und bist der Herr des Lebens
… Du leitest mich und bist mein Meister
… die Quelle des lebendigen Wassers
… die Lilie des Tales
… der Atem allen Lebens
… der Heilige Gottes
… der Nachkomme, der der Schlange den Kopf zertritt
… die Wahrheit
… der Herr der Herrlichkeit
… aller Herr
… Herr der Herren
… der Erhabene der Könige
… die aufgehende Sonne
… der treue Zeuge
… das Wort Gottes
… das Leben
… der wahre Weinstock
… der Höchste
… Gott Israels
… die Sonne der Gerechtigkeit
… mein Fels
… der Messias Israels
… der, der war und ist und der da kommt
… der König der Könige
… der Löwe vom Stamme Juda
… das Licht der Welt
… der Gesalbte
… der König der Nationen
… der Herr der Heerscharen
… der Friedefürst
… der Mann bekleidet mit weißer, reiner Leinwand
… der vierte Mann im Feuerofen
… der Jesus von Nazareth
… der einzige Gott
… die höchste Autorität
… der König der Heidenvölker
… der Herrscher des Universums
… der, durch den der Vater die Welt gemacht hat
… der, dem alles gehört
… die Quelle lebendigen Wassers
… mein eigentliches Leben
… der Sinn meines Lebens

Nur Du machst mich vollkommen.

Jesus, Du bist
… zärtlich und gütig
… die Auferstehung und das Leben
… die höchste Autorität im Universum

Ich bin wie Gras, das am Morgen aufsprosst, am Morgen blüht und am Abend welkt und verdorrt (Psalm 90,5+6).
Aber Du, Jesus, bist das Wasser des Lebens und das ewige Leben.
JESUS, ich danke Dir!
JESUS, ich preise Dich!
JESUS, ich bete Dich an!

Jesus Christus
Wie gut ist es, Deine Gegenwart zu genießen.
Ich gebe Dir alle meine Träume und Hoffnungen.

JESUS CHRISTUS…
… ich sehne mich nach Dir!

Jedes Geschöpf, das im Himmel und auf der Erde und unter der Erde und auf dem Meer ist, und alles, was in ihnen ist, muss das Lamm mit Danksagung anbeten.
Dir sei alle Ehre, Herrlichkeit und Macht für immer – Amen!

Ehe die Berge geboren waren und Du die Erde und die Welt erschaffen hattest, bist Du, Gott, von Ewigkeit zu Ewigkeit (Psalm 90,2).

Du, Herr, bist groß und mächtig, Du bist der Gott der Wahrheit, Du bist der lebendige Gott und der ewige König.

Du schufst die Erde mit deiner Macht, Du gründetest die Welt mit Deiner Weisheit, und mit Deiner Intelligenz spanntest Du den Himmel aus.

Du schaffst den Blitz für den Regen, und Du führst den Wind heraus aus den Vorratskammern.

Du bist der in Dir selbst Seiende.

Du, Gott, bist gewaltig!
Du bist der ICH BIN,
Du hast alles erschaffen.

Herr der Heerscharen ist Dein Name.

Ich bete Dich an, Jesus.
Ich wurde geboren, um Dich anzubeten.
Du bist mein Gott,
Du bist der Vater der Ewigkeit,
Dir gehört alle Herrlichkeit, Macht und Ehre.
Aller Sieg, alle Majestät kommen von Dir, denn Dir gehört alles, im Himmel und auf der Erde.

Dein ist das Reich und die Herrlichkeit und die Kraft und die Macht, Reichtum und Herrlichkeit kommen von Dir.
Du herrschst über allem.
Du bist Heilig, Heilig, Heilig,

und die ganze Erde ist voll Deiner Herrlichkeit.
Nur Du bist würdig zu empfangen Herrlichkeit, Ehre und Macht, denn Du hast alle Dinge erschaffen und um deinetwillen waren sie und sind sie erschaffen worden (Offb. 4,11).

Die Erde verkündigt Deine Herrlichkeit, o Gott!
Das Firmament verkündigt die Werke Deiner Hände.
Du bist groß, Herr; sehr würdig, meinen Lobpreis zu empfangen.

Du schufst den Himmel, die Erde und das Meer.
Majestät und Glanz sind vor Dir.
Kraft und Freude sind da, wo Du wohnst.
Es erzittere die ganze Erde in der Schönheit Deiner Heiligkeit, es brause das Meer und seine Fülle.
Die Nationen mögen Deine Herrlichkeit verkündigen.
Alles, was Atem hat, lobe den Herrn.

Heilig, Heilig, Heilig, Allmächtiger, die ganze Erde ist voll Deiner Herrlichkeit,
so wie die Wasser das Meer bedecken.
Groß und wunderbar sind Deine Werke; gerecht und wahr sind Deine Wege.

O, König der Ewigkeit, König der Nationen, nur Du bist heilig.

Alle Nationen werden sich vor Dir niederwerfen; alles und alle im Himmel und auf der Erde und unter der Erde, im Meer und alles, was darin ist, muss Dir gehorchen und die Stimme Deines Befehls hören und sich vor Dir beugen.

Lasst uns ein neues Lied der Anbetung singen, denn nur Du bist würdig, das Siegel zu öffnen und das Buch zu nehmen.

Denn Du, Jesus Christus, warst tot, und mit Deinem Blut erkauftest Du Menschen aller Stämme, Sprachen, Völker und Nationen, und für Gott machtest Du Sie zu Königen und Priestern.

Und wir werden über die Erde mit Dir, Jesus Christus, dem Sohn des lebendigen Gottes, regieren.
Du hast den Schlüssel des Todes und der Hölle.
Denn Du bist Sieger,
Du hast den Schlüssel des Sieges in Deinen Händen.
Die Tür, die Du öffnest, schließt niemand; die Tür, die Du schließt, öffnet niemand.

Dir, Jesus, sei alle Ehre,
Herrlichkeit und Macht für immer, Amen!
Aus dem Heft von Maria Emilia Baptista de Oliveira, „Bete Gott an", ISBN 3-87482-605-8.

1.3 Gebet

Was ist Gebet?
Gebet ist Reden mit Gott
- ein Dialog, kein Monolog.

Beten ist ein Gebot Gottes
Lk 18,1
Er sagte ihnen aber auch ein Gleichnis dafür, dass sie
allezeit beten und nicht ermatten sollten, ...
Eph 6,18
Mit allem Gebet und Flehen betet zu jeder Zeit im
Geist, und wachet hierzu in allem Anhalten und Flehen
für alle Heiligen.
Jh 16,24
Bis jetzt habt ihr nichts gebeten in meinem Namen.
Bittet, und ihr werdet empfangen, damit eure Freude
völlig sei!
1.Thess 5,17
Betet ohne Unterlass!

**Die Bibel ist voll an Verheißungen, die bekräftigen,
dass Gott Gebete erhört:**
Ps 91,15
Er ruft mich an, und ich antworte ihm.
Ich bin bei ihm in der Not.
Ich befreie ihn und bringe ihn zu Ehren.
Jes 58,9
Dann wirst du rufen, und der HERR wird antworten. Du
wirst um Hilfe schreien, und er wird sagen: Hier bin
ich! Wenn du aus deiner Mitte fortschaffst das Joch,
das Fingerausstrecken und böses Reden
Jes 65,24
Und es wird geschehen: ehe sie rufen, werde ich
antworten; während sie noch reden, werde ich hören.
Lk 11,9
Und ich sage euch: Bittet, und es wird euch gegeben
werden; sucht, und ihr werdet finden; klopft an, und es
wird euch geöffnet werden!
Jh 15,7
Wenn ihr in mir bleibt und meine Worte in euch
bleiben, so werdet ihr bitten, was ihr wollt, und es wird
euch geschehen.
Mt 18,19
Wiederum sage ich euch: Wenn zwei von euch auf der
Erde übereinkommen, irgendeine Sache zu erbitten,
so wird sie ihnen werden von meinem Vater, der in
den Himmeln ist.

Gründe für nicht erhörte Gebete:

- falsche Motivation, selbstsüchtige Bitte
  (Jak.4,3)
- Ungehorsam (5.Mose 1,45; 1.Sam.
  14,37+28,6)
- verschwiegene Sünde im Leben (Ps.66,18).
- Vernachlässigung der Barmherzigkeit
  (Spr.21,13)
-

- fr<er Reden Gottes nicht gehorcht -
  Verschmähung der Weisung (Spr.28,9)
- Blutschuld (Jes.1,15)
- Schlechtigkeit (Jes 59,2 + Micha 3,4)
- Rebellion, Widerspenstigkeit (Sach.7,13)
- üble Nachrede (Jes.58,9)
- Unbeständigkeit (Jak. 1,6+7)

Bedingungen für Gebetserhörung:
Demut:
2.Chr 7,14
...und sich mein Volk, das nach meinem Namen
genannt ist, demütigt, und sie beten und suchen mein
Angesicht und wenden sich ab von ihren bösen
Wegen, so will ich im Himmel hören und ihre Sünden
vergeben und ihr Land heilen.
Aufrichtigkeit:
Jer 29,13-14
Und sucht ihr mich, so werdet ihr ‹mich› finden, ja,
fragt ihr mit eurem ganzen Herzen nach mir, so werde
ich mich von euch finden lassen, spricht der HERR.
Glaube:
Mk 11,24
Darum sage ich euch: Alles, um was ihr auch betet
und bittet, glaubt, dass ihr es empfangen habt, und es
wird euch werden.
Gehorsam:
1.Joh 3,22
...und was immer wir bitten, empfangen wir von ihm,
weil wir seine Gebote halten und das vor ihm
Wohlgefällige tun.
Echtheit:
Jak 5,16
Bekennt nun einander die Sünden und betet
füreinander, damit ihr geheilt werdet! *Viel vermag
eines Gerechten Gebet in seiner Wirkung.*

Jesus sagte:
Mt 6,6
Wenn du aber betest, so geh in deine Kammer, und
nachdem du deine Tür geschlossen hast, bete zu
deinem Vater, der im Verborgenen ist! Und dein Vater,
der im Verborgenen sieht, wird dir vergelten.

Jesus betete:
Mk 1,35
...und *frühmorgens*, als es noch sehr dunkel war, stand
Jesus auf und ging hinaus und ging fort an einen
einsamen Ort und betete dort.
Lk 6,12
Und es geschah in diesen Tagen, dass Jesus auf den
Berg hinausging, um zu beten; und er verbrachte *die
Nacht* im Gebet zu Gott.

Intensives Gebet der frühen Gemeinde:
Apg 1,14
Diese alle verharrten einmütig im Gebet mit ‹einigen›
Frauen und Maria, der Mutter Jesu, und mit seinen
Brüdern.

Apg 2,42

Sie verharrten aber in der Lehre der Apostel und in der Gemeinschaft, im Brechen des Brotes und in den Gebeten.

Apg 12,5

So wurde Petrus nun im Gefängnis verwahrt; von der Gemeinde aber wurde inbrünstig für ihn zu Gott gebetet.

Gott gebraucht schwache Menschen, um durch ihr Gebet zu wirken:

Jak 5,16+17

Bekennt nun einander die Sünden und betet füreinander, damit ihr geheilt werdet! Viel vermag eines Gerechten Gebet in seiner Wirkung.

Elia war ein schwacher Mensch wie wir; und er betete inständig, dass es nicht regnen möge, und es regnete nicht auf der Erde drei Jahre und sechs Monate.

Weitere zentrale Bibelstellen zum Gebet:

Sach 12,10

...ich will ausgießen den Geist der Gnade und des Gebets, ...

Ps 65,3

Du erhörst Gebet, darum kommt alles Fleisch zu dir!

Mt 21,22

Und alles, was ihr gläubig erbittet im Gebet, werdet ihr empfangen.

Phil 4,6

Seid um nichts besorgt, sondern in allem sollen durch Gebet und Flehen mit Danksagung eure Anliegen vor Gott kundwerden;

1.Tim 2,1-4

Ich ermahne nun vor allen Dingen, dass Flehen, Gebete, Fürbitten, Danksagungen getan werden für alle Menschen, für Könige und alle, die in Hoheit sind, damit wir ein ruhiges und stilles Leben führen mögen in aller Gottseligkeit und Ehrbarkeit. Dies ist gut und angenehm vor unserem Heiland-Gott, welcher will, dass alle Menschen errettet werden und zur Erkenntnis der Wahrheit kommen.

Offb 8,3

Und ein anderer Engel kam und stellte sich an den Altar, der hatte eine goldene Räucherpfanne; und ihm wurde viel Räucherwerk gegeben, damit er es mitsamt *den Gebeten aller Heiligen* auf den goldenen Altar gäbe, der vor dem Throne ist.

Literatur:
- Thomson Studienbibel, Kettenverzeichnis `Gebet´
- David Yonggi Cho, Wie ich bete
- C. Peter Wagner, Das offensive Gebet
- Thema Nr.1.6: Binden und Lösen

1.4 Die Stimme Gottes hören

Definition:
Was heißt: „Die Stimme Gottes hören"?
Es bedeutet in diesem Zusammenhang, den Willen Gottes für eine bestimmte anstehende Entscheidung zu erkennen oder von Gott Erkenntnis zu bekommen.

Die wichtigsten Bibelstellen:

Jh 8,47
Wer aus Gott ist, hört die Worte Gottes. Darum hört ihr nicht, weil ihr nicht aus Gott seid.

Jh 10,3
...die Schafe hören seine Stimme, und er ruft die eigenen Schafe mit Namen und führt sie heraus.

Jh 10,27 Jesus sagt:
Meine Schafe hören meine Stimme, und ich kenne sie, und sie folgen mir; ...

Joh.18,37b
Jeder, der aus der Wahrheit ist, hört meine Stimme.

Jes 30,21
Und wenn ihr zur Rechten oder wenn ihr zur Linken abbiegt, werden deine Ohren eine Stimme hinter dir herhören: Dies ist der Weg, den geht! (Gute Nachricht)

5.Mose 13,19 (hören u. gehorchen)
... wenn du der Stimme des HERRN, deines Gottes, gehorchst, alle seine Gebote zu bewahren, die ich dir heute gebiete, dass du tust, was recht ist in den Augen des HERRN, deines Gottes.

Hiob 33,13f
Warum willst du mit Gott hadern, weil er auf Menschenworte nicht Antwort gibt? Denn auf eine Weise redet Gott und auf eine zweite; nur beachtet man's nicht.

Heb.3,15
Wenn gesagt wird: »Heute, wenn ihr seine Stimme hört, verhärtet eure Herzen nicht wie in der Erbitterung«, ...

Mt 3,17 (Gottes hörbare Stimme)
Und siehe, eine Stimme ‹kommt› aus den Himmeln, welche spricht: Dieser ist mein geliebter Sohn, an dem ich Wohlgefallen gefunden habe.

Jak 1,5: Wenn aber jemand von euch Weisheit mangelt, so bitte er Gott, der allen willig gibt und keine Vorwürfe macht, und sie wird ihm gegeben werden.

Ps 25,9-10: Er leitet die Sanftmütigen im Recht und lehrt die Sanftmütigen seinen Weg. Alle Pfade des HERRN sind Gnade und Treue denen, die seinen Bund und seine Zeugnisse bewahren.

Hilfen, um die Stimme Gottes deutlicher zu hören:
Wiedergeburt nach Joh.3 + Joh.8,47
Erfüllt sein mit dem Heiligen Geist (Was sagt die Bibel zum Thema Geistestaufe? -Apg. 1,5; 8,15; 9,17; 11,17; 19,6...) Siehe dazu auch Thema Nr. 6.15.
Wassertaufe als Gläubiger. Was ist Gottes Meinung dazu?

An diesen Fragen kann man trainieren, die Stimme Gottes zu vernehmen!
Gott fragen - und Antworten erwarten.
Bin ich frei von Bitterkeit anderen gegenüber?
Vergebung aussprechen. In geklärten Beziehungen leben. Damit unser Gebet nicht gehindert wird.
Nicht in bewusster Sünde leben.
Regelmäßig Gottes Wort in sich aufnehmen, um seinen Charakter, seine Prinzipien und seine Denkweise besser kennen zu lernen.
Täglich bewusst Gemeinschaft mit Ihm leben – sich Zeit nehmen für Ihn.
Rick Joyner: „Satan hält uns in Schach durch beschäftigt sein."
Den Heiligen Geist bitten, mich in aller Wahrheit zu leiten – gerade auch an dem Punkt, der zur Entscheidung ansteht.

Wie spricht Gott heute zu uns?
Gott ist sehr kreativ, wie er uns etwas deutlich macht, dennoch spricht er in erster Linie:
durch die Bibel (Heb.1-3; 2.Tim.3,16f)
durch ein inneres Zeugnis, einen inneren Eindruck, einen inneren Frieden. Wir dürfen Gott konkrete Fragen stellen und dann stille sein, um die Antwort als inneren Eindruck zu empfangen.
durch andere Christen (Sprüche 11,14+15,22).
durch Umstände, Symbole, Gleichnisse
durch Träume (z.B. wie bei Josef, Daniel)
durch Visionen (z.B. wie bei Paulus, Petrus - Apg.16,10).
relativ selten durch eine hörbare Stimme (Apg.18,9+10; Mat.3,17, Joh.12,28)
durch unsere Gedanken
…

Die wichtigsten Punkte zum Thema:
Weil du der Sohn oder die Tochter des liebenden himmlischen Vaters bist, hilft er dir gern bei Entscheidungen.
Seine Stimme zu hören, ist nicht schwer (Joh.10,27).
Manchmal antwortet Er aber auf unsere Fragen anders, als wir erwarten – denn Gott ist Gott, Er ist souverän.
Um seine Stimme zu hören, müssen wir manchmal ruhig werden. Das heißt, uns Zeit nehmen und auf die sanfte Stimme des Heiligen Geistes hören. Evtl. einen Tag der Stille einlegen, Gebetsspaziergänge machen, das Hören mit Fasten unterstützen.
Demütige dich vor Gott und lass Ihn ran (Spr.16,1-3, Mat.6,10).
Ordne dich seiner Herrschaft unter. Proklamiere: „Dein Wille geschehe." Widerstehe dem Widersacher und gebrauche die Autorität, die Jesus dir gegeben hat (Jak.4,7; Epheser 6,10-20)
Erwarte eine Antwort!

Hör auf, Dir Sorgen zu machen! (Philipper 4,6+7)
Lass Dich nicht von einer Not leiten, sondern durch das Reden des Heiligen Geistes.

Warum höre ich manchmal keine Antwort?
Höre ich nichts, weil Gott schon geredet hat?
War ich nach dem letzten Reden Gottes ungehorsam bei der Umsetzung des Gesagten?
Blockiert Sünde die Leitung?   (Stolz, Unvergebenheit -Eph.4,30+31...)
Höre ich nichts, weil ich vor lauter beschäftigt sein nicht zur Ruhe komme (Heb.4,9)?

Bei Problemen fragen:
Was würde Jesus in meiner Situation tun (W.W.J.D.)?
Wird der Bau des Reich Gottes durch meine Entscheidung gefördert oder behindert?
Ist die Antwort im Einklang mit den Empfehlungen, die in der Bibel stehen? **Was sagt die Bibel dazu?**
(Deshalb ist es wichtig, regelmäßig in ihr zu lesen, damit ich weiß, was darin

    steht.)
Warum will ich die Stimme Gottes hören?

Sind meine Motive richtig, oder will ich nur die Verantwortung für die Folgen der Entscheidung auf Gott abwälzen?

Was hat Jesus mit dem Thema zu tun?
Jesus ist das Wort Gottes (Joh.1,1).
Deshalb liegt in Jesus die Antwort auf unser Problem. Das heißt, dass wir von Jesus lernen können. Wie beurteilt er die Situation? Welche Motive bewegen Ihn?
Welcher Charakterzug Jesu ist jetzt gefragt? Deshalb müssen wir Jesus kennen und verstehen lernen. In Ihm liegt die Antwort.

Weiterführende Literatur:
- Ursula und Manfred Schmidt, „Hörendes Gebet" ISBN 3-9808340-4-2
- **Loren Cunningham, „Bist Du es, Herr",** Seite 210ff: Zwölf wichtige Punkte die Stimme Gottes zu hören.
- J.C. Hedgecock, *„Meine Schafe hören meine Stimme"*
- Larry Lea, *„Wer Ohren hat zu hören..."*
- Graham Fitzpatrick, *„Gottes Stimme erkennen"*

1.5 Drei unserer stärksten Waffen: Proklamation, Dank und Lobpreis

"Die Waffen unseres Kampfes sind mächtig im Dienste Gottes. Mit ihnen reiße ich Festungen nieder, die Satan in meinem Verstand errichtet hat.
Alle meine Gedanken nehme ich gefangen in den Gehorsam gegen Christus."(2.Kor.10,4f)
Die drei mächtigsten Waffen dafür sind: Proklamation, Dank und Lobpreis.

Proklamationen

So wie Mose einen Stab in der Hand hatte, durch den Gott seine Macht bewies, haben wir auch einen "Stab": Die Bibel - die Wahrheiten Gottes, die wir gegen die Angriffe des Feindes ins Feld führen.
Als Jesus in der Wüste von Satan dreimal versucht wurde, fing Er nicht an zu diskutieren, sondern konterte jedes Mal mit dem Wort Gottes: "Es steht geschrieben..." Erst daraufhin gab sich Satan geschlagen und wich von Ihm.
Wir haben ein sehr begrenztes menschliches Potential, wenn es um geistliche Angriffe geht. Aber wir können Gottes Autorität in die Situation hineinsprechen, wir können die göttliche Wahrheit proklamieren (laut aussprechen).
Damit können wir die Festungen, die Satan in unserem Kopf errichtet hat (oder in den Köpfen anderer) zerstören!

Unser Hauptschlachtfeld ist unser Kopf.

Satan attackiert ständig unsere Gedanken, Gefühle und Stimmungen. Wir können diese Angriffe nur zurückschlagen, wenn wir die Wahrheit Gottes dagegensetzten - dies geschieht, indem wir laut Worte Gottes aus der Bibel aussprechen.
Gott setzt den Maßstab für die Realität. Er ist der allmächtige Schöpfer, der liebende Vater, der Richter und die stärkste Kraft im Universum. Er sagt was gilt!
Deshalb ist es wichtig, diese Wahrheiten gegebenenfalls sogar gegen unsere Empfindungen und Gefühle auszusprechen (zu proklamieren). Es geht dabei nicht darum, sich etwas einzureden - es geht hierbei nicht um Autosuggestion. Denn wir vertrauen nicht auf einen "Von-Selbst-Mechanismus".
Wir sprechen auch nicht Dinge aus eigener Kraft in Existenz, sondern wir richten lediglich die Wahrheit Gottes auf. Wir erwarten von Ihm die Hilfe und den benötigten Durchbruch. Jesus sagt: "Ich bin die Wahrheit!" Jede Situation muss sich an Ihm, an Seiner Meinung, messen lassen.
Christen dürfen im Alltag aus dem unendlichen Schatz der Gnade leben:
1.Petrus 1, 13: " Darum umgürtet die Lenden eurer Gesinnung, seid nüchtern und
setzt eure Hoffnung ganz auf die Gnade, die euch dargeboten wird in der Offenbarung Jesu Christi."
Auch dies ist eine wichtige Proklamation:
"Ich lebe heute aus der Gnade!"

Dank

Die zweite Waffe ist Dankbarkeit. Indem wir Gott danken, verändert sich unsere Sichtweise. Es ist sehr heilsam, unseren Blick von uns abzuwenden und uns Gott zuzuwenden. Wenn wir an die Dinge denken, die Gott in unserem Leben bereits getan hat oder auch an die vielen Situationen, in denen Er praktisch eingegriffen hat, dann erhellt sich dadurch die oft dunkle Wolke, die über uns schwebt.

Anbetung

Anbetung drückt Dank, Freude, Liebe und Sehnsucht nach Gott und völlige Abhängigkeit von Ihm aus.
Gott zu danken und Ihn anzubeten sind zwei mächtige Waffen, die wir in den Händen haben. Sie sind die besten "Antidepressiva"!

Tägliches Gebet um Schutz

Himmlischer Vater, ich bete dieses Gebet
in der Kraft des Heiligen Geistes!
Im Namen Jesu binde ich, weise zurück und erkläre für unwirksam; alle Teilung, Missstimmung, Unreinheit, Streit, Hader und Ärger, Zorn, Mord, Kritik, Verdammnis, Stolz, Neid, Missgunst, negatives Reden, Übertreibung und Lüge, Armut, Furcht verbreitende Geister, Geister der Hexerei, den antichristlichen Geist und religiöse Geister.
Ich binde alle Flüche, die gegen mich ausgesprochen wurden. Ich segne, die mich verfluchen und ich bete, dass du diese Menschen segnest.
Ich binde alle ausgesprochenen Worte, die mich richten sollen, ebenso aber auch alle richtenden Worte, die ich über andere Menschen ausgesprochen habe.
Ich binde die Macht der negativen Worte anderer über meinem Leben. Ebenso binde ich alle Gebete, die nicht durch den Heiligen Geist gesprochen wurden und erkläre sie für wirkungslos.
Ich binde über meinem Leben jede psychische und seelische Kraft, Hexerei, Zauberei und falsche Zungen, die gegen mich gebetet haben.

Ich bin ein Kind Gottes!
Ich widerstehe dem Teufel!
Keine Waffe, die gegen mich gerichtet ist, wird mich treffen!
Ich lege die Waffenrüstung Gottes an (Gal.6,14ff - Ich umgürte mich mit Wahrheit, lege den Panzer der Gerechtigkeit an, ziehe die Stiefel der Bereitschaft an, das Evangelium zu verkündigen. Ich ergreife den Schild des Glaubens, mit welchem ich alle feurigen Pfeile Satans auslöschen kann und nehme den Helm des Heils und das Schwert des Glaubens - nämlich das Wort Gottes.)

Ich nehme im Namen Jesu Autorität über diesen Tag!
Ich erkläre, dass dieser Tag erfolgreich, gesegnet und in allen Bereichen vollständig sein wird!

Ich erkläre, dass ich heute in deiner Liebe laufen werde!

Der Heilige Geist führt und leitet mich an diesem Tag. Ich unterscheide zwischen den Gerechten und Bösen. Ich habe (in meinem Autoritätsbereich) Autorität über Satan, alle Dämonen, Mächte und Gewalten. Ich ergreife diese Autorität über Satan und all seine Dämonen und all die Menschen, die durch sie beeinflusst sind.

Ich bin ein Gerechter Gottes in Jesus Christus - ich bin Gottes Eigentum!

Ich bin durch das Blut Jesu vor jeder dämonischen, psychischen oder mentalen Attacke geschützt. Ich richte um mich, meinen Ehepartner und meine Kinder einen Schutzwall auf, der Tag und Nacht steht!

Ich bitte dich, Herr, im Namen Jesu, Engel aufzustellen, die mich und meine Familie umgeben und auch unsere Wohnung vor jedem Eindringling bewahren.

Ich bekenne, dass ich geheilt und gesund bin.

Ich blühe, werde lange leben, bin beständig, unbestechlich, fruchtbar, voller Frieden, Geduld und Liebe.

Was immer ich mit meinen Händen tun werde, es wird gelingen - denn Gott kümmert sich um all meine Belange.

Gott, ich bete für den Dienst, den du für mich hast. Salbe mich, Herr, damit ich alles ausführen kann, wozu du mich berufen hast.

Ich rufe göttliche Zeitpunkte, offene Türen für Gelegenheiten und von Gott herbeigeführte Begegnungen in Existenz.

Ich bekenne, dass mein Zeugnis und mein Dienst wirksam und vollmächtig sind.

Ich schieße die Pfeile des Evangeliums ab - du, Heiliger Geist, sorgst dafür, dass sie treffen.

Ich preise dich, Herr, und bitte all dies im Namen Jesu! AMEN!

© Brownsville Assembly of God
Literatur:
- Derek und Ruth Prince, Gebete und Proklamationen

1.6 Binden und lösen
Das pro-aktive Gebet

Im Matthäus-Evangelium lesen wir, dass Jesus seinen Jüngern **Vollmacht** und
Autorität durch „Binden und Lösen" übertragen hat.
Jesus spricht zu Petrus in Matthäus 16,19:
Ich werde dir die Schlüssel des Reiches der Himmel geben; und **was immer du
auf der Erde binden wirst, wird in den Himmeln gebunden sein, und was
immer du auf der Erde lösen wirst, wird in den Himmeln gelöst sein.**

Zwei Kapitel später geht es nicht mehr um Petrus alleine, sondern Jesus spricht hier
zu seinen Jüngern. Es erfolgt eine Erweiterung vom „du" zu „ihr":
Matthäus 18,
18 Wahrlich, ich sage euch: Wenn ihr etwas auf der Erde bindet, wird es im Himmel gebunden sein, und wenn ihr etwas auf der Erde löst, wird es im Himmel gelöst sein.
19 Wiederum sage ich euch: Wenn zwei von euch auf der Erde übereinkommen, irgendeine Sache zu erbitten, so wird sie ihnen werden von meinem Vater, der in den Himmeln ist.
20 Denn wo zwei oder drei versammelt sind in meinem Namen, da bin ich in ihrer Mitte.
Dem gemeinsamen Gebet kommt hier eine tragende Rolle zu. Die Übereinstimmung mehrerer Beter ist eine wichtige Grundlage.

Binden und lösen heißt: Wir dürfen und sollen die Initiative ergreifen!
Was durch uns hier auf der Erde gebunden und gelöst ist, wird gebunden und gelöst sein im Himmel!
Das heißt praktisch: Wenn Christen hier auf der Erde Entscheidungen treffen, richtet sich der Himmel danach!
Was für ein Vorrecht!
Was für eine Möglichkeit!
Was für eine Verantwortung!

Dennoch ist Gott weiterhin souverän in seinen Entscheidungen. Er bleibt die oberste Autorität.
Ein anderes Wort für binden ist „verbieten" und für lösen „erlauben".
Jesus sagt damit:
Ich gebe euch die Vollmacht zu entscheiden, was zu erlauben ist, und was nicht.

Manchmal gibt Gott seinen Kindern in schwierigen Situationen einen Eindruck, als wenn er sagen würde:
„Du bist dran! Du hast jetzt die Aufgabe aktiv zu sein, eine Entscheidung zu treffen und zu binden und zu lösen! Und der Himmel wird sich danach richten."

In diesem Zusammenhang steht auch die Aussage Jesu in Johannes 20,23:
„Wenn ihr jemandem die Sünden vergebt, dem sind sie vergeben, wenn ihr sie jemandem behaltet, sind sie ihm behalten."

Auch hier geht es um eine Art des Bindens und Lösens:
Markus 11,
22 Und Jesus hob an und sprach zu ihnen: Habt Glauben an Gott!
23 Denn wahrlich, ich sage euch, wenn jemand zu diesem Berge spräche: Hebe dich und wirf dich ins Meer, und in seinem Herzen nicht zweifelte, sondern glaubte,
dass das, was er sagt, geschieht, so wird es ihm zuteilwerden.
24 Darum sage ich euch: Alles, was ihr im Gebet verlangt, glaubet, dass ihr es empfangen habt, so wird es euch zuteilwerden!
25 Und wenn ihr steht und betet, so vergebet, wenn ihr etwas wider jemand habt, damit auch euer Vater im Himmel euch eure Fehler vergebe.

An einer anderen Stelle macht Jesus deutlich, dass man den „Starken" erkennen und binden muss. Der „Starke" kann eine dämonische Macht sein, die bestimmte Dinge, Personen oder Situationen bindet (beherrscht):
Matthäus 12,
28 Wenn ich aber durch den Geist Gottes die Dämonen austreibe, so ist also das Reich Gottes zu euch gekommen.
29 Oder wie kann jemand in das Haus des Starken eindringen und seinen Hausrat rauben, wenn er nicht vorher den Starken bindet? Und dann wird er sein Haus berauben.

Bei schwierigen Situationen, bei denen man nicht weiß, wie man beten soll, kann man Gott bitten zu offenbaren, welcher „Starke" hinter dem Problem steht. Es geht darum den Starken zu erkennen.
Gott zeigt ihn uns auf unterschiedliche Arten:
Durch sein Wort, durch innere Eindrücke oder durch Träume, Visionen und Bilder.
Den Starken gilt es dann im Namen Jesu zu binden.
Reale Beispiele dazu gibt es in dem unten erwähnten Buch und in dem angegebenen Vortrag von Derek Prince.

Interessant ist auch sich daran zu erinnern, dass Gott den Menschen schuf um zu herrschen (d.h. regieren, verantwortlich handeln):
1.Mose 1,
26 Und Gott sprach: Lasst uns Menschen machen in unserm Bild, uns ähnlich! Sie sollen herrschen über die Fische des Meeres und über die Vögel des Himmels und über das Vieh und über die ganze Erde und über alle kriechenden Tiere, die auf der Erde kriechen!

Auch am Ende der Zeit ist es die Bestimmung der Christen aktiv zu sein, zu herrschen:
Offenbarung 20,
6 Glückselig und heilig, wer teilhat an der ersten Auferstehung! Über diese hat der

zweite Tod keine Macht, sondern sie werden Priester Gottes und des Christus sein und mit ihm herrschen die tausend Jahre.

Auch in Offenbarung 22:
5 Und Nacht wird nicht mehr sein, und sie bedürfen nicht des Lichtes einer Lampe und des Lichtes der Sonne, denn der Herr, Gott, wird über ihnen leuchten, und sie werden herrschen von Ewigkeit zu Ewigkeit.

Gott möchte seine Kinder erziehen und zu reifen, verantwortungsbewussten Persönlichkeiten heranbilden. Daher stattet er uns mit Vollmacht aus und gibt er uns Möglichkeiten, Verantwortung auszuüben - z.B. beim Binden und Lösen.

Die drei wichtigsten Waffen beim Binden und Lösen sind
a) das Wort Gottes (Wahrheiten der Bibel proklamieren)
b) das Blut Jesu (den Sieg Jesu, der durch sein vergossenes Blut deutlich ist, über einer Situation aussprechen)
c) der Name Jesu (in seinem Namen beten, d.h. in Übereinstimmung mit ihm).

Die Grundlage für das Binden und Lösen ist der Sieg Jesu über Satan am Kreuz:

Kolosser 2,
13 Und euch, die ihr tot wart in den Vergehungen und in der Unbeschnittenheit eures Fleisches, hat er uns lebendig gemacht mit ihm, indem er uns alle Vergehungen ergeben hat.
14 Er hat den Schuldschein gegen uns gelöscht, den in Satzungen bestehenden, der gegen uns war, und ihn auch aus unserer Mitte fortgeschafft, indem er ihn ans Kreuz nagelte;
15 er hat die Gewalten und die Mächte völlig entwaffnet und sie öffentlich zur Schau gestellt. In ihm hat er den Triumph über sie gehalten.

Jesus hat den Feind bereits ein für alle Mal besiegt. Das brauchen wir nicht mehr zu tun. Unsere Aufgabe ist es, das Land einzunehmen.

Dies ist ähnlich wie die Situation damals im Irak-Krieg: Die alliierten Kräfte hatten das alte Regime vernichtend geschlagen – trotzdem kam es fast täglich zu Anschlägen.

Unsere Bestimmung ist im Gehorsam und in der Abhängigkeit von Gott zu binden, zu lösen und zu herrschen.

Literatur:
- Buch: Derek Prince, *Die Waffe des Betens und Fastens*, ISBN 3-8806-013-6
- Vortrag (MP3): Derek Prince, *Das aggressive Gebet*
- Artikel von Rob Bell, *Im Staub des Rabbi laufen*, in der Zeitschrift „Aufatmen" II/2005

1.7 Bitten und empfangen

Es geht darum, den Reichtum zu erkennen, in dem wir als Kinder Gottes leben können. In der Bibel werden uns die größten Verheißungen vermittelt. Unsere Aufgabe ist es, alles daran zu setzten, um diesen Schatz zu entdecken und zu heben. Es lohnt sich, die Verheißungen (= Versprechen Gottes) zu kennen und sich damit intensiv auseinanderzusetzen.
Zuerst werden die Verheißungen aufgelistet, dann die Voraussetzungen für ihre Erfüllung herausgestellt und wichtige Prinzipien beschrieben, die zum Empfang des Erbetenen helfen.

„Wenn ihr *Glauben* hättet, wie ein Senfkorn, so würdet ihr zu diesem Berge sprechen: Hebe dich von hier weg dorthin! Und er würde sich hinwegheben, und nichts würde euch unmöglich sein. Aber diese Art fährt nicht aus, außer durch Gebet und Fasten." Matthäus 17,20

„Weiter sage ich euch, wenn *zwei* von euch übereinkommen werden auf Erden über irgendeine Sache, für die sie bitten wollen, so soll sie ihnen zuteilwerden von meinem Vater im Himmel." Matthäus 18,19

„Wahrlich, ich sage euch: Wenn ihr Glauben habt und nicht zweifelt, so werdet ihr nicht nur tun, was mit dem Feigenbaum geschah, sondern auch, wenn ihr zu diesem Berge sagt: Hebe dich und wirf dich ins Meer! so wird es geschehen. Und alles, was ihr gläubig erbittet im Gebet, werdet ihr empfangen." Matthäus 21,21

„Alles ist möglich dem, der glaubt!" Markus 9,23
„Bei Gott ist kein Ding unmöglich." Lukas 1,37
„Und Jesus hob an und sprach zu ihnen: Habt Glauben an Gott!
Denn wahrlich, ich sage euch, wenn jemand zu diesem Berge spräche: Hebe dich und wirf dich ins Meer, und in seinem Herzen nicht zweifelte, sondern glaubte, dass das, was er sagt, geschieht, so wird es ihm zuteilwerden. Darum sage ich euch: **Alles, was ihr im Gebet verlangt, glaubet, dass ihr es empfangen habt, so wird es euch zuteilwerden!**
Und wenn ihr steht und betet, so vergebet, wenn ihr etwas wider jemand habt, damit auch euer Vater im Himmel euch eure Fehler vergebe. Markus 11,22-24

„Und ich sage euch: **Bittet, so wird euch gegeben werden; suchet, so werdet ihr finden; klopfet an, so wird euch aufgetan werden!**
Denn jeder, der bittet, empfängt; und wer sucht, der findet; und wer anklopft, dem wird aufgetan werden.
Welcher Vater unter euch wird seinem Sohn einen Stein geben, wenn er ihn um Brot bittet? Oder wenn er ihn um einen Fisch bittet, gibt er ihm statt des Fisches eine Schlange? Oder wenn er um ein Ei bittet, wird er

ihm einen Skorpion geben? So nun ihr, die ihr arg seid, euren Kindern gute Gaben zu geben versteht, wie viel mehr wird der Vater im Himmel den heiligen Geist denen geben, die ihn bitten!" Lukas 11,9-13
„Sehet zu und hütet euch vor jeglicher Habsucht! Denn niemandes Leben hängt von dem Überfluss ab, den er an Gütern hat." Lukas 12,15
„Und er sprach zu seinen Jüngern: Darum sage ich euch, sorget euch nicht um euer Leben, was ihr essen, noch für den Leib, was ihr anziehen werdet." Lukas 12,22
„Betrachtet die Raben! Sie säen nicht und ernten nicht, sie haben weder Speicher noch Scheunen, und Gott nährt sie doch. Wie viel mehr seid ihr wert als die Vögel!
Wer aber von euch kann mit seinem Sorgen seiner Länge eine Elle hinzusetzen?
Wenn ihr nun das Geringste nicht vermöget, was sorget ihr euch um das Übrige?" Lukas 12,24-26
„Sollte aber Gott nicht seinen Auserwählten Recht schaffen, die Tag und Nacht zu ihm rufen, wenn er sie auch lange warten lässt?
Ich sage euch, er wird ihnen Recht schaffen in Kürze!" Lukas 18,7-8

„Wahrlich, wahrlich, ich sage euch, wer an mich glaubt, der wird die Werke auch tun, die ich tue, und wird größere als diese tun, weil ich zu meinem Vater gehe; und was ihr auch in meinem Namen bitten werdet, will ich tun, auf dass der Vater verherrlicht werde in dem Sohne. **Wenn ihr etwas in meinem Namen bitten werdet, so werde ich es tun.**
Liebet ihr mich, so haltet meine Gebote!" Johannes 14,12-15
„Wenn ihr in mir bleibt und meine Worte in euch bleiben, möget ihr bitten, was ihr wollt, so wird es euch widerfahren. Dadurch wird mein Vater verherrlicht, dass ihr viel Frucht bringet und meine Jünger werdet. Gleichwie mich der Vater liebt, so liebe ich euch; bleibet in meiner Liebe!" Johannes 15,7-9
„Wahrlich, wahrlich, ich sage euch, was ihr den Vater bitten werdet in meinem Namen, er wird es euch geben! Bis jetzt habt ihr gar nichts in meinem Namen gebetet; bittet, so werdet ihr nehmen, auf dass eure Freude völlig werde!" Johannes 16,23-24
„Ihr erlanget es nicht, weil ihr nicht bittet; ihr bittet und bekommt es nicht, weil ihr übel bittet, um es mit euren Wollüsten zu verzehren." Jakobus 4,3
„Die Geduld aber soll ein vollkommenes Werk haben, damit ihr vollkommen und ganz seiet und es euch an nichts mangle." Jakobus 1,3

Prinzip Nr.1: Wir sind als wiedergeborene Nachfolger Jesu *geliebte Kinder* unseres himmlischen Vaters. Er ist unendlich reich. In Ihm ist die Fülle. In Ihm ist kein Mangel.

Von Ihm heißt es „Mein ist das Silber und Gold" (...)
„Die Erde ist des Herrn und was sie erfüllt" (...)

Prinzip Nr.2: Gott ist ein *liebender und großzügiger Gott.*

Schon in der Schöpfung erkennen wir seine Größe, seinen Reichtum und eine verschwenderische Schönheit.

Ein „gerütteltes Maß" ist Ihm angenehm. Die Großzügigkeit Gottes basiert auf seiner Liebe zu seinen Kindern. So wie ein guter irdischer Vater seine Kinder beschenkt und umsorgt.

Prinzip Nr.3: Gott beantwortet unsere Bitten oft anders und zu einem anderen Zeitpunkt als wir es erwarten. Hier ist Ausdauer und Geduld nötig. Weil Gott uns kennt, weiß Er, was wann wie für uns gut ist.

Prinzip Nr.4: Es ist eine geistliche Gesetzmäßigkeit, dass Verheißungen an *Bedingungen* geknüpft sind. Wir wissen dies aus dem Alten und aus dem Neuen Testament.

Welche <u>Voraussetzungen</u> gibt es, damit Bitten und Empfangen „funktionieren"?
-   Wiedergeburt (Johannes, Kapitel 3),
-   Hingabe (sein Leben und seine Wünsche und seine Rechte Jesus weihen),
-   nicht in bewusster Sünde leben;
-   denjenigen vergeben, die an mir schuldig wurden, ...

1.8 24-Stunden-Gebet

Wir werden als Gemeinde Jesu in Zeiten kommen, in denen es ohne anhaltendes, permanentes Gebet nicht mehr weitergehen wird.

Gott ist dabei, ganz neu den Geist der Gnade und des Gebets über seinem Leib auszugießen (Sach.12,10).

Das Ziel ist, den biblischen Normalzustand wiederherzustellen: eine Gebetserweckung in dem Leib Jesu.

Die biblischen Grundlagen dafür stehen u.a. in den folgenden Stellen:

Apg.2,42: Sie blieben aber beständig in aller Art des Gebets.

Röm.12,12: Im Gebet haltet an!

1.Thess.5,17: Betet ohne Unterlass.

Lk.18,1: Jesus sagte, dass es notwendig sei allezeit zu beten.

Kol.4,2: Haltet fest am Gebet.

Eph. 6,18: Betet zu jeder Zeit im Geist.

Lk.21,36: Wachet nun und betet zu aller Zeit!

Phil 4,6-7: Sorget um nichts; sondern in allem lasset durch <u>Gebet und Flehen</u> mit Danksagung eure Anliegen vor Gott kundwerden. Und der Friede Gottes, der allen Verstand übersteigt, wird eure Herzen und Sinne bewahren in Christus Jesus!

Ps 55,17-18: Ich aber rufe zu Gott, und der HERR wird mir helfen; abends, morgens und mittags will ich *beten und ringen*, so wird er meine Stimme hören.

Dan 6,11: ... und er (Daniel) fiel des Tages dreimal auf die Knie nieder, betete und dankte vor seinem Gott, ...

Unser himmlischer Vater möchte, dass wir als Kinder zu Ihm kommen und Ihn um die Dinge bitten, die wir brauchen:

Jak 4,2: „Ihr habt nichts, weil ihr nicht bittet."

Deutschland wird gerade von einer noch nie da gewesenen Gebetsbewegung überflutet. Der Heilige Geist führt die Gläubigen aus verschiedenen Denominationen und Gemeinschaften zusammen, um gemeinsam Gott für unser Land um Gnade und Durchbrüche zu bitten. Die Zeit ist reif. Der Kampf wird härter. Im Moment wird in ca. 200 deutschen Städten und Regionen abwechselnd über den Monat verteilt gebetet, Tag und Nacht – 24 Stunden lang. Die Gebete werden z.T. mit Fasten begleitet. Es geht dabei in erster Linie darum, dass Deutschland als Nation in seine –von Gott gegebene - endzeitliche Bestimmung hineinwächst. Eine Umfrage unter bekannten geistlichen Leitern im Land zeigte zu „Deutschlands Berufung" folgendes Ergebnis:

- Leiterschaft (Organisationsfähigkeit, Bereitschaft zum Dienen)
- Segensrolle für Europa (Berufung in Europa, wichtige Dinge freisetzen)
- Vaterschaft (Vaterschaft Gottes, geistliche Väter und Mütter sein – z.B. in Hausgemeinden)

- „Kämpferische Gesinnung" (Geistliche Strategen, dem Feind Widerstand leisten)
- Hingabe - besonders auch der Jugend (Radikalität, Leidensbereitschaft, Verzicht)
- Gründlichkeit (Das Beste geben für Gottes Reich)
- Land der Missionare (Moderne Missionsbewegung hervorbringen)
- Land des Wortes (Reformation, Mission, Lehrgaben)
- Anbetung (Musiker, Dichter und Denker zur Ehre Gottes)
- Großzügigkeit (Reichtum und Finanzen für das Reich Gottes)
- Dienst an den Juden (Schlüsselrolle für Israel)

Außerdem geht es bei der Gebetskette auch um regionale Anliegen, wie z.B. Einheit unter den Leitern, Gebet um Erweckung, die Bekehrung von Familienangehörigen, für die einzelnen Gemeinden, die Verantwortlichen in Politik, Wirtschaft, Gesellschaft, Medien, Kunst, Schulen...

Aber auch: Ausländerfeindlichkeit, Arbeitslosigkeit, Kriminalität, Abtreibung, Korruption, Antisemitismus etc..

Jeden Monat gibt es aktualisierte Gebetsanliegen, die über Internet von den Betern heruntergeladen werden können. Die Adresse lautet: www.waechterruf.de.

Während der Gebetszeiten können alle Gebetsarten variiert werden. Neben der Fürbitte: Dank, Anbetung, Flehen, Proklamieren, Lobpreis, Kampfgebet usw.

Es gibt vier Ebenen des Gebets:
1. Das persönliche Gebet - Mt.6,6 (alleine - Intimität mit Gott aufbauen.)
2. Das Gebet in Zwei- und Dreiergruppen - Mt 18, 18-20.
3. Das Gebet in der Hausgemeinde/ Hauskreis – Apg.1,13+14.
4. Das Gebet in der großen Versammlung der Christen eines Ortes – Apg. 4,24.

Alle Lehre über Gebet bringt kein Gebet hervor – man muss einfach anfangen.

Weitere praktische Hinweise zur Umsetzung:
- Hauskreise/Hausgemeinden, Freunde oder Einzelpersonen können einmal im Monat an einem bestimmten Tag, eine oder zwei Stunden für sich reservieren.
- Hausfrauen, Senioren, Schüler, Angestellte, Selbständige usw. – alle, die der Heilige Geist drängt, sind eingeladen, an dem 24- Stunden-Gebet mitzupowern, d.h. unter der Führung des Heiligen Geistes - durch die Gebete- Gottes Arm zu bewegen.
- Die Zeiteinteilung ist frei (je nach persönlicher Situation) und wird lokal koordiniert.

- Es gibt einen örtlichen Gebetskoordinator, der für die Kommunikation untereinander sorgt und die neusten Informationen, Gebetsanliegen, Bilder und Eindrücke etc. weitergibt.

Die Gemeinde Jesu wird wieder eine betende Gemeinde werden. Sie wird alles Entscheidende von Ihrem heiligen und allmächtigen Herrn empfangen. Gehorsam wird sie die Dinge tun, die ihr als Auftrag gegeben wurde und durch aktuelle Führungen des Heiligen Geistes gegeben wird.
Keine toten Werke mehr!
Keine toten Programme mehr!
Nahe am Herzschlag Gottes sein, die örtliche Situation immer mehr mit seinen Augen sehen.
Lieben wie Gott liebt,
weinen wie Jesus geweint hat.

Dem Feind widerstehen –
dort wo Widerstand nötig ist.
Wachsam sein,
die Zeichen der Zeit erkennen.
Demütig sein vor Gott und den Menschen. Sich Jesus hingeben mit allem was man ist und hat.
Mit Ihm im Sieg leben, im inneren Frieden, der nur von Ihm kommt.
Off. 22,20: Der diese Dinge bezeugt, spricht: Ja, ich komme bald. Amen, komm, Herr Jesus!

Verwendete und dringend zum Lesen empfohlene Literatur:
- Peter Wenz: Der Wächterruf.
- John Mulinde: Licht oder Finsternis über Europa.
- Elizabeth Alves: Herr, lehre mich beten.
- Tom Hess: Die Wächter.

1.9 Durchbrüche durch Fasten

1. Was ist Fasten?

"Fasten" ist die Gewohnheit, sich für geistliche Zwecke vorsätzlich der Nahrung zu enthalten. Seit Mose auf dem Berg Sinai war, gehörte das Fasten zu der Beziehung zwischen Gott und seinem Volk (also seit ca. 3500 Jahren). Durch Fasten ist es möglich, den Willen Gottes wesentlich deutlicher und tiefer zu erkennen. Fasten ist deshalb ein Teil der vollkommenen Fürsorge Gottes. Fasten ist durch nichts zu ersetzen.

2. Warum Fasten?

- weil Jesus gefastet hat und gesagt hat, dass seine Jünger fasten werden (Luk.5,35).
- weil wir dem Wort Gottes gehorsam sein wollen.
- um uns vor Gott zu demütigen (Esra 8,21).
- um in die Fülle der Kraft Gottes zu kommen.
- damit die Kraft Gottes in unserer Schwachheit mächtig wird (2.Kor.12,9-10).
- um die Unterstützung Gottes bei der Erfüllung seines Willens zu erlangen (Apg.13,3-4; 14,23).
- um in Krisenzeiten Durchbrüche zu erleben (Esther 4,15+16).
- um Führung Gottes zu erhalten (Esra 8,21-23).
- um Einsicht und göttliche Offenbarung zu erhalten (Jer.36,6).
- weil wir uns in einem geistlichen Krieg befinden und mit geistlichen Waffen kämpfen müssen (2.Kor 10,4 + Mk 9,29).

Fasten heißt: „Ich verzichte, weil ich dich liebe."

3. Biblische Grundlagen

Auch bei dem Thema "Fasten" müssen wir unsere Richtlinien aus dem Wort Gottes holen und anhand der Bibel prüfen, was der Wille Gottes für uns ist.
Eine vollständige Auflistung der Bibelstellen erhält man aus einer Konkordanz unter dem Stichwort "Fasten".
Hier eine Auswahl aus dem Alten und Neuen Testament:

Jesaja 58,
3 «Warum fasten wir, und du siehst es nicht; warum demütigen wir unsere Seelen, und du beachtest es nicht?» Seht, an eurem Fastentag sucht ihr euer Vergnügen und drängt alle eure Arbeiter! 4 Siehe, ihr fastet, um zu zanken und zu hadern und dreinzuschlagen mit gottloser Faust; ihr fastet gegenwärtig nicht so, dass euer Schreien in der Höhe Erhörung finden könnte. 5 Meinet ihr, dass mir ein solches Fasten gefalle, da der Mensch sich selbst einen Tag lang quält und seinen Kopf hängen lässt wie ein Schilf und sich in Sack und Asche bettet? Willst du das ein Fasten nennen und einen dem HERRN angenehmen Tag? 6 Ist nicht das ein Fasten, wie ich es liebe: dass ihr ungerechte Fesseln öffnet, dass ihr die Knoten des Joches löset, dass ihr die Bedrängten freilasset und jegliches Joch wegreißet, 7 dass du dem Hungrigen dein Brot brichst und arme Verfolgte in dein Haus führst, dass, wenn du einen Nackten siehst, du ihn bekleidest und deinem Fleische dich nicht

entziehst? 8 Alsdann wird dein Licht hervorbrechen wie die Morgenröte, und deine Heilung wird rasche Fortschritte machen; deine Gerechtigkeit wird vor dir hergehen, und die Herrlichkeit des HERRN wird deine Nachhut sein! 9 Dann wirst du rufen, und der HERR wird antworten; du wirst schreien, und er wird sagen: Hier bin ich! Wenn du das Joch aus deiner Mitte hinweg tust, das Fingerzeigen und das unheilvolle Reden lässest; 10 wenn du dem Hungrigen dein Brot darreichst und die verschmachtende Seele sättigst; alsdann wird dein Licht in der Finsternis aufgehen, und dein Dunkel wird sein wie der Mittag! 11 Der HERR wird dich ohne Unterlass leiten und deine Seele in der Dürre sättigen und deine Gebeine stärken; du wirst sein wie ein wohlbewässerter Garten und wie eine Wasserquelle, deren Wasser niemals versiegen. 12 Und man wird auf deinen Antrieb die Trümmer der Vorzeit wieder bauen, du wirst die Gründungen früherer Geschlechter wieder aufrichten; und man wird dich nennen Breschenvermaurer, Wiederhersteller bewohnbarer Straßen.

2.Chr 20,3
Da <u>fürchtete</u> sich Josafat und befleißigte sich, den HERRN zu suchen, und ließ in ganz Juda ein Fasten ausrufen.

Esra 8,21
Und ich ließ dort an dem Fluss Ahava ein Fasten ausrufen, dass wir uns <u>demütigten</u> vor unsrem Gott, um von ihm eine glückliche Reise für uns und unsre Kinder und alle unsre Habe zu erflehen.

Neh 1,4
Als ich diese Worte hörte, setzte ich mich hin und weinte und trug <u>Leid</u> etliche Tage lang und fastete und betete vor dem Gott des Himmels und sprach ...

Est 4,16
So gehe hin, versammle alle Juden, die zu Susan anwesend sind, und <u>fastet für mich</u>, drei Tage lang bei Tag und Nacht, esset und trinket nicht. Auch ich will mit meinen Mägden also fasten, und alsdann will ich zum König hineingehen, wiewohl es nicht nach dem Gesetze ist. Komme ich um, so komme ich um!

Joel 2,12
Doch auch jetzt noch, spricht der HERR, <u>kehret euch zu mir</u> von ganzem Herzen mit Fasten, mit Weinen, mit Klagen!

Mt 6,16+17
Wenn ihr aber fastet, sollt ihr <u>nicht finster dreinsehen</u> wie die Heuchler; denn sie verstellen ihr Angesicht, damit es von den Leuten bemerkt werde, dass sie fasten. Wahrlich, ich sage euch, sie haben ihren Lohn dahin.
Du aber, wenn du fastest, so salbe dein Haupt und wasche dein Angesicht,
damit es nicht von den Leuten bemerkt werde, dass du fastest, sondern von deinem Vater, der im

Verborgenen ist; und dein Vater, der ins Verborgene sieht, wird es dir vergelten öffentlich.

Lk 5,35
Es werden aber Tage kommen, da der Bräutigam von ihnen genommen sein wird; dann werden sie fasten in jenen Tagen.

Apg 13,2
Als sie nun dem Herrn dienten und fasteten, sprach der Heilige Geist: Sondert mir Barnabas und Saulus aus zu dem Werk, zu welchem ich sie berufen habe!

Apg 13,3
Da fasteten und beteten sie, legten ihnen die Hände auf und ließen sie ziehen.

Apg 14,23
Nachdem sie ihnen aber in jeder Gemeinde Älteste erwählt hatten, übergaben sie diese unter Gebet und Fasten dem Herrn, an welchen sie gläubig geworden waren.

4. Verschiedene Arten des Fastens

Das Beste ist, den Heiligen Geist zu fragen, wie und wann man fasten soll. Oft legt Er uns eine Last auf das Herz, manchmal haben wir ein wichtiges Gebetsanliegen. Durch das Fasten werden unsere Gebete verstärkt. Durch das Fasten bekennen wir unsere Schwächen und Gottes Möglichkeiten.

Die Bibel zeigt uns, dass es nicht nur eine richtige Art zu fasten gibt, sondern, dass es auf persönliche Führung ankommt. Auch hier soll man nicht gesetzlich werden.

Manchen führt Gott eine Mahlzeit auszulassen und stattdessen diese Zeit in seiner Gegenwart zu verbringen. Andere fasten bis zum Abend (Richter 20,26). Andere werden geführt 1-3 Tage zu fasten, manche 1 Woche, mache 21 Tage (wie bei Daniel), wenige 40 Tage, manche 3 Tage ohne Essen und Trinken (wie bei Esther).

Wir können Gott mit unserem Fasten nicht manipulieren. Es geht auch nicht darum, irgendeine geistliche Leistung zu vollbringen. Es geht Gott um unsere Herzenseinstellung und damit um unsere Motivation. Beim Fasten ist das Begehren, Gott zu bestürmen, von Ihm zu hören und sich zu demütigen größer, als das Stillen des Hungergefühls. Der Nutzen des Fastens ist höher als die Kosten.

5. Gemeinschaftliches Fasten

Große Kraft liegt auf dem gemeinsamen Fasten. In der Apostelgeschichte lesen wir: "Während sie aber dem Herrn dienten und fasteten, sprach der Heilige Geist..." (Apg. 13,2 + 14,23).

Die Gegenwart Gottes ist in so einem Fall besonders stark. Dies ist eine Ermutigung für alle, die gemeinsam ein Gebetsanliegen bewegen oder auch für die Fürbitter, die gemeinsam für eine Stadt beten und fasten (z.B. auch beim Wächtergebet).

Eine geistlich erfolgreiche Strategie wird uns in 2.Chronik 20 berichtet:
König Josafat wird von einem riesigen Heer angegriffen. Er lässt
ein gemeinsames Fasten ausrufen,
lässt gemeinsam beten,
wendet geistliche Gaben an (hier: die Gabe der Weisheit) und
gemeinsamer Lobpreis und Anbetung - all dies führt zur Selbstzerfleischung des feindlichen Heeres.

6. Der Lebensstil des Fastens

Ein Lebensstil des Fastens zu führen heißt, das Fasten wird zu einem Teil des Lebens. Manche fasten regelmäßig an einem Wochentag, manche an zwei Vormittagen in der Woche, andere ein- bis zweimal pro Jahr eine längere Zeit.

Aus Lk.5,35 geht hervor, dass Fasten ein Zeichen wahrer Jüngerschaft ist und von Jesus selbst verordnet wurde.

Praktischen Tipps und Hinweise zum Fasten findet man u.a in den drei angegebenen Büchern.

Literatur zum Thema:
- Derek Prince, Die Waffe des Betens und des Fastens
- Mahesh Chavda, Die verborgene Kraft des Betens und Fastens
- Michael Schiffmann, Warum wir fasten

1.10 Welche Macht hat das Blut Jesu?

Welcher Bedeutung hat das am Kreuz von Golgatha vergossene Blut Jesu für uns heute?

Schon im Alten Testament haben wir Hinweise auf die heilende und vom Tod errettende Kraft des Blutes:

1. Bei den Tieropfern, deren Blut Sündenvergebung andeuteten.
2. Beim Auszug der Israeliten aus Ägypten:
„Und sie sollen von dem Blut nehmen und beide Türpfosten und die Oberschwellen der Häuser, darin sie essen, damit bestreichen." 2.Mose 12,7
3. Doch wahrlich, unsere Krankheit trug er, und unsere Schmerzen lud er auf sich; wir aber hielten ihn für bestraft, von Gott geschlagen und geplagt;
aber er wurde durchbohrt um unserer Übertretung willen, zerschlagen wegen unserer Missetat; die Strafe, uns zum Frieden, lag auf ihm, und durch seine Wunden sind wir geheilt. Jes. 53, 4+5

Im Neuen Testament lesen wir von weiteren Auswirkungen des Blutes für unser Leben:
„Und er nahm den Kelch, dankte, gab ihnen denselben und sprach: Trinket alle daraus! Denn das ist mein Blut des Bundes, welches für viele vergossen wird zur Vergebung der Sünden!" Math. 26,28
Daraus ergibt sich:
Das Blut Jesu besiegelt einen neuen Bund Gottes mit uns Menschen.
Das Blut Jesu wurde zur Vergebung unserer Sünde vergossen. Jesus starb stellvertretend für uns. Wir hätten wegen unserer Schuld den Tod verdient.
„Darum sprach Jesus zu ihnen: Wahrlich, wahrlich, ich sage euch, wenn ihr nicht das Fleisch des Menschensohnes esset und sein Blut trinket, so habt ihr kein Leben in euch. Wer mein Fleisch isst und mein Blut trinkt, der hat ewiges Leben, und ich werde ihn auferwecken am letzten Tage. Denn mein Fleisch ist wahrhaftige Speise, und mein Blut ist wahrhaftiger Trank.
Wer mein Fleisch isst und mein Blut trinkt, der bleibt in mir und ich in ihm." Joh.6,53f
Indem wir beim Abendmahl symbolisch sein Blut trinken, haben wir Leben in uns, Leben in Ewigkeit und werden auferweckt am Ende der Zeit.
Durch das Blut haben wir enge Gemeinschaft mit Jesus – wir bleiben in Ihm, Er bleibt in uns.
„So habt nun acht auf euch selbst und auf die ganze Herde ..., die Gemeinde Gottes zu weiden, welche er durch das Blut seines eigenen Sohnes erworben hat! Apg. 20,28
Durch das Blut Jesu wurde die Gemeinde erworben.
„Denn es ist kein Unterschied: Alle haben gesündigt und ermangeln der Herrlichkeit Gottes, so dass sie gerechtfertigt werden ohne Verdienst, durch seine Gnade, mittels der Erlösung, die in Christus Jesus ist. Ihn hat Gott zum Sühnopfer verordnet, durch sein Blut,

für alle, die glauben, zum Erweis seiner Gerechtigkeit, wegen der Nachsicht mit den Sünden, die zuvor geschehen waren unter göttlicher Geduld „..." Römer 3,23 ff
Durch das Blut Jesu werden wir ohne eigenen Verdienst, aus Gnade, vor Gott gerechtfertigt – wenn wir dies glaubend annehmen.
„Gott aber beweist seine Liebe gegen uns damit, dass Christus für uns gestorben ist, als wir noch Sünder waren. Wie viel mehr werden wir nun, nachdem wir durch sein Blut gerechtfertigt worden sind, durch ihn vor dem Zorngericht errettet werden! Römer 5, 8+9

Wir werden durch sein Blut von dem Zorngericht Gottes errettet.
„Desgleichen auch den Kelch, nach dem Mahl, indem er sprach: Dieser Kelch ist der neue Bund in meinem Blut; solches tut, so oft ihr ihn trinket, zu meinem Gedächtnis!
Denn so oft ihr dieses Brot esset und den Kelch trinket, verkündiget ihr den Tod des Herrn, bis dass er kommt.
Wer also unwürdig das Brot isst oder den Kelch des Herrn trinkt, der ist schuldig am Leib und am Blut des Herrn.
Es prüfe aber ein Mensch sich selbst, und also esse er von dem Brot und trinke aus dem Kelch; denn wer unwürdig isst und trinkt, der isst und trinkt sich selbst ein Gericht, weil er den Leib des Herrn nicht unterscheidet. 1.Kor.11,25ff

Dem Blut Jesu (und dem Abendmahl) gebührt Ehrfurcht (dies ist nicht zu unterschätzen).
„... in ihm haben wir die Erlösung durch sein Blut, die Vergebung der Sünden nach dem Reichtum seiner Gnade, die er gegen uns überfließen ließ in aller Weisheit und Einsicht; ... Epheser 1,7+8
Durch das Blut haben wir die Erlösung und die damit verbundene Befreiung von den Bindungen, die aus unseren Sünden resultieren:
„...welcher uns errettet hat aus der Gewalt der Finsternis und versetzt in das Reich des Sohnes seiner Liebe, in welchem wir die Erlösung haben durch sein Blut, die Vergebung der Sünden; ..." Kol.1,13 + 14
Durch das Blut sind wir errettet aus der Gewalt der Finsternis.
Durch das Blut haben wir Eingang in das Reich seiner Liebe erhalten.
„Nun aber, in Christus Jesus, seid ihr, die ihr einst ferne waret, nahe gebracht worden durch das Blut Christi. Denn er ist unser Friede, der aus beiden eins gemacht und des Zaunes Scheidewand abgebrochen hat, indem er in seinem Fleische die Feindschaft (das Gesetz der Gebote in Satzungen) abtat, um so die zwei in ihm selbst zu einem neuen Menschen zu schaffen und Frieden zu stiften, und um die beiden in einem Leibe durch das Kreuz mit Gott zu versöhnen,

nachdem er durch dasselbe die Feindschaft getötet hatte." Epheser 2,13ff
Durch das Blut Jesu sind Christen und Juden in Ihm eins geworden.
Die Feindschaft zwischen den beiden ist durch das Blut aufgehoben.
„Denn es gefiel *Gott*, dass in ihm alle Fülle wohnen sollte und alles durch ihn versöhnt würde zu ihm selbst (dadurch, dass er Frieden machte durch das Blut seines Kreuzes) durch ihn, sowohl was im Himmel, als auch was auf Erden ist." Kol.1,19+20
Durch das Blut machte Gott Frieden zwischen den Menschen und sich selbst.
„...wie viel mehr wird das Blut Christi, der durch ewigen Geist sich selbst als ein tadelloses Opfer Gott dargebracht hat, unser Gewissen reinigen von toten Werken, zu dienen dem lebendigen Gott!" Heb. 9,12
Durch das Blut wird unser Gewissen gereinigt – dies befähigt uns voller Zuversicht vor Gott zu treten und Ihm zu dienen.
„..., wie viel ärgerer Strafe, meinet ihr, wird derjenige schuldig erachtet werden, der den Sohn Gottes mit Füßen getreten und das Blut des Bundes, durch welches er geheiligt wurde, für gemein geachtet und den Geist der Gnade geschmäht hat?" Heb. 10,28+29
Ihr seid gekommen „...zu Jesus, dem Mittler des neuen Bundes, und zu dem Blut der Besprengung, das Besseres redet als Abels Blut." Heb.12,14
Das Blut Jesu tritt beständig vor Gott im Himmel für mich ein.
„Darum hat auch Jesus, um das Volk durch sein eigenes Blut zu heiligen, außerhalb des Tores gelitten." Heb.13,11
Das Blut Jesu heiligt uns (= sondert uns aus für Gott).
„... und das Blut Jesu Christi, seines Sohnes, reinigt uns von aller Sünde." 1.Joh.1,7b
Das Blut reinigt uns (fortwährend) von aller Schuld.
„Er ist es, der mit Wasser und Blut gekommen ist, Jesus Christus; nicht mit Wasser allein, sondern mit Wasser und Blut. Und der Geist ist es, der bezeugt, weil der Geist die Wahrheit ist. Denn drei sind es, die bezeugen: der Geist und das Wasser und das Blut, und die drei sind einig." 1.Joh.5,6ff

Das Blut (und der Geist und das Wasser) bezeugen, dass Jesus der Sohn Gottes ist.
„Ihm, der uns liebt und uns durch sein Blut von unsren Sünden gewaschen und uns zu einem Königreich gemacht hat, zu Priestern für seinen Gott und Vater: ihm gehört die Herrlichkeit und die Macht in alle Ewigkeit! Amen." Offb.1,6

Durch das Blut hat Jesus uns zu einem Königreich und zu Priestern gemacht.
„Und sie sangen ein neues Lied: Würdig bist du, das Buch zu nehmen und seine Siegel zu brechen; denn du bist geschlachtet worden und hast für Gott mit deinem Blut Menschen erkauft aus allen Stämmen und Zungen und Völkern und Nationen und hast sie für unsren Gott zu einem Königreich und zu Priestern gemacht, und sie werden herrschen auf Erden." Offb. 5,9+10
Durch das Blut hat Jesus für Gott Menschen aus der ganzen Welt erkauft.
Durch das Blut werden sie herrschen auf der Erde.
„Und sie haben ihn (Satan) überwunden durch des Lammes Blut und durch das Wort ihres Zeugnisses und haben ihr Leben nicht geliebt bis in den Tod!" Offb. 12,11
Wir können Satan widerstehen durch unser Zeugnis und durch Jesu Blut. Das Blut Jesu ist die beste Ausrüstung, die bösen Mächte zu überwinden.
Welche weiteren konkreten Verhaltensweisen ergeben sich daraus für uns heute?
=> Wir sollten Jesus von ganzen Herzen danken:
dass Er aus Liebe zu uns sein Leben ließ.
dass Er dem Vater gehorsam war bis in den Tod.
dass Er für uns den oben beschriebenen, vielfältigen Austausch am Kreuz bewirkte.

=> Bei Krankheiten dürfen wir glaubend proklamieren (laut aussprechen), dass Er unsere Krankheit trug, dass Er unsere Schmerzen auf sich nahm und dass wir durch seine Wunden geheilt sind. (Jes. 53,4+5)

Literatur:
- Helmut Schweiker, Das Blut Jesu
- Derek Prince, Gebete und Proklamationen

1.11: „Herr, lehre uns beten!" Das Vater-unser.

Eine Möglichkeit, um täglich die Gegenwart Gottes zu genießen.

Auf die oben genannte Bitte der Jünger antwortete Jesus mit dem „Vater-unser". Dieses Gebet ist in sich völlig ausreichend und bedarf keiner Ergänzung oder Erklärung. Wer darüber hinaus bewusst Zeit mit Gott verbringen möchte, findet im Folgenden gute Anregungen.

I. Unser Vater im Himmel, geheiligt werde dein Name.
A. Schaffe in deiner Vorstellung ein Bild des Blutes, das Jesus am Kreuz vergossen hat. Danke Gott dafür, dass du ihn aufgrund dieses Blutes „Vater" nennen darfst. Der allmächtige Schöpfer wurde dein liebender Vater (Abba = „Papi") - staune und danke.

B. Heilige die Namen Gottes entsprechend den fünf Segnungen des Neuen Bundes. Sprich laut aus, was du glaubst.
1. Mir sind meine Sünden vergeben und ich bin von ihrer Macht befreit. a. Jahwe zidqenu: Jahwe unsere Gerechtigkeit. b. Jahwe meqaddesch: Jahwe, der heiligt.
2. Ich bin erfüllt mit dem Heiligen Geist. a. Jahwe schalom: Jahwe ist Friede. b. Jahwe schammah: Jahwe ist hier. (Der nahe, gegenwärtige Gott.)
3. Durch das Blut Jesu habe ich als Kind Gottes ein Anrecht auf Heilung und Gesundheit. Jahwe rophe: Jahwe heilt.
4. Ich bin von jedem Fluch befreit und in den Segen Abrahams eingetreten (Galater 3,13). Jahwe jireh: Gottes Versorgung wird sichtbar werden.
5. Ich kann frei sein von jeder Angst.

a. Jahwe ro'i: Jahwe mein Hirte.
b. Jahwe nissi: Jahwe mein Banner. In ihm haben wir den Sieg!

C. Bitte den Heiligen Geist, dir Bereiche zu offenbaren, in denen du den Namen des Herrn vielleicht missbrauchst.
D. Ordne dich der Herrschaft Christi unter.
E. Bete im Geist, verehre ihn und singe Lieder in deinem Herzen für den Herrn.

II. Dein Reich komme, dein Wille geschehe wie im Himmel so auf Erden.

A. Du selbst
1. Komm ins Reine mit Gott.
2. Bitte Jesus, auf dem Thron deines Lebens zu sitzen und über jeden Lebensbereich zu herrschen. Gib ihm erneut deine Rechte ab (Selbstbestimmung, Zeit, Vermögen...).

3. Bleibe vor dem Herrn, bis dein Tagesverlauf klar ist und der Geist Gottes in dir wirksam wird.
B. Bete für deine Familie (Ehepartner, Kinder und andere Familienmitglieder).
C. Bete für deine Gemeinde (Verantwortungsträger)
D. Bete für deine Nation (Stadt, Land, Politiker, geistliche Leiter und Erweckung).
E. Bitte den Geist Gottes, dass er dir hilft, deine Prioritäten richtig zu setzen und sie in die Praxis umzusetzen.
F. Sei im Willen Gottes.
1. Bitte den Heiligen Geist, dir zu helfen, ein regelmäßiges, persönliches Gebetsleben zu entwickeln und dir Zeit für das Wort Gottes zu geben, damit du täglich mit Jesus Gemeinschaft hast.
2. Bete, dass der Herr dich in eine Ortsgemeinde einpflanzt und dich zu einem aktiven, funktionierenden und gesunden Teil seines Leibes macht.
3. Prüfe deine Arbeitsgewohnheiten. Bist du schlampig? Arbeitssüchtig? Bitte den Herrn, dir Können, Leistungsfähigkeit, Kraft und Ausgewogenheit zu geben.
4. Prüfe dein Geben. Gehorchst du dem Herrn darin, großzügig zu geben (der Zehnte ist dabei eine biblische Richtlinie)? Oder bist du habgierig und geizig? Oder bist du ein schlechter Haushalter? Stehst du in dem Ruf, fair und ehrlich zu sein und dein Wort zu halten? Nimm dir Zeit, um darüber zu beten.

G. Erinnere dich daran, dass das Reich Gottes das Thema war, über das Jesus in den vierzig Tagen nach seiner Auferstehung sprach. Daher ist auch unsere Priorität: Andere zu Jüngern zu machen. Frage den Heiligen Geist, was Er durch dich heute dazu beitragen möchte.

III. Unser tägliches Brot gib uns heute.
A. Glaube, dass Wohlstand Gottes Wille für dich ist. (Def. Wohlstand = Mehr als genug haben, um selbst versorgt zu sein und anderen geben zu können)
1. Lies Schriftstellen, wie z.B. Mat.6,25-34 und 2.Kor.9,6-11. Gebrauche sie als Bekenntnis, wenn du deine Versorgung hereinbetest.
2. Denke solange über das Wort Gottes nach, bis du wirklich verstehst und glaubst, dass es Gottes Wille ist, dich zu segnen.

Sei präzise.
1. Sage Gott jeden Tag ganz präzise, was du brauchst.
2. Entscheide dich zu beten, anstatt dir Sorgen zu machen.

B. Sei ausdauernd.
1. Hole dir alles zurück, was der Teufel dir gestohlen hat. Entmutigung und Unglauben haben dich der Antworten auf deine Gebete beraubt. Bringe diese

Bitten erneut vor and halte durch, bis die Antwort kommt.

2. Preise den Herrn, denn er ist Jahwe jireh: Er sieht deine Bedürfnisse schon im Voraus und sorgt für alles vor.

IV. Und vergib uns unsere Schuld, wie wir vergeben unsern Schuldigern.

A. Bitte Gott, dir zu vergeben.

1. Bring deine eigenen Sünden in Ordnung. Bitte den Heiligen Geist, dir Bereiche deines Lebens zu zeigen, in denen du Gott ungehorsam bist.
2. Bekenne deine Sünde. Akzeptiere Gottes Meinung über diese Sünde. Bitte ihn, dass er dir hilft, diese Sünde von Herzen zu hassen und dass er dich von ihrer Herrschaft befreit.
3. Dulde kein Gefühl der Verdammnis. Vergiss nicht, dass du die Gerechtigkeit Gottes in Christus bist. Du bist in ihm vervollständigt.

B. Vergib so oft, wie du Vergebung empfangen willst.

1. Sinne darüber nach, welch große Sündenschuld Gott dir vergeben hat.
2. Stelle dir bildlich vor, was Jesus wegen deiner Sünde am Kreuz erlitten hat. Mache dir ein geistiges Bild von dem Blut, das für deine Vergebung vergossen wurde.
3. Vergib allen aus einer Willensentscheidung heraus, die gegen dich gesündigt haben. Bete für jene, die dir Unrecht getan haben.

C. Entscheide dich, jedem zu vergeben, der heute gegen dich sündigt.

1. Entschließe dich bewusst dazu, durch die Gnade Gottes und die Macht des Heiligen Geistes in dir, Böses mit Gutem zu vergelten.
2. Bekenne: „Ich werde meine Feinde lieben. Ich werde die segnen, die mir fluchen und denen wohltun, die mich hassen. Ich werde für diejenigen beten, die mich beleidigen und verfolgen." (Matt. 5,44)
3. Bete, dass sich die Frucht des Geistes in deinem Leben in größerem Ausmaß verwirklicht: Liebe, Freude, Friede, Geduld, Freundlichkeit, Güte, Glaube, Sanftmut und Selbstbeherrschung. (Gal. 5,22)

V. Und führe uns nicht in Versuchung, sondern erlöse uns von dem Bösen.

A. Lege die ganze Waffenrüstung Gottes an.

1. Umgürte deine Lenden mit Wahrheit.
2. Lege an den Panzer der Gerechtigkeit.
3. Ziehe an die Stiefel der Bereitschaft, das Evangelium zu verkündigen.
4. Nimm den Schild des Glaubens.
5. Empfange den Helm des Heils.
6. Ergreife das Schwert des Geistes, welches ist das Wort (Rhema) Gottes. (siehe Epheser 6,10-18)
7. Bete immer im Geist.

B. Baue einen Schutzwall.

1. Drei Bedingungen.
a. Wir machen den Herrn zu unserer Zuflucht.
b. Wir lieben ihn.
c. Wir kennen seinen Namen.
2. Bekenne: „Er ist meine Zuflucht und meine Burg, mein Gott; auf ihn will ich vertrauen".

VI. Denn dein ist das Reich und die Kraft und die Herrlichkeit in Ewigkeit.

A. Das Reich

1. Preise den Herrn dafür, dass er dich aus dem Reich der Finsternis in das Reich seiner Liebe und des Lichts versetzt hat.
2. Bekenne im Glauben: „Der Herr wird mich erlösen von allem Übel und mich retten in sein himmlisches Reich".
3. Preise Gott, denn er hat dich eingeladen, ein Teilhaber seines Reiches zu sein.

B. Die Kraft.

1. Preise den Herrn, denn er hat dich eingeladen, an seiner Kraft teilzuhaben.
2. Sinne über die Kraft Gottes, deines Vaters nach. Vergleiche deine Probleme mit seinen mächtigen, wunderbaren Werken und seiner großen Liebe für dich.
3. Bekenne im Glauben: „Ich bin stark im Herrn und in der Kraft seiner Stärke. Ich bin ausgestattet mit Kraft aus der Höhe. Größer ist er, der in mir ist, als er, der in Welt ist. Mein Vater gibt mir Kraft. Er stärkt mich durch seine Macht. Er hat mir Vollmacht gegeben, auf Schlangen und Skorpion zu treten und über alle Macht des Feindes. Nichts wird mir schaden."

C. Die Herrlichkeit.

1. Betrachte die Herrlichkeit Gottes – den Charakter und die Wege Gottes, die durch Christus dargestellt sind. Bitte den Heiligen Geist, dich in das gleiche Bild umzuwandeln, in dem Christus in dir geformt wird. Bitte darum, durch das Erneuern deines Sinnes verwandelt zu werden.
2. Bitte den Herrn, dir zu helfen, seiner würdig zu leben und ihm zu dienen, wie er es verdient.
3. Preise ihn und gib ihm alle Herrlichkeit und Ehre. Kehre zum Lobpreis zurück.

Literatur:
- Larry Lea, „Wem Weisheit mangelt",
- David Yonggi Cho, „Wie ich bete"
- Hank Hanegraaff, „Das Gebet Jesu"

1.12 Gebet bei Krankheit und bei finanziellen Nöten

„Herr, lehre uns beten!"
Dies war die Bitte der Jünger an Jesus.
Wir haben heute die Aussagen des Alten und Neuen Testaments zur Verfügung. Es gilt herauszukommen, wie wir in bestimmten Notsituationen beten sollen.

Grundlage ist dabei das Wort Gottes – denn dies ist sein hauptsächlicher Weg uns seinen Willen mitzuteilen.
Es geht darum, die Schätze zu heben, die er uns zur Verfügung stellt.
Die absolute Grundlage für das übernatürliche Eingreifen Gottes in Notzeiten ist:
1. seine Liebe zu uns – und
2. der stellvertretende Opfertod Jesu am Kreuz von Golgatha.

In Jesaja 53 lesen wir über Jesus:
„…unsere Krankheit trug er, und unsere Schmerzen lud er auf sich; … durch seine Wunden sind wir geheilt."

Bei finanziellen Nöten gilt u.a. die Aussage von 2.Korinther 8,9:
„…, dass er, da er reich war, um euretwillen arm wurde, damit ihr durch seine Armut reich würdet."

Mit dem Kommen Jesu auf diese Erde, mit seinem Leiden, Sterben und Auferstehung hat er schon längst ausgedrückt:
Ich will helfen, ich will heilen, ich will versorgen. Und so steht es auch in seinem Wort. Das ist ein für alle Mal erklärt. Wir brauchen keine Zusatzinformationen.
Wenn wir uns in Notsituationen befinden, ist es elementar wichtig, dass wir die Not mit geistlichen Augen sehen- nicht nur mit unseren natürlichen!

Realität ist, wie Gott die Dinge sieht. Realität ist nicht nur, was wir offensichtlich vor Augen haben.
Beispiel: Ich bin offensichtlich krank. Die Realität ist jedoch, dass Gott mich liebt, mich gesund sehen möchte und dass Jesus für meine Krankheit am Kreuz gestorben ist! Daher sollten wir nicht so beten: „Bitte mache mich gesund, wenn es dein Wille ist." Gottes Wille ist, dass ich gesund und versorgt bin. Dafür hat Jesus am Kreuz den Preis bezahlt. Vielmehr dürfen wir dankbar proklamieren, dass Gott das Problem der Krankheit auch in meinem Fall gelöst hat!
Wir dürfen beten: „Jesus, danke, dass Du für meine Krankheit am Kreuz gelitten hast. Danke für Deine Liebe. Ich nehme das Geschenk der Heilung auf der Grundlage Deines Blutes in Anspruch."
Denn es steht geschrieben: „Darum sage ich euch: Alles was ihr bittet glaubt nur, dass ihr es empfangen habt (Vergangenheit) und es wird euch werden (Zukunft)." Markus11,24
74

Die Heilung oder finanzielle Versorgung ist in der geistlichen Realität schon vorhanden- auch wenn wir sie noch nicht mit unseren natürlichen Augen sehen. Dazu ist ein wenig Glauben nötig: der Glaube, dass Gottes Aussagen und Absichten wahr sind.
Wir dürfen die Heilung und Versorgung proklamieren, d.h. laut die Wahrheit aussprechen. Die Bibel nennt das auch „dem Himmelreich Gewalt antun- und es an sich reißen" (siehe Mat. 11,12 und Lukas 16). Dies dürfen wir mehrmals – auch mit Ausdauer tun (Gott in den Ohren liegen) - bis die Antwort in der sichtbaren Welt erkennbar ist.
Das glaubende Bitten ist ein Nehmen und Abholen. Menschen, die aus Glauben leben, können flehen und zum Herrn schreien und dabei Ihre Rechte anmelden, ohne in Zorn, Anklage und Verzweiflung abzugleiten.
Wenn Krankheiten und sonstige Nöte nicht sofort verschwinden, sollten wir folgende Fragen stellen:
„Gott, ich weiß, dass Du mich liebst und dass Jesus für diese Krankheit gestorben ist. Warum ist die Heilung noch nicht eingetreten? Was hast Du vor? Wo bist Du in dieser Situation? Willst Du etwas dadurch deutlich machen?"

Es ist wichtig diese Fragen zu stellen. Trotzdem werden wir nicht immer eine klare Antwort erhalten. Denn Gott ist Gott – wir werden nie alles verstehen können.

Wichtig ist jedoch, dass wir das umsetzen, was wir verstehen. So können wir viele Segnungen und Wunder ergreifen. Wenn wir in Schwierigkeiten sind geht es Gott oft um die Veränderung unseres Charakters.
Es gibt keinen Weg zu Glaubenserfahrungen und Wundern ohne Heiligung und Charakterveränderung.
„Und dies ist die Zuversicht (Kühnheit), die wir zu ihm haben, dass er uns hört, wenn wir etwas nach seinem Willen bitten. Und wenn wir wissen, dass er uns hört, was wir auch bitten, so wissen wir, dass wir das Erbetende haben, dass wir von ihm erbeten haben." 1. Johannes 5, 14+15

Weitere Schlüsselverse zum Thema „Bitten und nehmen":
Joh. 14,13; Joh. 15,7+16; Joh. 16,23+24; 1.Joh.3,19-22; Math.18,19+20; Mk. 11,22-24.

Bibelstellen zum Thema Heilung:
Markus 16,17+18 „Diese Zeichen werden denen folgen, die glauben: In meinem Namen werden sie Dämonen austreiben; sie werden in neuen Sprachen reden, werden Schlangen aufheben; Schwachen werden sie die Hände auflegen, und sie werden sich wohl befinden."

1. Petrus 2,24: „Der unsere Sünden an seinem Leib selbst an das Holz hinaufgetragen hat, damit wir, den Sünden gestorben, der Gerechtigkeit leben; durch dessen Striemen ihr geheilt worden seid." Psalm 103,2: „Preise den Herrn, meine Seele, und vergiss nicht alle seine Wohltaten! Der da vergibt alle deine Sünde, der da heilt alle deine Krankheiten."

Mat.8,16: „Als es aber Abend geworden war, brachten sie viele Besessene zu ihm; und er trieb die Geister aus mit seinem Wort, und er heilte alle Leidenden, damit erfüllt würde, was durch den Propheten Jesaja geredet ist, der spricht: „Er selbst nahm unsere Schwachheiten und trug unsere Krankheiten."

Literaturhinweise und Quellen
Das wichtigste Buch zum Thema (nach der Bibel):
- Wolfhard Margies,
  Wunder verstehen – Wunder erleben,
  ISBN 3-926395-38-9.

2.1 Wer ist Gott?

Wer ist der Gott der Bibel?
Welche Aussagen und Namen beschreiben ihn?
Welche Charakterzüge Gottes werden durch die
Berichte der Bibel deutlich?

► Gott ist eine Person. Er ist keine nebulöse Kraft. Er
ist eifersüchtig, wenn man Anderes wichtiger nimmt an
ihn. (5.Mose 6,15). Er ist ein verzehrendes Feuer
(5.Mose 4,24). Aber er ist vor allem gütig und gnädig:
„Gnädig und barmherzig ist der HERR, geduldig und
von großer Güte! Der HERR ist gegen alle gütig, und
seine Barmherzigkeit erstreckt sich über alle seine
Werke." (Psalm 145,6)

► Gott ist der Ewige. Diese Tatsache sprengt unsere
Vorstellungskraft. Er hat keinen Anfang und kein Ende.
Aber der HERR ist Gott in Wahrheit; er ist ein
lebendiger Gott und ein ewiger König." (Jeremia 10,10)

► Am Anfang der Bibel wird Gott als der Schöpfer des
Universums und Ursprung allen Lebens vorgestellt.
„Im Anfang schuf Gott den Himmel und die Erde."
1.Mose 1,1

► Die hebräischen Gottesnamen:
Die verschiedenen Namen Gottes spiegeln jeweils
einen seiner Hauptcharakterzüge wieder:
- Jahwe zidqenu = Gott, unsere Gerechtigkeit
- Jahwe meqaddesch = Gott, der heiligt
- Jahwe shalom = Gott, unser Frieden
- Jahwe schammah = Gott ist hier
- Jahwe rophe = Gott, der heilt
- Jahwe roi = Gott, der König
- Jahwe nissi = Gott unser Banner
- Jahwe jireh = Gottes Versorgung wird sichtbar
werden
Gottes Versorgung kann man vom 1. Buch der Bibel
bis zum letzten Buch verfolgen. Er versorgte die ersten
Menschen mit allem was sie brauchten. Er versorgte
das Volk Israel, z.B. 40 Jahre lang in der Wüste. Er
versorgt auch heute noch seine Leute materiell. Gottes
Versorgung wird deutlich in der Vergangenheit,
Gegenwart und Zukunft.

► Er ist der Gott Israels. Er ist der Gott Abrahams,
Isaaks und Jakobs. Er hat dieses Volk souverän aus
der Vielzahl der Völker erwählt, damit anhand des
Volkes Israel erkannt wird, dass es einen lebendigen
Gott gibt.
„Denn der HERR hat sich Jakob erwählt, Israel zu
seinem besonderen Eigentum." (Psalm 135,4)
„Denn du bist ein dem HERRN, deinem Gott, heiliges
Volk; dich hat der HERR, dein Gott, aus allen Völkern,
die auf Erden sind, zum Volk des Eigentums erwählt.
Nicht darum, weil ihr zahlreicher wäret als alle Völker,
hat der HERR Lust zu euch gehabt und euch erwählt;

denn ihr seid das geringste unter allen Völkern;
sondern weil der HERR euch liebte und weil er den Eid

halten wollte, den er euren Vätern geschworen, darum
hat der HERR euch mit mächtiger Hand ausgeführt
und dich von dem Diensthause aus der Hand des
Pharaos, des Königs von Ägypten, erlöst. So sollst du
nun wissen, dass der HERR, dein Gott, der wahre Gott
ist, der treue Gott, welcher den Bund und die Gnade
denen bewahrt, die ihn lieben und seine Gebote
bewahren, auf tausend Geschlechter; er vergilt aber
auch einem jeden, der ihn hasst, ins Angesicht und
bringt ihn um; er versäumt nicht, dem zu vergelten, der
ihn hasst, sondern bezahlt ihm ins Angesicht. So sollst
du nun die Gebote, Satzungen und Rechte bewahren,
die ich dir heute gebiete, dass du sie tuest!" (5.Mose
7,6ff)

► Gott ist sowohl Gott-Vater, als auch Gott-Sohn und
als auch Gott-Heiliger Geist (Dreieinigkeit).
So wie Wasser flüssig, fest und gasförmig sein kann.
Gott, der Vater, Jesus, der Sohn, und der Heilige Geist
sind eins.

► Gott ist die Liebe.
„Geliebte, lasset uns einander lieben! Denn die Liebe
ist aus Gott, und wer liebt, der ist aus Gott geboren
und kennt Gott. Wer nicht liebt, kennt Gott nicht; denn
Gott ist Liebe. Darin ist die Liebe Gottes zu uns
geoffenbart worden, dass Gott seinen eingeborenen
Sohn in die Welt gesandt hat, damit wir durch ihn
leben möchten. Darin besteht die Liebe, nicht dass wir
Gott geliebt haben, sondern dass Er uns geliebt und
seinen Sohn gesandt hat als Sühnopfer für unsre
Sünden. (1.Johannes 4,7)

► Gott ist der vollkommene Vater.
„Wenn ihr Züchtigung erduldet, so behandelt euch Gott
ja als Söhne; denn wo ist ein Sohn, den der Vater nicht
züchtigt? Seid ihr aber ohne Züchtigung, derer sie alle
teilhaftig geworden sind, so seid ihr ja unecht und
keine Söhne! Sodann hatten wir auch unsere
leiblichen Väter zu Zuchtmeistern und scheuten sie;
sollten wir jetzt nicht vielmehr dem Vater der Geister
untertan sein und leben? (Hebräer 12,7ff)

► Gott ist Richter
„... sondern Gott ist Richter, der den einen erniedrigt,
den andern erhöht. Denn der HERR hat einen Becher
in der Hand, der ist mit schäumendem Würzwein
gefüllt; davon schenkt er ein; sogar die Hefen davon
müssen schlürfen und trinken alle Gottlosen auf
Erden." (Psalm 75,7)

„Der HERR wird die Völker richten; ... Mein Schild ist
bei Gott, der aufrichtigen Herzen hilft.

Gott ist ein gerechter Richter und ein Gott, der täglich zürnt. (Psalm 7,8)

▶ Gott ist gerecht
„Wenn wir sagen, wir haben keine Sünde, so verführen wir uns selbst, und die Wahrheit ist nicht in uns; wenn wir aber unsere Sünden bekennen, so ist er treu und gerecht, dass er uns die Sünden vergibt und uns reinigt von aller Ungerechtigkeit." (1.Johannes 1,8)

„Es wird aber geschehen, wenn du der Stimme des HERRN, deines Gottes, wirklich gehorchst und darauf achtest zu tun alle seine Gebote, die ich dir heute gebiete, dass dich dann der HERR, dein Gott, erhöhen wird über alle Völker auf Erden. Und alle diese Segnungen werden über dich kommen und dich treffen, wenn du der Stimme des HERRN, deines Gottes, gehorchst." (5.Mose 28,1ff)

▶ Gott ist unser Arzt
„Wirst du der Stimme des HERRN, deines Gottes, gehorchen und tun, was vor ihm recht ist, und seine Gebote zu Ohren fassen und alle seine Satzungen halten, so will ich der Krankheiten keine auf dich legen, die ich auf Ägypten gelegt habe; denn ich, der HERR, bin dein Arzt!" (2.Mose 15,26)

▶ Gott ist allgegenwärtig
Das heißt, er ist an allen Orten gleichzeitig – im Himmel und überall auf der Erde.
„Denn wo zwei oder drei in meinem Namen versammelt sind, da bin ich mitten unter ihnen." (Mat.18,19)

▶ Gott ist allmächtig
„Und die vierundzwanzig Ältesten, die vor Gott auf ihren Thronen saßen, fielen auf ihr Angesicht und beteten Gott an und sprachen: Wir danken dir, Herr, allmächtiger Gott, der da ist, und der da war, dass du deine große Macht an dich genommen und die Regierung angetreten hast!" (Offenbarung 11,16)

„Groß und wunderbar sind deine Werke, o Herr, Gott, Allmächtiger! Gerecht und wahrhaft sind deine Wege, du König der Völker!
Wer sollte dich nicht fürchten, Herr, und deinen Namen preisen? Denn du allein bist heilig. Denn alle Völker werden kommen und vor dir anbeten; denn deine

gerechten Taten sind offenbar geworden." (Offenbarung. 15,3)
„Und ich hörte vom Altar hersagen: Ja, Herr, allmächtiger Gott, wahrhaft und gerecht sind deine Gerichte! (Offb.16,7)

▶ Gott ist der ultimative Herrscher
Sein Gegenspieler ist im nicht ebenbürtig: Satan ist nur ein gefallener Engel, der rebellierte, sein wollte wie Gott und von ihm verstoßen wurde:
„Wie bist du vom Himmel herabgefallen, du Morgenstern, wie bist du zu Boden geschmettert, der du die Völker niederstrecktest! Und doch hattest du dir in deinem Herzen vorgenommen: Ich will zum Himmel emporsteigen und meinen Thron über die Sterne Gottes erhöhen und mich niederlassen auf dem Götterberg im äußersten Norden; ich will über die in Wolken gehüllten Höhen emporsteigen, dem Allerhöchsten gleich sein! Ja, zum Totenreich fährst du hinab, in die tiefste Grube!" (Jesaja 14,12ff)

▶ Gott ist ein Gott der Gemeinschaft
Er lebt in sich selbst in ewiger Gemeinschaft (mit Jesus und dem Heiligen Geist).
Er wünscht sich eine tiefe, innige Liebesbeziehung zu jedem Menschen. Insbesondere zu dem von ihm erwählten Volk Israel und zu jedem Christen, der Teil des Reich Gottes ist.

▶ „Eine Zuflucht ist der alte Gott." (5.Mose 33,27)

▶ Wenn man eine Charaktereigenschaft Gottes besonders hervorheben möchte, dann ist es sicherlich diese: **Gott ist treu!** Dies tritt im gesamten Alten und Neuen Testament hervor.
„Treu ist Gott, durch welchen ihr berufen seid zur Gemeinschaft seines Sohnes Jesus Christus unsres Herrn." (1.Korinther 1,9)
„Gelobet sei der HERR, der Gott meines Herrn Abraham, der seine Gnade und Treue meinem Herrn nicht entzogen hat, …" (1.Mose 24,27)
„Der HERR, der HERR, der starke Gott, der barmherzig und gnädig ist, langsam zum Zorn und von großer Gnade und Treue; …" (2.Mose 34,6)
„Die Güte des HERRN ist's, dass wir nicht gar aus sind, seine Barmherzigkeit hat noch kein Ende, sondern sie ist alle Morgen neu, und deine Treue ist groß." (Klagelieder 3,22f)

2.2 Der liebende und der gerechte Gott

Die Bibel beschreibt Gott als den liebenden, persönlich erfahrbaren Vater. Er ist nicht ein ferner Gott, dem das, was uns täglich bewegt, egal ist.
Gott ist der perfekte Vater. Er ist -im Gegensatz zu unserem leiblichen Vater- vollkommen in der Liebe zu seinen Kindern, vollkommen weise und gerecht.
Wer ist ein Kind Gottes?
In Johannes 1,12 lesen wir die Antwort: *„Wie viele ihn aber aufnahmen*, denen gab er Macht, Gottes Kinder zu werden, denen, die an seinen Namen glauben, die nicht aus dem Blut noch aus dem Willen des Fleisches noch aus dem Willen eines Mannes, sondern von Gott geboren sind."

Gott, der Vater, liebt seine Kinder:
1 John 3:1: „Seht, welch eine Liebe uns der Vater gegeben hat, dass wir Kinder Gottes heißen sollen! Und wir sind es. Deswegen erkennt uns die Welt nicht, weil sie ihn nicht erkannt hat.
Römer 5,8: „Gott aber beweist seine Liebe gegen uns damit, dass Christus für uns gestorben ist, als wir noch Sünder waren."
Joh.3,16: „Gott hat die Welt so sehr geliebt, dass er seinen einzigen Sohn gab, damit jeder, der an ihn glaubt, nicht verloren gehe, sondern ewiges Leben habe."
Durch das Hingeben seines einzigen Sohnes ans Kreuz für die Sünden seiner irdischen Kinder wird Seine Liebe ganz praktisch. Er liebt uns nicht nur mit Worten, sondern auch mit Taten. Deshalb können wir auch im Alltag Gottes Gegenwart, Hilfe, Fürsorge erfahren und rufen: „Abba, lieber Vater!" Rö. 8,15

Auch hier gilt: Römer 8,31+32:
„Ist Gott für uns, wer mag wider uns sein? Welcher sogar seines eigenen Sohnes nicht verschont, sondern ihn für uns alle dahingegeben hat, wie sollte er uns mit ihm nicht auch alles schenken?"
Gottes Liebe zeigt sich in seinem größten Geschenk - **Jesus**- und auch darin, dass Er unser Versorger, Tröster, praktischer Helfer in der Not und derjenige ist, bei dem wir zu einer echten Ruhe und echten inneren Frieden kommen.
Er bietet uns Weisheit und Erkenntnis an, damit wir verstehen können, was um uns herum geschieht und damit unser Leben gelingt (Jak.1,7). Er gibt und gibt und beschenkt uns -umsonst- aus Liebe und aus Gnade.
Bei aller Freiheit, in der wir als Kinder Gottes leben (Gal. 5,1), fordert Er jedoch Gehorsam - und dass wir die Sünde hassen und lassen.

Gottes Hauptcharakterzüge sind Liebe und Gerechtigkeit.
1.Joh. 4,16: „Und wir haben erkannt und geglaubt die Liebe, die Gott zu uns hat; **Gott ist Liebe**, und wer in der Liebe bleibt, der bleibt in Gott und Gott in ihm."

Eph.2,4+5: „Gott aber, der da reich ist an Erbarmen, hat durch seine große Liebe, womit er uns liebte, auch uns, die wir tot waren durch die Sünden, samt Christus lebendig gemacht (aus Gnaden seid ihr gerettet)."
Joh. 16,27: „...denn der Vater selbst hat euch lieb, weil ihr mich liebet und glaubet, dass ich von Gott ausgegangen bin."
2. Thess. 2,16: „Er selbst aber, unser Herr Jesus Christus, und Gott, unser Vater, der uns geliebt und einen ewigen Trost und eine gute Hoffnung durch Gnade gegeben hat, tröste eure Herzen und stärke euch in jedem guten Wort und Werk!"
Psalm 11,7: „Denn gerecht ist der HERR, er liebt Gerechtigkeit; die Redlichen werden sein Antlitz schauen.
Psalm 33,5: „Er liebt Gerechtigkeit und Gericht; die Erde ist voll der Gnade des HERRN."
Psalm 111,3: „Glänzend und prächtig ist sein Tun, und seine Gerechtigkeit besteht ewiglich.
Jer.23,6: „...und das ist der Name, den man ihm geben wird:
Der HERR, unsere Gerechtigkeit."

Die Gerechtigkeit und Liebe Gottes sind die stärksten Kräfte im Universum!

Er ist nicht nur der liebende Vater, sondern er wird in der Bibel auch 196x „**Herr der Heerscharen**" genannt. Er ist genauso der heilige Gott, vor dem nichts Unheiliges bestehen kann.
Damit wir lieben können, hat uns Gott mit einem freien Willen ausgerüstet. Jedem von uns wurde die Macht gegeben „Ja" oder „Nein" zu sagen.
Diese Macht bedeutete aber auch die Übernahme der Verantwortung für unsere Entscheidungen. Die Folgen müssen wir tragen.
5.Mose 30,15: „Siehe, ich habe dir heute vorgelegt das **Leben** und das Gute, den **Tod** und das Böse." (siehe auch 5.Mose 28 -Segen und Fluch).
Weil Gott uns liebt und weil Er an unserem Wohlergehen interessiert ist, wird Er uns auch liebevoll korrigieren - so wie ein guter Vater seine Kinder erzieht:
Offb. 3,19: „Welche ich liebhabe, die strafe und züchtige ich. So sei nun fleißig und tue Buße!"
Heb. 12,6: „Denn, wen der Herr liebt, den züchtigt er; er schlägt aber jeden Sohn, den er aufnimmt."
Heb. 12,11: „Jede Züchtigung aber, wenn sie da ist, scheint uns nicht Freude, sondern Leid zu sein; danach aber bringt sie als Frucht denen, die dadurch geübt sind, Frieden und Gerechtigkeit."
Jer. 10,24: „Züchtige mich, HERR, doch mit Maßen und nicht in deinem Grimm, auf dass du mich nicht ganz zunichtemachst."

Aus Liebe hat uns Gott zu seinen Kindern gemacht:

Eph. 1,5: „...und aus Liebe hat er uns vorherbestimmt zur Kindschaft gegen ihn selbst, durch Jesus Christus, nach dem Wohlgefallen seines Willens, ...“

Die Liebe Gottes ist in uns:

Römer 5,5: „... denn die Liebe Gottes ist ausgegossen in unsere Herzen durch den Heiligen Geist, der uns gegeben worden ist.“

Weil wir mit Gottes Liebe erfüllt sind, können wir Gott und einander lieben.

Joh. 4,19: „Lasst uns lieben, denn er hat uns zuerst geliebt.“

Gott hat gute und wohlwollende Pläne mit jedem einzelnen von uns:

1. Kor. 2,9: „Was kein Auge gesehen und kein Ohr gehört und keinem Menschen in den Sinn gekommen ist, was Gott denen bereitet hat, die ihn lieben.“

Welche praktischen Auswirkungen hat es, dass ich erkannt habe, dass Gott mich liebt?

- Ich erhalte meine Liebe und Bestätigung von meinem himmlischen Vater (und muss mir die Liebe und Bestätigung nicht durch Äußerlichkeiten usw. verdienen).
- Mein Selbstwertgefühl basiert darauf, dass ich ein geliebtes, angenommenes und versorgtes Kind Gottes bin.
- Ich weiß, dass ich einen liebenden, heilenden, starken und reichen Vater im Himmel habe.

Wie in jeder Liebesbeziehung stehen wir auch in der Beziehung zu Gott in einer gewissen Spannung:

Auf der einen Seite empfangen und geben wir **Liebe** - auf der anderen Seite hebt die Liebe nicht die **Gerechtigkeit** Gottes auf (Die Gerechtigkeit beinhaltet auch gegenseitigen Respekt). Gott respektiert unsere Entscheidungen, weist uns aber in der Bibel deutlich auf die Konsequenzen hin.

Literatur:
- „Das Vaterherz Gottes“ von Floyd McClung.

2.3 Die Namen Gottes im Alten Testament

Wie man Gott besser kennen lernen kann

Die verschiedenen hebräischen Namen Gottes sagen viel über seinen Charakter aus. Wer Gott näher kennen lernen möchte, erhält wichtige Informationen aus den unterschiedlichen Ansprachen Gottes im Alten Testament. Je reifer die Beziehung eines Christen zu ihm wird, desto wichtiger werden die einzelnen Aspekte Gottes, die sich durch seine Namen ausdrücken.

Die Unterschiede der einzelnen Namen zu kennen, hilft

- Ihn besser zu verstehen und
- Ihn mit dem jeweils passenden Namen anzubeten.

Als Mose Gott fragt wie er ihn nennen soll, antwortet Gott mit seinem allumfassenden Namen: „Ich bin" und „Ich bin, der ich bin" (2.Mose 3,14).

Abraham kannte Gott zunächst als „Herrn" (Jehovah, oder Yahweh – „der in sich selbst Seiende", 1.Mose 13,4). Später nahm seine Erkenntnis zu. Gott offenbart sich ihm u.a. als „Adonai" (Meister oder Herr – 1. Mose 15,2).
„Adonai" und der Name „Elohim" sind beides Pluralformen, die im Alten Testament auf die Dreieinigkeit von Vater, Sohn und Heiliger Geist hinweisen.

▶ Elohim – der allmächtige Schöpfer.
Die erste Erwähnung Gottes in der Bibel gebraucht diesen Namen: „Am Anfang schuf Gott (Elohim)..." 1.Mose 1,1).

▶ Jehovah Roi - der Herr ist mein Hirte.
Der fürsorgliche und beschützende Name Gottes; so z.B. in Ps. 23,1:
„Der Herr ist mein Hirte (Jehovah Roi) ...".

▶ El Shaddai – der allmächtige Gott.
Der, der stark genug ist zu helfen; so z.B. bei Abraham in 1.Mose 17,1: „Ich bin der allmächtige Gott (El Shaddai). Wandle vor mir und sei tadellos."

▶ El Elyon – der höchste Gott.
Besitzer von Himmel und Erde, so z.B. bei Melchisedek in 1.Mose14,19: „Gesegnet sei Abraham vom allerhöchsten Gott (El Elyon)...".

▶ El Olam – der ewige Gott.
Der geheime Name Gottes. Gott, der ewige und mysteriöse. „Abraham aber pflanzte eine Tamariske zu Beer-Sheba und rief daselbst den Namen des Herrn, des ewigen Gottes, an." 1.Mose 21,33.

▶ El Gibbor – der mächtige Gott.

„...und man nennt ihn: Wunderrat, Rat, starker Gott (El Gibbor), Ewigvater, Friedefürst." Jes. 9,6.

▶ Jehovah Melek – der Herr unser König.
Der Thron-Name Gottes.
„... meine Augen haben den König, den Herrn der Heerscharen gesehen." Jes.6,5.

▶ Jehovah Sabaoth – der Herr der Heerscharen.
Der militante Name Gottes. Der Herr der Engelheere.
„Herr der Heerscharen (Jehova Sabaoth), er ist der König der Herrlichkeit." Ps. 24,10.

▶ Pater (grie.) – Gott, der Vater.
Der persönliche Name Gottes. Jesus gebrauchte meistens diesen Namen für Gott (z.B. 156x im Johannes-Evangelium).

<u>Die drei Hauptnamen Gottes</u>
Elohim - Gott, der starke Schöpfer (1.Mose 1,1).
Jehovah – der in sich selbst seiende Herr (1.Mose 2,4).
Adonai – Herr und Meister (1.Mose 15,2).

<u>Die zusammengesetzten Namen von Jehovah El und Jehovah Elohim:</u>
Jehovah El Elhohim – der Herr, Gott der Götter (Jos. 22,22)
Jehovah Elohim – der Herr Gott (1.Mose 2,4 + 3,9-13+21)
Jehovah Elohe Abothekem – der Herr, Gott unserer Väter (Josua 18,3)
Jehovah El Emeth – der Herr, der höchste Gott (1.Mose 14,22)
Jehovah El Gemuwal – der Herr, Gott der Vergeltung (Jer. 51,56)
Jehovah Elohim Tsebaoth – der Herr, Gott der Heerscharen (Ps.59,5)
Jehovah Elohe Yeshuathi – der Herr, Gott meiner Errettung (Ps. 88,1)
Jehovah Elohe Yisrael – der Herr, Gott Israels (Ps. 41,14)

<u>Die zusammengesetzten Namen Gottes (El, Elohim and Elohe):</u>
Elohim – Gott (1.Mose 1,1)
Elohim Bashamayim – Gott im Himmel (Jos. 2,11)
El Bethel – Gott des Hauses Gottes (1.Mose 35,7)
Elohe Chaseddi – der Gott meiner Gnade (Ps. 59, 10)
El Elohe Yisrael – Gott, der Gott Israels (1.Mose 33,20)
El Elyon – der höchste Gott (1.Mose 14,18)
El Emunah – der treue Gott (5.Mose 7,9)
El Gibbor – der mächtige Gott (Jes.9,6)
El Hakabodh – der Gott der Herrlichkeit (Ps.29,3)
El Hay – der lebende Gott (Jos. 3,10)

El Hayyay – der Gott meines Lebens (Ps.42,8)
Elohim Kedoshim – heiliger Gott (Jos. 24,19)
El Kanna – der eifersüchtige Gott (2.Mose 20,5)
El Kanno – der eifersüchtige Gott (Jos. 24,19)
Elohe Mauzi – Gott meiner Stärke (Ps.43,2)
Elohim Machase Lanu – Gott unsere Zuflucht
(Ps.62,8)
Eli Malekhi – Gott, mein König (Ps.68,24)
El Marom - höchster Gott (Micha 6,6)
El Nekamoth – Gott, der rächt (Ps.18,47)
El Nose – Gott, der vergab (Ps.99,8)
Elohenu Olam – unser ewiger Gott (Ps.48,14)
Elohim Ozer Li – Gott, mein Helfer (Ps.54,4)
El Rai – der Gott, der mich sieht (1.Mose 16,13)
El Sali – Gott, mein Fels (Ps.42,9)
El Shaddai – allmächtiger Gott (1.Mose 17,1+2)
Elohim Shophtim Ba-arets- Gott, der die Welt richtet
(Ps.58,11)
El Simchath Gili – Gott, meine überschwängliche
Freude (Ps.43,4)
Elohim Tsebaoth – Gott der Heerscharen
(Ps. 80,7)
Elohe Tishuathi – Gott, meine Errettung
(Ps. 18,46 + 51,14)
Elohe Tsadeki – Gott, meine Gerechtigkeit (Ps.4,1)
Elohe Yakob – Gott Israels (Ps. 20,1)
Elohe Yisrael – Gott Israels (Ps.59,5)

Die zusammengesetzten Namen Jehovahs:
Jehovah – der Herr (2.Mose 6,2f)
Adonai Jehovah – Gott, der Herr (1.Mose 15,2)
Jehovah Adon Kol Ha-arets – der Herr, der Herr der
ganzen Welt (Josua 3,11).
Jehovah Bore – der Herr der Schöpfer (Jes. 40,28)
Jehova Chereb – der Herr ... das Schwert
(5.Mose 33,29)
Jehovah Eli – der Herr mein Gott (Ps. 18,2)
Jehovah Elyon – der höchste Herr
(1.Mose 14,18-20)
Jehovah Gibbor Milchamah – der mächtige Herr im
Kampf (Ps.24,8).
Jehovah Maginnenu – der Herr unser Verteidiger
(Ps.89,18)
Jehovah Goelekh – der Herr mein Erlöser
(Jes. 49,26 + 60,16)
Jehovah Hashopet – der Herr der Richter
(Richter 11,27)
Jehovah Hoshiah – o Herr rette (Ps. 20,9)
Jehovah Izuz Wegibbor – der Herr stark und mächtig
(Ps. 24,8)
Jehovah-jireh – der Herr wird versorgen
(1.Mose 22,14)

Jehovah Kabodhi – der Herr meine Herrlichkeit
(Ps. 3,3)
Jehovah Kanna Shemo – der Herr, dessen Name
„eifersüchtig" ist (2.Mose 34,14)
Jehovah Keren-yishi – der Herr, das Horn meiner
Errettung (Ps.18,2)
Jehovah Machsi – der Herr meine Zuflucht
(Ps. 91,9)
Jehovah Magen – der Herr, das Schild
(5. Mose 33,29)
Jehovah Makkeh – der Herr, der schlägt (Hes.7,9)
Jehovah Mauzzam – der Herr, ihre Stärke
(Ps. 37,39)
Jehovah Mauzzi – der Herr, meine Burg (Jer.16,19)
Ha-melech Jehovah – der Herr, der König
(Ps. 98,6)
Jehovah Melech Olam – der Herr ist König für immer
(Ps.10,16)
Jehovah Mephalti – der Herr mein starker Versorger
(Ps.18,2)
Jehovah Mekaddishkhem – der Herr, der dich heiligt
(2. Mose 31,13)
Jehovah Metsudhathi – der Herr ... meine Burg
(Ps.18,2)
Jehovah Moshiekh – der Herr unser Erretter
(Jes. 49,26 + 60,16)
Jehovah-nissi – der Herr mein Banner
(2.Mose 17,15)
Jehovah Ori – der Herr mein Licht (Ps.27,1)
Jehovah Uzzi – der Herr meine Stärke (Ps. 28,7)
Jehovah Rophe – der Herr unser Heiler
(2.Mose 15,26)
Jehovah Roi – der Herr mein Hirte (Ps.23,1)
Jehovah Sabaoth (Tsebaoth) – der Herr der
Heerscharen (1.Sam. 1,3)
Jehovah Sali – der Herr mein Fels (Ps.18,2)
Jehovah Shalom – der Herr unser Friede
(Richter 6,24)
Jehovah Shammah – der Herr ist hier (Hes. 48,35)
Jehovah Tsidkenu – der Herr unsere Gerechtigkeit
(Jer. 23,6)
Jehovah Tsuri – der Herr meine Stärke (Ps. 19,14).

Quellen / Literatur:
- Elmer L. Towns, *My Father´s Names*, ISBN 0-
  8307-1447-2.
- Kerstin Hack, *Namen Gottes – Impulse für die
  Begegnung mit einem vielseitigen Gott*
- Larry Lea, *Könnt ihr nicht eine Stunde mit mir
  wachen?*

2.4 Wer ist Jesus? Die Verschiedenen Namen Jesu

Jesus ist der Sohn des Gottes Abrahams, Isaaks und Jakobs – des Gottes der Bibel.

Als Jesus vor ca. 2000 Jahren auf der Erde war, war er Gott, aber auch gleichzeitig ganz Mensch: Gezeugt durch den Heiligen Geist und geboren von Maria.

Jesus ist ein Gott der Beziehungen

Jesus lebt mit Gott, dem Vater, und dem Heiligen Geist seit Urzeiten in enger Beziehung. Diese Beziehung ist stark geprägt durch Liebe und Respekt untereinander (Joh.17,20ff).

Jesus möchte eine vergleichbare Beziehung, in ähnlicher Qualität, mit jedem einzelnen Menschen haben. Die Bibel spricht davon, dass diese Beziehung zwischen den Menschen und Jesus – irgendwann in der Zukunft - sogar in einer Hochzeit ihren Höhepunkt erreichen wird (Offb. 19,7).

So eng (wie die Beziehung zwischen Braut und Bräutigam) wünscht sich Jesus die Beziehung zu den einzelnen Menschen. Diese Beziehung ist natürlich nicht sexuell (Eros-Liebe), sondern das, was die Bibel Phileo-Liebe und Agape-Liebe nennt - freundschaftlich, wie die Liebe zwischen Brüdern und wie Gottes Liebe zu den Menschen.

Jesus liebt die Menschen so sehr, dass Er sogar sein Leben für sie ließ. Die Folter und der Tod Jesu waren nötig, weil Schuld zwischen den Menschen und Gott stand.

Gott ist heilig. Vor Gott kann nichts Unheiliges bestehen. Daher war der stellvertretende Opfertod Jesu nötig.

Er ist damit zu der Quelle eines neuen Lebens geworden. Dadurch können Menschen nun vor Gott, dem Vater bestehen, haben sogar direkten Zugang zu Ihm im Gebet.

Durch Jesu Wunden ist Heilung (körperliche und psychische) möglich (siehe Jesaja 53,4).

Durch seinen Tod sind wir zu Kindern Gottes geworden, zu Miterben des Reiches Gottes (Kol.1,12).

Durch seinen Tod und durch die erlebte Vergebung unserer Sünden können Menschen auch anderen vergeben, die sie verletzt haben. Das führt sie in eine neue Freiheit: sie dürfen frei sein von Bitterkeit, Hass, Rebellion, Stolz etc., weil sie selbst Vergebung erlebt haben. Ohne seinen Tod am Kreuz hätte das Leben keinen bleibenden Sinn. Die Menschen wären, so sagt die Bibel, wie eine Blume, die wächst, blüht und morgen schon wieder vergeht.

Da Christen aber jetzt rein sind von aller Schuld, dürfen sie jetzt und auch nach ihrem natürlichen Tod Gemeinschaft und eine liebevolle Beziehung zu Jesus haben - bis in alle Ewigkeit. Das ist ein lohnendes Lebensziel.

Jesus ist nach seinem Tod aufgefahren in den Himmel, er sitzt jetzt zur Rechten Gottes, seines Vaters. Von dort wird Er kommen zu richten die

Lebenden und die Toten. Er ist also auch der Richter, der die Menschen, die unabhängig von Gott leben wollen und damit ungehorsam und stolz sind, verurteilen wird.

Jesus wohnt in Form des Heiligen Geistes auch jetzt - in dieser Zeit- in den Christen.

Der Heilige Geist bewirkt in ihnen, dass sie Jesus erkennen können. Er erinnert sie an alles, was Jesus seine Jünger gelehrt hat.

Dadurch lernen Christen Jesus besser kennen und die Liebe zwischen Ihm und ihnen kann sich vertiefen.

Jesus ist mehr an ihnen als Person interessiert, als an dem, was sie für Ihn tun. Jesus will Beziehung vor Werken. Das heißt auch, dass Er lieber mit den einzelnen Menschen eine ruhige Zeit verbringt, als dass er ständig irgendwelche guten Werke für Ihn tut.

Wie lernt man Jesus besser kennen?

Wenn man verliebt ist, will man sich unbedingt näher kennen lernen. Das bedeutet: Zeit miteinander in Ruhe verbringen.

Wir lernen Jesus am besten kennen, wenn wir die ersten vier Bücher des neuen Testaments lesen. Die gesamte Bibel offenbart durch die Berichte seinen Charakter, seine Liebe, seine Pläne.

Im Alltag in dem Bewusstsein leben, dass Jesus bei einem ist und mit einem durch den Tag geht. Als Christ kann man immer direkt mit Ihm sprechen (beten). Er führt die Menschen und hilft bei Entscheidungen, selbst in Kleinigkeiten. Warum? Weil Er die einzelnen Menschen liebt und weil er es versprochen hat (Mt.28,20).

Weil Jesus die Menschen liebt, wird er sie oft liebevoll korrigieren. Er möchte, dass sie Ihm immer ähnlicher werden. Deshalb wird Er sie sanft auf Dinge aufmerksam machen, die in ihrem Verhalten oder Charakter noch nicht o.k. sind.

Jesus ist total faszinierend. Denn Er ist nicht nur der liebevolle Gott, sondern auch

- der Fürst des Lebens (Apo.3,15).
- der Sohn Gottes (Heb.4,14)
- der Menschen Sohn (Mk.14,21)
- der Herr des Sabbats (Mk. 2,28)
- der glänzende Morgenstern (Off.22,16)
- der Bräutigam (Off.19,7)
- die Wurzel und der Spross Davids - Jude (Off.22,16)
- der Christus (Mk.8,29+ Heb.5,5)
- Wunderbarer Ratgeber (Jes.9,5)
- Starker Gott (Jes.9,5)
- Vater der Ewigkeit (Jes.9,5)
- Fürst des Friedens (Jes.9,5)
- Der selige und allein Gewaltige (1.Tim.6,15)
- König der Könige (1.Tim.6,15)
- Herr aller Herrscher (1.Tim.6,15)

- der große Hohepriester (Heb.4,14+5,10)
- der Wahrhaftige (1.Joh.5,20)
- der wahrhaftige Gott (1.Joh.5,20)
- das ewige Leben (1.Joh.5,20)
- der Treue (Off.19,11)
- der Messias (Joh.1,41)
- der Lehrer (Mt.23,10)
- der einzige Mittler zwischen Gott und den Menschen (1.Tim. 2,5)
- ein Mann der Schmerzen und mit Krankheit vertraut (Jes.53,3)
- das Ebenbild des unsichtbaren Gottes (Kol.1,15)
- der Prophet (Mt.21,11; Lk. 7,16+24,19)
- die Versöhnung für Sünden (1.Joh.2,2)
- das Haupt des Leibes (der Gemeinde-Eph.4,15+1,22-23)
- der Eckstein im Reich Gottes (Mt.21,42 + 1.Petrus 2,6-89)
- der König der Juden (Sach.9,9+ Mt.27,29+37)
- Schilo (Herrscher, Friedebringer) 1.Mo 49,10
- Israels Vorsteher (1.Sam 15,29)
- der Heiland (Lk.2,11)
- der Herr (Lk.2,11+ Phil.2,11))
- der Anfänger und Vollender unseres Glaubens (Heb. 12,2)
- der Erstgeborene von den Toten (Kol.1,18+Apg.2,31+Off.1,5)
- unser Richter (Röm.2,16+Jes.33,22)
- Meister (Jes.33,22)
- der gute Hirte (Joh.10,11+ 14-15)
- das Lamm Gottes, das Passalamm (Joh.1,29+ 1.Petrus 1,18-19)
- der Löwe (Off.5,5)
- unser Freund (Joh.15,14)
- unser Bruder (Mt.12,50)
- Immanuel (=Gott mit uns) Mt.1,24+Jes.7,14
- Fürsprecher (1.Joh.2,1)
- Eckstein (1.Petrus 2,6)
- Stein des Anstoßes (Römer 9,32)
- Fels des Ärgernisses (Römer 9,33)
- Hirte und Hüter der Seelen (1.Petrus 3,25)
- Sohn Davids (Mt.1,1)
- Sohn des Hochgelobten (Mk.14,61)
- der Gerechte (1.Petrus 1,18)
- der Herr der Gerechtigkeit (Jer.23,6)
- Haupt der Gemeinde (Eph.4,15)
- Haupt eines jeden Mannes (1.Kor.11,13)
- Haupt aller Mächte und Gewalten (Kol. 2,10)

- der Sohn des Höchsten (Lk.1,32)
- Brot des Lebens, Licht der Welt, guter Hirte, Auferstehung und Leben, Weg, Wahrheit, Leben, wahrer Weinstock
- der Amen (Off.3,14)
- der Anfänger und Vollender unseres Glaubens (Heb.12,2)
- der treue und wahrhaftige Zeuge (Off.3,14)
- der Ursprung der Schöpfung (Off.3,14)
- der Gesalbte (Ps.2,2)
- der Diener der Beschneidung (Rö. 15,8)
- das Geheimnis Gottes (Kol.2,2)
- der Heilige (Apg. 3,14)
- der Gerechte (Apg.3,14)
- der Sohn Gottes (Apg.3,13)
- der Apostel (Heb.3,1)
- der Apostel und Hohepriester unseres Bekenntnisses (Heb.3,1)
- der selige und allein Gewaltige (1.Tim.6,15)
- der Herr der Herrschenden (1.Tim.6,16)
- der Freund der Sünder und Zöllner (Mt.11,19)
- der Urheber ewigen Heils (Heb.5,9)
- der Diener des Heiligtums und der wahrhaftigen Stiftshütte (Hebräer 8,2)
- der Mittler eines besseren Bundes (Heb.8,6)
- der Oberhirte (1.Petrus 5,4)
- der Höchste der Könige auf Erden (Ps.89,28)
- der einzige Herrscher (Judas 4)
- der treue Zeuge (Off.1,5)
- der Fürst über die Könige der Erde (Off. 1,5)
- der Erste und der Letzte und der Lebendige (Off.1,17)
- der letzte Adam, der zweite Mensch (1.Kor.15,45)
- das weiße Pferd (Off.19,11)
- das Licht, das große Licht Math. 4,16
- der Knecht (Gottes) und Geliebter (Gottes) (Mt.12,18 + Jes.42,1-4)

Quellen/ Literatur:
- Christoph Häselbarth, Christus in uns.
- Kerstin Hack, Namen Gottes – Impulse für die Begegnung mit einem vielseitigen Gott
- Elmar L. Towns, The Names of Jesus, ISBN 0-89636-243-4

2.5 Jesus kommt bald wieder!

In Jh 14,3 sagt Jesus:
„...ich komme wieder und werde euch zu mir nehmen, auf dass auch ihr seid, wo ich bin."
1.Thess 4,14-18:
„Denn wenn wir glauben, dass Jesus gestorben und auferstanden ist, so wird Gott auch die Entschlafenen durch Jesus mit ihm führen. 15.Denn das sagen wir euch in einem Worte des Herrn, dass wir, die wir leben und bis zur Wiederkunft des Herrn übrigbleiben, den Entschlafenen nicht zuvorkommen werden; 16.denn er selbst, der Herr, wird, wenn der Befehl ergeht und die Stimme des Erzengels und die Posaune Gottes erschallt, vom Himmel herniederfahren, und die Toten in Christus werden auferstehen zuerst.
17.Darnach werden wir, die wir leben und übrigbleiben, zugleich mit ihnen entrückt werden in Wolken, zur Begegnung mit dem Herrn, in die Luft, und also werden wir bei dem Herrn sein allezeit. 18.So tröstet nun einander mit diesen Worten!"
1.Thess 5,1-3:
„1.Von den Zeiten und Stunden aber braucht man euch Brüdern nicht zu schreiben.
2.Denn ihr wisset ja genau, dass der Tag des Herrn kommen wird wie ein Dieb in der Nacht.
3.Wenn sie sagen werden: «Friede und Sicherheit», dann wird sie das Verderben plötzlich überfallen wie die Wehen eine schwangere Frau, und sie werden nicht entfliehen."
Jh 14,1-3:
„1.Euer Herz erschrecke nicht! Vertrauet auf Gott und vertrauet auf mich! 2.In meines Vaters Hause sind viele Wohnungen; wo nicht, so hätte ich es euch gesagt. Ich gehe hin, euch eine Stätte zu bereiten.
3.Und wenn ich hingehe und euch eine Stätte bereite, so komme ich wieder und werde euch zu mir nehmen, auf dass auch ihr seid, wo ich bin."

Mt 24,3-14

„3 Als er aber auf dem Ölberge saß, traten die Jünger zu ihm besonders und sprachen: Sage uns, wann wird das alles geschehen, und welches wird das Zeichen deiner Wiederkunft und des Endes der Weltzeit sein?
4 Und Jesus antwortete und sprach zu ihnen: Sehet zu, dass euch niemand irreführe!
5 Denn es werden viele unter meinem Namen kommen und sagen: Ich bin Christus, und werden viele irreführen.
6 Ihr werdet aber von Kriegen und Kriegsgerüchten hören; sehet zu, erschrecket nicht; denn es muss so geschehen; aber es ist noch nicht das Ende.
7 Denn ein Volk wird sich wider das andere erheben und ein Königreich wider das andere; und es werden hin und wieder Hungersnöte, Pest und Erdbeben sein.
8 Dies alles ist der Wehen Anfang.
9 Alsdann wird man euch der Drangsal preisgeben und euch töten; und ihr werdet gehasst sein von allen Völkern um meines Namens willen.
10 Und dann werden viele Anstoß nehmen und einander verraten und einander hassen.
11 Und es werden viele falsche Propheten auftreten und werden viele verführen.
12 Und weil die Gesetzlosigkeit überhandnimmt, wird die Liebe in vielen erkalten;
13 wer aber ausharrt bis ans Ende, der wird gerettet werden.
14 Und dieses Evangelium vom Reich wird in der ganzen Welt gepredigt werden, zum Zeugnis allen Völkern, und dann wird das Ende kommen."
2.Petr 3,3-14:
„3 wobei ihr vor allem das wissen müsst, dass in den letzten Tagen Spötter kommen werden, die in ihrer Spötterei nach ihren eigenen Lüsten wandeln und sagen:
4 «Wo ist die Verheißung seiner Wiederkunft? denn seitdem die Väter entschlafen sind, bleibt alles so, wie es am Anfang der Schöpfung war!»
5 Dabei vergessen sie aber absichtlich, dass schon vorlängst Himmel waren und eine Erde aus Wasser und durch Wasser entstanden ist durch Gottes Wort;
6 und dass durch diese die damalige Welt infolge einer Wasserflut zugrunde ging.
7 Die jetzigen Himmel aber und die Erde werden durch dasselbe Wort fürs Feuer aufgespart und bewahrt für den Tag des Gerichts und des Verderbens der gottlosen Menschen.
8 Dieses eine aber sei euch nicht verborgen, Geliebte, dass ein Tag vor dem Herrn ist wie tausend Jahre, und tausend Jahre wie ein Tag!
9 Der Herr säumt nicht mit der Verheißung, wie etliche es für ein Säumen halten, sondern er ist langmütig gegen uns, *da er nicht will, dass jemand verloren gehe, sondern dass jedermann Raum zur Buße habe.*
10 Es wird aber der Tag des Herrn kommen wie ein Dieb; da werden die Himmel mit Krachen vergehen, die Elemente aber vor Hitze sich auflösen und die Erde und die Werke darauf verbrennen.
11 Da nun dies alles derart aufgelöst wird, wie sehr solltet ihr euch auszeichnen durch heiligen Wandel und Gottseligkeit,
12 dadurch, dass ihr erwartet und beschleuniget die Ankunft des Tages Gottes, an welchem die Himmel in Glut sich auflösen und die Elemente vor Hitze zerschmelzen werden!
13 Wir erwarten aber einen neuen Himmel und eine neue Erde, nach seiner Verheißung, in welchen Gerechtigkeit wohnt.
14 Darum, Geliebte, weil ihr solches erwartet, so befleißiget euch, dass ihr unbefleckt und tadellos vor ihm in Frieden erfunden werdet!"
1.Joh 5,12:
„Wer den Sohn hat, der hat das Leben; wer den Sohn Gottes nicht hat, der hat das Leben nicht."(!)

Apg 1,11:

„Ihr Männer von Galiläa, was steht ihr hier und seht gen Himmel? Dieser Jesus, der von euch weg in den Himmel aufgenommen worden ist, <u>wird in gleicher Weise wiederkommen,</u> wie ihr ihn habt gen Himmel fahren sehen."

1 Tag ist wie 1000 Jahre

(2. Petrus 3,8)

Gott schuf die Welt in sechs Tagen, am siebten Tag ruhte er. Wenn es um prophetische Zeitalter geht, so ist ein Tag wie tausend Jahre.

Von Adam bis Henoch war der 1.Tag (=1000 Jahre), ca. bis Abraham der 2. Tag, ca. bis David der 3.Tag, ca. bis Jesus der 4. Tag. Also insgesamt 4 Tage (4000 Jahre Menschheitsgeschichte vor Christus) und zwei weitere Tage sind seither bereits vergangen – also weitere 2000 Jahre.

In Apg.2,16+17 spricht Petrus von den letzten Tagen: „16 sondern <u>dies ist</u> (das, was Pfingsten vor 2000 Jahren geschah), was durch den Propheten Joel gesagt worden ist:

17 «Und es wird geschehen <u>in den letzten Tagen,</u> spricht Gott, da werde ich ausgießen von meinem Geist über alles Fleisch; und eure Söhne und eure Töchter werden weissagen, und eure Jünglinge werden Gesichte sehen, und eure Ältesten werden Träume haben...“

In den „letzten Tagen" (Apg.2,17) wird der Heilige Geist ausgegossen. Damit sind der fünfte und sechste Tag gemeint (die zweittausendjährige Gnadenzeit), an deren Ende wir heute leben – weil seit Pfingsten etwa zweitausend Jahre vergangen sind.

Wir befinden uns also am Ende des prophetischen sechsten Tages, „kurz" vor dem siebten Tag: dem tausendjährigen Friedensreich (dem Ruhetag; Off.20,6), das nach der großen Trübsal (7 Jahre lang) beginnen wird.

Weiteres Indiz (Mat.17,1f): <u>Nach</u> sechs Tagen nahm Jesus seine Lieblingsjünger beiseite und wurde verklärt!- Neben diesen Stellen erkennen wir am Volk Israel, dass der prophetische fünfte und sechste Tag zu Ende geht und der siebte „kurz" bevor steht: Im Propheten Hosea lesen wir über die Zerstreuung des Volkes in alle Welt und ihre spätere Sammlung (Hosea 6,1-2): „...schon <u>nach zwei Tagen</u> wird Er uns genesen lassen (das ist bereits geschehen), <u>am dritten Tag</u> uns wieder aufhelfen, dass wir vor Seinen Augen leben (das wird noch geschehen)"

Am Anfang des fünften Tages wurde das Volk Israel in alle Welt zerstreut (70 n.Chr.). Nach zwei Tagen, am Ende des sechsten Tages wieder als Nation gesammelt (1948: Staatsgründung Israels). Seit diesem Jahr sind Juden aus 143 Nationen nach Israel zurückgekehrt. Der siebte Tag ist das kommende Jahrtausend, wenn Israel als Volk Christus als Messias erkennen wird.

Wir haben hier also eine dreifache Argumentation: Einmal aus den Geschlechtsregistern des Alten Testament, zweitens die geschichtlichen Tatsachen des Volk Israels und drittens:

Jesus war zwei Tage tot und ist am dritten Tag auferstanden. Dies kann bedeuten:

2 Tage Tod = 2000 Jahre Zerstreuung des Volk Israels bzw. für die Gemeinde: 2000 Jahre Staatskirche, Kreuzzüge, dunkles Mittelalter, Inquisition, kaum geistliches Leben. Am 3.Tag erfolgt dann in allen Fällen die Wiederherstellung.

Grobe zeitliche Reihenfolge der zukünftigen Ereignisse:

- Heute: Endzeit (Zeit der Gnade und der Gemeinde; Umkehr ist noch möglich; Leiden; unser Auftrag von Jesus: Jünger machen)
- Entrückung der wiedergeborenen Christen (Treffen mit Jesus in der Luft = 1.Wiederkunft)
- Große Trübsal
- 2.Wiederkunft: Jesus als Richter (Weltgericht und Hochzeit des Lammes)
- Das tausendjährige Friedensreich
- Schaffung einer neuen Erde und eines neuen Himmels
- Ewigkeit: entweder bei Gott (in Frieden und Harmonie) oder in der Hölle (in der Gottesferne; dort wo Heulen und Zähneklappern ist – Mt 8,12; der ewige Tod; der feurige Pfuhl-Off.20,10+15+16; Off.21,8)

Das ist die Realität!

Daraus abgeleitete praktische Auswirkungen für jeden von uns:

Konzentration auf wichtige Dinge, auch im Alltag: Persönliche Reinigung und Heiligung (Gott lieben - die Sünde hassen).

Liebe üben.

Alles daransetzen, dass andere durch mich zu Jüngern gemacht werden, damit noch viele gerettet werden.

Literatur

- Arnold G. Fruchtenbaum, Handbuch der biblischen Prophetie
- Derek Prince, Die Zukunft Israels und der Gemeinde
- Ewald Frank, Die Herausforderung der christlichen Theologie und mehr... www.freie-volksmission.de)
- Bibel-Panorama, Christliches Verlagsgesellschaft Dillenburg
- Joachim Langhammer, Was wird aus dieser Welt? – mit Poster
- John H. Walton, Chronologische Tabellen zum AT

2.6 Wer ist der Heilige Geist?

Wer ist der Heilige Geist? Wie zu allen wichtigen Fragen gibt uns die Bibel die entscheidenden Informationen:

Jesus: „Aber ich sage euch die Wahrheit: Es ist gut für euch, dass ich hingehe; denn wenn ich nicht hingehe, so kommt der Beistand nicht zu euch. Wenn ich aber hingegangen bin, will ich ihn zu euch senden. Und wenn jener kommt, wird er die Welt überzeugen von Sünde und von Gerechtigkeit und von Gericht; von Sünde, weil sie nicht an mich glauben; von Gerechtigkeit aber, weil ich zum Vater gehe und ihr mich hinfort nicht mehr sehet; von Gericht, weil der Fürst dieser Welt gerichtet ist. Noch vieles hätte ich euch zu sagen; aber ihr könnt es jetzt nicht ertragen. Wenn aber jener kommt, der Geist der Wahrheit, wird er euch in die ganze Wahrheit leiten; denn er wird nicht von sich selbst reden, sondern was er hören wird, das wird er reden, und was zukünftig ist, wird er euch verkündigen.

Derselbe wird mich verherrlichen; denn von dem Meinigen wird er es nehmen und euch verkündigen. (Johannes 16, 7-14)

Aus diesen Versen erkennen wir:
► Der Heilige Geist ist unser Beistand, weil Jesus im Himmel ist,
► Er wird die Welt überzeugen von Sünde, Gerechtigkeit und Gericht.
► Er ist der Geist der Wahrheit.
► Er leitet die Christen in alle Wahrheit hinein.
► Er redet nicht von sich selbst, sondern das, was er von Jesus hört.
► Er gibt den Christen Informationen über zukünftige Dinge.
► Der Heilige Geist verherrlicht Jesus

Jesus: „Und ich will den Vater bitten, und er wird euch einen anderen Beistand geben, dass er bei euch bleibe in Ewigkeit, den Geist der Wahrheit, welchen die Welt nicht empfangen kann, denn sie beachtet ihn nicht und kennt ihn nicht; ihr aber kennet ihn, denn er bleibt bei euch und wird in euch sein. Ich lasse euch nicht als Waisen zurück, ich komme zu euch. Noch eine kleine Weile, und die Welt sieht mich nicht mehr; ihr aber seht mich, denn ich lebe, und auch ihr sollt leben! An jenem Tage werdet ihr erkennen, dass ich in meinem Vater bin und ihr in mir und ich in euch. (Johannes 14, 16ff)

Daraus erkennen wir:
► Der Heilige Geist bleibt immer bei uns.
► Er ist in uns.
► Jesus kommt in Form des Heiligen Geistes in uns. Jesus, der Sohn, Gott, der Vater, und der Heilige Geist sind eins.
Gott ist: Gott-Vater, Gott-Sohn und Gott-Heiliger Geist. (So wie Wasser flüssig, fest und gasförmig sein kann.)
► Die Nichtchristen (die Welt) können ihn nicht empfangen.

Jesus: „Der Beistand aber, der Heilige Geist, welchen mein Vater in meinem Namen senden wird, der wird euch alles lehren und euch an alles erinnern, was ich euch gesagt habe." (Johannes 14,25)
► Der Heilige Geist belehrt uns und erinnert uns an alles, was Jesus gesagt hat.
Aus den folgenden Versen wird deutlich:
► Der Heilige Geist kann hörbar sprechen und Anweisungen geben:
„Während nun Petrus über das Gesicht nachdachte, sprach der Geist zu ihm: Siehe, drei Männer suchen dich! Darum steh auf, steige hinab und ziehe ohne Bedenken mit ihnen, denn Ich habe sie gesandt!"

„Ebenso kommt aber auch der Geist unserer Schwachheit zu Hilfe. Denn wir wissen nicht, was wir beten sollen, wie sich's gebührt; aber der Geist selbst tritt für uns ein mit unausgesprochenen Seufzern. Der aber die Herzen erforscht, weiß, was des Geistes Sinn ist; denn er vertritt die Heiligen so, wie es Gott angemessen ist." Römer 8,26f)
► Der Heilige Geist ist ein unterstützender Geist: Er hilft uns.
► Er vertritt unsere Anliegen vor Gott, dem Vater.

„Denn wenn ihr nach dem Fleische lebt, so müsst ihr sterben; wenn ihr aber durch den Geist die Geschäfte des Leibes tötet, so werdet ihr leben. Denn alle, die sich vom Geiste Gottes leiten lassen, sind Gottes Kinder. Denn ihr habt nicht einen Geist der Knechtschaft empfangen, dass ihr euch abermals fürchten müsstet, sondern ihr habt einen Geist der Kindschaft empfangen, in welchem wir rufen: Abba, Vater! Dieser Geist gibt Zeugnis unsrem Geist, dass wir Gottes Kinder sind." (Römer 8,13ff)
► Der Heilige Geist bewirkt in uns, dass wir uns verändern können. Aus eigener Kraft werden wir das nicht schaffen – trotz aller guten Vorsätze.
► Wer sich vom Heiligen Geist leiten lässt, ist ein Kind Gottes – und auch das Gegenteil trifft zu.
► Der Heilige Geist unterdrückt uns nicht – auch nicht unsere Persönlichkeit.
► Im Heiligen Geist sind wir Kinder des allmächtigen Gottes.
► Der Heilige Geist bezeugt uns, dass wir zu Gott gehören und seine Kinder sind.
► Der Heilige Geist bezeugt uns, dass wir ewiges Leben haben. Wir dürfen durch ihn „Heilsgewissheit" haben! (= Die feste Überzeugung, nach dem Tod in ewiger Herrlichkeit bei Gott zu sein.)

Der Heilige Geist möchte unser Freund, Begleiter, Berater, Tröster und Helfer im Alltag sein. Es bedarf einer gewissen Demut anzuerkennen, dass wir ohne den Heiligen Geist letztlich nichts tun können. Als Christen können wir es uns nicht leisten, ohne die Hilfe des Heiligen Geistes durch den Alltag zu gehen. Wir dürfen ihn konkret im Alltag um Rat fragen. Er liebt es, wenn wir zu ihm kommen und uns nicht auf uns selbst verlassen, sondern seinen göttlichen Rat und Beistand in Anspruch nehmen.

Das wirft die Frage auf: „Dürfen wir zum Heiligen Geist beten?"

In der Bibel wird an keiner Stelle direkt darüber berichtet. Da der Heilige Geist aber genauso Gott ist, wie Gott-Vater und Gott-Sohn, ist es sicherlich keine Sünde, zu ihm zu beten. Im Gegenteil: Er ist unser nächster Ansprechpartner, da er in uns wohnt. Wir dürfen eine innige, herzliche und liebevolle Beziehung zum Heiligen Geist haben.

„Die Gnade des Herrn Jesus Christus und die Liebe Gottes und die Gemeinschaft des Heiligen Geistes sei mit euch allen!" (2. Kor. 13,13)

Der Heilige Geist ist eine Person – nicht nur eine Kraft.

Denn er hat einen Willen (1.Kor.12,11), er kann Dinge verhindern (Apg.16,6), er kann sprechen (Apg.8,29, Apg. 13,2), er ist fähig zu lieben (Römer 15,30), man kann ihn betrüben (Eph. 4,30) und man kann ihm widerstreben (Jes. 63,10).

Sinnbilder für den Heiligen Geist in der Bibel:
- ► Taube (Joh. 1,32)
- ► Wasser, Ströme (Jes. 44,3)
- ► Öl, Salbung (Lukas 4,18)
- ► Wind (Joh. 3,8)
- ► Feuer (Apg. 2,3)

Literatur:
- Derek Prince, „Biblische Fundamente Teil II"
- Kerstin Hack, Namen Gottes – Impulse für die Begegnung mit einem vielseitigen Gott
- Benny Hinn, „Guten Morgen, Heiliger Geist!"
- Wolfhard Margies, „Die einzigartige Gemeinschaft mit dem Heiligen Geist"
- Eberhard Mühlen, „Geistesgaben heute"

3.1 Das unsichtbare Reich Gottes

Der babylonische König Nebukadnezar hatte einen Traum. Durch ihn zeigte ihm Gott, was zukünftig geschehen wird: Alle irdischen Weltreiche werden vergehen - das Reich Gottes wird sie zermalmen und immer mehr zunehmen (Daniel 2). Hier haben wir einen wichtigen alttestamentlichen Hinweis auf das kommende Reich Gottes.

Jesus Hauptthema in seinen Reden war das Reich Gottes. Selbst nach der Auferstehung sprach er noch 40 Tage lang über dieses Thema zu seinen Jüngern (Apg. 1,3).

Die Wichtigkeit des Reiches Gottes kommt darin zum Ausdruck, dass Jesus es zum häufigsten Inhalt seiner Gleichnisse machte (in 10 verschiedenen Gleichnissen).

Der Begriff „Reich Gottes" kommt 52mal im NT vor. Der parallele Begriff „Himmelreich" 28mal.

Selbsterklärende Bibelstellen zu den Stichwörtern "Reich Gottes" und "Himmelreich":

Mt 4,23

Und Jesus durchzog ganz Galiläa, **lehrte** in ihren Synagogen **und predigte das Evangelium von dem Reich** und heilte alle Krankheiten und alle Gebrechen im Volk.

Mt 6,10

Dein Reich komme. Dein Wille geschehe wie im Himmel, also auch auf Erden.

Mt 6,31-33

Darum sollt ihr nicht sorgen und sagen: Was werden wir essen, oder was werden wir trinken, oder womit werden wir uns kleiden?

Denn nach allen diesen Dingen trachten die Heiden; aber euer himmlischer Vater weiß, dass ihr das alles bedürft.

Trachtet aber zuerst nach dem Reiche Gottes und nach seiner Gerechtigkeit, so wird euch solches alles hinzugelegt werden.

Mt 7,21

Nicht jeder, der zu mir sagt: «Herr, Herr», wird in das Himmelreich eingehen, sondern **wer den Willen meines Vaters im Himmel tut.**

Mt 10,7-8

Gehet aber hin, **prediget** und sprechet: **Das Himmelreich ist nahe herbeigekommen!** Heilet Kranke, weckt Tote auf, reiniget Aussätzige, treibet Dämonen aus! Umsonst habt ihr es empfangen, umsonst gebet es!

Mt 13,44-46

Das Himmelreich ist gleich einem **verborgenen Schatz im Acker**, den ein Mensch fand und verbarg. Und vor Freude darüber geht er hin und verkauft alles, was er hat, und kauft jenen Acker.

Wiederum ist das Himmelreich gleich einem Kaufmann, der schöne Perlen suchte.

Als er nun eine kostbare Perle fand, ging er hin und **verkaufte alles, was er hatte**, und kaufte sie.

Mt 19,14

Aber Jesus sprach zu ihnen: Lasset die **Kindlein** zu mir zu kommen und wehret ihnen nicht; denn **solcher ist das Himmelreich!**

Mt 19,16-26

Und siehe, einer trat herzu und fragte ihn: Guter Meister, was soll ich Gutes tun, um das ewige Leben zu erlangen?...

Da sprach Jesus zu seinen Jüngern: Wahrlich, ich sage euch, **ein Reicher hat schwer in das Himmelreich einzugehen!**

Mt 24,14

Und dieses Evangelium vom Reich wird in der ganzen Welt gepredigt werden, zum Zeugnis allen Völkern, und dann wird das **Ende** kommen.

Lk 9,62

Jesus aber sprach zu ihm: Wer seine Hand an den Pflug legt und **zurückblickt**, ist nicht geschickt zum Reiche Gottes!

Lk 17,20-21

Als er aber von den Pharisäern gefragt wurde, wann das Reich Gottes komme, antwortete er ihnen und sprach: **Das Reich Gottes kommt nicht so, dass man es beobachten könnte.** Man wird nicht sagen: Siehe hier! oder: Siehe dort ist es! Denn siehe, **das Reich Gottes ist inwendig in euch.**

Jh 3,3

Jesus antwortete und sprach zu ihm: Wahrlich, wahrlich, ich sage dir, wenn jemand **nicht von neuem geboren** wird, so kann er das Reich Gottes **nicht sehen!**

Apg 1,3

...welchen er sich auch **nach seinem Leiden** lebendig erzeigte, durch viele sichere Kennzeichen, indem er **während vierzig Tagen** ihnen erschien und **über das Reich Gottes redete.**

Apg 28,30-31

Paulus aber blieb zwei Jahre in einer eigenen Mietwohnung und nahm alle auf, die ihm zuliefen, **predigte das Reich Gottes** und lehrte von dem Herrn Jesus Christus mit aller Freimütigkeit und ungehindert.

Röm 14,17-19

Denn **das Reich Gottes** ist nicht Essen und Trinken, sondern **Gerechtigkeit, Friede und Freude im heiligen Geist;** wer darin Christus dient, der ist Gott wohlgefällig und auch von den Menschen gebilligt. So lasst uns nun dem nachjagen, was zum Frieden und zur Erbauung untereinander dient.

1.Kor 4,20

Denn das Reich Gottes besteht nicht in Worten, sondern **in Kraft**!

Gal 5,19-22

Offenbar sind aber die Werke des Fleisches, welche sind: Ehebruch, Unzucht, Unreinigkeit, Ausschweifung; Götzendienst, Zauberei, Feindschaft, Hader, Eifersucht, Zorn, Ehrgeiz, Zwietracht, Spaltungen, Neid, Mord; Trunkenheit, Gelage und dergleichen,

wovon ich euch voraussage, wie ich schon zuvor gesagt habe, dass die, **welche solches tun, das Reich Gottes nicht ererben werden.**
Die Frucht des Geistes aber ist Liebe, Freude, Friede, Geduld, Freundlichkeit, Gütigkeit, Treue, Sanftmut, Enthaltsamkeit.
Kol 1,13
...welcher uns errettet hat aus der Gewalt der Finsternis und **versetzt in das Reich** des Sohnes seiner Liebe ,...
Hebr 12,28-29
Deshalb lasst uns, da wir ein **unerschütterliches Reich** empfangen, dankbar sein, wodurch wir Gott wohlgefällig dienen mit Scheu und Furcht!
Denn auch unser Gott »ist ein verzehrendes Feuer«.
Offb 12,10-12
Und ich hörte eine laute Stimme im Himmel sagen: **Nun ist** das Heil und die Kraft und **das Reich unseres Gottes** und die Macht seines Christus **gekommen**; denn ‹hinab›geworfen ist der Verkläger unserer Brüder, der sie Tag und Nacht vor unserem Gott verklagte.

Die Strukturen des Königreichs:

- **Jesus** ist das Haupt der weltweiten Gemeinde.
- Gott hat für die Gemeinde gesetzt: **Apostel, Propheten, Hirten, Evangelisten, Lehrer** (Epheser 4,11)
- Dazu kommen: **Älteste**, die die Verantwortung vor Ort tragen und **Diakone**, die die Ältesten in praktischen Dingen unterstützen.
- Jeder Christ (Nachfolger Jesu) ist ein Priester (1.Petrus 2,9 + Offb.1,5).

Literatur:
- Keith Warrington, Das Reich Gottes, ISBN: 978-3-940188-36-6
- David Pawson, Kingdoms in Conflict, englisch, ISBN: 9781909886049.

3.2 Wir befinden uns im Krieg!

Wir leben in der Bundesrepublik seit über 70 Jahren in einem äußeren Frieden. Dafür sind wir Gott von Herzen dankbar. Dieser äußere Frieden ist jedoch nur der sichtbare Teil der Wirklichkeit, in der wir leben. In der Realität wird unser Leben genauso von der unsichtbaren, geistlichen Welt beeinflusst.
Am 15.8.2000 hatte ich einen Traum:
Ich war mit einer Reisegruppe unterwegs in einem Bus in Italien. Wir fuhren durch einen Urlaubsort. Es war Sommer, die Leute waren am Strand, lachten, hatten Spaß, Kinder spielten in einem Fluss mit Autoschläuchen. Es herrschte eine fröhliche und ausgelassene Urlaubsstimmung. In dem Ort fuhren aber auch alte Militärfahrzeuge (Jeeps und Lastwagen). Es waren auch bewaffnete Soldaten dort. Aber niemand schien sie zu bemerken. Der Ort gehörte zu einem totalitären, sozialistischen oder kommunistischen Staat. Nach mehreren Beinaheunfällen fuhren wir mit dem Bus eine kurvenreiche Straße hinauf in die Altstadt. Aus dem Busfenster sah ich, wie auf dem Bürgersteig Babys lagen, die ausgesetzt waren und dem Tod überlassen wurden. Etwas weiter wurden Kinder am Straßenrand geköpft und z.T. skalpiert.
Mit dem Bus erreichten wir ein Luxushotel in der Altstadt. Es war sehr pompös und mit reichlich Marmor ausgestattet. Wir sollten hier essen und feiern.-

Der Traum zeigt einen krassen Gegensatz auf: Auf der einen Seite gute Laune, Ferienstimmung, Strand und Luxushotel, auf der anderen Seite bewaffnete Soldaten, Militärfahrzeuge, Kindermorde - und dies alles innerhalb eines totalitären Regimes, aber am gleichen Ort.
Kann es sein, dass wir oft nur die offensichtlich schönen Seiten der Realität wahrnehmen und die Grausamkeiten übersehen? Ist es Zeit uns aufzumachen und unser Holiday-Christsein abzulegen?
Unser Ziel ist, die Realität zu erkennen, wie sie wirklich ist. Und uns nicht eine eigene Realität ausdenken.

Welche Bibelstellen untermauern die Feststellung, dass wir in einem geistlichen Krieg leben?
2.Kor 10,3:
Denn obwohl wir im Fleisch wandeln, kämpfen wir nicht nach dem Fleisch <u>denn die Waffen unseres Kampfes sind nicht fleischlich, sondern mächtig für Gott zur Zerstörung von Festungen; so zerstören wir Vernünfteleien und jede Höhe, die sich gegen die Erkenntnis Gottes erhebt, und nehmen jeden Gedanken gefangen unter den Gehorsam Christi.</u>
Eph 6,10:
Im Übrigen, meine Brüder, erstarket im Herrn und in der Macht seiner Stärke.
<u>Ziehet die ganze Waffenrüstung Gottes an,</u> damit ihr

den Kunstgriffen des Teufels gegenüber standzuhalten vermöget; <u>denn unser Kampf richtet sich nicht wider</u>

<u>Fleisch und Blut, sondern wider die Herrschaften, wider die Gewalten, wider die Weltbeherrscher dieser Finsternis, wider die geistlichen [Mächte] der Bosheit in den himmlischen [Regionen].</u>
1.Tim 6,12:
<u>Kämpfe den guten Kampf des Glaubens,</u> ergreife das ewige Leben, zu welchem du berufen bist und worüber du das gute Bekenntnis vor vielen Zeugen abgelegt hast.
2.Kor 11,13:
Denn solche sind falsche Apostel, betrügerische Arbeiter, die die Gestalt von Aposteln Christi annehmen Und kein Wunder, denn der Satan selbst nimmt die Gestalt eines Engels des Lichts an; damit wir nicht vom Satan übervorteilt werden; denn seine Anschläge sind uns nicht unbekannt.
1.Petr 5,8:
<u>Seid nüchtern und wachet! Euer Widersacher, der Teufel, geht umher wie ein brüllender Löwe und sucht, wen er verschlingen könne; dem widerstehet, fest</u> im Glauben, ...
Kol 2,14:
...dadurch, dass er die gegen uns bestehende Schuldschrift, welche durch Satzungen uns entgegen war, auslöschte und sie aus der Mitte tat, indem er sie ans Kreuz heftete. Als er so <u>die Herrschaften und Gewalten</u> auszog, stellte er sie öffentlich an den Pranger und triumphierte über sie an demselben.
Jak 4,7:
Unterwerft euch nun Gott! <u>Widersteht aber dem Teufel! Und er wird von euch fliehen.</u>
1.Joh 3,7:
Kindlein, niemand verführe euch! Wer die Gerechtigkeit übt, der ist gerecht, gleichwie Er gerecht ist. Wer die Sünde tut, der ist vom Teufel; denn der Teufel sündigt von Anfang an.
<u>Dazu ist der Sohn Gottes erschienen, dass er die Werke des Teufels zerstöre.</u>
Lk 12,49:
<u>Ich bin gekommen, Feuer auf die Erde zu schleudern, und wie wollte ich, es wäre schon entzündet!</u>
Aber ich habe eine Taufe zu bestehen, und wie drängt es mich, bis sie vollbracht ist!
<u>Meinet ihr, dass ich gekommen sei, Frieden zu spenden auf Erden? Nein, ich sage euch, sondern eher Zwietracht.</u>
Wo wird der geistliche Krieg heute bei uns sichtbar?
- Abtreibungen (ca. 150.000 pro Jahr in der Bundesrepublik)
- unbewusstes) Anbetung materieller Dinge (Urlaub, Auto, Haus, Wohnmobil...)
- Streit unter Christen und Gemeinden

- Angriffe auf unsere Kinder in den Medien und in
den Schulen.
- Pornographie
- Hass, Ausländerhass, Stolz
- Kriminalität

Innere geistliche Kämpfe:
- Zweifel an Gott
- Nichterfüllte Verheißungen (aus welchem Grund
auch immer)
- Entmutigung, Selbstzweifel, Minderwertigkeit
- Gefühle- sie sind das Hauptangriffsfeld Satans

Worin besteht der Krieg?
Es gibt zwei geistliche Mächte in der Welt, die gegen
einander Krieg führen:
Das Reich Gottes gegen das Reich Satans. Aus der
Bibel wissen wir, dass es Dämonen, satanische Engel
über bestimmten Ländern (z.B. Daniel 10), Mächte,
Gewalten, Herrschaften, Weltbeherrscher der
Finsternis (Eph.6,10) und Satan als ihren Anführer
gibt.
Er wollte sein wie Gott. Er wurde stolz, rebellierte und
wurde mit einem Drittel aller Engel aus dem Himmel
geworfen (Hesekiel 28,12-19+Jes.14,12ff).
Satan ist nicht wie Gott, sondern ein Engel, ein
geschaffenes Wesen. Er wird in der Bibel als der Fürst
der Welt bezeichnet. Wegen der Sünde der Menschen
hat er hier noch Anrechte, obwohl er **durch Jesu Tod
am Kreuz bereits besiegt** ist. Es ist eine Art Guerilla-
Krieg in einem besiegten Land. In dem Krieg geht es
um Macht, Einfluss und vor allem um die Seelen der
Menschen. Gott möchte, dass alle Menschen zur
Erkenntnis der Wahrheit kommen, sie errettet werden
und die Ewigkeit in seiner herrlichen Gegenwart
verbringen. Satan versucht dies mit allen Mitteln zu
verhindern. Er weiß, dass er selbst in der ewigen
Gottesferne (Hölle, Hades oder Todesreich) sein wird
und versucht, möglichst viele Seelen mitzureißen. Gott
hat uns beauftragt, anderen das Evangelium
weiterzusagen und sie zu Jüngern zu machen
(weltweit). Das ist unser Auftrag. Nichts ist wichtiger!

Fragen zum geistlichen Kampf in einer Stadt:
1. Welches ist Gottes Strategie, um die Menschen in
der Stadt zu erreichen?
2. Welche Rollen spielen wir dabei?
3. Wer ist der „Starke" in der Stadt?

4. Wie sollen wir beten? Sollen wir gegen den
„Starken" im Gebet angehen – oder Gott bitten, seine
Engel zu schicken, um zu kämpfen?

Gesichert ist die Erkenntnis, dass wir Dämonen aus
einzelnen Belasteten austreiben sollen.
Anders sieht es bei Finsternismächten höherer
Kategorien aus: Hier muss man unbedingt Gott vorher
fragen, ob man ein Mandat hat, gegen diese Dämonen
anzugehen.

Unsere Aufgabe ist nicht, Dämonen und Mächte zu
verhöhnen (Judas 6: „Der Erzengel Michael wagte kein
lästerliches Urteil zu fällen…")

Es gibt Dämonen und Mächte, die territoriale Macht
haben (z.B. Daniel 10: Der Fürst über Persien, der
Fürst über Griechenland). Auch im Reich Gottes gibt
es Engel mit bestimmten Aufgaben und
Einflussbereichen (z.B. in Off. 2+3: „An den Engel der
Gemeinde in … schreibe…").
Wahrscheinlich ist das Reich Satans eine Kopie des
Reiches Gottes – mit klaren Strukturen.

Welche praktischen Auswirkungen hat das auf
mein Leben? Was kann ich tun?
- Wachsam sein! Die Wirklichkeit erkennen!
- Zeit mit Jesus verbringen.
- Wachsam sein, dass meine Beziehung zu Gott in
Ordnung ist. Sünde hassen und lassen.
- Vergebung aussprechen, frei werden von
Bitterkeit. Beziehungen klären.
- Die geistlichen Waffen kennen und anwenden
lernen: Dank, Lobpreis, Proklamationen.
- Wächter sein für meine Familie, meine Stadt (z.B.
24-Stunden-Gebetsketten).
- Fasten und Beten zum eigenen Lebensstil
entwickeln.
- Eigene Vergangenheit aufarbeiten.
- Nach Einheit mit anderen Christen streben.
- Demütig sein, andere nicht richten, nicht schlecht
über andere reden, sondern Liebe einüben, Stolz
ablegen, Fürbitte leisten,
Gott ranlassen, schnell vergeben.

Literatur:
- Rick Joyner, Der letzte Aufstand
- C. Peter Wagner, Territoriale Mächte
- M. Basilea Schlink, Reiche der Engel und Dämonen
- Francis Frangipane, Geistlicher Kampf auf 3 Ebenen

3.3 Das allgemeine Priestertum der Gläubigen

Du bist ein Priester Gottes!
Was ist ein Priester?
Im Alten Testament war er ein Mittler zwischen Gott und den Menschen. Er war jemand, "der dienend vor Gott steht". Die Priester dienten an der Stiftshütte und später im Tempel. Nur Aaron und seine männlichen Nachkommen wurden von Gott berufen, Priester zu sein. Die Leviten wurden ihnen untergeordnet und sollten beim Dienst am Heiligtum behilflich sein.
Die Priester lebten von den Gaben, die Israel dem Herrn darzubringen hatten (4.Mose 18,8). Außerdem gaben die Leviten den Priester den zehnten Teil der Zehnten, die sie vom Volk erhielten (4.Mose 18,25ff).
Was sagt die Bibel über Priester in Bezug auf die heutige und zukünftige Zeit?
Israels Bestimmung ist es, ein Volk von Priestern zu sein.
2.Mose 19,5-6:
"Werdet ihr nun meiner Stimme Gehör schenken und gehorchen und meinen Bund bewahren, so sollt ihr vor allen Völkern mein besonderes Eigentum sein; denn die ganze Erde ist mein; ihr aber sollt mir ein Königreich von Priestern und ein heiliges Volk sein!"
Jes 61,6:
"Ihr aber werdet Priester des HERRN heißen, und man wird euch Diener unsres Gottes nennen. Ihr werdet die Güter der Nationen genießen und in ihre Machtstellung eintreten.
Paulus beschreibt seinen priesterlichen Dienst:
Röm 15,16:
"...dass ich ein Diener Jesu Christi für die Heiden sein soll, der das Evangelium Gottes priesterlich verwaltet, auf dass das Opfer der Heiden angenehm werde, geheiligt im heiligen Geist."
Petrus sagt den heidnischen Christen:
1.Petr 2,4-5:
"Da ihr zu ihm (Jesus) gekommen seid, als zu dem lebendigen Stein, der von den Menschen zwar verworfen, bei Gott aber auserwählt und köstlich ist, so lasset auch ihr euch nun aufbauen als lebendige Steine zum geistlichen Hause, zum heiligen Priestertum, um geistliche Opfer zu opfern, die Gott angenehm sind durch Jesus Christus."
Weiter sagt er zu den Christen:
1.Petr 2,9-10:
"Ihr aber seid ein auserwähltes Geschlecht, ein königliches Priestertum, ein heiliges Volk, ein Volk des Eigentums, damit ihr die Tugenden dessen verkündigt, der euch aus der Finsternis zu seinem wunderbaren Licht berufen hat, die ihr einst nicht ein Volk waret, nun aber Gottes Volk seid, und einst nicht begnadigt waret, nun aber begnadigt seid."
Offb 1,6:
"Ihm (Jesus), der uns liebt und uns durch sein Blut von unsren Sünden gewaschen und **uns** zu einem Königreich **gemacht hat, zu Priestern** für seinen Gott und Vater: ihm gehört die Herrlichkeit und die Macht in alle Ewigkeit! Amen."

Offb 20,6:
"Selig und heilig ist, wer teilhat an der ersten Auferstehung. Über diese hat der zweite Tod keine Macht, sondern **sie werden Priester Gottes und Christi sein** und mit ihm regieren tausend Jahre."

Die Gemeinde ist ausgesondert zum Dienst für ihren Herrn, und indem jeder einzelne sich Ihm ausliefert, bringt er sich selbst Gott zum Opfer dar (Römer 12,1). In diesem Sinne ist von der Gemeinde als dem "königlichen Priestertum" die Rede (1.Petrus2,5+9). Mit anderen Worten: Aus den genannten neutestamentlichen Bibelstellen geht hervor:
Jeder wiedergeborene, geisterfüllte Christ ist ein Priester!

Ein Merkmal eines Priesters ist, dass er hört, was Gott sagt:
Jh 18,37:
Jesus: "Ich bin dazu geboren und dazu in die Welt gekommen, dass ich der Wahrheit Zeugnis gebe; jeder, der aus der Wahrheit ist, hört meine Stimme."

Wie wird man zu einem Priester?
Zu einem Priester im biblischen Sinn wird man nicht in erster Linie durch ein theologisches Studium, eine Ordination oder eine Ernennung in ein Kirchenamt. Zu einem Gott wohlgefälligen Priester gehören (seit Golgatha) folgende Elemente:
- die Wiedergeburt (Joh.3, Gal.6,15, 1.Petrus 1,23)
- die Taufe (Buße, Jesus zum Herrn seines Lebens machen)
- die Geistestaufe (Mt.3,11; Mk.1,8 Apg.1,5 + 8,15-17 + 19,5-7)
- das Einlassen auf den Heiligungsprozess, den der Heilige Geist in uns bewirkt
  (dazu gehört z.B.: Gott lieben und die Sünde hassen)

Welche praktischen Auswirkungen hat es, dass ein wiedergeborener, geisterfüllter Christ ein Priester Gottes ist?
Seit Jesu Tod am Kreuz und seit der Ausgießung des Heiligen Geistes gilt:
- Männer und Frauen können Priester sein.
- Sie sind Priester und Kinder Gottes.
- Sie haben direkten Zugang zum Vater, sie können sich direkt an ihn wenden.
  (Der Vorhang zum Allerheiligsten ist seit Golgatha zerrissen)
- Sie können und sollen seinen Willen erfahren (Joh.18,37).
- Sie können das Abendmahl auch ohne kirchliche Amtsperson feiern.
- Sie können und sollen andere taufen (Mt 28,19).

- Sie sind bevollmächtigt Dämonen austreiben (Mk.16,17).
- Sie sind Botschafter an Christi statt.
- Sie sollen nicht die Aufgaben und die Arbeit in der Gemeinde von vollzeitigen und
  bezahlten "Profis" erledigen lassen - denn sie sind selbst Priester.
- Sie sollen ihre Berufung, ihren Teil im Reich Gottes wahrnehmen und ausfüllen.
- Sie haben nur noch einen Mittler zwischen Gott und Menschen:
  Jesus (nicht Maria, keinen Pastor etc.).

Was sind die Aufgaben der heutigen Priester? (Was ist deine Aufgabe?)

Nach 1.Petrus 2,9: Ihr seid Priester, damit ihr Jesus bekannt macht! (siehe auch Mk.16,16 + Mt.28,19)
Jesus mit Haut und Haar, mit Hab und Gut zur Verfügung stehen- Römer 12,1 (ein hingegebener Nachfolger sein).
Salz sein, Licht in der Welt sein (Mt.5,13+14).

Im Alten Testament war der Priester ein Mittler zwischen Gott und den Menschen. Heute ist Jesus der einzige Mittler - 1.Tim2,5.
Er vertritt uns vor dem Vater - 1.Joh.2,1.
Früher -im Alten Testament- wurden bei der Weihe der Priester Tieropfer gebracht und sie wurden mit Öl gesalbt.
Heute ist Jesus unser Opferlamm. Das Öl wird über die Christen seit Pfingsten in Form des Heiligen Geistes ausgegossen.
Früher gab es jeweils einen Hohepriester, der der einzige war, der einmal im Jahr ins Allerheiligste durfte.
Heute ist Jesus unser Hohepriester (Heb.6,22). Er steht uns, einem Volk aus Priestern, vor. Wir dürfen jederzeit ins Allerheiligste (in die Gegenwart Gottes Vaters). Der Weg zu unserem Vater ist seit Jesu Tod frei (der Vorhang zerriss - Lk 23,45).

Literatur:
- Lexikon zur Bibel, Stichwort "Priester"

3.4 Die Geistesgaben – Gottes Geschenk an mich und an die Gemeinde

Gott ist ein guter Gott. Er versorgt uns mit allem, was wir zum Leben brauchen. Und sogar weit darüber hinaus: Er schenkt uns Sinn, Bedeutung und eine lebendige Hoffnung. Zu seinen Geschenken gehören auch die Gaben des Heiligen Geistes. Jeder Christ hat eine oder mehrere Gaben – zum allgemeinen Nutzen.

Welche Geistesgaben gibt es?
Je nach Zählart werden in der Bibel von ca. 30 verschiedenen Gaben berichtet. Die meisten Informationen finden wir im
1. Korinther-Brief (die erwähnten Geistesgaben sind **fett** gedruckt)
12,1+ 4-11+ 27-33:
„Über die Geistesgaben aber, meine Brüder, will ich euch nicht in Unwissenheit lassen.
4 Es bestehen aber Unterschiede in den Gnadengaben, doch ist es derselbe Geist;
5 auch gibt es verschiedene Dienstleistungen, doch ist es derselbe Herr;
6 und auch die Kraftwirkungen sind verschieden, doch ist es derselbe Gott, der alles in allem wirkt.
7 Einem jeglichen aber wird die Offenbarung des Geistes zum allgemeinen Nutzen verliehen.
8 Dem einen nämlich wird durch den Geist die **Rede der Weisheit** gegeben, einem andern aber die **Rede der Erkenntnis** nach demselben Geist;
9 einem andern **Glauben** in demselben Geist; einem andern **die Gabe gesund zu machen** in dem gleichen Geist;
10 einem andern **Wunder** zu wirken, einem andern **Weissagung (Prophetie)**, einem andern **Geister zu unterscheiden,** einem andern verschiedene Arten von **Sprachen**, einem andern die **Auslegung der Sprachen**.
11 Dieses alles aber wirkt ein und derselbe Geist, der einem jeden persönlich zuteilt, wie er will.

1.Kor.14,26-33:
„Wie ist es nun, ihr Brüder? Wenn ihr zusammenkommt, so hat jeder von euch etwas: einen Psalm, eine Lehre, eine Offenbarung, eine Zungenrede, eine Auslegung; alles geschehe zur Erbauung!
27 Will jemand in Zungen reden, so seien es je zwei, höchstens drei, und der Reihe nach, und einer lege es aus.
28 Ist aber kein Ausleger da, so schweige er in der Gemeinde; er rede aber für sich selbst und zu Gott.
29 Propheten aber sollen zwei oder drei reden, und die andern sollen es beurteilen.
30 Wenn aber einem anderen, der dasitzt, eine Offenbarung zuteil wird, so soll der erste schweigen.
31 Denn ihr könnet einer nach dem andern alle weissagen, damit alle lernen und alle getröstet werden.
32 Und die Geister der Propheten sind den Propheten

untertan.
33 Denn Gott ist nicht ein Gott der Unordnung, sondern des Friedens."

Römer 12,4-8:
„Denn gleichwie wir an einem Leibe viele Glieder besitzen, nicht alle Glieder aber dieselbe Verrichtung haben, so sind auch wir, die vielen, ein Leib in Christus, als einzelne aber untereinander Glieder. Wenn wir aber auch verschiedene Gaben haben, nach der uns verliehenen Gnade, zum Beispiel **Weissagung**, so stimmen sie doch mit dem Glauben überein! Wenn einer **dient**, sei es so in dem Dienst; wenn einer **lehrt**, in der Lehre; wenn einer ermahnt, in der Ermahnung. Wer **gibt**, gebe in Einfalt; wer **vorsteht (leitet)**, tue es mit Fleiß; wer **Barmherzigkeit** übt, mit Freudigkeit!"

Welche <u>weiteren</u> geistlichen Gaben gibt es?
- Die Gabe der Ehelosigkeit (1.Kor.7,32ff)
- Evangelisation – als Gabe und als Amt (Apg. 8,26ff + Eph.4,11)
- Freiwillige Armut (Apg.4,32ff)
- Die Gabe der Gastfreundschaft (u.a. Römer 12,13)
- Die Gabe der Fürbitte (Lk.11,1ff)
- Die Gabe des Glaubens (Römer 4,18-21)
- Die Gabe der Leidensbereitschaft (Apg. 7, 54-60)
- Die Gabe der Leitung (1.Tim. 3,1ff)
- Die Gabe der Weisheit (1.Könige 3,5ff)
- Manche Theologen erwähnen auch die folgenden Gaben: Apostel, Handwerk, Künstlerische Kreativität, Hirtendienst, Missionar, Musik, Organisation, Seelsorge, Dienen.

Kernaussagen:
- Jeder wiedergeborene Christ ist von Gott mit einer oder mehreren Gaben
  ausgerüstet worden.
- Die Geistesgaben werden auch heute noch zur Erbauung der Gemeinde benötigt.
- Es ist wichtig und möglich herauszufinden, welche Gabe man hat, damit man den
  Platz im Reich Gottes einnehmen kann, den Gott für einen vorgesehen hat.
  Dies ist eine Voraussetzung für ein gesegnetes Leben in Fülle (Joh. 10,10).

Welche Geistesgaben hat mir Gott geschenkt?
Dies ist nicht schwer herauszufinden. Am einfachsten ist es Gott zu fragen. Eine realistische Selbsteinschätzung und ein Gespräch mit einem guten Freund, offenbaren meistens schon die offensichtlichen Gaben. Zu empfehlen ist der bewährte Gabentest von Christian A. Schwarz. Er zeigt auch zuverlässig nicht offensichtliche Begabungen auf.

Im Bereich der Gaben gibt es einen Unterschied zwischen einem allgemeinen Auftrag, einer Begabung und einem Amt.

Zum Beispiel gab Jesus uns den allgemeinen Auftrag in alle Welt zu gehen und zu evangelisieren. Manche haben eine herausragende Begabung auf Menschen zuzugehen und ihnen in natürlicher Art und Weise das Evangelium zu vermitteln (Evangelisation als Gabe). Bei manchen verdichtet sich diese Gabe zu einem Amt.

In Eph. 4,11 werden die fünf Ämter aufgezählt: Apostel, Propheten, Hirten, Evangelisten und Lehrer.

Literatur:
- Christian A. Schwarz: Der Gabentest
- C. Peter Wagner, Die Gaben des Geistes für den Gemeindeaufbau
- Kenneth E. Hagin, Das Sprachengebet

- Heribert Mühlen, Geistesgaben heute
- Dr. Michael Landsman, Hilfeleistung – ein unterstützender Dienst
- Prof. Dr. Johannes Reimer aus Bergneustadt hat eine gute theologische und kirchengeschichtliche Herleitung herausgegeben, Titel: „Gaben, warum nicht? – Darf es heute noch die übernatürlichen Gaben des Geistes geben?"

In den beiden Büchern von Christian A. Schwarz und C. Peter Wagner werden die einzelnen Gaben ausführlich beschrieben.

3.5 Das Sprachengebet /Reden in Zungen – grie.: Glossolalie

Was sagt die Bibel über das Sprachengebet?
Die Zungenrede trat zum ersten Mal Pfingsten auf:
Apg.2,2: „Und es entstand plötzlich vom Himmel her ein Brausen, wie von einem daher fahrenden gewaltigen Winde, und erfüllte das ganze Haus, worin sie saßen.
3 Und es erschienen Zungen, die sich zerteilten, wie von Feuer, und setzten sich auf einen jeglichen unter ihnen.
4 Und sie wurden alle vom heiligen Geist erfüllt und fingen an in andern Zungen zu reden, wie der Geist es ihnen auszusprechen gab."

Fakten aus diesen Versen:
Die Jünger wurden zuerst mit dem Heiligen Geist erfüllt, dann fingen sie an in Sprachen zu reden (Vers 4).
Das Zungenreden ist eine vom Heiligen Geist inspirierte Sprache (Vers 4).
Auch Paulus wurde, bevor er in Zungen redete, mit dem Heiligen Geist erfüllt (Apg.9,17+ 1.Kor.14,18).
Auch auf die Leute im Hause des Kornelius fiel zuerst der Heilige Geist. Die Folge war, dass sie in Zungen redeten:
Apg.10,44: „Während Petrus noch diese Worte redete, fiel der heilige Geist auf alle, die dem Wort zuhörten.
45 Und die Gläubigen aus der Beschneidung, so viele ihrer mit Petrus gekommen waren, erstaunten, dass die Gabe des heiligen Geistes auch über die Heiden ausgegossen wurde.
46 Denn sie hörten sie in Zungen reden und Gott hoch preisen."
Die meisten Informationen über das Zungenreden erhalten wir aus dem ersten Brief des Paulus an die Korinther:
1. Korinther 14,1: „Strebet nach der Liebe; doch strebet auch nach den Geistesgaben, am meisten aber, dass ihr weissagen könnet!
2 Denn wer in Zungen redet, der redet nicht für Menschen, sondern für Gott; denn niemand vernimmt es, im Geiste aber redet er Geheimnisse.
3 Wer aber weissagt, der redet für Menschen zur Erbauung, zur Ermahnung und zum Trost.
4 Wer in Zungen redet, erbaut sich selbst; wer aber weissagt, erbaut die Gemeinde.
5 Ich wünschte, dass ihr alle in Zungen redetet, noch viel mehr aber, dass ihr weissagen könntet. Denn wer weissagt, ist größer, als wer in Zungen redet; es sei denn, dass er es auslege, damit die Gemeinde Erbauung empfange.
6 Nun aber, ihr Brüder, wenn ich zu euch käme und in Zungen redete, was würde ich euch nützen, wenn ich nicht zu euch redete, sei es durch Offenbarung oder durch Erkenntnis oder durch Weissagung oder durch Lehre?
7 Ist es doch ebenso mit den leblosen Instrumenten, die einen Laut von sich geben, sei es eine Flöte oder eine Harfe; wenn sie nicht bestimmte Töne geben, wie kann man erkennen, was auf der Flöte oder auf der Harfe gespielt wird?
8 Ebenso auch, wenn die Posaune einen undeutlichen Ton gibt, wer wird sich zum Kampfe rüsten?
9 Also auch ihr, wenn ihr durch die Zunge nicht eine verständliche Rede gebet, wie kann man verstehen, was geredet wird? Denn ihr werdet in den Wind reden.
10 So viele Arten von Sprachen mögen wohl in der Welt sein, und keine ist ohne Laut.
11 Wenn ich nun den Sinn des Lautes nicht kenne, so werde ich dem Redenden ein Fremder sein und der Redende für mich ein Fremder.
12 Also auch ihr, da ihr eifrig nach Geistesgaben trachtet, suchet, zur Erbauung der Gemeinde daran Überfluss zu haben!
13 Darum: wer in Zungen redet, der bete, dass er es auch auslegen kann.
14 Denn wenn ich in Zungen bete, so betet zwar mein Geist, aber mein Verstand ist ohne Frucht.
15 Wie soll es nun sein? Ich will im Geiste beten, ich will aber auch mit dem Verstande beten; ich will im Geiste lobsingen, ich will aber auch mit dem Verstande lobsingen.
16 Sonst, wenn du im Geiste lobpreisest, wie soll der, welcher die Stelle des Unkundigen einnimmt, das Amen sprechen zu deiner Danksagung, da er nicht weiß, was du sagst?
17 Du magst wohl schön danksagen, aber der andere wird nicht erbaut.
18 Ich danke Gott, dass ich mehr als ihr alle in Zungen rede.
19 Aber in der Gemeinde will ich lieber fünf Worte mit meinem Verstande reden, damit ich auch andere unterrichte, als zehntausend Worte in Zungen.
20 Ihr Brüder, werdet nicht Kinder im Verständnis, sondern an Bosheit seid Kinder, am Verständnis aber werdet vollkommen.
21 Im Gesetz steht geschrieben: «Ich will mit fremden Zungen und mit fremden Lippen zu diesem Volke reden, aber auch so werden sie mich nicht hören, spricht der Herr.»
22 Darum sind die Zungen zum Zeichen nicht für die Gläubigen, sondern für die Ungläubigen; die Weissagung aber ist nicht für die Ungläubigen, sondern für die Gläubigen.
23 Wenn nun die ganze Gemeinde am selben Ort zusammenkäme, und alle würden in Zungen reden, und es kämen Unkundige oder Ungläubige herein, würden sie nicht sagen, ihr wäret von Sinnen?
24 Wenn aber alle weissagten, und es käme ein Ungläubiger oder Unkundiger herein, so würde er von allen überführt, von allen erforscht;
25 das Verborgene seines Herzens würde offenbar, und so würde er auf sein Angesicht fallen und Gott

anbeten und bekennen, dass Gott wahrhaftig in euch sei.

26 Wie ist es nun, ihr Brüder? Wenn ihr zusammenkommt, so hat jeder von euch etwas: einen Psalm, eine Lehre, eine Offenbarung, <u>eine Zungenrede, eine Auslegung</u>; alles geschehe zur Erbauung!

27 <u>Will jemand in Zungen reden, so seien es je zwei, höchstens drei, und der Reihe nach, und einer lege es aus.</u>

28 Ist aber kein Ausleger da, so schweige er in der Gemeinde; <u>er rede aber für sich selbst und zu Gott.</u>"

Die Fakten aus diesen Versen:

- Die Zungenrede ist die einzige Geistesgabe, die zur eigenen Erbauung dient (Vers 4).
- Wer in Zungen redet, redet zu Gott (V.2)
- Prophetie (Weissagung) hat einen höheren Stellenwert als das Zungenreden ohne Auslegung (Vers 5).
- Öffentliche Zungenrede mit Auslegung im Gottesdienst dient der Auferbauung der Gemeinde (Vers 5). Es sollen zwei oder drei nacheinander reden (Vers 27).
- Paulus wünscht den Korinthern, dass alle in Zungen reden würden (Vers 5).
- Derjenige, der die Gabe des Zungenredens hat, soll darum beten, dass er sie auch auslegen kann (V. 13).
- Wenn jemand in Zungen redet, betet sein Geist zu Gott, ohne dass er die Laute verstandesgemäß nachvollziehen kann (Vers 14).
- Es gibt ein Singen in Zungen, zum Lob Gottes (Vers 15+16).
- Paulus ist überaus dankbar für die Gabe des Zungenredens und praktiziert sie oft (Vers 18).

Jesus bereitete zu seiner Lebzeit die Jünger auf die zukünftigen Ereignisse vor:

Markus 16, 15 „Und er sprach zu ihnen: Gehet hin in alle Welt und prediget das Evangelium der ganzen Schöpfung! 16 Wer glaubt und getauft wird, soll gerettet werden; wer aber nicht glaubt, der wird verdammt werden. 17 <u>Diese Zeichen aber werden die, welche glauben, begleiten:</u> In meinem Namen werden sie Dämonen austreiben, <u>mit neuen Zungen reden</u> ,..."

Paulus fragt die Christen in Ephesus:

Apg.19,2: „Habt ihr den heiligen Geist empfangen, als ihr gläubig wurdet? Sie aber sprachen: Wir haben nicht einmal gehört, ob ein heiliger Geist sei! 3 Und er sprach zu ihnen: Worauf seid ihr denn getauft worden? Sie aber sprachen: Auf die Taufe des Johannes. 4 Da sprach Paulus: Johannes hat mit der Taufe der Buße getauft und dem Volke gesagt, dass sie an den glauben sollten, der nach ihm komme, das heißt an Christus Jesus. 5 Als sie das hörten, ließen sie sich taufen auf den Namen des Herrn Jesus. 6 Und als Paulus ihnen die Hände auflegte, kam der heilige Geist auf sie, und sie redeten in Zungen und weissagten. 7 Es waren aber im Ganzen etwa zwölf Männer.

Fakten aus diesen Versen:

Die Christen in Ephesus glaubten an Jesus. Sie wurden von Paulus getauft. Dann wird beschrieben, wie man die Gabe des Zungenredens erhalten kann: Unter Handauflegung wurden sie mit dem Heiligen Geist erfüllt. Die Folge des Erfülltseins war, dass sie <u>in Zungen redeten</u> und weissagten (=prophezeiten).

Die Liebe hat einen höheren Stellenwert als Prophetien und Zungenrede:

1.Kor.13,8:

„Die Liebe hört nimmer auf, wo doch die Prophezeiungen ein Ende haben werden, das Zungenreden aufhören wird und die Erkenntnis aufgehoben werden soll.

Erst wenn Jesus wiederkommt und seine Braut, die Gemeinde, heimholt, werden diese drei Geistesgaben überflüssig: Prophezeiungen, <u>Zungenrede</u> und Erkenntnis.

Paulus listet in 1.Kor.12 verschiedene Geistesgaben auf – darunter ist auch die Gabe des Zungenredens:

10 „‚ einem andern verschiedene Arten von Sprachen, einem andern die Auslegung der Sprachen."

1.Kor.14,1:

„Strebet nach der Liebe; doch <u>eifert</u> auch <u>nach den Geistesgaben</u>..."

Literatur:
- Christian A. Schwarz, Der Gabentest
- Kenneth E. Hagin, Das Sprachengebet

3.6 Engel – reale Wesen

Die Frage ist nicht, ob jemand an Engel glaubt, sondern vielmehr, ob Engel tatsächlich existieren.

Wenn man davon ausgeht, dass Gott den Menschen durch die Aussagen in der Bibel einen Einblick in die Wirklichkeit der geistlichen Welt gibt, dann kann man wichtige und interessante Informationen über Engel entdecken.
Engel sind Boten (grie. „angelos"). Engel nehmen in der Bibel einen viel wichtigeren Platz ein, als Satan und seine Dämonen. Engel werden in 34 Büchern der Bibel erwähnt (108mal im Alten Testament und 165mal im Neuen Testament).
Engel sind von Gott geschaffene Wesen (Ps.148,2+5). Ihre Anzahl hat sich nach Ihrer Erschaffung nie verändert (Mt.22,30) – sie können nicht sterben (Lk.20,36). Ihre Erschaffung war zeitlich gesehen vor der Schöpfung der Erde (Hiob 38,1+4+7).
Der Zweck ihrer Erschaffung ist Jesus zu verherrlichen (Off.4,11). Die Engel ziehen nie die Aufmerksamkeit auf sich selbst, sondern lassen alle Ehre Gott zukommen.
Sie sind Gott völlig hingegeben und stets bereit, seine Befehle auszuführen. Sie sind eine Ausstrahlung seines Wesens, Willens, seiner Gedanken, seiner Rede.
Wir sollen sie nicht anbeten (Römer 1,24+25). Sie sind geschlechtslose Wesen (Mt 22,20), besitzen keinen physischen Körper, können z.B. durch verschlossene Türe gehen (Apg.12,6), müssen keine Nahrung zu sich nehmen, können aber zu besonderen Zwecken auch Menschengestalt annehmen. Engel verfügen offensichtlich über eine Schönheit und Verwandlungsfähigkeit, die für die Menschen unvorstellbar ist. Die Verbindung der Engel mit Gott, die durch die Schöpfung und ihren stetigen Gehorsam entstanden ist, verleiht den Engeln Autorität. Sie sind nicht durch Sünde verdorben. Sie wohnen nicht in Menschen (so wie der Heilige Geist in den Christen wohnt). Der Heiligen Geist ist nicht an einen Ort gebunden, er ist allgegenwärtig. Die Engel können zu einem bestimmten Zeitpunkt immer nur an einem Ort sein. Sie können erscheinen und wieder verschwinden. Sie denken, fühlen, haben einen Willen und zeigen Empfindungen (Lk 15,10).

Gott gebraucht Engel, um mit den Menschen und Völkern zu seinem Ziel zu kommen. Sie haben ein umfassenderes Wissen als die Menschen, sind aber nicht allwissend (Mk 13,32). Die Engel haben mehr Macht als die Menschen sind aber nicht allmächtig.
Engel leben in einer Hierarchie:
Die mächtigsten Engel sind die **Erzengel**.
Der Erzengel Michael – sein Name bedeutet: „Wer ist wie Gott"- wird viermal erwähnt (Dan.10,13+21; Dan. 12,1; Judas 9; Offb. 12,7).

Der Erzengel Gabriel – sein Name bedeutet: „Der Mächtige Gottes" - wird 17mal erwähnt. Er ist in erster Linie Gottes Botschafter der Gnade und der Verheißung. Er erscheint viermal in der Bibel und überbringt jedes Mal gute Nachrichten.
Dann gibt es die **Cherubim** (1.Mose 3,24; 2.Mose 25,18-20; Hesekiel 1,4-28; 10,1-22). Sie haben u.a. vier Gesichter, zwei Paare Flügel, vier menschliche Hände. Satan war vor seinem Fall ein Cherub (Hesekiel 28,14; Jesaja 14,12)! Satan ist also nicht das Gegenteil von Gott, sondern ein geschaffener und gefallener Engel.
Dann gibt es die **Seraphim**. Ihr Name bedeutet „die Brennenden". Sie werden nur einmal in der Bibel erwähnt (Jesaja 6,1-7). Sie haben sechs Flügel, sie verkünden in einem großen Chor: „Heilig, heilig ist der Herr der Heerscharen, die ganze Erde ist voll seiner Herrlichkeit".
Außerdem gibt es die **vier lebendigen Geschöpfe**, die innen und außen mit Augen bedeckt sind. Jedes hat vier Gesichter und sechs Flügel. Sie loben Gott Tag und Nacht: „Heilig, heilig Herr Gott Allmächtiger, der da war, der ist und der kommt!" (Offb. 8,4)
Dann gibt es die geistlichen **Fürstentümer und Gewalten**, die wahrscheinlich von Engeln verkörpert werden (Epheser 1,21; 3,16; Kol. 1,16; 1.Petrus 3,22).
Zu **Schutzengeln**: Math. 18,10 berichtet uns, dass die Engel der Kinder allezeit das Angesicht des Vaters schauen. Die Bibel sagt nicht ausdrücklich, dass Menschen einen bestimmten Schutzengel zugeordnet bekommen haben. Jedoch sind die Engel dienstbare Geister, die zum Dienst um derer willen ausgesandt wurden, welche das Heil ererben sollen (Heb 1,14).
„Denn er hat seinen Engeln befohlen, dass sie dich behüten auf allen deinen Wegen." (Ps.91,11).
„Der Engel des Herrn lagert sich rings um die Gottesfürchtigen und rettet sie. (Ps 34,8).
Die Bibel sagt uns, dass Gott die Menschen „nur wenig niedriger als die Engel" erschuf. Gott befiehlt den Engeln, den Menschen zu helfen. Nach der Auferstehung allerdings werden die Menschen über den Engeln stehen (Lk 20,36).
Aus Hesekiel 28,14 und Jesaja 14,12 wissen wir, dass Satan einmal ein wunderschöner herrlicher Engel war. Sein Herz erhob sich jedoch gegen seinen Schöpfer. Er wollte sein wie Gott. Stolz trieb ihn in die Rebellion. Als Konsequenz wurde er mit einem Drittel aller Engel, die mit ihm sympathisierten aus der Himmel vertrieben. Diese vielen gefallenen Engel stehen Satan als Dämonen zur Verfügung.
Engel, die unter Gottes Befehl stehen, führen auch seine Urteile und Gerichte aus. So schlägt ein Engel den König Herodes Agrippa wegen seines gotteslästerlichen Verhaltens (Apg 12,22). Ein Engel schlägt die Erstgeborenen in Ägypten, bevor die Israeliten ausziehen dürfen (2.Mose 12,18-30). Ein

einziger Engel vernichtet die assyrische Armee (2.Könige 19,35 – 185.000 Soldaten sterben in einer Nacht). Und unter dem Oberbefehl Gottes organisiert der Erzengel Michael seine Heerscharen für den letzten großen Kampf (Offb. 12,7+8).

Weitere Beispiele wie Engel eingreifen:
Ein Engel Gottes verhindert im letzten Moment, dass Abraham Isaak opfert (1.Mose 22,11).
Daniel erhält eine Nachricht von einem Engel, erfährt von ihm u.a., dass es Dämonenfürsten über bestimmte Länder gibt und wird von ihm getröstet (Daniel 10; auch Daniel 8,16 + 9,21).

Ein Engel erscheint Zacharias und kündigt die Geburt Johannes des Täufers an (Lk 1,16).

Der Engel Gabriel erscheint Maria und kündigt die Geburt Jesu an (Lk 1,26).
Ein Engel des Herrn verkündet den Hirten auf dem Feld die Geburt Jesu (Lk 2,10).
Joseph wird durch einen Engel angewiesen Maria nicht zu verlassen und mit der Familie nach Ägypten zu fliehen (Mt 1,20 + 2,13).
Engel dienten Jesu in der Wüste nach der Versuchung (Mat.4,11).
Am Tag von Jesu Auferstehung erschien ein Engel am leeren Grab: „Seine Gestalt war wie der Blitz und sein Gewand weiß wie Schnee. Die Wachen erschraken aus Furcht vor ihm und wurden, als wären sie tot." (Mt 28,2-4).
Zwei Engel, die wie Männer aussahen und in weißen Kleidern gehüllt waren, verkündigen, dass Jesus so wiederkommen wird, wie er aufgefahren ist (Apg 1,11).
Ein Engel erscheint dem Evangelisten Philippus und gibt ihm konkrete Anweisungen, wo er hingehen soll (Apg 8,26).
Der Heide Kornelius bekommt von einem Engel die Anweisung, mit Petrus Kontakt aufzunehmen (Apg 10,3).
Ein Engel erscheint Paulus in der Nacht, als er Schiffbruch erleidet und beruhigt ihn, indem er sagt, dass Paulus vor den Kaiser gestellt werden wird (Apg 27,24).

Weiterführende Literatur:
- Billy Graham:
  „Von unsichtbaren Mächten geborgen"
- M. Basilea Schlink:
  „Reiche der Engel und Dämonen"
- Tim Sheets: „Arme der Engel"
- Willmington´s Guide to the Bibel,
  Seiten 775ff: "The Doctrine of Angels"
- C.Fred Dickason "Angels – Elect & Evil"
- C.Fred Dickason "Names of Angles"

3.7 Israel

Was sagt die Bibel über das Verhältnis von Juden und Christen?

► Die gute Nachricht von Jesus gilt Juden und Nichtjuden:
„Denn ich schäme mich des Evangeliums nicht; denn es ist Gottes Kraft zur Rettung für jeden, der glaubt, zuerst für den Juden, dann auch für den Griechen; …" (Römer 1,16)

► Der Gott der Bibel ist der Gott der Juden und Nichtjuden:
„So kommen wir zu dem Schluss, dass der Mensch durch den Glauben gerechtfertigt werde, ohne Gesetzeswerke. Oder ist Gott nur der Juden Gott, nicht auch der Heiden? Ja freilich, auch der Heiden! Denn es ist ja ein und derselbe Gott, welcher die Beschnittenen aus Glauben und die Unbeschnittenen durch den Glauben rechtfertigt. Heben wir nun das Gesetz auf durch den Glauben? Das sei ferne! Vielmehr richten wir das Gesetz auf." (Römer 3, 28ff)

► Jesus hat Juden und Nichtjuden „eins" gemacht:
„Darum gedenket daran, dass ihr, die ihr einst Heiden im Fleische waret und Unbeschnittene genannt wurdet von der sogenannten Beschneidung, die am Fleisch mit der Hand geschieht, dass ihr zu jener Zeit außerhalb Christus waret, entfremdet von der Bürgerschaft Israels und fremd den Bündnissen der Verheißung und keine Hoffnung hattet und ohne Gott waret in der Welt. Nun aber, in Christus Jesus, seid ihr, die ihr einst ferne waret, nahe gebracht worden durch das Blut Christi. Denn er ist unser Friede, der aus beiden eins gemacht und des Zaunes Scheidewand abgebrochen hat, indem er in seinem Fleische die Feindschaft (das Gesetz der Gebote in Satzungen) abtat, um so die zwei in ihm selbst zu einem neuen Menschen zu schaffen und Frieden zu stiften, und um die beiden in einem Leibe durch das Kreuz mit Gott zu versöhnen, nachdem er durch dasselbe die Feindschaft getötet hatte. Und er kam und verkündigte Frieden euch, den Fernen, und Frieden den Nahen; denn durch ihn haben wir beide den Zutritt zum Vater in einem Geist. So seid ihr (die Heiden) nun nicht mehr Fremdlinge und Gäste, sondern Mitbürger der Heiligen und Gottes Hausgenossen, auferbaut auf die Grundlage der Apostel und Propheten, während Jesus Christus selber der Eckstein ist, in welchem der ganze Bau, zusammengefügt, wächst zu einem heiligen Tempel im Herrn, in welchem auch ihr miterbaut werdet zu einer Behausung Gottes im Geist." (Epheser 2, 11ff)

Mit diesen Versen ist auch die Auffassung widerlegt, dass Gott Israel verworfen hat und dass die Gemeinde an die Stelle des Volkes Israel getreten ist (Verwerfungslehre/ Enterbungslehre).

► Israel steht unter dem besonderen Schutz Gottes:
„Denn so spricht der HERR der Heerscharen, … denn

100

wer euch antastet, tastet meinen Augapfel an."(!) (Sach. 2,12)

► Gott verheißt Abraham:
„Und ich will dich zu einer großen Nation machen, und ich will dich segnen, und ich will deinen Namen groß machen, und du sollst ein Segen sein! Und ich will segnen, die dich segnen, und wer dir flucht, den werde ich verfluchen; und in dir sollen gesegnet werden alle Geschlechter der Erde!
Das sind deutliche Aussagen: Wer als einzelne Person oder als Nation Israel segnet, wird von Gott gesegnet sein, wer Israel flucht, wird verflucht sein! (1. Mose 12,2)

► Johannes 4,22: „… denn das Heil kommt von den Juden."

► Müssen auch Juden wiedergeboren sein, um gerettet zu werden?
In Römer 3,23 steht: „Denn es ist hier kein Unterschied: sie sind allesamt Sünder und ermangeln des Ruhmes, den sie bei Gott haben sollten, und werden ohne Verdienst gerecht aus seiner Gnade durch die Erlösung, die durch Christus Jesus geschehen ist.
Paulus sagt den Christen in Rom:
Römer 11,25f:
„Ich will euch, liebe Brüder, dieses Geheimnis nicht verhehlen, damit ihr euch nicht selbst für klug haltet: Verstockung ist einem Teil Israels widerfahren, so lange bis die Fülle der Heiden zum Heil gelangt ist; und so wird ganz Israel gerettet werden, wie geschrieben steht: »Es wird kommen aus Zion der Erlöser, der abwenden wird alle Gottlosigkeit von Jakob. Und dies ist mein Bund mit ihnen, wenn ich ihre Sünden wegnehmen werde.« Im Blick auf das Evangelium sind sie zwar Feinde um euretwillen; aber im Blick auf die Erwählung sind sie Geliebte um der Väter willen."

► Die Juden sind die „älteren Brüder" der Christen (die Nachfolger Jesu wurden in den alten „Ölbaum" Israel eingepfropft – siehe Römer 11,24).

► Juden und Christen bilden gemeinsam die Braut Jesu. Aus Offenbarung 19 wissen wir, dass die ganze Menschheitsgeschichte auf ein Ereignis hinläuft:
Die Hochzeit des Lammes Jesu mit seiner Braut.

► Jesus war Jude! Der größte Jude aller Zeiten.

Aktuelle Daten über Israel:
► Es gibt weltweit ca. 13 Mio. Juden; in Israel leben ca. 6.6 Mio. Die Stadt mit den meisten jüdischen Einwohnern ist Tel Aviv (2.575.000), gefolgt von New York (2.051.000!); Jerusalem hat 575.000.

Heute gibt es ca. 100 messianische Gemeinden in Israel (von Juden besuchte Gemeinden, die an Jeshua -Jesus- glauben.)

► Gott hat das relativ kleine Volk Israel erwählt, damit die Nationen an Israel erkennen, dass es einen Gott gibt.

Israels bleibende Erwählung
(nach einem Artikel von Swen Schönheit in „Der Auftrag" Nr.27)
Israel ist erwählt als Gottes besonders Eigentum. Es soll „Licht der Nationen" sein. 5. Mose 7,6: „Dich hat der Herr, dein Gott erwählt zum Volk des Eigentums aus allen Völkern, die auf Erden sind".
2.Mose 19,5+6: „Werdet ihr nun meiner Stimme gehorchen und meinen Bund halten, so sollt ihr mein Eigentum sein vor allen Völkern; denn die ganze Erde ist mein. Und ihr sollt mir ein Königreich von Priestern und ein heiliges Volk sein.

Zur Erwählung Israels gehört die Verheißung des Landes als „Erbbesitz". 1.Mose 17,8: „Und ich will dir und deinem Geschlecht nach dir das Land geben… zum ewigen Besitz".

Auf Grund seines Ungehorsams kam Gottes Gericht über Israel und die Vertreibung aus dem Land.
5. Mose 28,64: „Denn der Herr wird dich zerstreuen unter alle Völker auf Erden …".

Der alte Bund wird durch den neuen Bund nicht ersetzt, sondern bekräftigt und bestätigt.
Hes. 16,60: „Ich will aber gedenken an den Bund, den ich mit dir geschlossen habe zur Zeit deiner Jugend, und will mit dir einen ewigen Bund aufrichten."
Mit der Ablehnung des Messias Jesus ist die Geschichte Israels keineswegs beendet. Allerdings werden die Nachfolger Jesu aus allen Nationen danach auch „Volk Gottes" genannt. Römer 11,24:

„Denn wenn du … wider die Natur in den edlen Ölbaum eingepfropft worden bist, wie viel mehr werden die natürlichen Zweige wieder eingepfropft werden in ihren eigenen Ölbaum."

Fast alle Propheten verheißen die Sammlung Israels aus der Zerstreuung. Jer. 31,10: „Höret, ihr Völker, des Herrn Wort…: Der Israel zerstreut hat, der wird´s auch wieder sammeln und wird es hüten wie ein Hirte seine Herde.

Die Heimkehr aus dem „Land des Nordens" wird einem neuen Exodus gleichen. Jer. „ 16,14-15: „…dass man nicht mehr sagen wird: `So wahr der Herr lebt, der die Israeliten aus Ägyptenland geführt hat´, sondern: `so wahr der Herr lebt, der die Israeliten geführt hat aus dem Lande des Nordens und aus allen Ländern, wohin er sie verstoßen hatte!".

Die Neugründung des Staates Israel 1948 wird eine „Wiederbelebung" des Volkes durch den Heiligen Geist folgen.
Jer. 31,33: „Ich will mein Gesetz in ihr Herz geben und in ihren Sinn schreiben und sie sollen mein Volk sein, und ich will ihr Gott sein."
Die Heimkehr Israels ins „Land der Väter" gehört zu den äußeren Voraussetzungen für die Begegnung mit seinem wiederkommenden Messias. Sach. 14,4: „Und seine Füße werden stehen zu der Zeit auf dem Ölberg… Und der Ölberg wird sich in der Mitte spalten, vom Osten bis zum Westen…".

Jesaja 40,1f:
„Tröstet, tröstet mein Volk! spricht euer Gott. Redet mit Jerusalem freundlich und prediget ihr, dass ihre Knechtschaft ein Ende hat, dass ihre Schuld vergeben ist; denn sie hat doppelte Strafe empfangen von der Hand des HERRN für alle ihre Sünden."

Literatur
- Christen an der Seite Israels: www.israelaktuell.de

3.8 Welche Informationen haben wir über die Hölle?

(Die Brutalität der Realität)

Gottes Hauptmotiv ist seine Liebe zu jedem Menschen. Aber wir leben in einem realen Krieg: Das Böse (Satan) kämpft darum angebetet zu werden und zu zerstören. Das Gute (Gott) will die Menschen davon erlösen und ewige, liebevolle Gemeinschaft schenken. Dazu lesen wir in Joh. 3, 14ff:

„Und wie Mose in der Wüste die Schlange erhöhte, also muss des Menschen Sohn erhöht werden, auf dass jeder, der an ihn glaubt, nicht verloren gehe, sondern ewiges Leben habe. Denn Gott hat die Welt so geliebt, dass er seinen eingeborenen Sohn gab, damit jeder, der an ihn glaubt, nicht verloren gehe, sondern ewiges Leben habe. Denn Gott hat seinen Sohn nicht in die Welt gesandt, dass er die Welt richte, sondern dass die Welt durch ihn gerettet werde. Wer an ihn glaubt, wird nicht gerichtet; wer aber nicht glaubt, der ist schon gerichtet, weil er nicht geglaubt hat an den Namen des eingeborenen Sohnes Gottes. Darin besteht aber das Gericht, dass das Licht in die Welt gekommen ist, und die Menschen liebten die Finsternis mehr als das Licht; denn ihre Werke waren böse."

Was heißt „verloren" zu sein?

Gibt es tatsächlich eine Hölle? Gibt es diesen Ort der ewigen Verdammnis und der Schmerzen?

Um das herauszubekommen sollte man nicht spekulieren, sondern in dem „Handbuch für ein erfolgreiches Leben" nachlesen (der Bibel). Sie ist Gottes Art den Menschen mitzuteilen, was wichtig ist. Hier informiert er uns über die Wirklichkeit – wie die Welt tatsächlich ist. Das umfasst das Sichtbare und vor allem auch das Unsichtbare.

Mat.16,18: „Und ich sage dir auch: Du bist Petrus, und auf diesen Felsen will ich meine Gemeinde bauen, und die Pforten der **Hölle** sollen sie nicht überwältigen."

→ Die Macht Satans ist begrenzt.

Mat. 23,33: „Ihr Schlangen! Ihr Otterngezüchte! Wie wollt ihr dem Gerichte der **Hölle** entgehen?"

Mar.9,43ff: „Und wenn deine Hand für dich ein Anstoß zur Sünde wird, so haue sie ab! Es ist besser für dich, dass du als Krüppel in das Leben eingehst, als dass du beide Hände habest und in die **Hölle** fahrest, in das unauslöschliche Feuer, wo ihr Wurm nicht stirbt und das Feuer nicht erlischt. Und wenn dein Fuß für dich ein Anstoß zur Sünde wird, so haue ihn ab! Es ist besser für dich, dass du lahm in das Leben eingehst, als dass du beide Füße habest und in die **Hölle** geworfen werdest, in das unauslöschliche Feuer, wo ihr Wurm nicht stirbt und das Feuer nicht erlischt. Und wenn dein Auge für dich ein Anstoß zur Sünde wird, so reiße es aus! Es ist besser für dich, dass du einäugig in das Reich Gottes eingehst, als dass du zwei Augen habest und in das höllische Feuer geworfen werdest, wo ihr Wurm nicht stirbt und das Feuer nicht erlischt."

→ Wurm (Folter), Feuer (Schmerzen)

102

Lukas 12, 4f: „Ich sage aber euch, meinen Freunden: Fürchtet euch nicht vor denen, die den Leib töten und nachher nichts weiteres tun können. Ich will euch aber zeigen, wen ihr fürchten sollt: Fürchtet den, welcher, nachdem er getötet, auch Macht hat, in die **Hölle** zu werfen! Ja, ich sage euch, den fürchtet!"

→ Ehrfurcht vor Gott

2. Petrus 2,4: „Denn wenn Gott die Engel, die gesündigt hatten, nicht verschonte, sondern sie in Banden der Finsternis der **Hölle** übergab, um sie zum Gericht aufzubehalten,…"

→ Engel können sündigen; es gibt Engel, die im Einflussbereich der Hölle agieren und später gerichtet werden.

Lukas,16,22: „Es geschah aber, dass der Arme starb und von den Engeln in Abrahams Schoß getragen wurde. Es starb aber auch der Reiche und wurde begraben.

23 Und als er im **Hades** seine Augen aufschlug und in Qualen war, sieht er Abraham von weitem und Lazarus in seinem Schoß.

24 Und er rief und sprach: Vater Abraham, erbarme dich meiner und sende Lazarus, dass er die Spitze seines Fingers ins Wasser tauche und meine Zunge kühle! Denn ich leide Pein in dieser Flamme.

25 Abraham aber sprach: Kind, gedenke, dass du dein Gutes völlig empfangen hast in deinem Leben und Lazarus ebenso das Böse; jetzt aber wird er hier getröstet, du aber leidest Pein.

26 Und zu diesem allen ist zwischen uns und euch eine große Kluft festgelegt, damit die, welche von hier zu euch hinübergehen wollen, es nicht können, noch die, welche von dort zu uns herüberkommen wollen.

27 Er sprach aber: Ich bitte dich nun, Vater, dass du ihn in das Haus meines Vaters sendest,

28 denn ich habe fünf Brüder, dass er ihnen eindringlich Zeugnis ablege, damit sie nicht auch an diesen Ort der Qual kommen!

29 Abraham aber spricht: Sie haben Mose und die Propheten. Mögen sie die hören!

30 Er aber sprach: Nein, Vater Abraham, sondern wenn jemand von den Toten zu ihnen geht, so werden sie Buße tun.

31 Er sprach aber zu ihm: Wenn sie Mose und die Propheten nicht hören, so werden sie auch nicht überzeugt werden, wenn jemand aus den Toten aufersteht."

→ stärkste Qualen im Hades (Todesreich), Pein (Schmerzen) in der Flamme.

Offb. 1, 17f: „Und als ich ihn sah, fiel ich zu seinen Füßen wie tot. Und er legte seine Rechte auf mich und sprach: Fürchte dich nicht! Ich bin der Erste und der Letzte und der Lebendige, und ich war tot, und siehe, ich bin lebendig von Ewigkeit zu Ewigkeit und habe die Schlüssel des Todes und des **Hades**."

→ Jesus hat die Kontrolle über die Macht des Totenreichs.

Offb. 6, 7ff: „Und als es das vierte Siegel öffnete, hörte ich die Stimme des vierten lebendigen Wesens sagen: Komm! Und ich sah: und siehe, ein fahles Pferd, und der darauf saß, dessen Name *ist* «Tod»; und der **Hades** folgte ihm. Und ihnen wurde Macht gegeben über den vierten Teil der Erde, zu töten mit dem Schwert und mit Hunger und mit Tod und durch die wilden Tiere der Erde. Und als es das fünfte Siegel öffnete, sah ich unter dem Altar die Seelen derer, die geschlachtet worden waren um des Wortes Gottes und um des Zeugnisses willen, das sie hatten. Und sie riefen mit lauter Stimme und sprachen: Bis wann, heiliger und wahrhaftiger Herrscher, richtest und rächst du nicht unser Blut an denen, die auf der Erde wohnen? Und es wurde ihnen einem jeden ein weißes Gewand gegeben; und es wurde ihnen gesagt, dass sie noch eine kurze Zeit abwarten sollten, bis auch ihre Mitknechte und ihre Brüder vollendet seien, die ebenso wie sie getötet werden sollten.

→ Der Tod ist hier personifiziert (Satan). Das Reich des Todes (Hades) folgt ihm nach.

Offb. 20, 10ff: „ Und der Teufel, der sie verführte, wurde in den Feuer- und Schwefelsee geworfen, wo sowohl das Tier als auch der falsche Prophet sind; und sie werden Tag und Nacht gepeinigt werden von Ewigkeit zu Ewigkeit. Und ich sah einen großen weißen Thron und den, der darauf saß, vor dessen Angesicht die Erde entfloh und der Himmel, und keine Stätte wurde für sie gefunden. Und ich sah die Toten, die Großen und die Kleinen, vor dem Thron stehen, und Bücher wurden geöffnet; und ein anderes Buch wurde geöffnet, welches das des Lebens ist. Und die Toten wurden gerichtet nach dem, was in den Büchern geschrieben war, nach ihren Werken. Und das Meer gab die Toten, die in ihm waren, und der Tod und der **Hades** gaben die Toten, die in ihnen waren, und sie wurden gerichtet, ein jeder nach seinen Werken. Und der Tod und der **Hades** wurden in den Feuersee geworfen. Dies ist der zweite Tod, der Feuersee. Und wenn jemand nicht geschrieben gefunden wurde in dem Buch des Lebens, so wurde er in den Feuersee geworfen.“

→ Der Teufel verführt die Menschen. Er betrügt und belügt. Er wird dafür ewiglich gepeinigt werden.

→ Im Himmel wird Buch geführt: Das Buch des Lebens.

Die alles entscheidende Frage ist:
 Stehst Du im Buch des Lebens? Wenn Du das nicht sicher weißt: Wende Dich jetzt an Jesus, bekenne Deine Schuld, danke Ihm, dass Er für Deine Schuld am Kreuz gestorben ist, glaube, dass Er Dich retten wird und lass Dich taufen.

Der einzige Weg, um den Qualen der Hölle zu entkommen, ist, dass du Jesus zum Herrn in deinem Leben machst und ihn um die Vergebung deiner Schuld bittest!

Römer 10,9ff: „ Denn wenn du mit deinem Munde Jesus als den Herrn bekennst und in deinem Herzen glaubst, dass Gott ihn von den Toten auferweckt hat, so wirst du gerettet; denn mit dem Herzen glaubt man, um gerecht, und mit dem Munde bekennt man, um gerettet zu werden; denn die Schrift spricht: «Wer an ihn glaubt, wird nicht zuschanden werden!»“

1 Joh. 1,8ff: „Wenn wir sagen, wir haben keine Sünde, so verführen wir uns selbst, und die Wahrheit ist nicht in uns; wenn wir aber unsere Sünden bekennen, so ist er treu und gerecht, dass er uns die Sünden vergibt und uns reinigt von aller Ungerechtigkeit. Wenn wir sagen, wir haben nicht gesündigt, so machen wir ihn zum Lügner, und sein Wort ist nicht in uns.“

Def. (griech.) **Hades** = (hebr.) **Scheol**:
Der Aufenthaltsort der Verstorbenen.
Hades/Scheol meint nicht den ewigen Aufenthaltsort der Verdammten, sondern den Bereich der Toten bis zum Jüngsten Gericht, das Totenreich. Jesus hat den Schlüssel zum Hades (Off.1,18).

Def. „**Hölle**" = (griech.) Gehenna: Der Platz oder Zustand der Verlorenen und Verdammten. Ort der ewigen Bestrafung.
Def. (griech.) **Tartarus**: Platz/Ort, an dem gefallene Engel bis zum Gericht festgehalten werden (2.Petrus 2,4).
Weitere Bibelstellen: Psalm 9,17, Sprüche 7,27, Sprüche 9,18, Jesaja 5,14, Jesaja 14, 12-15.

Was passiert, wenn jemand stirbt?
Der Körper und der Geist werden separiert. Der Körper verfällt. Der Geist bleibt in Ewigkeit. Nach dem Versterben kommt der Geist ins Todesreich (Hades). Hades ist nicht die Hölle. Im Hades erleiden diejenigen, die keine Vergebung Ihrer Sünden in Anspruch genommen haben und nicht im Buch des Lebens stehen, bereits Qualen (Lukas 16,24). Die Nachfolger Jesus kommen in die Gottesnähe (Paradies - Beispiel: Der Schächer am Kreuz). Das Paradies ist aber noch nicht der Himmel/die neue Erde/das ewige Neue Jerusalem, sondern der Aufenthaltsort bis zum Gericht – eine Art Garten Gottes (1.Mose 2,8 + Jes. 51,3 + Offb. 2,7).

Literatur:
- Mary K. Baxter – Eine göttliche Offenbarung der Hölle. ISBN 3-9522446-0-0. Eine wertvolle prophetisch, visionäre Offenbarung, die anhand der einschlägigen Bibelstellen geprüft werden kann und muss.

3.9 Sterben, Trauer und Trost

Was sagt die Bibel zum Thema „Sterben"?
Römer 8,14 Denn welche der Geist Gottes treibt, die sind Gottes Kinder. 15 Denn ihr habt nicht einen knechtischen Geist empfangen, dass ihr euch abermals fürchten müsstet; sondern ihr habt einen kindlichen Geist empfangen, durch den wir rufen: Abba, lieber Vater! 16 Der Geist selbst gibt Zeugnis unserm Geist, das wir Gottes Kinder sind. 17 Sind wir aber Kinder, so sind wir auch Erben, nämlich Gottes Erben und Miterben Christi, wenn wir denn mit ihm leiden, damit wir auch mit zur Herrlichkeit erhoben werden. 18 Denn ich bin überzeugt, dass dieser Zeit Leiden nicht ins Gewicht fallen gegenüber der Herrlichkeit, die an uns offenbart werden soll. 19 Denn das ängstliche Harren der Kreatur wartet darauf, dass die Kinder Gottes offenbar werden. 20 Die Schöpfung ist ja unterworfen der Vergänglichkeit - ohne ihren Willen, sondern durch den, der sie unterworfen hat -, doch auf Hoffnung; *21 denn auch die Schöpfung wird frei werden von der Knechtschaft der Vergänglichkeit zu der herrlichen Freiheit der Kinder Gottes.* 22 Denn wir wissen, dass die ganze Schöpfung bis zu diesem Augenblick mit uns seufzt und sich ängstigt.
 23 Nicht allein aber sie, sondern auch wir selbst, die wir den Geist als Erstlingsgabe haben, seufzen in uns selbst und sehnen uns nach der Kindschaft, der Erlösung unseres Leibes. 24 Denn wir sind zwar gerettet, doch auf Hoffnung.
2. Korinther 5,1: Denn wir wissen: wenn unser irdisches Haus, diese Hütte, abgebrochen wird, so haben wir einen Bau, von Gott erbaut, ein Haus, nicht mit Händen gemacht, das ewig ist im Himmel. 2 Denn darum seufzen wir auch und sehnen uns danach, dass wir mit unserer Behausung, die vom Himmel ist, überkleidet werden, 3 weil wir dann bekleidet und nicht nackt befunden werden. 4 Denn solange wir in dieser Hütte sind, seufzen wir und sind beschwert, weil wir lieber nicht entkleidet, sondern überkleidet werden wollen, damit das Sterbliche verschlungen werde von dem Leben. 5 Der uns aber dazu bereitet hat, das ist Gott, der uns als Unterpfand den Geist gegeben hat. 6 So sind wir denn allezeit getrost und wissen: solange wir im Leibe wohnen, weilen wir fern von dem Herrn; 7 denn wir wandeln im Glauben und nicht im Schauen. 8 Wir sind aber getrost und haben vielmehr Lust, den Leib zu verlassen und **daheim zu sein** bei dem Herrn. 9 Darum setzen wir auch unsre Ehre darein, ob wir daheim sind oder in der Fremde, dass wir ihm wohlgefallen.
Nachfolger Jesu sind, solange sie auf der Erde wohnen, noch nicht zuhause! Ihre Heimat ist der Himmel (die ewige Gemeinschaft mit Gott).
Im Moment ist der Tod der größte Feind.

Was sagt die Bibel zum Thema „Trauer"?
2. Kor. 4,6 Darum werden wir nicht müde; sondern wenn auch unser äußerer Mensch verfällt, so wird
doch der innere von Tag zu Tag erneuert. 17 Denn unsre Trübsal, die zeitlich und leicht ist, schafft eine ewige und über alle Maßen gewichtige Herrlichkeit, 18 uns, die wir nicht sehen auf das Sichtbare, sondern auf das Unsichtbare. Denn was sichtbar ist, das ist zeitlich; was aber unsichtbar ist, das ist ewig.
Das Problem/ die Spannungen/die Trübsale, mit denen wir leben haben einen Anfang und ein Ende. Aller Schmerz, alle Trauer sind zeitlich begrenzt.
Ursprünglich gab es eine Schöpfung ohne Tod und Schmerzen. Aber die Menschen waren ungehorsam: sie aßen vom Baum und erklärten damit ihre Unabhängigkeit. Gott hatte uns gewarnt: Wenn ihr davon esst...:
1. Mose 3,3 aber von den Früchten des Baumes mitten im Garten hat Gott gesagt: Esset nicht davon, rühret sie auch nicht an, dass ihr nicht sterbet!
Jesus hat, als er in der gefallenen Schöpfung war, Schmerzen (Dornenkrone, Schläge, Spott), Tod und Trennung erlitten: „Mein Gott, mein Gott, warum hast Du mich verlassen."
Jesus hat am Kreuz das Problem des Todes gelöst. Er hat der Schlange den Kopf zertreten. 1.Mose 3,15

Gott handelt souverän:
Römer 11,
33 O welch eine Tiefe des Reichtums, beides, der Weisheit und der Erkenntnis Gottes! Wie unbegreiflich sind **seine** Gerichte und unerforschlich **seine Wege**!
 34 Denn »wer hat des Herrn Sinn erkannt, oder wer ist sein Ratgeber gewesen?« 35 Oder »wer hat ihm etwas zuvor gegeben, dass Gott es ihm vergelten müsste?«
 36 Denn von ihm und durch ihn und zu ihm sind alle Dinge. Ihm sei Ehre in Ewigkeit! Amen.
Jesaja 55,
8 Denn meine Gedanken sind nicht eure Gedanken, und eure Wege sind nicht meine Wege, spricht der HERR,
9 sondern so viel der Himmel höher ist als die Erde, so sind auch meine Wege höher als eure Wege und meine Gedanken als eure Gedanken.

Gott ist souverän. Er liebt uns und meint es gut mit uns – trotzdem hat er seine Wege.
Warum lässt Gott Leid zu? Das können wir in vielen Fällen beantworten aber in einigen auch nicht.
Natürlich ist durch den Tod eines geliebten Menschen Trennungsschmerz da.
Aber dennoch: Das physische Leben (das irdische Leben) ist aber nicht das Wichtigste!

Das Wichtigste ist die geklärte Beziehung des Geschöpfs zum Schöpfer (die Antwort des Geschöpfs auf das liebende Werben des Schöpfers).

Was sagt die Bibel zum Thema „Trost"?
Jesaja 57,
18 Ihre Wege habe ich gesehen, aber ich will sie heilen und sie leiten *und ihnen wieder Trost geben; und denen, die da Leid tragen,* 19 will ich Frucht der Lippen schaffen. Friede, Friede denen in der Ferne und denen in der Nähe, spricht der HERR; ich will sie heilen.

Das Motto für die Nachfolger Jesu ist:
„Das Schönste kommt noch!"

Hebräer 13,14 Denn wir haben hier keine **bleibende Stadt,** sondern die zukünftige suchen wir.
Bis Jesus wiederkommt und sein Reich in der ganzen Fülle aufrichtet, werden wir mit Schmerzen und Tod leben müssen – der Preis des Wunsches nach Unabhängigkeit von unserem Schöpfer.
Der physische Tod ist heute eine Durchgangsphase. Wir alle gehen direkt auf den Moment unseres Todes zu. Daher sollten wir unser Leben vom Ende her planen!
Bist du vorbereitet? Ist Vergebung, Reinigung von Beziehungen nötig, Beziehung zu Gott geklärt? Hast Du die Gewissheit, dass Du die Ewigkeit bei Gott verbringst? Sein Geist gibt unserem Geist Zeugnis, dass wir Kinder Gottes sind. Wenn wir Kinder sind, dann auch Erben, Miterben Christi.

Dürfen/sollen/müssen Christen leiden?
Was sagt die Bibel zu diesem Thema?
Wenn in der Bibel von Leiden gesprochen wird, geht es fast immer um Verfolgung. Hier einige weitere Stellen:
Psalm 34,
Der Gerechte muss viel leiden; aber der HERR rettet ihn aus dem allem.
- Hier wird deutlich: Leiden ja –Hoffnungslosigkeit – nein!

2.Kor.1,3 Gelobt sei der Gott und Vater unsres Herrn Jesus Christus, der Vater der Barmherzigkeit und **Gott allen Trostes,** (Trost ist ein Hauptcharakterzug Gottes)
der uns tröstet in all unsrer Trübsal, auf dass wir die trösten können, welche in allerlei Trübsal sind, durch den Trost, mit dem wir selbst von Gott getröstet werden. Denn gleichwie die Leiden Christi sich reichlich über uns ergießen, so fließt auch durch Christus reichlich unser Trost.
Hebräer 12,1 Darum auch wir: Weil wir eine solche Wolke von Zeugen um uns haben, lasst uns ablegen alles, was uns beschwert, und die Sünde, die uns ständig umstrickt, und lasst uns laufen mit Geduld in dem Kampf, der uns bestimmt ist, und aufsehen zu Jesus, dem Anfänger und Vollender des Glaubens, der, obwohl er hätte Freude haben können, das Kreuz erduldete und die Schande gering achtete und sich

gesetzt hat zur Rechten des Thrones Gottes. Gedenkt an den, der soviel Widerspruch gegen sich von den Sündern erduldet hat, damit ihr nicht matt werdet und den Mut nicht sinken lasst.
Leiden in unserem Leben wird ertragbarer, weil wir eine begründete Hoffnung haben: Jesus wird wiederkommen, er wird seine Herrschaft antreten und sein Reich wird allen offenbar werden. Außerdem: Gott liebt uns, er hat alles unter seiner Kontrolle, er meint es gut mit uns, ihm ist nichts zu schwer.
Offenbarung 21,4 Und Gott wird abwischen alle Tränen von ihren Augen, und der Tod wird nicht mehr sein, noch Leid noch Geschrei noch Schmerz wird mehr sein; denn das Erste ist vergangen. (siehe auch Jesaja 25,8 + 60,20)

Den wiedergeborenen Christen erwartet eine herrliche Zukunft – das tröstet über manche Schwierigkeiten:
- Sie werden in Ewigkeit Gemeinschaft mit Gott haben (Offb. 21,3),
- Sie werden die Braut Jesu sein bei der Hochzeit des Lammes (Offb.19,7),
- Sie werden materiell versorgt sein (Joh. 14,2; Offb. 21,6),
- Sie werden regieren (Offb. 20,6 + 1.Kor.6,1-3).

Für Christen ist es wichtig, dass sie trotz des Leides ihren inneren Frieden behalten, der nur von Gott kommen kann. Dann können sie auch turbulente Situationen und Nöte durchstehen.
Er bietet ihnen an ihre Sorgen auf ihn zu werfen. Er will ihnen statt der Sorgen inneren Frieden schenken:
Philipper 4,6 **„Sorget um nichts; sondern in allem lasset durch Gebet und Flehen mit Danksagung eure Anliegen vor Gott kundwerden. Und der Friede Gottes, der allen Verstand übersteigt, wird eure Herzen und Sinne bewahren in Christus Jesus."**

Wir leben mit einer Spannung: Für das Reich Gottes gilt: Es ist jetzt schon da– aber noch nicht völlig!
Um bei Problemen den inneren Frieden zu behalten müssen wir eine ganz enge Beziehung zu Gott pflegen.
Das heißt praktisch: Qualitätszeit mit ihm verbringen und ihn und seinen Willen suchen.
Es geht nicht primär um ein sorgenfreies Leben - es geht darum einen inneren Frieden zu behalten. Das ist erreichbar, wenn man Jesus sein Leben mit „Haut und Haar" zur Verfügung stellt und ihm gegenüber gehorsam ist. Hier ist das Geheimnis von echter Lebensqualität – auch in schwierigen Umständen.
Wir leben noch nicht im Paradies. Aber die ewige Gemeinschaft mit Gott in Herrlichkeit ist jetzt schon Realität!
Ewiger Frieden, Trost und Freude sind die Wirklichkeit – für alle, die glauben und getauft sind!
Denn es heißt: „Wer glaubt und getauft ist, wird

gerettet werden."
Wenn Du also an Jesus glaubst und getauft bist, schenkt Gott dir inneren Frieden, Trost und Gelassenheit (übernatürlich, göttlich – nicht erklärbar).

2. Thess. 2,15 So stehet denn nun fest, ihr Brüder, und haltet fest an den Überlieferungen, die ihr gelehrt worden seid, sei es durch ein Wort oder durch einen Brief von uns. 16 Er selbst aber, unser Herr Jesus Christus, und Gott, unser Vater, der uns geliebt und einen ewigen **Trost** und eine gute Hoffnung durch Gnade gegeben hat, 17 tröste eure Herzen und stärke euch in jedem guten Wort und Werk!

3.10 Der dreifache Ausgang des Gerichts Gottes

(Von Jens Kaldewey ©)

Ja, ihr habt richtig gelesen. Das Gericht Gottes hat vermutlich drei Ausgänge, nicht nur zwei, wie allgemein angenommen wird und wohl fast alle von uns glauben. Deshalb will ich euch im Folgenden in aller Ruhe an diese begründete Vermutung heranführen.

Wir sind daran gewöhnt, bis in die Knochen, von zwei Ausgängen zu sprechen, nämlich zum Himmel oder zur Hölle. „Himmel" wird dabei verstanden als die ewige Gemeinschaft mit Gott im Vaterhaus oder das ewige Leben mit Jesus Christus als seine Gemeinde, seine „Frau", nachdem die „himmlische Hochzeit" bei seiner Wiederkunft stattgefunden hat. „Hölle" ist das ewige Verstossen sein von Gott, das „Leben", besser sagt man, das „Existieren", fern von Gott, an einem Ort, für den die Bibel verschiedene Bilder verwendet: Äußerste Finsternis, Feuersee, ewige Pein, Heulen und Zähneknirschen, Gehenna (Feuerhölle), oder einfach Feuer. Sonst gibt es nichts. Nur diesen Himmel und nur diese Hölle. Wenn das stimmt, stimmt etwas nicht mit den letzten beiden Kapiteln der Offenbarung (21- 22)! Wir lesen dort zunächst, dass es einen neuen Himmel und eine neue Erde geben wird. (21,1). Dann wird uns berichtet, wie „die Heilige Stadt, das neue Jerusalem, von Gott aus dem Himmel herabkommt, schön wie eine Braut, die sich für ihren Bräutigam geschmückt hat" und dass dieses neue Jerusalem die „Wohnung Gottes bei den Menschen sein wird. " „Gott wird in ihrer Mitte wohnen; sie werden sein Volk sein - ein Volk aus vielen Völkern, und er selbst ihr Gott wird immer bei ihnen sein. " (NGÜ - Neue Genfer Übersetzung) Das ist atemberaubend. Das ist unvorstellbar großartig. Da wird es ein Volk geben, das auf einer neuen Erde (nicht im Himmel!) in engster Gemeinschaft mit Gott leben wird, der tatsächlich auf diese Erde heruntergekommen ist und dort wohnt und bleibt. Nicht sie sind zu Gott gekommen, sondern Gott zu ihnen. Wer sind diese Leute? Was ist das neue Jerusalem? Es kommt nun wirklich darauf ein, die Bewohner des neuen Jerusalems zweifelsfrei zu identifizieren! Ein deutlicher Hinweis wird uns später in demselben Kapitel gegeben: "Und es kam einer von den sieben Engeln... und sprach: Komm her! Ich will dir die Braut, das Weib des Lammes, zeigen. Und er führte mich im Geist hinweg auf einen großen und hohen Berg und zeigte mir die heilige Stadt Jerusalem, wie sie aus dem Himmel von Gott herabkam, und sie hatte die Herrlichkeit Gottes. Ihr Lichtglanz war gleich einem sehr kostbaren Edelstein, wie ein kristallheller Jaspisstein;" (Offenbarung 21,9–11, REB) Es ist eindeutig: Das neue Jerusalem ist das „Weib" des Lammes, d. h. die ihm rechtsgültig verlobte Frau. Gut – das neue Jerusalem ist die Frau des Lammes, aber wer ist denn nun diese Frau? Zwei Kapitel vorher ist von ihr bereits die Rede: "Lasst uns fröhlich sein und jubeln und ihm die Ehre geben; denn die Hochzeit des

Lammes ist gekommen, und sein Weib hat sich bereitgemacht. Und ihr wurde gegeben, dass sie sich kleide in feine Leinwand, glänzend, rein; denn die feine Leinwand sind die gerechten Taten der Heiligen. " (Offenbarung 19,7–8, Elberfelder Übersetzung - REB) Wenn das Brautkleid der Frau aus den „gerechten Taten der Heiligen" besteht, ist sie damit klar identifiziert: Die Frau ist ein symbolisches Bild für die Gesamtheit aller „Heiligen". Und wer sind denn nun schon wieder die „Heiligen"? Mit „Heiligen" werden im Neuen Testament eindeutig und unmissverständlich die wiedergeborenen Christen bezeichnet. (Wer das nicht glaubt: Apg 8,32+41 26,10 Röm 1,7 15,25 16,15 1. Kor 1,2 und viele mehr) Genau in diese Kerbe schlägt auch das berühmte Wort von Paulus über die Ehe: "»Deswegen wird ein Mensch Vater und Mutter verlassen und seiner Frau anhängen, und die zwei werden ein Fleisch sein. «Dieses Geheimnis ist groß, ich aber deute es auf Christus und die Gemeinde. " (Epheser 5,31–32, REB) Und schließlich noch dies: "Denn ich eifere um euch mit Gottes Eifer; denn ich habe euch einem Mann verlobt, um euch als eine keusche Jungfrau vor den Christus hinzustellen." (2. Korinther 11,2, REB)

Es ist hoffentlich klar geworden: Das neue Jerusalem ist die Gesamtheit der von Jesus berufenen und treu gebliebenen Christen. Wir können es auch „evangelikal" formulieren: Es sind die, die die Botschaft von Jesus Christus gehört und sie geglaubt haben, mit dem Heiligen Geist begabt wurden und nicht abgefallen sind. Nachdem das geklärt ist, sind wir für eine Überraschung vorbereitet: "und sie hatte eine große und hohe Mauer und hatte zwölf Tore und an den Toren zwölf Engel und Namen darauf geschrieben, welche die Namen der zwölf Stämme der Söhne Israels sind: Nach Osten drei Tore und nach Norden drei Tore und nach Süden drei Tore und nach Westen drei Tore. " (Offenbarung 21,12–13, REB)

Das ist ja merkwürdig. Wenn der „Himmel" aus dem neuen Jerusalem besteht, wenn es nur das neue Jerusalem gibt und sonst nichts, wozu dann die Tore? Wozu dann die Mauer als Grenze? Tore und Mauer machen doch nur Sinn, wenn es da noch einen weiteren Bereich gibt. Stadttore haben den Sinn, dass man durch diese von außen hineingehen und von innen hinausgehen kann. Dieses Bild von Jerusalem zeigt doch, dass diese Stadt eine eigene Identität hat, einen eigenen Raum, eine eigene Grenze. Sie befindet sich nicht im luftleeren Raum, sie stellt nicht die ganze Realität dar im „Himmel". Sie befindet sich als Ort in einem Raum, der größer ist als sie selbst. Was ist denn das für ein Ort? Wir wissen bereits, dass es die neue Erde ist. Das neue Jerusalem befindet sich auf einer neuen Erde. Wir fragen weiter: Wird uns etwas über diese neue Erde gesagt? Nun hört zu.

Die nächste Überraschung erwartet uns: "Und die Nationen werden in ihrem Licht wandeln, und die Könige der Erde bringen ihre Herrlichkeit zu ihr. Und ihre Tore werden bei Tag nicht geschlossen werden, denn Nacht wird dort nicht sein. Und man wird die Herrlichkeit und die Ehre der Nationen zu ihr bringen. " (Offenbarung 21,24–26, REB) So etwas! Da gibt es doch tatsächlich Nationen und Könige auf der Erde! Es sind Könige der Erde. Sie leben offensichtlich außerhalb Jerusalems auf der neuen Erde. Sie leben nicht im neuen Jerusalem, aber sie können es besuchen, sie haben Zugang, sie bringen ihre Schätze in die Stadt, und wandeln in ihrem Licht. Das Licht und das Leben und die Herrlichkeit, die von dieser Stadt abstrahlen, beeinflusst und segnet sie zutiefst in ihrem ganzen Verhalten. Sie wandeln in ihrem Licht. Sie führen ihr Leben, sie gestalten ihr Leben und ihre Kultur und ihre Politik in ihrem Licht. Das begeistert mich! Alle Völker! In einer weiteren Aussage wird diese Tatsache bestätigt: "In der Mitte ihrer Straße und des Stromes, diesseits und jenseits, war der Baum des Lebens, der zwölf Mal Früchte trägt und jeden Monat seine Frucht gibt; und die Blätter des Baumes sind zur Heilung der Nationen. " (Offenbarung 22,2, REB) Natürlich ist das eine stark symbolische Sprache, aber so viel scheint klar: Es geht Heilung aus vom neuen Jerusalem zu den Menschen außerhalb von Jerusalem. Im Griechischen steht „Therapeia", Therapie. Die Nationen auf der Erde werden also noch in irgendeiner Weise „therapiert" werden, „heil" werden. Ich stelle es mir so vor, dass sie nun wirklich ohne Sünde in ihre volle eigene Identität und Persönlichkeit als Völker hineinwachsen. „Therapie" im Sinne von guter, heilsamer Entwicklung, weil endlich alle Vorrausetzungen dazu stimmen.

Das neue Jerusalem, die Gemeinde, die „Ehefrau" Christi, hat immer noch die Aufgabe den Nationen ein Segen zu sein, ihnen zu helfen und priesterlich zu dienen. Das kommt klar zum Ausdruck: "Es wird auch keine Nacht mehr geben, sodass man keine Beleuchtung mehr braucht. Nicht einmal das Sonnenlicht wird mehr nötig sein; denn Gott selbst, der Herr, wird ihr Licht sein. Und zusammen mit ihm werden sie für immer und ewig regieren." (Offenbarung 22,5, NGÜ NT+PS)

Zusammen mit ihm werden sie für immer und ewig regieren. Über wen denn? Wenn die Gläubigen allein im Himmel, richtiger, auf der neuen Erde wären, macht doch diese Feststellung keinen Sinn. Wenn sie aber nicht allein sind, ist das eine wunderbare Aussage: Sie werden über die Nationen regieren, die auf der Erde sonst noch leben. Und sie werden dies in großartiger Weise tun, voller Liebe, voller Weisheit, ohne Sünde, in engster Verbindung zum Vater im Himmel und zu Jesus.

Wir sind nun hoffentlich einigermaßen überzeugt, dass

es auf der neuen Erde zwei Gruppen von Menschen gibt, auch wenn dieser Gedanke sehr ungewohnt ist:
• Die Jünger Jesu, man kann auch sagen, die Menschen mit der vollen Erkenntnis von Jesus Christus, wiedergeboren durch den Heiligen Geist,
• die Nationen, die nicht im neuen Jerusalem leben, aber auf der neuen Erde eine neue Heimat finden. Die drei Ausgänge des Gerichts Gottes Nun sind wir reif für weitere Fragen: Wo kommen diese Nationen her? Wie ist es möglich, dass jemand nicht in die Hölle kommt, der kein wiedergeborener Christ ist? Wie kann es sein, ewiges Leben zu haben (auf der neuen Erde), ohne „Glinus" zu sein, gläubig in unserem Sinne?
Eine Antwort finden wir im Bericht vom letzten großen, umfassenden Gericht Gottes, welcher uns kurz vor der Beschreibung der Vollendung der Welt entgegentritt, in Offb 20,11–15 (NGÜ NT+PS): „11Nun sah ich einen großen weißen Thron, und ich sah den, der auf dem Thron saß. Himmel und Erde flohen vor ihm, weil sie seine Gegenwart nicht ertragen konnten; sie verschwanden, ohne eine Spur zu hinterlassen. 12Ich sah die Toten vor dem Thron stehen, vom Kleinsten bis zum Größten. Es wurden Bücher aufgeschlagen, in denen stand, was jeder getan hatte, und aufgrund dieser Eintragungen wurden die Toten gerichtet; jeder empfing das Urteil, das seinen Taten entsprach. Und noch ein anderes Buch wurde geöffnet: das Buch des Lebens. 13Das Meer gab seine Toten heraus, und auch der Tod und das Totenreich gaben ihre Toten heraus. Bei jedem Einzelnen entsprach das Urteil dem, was er getan hatte. 14Der Tod und das Totenreich wurden in den Feuersee geworfen; der Feuersee ist der zweite Tod. 15Und wenn jemand nicht im Buch des Lebens eingetragen war, wurde er ebenfalls in den Feuersee geworfen."
Es ist schwer zu sagen, ob wir als gläubige Christen bei diesem Gericht mit dabei sind oder ob unser Gericht zu diesem Zeitpunkt schon stattgefunden hat. Wir sollten sehr vorsichtig sein mit irgendeiner Anwendung irdischer Zeitvorstellungen, denn nach unserem Tod treten wir in eine völlig andere Zeit ein, die ganz anders läuft. Ich gehe eher davon aus, dass diese mächtige Beschreibung hier das gesamte Gerichtsgeschehen Gottes nach unserem Tod gleichsam zusammenfasst. Es ist das eine große Gericht Gottes über alle Menschen, inklusive die Christen.
Denken wir zum Beispiel an 2. Kor 5,10 (NGÜ NT+PS), eine Aussage, die sich ganz klar an Gemeindeglieder richtet: Denn wir alle müssen einmal vor dem Richterstuhl von Christus erscheinen, wo alles offengelegt wird, und dann wird jeder den Lohn für das erhalten, was er während seines Lebens in diesem Körper getan hat, ob es nun gut war oder böse. Die Menschen auf der neuen Erde und im neuen Jerusalem kommen aus diesem Gericht. Woher sollten sie sonst kommen? Es gibt keine anderen Menschen irgendwo. Alle Menschen kommen in dieses Gericht und werden hier geschieden. Sie treten sozusagen

durch drei Ausgänge mit drei verschiedenen Bezeichnungen hinaus in neue „Räume", wenn man so sagen darf.

Der erste Ausgang führt direkt ins neue Jerusalem. Der zweite Ausgang führt auf die neue Erde außerhalb des neuen Jerusalems, aber mit Zugang zum neuen Jerusalem. Der dritte Ausgang führt zum Feuersee. Und wenn jemand nicht im Buch des Lebens eingetragen war, wurde er ebenfalls in den Feuersee geworfen. (20,15) Betrachtet dieses Wort. In aller Ruhe. Alle Menschen, die nicht im Buch des Lebens stehen, werden in den Feuersee geworfen. Die Menschen, die auf der neuen Erde unter den Nationen leben, auch wenn sie nicht Bürger des neuen Jerusalem sind, sind offensichtlich nicht in den Feuersee geworfen worden. Sie stehen also im Buch des Lebens! Was ist dieses Buch des Lebens? Es begegnet uns an mehreren Stellen in der Offenbarung. "Jedem, der siegreich aus dem Kampf hervorgeht, wird ein weißes Festgewand angelegt werden. Und ich werde seinen Namen nicht aus dem Buch des Lebens streichen, sondern mich vor meinem Vater und seinen Engeln zu ihm bekennen." (Offenbarung 3,5, NGÜ NT+PS) Offensichtlich entscheidet Jesus darüber, wer im Buch steht oder nicht. "Alle Bewohner der Erde werden das Tier anbeten – alle außer denen, deren Namen seit der Erschaffung der Welt im Buch des Lebens eingetragen sind, im Buch des Lammes, das geopfert wurde." (Offenbarung 13,8, NGÜ NT+PS) Wörtlich steht hier: Im Buch des Lebens des geschlachteten Lammes. Das Buch des Lebens ist das Buch des geschlachteten Lammes!! Wer in diesem Buch steht, steht darin, weil Jesus für ihn gestorben ist, weil Jesus „seine Sünde hinaufgetragen hat auf das Holz".

Wir können es auch anders sagen: Weil ihm die Gerechtigkeit Christi angerechnet wird. Das, was Jesus am Kreuz tat, wird ihm zugerechnet. Ich muss es nun noch deutlicher formulieren. Es gibt offensichtlich Menschen, nämlich diejenigen, die unter den Nationen auf der neuen Erde leben werden, die keine ausgesprochenen, bewussten Jünger Jesu sind, denen aber das Sühnopfer Christ zugerechnet wird und die durch ihn erlöst und gerettet sind. Aber es heißt doch: »Geht in die ganze Welt und verkündet der ganzen Schöpfung das Evangelium! Wer glaubt und sich taufen lässt, wird gerettet werden. Wer aber nicht glaubt, wird verurteilt werden." (Markus 16,15–16, NGÜ NT+PS)

Gott ist in der Lage, tief ins Herz zu sehen und dort den hier geforderten Glauben zu entdecken, verborgenen Glauben. Glauben, der nie nach außen dringen kann als voller Glaube in unserem Sinne und doch da ist.

Er manifestiert sich in Sehnsucht, Hingabe, Großzügigkeit, einem unbewussten betenden Seufzen hin zu Gott, dem großen Unbekannten, in Taten der Liebe. „Was ihr einem getan habt unter diesen meinen geringsten Brüdern, das habt ihr mir getan." "Denn in

Christus Jesus hat weder Beschneidung noch Unbeschnittensein irgendeine Kraft, sondern der durch Liebe wirksame Glaube." (Galater 5,6, REB)

Der wirkliche Glaube meldet sich immer: durch Liebe. "Meine Freunde, wir wollen einander lieben, denn die Liebe hat ihren Ursprung in Gott, und wer liebt, ist aus Gott geboren und kennt Gott. Wer nicht liebt, hat Gott nicht erkannt; denn Gott ist Liebe." (1. Johannes 4,7–8, NGÜ NT+PS)

Es gibt keine Liebe, die nicht ihren Ursprung in Gott hat. Es gibt viele Menschen, die wirklich lieben, begrenzt, mit ihren Möglichkeiten, aber sie tun es. Obwohl sie Gott nicht als „Vater unseres Herrn Jesus Christus" kennen, kennen sie ihn eben doch, sie haben tief im Herzen etwas von ihm erfasst und dienen ihm deshalb, ohne es zu wissen. Und Gott rechnet das als Glaube an. Er schenkt ihnen aufgrund des Opfertodes Jesu das ewige Leben. Sie gehören allerdings nicht zu seinem Volk, aber zu den Völkern, die durch sein Volk beglückt und gesegnet werden. Wie viele Menschen haben nie etwas von Gott gehört, ohne eigene Schuld? Wie viele Menschen haben ein solch „schräges" Bild von Gott und Jesus durch falsche Christen und durch die Lügen des Teufels erhalten, dass sie mit dem Bild eben auch Jesus ablehnen? Jedoch lehnen sie im Grunde nicht Jesus selbst ab, sondern das Bild von ihm. Sie konnten nicht lernen, hier zu unterscheiden. Sie sind gegen den vollen Heilsglauben immunisiert worden. Dafür können viele nichts, wenn auch sicher andere das Fehlverhalten der Christen als willkommene Begründung ihrer Rebellion gegen Gott betrachten. Gott kann das unterscheiden! Wie viele Menschen starben als Unmündige, schon im Mutterleib, als Säuglinge, als Kleinkinder, als geistig Behinderte? Für mich steht außer Frage, dass sehr vielen von ihnen das Opfer Christi zugerechnet wird, sie auf der neuen Erde noch nachwachsen, bzw. im vollen Besitz ihrer geistigen Kräfte sein werden. Halleluja! Ich freue mich auf die unzähligen abgetriebenen Kinder, die dann doch noch geboren werden.... Ihr seht, ich komme ins Schwärmen. Dazu stehe ich. Seitdem ich die drei Ausgänge im Gericht Gottes entdeckt habe, ist meine Vorfreude auf die neue Welt Gottes beträchtlich gestiegen. Auf einer solchen Erde wohne ich einfach gerne! Ich freue mich riesig darauf, auch dann unter den Nationen zu reisen. Ich vermute, meine Aufgabe als Lehrer werde ich behalten, denn ich werde ja hier vor allem ausgebildet für die kommende Welt.

Zum Schluss dieses Artikels beantworte ich noch zwei kritische Fragen.

Erstens: Wenn so viele Menschen auch ohne das Hören und Glauben des vollen Evangeliums gerettet werden, warum sollen wir dann noch evangelisieren? Antwort:

• Wir evangelisieren, weil Jesus es uns geboten hat.

• Wir evangelisieren, weil der Heilige Geist uns dazu antreibt.

• Wir evangelisieren, weil es unbarmherzig ist, eine

solche Botschaft den Menschen vorzuenthalten. Je früher, desto besser. Stellt euch vor, wir enthalten einem schwer an Krebs erkranken Todeskandidaten ein wertvolles, effektives Krebsmedikament vor, weil er ja nach dem Tod noch eine Zukunft hat. Das fände ich echt fies.

• Wir evangelisieren, weil jeder Mensch, der das Evangelium heute hört und annimmt, diese Welt schon hier und jetzt verbessert und verändert. Außerdem werden solche Menschen schon hier und jetzt verwandelt, „geheiligt", und ausgebildet.

• Wir evangelisieren, weil jeder heute Gerettete ein Glied am Leib Christi wird, durch den Jesus in alle Ewigkeit die herrlichsten Aufgaben vollbringen wird in unzähligen Universen. Wollen wir tatsächlich Jesus kostbare Glieder seines Leibes vorenthalten, indem wir nicht evangelisieren? Frechheit!

• Wir evangelisieren, weil es im Heilsplan Gottes von Ewigkeit her beschlossen ist, dass sein geliebter Sohn eine ganz tolle, ihm gemäße Frau bekommt. Je mehr an der Frau dran ist, umso besser. Jesus möchte eine möglichst große Frau, die zu seiner Größe passt. Reichen diese Gründe?

Zweitens: Bist du dir dieser ungewohnten Sicht wirklich sicher? Ist das nicht nur Spekulation? Antwort: Am Anfang schrieb ich: „Das Gericht Gottes hat vermutlich drei Ausgänge, nicht nur zwei…" Das habe ich bewusst so geschrieben. Ich halte meine Ausführungen für begründet und bin davon überzeugt. Aber die zentralen Wahrheiten der Schrift, wie sie in den alten Glaubensbekenntnissen zum Ausdruck kommen, sind noch besser und klarer bezeugt. Deshalb soll es allen freigestellt sein, ob sie meinen Ausführungen Glauben schenken oder nicht. Doch so viel, denke ich, darf gesagt sein: Wenn wir auch nicht wissen, ob das alles so stimmt, dürfen wir doch darauf hoffen, dass es so ist.

Mehr unter: www.jenskaldewey.ch

Zwei weitere Bibelstellen: (Daniel 7,18 + 27)
„ … aber die Heiligen des Allerhöchsten werden die Königsherrschaft empfangen, und sie werden die Königsherrschaft bis in Ewigkeit behalten, ja, bis in alle Ewigkeit!«

„Aber das Königreich, die Herrschaft und die Macht über die Königreiche unter dem ganzen Himmel wird dem Volk der Heiligen des Allerhöchsten gegeben werden; sein Reich ist ein ewiges Reich, und alle Mächte werden ihm dienen und gehorchen!"

4.1 Alter Bund – Neuer Bund

Die Auswirkungen auf unser Leben

Was ist ein Bund?
Ein Bund ist eine Bindung, die zwei Parteien durch gegenseitige Verpflichtungen einander bindet. Die stärkere Partei bietet der schwächeren Partei den Bund an, und die schwächere Partei kann den Bund annehmen oder ablehnen. Es gibt dabei keine Verhandlungen, denn ein Bund ist kein Vertrag. In der Bibel ist der Neue Bund ist keine bessere Fortsetzung des Alten Bundes – sondern eine radikal andere Beziehung, die Gott mit den Menschen eingeht!

Der Alte (Sinai-) Bund:
Zwei Monate nach dem Auszug des Volkes Israel aus Ägypten erwählt sie Gott, um einen Bund mit ihnen zu schließen (2.Mose 19,1-8).
In den folgenden Kapiteln wird der Bund konkret beschrieben: In Kapitel 20 erhält das Volk die 10 Gebote, in den Kapiteln 21-23 eine ganze Reihe von Vorschriften und Regeln, die alle Inhalt des Bundes sind (insgesamt 613 Ge- und Verbote). Es wird ein Buch des Bundes angelegt, in dem alle Einzelheiten festgelegt werden. Am Ende, bevor der Bund - oder man könnte auch sagen: der Vertrag - zwischen dem Volk Israel und Gott beschlossen wird, las Mose noch einmal alles dem Volk vor. Er wollte sicher gehen, dass das Volk wusste, worauf es sich einlässt (2.Mose 24,1-8).

Kurz gesagt besteht der Alte Bund darin, dass Gott das Volk Israel zu seinem besonderen Eigentum erwählt. Es war berufen, ein Königreich von Priestern und ein heiliges Volk zu sein. Auf der anderen Seite bestand die Bundesverpflichtung des Volkes darin, Gott gehorsam zu sein.

Der Neue Bund
Den Neuen Bund beschreibt Jesus als er mit seinen Jüngern zum ersten Mal das Abendmahl feiert.
Lk 22,20:
20 Ebenso auch den Kelch nach dem Mahl und sagte: Dieser Kelch ist der neue Bund in meinem Blut, das für euch vergossen wird (auch in: 1.Kor 11,25).
In Mt 26,28 und Mk 14,23+24 wird von dem Blut des Bundes gesprochen:
Mt 26,28:
28 Denn dies ist mein Blut des Bundes, das für viele vergossen wird zur Vergebung der Sünden.
Mk 14,23-24:
23 Und er nahm einen Kelch, dankte und gab ihnen ‹den›; und sie tranken alle daraus.
24 Und er sprach zu ihnen: Dies ist mein Blut des Bundes, das für viele vergossen wird.
Jesus ist also der Begründer des Neuen Bundes.

Wer gehört zum Volk des Neuen Bundes?

Jesus sprengt hier einen seit Jahrhunderten bestehenden Rahmen. Es geht jetzt nicht mehr nur um das Volk Israel, sondern um alle, die Jesus als ihren Herrn anerkennen und die um die Vergebung ihrer Schuld bitten.
Worin besteht nun der Neue Bund konkret?
Gottes Anteil am Bund:
- Liebe. Der Neue Bund basiert auf der Liebe Gottes zu jedem einzelnen Menschen (Joh.3,16).
- Erlösung und Vergebung von unserer Schuld (Epheser 1,7).
- Heiligung (Heb.13,12).
- Ewiges Leben (Joh.3,36 +5,24).
- Freimütiger Zugang zum himmlischen Vater (Heb.10,19).
- Freiheit von der Anklage des Feindes (Römer 8,33).
- Überwindung des Bösen (Rö. 6,6 + Off. 12,11).
- Er spricht uns gerecht (2.Kor.5,21).
- Segen statt Fluch (Galater 3,13+14).
- Statt Armut: mehr als genug haben – an seiner materiellen Fülle teilhaben (2.Kor. 8,9 +9,8).
- Heilung (Jesaja 53,5).
- ...

Was ist aber nun unser Anteil - unser Beitrag - zum Neuen Bund?
Das lässt sich in einem Satz ausdrücken:
Gott lieben und meinen Nächsten lieben wie mich selbst (Mt.22,37-40).
Gott zu lieben heißt z.B. auch, immer mehr seine Sichtweise anzunehmen.
Konkrete Beispiele dafür sind:
Gott allein anbeten. Nicht meine Familie, meine Arbeit, meinen Lebensstandard etc. -auch nicht das Blut Jesu an sich oder das Kreuz an sich; sondern Ihn allein!
Völlige Hingabe. Dazu schreibt Paulus:
„Jesus hat uns tüchtig gemacht zu Dienern des neuen Bundes" (2.Kor.3,6).
Paulus wiederholt unter der Inspiration des Heiligen Geistes die alttestamentlichen Aussagen aus dem 2.Buch Mose: An die Christen gerichtet sagt er in 1.Petrus 2,9: „Ihr aber seid ein auserwähltes Geschlecht, ein königliches Priestertum, eine heilige Nation, ein Volk zum Besitztum, damit ihr die Tugenden dessen verkündigt, der euch aus der Finsternis zu seinem wunderbaren Licht berufen hat."
Kurz gesagt: Wir sind erlöst, um unser Leben in Gottes Sache zu investieren!
Wir sind auserwählt, um zu verkündigen – auf welche Art und Weise auch immer.
Damit ist festzustellen, dass die Zusagen Gottes, die das Volk Israel im Alten Bund hatten (2.Mose 19) auf die weltweite Gemeinde der wiedergeborenen Christen

im neuen Bund erweitert worden sind (Römer 3,29 + 10,12).

Deshalb kann man auch von dem Neuen Bund als dem Erneuerten Bund sprechen.

Wichtig: Wir Christen leben heute nicht mehr unter dem Gesetz des alten Bundes, sondern in dem Gesetz Christi (1.Kor 9,20+21)! Das heißt z.B.: Die Opfer und Speisegesetze, das Geben des Zehnten als Gesetz und das gesetzliche Halten des Sabbats gelten nicht mehr. Trotzdem handelt es sich hier um göttliche Prinzipien, die nach wie vor für uns gut sind - auf ihnen liegt Segen. Das Geben des Zehnten als Gesetz wurde abgelöst durch das Prinzip des großzügigen Teilens. Das Halten des Sabbats wurde abgelöst durch das Prinzip alle sieben Tage auszuruhen – weg vom Sabbat, hin zum „Tag des Herrn".

Der Neue Bund annulliert den Alten Sinai-Bund (Hebr. 7,18 + 8,13 + Gal.4, 24-26).

Für Christen gelten formal nur die Gebote des Alten Testaments, die ausdrücklich im Neuen Testament bestätigt werden.

Alter Bund (AB) - Neuer Bund (NB):
Der Vergleich
Der Alte Bund hängt vom Verhalten der Menschen ab. Sie müssen alle 613 Gebote halten.
Der Neue Bund hängt vom Glauben an das vollbrachte Werk Christi am Kreuz ab.

AB: Konzentration auf äußere Dinge (Tun). NB: Konzentration auf innere Dinge (Glaube).

AB: Bewirkt zwangsläufig Knechtschaft, Verdammnis.
NB: Bewirkt zwangsläufig Freiheit (z.B. von Sünde) – durch die Gerechtigkeit in Christus.

Unter dem Alten Bund war es unmöglich vollkommen vor Gott zu werden.
Unten dem Neuen Bund ist Vollkommenheit.

Im Alten Bund hing alles von der Fähigkeit der Person ab.
Im Neuen Bund hängt alles von Gottes Fähigkeit ab.

Der Alte Bund hat keine Kraft zu erretten.
Der Neue Bund rettet uns auf das Äußerste.
Im Alten Bund herrscht die Angst vor dem Zorn Gottes.
    Im Neuen Bund hat Christus für uns den Zorn Gottes getragen.

AB: Rechtfertigung erfolgt aus Werken.
NB: Rechtfertigung erfolgt durch den Glauben an den stellvertretenen Tod Jesu.

AB: Menschliche Anstrengung.
NB: Gott macht uns vollkommen zu jedem guten Werk.

Literatur zum Thema „Bünde":
- Dr. Volker Kessler, Gottes große Angebote –Vom Noahbund zum Neuen Bund
- Reinhard Hirtler, Leben aus der Fülle des Neuen Bundes
- Reinhard Hirtler, Leben ohne Begrenzung – Erlebe den Neuen Bund in der Praxis

4.2 Die Lebensbereinigung

Was ist eine Lebensbereinigung?

Bei der Lebensbereinigung geht es um die Befreiung von persönlichen Altlasten (z.B. von Dingen in meinem Leben vor meiner Hinwendung zu Jesus). Es kann sich hierbei um falsche Haltungen handeln (z.B. Geld mehr zu lieben als Jesus) oder Sünden, die der Wiedergutmachung bedürfen (zur Bekehrung gehören nicht nur das Bekennen der Sünden, sondern auch <u>Werke der Buße</u> und Glaube). Mit der Lebensübergabe an Jesus sind zwar unsere Sünden vergeben. Manche Sünden oder falsche Einstellungen haben jedoch Auswirkungen auch auf unser neues Leben als Christ (so muss natürlich z.B. ein finanziell hoch verschuldeter neugeborener Christ trotz seiner Bekehrung die Schulden begleichen).

Die Lebensbereinigung gibt es auf drei Ebenen: 1. für Neubekehrte, 2. für Christen, die schon mit Gott gehen und 3. beim punktuellen Aufzeigen durch den Heiligen Geist.

Die Gemeinde in Bogota, Kolumbien, (Pastor Cäsar Castelanos) hat ein rasantes Wachstum erlebt (150.000-200.000). Ein Grund dafür wird in der hohen Integrationsrate von Neubekehrten in die Gemeinde gesehen (80%!). Jeder Neubekehrte wird innerhalb von 48 Stunden von einem Christen betreut. Außerdem werden die Neubekehrten ermutigt, ein Wochenende zu besuchen, an dem Grundlagen vermittelt werden:

Diese bestehen aus 1. einer Lebensbereinigung, 2. der Taufe im Heiligen Geist und Reden in neuen Sprachen und 3. Befreiung von Finsternismächten.

<u>Am wichtigsten ist, den Heiligen Geist zu fragen, ob etwas in meinem Leben noch bereinigt werden muss.</u>

Macht der Heilige Geist mich auf eine (besondere) Missachtung der 10 Gebote aufmerksam (Götzendienst, Rebellion gegen die Eltern etc. siehe 2.Mose 20ff)?

Zeigt Er mir etwas aus dem "Sündenkatalog" in Galater 5 (Bitterkeit, Unzucht, Ausschweifung, Feindschaft, Hader, Zorn, Zank, Spaltung, Saufen usw.)?

Eine Hilfe kann auch die folgende Aufzählung sein:

<u>Sünden gegen Gott:</u>

Leben ohne Gott, ohne Gottes Wort, ohne Gottesdienst, den siebten Tag entheiligen, Scheinheiligkeit, tote Werke, Pharisäismus, Heuchelei, Unbußfertigkeit, Selbstgerechtigkeit und Selbstherrlichkeit. Verachtung des Opfers Jesu, seines Blutes und seiner Wunden. Spott über Gott und das Wort Gottes. Schlechte geistliche Witze. Verdrehungen und Verfälschung des Wortes Gottes. Gotteslästerung mit Worten und Werken. Hass auf Gott, auf den Sohn Gottes, auf den Heiligen Geist. Dämpfen des Heiligen Geistes und der Gaben des

Geistes bzw. Verachtung derselben. Hass auf die Nachfolger Jesu, auf die Heiligen und Geliebten des

Herrn. Hass oder Verachtung gegenüber dem alten Bundesvolk, den Juden. Murren gegen Gott, heimliche oder offene Vorwürfe gegen Gott. Gott nicht über alles lieben oder auch die erste Liebe verlassen haben. Zwei Herren dienen. Stellen des eigenen Willens über Gottes Willen. Handeln gegen besseres Wissen, Verleugnung um irdischer Vorteile willen. Sich Gott schämen. Mangelndes Vertrauen und Kleinglaube.

<u>Sünden an Menschen:</u>

Zorn, Jähzorn, Zank, Streit, Nachtragen, Nichtvergeben, Unversöhnlichkeit, Zerwürfnisse, Hass, Mord. Mord im Mutterleib, Selbstmordversuch oder -absicht. Auflehnung gegen Eltern, Aufsässigkeit, Ungehorsam. Negative Haltung gegenüber der Obrigkeit. Lüge, Betrug und Täuscherei, Diebstahl, Meineid, Entwürdigung anderer, Verleugnung anderer, böse Nachrede, boshafte Kritik, Richtgeist in jeder Form. Überheblichkeit - zu meinen besser zu sein als andere, es besser zu können, es besser zu wissen. Lieblosigkeit, ständige Vorwürfe gegen andere, Unfreundlichkeit, Eifersucht, Angeberei, Unfriede, Zwietracht, Bitterkeit, Feindschaft gegen Menschen und Völker, Hochmut, Herrschsucht, Verhärtung gegen andere, Rücksichtslosigkeit, Emanzipationsstreben, Brutalität und Grausamkeit, Tyrannenart, Sippenstolz.

<u>Sünden der Unreinheit:</u>

Augenlust, Vergiftung der Gedanken und Phantasie, vor allem durch Worte und Schriften. Unreine Bilder und Filme. Vorehelicher und außerehelicher Geschlechtsverkehr, Gruppensex. Ehebruch, Hurerei, Unzucht, exzessive Selbstbefriedigung, Schamlosigkeit, Nacktbaden mit anderen. Auflösung der Ordnung von Ehe und Familie, Blutschande (Inzest), geschlechtliche Perversitäten, Schande, die Mann mit Mann und Frau mit Frau treiben. Geschlechtliche Gräuel an Kindern und Unmündigen, Kindermisshandlung und Vergewaltigung. Sadismus - Freude andere zu quälen. Tierquälerei, Verunreinigung an Tieren.

Götzendienst, Abgötterei:

Menschenverherrlichung, Kinder als Abgötter, Verherrlichung politischer Systeme: Nationalismus, Faschismus, Militarismus, Antisemitismus, politischer Parteigeist. Kriegsverherrlichung. Trachten nach hohen Dingen, nach Ansehen, Ruhm, Ehre und Macht, Geltungsstreben. Trachten nach vergänglichem Gut, Habgier, Geldgier und Geldliebe. Festhalten am Irdischen. Gier, Neid, Missgunst, Sorgengeist, Beleidigung Gottes durch Unglaube. Arbeit als Götzendienst. Untreue auf der Arbeit, Missbrauch der guten Gaben Gottes: Abhängigkeit von Genussmitteln, Alkohol, Drogen und anderen Süchten. Liederliches Leben, Vergnügungssucht, Glücksspielsucht, schandbare Worte und Taten, Vorrangstellung von Hobbys.

Okkultismus:

Blutsverschreibungen an Satan, Versprechungen dem Satan gegenüber, okkulte Spiele, Beschwörung von Geistern, Bleigießen, Verwünschungen von Menschen, Verfluchungen, Selbstverfluchungen, Tieropfer. Okkulte Schriften, Zauberbücher, 6.und 7. Buch Mose, Rezepte, die nach solchen Büchern angewandt werden, Medizinen, die nach solchen Büchern angewandt werden. Schutzbriefe, die getragen werden, Brandbriefe, Himmelsbriefe - in Gebäuden aufbewahrt, dem Satan geweihte Amulette. Missbrauch des Namens des dreieinigen Gottes im Zusammenhang mit Zauberei. Missbrauch heiliger Dinge, der Bibel, des Kreuzeszeichen im Zusammenhang mit Satanismus. Besprechen von Menschen und Tieren, Grundstücken und Häusern, Kleidungstücken und anderer Gegenstände, Wahrsagen und Hellsehen, Kartenlegen, Pendeln, Handlinien deuten. Astrologie: Horoskope, Sonnen-, Mond- und Sternenkult. Zauber unter Berücksichtigung der Mondstellung, Wasserzauber, Gebrauch von Osterwasser, Feuerzauber, Erd- und Feldzauber, Liebeszauber, Salzzauber, Zauber, um in den Besitz irdischer Güter zu kommen oder andere um ihre Güter zu bringen. Hypnose, Telepathie, so genannter Heilungsmagnetismus, Gebrauch der Wünschelrute, okkulte Kräfte. Religionen, heidnisches Brauchtum, heidnische Gottheiten und Götzen. menschliche

Philosophien, Gruppen des Irrtums (Sekten). Anthroposophie, Spiritismus, Befragen von Medien, Zitieren von Totengeistern, Tischrücken und Glasrücken. Freimaurerei, Geheimlehren, Geheimbünde, in der Finsternis abgeschlossen. Abergläubische Handlungen, abergläubische Gesinnung, abergläubische Angst.

Bei Gott gibt es eine einfache Gleichung:

Konkret bekannte Sünde = konkret erfahrene Vergebung.

Wichtig ist auch, dass wir unsere Sünde nur einmal bekennen müssen.

"Wenn euch aber der Sohn frei macht, so seid ihr recht frei." Joh. 8,36

"Selig sind, die reinen Herzen sind, denn sie werden Gott schauen." Matth.5,8

(Hilfreich ist es, zusammen mit einer geistlich reifen Person diesen Prozess durchzugehen. Sie kann dem Gesprächssuchenden dann Vergebung zusprechen, im Namen Jesu gebieten (lossprechen) und mit der Bitte um die Ausfüllung der leer gewordenen Räume mit dem Heiligen Geist schließen.)

aus:

Eckhard Neumann,

Lebensbeichte und Lebensbereinigung, Biblische Kurzstudie Nr.14, Verlag Josua - Berlin.

4.3 Befreiung und Heilung durch Vergebung

Jeder Mensch erfährt in seinem Leben, dass ihm Unrecht von außen zugefügt wird. Diese Ursache kann innere Verletzungen, Beziehungsstörungen, unverarbeitete Vergangenheit, innere Widerstände, Triebschwierigkeiten etc. zur Folge haben.
Das ein begangenes Unrecht so lange Schuld bleibt, bis es biblisch gelöst wird, ist ein geistliches Gesetz (Mt.16,19+18,18).
Unrecht (Schuld) kann nur durch Vergeben aufgelöst werden.
Ohne Vergebung bleibt ein Zustand der Unversöhnlichkeit, der u.a. Groll, Nachtragen, Bitterkeit, Hass, Unfrieden, Richten, Kritiksucht und psychosomatische Krankheiten mit sich bringen kann.
Biblische Grundlagen:
"Ist es möglich, soviel an euch liegt, so habt mit allen Menschen Frieden."
(Röm 12,18)
"Weiche vom Bösen und tue Gutes, suche Frieden und jage ihm nach!"
(Ps 34,15)
Durch das **Gleichnis des Schalksknechts** (Mt.18,21-35, bitte lesen) macht Jesus deutlich, wie wir mit Unrecht umgehen sollen und was passiert, <u>wenn wir nicht vergeben</u>:
- unsere eigene Schuld wird von Gott nicht vergeben! (Lk.6,37)
- wer nicht vergibt, wird selbst "ins Gefängnis" gesteckt (d.h. der Feind hat ein Anrecht bekommen, einen Christen mit psychischen und psychosomatischen Störungen zu peinigen - siehe Schalksknecht)
- wenn Christen nicht vergeben, kann Gott sie vor den Angriffen des Feindes nicht schützen.

Echte Vergebung heißt, dass wir den anderen nicht verurteilen und nicht richten - denn Gott ist der Richter. Wenn wir es aber tun, fallen wir selbst unter das Urteil (Mt.7,1).
Wer nicht vergibt, wird am meisten selbst darunter zu leiden haben - obwohl der andere primär schuldig wurde.
Gebete um Befreiung von Schwierigkeiten bleiben unerhört, weil der Feind legale Anrechte besitzt. Solange wir nicht vergeben, sind wir an den Schuldigen negativ gebunden.
Beide werden gepeinigt: der eine wegen seiner Schuld, der andere wegen seiner Unversöhnlichkeit.
Wer vergibt, löst sich von dieser unsichtbaren Bindung und erhält selber Vergebung.
Wurzeln, die Vergebung erschweren
- **Innere Verletzungen -**
z.B. Ablehnung (in der Kindheit, während der Schwangerschaft...)
- **Verdrängte, unverarbeitete Vergangenheit,** schlechte Erfahrungen (Wenn jemand ausgestoßen, falsch behandelt, überfordert,

geängstigt wurde oder zu wenig Liebe, Fürsorge, Geborgenheit, Anteilnahme bekam...)

Folgen: Charaktermängel, Zwänge, Ängste, Autoritätsprobleme, Notlügen, Empfindlichkeiten, Stolz, Trotz, Selbstmitleid, Hass, Zornausbrüche, Aggressionen, panische Angstzustände, sich manchmal nicht mehr unter Kontrolle haben, Heuchelei...
Wir dürfen den heiligen Geist bitten, uns unsere faulen Persönlichkeitsanteile und ihre Ursachen aufzuzeigen. Der Heilung kann ein z.T. tiefer Schmerz voran gehen, wenn verdrängte Erlebnisse in Erinnerung gebracht werden.
Je schmerzhafter die Erlebnisse waren, desto größer ist die steuernde Kraft in unserem Unterbewusstsein.
- **Innere Widerstände, Zwänge, Unfreiheiten**
Verdrängung bewirkt Verstockung. Kopfwissen statt Herzensanliegen.
<u>Fragen zur Orientierung:</u>
Was bereitet mir sofort Ängste und ungute Gefühle, wenn ich an meine Kindheit denke?
Habe ich versucht, durch gute Werke (Leistung) gut dazustehen?
Was ist mir unangenehm, darüber zu sprechen?
Wo bin ich seelisch verwundet, verletzt und kaputt?
Wo habe ich Erfahrungen gemacht, die mich tief erschütterten oder enttäuschten?
Wichtig ist, diese Erlebnisse durch Vergebung aufzuarbeiten, damit die negativen Folgen aufhören können und ein Heilungsprozess anfangen kann.
- **Gestörte Elternbeziehung - Beziehungsunfähigkeit**
Durch Vater und Mutter entstanden die meisten Mängel. Daher muss hier viel vergeben werden - auch die falsche Reaktion des Kindes auf die Schuld der Eltern.
- **Wurzeln der Bitterkeit**
Wo Bitterkeit Raum gewinnt, fällt Liebe, Gesundheit, Frieden und Freude weg. Ursachen:
- Mangel an Liebe, Zuneigung
- Verlassenheit, Vernachlässigung oder gewalttätige Behandlung im Kindesalter
- Tod eines Familienangehörigen (Gott wird angeklagt)
- Züchtigung und Erniedrigung vor anderen
- Falsche Behandlung
- Triebschwierigkeiten - Suchtverlagerung
Wenn die inneren Verletzungsherde biblisch aufgelöst werden, fallen auch die Suchtverlagerungen weg.

<u>**Die 10 Schritte einer echten, biblischen Vergebung:**</u>
- <u>Vergebung</u> ist eine Entscheidung des Willens und nicht der Gefühle!

- Gebet mit der Bitte, dass der Heilige Geist aufzeigt, wo ich verletzt, geplagt, misshandelt, unterdrückt, geängstigt und benachteiligt wurde oder wo mir irgendwie Unrecht zugefügt wurde.
- Liste anfertigen. Namen der Personen aufschreiben, die an mir schuldig geworden sind (auch auf Eltern - und Geschwisterbeziehungen achten, ebenso Schockzustände).
- Jede aufgelistete Person einzeln durchbeten: z.B. "Ich vergebe XY diese Schuld und entscheide mich, XY nichts mehr nachzutragen. Ich bekenne, dass ich falsch reagiert habe (mit Hass, Groll, Bitterkeit, Rebellion, Mordgedanken etc.. Ich entschuldige mich dafür und segne XY im Namen Jesu".
- Es könnte notwendig sein, nach ausgeführter Vergebung zum Schuldigen (z.B. zum Vater) hinzugehen und Buße tun für unser verkehrtes Verhalten (unsere Reaktion auf die Verletzung) - ohne unsererseits anzuklagen.
- Ein Seelsorger kann nun nach Mt.16,18 die Anrechte Satans lösen und gegebenenfalls die Peiniger (Dämonen) bewusst im Namen Jesus austreiben.
- Fürbitte leisten. Gott bitten, dass Er den Schuldigen ihre Schuld nicht anrechnet, wie z.B. Jesus in Lk.23,34 oder Stephanus in Apg.7,59.
- Jesu um die Heilung der eigenen inneren Wunden bitten. Der Weg ist jetzt frei, dass Jesus jede einzelne Verletzung heilen kann. Dies ist oft ein Prozess.
- Gibt es einen Beweis für echte Vergebung? Wenn wir keine negativen Gefühle mehr gegenüber den Schuldigen haben. Der Friede zu den Menschen ist dann zumindest von unserer Seite wiederhergestellt.
- Für die Zukunft gilt: Einen Lebensstil der Vergebung einüben. Innerlich sofort vergeben, sobald einem wieder Unrecht angetan wird. Das verhindert die Entstehung von neuen Verletzungen.

Vergeben heißt Gnade geben.
(Nur) wer Gnade erfahren hat, kann gnädig sein.

Wichtig ist die Unterscheidung zwischen „**Vergebung**" und „**Versöhnung**".
Vergeben muss ich, um selbst frei zu sein und weil Gott es sagt (Vergebung als Entscheidung).
Versöhnung kann ein langer Prozess sein.
Zur Versöhnung gehört das Wollen beider Parteien (siehe Römer 12,18).

Quelle und Literatur
- Bruno Schär, Vergebung
  (Bestellung möglich unter: Tel. 0041-73512610)

4.4 Befreiung von Bindungen und zwanghaften Verhalten

Jesus hat uns zur Freiheit berufen.
Er hat am Kreuz den Sieg errungen, sodass wir nicht mehr unter der Knechtschaft von Dämonen und Geistern sein müssen.

Was sagt die Bibel über dieses Thema?
Mk 16,17: Diese Zeichen aber werden die, welche glauben, begleiten: In meinem Namen werden sie Dämonen austreiben, ...
Mt 10,7-8: Gehet aber hin, prediget und sprechet: Das Himmelreich ist nahe herbeigekommen! Heilet Kranke, weckt Tote auf, reiniget Aussätzige, **treibet Dämonen aus!** Umsonst habt ihr es empfangen, umsonst gebet es!
Mk 6,12-13: **... sie trieben viele Dämonen aus** und salbten viele Kranke mit Öl und heilten sie.
Lk 10,17: Die Siebzig aber kehrten mit Freuden zurück und sprachen: Herr, auch die Dämonen sind uns untertan in deinem Namen!
Phil 4,13: Ich vermag alles durch den, der mich stark macht.
Jak 4,7: So unterwerfet euch nun Gott! **Widerstehet dem Teufel, so flieht er von euch;**
1.Petr 5,8-9: Seid nüchtern und wachet! **Euer Widersacher, der Teufel, geht umher wie ein brüllender Löwe und sucht, wen er verschlingen könne; dem widerstehet, fest im Glauben, da ihr wisset, dass eure Brüder in der Welt die gleichen Leiden erdulden.**
Mt 18,18-19: Wahrlich, ich sage euch, **auf Erden was ihr binden werdet, das wird im Himmel gebunden sein, und was ihr auf Erden lösen werdet, das wird im Himmel gelöst sein.**
Mt 28,18: Und Jesus sprach: **Mir ist gegeben alle Gewalt im Himmel und auf Erden.**
Hebr 2,14+15: ... damit Jesus durch den Tod den außer Wirksamkeit setzte, der des Todes Gewalt hat, nämlich den Teufel, und alle diejenigen befreite, welche durch Todesfurcht ihr ganzes Leben hindurch in Knechtschaft gehalten wurden.
2.Kor 10,4: ...denn die Waffen unsrer Ritterschaft sind nicht fleischlich, sondern mächtig durch Gott zur Zerstörung von Festungen, ...

In der Bibel werden verschiedene Geister mit Namen genannt: Geist der Eifersucht (4.Mo 5,14), der Lüge (2.Chr 18,20), der Unzucht (Hos 4,12), unreiner Geist (Mt 12,43), Geist tiefen Schlafes (Jes 29,10), sprachloser und tauber Geist (Mk 9,25), Geist der Krankheit (Lk 13,11).
Weitere Namen und Eigenschaften von bösen Geistern aus der Seelsorgepraxis:

Geist/Dämon des/der...
Jammerns, Wollust, Akupunktur, Yoga, Klatsch, Kritik, Müdigkeit, Zweifel, Verwirrung, Vergesslichkeit, Tollpatschigkeit, Kompromiss, Wahnsinn,
Übertreibung, Verleumdung, Steifheit, Krankheit, Schwäche , Lüge, Furcht, Unzucht, Unreinheit,

Sprachlosigkeit, Taubheit, Nikotins, Hass, Angst, Stolz, Eifersucht, Selbstmitleid, Untreue, Tod, Lüge, Flirt, Petting, Humanismus, Ablehnung, Selbstmord, Kummer, Depression, Einsamkeit, Rebellion, Zorn, Schlafsucht, Karies, Lust, zwanghafte Selbstbefriedigung, Epilepsie, Untreue, Krebs, Asthma, Schizophrenie, Verkrüppelung, Stolpern, Schreien, Weinen, Klagen, Qual, Kopfschmerzen, Ohrenschmerzen, Faulheit ...
(Das heißt nicht, dass jede dieser Eigenschaften dämonischen Ursprungs ist - sie kann auch fleischlich (menschlich) sein. Aber wenn es sich um ein zwanghaftes, unkontrollierbares Verhalten handelt, ist es i.d.R. dämonischen Ursprungs.)

Praktische Tipps zum Befreiungsgebet:
Grundsätzlich gilt, dass es kein starres Vorgehensmuster gibt - man ist immer auf die Führung durch den Heiligen Geist angewiesen.
- Lobpreis und Anbetung sind ein effektiver Bestandteil des Befreiungsdienstes.
- Man kann auf Weisung des Heiligen Geistes den Dämon um seinen Namen fragen (sie können jedoch lügen)
- Den bösen Geist direkt ansprechen und gebieten, dass er zu gehen hat.
- Dämonen trotzen- deshalb immer auf den HG hören und schrittweise das Land einnehmen. Die Befreiung kann sich über mehrere Stunden hinziehen. Daher ist es klug, mit mehreren reifen Christen zusammen zu beten.
- Standhaft bleiben bis der Durchbruch da ist.
- Auf Informationen vom Dämon achten.
- Mögliches Gebet: „Du böser Geist in dieser Frau, ich spreche dich an und nicht diese Frau. Wie heißt du? Ich befehle dir im Namen Jesus Christus, mir zu antworten."
- Immer das Gegenteil von dem sagen, was der Dämon erzählt (Wahrheit gegen Lüge stellen).
- Weil nach Lukas 10,17 die Dämonen uns untertan sind, können wir sagen:
„Im Namen Jesus bist du mir untertan. Wie heißt du?"
- Hartnäckig die Bibel zitieren, den Sieg Jesu proklamieren und seinen Namen anrufen.
- Hat die Person, für die ich bete, die erforderlichen Bedingungen erfüllt, die für eine Befreiung nötig sind?
- Befreiung hat Vorrang vor Würde.
- Jesus hat die Dämonen konsequent öffentlich ausgetrieben.
- Die zwei Haupthindernisse auf dem Weg zur Befreiung sind a) die fehlende Bereitschaft, Buße zu tun, und b) die fehlende Bereitschaft, anderen zu vergeben.
- Jesus fordert von uns den schlichten Glauben an seinen Namen und an sein Wort.

- Man kann auch sich selbst Dämonen austreiben.(Mark.16,17)
- Die Befreiung ist manchmal ein Prozess – bei erneuten Angriffen mit Proklamationen und Selbstdisziplin arbeiten.
- Auch reife Christen stehen manchmal in einem dämonischen Konflikt.
- Der Teufel sucht sich die schwächsten Momente im Leben eines Menschen aus, um in ihn einzudringen.
- Jedes vorsätzliche Fehlverhalten kann Dämonen einladen (Diebstähle, Lügen, Betrug, Pornofilme anschauen etc.)
- Dämonen fahren manchmal durch Seufzen und Gähnen aus.
- Dämonen fahren oft durch den Mund aus – deshalb kräftig ausatmen.
- Manchmal gehen Dämonen ganz automatisch, doch in aller Regel müssen hinausgeworfen werden.
- Ich brauche nicht zu schreien, das verleiht mir nicht mehr Autorität. Die Dämonen verstehen mich auch, wenn ich normal spreche.
- Die einzige Sicherheit im Befreiungsdienst ist, bewusst und permanent anzuerkennen, dass ich mich auf den HG verlassen muss.
- Hinter zwanghaften Verhalten stehen oft Dämonen (Nikotin, Alkoholprobleme, Drogen, Spielsucht, zwanghafte Selbstbefriedigung...).
- Um den Betroffenen zu helfen, müssen wir unter Umständen hinter die eigentliche Abhängigkeit blicken und den „größeren Ast" finden, aus dem die Sucht herauswächst.
- Dämonen verlassen den Körper z.T. ohne Manifestationen, z.T. mit Manifestationen z.B. durch Husten, Gähnen, Erbrechen, Spucken..., z.T. auch durch ein Ohr (D. Prince, S.217) ...
- Menschen, die Drogen genommen haben, brauchen oft einen Befreiungsprozess, weil ihre Persönlichkeit derart zerstört ist, dass alle möglichen Dämonen ungehindert in ihn eindringen und sich frei bewegen können. Die Abwehrmauern müssen erst wieder aufgebaut werden.
- Wer Zornesausbrüche hat oder urplötzlich Angst bekommt, steht nicht notwendigerweise unter dem Einfluss eines Zornes- oder Angstgeistes. Doch wenn derartige Emotionen zur Obsession oder Gewohnheit werden, ist höchstwahrscheinlich ein Dämon am Werk.
- Dämonen arbeiten gerne in Teams. Oft ist einer der Türöffner, der andere mit hineinlässt.
- Eine Frau, die abtreiben ließ, hat fast sicher einen Mordgeist, auch wenn ihr nicht klar war, dass sie ein Menschenleben getötet hat.
- Zwanghafte sexuelle Anomalien sind auf dämonischen Druck zurückzuführen: Selbstbefriedigung, Pornographie, Unzucht, Ehebruch, männliche und weibliche Homosexualität, Perversion.
- Für viele Menschen ist Stolz ein Haupthindernis für Befreiung.

- Den bösen Geist im Menschen direkt ansprechen: Der Belastete soll gut zuhören, sich aber aus dem Gespräch raushalten.
- Wenn die Dämonen mit Geschrei und Brüllen und körperlichen Manifestationen ausfahren, gebiete ich ihnen im Namen Jesu still zu sein und auszufahren – auch das kann mehrere Minuten in Anspruch nehmen.
- Die belasteten Menschen müssen der Befreiung zustimmen – selbst wenn es zu körperlichen Manifestationen kommt.
- Todesgeister können bei einer Vollnarkose in den Körper der dann wehrlosen Person eindringen. Wir dürfen Gott fragen, wie und wann der Geist in die Person eindrang. (z.B. Schockzustände etc. ...)
- Manche Belastete spüren nur einen ungewissen Druck in ihrem Leben, ohne zu wissen, dass es sich um eine dämonische Belastung handelt.
- Bei der Vorbereitung für ein Befreiungsgespräch sind die **neun Punkte** von Derek Prince (Seite 244ff) wichtig.
- Dämonen fahren oft auch ohne jegliche Manifestationen aus.
- Kräftiges Ausatmen des Belasteten hilft beim Befreiungsgebet (S.255).
- Eine Hilfe ist ein Mustergebet (Prince, S.257ff).
- Sieben wichtige Schritte, um frei zu bleiben – nach dem Gebet (Prince, S.262ff).
- Disziplin ist nötig, um frei zu bleiben.
- Die Waffenrüstung Gottes anziehen (Eph.6,13)
- Thema Gebet: Mit dem Schwert reicht man nur eine Armlänge weit. Doch „Gebet und Fasten" ist unsere Interkontinentalrakete.
- Immunität gegenüber dämonischem Druck wird uns nur unter einer einzigen Bedingung zuteil: Gehorsam.
- Warum manche Menschen nicht befreit werden: Derek Prince, S.275ff.
- Manchmal ist es wichtig, vor dem Befreiungsgebet zu fasten (Markus 9,29).
- Manche wollen gar nicht befreit werden, aus der Angst heraus, dann nicht mehr so viel Beachtung zu erlangen.
- Wer sollte den Befreiungsdienst durchführen? Z.B. Älteste, Hauskreisleiter, Apostel - alle im Team.

Literatur:
- Derek Prince, "...und sie werden Dämonen austreiben"
- Christoph Häselbarth, "Befreiung"
- Randy Clark, „Der biblische Wegweiser für den Befreiungsdienst"

4.5 Körperliche Heilung

Was sagt die Bibel über die Heilung von körperlichen Krankheiten?
„Wirst du der Stimme des HERRN, deines Gottes, gehorchen und tun, was vor ihm recht ist, und seine Gebote zu Ohren fassen und alle seine Satzungen halten, so will ich der Krankheiten keine auf dich legen, die ich auf Ägypten gelegt habe; **denn ich, der HERR, bin dein Arzt!"** 2. Mose 15,26
„Verachtet war er (Jesus) und verlassen von den Menschen, ein Mann der Schmerzen und mit Krankheit vertraut; wie einer, vor dem man das Angesicht verbirgt, so verachtet war er, und wir achteten seiner nicht. Doch wahrlich, **unsere Krankheit trug er, und unsere Schmerzen lud er auf sich;** wir aber hielten ihn für bestraft, von Gott geschlagen und geplagt; aber er wurde durchbohrt um unserer Übertretung willen, zerschlagen wegen unserer Missetat; die Strafe, uns zum Frieden, lag auf ihm, und **durch seine Wunden sind wir geheilt."**
Jesaja 53,3-5 + 1.Petrus 2,24
Jesus gab seinen Jüngern einen Auftrag:
„Da rief er seine zwölf Jünger zu sich und gab ihnen Vollmacht über die unreinen Geister, sie auszutreiben, und jede Krankheit und jedes Gebrechen zu heilen." Mat.10,1
„Gehet aber hin, prediget und sprechet: Das Himmelreich ist nahe herbeigekommen! Heilet Kranke, weckt Tote auf, reiniget Aussätzige, treibet Dämonen aus! Umsonst habt ihr es empfangen, umsonst gebet es!" Mt.10,7+8
„Diese Zeichen aber werden die, welche glauben, begleiten: In meinem Namen werden sie Dämonen austreiben, mit neuen Zungen reden, Schlangen aufheben, und wenn sie etwas Tödliches trinken, wird es ihnen nichts schaden; Kranken werden sie die Hände auflegen, und sie werden sich wohl befinden. Sie aber gingen aus und predigten allenthalben; und der Herr wirkte mit ihnen und bekräftigte das Wort durch die begleitenden Zeichen."
Markus 16,17-20
„Ist jemand von euch krank, der lasse die Ältesten der Gemeinde zu sich rufen; und sie sollen über ihn beten und ihn dabei mit Öl salben im Namen des Herrn. Und das Gebet des Glaubens wird den Kranken retten, und der Herr wird ihn aufrichten; und wenn er Sünden begangen hat, so wird ihm vergeben werden. So bekennet denn einander die Sünden und betet füreinander, damit ihr geheilt werdet! Das Gebet eines Gerechten vermag viel, wenn es ernstlich ist." Jakobus 5,14-16
Gründe, die Heilung verhindern:
Unglaube - eine Atmosphäre des Glaubens ist notwendig, damit jemand geheilt werden kann. In Mt.13,58 lesen wir, dass Jesus in Nazareth wegen des Unglaubens der Menschen nicht viel tun konnte. Das heißt aber nicht, dass jeder, der nicht geheilt wird, nicht genug glaubt. Es gibt viele andere Gründe.

Wir müssen unseren Teil an der Heilung erfüllen:
Wir müssen uns
- für Gesundheit entscheiden,
- Krankheitsvorteile hinter uns lassen,
- über Sünden, die uns bewusst wurden, Buße tun,
- in Versöhnung leben,
- unseren Glauben an Heilung stärken und ausdehnen,
- anhaltend um Heilung beten,
- dem Teufel widerstehen (Jakobus 4,7).

Es ist wichtig mit allen Personen (auch mit den Eltern – 5.Mose 30,19) in Vergebung und Versöhnung zu leben. Stolz und Rebellion können ein Hauptwiderstand gegen Heilung sein.
Am besten Gott fragen:
- „Wo bin ich stolz?"
- „Wo lebe ich in Rebellion?".
Warum heilt Gott nicht jeden – sofort?
Gott ist und bleibt ein souverän handelnder Gott, der sich keinem erklären muss. Wir haben ihn nicht in unserer Hand. Unsere Erkenntnis ist auch in Bezug auf Heilung Stückwerk.
Wir können Gott fragen:
- „Wo bist Du in dieser Not?"
- „Willst Du mir durch die Krankheit etwas sagen?"
- „Will Gott mich prüfen, ob ich trotz der Krankheit ihm vertraue?"

Leitsätze zum Thema Heilung:
Gott möchte grundsätzlich jeden heilen (Joh. 10,10, Jes. 53,5, 1.Petrus 2,24).
Heilung durch Gebet und Heilung durch Ärzte und Medikamente ergänzen sich oft.
Wir dürfen Gott bitten, uns deutlich zu machen, was die Heilung aufhält (z.B. Sünde, ein Fluch, ein Geist der Krankheit, Stolz, Rebellion, Unversöhnlichkeit, Bitterkeit, Groll, Götzendienst, Vorfahrenschuld).
Krankheiten können mehr als einen Grund haben.
Wir sollen uns informieren, was Gott in der Bibel zu dem Thema „körperliche Heilung" sagt. Außerdem ist es hilfreich, gute Literatur von Autoren zu lesen, die jahrelange Erfahrung auf diesem Gebiet haben.
Gehorsam gegenüber Gott ist ein Schlüssel zur Heilung (Beispiel: Naeman – 2. König 5,9-11)
Gesundheit ist nicht das höchste Gut! Selbst das Leben an sich ist nicht das höchste Gut! Sondern die Gewissheit haben, im Willen Gottes zu sein und Frieden mit Gott zu haben.

Zur praktischen Anwendung:
Nirgendwo wird berichtet, dass Jesus seinen Vater bittet, jemanden zu heilen. Auch Paulus bat nicht Gott zu heilen, sondern er sagte z.B. in Apg. 14,10: „Steh auf!" nicht: „Vater, ich bitte dich, dass Du ihn heilst." Christen haben von Jesus den Auftrag: „Heilt!" (z.B. Mat.10,7). Diese Autorität kommt durch eine innige

Beziehung zu Gott. Heilung geschieht auf der Grundlage dessen, was Jesus am Kreuz errungen hat.

In dem unten aufgeführten Buch von Christoph Häselbarth ist aufgelistet wie Heilungen erfolgen können (Seiten 22-24). Außerdem gibt es in dem Buch eine Auflistung von Krankheiten und ihrer möglichen geistlichen, wie auch körperlichen Ursachen (Seiten 84-171). Dazu gibt es viele persönliche Beispiele, wie Menschen geheilt wurden und was die Heilung zunächst aufhielt.
Auch die anderen Bücher sind Standardwerke zum Thema „Heilung", geeignet für diejenigen, die sich mit diesem Bereich näher befassen möchten.

Literatur:
- Christoph Häselbarth u. Dr. Peter Riechert, „Wie wir geheilt werden können".
- Wolfhard Margies, „Heilung seelischer Krankheiten"
- Bruno Schär, „Heilung" – LCA-Verlag, Uzwil/Schweiz, Tel.0041-71 951 26 10.
- Joy Dawson, „Ich sehne mich nach Heilung".
- Tom Jewett, „Die gute Nachricht, die keiner wissen wollte – Ganzheitliche Heilung nach dem Wort Gottes".
- Andreas Herrmann, „Gottes Heilungspower heute erleben!"
- Willem J. Ouweneel, „Heilt die Kranken!
- F.F. Bosworth, „Christus unser Heiler"
- Dr. Henry W. Wright, „Die geistlichen Ursachen von Krankheiten"

4.6 Besser mit Ängsten umgehen

Jeder Mensch hat Angst!
Seit dem Sündenfall gehören Ängste mit zu unserem Leben. Sie sind zu einem Grundelement unseres Lebens geworden.
Ängste können uns quälen und tyrannisieren. Ängste sind der Schlüssel für alle seelischen Schwierigkeiten. Psychische Leiden, Konflikte, Ehe- und Erziehungsprobleme, Alters- und Arbeitsprobleme haben mit Ängsten zu tun. Jesus sagt in Joh.16,33: "In der Welt habt ihr Angst, seid aber getrost - ich habe die Welt überwunden."
Jesus hat am Kreuz den Sieg über die Ängste, sogar über den Tod, errungen.
Deshalb haben Christen in dem Tod Jesu die Grundlage für eine wirksame Hilfe und Lösung - gerade auch im Umgang mit Ängsten. Er hat die Ängste überwunden und seine Nachfolger dürfen jetzt schon Anteil haben an diesem Sieg.

Angst hat viele Gesichter
Hinter vielen Verhaltensmustern stehen eigentlich Ängste:
Misstrauen ist Angst, betrogen zu werden.
Eifersucht ist Angst, verlassen zu werden.
Schüchternheit ist Angst, nicht zu genügen.
Angeben ist Angst, nicht genügend Aufmerksamkeit zu erhalten.
Lügen ist Angst, mit der Wahrheit anzuecken.
Perfektion ist die Angst, Fehler zu machen.
Mut ist Angst vor dem Versagen.
Todesmut ist Angst, selbst das Leben einzubüßen.
Gesetzlichkeit ist die Angst, für oberflächlich und ungenau gehalten zu werden.
Ehrgeiz ist die Angst, unbedeutend zu sein.
Entscheidungsschwäche ist die Angst, etwas falsch zu machen.

Der Psychoanalytiker Alfred Adler hat betont, nicht nach den *Ursachen*, sondern nach den *Zielen* der Angst zu forschen.
Angst darf nicht verdrängt werden. Wer mit seiner Angst allein bleibt, leidet und kann in Panik geraten. Wer Ängste ausspricht (im Gespräch mit Gott oder einem Menschen), findet Erleichterung.
Manchem hilft es die Angst zu überwinden, indem er das tut, wovor er sich fürchtet. Wer Angstbefreiung erleben möchte, muss auch etwas dafür tun. Die Befreiung von Angst ist ein Geschenk Gottes und gleichzeitig ein Appell an uns.

Bei Problemen sollte man sich fragen: Welche Ängste spielen hier mit? Oft führt das Erkennen dieser Hintergründe zu dem entscheidenden Lösungsansatz. Menschen mit übertriebenen Ängsten brauchen zur vollständigen Heilung oft lange Zeit der Zuwendung, des Gebets und der Begleitung. Die Gebete werden konkreter und hilfreicher, wenn man die Ziele und die Motive der Angst durchschaut. Auch hier kann die geistliche Gabe der Erkenntnis eine große Hilfe sein. Welche Sünden verstecken sich hinter meinen Angstmotiven? Welche ungeistlichen Gedanken sind mit den Zielen der Angst verknüpft?

Was tun, wenn Angst mich überkommt?
Jesus hatte Angst. Er hatte sogar Todesängste. Kurz vor seiner Kreuzigung, überfiel Ihn die Angst im Garten Gethsemane. Dabei sündigte Er nicht. Seine Strategie: Er wandte sich an seinen Vater - Er betete und fordert seine Freunde auf, mit Ihm zu beten.
Sich an Gott den liebenden himmlischen Vater zu wenden ist auch heute noch die beste Reaktion in angstvollen Situationen.
Das Gebet hilft uns, unseren Blick von unserer Angst auf Jesus zu richten. Wenn wir Ihn anschauen, seine Macht über alle Ängste, sein Wohlwollen uns gegenüber, seine Liebe für uns, dann wird es uns leichter ums Herz. Angst kommt dann auf, wenn wir - statt auf Jesus- auf uns sehen - auf unsere Fähigkeiten, unser Herz und unseren Verstand. Wem es geschenkt ist, der möge bei Angstattacken zusätzlich in anderen Sprachen reden, denn wer in Zungen redet, erbaut sich selbst (1.Kor.14,4).
Paulus rät in Römer 12,2, dass wir unser Wesen verändern sollen durch die Erneuerung eures Sinnes. Bei Angstattacken hilft es, den Lügen, die sich in meinem Kopf festgesetzt haben, das kraftvolle und wahre Wort Gottes entgegen zu setzten. Wir können die Wahrheiten laut aussprechen (proklamieren) und damit unseren Sinn (Verstand) erneuern. Die Erfahrung zeigt, dass sich unser Gefühl dann darauf einstellt und wir wieder Frieden erleben (in die Ruhe Gottes eingehen). Solche biblischen Wahrheiten über mich selbst sind z.B. in dem Thema "Wer bin ich in Jesus?" aufgelistet. Des Weiteren hilft das Proklamieren von Bibelversen, an die der Heilige Geist einen in einem Moment der Angst erinnert- z.B. "Sorget um nichts; sondern in allem lasset durch Gebet und Flehen mit Danksagung eure Anliegen vor Gott kundwerden. Und der Friede Gottes, der allen Verstand übersteigt, wird eure Herzen und Sinne bewahren in Christus Jesus." (Philipper 4,6) "Wirf dein Anliegen auf den Herrn, der wird dich versorgen und wird den Gerechten nicht ewiglich in Unruhe lassen." (Ps 55,23)
Dank, Lobpreis und Proklamationen sind die wichtigsten Waffen gegen Ängste.
<u>Erkenne und bekenne, dass du ganz von Gott abhängig bist!</u>
Wir dürfen Gott bekennen, dass wir total von Ihm abhängig sind. Wir können Ihm sagen, dass wir alle Hilfe von Ihm erwarten und dass wir ganz bewusst seine Gnade in dieser Situation in Anspruch nehmen. Wir dürfen und sollen von Ihm die entscheidende

Lösung des Problems erwarten. Die beste Vorsorge gegen Ängste:

- eine innige Liebesbeziehung zu Jesus aufbauen und Qualitätszeit mit Ihm genießen
- Sünde hassen und lassen
- Sich einen Lebensstil der Gnade aneignen (s. Jüngerschaftsthema Nr.3)
- Beziehungen klären
- Stolz mehr und mehr ablegen

Ps.56,3: Wenn mir **angst** ist, vertraue ich auf dich!
Römer 8,35: Wer will uns scheiden von der Liebe Christi? Trübsal oder **Angst** oder Verfolgung oder Hunger oder Blöße oder Gefahr oder Schwert?
Psalm 107, 6+13+19: Da schrien sie zum HERRN in ihrer Not, und er rettete sie aus ihren **Ängsten** und führte sie auf den rechten Weg, dass sie zu einer bewohnten Stadt gelangten, die sollen dem HERRN danken für seine Gnade und für seine Wunder an den Menschenkindern, dass er die durstige Seele getränkt und die hungernde Seele mit Gutem gesättigt hat!
Jesaja 41, 9: Du bist mein Knecht, ich habe dich auserwählt und verwerfe dich nicht; fürchte dich nicht; denn ich bin mit dir; sei nicht **ängstlich**, denn ich bin dein Gott; ich stärke dich, ich helfe dir auch, ich erhalte dich durch die rechte Hand meiner Gerechtigkeit.
2.Tim.1,7: ...denn Gott hat uns nicht einen Geist der Furchtsamkeit gegeben, sondern der Kraft und der Liebe und der Besonnenheit.

Quellen:
- Reinhold Ruthe, "Nur Mut - mit Ängsten besser fertig werden"
- Michiaki u. Hildegard Horie, "Wenn Gedanken Mächte werden"
- Derek u. Ruth Prince: "Gebete und Proklamationen"
- Zeitschrift DE´IGNIS, Juli 2003, Angstbewältigung

4.7 Umgang mit Sorgen

Natürlich haben auch Christen Sorgen. Auch sie kennen Probleme, schlaflose Nächte und Ängste. Aber sie haben das Privileg, dass sie mit ihren Sorgen anders umgehen können.

Sie sind Kinder des himmlischen Vaters. Gott, der Himmel und Erde gemacht hat, kennt sie mit Namen und weiß um ihre Not. Römer 8,14: „Denn alle, die sich vom Geiste Gottes leiten lassen, sind Gottes Kinder. Denn ihr habt nicht einen Geist der Knechtschaft empfangen, dass ihr euch abermals fürchten müsstet, sondern ihr habt einen Geist der Kindschaft empfangen, in welchem wir rufen: Abba, Vater!"

Er bietet ihnen an ihre Sorgen auf ihn zu werfen. Er will ihnen statt der Sorgen inneren Frieden schenken:
Philipper 4,6
„Sorget um nichts; sondern in allem lasset durch Gebet und Flehen mit Danksagung eure Anliegen vor Gott kundwerden. Und der Friede Gottes, der allen Verstand übersteigt, wird eure Herzen und Sinne bewahren in Christus Jesus."
Bei Sorgen und Problemen dürfen wir Gott um Weisheit bitten:
Jakobus 1,5
„Wenn aber jemandem unter euch Weisheit mangelt, so erbitte er sie von Gott, der allen gern und ohne Vorwurf gibt, so wird sie ihm gegeben werden."
Römer 8, 31
„Was wollen wir nun hierzu sagen? Ist Gott für uns, wer mag wider uns sein?
Welcher sogar seines eigenen Sohnes nicht verschont, sondern ihn für uns alle dahingegeben hat, wie sollte er uns mit ihm nicht auch alles schenken?"
Matthäus 6,33
„Niemand kann zwei Herren dienen; denn entweder wird er den einen hassen und den andern lieben, oder er wird dem einen anhangen und den andern verachten. Ihr könnt nicht Gott dienen und dem Mammon. Darum sage ich euch: **Sorget euch nicht um euer Leben, was ihr essen und was ihr trinken sollt, noch um euren Leib, was ihr anziehen sollt.** Ist nicht das Leben mehr als die Speise und der Leib mehr als die Kleidung?
Sehet die Vögel des Himmels an! Sie säen nicht und ernten nicht, sie sammeln auch nicht in die Scheunen; und euer himmlischer Vater nährt sie doch. Seid ihr nicht viel mehr wert als sie? Wer aber von euch kann durch sein Sorgen zu seiner Länge eine einzige Elle hinzusetzen?
Und warum sorgt ihr euch um die Kleidung? Betrachtet die Lilien des Feldes, wie sie wachsen. Sie arbeiten nicht und spinnen nicht; ich sage euch aber, dass auch Salomo in aller seiner Herrlichkeit nicht gekleidet gewesen ist wie deren eine. Wenn nun Gott das Gras des Feldes, das heute steht und morgen in den Ofen geworfen wird, also kleidet, wird er das nicht viel mehr euch tun, ihr Kleingläubigen?
Darum sollt ihr nicht sorgen und sagen: Was werden wir essen, oder was werden wir trinken, oder womit werden wir uns kleiden?
Denn nach allen diesen Dingen trachten die Heiden; aber euer himmlischer Vater weiß, dass ihr das alles bedürft.
Trachtet aber zuerst nach dem Reiche Gottes und nach seiner Gerechtigkeit, so wird euch solches alles hinzugelegt werden. (!)
Darum sollt ihr euch nicht sorgen um den andern Morgen; denn der morgige Tag wird für das Seine sorgen. Jedem Tage genügt seine eigene Plage!"

Gott hat an keiner Stelle in der Bibel verheißen, dass wir im Luxus leben werden – aber: Jesus ist u.a. dafür gestorben, dass unsere Basisbedürfnisse an Nahrung, Kleidung, Wohnung usw. gestillt werden. Er ist unser Versorger:
„Denn ihr kennet die Gnade unsres Herrn Jesus Christus, dass er, obwohl er reich war, um euretwillen arm wurde, damit ihr durch seine Armut reich würdet!" (2.Kor.8,9)
Mehr zu diesem Aspekt beim Thema „Gott versorgt materiell".

Wenn wir uns Sorgen machen, sollten wir uns diese sieben Fragen stellen:
- **Habe ich Frieden mit Gott?**
- **Ist meine Ehe intakt?**
- **Sind meine Kinder versorgt?**
- **Leide ich Hunger?**
- **Friere ich?**
- **Bin ich zurzeit am richtigen Ort und mache ich das Richtige?**
- **Werden durch mein Leben andere zu Jüngern gemacht?**

Wenn ich diese Fragen positiv beantworten kann, bin ich im „grünen Bereich".
Gott macht uns durch Schwierigkeiten in unserem Leben auf Missstände aufmerksam. In seiner Liebe nutzt er Probleme, um zu uns zu reden. Daher können wir Gott bei Schwierigkeiten fragen: „Herr, wo bist du in diesen Problemen?" Was soll ich lernen?"
Gott formt durch die Probleme unseren Charakter. Er ist vielmehr daran interessiert, dass wir reifen, als dass das Problem schnell gelöst wird.
Sorgen werden dann übergroß, wenn wir auf unsere Möglichkeiten schauen oder uns auf Menschen verlassen.
Schauen wir hingegen auf Gott und seine Liebe zu uns und seine Allmacht werden aus Elefanten Mücken.
Deshalb ist es wichtig, dass man bei Sorgen den Blickwinkel ändert und auf Gott schaut.
In unserem Kopf ist das Haupt-schlachtfeld.

Die Situation wird nicht besser, indem man sich Sorgen macht. Im Gegenteil: Sorgen lähmen und ermüden. Nachts sind die Sorgen oft doppelt so groß. In Jakobus 4, 8 steht: „Nahet euch zu Gott, so naht er sich zu euch!"

Um bei Problemen den inneren Frieden zu behalten müssen wir eine ganz enge Beziehung zu Gott pflegen.

Das heißt praktisch: Qualitätszeit mit ihm verbringen und ihn und seinen Willen suchen.

Es geht nicht darum ein sorgenfreies Leben zu haben – es geht darum einen inneren Frieden zu behalten.

Das ist erreichbar, wenn man Jesus sein Leben mit „Haut und Haar" zur Verfügung stellt und ihm gegenüber gehorsam ist.

Hier ist das Geheimnis von echter Lebensqualität – auch in schwierigen Umständen.

Tipp:

Aussagen der Bibel zum Thema „Sorgen" verinnerlichen. Beispiel:

„Vertraue auf den Herrn von ganzem Herzen und verlass dich nicht auf deinen Verstand; erkenne ihn auf allen deinen Wegen, so wird er deine Pfade ebnen." Sprüche 3,5

4.8 Was sagt die Bibel zum Thema „Leiden"

Dürfen/sollen/müssen Christen leiden?
Was sagt die Bibel zu diesem Thema?
Psalm 34,20: Der Gerechte muss viel leiden; aber der HERR rettet ihn aus dem allem.
Hier wird deutlich: Leiden ja – Hoffnungslosigkeit nein!
Jesus gießt seinen Jüngern reinen Wein über ihre Zukunft ein:
Matthäus 10,
17 Hütet euch aber vor den Menschen! Denn sie werden euch den Gerichten überliefern, und in ihren Synagogen werden sie euch geißeln; auch vor Fürsten und Könige wird man euch führen, um meinetwillen, ihnen und den Heiden zum Zeugnis. Wenn sie euch aber überliefern, so sorget euch nicht darum, wie oder was ihr reden sollt; denn es wird euch in jener Stunde gegeben werden, was ihr reden sollt; denn nicht ihr seid es, die da reden, sondern eures Vaters Geist ist's, der durch euch redet. Es wird aber ein Bruder den anderen zum Tode überliefern und ein Vater sein Kind; und Kinder werden sich wider die Eltern erheben und werden sie zum Tode bringen. Und ihr werdet von jedermann gehasst sein um meines Namens willen. Wer aber beharrt bis ans Ende, der wird gerettet werden. …
Darum fürchtet euch nicht! Ihr seid mehr wert als viele Sperlinge. Jeder nun, der mich bekennt vor den Menschen, den will auch ich bekennen vor meinem himmlischen Vater; wer mich aber verleugnet vor den Menschen, den will auch ich verleugnen vor meinem himmlischen Vater. Ihr sollt nicht wähnen, dass ich gekommen sei, Frieden auf die Erde zu bringen. Ich bin nicht gekommen, Frieden zu bringen, sondern das Schwert. Denn ich bin gekommen, den Menschen zu entzweien mit seinem Vater, und die Tochter mit ihrer Mutter, und die Schwiegertochter mit ihrer Schwiegermutter; und des Menschen Feinde werden seine eigenen Hausgenossen sein. Wer Vater oder Mutter mehr liebt als mich, der ist meiner nicht wert; und wer Sohn oder Tochter mehr liebt als mich, der ist meiner nicht wert. Und wer nicht sein Kreuz nimmt und mir nachfolgt, der ist meiner nicht wert. Wer sein Leben findet, der wird es verlieren; und wer sein Leben verliert um meinetwillen, der wird es finden.

2.Kor.1,
3 Gelobt sei der Gott und Vater unsres Herrn Jesus Christus, der Vater der Barmherzigkeit und Gott allen Trostes,
der uns tröstet in all unserer Trübsal, auf dass wir die trösten können, welche in allerlei Trübsal sind, durch den Trost, mit dem wir selbst von Gott getröstet werden. Denn gleichwie die Leiden Christi sich reichlich über uns ergießen, so fließt auch durch Christus reichlich unser Trost.
Philipper 1,
29 Denn euch wurde in Bezug auf Christus die Gnade verliehen, nicht nur an ihn zu glauben, sondern auch

um seinetwillen zu leiden, indem ihr denselben Kampf habt, den ihr an mir sahet und nun von mir höret.

1.Petrus 2,
Denn das ist Gnade, wenn jemand aus Gewissenhaftigkeit gegen Gott Kränkungen erträgt, indem er Unrecht leidet. Denn was ist das für ein Ruhm, wenn ihr Streiche erduldet, weil ihr gefehlt habt? Wenn ihr aber für Gutestun leidet und es erduldet, das ist Gnade bei Gott. Denn dazu seid ihr berufen, weil auch Christus für euch gelitten und euch ein Vorbild hinterlassen hat, dass ihr seinen Fußstapfen nachfolget.

1.Petrus 3,
14 Aber wenn ihr auch um Gerechtigkeit willen zu leiden habt, seid ihr selig. Ihr Drohen aber fürchtet nicht und erschrecket nicht; sondern heiligt den Herrn Christus in euren Herzen!

1.Petrus 4,
12 Geliebte, lasset euch die unter euch entstandene Feuerprobe nicht befremden, als widerführe euch etwas Fremdartiges; sondern je mehr ihr der Leiden Christi teilhaftig seid, freuet euch, damit ihr auch bei der Offenbarung seiner Herrlichkeit frohlocken könnt. Selig seid ihr, wenn ihr um des Namens Christi willen geschmäht werdet! Denn der Geist der Herrlichkeit und Gottes ruht auf euch; bei ihnen ist er verlästert, bei euch aber gepriesen. Niemand aber unter euch leide als Mörder oder Dieb oder Übeltäter, oder weil er sich in fremde Dinge mischt; leidet er aber als Christ, so schäme er sich nicht, verherrliche aber Gott mit diesem Namen! … So mögen denn die, welche nach Gottes Willen leiden, dem treuen Schöpfer ihre Seelen anbefehlen und dabei tun, was recht ist.
Die meisten Angriffe werden von den „Frommen" kommen - vom geistlichen Establishment! Das war schon zurzeit Jesu so. Von Pharisäern und Schriftgelehrten kam der meiste Gegenwind, das meiste Leid – von Verleumdungen, falscher Anklage, Aufhetzung des Volkes, bis zu seiner Ermordung.

Paulus, der völlig in Gottes Willen war, hat gelitten:
2.Kor.11,
24 Von den Juden habe ich fünfmal vierzig Streiche weniger einen empfangen; dreimal bin ich mit Ruten geschlagen, einmal gesteinigt worden; dreimal habe ich Schiffbruch erlitten; einen Tag und eine Nacht habe ich in der Tiefe zugebracht. Ich bin oftmals auf Reisen gewesen, in Gefahren auf Flüssen, in Gefahren durch Mörder, in Gefahren vom eigenen Volke, in Gefahren von Heiden, in Gefahren in der Stadt, in Gefahren in der Wüste, in Gefahren auf dem Meere, in Gefahren unter falschen Brüdern; in Arbeit und Mühe, oftmals in Nachtwachen, in Hunger und Durst; oftmals in Fasten, in Kälte und Blöße; zu alledem der tägliche Zulauf zu mir, die Sorge für alle Gemeinden.

Kolosser 1,
24 Nun freue ich mich in den Leiden für euch und erdulde stellvertretend an meinem Fleisch, was noch fehlte an den Trübsalen Christi für seinen Leib, welcher ist die Gemeinde,

2.Tim.2,
8 Halt im Gedächtnis Jesus Christus, der von den Toten auferstanden ist, aus Davids Samen, nach meinem Evangelium, in dessen Dienst ich Ungemach leide, sogar Ketten wie ein Übeltäter; aber das Wort Gottes ist nicht gekettet. Darum erdulde ich alles um der Auserwählten willen, damit auch sie das Heil erlangen, das in Christus Jesus ist, mit ewiger Herrlichkeit. Glaubwürdig ist das Wort: Sind wir mit gestorben, so werden wir auch mit leben; dulden wir, so werden wir mit herrschen; verleugnen wir, so wird er uns auch verleugnen; sind wir untreu, so bleibt er treu; denn er kann sich selbst nicht verleugnen.

Römer 8,
17 Wenn aber Kinder, so auch Erben, Erben Gottes und Miterben Christi, wenn wir wirklich mitleiden, damit wir auch mit verherrlicht werden. **Denn ich denke, dass die Leiden der jetzigen Zeit nicht ins Gewicht fallen gegenüber der zukünftigen Herrlichkeit, die an uns geoffenbart werden soll.** Denn das sehnsüchtige Harren der Schöpfung wartet auf die Offenbarung der Söhne Gottes.

Hebräer 12,
1 Darum auch wir: Weil wir eine solche Wolke von Zeugen um uns haben, lasst uns ablegen alles, was uns beschwert, und die Sünde, die uns ständig umstrickt, und lasst uns laufen mit Geduld in dem Kampf, der uns bestimmt ist, und aufsehen zu Jesus, dem Anfänger und Vollender des Glaubens, der, obwohl er hätte Freude haben können, das Kreuz erduldete und die Schande gering achtete und sich gesetzt hat zur Rechten des Thrones Gottes. Gedenkt an den, der soviel Widerspruch gegen sich von den Sündern erduldet hat, damit ihr nicht matt werdet und den Mut nicht sinken lasst.
Jakobus 5,
13 Leidet jemand von euch Unrecht, der bete;…
Leiden in unserem Leben wird ertragbarer, weil wir eine begründete Hoffnung haben: Jesus wird wiederkommen, er wird seine Herrschaft antreten und sein Reich wird allen offenbar werden.
Außerdem: Gott liebt uns, er hat alles unter seiner Kontrolle, er meint es gut mit uns, ihm ist nichts zu schwer.

Offenbarung 21,
4 Und Gott wird abwischen alle Tränen von ihren Augen, und der Tod wird nicht mehr sein, noch Leid noch Geschrei noch Schmerz wird mehr sein; denn das Erste ist vergangen.
(siehe auch Jesaja 25,8 + 60,20)

Den wiedergeborenen Christen erwartet eine herrliche Zukunft:
- Sie werden in Ewigkeit Gemeinschaft mit Gott haben (Offb. 21,3),
- Sie werden die Braut Jesu sein bei der Hochzeit des Lammes (Offb.19,7),
- Sie werden materiell versorgt sein (Joh. 14,2; Offb. 21,6),
- Sie werden regieren (Offb. 20,6 + 1.Kor.6,1-3).

Für Christen ist es wichtig, dass sie trotz des Leides ihren inneren Frieden behalten, der nur von Gott kommen kann. Dann können sie auch turbulente Situationen und Nöte durchstehen.

Literatur
- Haavald Slaatten, Der Himmelsbürger, ISBN 3-87482-231-1 (Leidensgeschichte und Einsichten eines Christen aus China).

4.9 Das Geschenk und der Prozess der Heiligung

"Heilig" (hebr. khadosch, griech. hagios) bedeutet "ausgesondert sein"/ getrennt sein vom Gewöhnlichen. Gott sagt in 3.Mose 19,2:
"Ihr sollt heilig sein, denn ich bin heilig!" Dies ist das Motto der ganzen Heilsgeschichte.
Weil unsere Heiligung Gottes Wunsch ist, hat Er uns einen Weg aufgezeigt, wie wir in diesen Stand kommen können: Auf der einen Seite wird uns die Heiligung als Geschenk angeboten und auf der anderen Seite ist ganzer Einsatz von uns nötig.

1. Das Geschenk der Heiligung:
1.Kor.1,30: "Durch ihn aber seid ihr in **Christus Jesus, welcher uns von Gott gemacht worden ist** zur Weisheit, zur Gerechtigkeit, **zur Heiligung** und zur Erlösung,..."
Die Heiligung ist ganz und gar Gottes Werk. Jesus hat sich durch sein Leben und Sterben, durch Gehorsam bis zum Tod am Kreuz "selbst für uns geheiligt"; nun können auch wir in der Wahrheit geheiligt werden" - Joh. 17,19: "Und ich heilige mich selbst für sie, damit auch sie geheiligt seien in Wahrheit."
Jesus beschenkt uns mit Heiligung durch seine Selbstaufgabe, seinen Verzicht auf sein Leben. Das Motiv hierfür ist seine Liebe zu den Menschen.

2. Unser Einsatz zur Heiligung
Die Heiligung dankbar als Geschenk anzunehmen ist die eine Seite der Medaille, die andere Seite ist unsere Antwort, unsere Reaktion, auf das Geschenk. Denn wenn wir nicht richtig reagieren, nützt uns das Geschenk der Heiligung wenig.
Wenn wir z.B. eine Kreditkarte geschenkt bekommen würden, mit der wir unbegrenzt einkaufen könnten, sie aber nicht einsetzen würden, wäre dies wertvolle Geschenk nutzlos.
Dieses Geschenk der Heiligung erfordert unseren ganzen Einsatz:
Wir müssen die Heiligung wollen.
Wir müssen das Geschenk bewusst annehmen, aus den Händen Jesu nehmen. Das heißt: Auf Jesu Liebe antworten und sagen: "Ja, Herr ich will ein geheiligtes Leben führen. Danke, dass Du es mir durch Deinen Einsatz ermöglichst."
Wir müssen unsere Ohnmacht erkennen, aus eigener Kraft ein heiliges Leben führen zu können.
Paulus schreibt: "...und weil ich davon überzeugt bin, dass der, welcher in euch ein gutes Werk angefangen hat, es auch vollenden wird..." Phil.1,6.
Gott ist für uns; Er möchte die Heiligung in unserem Leben fördern.
3.) Wir müssen die richtigen Entscheidungen treffen.
Wenn wir dies nicht tun, verzögern wir den Prozess der Heiligung in unserem Leben - zu unserem eigenen Schaden.
Wir müssen uns z.B. bewusst entscheiden, anderen schnell zu vergeben (damit keine bittere Wurzel in uns wächst), Stolz und Trotz immer mehr abzulegen, nicht

Götzen (Dinge, die mir wichtiger als Jesus und das Reich Gottes sind) unsere Hingabe, Zeit und Energie opfern, keine andere Sünde in unserem Leben zulassen und in der Vergebung leben, etc.
Was habe ich davon, ein Leben in Heiligkeit anzustreben?
Ich lebe dann in meiner schöpfungsgemäßen Bestimmung.
Ich bin dann Gott gehorsam. Das hat direkte Auswirkungen in meinem Leben:
Segen statt Fluch, Leben statt Tod, Liebe statt Hass, Frieden statt schlafloser Nächte, materielle Versorgung statt Mangel, Freude statt Frust, etc ...kurz gesagt, alle Segnungen, die Gott Abraham in 5.Mose 28 zusagte (siehe auch die neutestamentliche Bestätigung in Galater 3,13+14).
Wer begriffen hat, worum es geht, wird stark motiviert sein, alles, was die Heiligung verzögert, zu bekennen und zu lassen.
2 Korinther 7:1 "Weil wir nun diese Verheißungen haben, Geliebte, so wollen wir uns reinigen von aller Befleckung des Fleisches und des Geistes, zur Vollendung der Heiligung in Gottesfurcht."
1.Thess.4,3: "Denn das ist der Wille Gottes, eure Heiligung, dass ihr euch der Unzucht enthaltet;
4 dass jeder von euch wisse, sein eigenes Gefäß in Heiligung und Ehre zu besitzen,
7 Denn Gott hat uns nicht zur Unreinigkeit berufen, sondern zur Heiligung."
2.Thess.2,13: "Wir aber sind Gott allezeit zu danken schuldig für euch, vom Herrn geliebte Brüder, dass Gott euch von Anfang an zum Heil erwählt hat, in der Heiligung des Geistes und im Glauben an die Wahrheit,
14 wozu er euch auch berufen hat durch unser Evangelium, zur Erlangung der Herrlichkeit unsres Herrn Jesus Christus."
Kol.3,2 "Ziehet nun an als Gottes Auserwählte, Heilige und Geliebte, herzliches Erbarmen, Freundlichkeit, Demut, Sanftmut, Geduld, …
13 ertraget einander und vergebet einander, wenn einer wider den andern zu klagen hat; gleichwie Christus euch vergeben hat, also auch ihr. 14 Über dies alles aber *habet* die Liebe, welche das Band der Vollkommenheit ist.
15 Und der Friede Christi herrsche in euren Herzen, zu welchem ihr auch berufen seid in einem Leibe. Seid auch dankbar!"
Hebräer12,14: "Jaget nach dem Frieden mit jedermann und der Heiligung, ohne welche niemand den Herrn sehen wird!"
1.Petrus 1,3: "Deshalb umgürtet die Lenden eurer Gesinnung, seid nüchtern und hofft völlig auf die Gnade, die euch gebracht wird in der Offenbarung Jesu Christi!

14 Als Kinder des Gehorsams passt euch nicht den Begierden an, die früher in eurer Unwissenheit herrschten, 15 sondern wie der, welcher euch berufen hat, heilig ist, seid auch *ihr* im ganzen Wandel heilig!

16 Denn es steht geschrieben: «Seid heilig, denn ich bin heilig.»

17 Und wenn ihr den als Vater anruft, der ohne Ansehen der Person nach eines jeden Werk richtet, so wandelt die Zeit eurer Fremdlingschaft in Furcht! 18 Denn ihr wisst, dass ihr nicht mit vergänglichen Dingen, mit Silber oder Gold, erlöst worden seid von eurem eitlen, von den Vätern überlieferten Wandel, 19 sondern mit dem kostbaren Blut Christi als eines Lammes ohne Fehler und ohne Flecken. 20 Er ist zwar im Voraus vor Grundlegung der Welt erkannt, aber am Ende der Zeiten geoffenbart worden um euretwillen, 21 die ihr durch ihn an Gott glaubt, der ihn aus den Toten auferweckt und ihm Herrlichkeit gegeben hat, so dass euer Glaube und eure Hoffnung auf Gott gerichtet ist. 22 Da ihr eure Seelen durch den Gehorsam gegen die Wahrheit zur ungeheuchelten Bruderliebe gereinigt habt, so liebt einander anhaltend, aus reinem Herzen! 23 Denn ihr seid wiedergeboren nicht aus vergänglichem Samen, sondern aus unvergänglichem durch das lebendige und bleibende Wort Gottes.”

4.10 Evangelisation - ein Lebensstil

Was bedeutet "Evangelisation"?
Evangelisation bedeutet, die gute Nachricht (= das Evangelium) bekannt zu machen.
Die gute Nachricht besteht darin,
- dass Gott die Menschen liebt,
- dass Jesus auf die Erde kam, um Sünder, zu <u>retten</u> (1.Tim.1,15 + Joh.3,16+17),
- dass wir Jesus, die faszinierendste und liebenswerteste Person, kennen lernen können.
Jesus zitiert den Propheten Jesaja (in Lukas 4,18)
«Der Geist des Herrn ist auf mir, weil er mich gesalbt hat; er hat mich gesandt, den Armen <u>frohe Botschaft</u> zu verkünden, zu heilen, die zerbrochenen Herzens sind, Gefangenen Befreiung zu predigen und den Blinden, dass sie wieder sehend werden, Zerschlagene in Freiheit zu setzen; 19 zu predigen das angenehme Jahr des Herrn.»
Dann sagt Jesus: "Heute ist diese Schrift vor euren Ohren erfüllt!" (Vers 21)

Wichtig ist, dass wir die Situation, in der wir leben, richtig einschätzen. Es geht darum, die Realität (die Wirklichkeit), die uns umgibt, zu erkennen. Die Realität ist, dass es neben der sichtbaren Welt eine unsichtbare Welt gibt. Als wiedergeborene Christen leben wir in einem unsichtbaren Königreich. Jesus ist der König. Jesus hat sein irdisches Leben geopfert, damit wir durch den Tod am Kreuz Sündenvergebung erfahren können und damit ewiges Leben (= ewige Gemeinschaft und Geborgenheit bei Gott).
Bevor Jesus zurück zu seinem Vater ging, gab er den Christen genaue Anweisungen:
Math.28,18ff: "Und Jesus trat zu ihnen und redete mit ihnen und sprach: Mir ist alle Macht gegeben im Himmel und auf Erden. <u>Geht nun hin und macht alle Nationen zu Jüngern</u>, und <u>tauft sie</u> auf den Namen des Vaters und des Sohnes und des Heiligen Geistes, und <u>lehrt sie</u> alles zu bewahren, was ich euch geboten habe! Und siehe, ich bin bei euch alle Tage bis zur Vollendung des Zeitalters."
Markus 16,15ff: "Und er sprach zu ihnen: <u>Geht hin in die ganze Welt und predigt das Evangelium der ganzen Schöpfung! Wer gläubig geworden und getauft worden ist, wird errettet werden; wer aber ungläubig ist, wird verdammt werden.</u> Diese Zeichen aber werden denen folgen, die glauben: In meinem Namen werden sie <u>Dämonen austreiben</u>; sie werden <u>in neuen Sprachen reden</u>, werden Schlangen aufheben, und wenn sie etwas Tödliches trinken, wird es ihnen nicht schaden; <u>Schwachen</u> werden sie <u>die Hände auflegen</u>, und sie werden sich wohl befinden."

Diese Aufträge Jesu gelten auch heute noch - genauso wie damals! Seitdem wächst das Königreich unaufhörlich (in China kommen z.B. im Moment pro Tag ca. 25.000 Menschen neu hinzu).

Denn: "Gott möchte, dass alle Menschen errettet werden und zur Erkenntnis der Wahrheit kommen.

Denn einer ist Gott, und einer ist Mittler zwischen Gott und Menschen, der Mensch Christus Jesus, der sich selbst als Lösegeld für alle gab, als das Zeugnis zur rechten Zeit" (1.Tim. 2,4+5).
Im Himmel wird Buch geführt!
Wer in dem Königreich ist und wer nicht, wird genau festgehalten. Wir lesen von dem **Buch des Lebens** an mehreren Stellen der Bibel: Off. 20,12 "Und ich sah die Toten, die Großen und die Kleinen, vor dem Throne stehen, und Bücher wurden aufgetan, und ein anderes Buch wurde aufgetan, das ist das Buch des Lebens; und die Toten wurden gerichtet nach dem, was in den Büchern geschrieben war, nach ihren Werken."
Lukas 10,20 "Doch nicht darüber freuet euch, dass euch die Geister untertan sind; freuet euch aber, dass eure <u>Namen im Himmel eingeschrieben</u> sind! Zu derselben Stunde frohlockte Jesus im heiligen Geiste und sprach: Ich preise dich, Vater, Herr des Himmels und der Erde, dass du solches den Weisen und Klugen verborgen und es den Unmündigen geoffenbart hast. Ja, Vater, denn so ist es wohlgefällig gewesen vor dir."
(Siehe zu "Buch des Lebens" auch: Daniel 12,1; Maleachi 3,16, Ps. 69,29; Phil.4,3; Hebr. 12,23; Off. 3,5+21,27)
Es kommt also darauf an, dass mein Name und der Name der Leute, die um mich herum leben, im Buch des Lebens stehen. Steht der Name drin, bedeutet dies ewiges Leben und ewige Herrlichkeit bei Gott; steht der Name nicht im Buch, bedeutet das, ewige Verdammnis und ein Leben in der Gottesferne, dort wo Heulen und Zähneklappern ist. <u>Das ist die Realität!</u>

Mat.13,49: "So wird es auch am Ende der Welt gehen: die Engel werden ausgehen und die Bösen von den Gerechten scheiden und werden sie in den Feuerofen werfen; da wird Heulen und Zähneklappern sein. Habt ihr das alles verstanden? Sie antworteten: Ja."
Wie sieht ein evangelistischer Lebensstil praktisch aus?
Einen evangelistischen Lebensstil zu führen, heißt nicht, dass man ständig jemanden ein Zeugnis gibt.
Es geht vielmehr darum:
Jesus als den Herrn in meinem Leben ohne Kompromisse zu akzeptieren. Das heißt auch, dass es nicht mehr um meine Zeit, meine Energie, meine Finanzen, meine Wünsche, meine Pläne geht.

Die Prioritäten in meinem Leben richtig setzten. Jesus sagte seinen Jüngern:
Mat.6,33 "<u>Trachtet aber zuerst nach dem Reiche Gottes</u> und nach seiner Gerechtigkeit, so wird euch solches alles hinzugelegt werden. Darum sollt ihr euch nicht sorgen um den andern Morgen; denn der

morgende Tag wird für das Seine sorgen. Jedem Tage genügt seine eigene Plage!"

Jesus: "Arbeitet (grie. "ergazomai", von "ergon" = Arbeit) nicht für die Speise, die vergänglich ist..."(Joh.6,27).

Bereitsein, das Evangelium weiterzusagen und auf Gelegenheiten achten, die von Gott eingefädelt wurden. Es reicht meistens nicht aus, nur "anständig" zu leben, in der Hoffnung, dass mich mal jemand fragt, warum ich so anders bin (- falls ich es überhaupt bin). Was unterscheidet meinen Lebensstil von dem eines "guten" weltlichen Menschen?
Bei passender Gelegenheit evangelistische Bücher, Traktate, Jesus-Film, etc. weitergeben.
Andere z.B. über den Alpha-Kurs informieren.

Die Wichtigkeit des Gebets für Verlorene neu entdecken.
Deutschland ist Missionsland! Es gibt bei uns nur ca. 2% wiedergeborene Christen (England 7%, USA 23%, Guatemala 43%). Über 90% der Bevölkerung stimmt bei uns jeden Sonntag mit den Füßen ab, dass sie einen Gottesdienst, wie sie ihn kennen, nicht besuchen wollen. Die Situation ist dramatisch. Beziehungsevangelisation ist mit großem Abstand die effektivste Art zu evangelisieren. Außerdem ist diese freundschaftliche Art am natürlichsten, nicht peinlich und im Gegensatz zu anderen Arten sehr preiswert. Haben Sie durch Beziehungen zu anderen Christen Jesus kennen gelernt?
Weitere heiße Bibelstellen
Sprüche 24,11ff: "Errette, die zum Tode geschleppt werden, und die zur Schlachtbank wanken, halte zurück! Wenn du sagen wolltest: «Siehe, wir haben das nicht gewusst!» wird nicht der, welcher die Herzen prüft, es merken, und der deine Seele beobachtet, es wahrnehmen und dem Menschen vergelten nach seinem Tun?"
Hesekiel 33,7ff: "Nun habe ich dich, o Menschensohn, dem Hause Israel zum Wächter bestellt, damit du das Wort aus meinem Munde hören und sie von mir aus

warnen sollst. Wenn ich zu dem Gottlosen sage: «Du, Gottloser, sollst des Todes sterben!» und du sagst es ihm nicht, um ihn vor seinem gottlosen Wege zu warnen, so wird der Gottlose um seiner Missetat willen sterben; aber sein Blut will ich von deiner Hand fordern. Wenn du aber den Gottlosen vor seinem Wandel warnst, dass er sich davon abwende, er sich aber von seinem Wandel nicht abwenden will, so wird er um seiner Sünde willen sterben, du aber hast deine Seele errettet."
1.Korinther 9,16ff - Paulus schreibt: "Denn wenn ich das Evangelium predige, so ist das kein Ruhm für mich; denn ich bin dazu verpflichtet, und wehe mir, wenn ich das Evangelium nicht predigte!"
Wir müssen keine reifen Christen sein, um das Evangelium anderen weiterzusagen.
Erfahrungsgemäß sind es gerade diejenigen, die noch nicht lange Christen sind, die, die die meisten Leute zu Christus führen. Die Erklärung ist einfach: Auf der einen Seite haben Sie noch verstärkt Kontakte zu Nichtchristen und auf der anderen Seite wissen sie noch ganz frisch, wovon sie durch Jesus erlöst wurden.
Gott hat sich entschieden, durch die Christen das Königreich zu bauen - durch ihre Hände, ihren Mund.
Unsere Aufgabe ist es, Zeugen zu sein und das Evangelium auf unterschiedlichste Arten bekannt zu machen.
Seine Aufgabe ist es, das Wunder der Errettung herbeizuführen.
Sein Motiv ist die Liebe zu den Menschen.
Jesus sagte seinen Jüngern:
"Ihr werdet Kraft empfangen, wenn der Heilige Geist auf euch kommt und
ihr werdet meine Zeuge sein. (Apg. 1,8)
"Ihr seid das Salz der Erde." (Mt.5,13)
"Ihr seid das Licht der Welt." (Mt.5,14)

Literatur:
- Dieter Beständig, „...und ihr werdet meine Zeugen sein!", ISBN 3-85614-026-3

4.11 Invest in the best

Invest in the Best - Ihre wichtigste Investition

Die wirklich guten Investitionen haben einen langen Vorlauf. So auch hier: Schon vor der Erschaffung von Materie, Raum und Zeit gab es Gott – lebendig, allmächtig, ewig und vollkommen. Ihm fehlte nichts. Trotzdem schuf Gott das Universum, die Erde, Sie und mich.
„Alles Geschaffene trägt die Spuren des Schöpfers." Augustinus Aurelius (354-430)

1. Schritt:
Gott liebt Sie.
Er schuf Sie, damit Sie ihn kennen lernen und seine Liebe erfahren können.
Gott schenkt Liebe
„Denn Gott hat die Menschen so sehr geliebt, dass er seinen einzigen Sohn für sie hergab. Jeder, der an ihn glaubt, wird nicht verloren gehen, sondern das ewige Leben haben." (Johannes 3, 16)
Gott schenkt Leben
„Ich aber bringe allen, die zu mir gehören, das Leben – und dies im Überfluss." (Johannes 10, 10)
„Die größte Angelegenheit des Menschen ist, zu wissen, wie er seine Stelle in der Schöpfung gehörig erfülle." Immanuel Kant (1724-1804)
„Der Sinn unserer irdischen Existenz liegt nicht darin, Erfolg zu haben, auch wenn wir dies meist denken, sondern in der Entwicklung unserer Seele."
Alexander Solschenizyn (geb. 1918)
Doch ist das Ihre Wahrnehmung? Warum erfahren Sie dann diese persönliche Beziehung zu Gott nicht?

2. Schritt:
Die Gemeinschaft mit Gott ist durch die Sünde des Menschen zerstört. Deshalb können auch Sie Gott von sich aus nicht persönlich kennen lernen und seine Liebe erfahren.
Menschen sind sündig:
„Denn darin sind die Menschen gleich: Alle sind Sünder und haben nichts aufzuweisen, was Gott gefallen könnte." (Römer 3, 23)
Wir sind dazu erschaffen, in Gemeinschaft mit Gott zu leben. Wir meinen aber, unser Leben ohne ihn meistern zu können. Und unsere Beziehung zu Gott zerbricht. Diesen Eigensinn, gepaart mit Gleichgültigkeit und Auflehnung gegen Gott, nennt die Bibel Sünde.
Menschen leben in der Trennung von Gott
„Denn die Sünde wird mit dem Tod bezahlt (mit der Trennung von Gott)." (Römer 6, 23)
Die Tragik des modernen Menschen ist nicht, dass er immer weniger über den Sinn des eigenen Lebens weiß, sondern dass ihn das immer weniger stört.
(Unbekannt)

Gott ist heilig. Das heißt, dass er absolut frei vom Bösen ist und vollkommen rein in seinem Denken und Handeln. Der Mensch dagegen wird Gottes Maßstab nicht gerecht. So entsteht zwischen beiden entsteht eine tiefe Kluft. Die Personen in der Zeichnung veranschaulichen, wie der Mensch permanent durch Philosophie, Religiosität oder durch das Bemühen, ein moralisch einwandfreies Leben zu führen, diese Kluft überbrücken will. Vergeblich. So erreichen wir Gott nicht.

3. Schritt
Jesus Christus ist Gottes Weg aus der Sünde des Menschen. Allein durch ihn kann der Mensch wieder eine persönliche Beziehung zu Gott finden.
Jesus wurde Mensch für uns.
Weil wir nicht zu ihm kommen konnten, machte er sich selbst auf den Weg. Er kam „von oben" aber nicht von oben herab, denn er wurde Mensch, so wie wir.
„Es gibt nur einen einzigen Gott und nur einen Einzigen, der zwischen Gott und den Menschen vermittelt und Frieden schafft. Das ist der Mensch Jesus Christus." (1.Timotheus 2, 5)
Jesus starb für uns.
Er starb, um die Trennung zwischen Gott und den Menschen zu beseitigen.
„Er, der frei von jeder Schuld war, starb für uns schuldige Menschen, und zwar ein für allemal. So hat er uns zu Gott geführt; Jesus Christus, der am Kreuz gestorben ist." (1.Petrus 3, 18)
Jesus ist von den Toten auferstanden und lebt.
Schon die ersten Jünger bezeugten erstaunt, dass das nicht das Ende war: „Diesen Jesus hat Gott von den Toten auferweckt. Das können wir alle bezeugen." (Apostelgeschichte 2,32)
Jesus ist der einzige Weg zu Gott.
Jesus antwortete: „Ich bin der Weg, ich bin die Wahrheit, und ich bin das Leben! Ohne mich kann niemand zum Vater kommen." (Johannes 14, 6)
„Die größte Wahrheit ist, dass nur eine Wahrheit ist." Friedrich Christoph Oetinger (1702-1782)
Gott überbrückte durch sein Handeln die Kluft, die uns von ihm trennt. Er sandte seinen Sohn Jesus Christus, der an unserer Stelle am Kreuz starb. So bezahlte er unsere Schuld.
Viele Menschen haben dies schon gehört. Für eine Veränderung reicht es allerdings nicht, diese drei Schritte zu kennen...

4. Schritt
Wir können Gemeinschaft mit Gott finden, wenn wir Jesus Christus als unseren Herrn und Erlöser annehmen. Dazu ist Vertrauen nötig.

„Die ihn aber aufnahmen und an ihn glaubten (ihm vertrauten), denen gab er das Recht, Kinder Gottes zu sein." (Johannes 1, 12)

Dazu gehört

- dass wir Gott unsere Schuld eingestehen.
- dass wir seine Vergebung annehmen.
- dass wir ihm die Führung unseres Lebens anvertrauen.

„Es tut gut, Schuld einzugestehen, Vergebung zu erfahren und neu anzufangen." Rainer Haak (geb. 1947)

Dazu ist eine Entscheidung nötig.

Wir müssen Jesus persönlich einladen, um ihn aufnehmen zu können.

„Merkst du es denn nicht? Noch stehe ich vor deiner Tür und klopfe an. Wer jetzt auf meine Stimme hört und mir die Tür öffnet, bei dem werde ich einkehren. Gemeinsam werden wir das Festmahl essen." (Offenbarung 3, 20)

„Wir müssen uns deshalb entscheiden: Entweder war dieser Mensch Gottes Sohn oder er war ein Narr oder Schlimmeres. Man kann ihn als Geisteskranken einsperren, man kann ihn verachten oder als Dämon töten. Oder man kann ihm zu Füßen fallen und ihn Herr und Gott nennen. Aber man kann ihn nicht mit gönnerhafter Herablassung als einen großen Lehrer der Menschheit bezeichnen. Das war nie seine Absicht; die Möglichkeit hat er uns nicht offengelassen." Clive Staples Lewis (1898-1963)

Was geschieht dann?

Wer bewusst „Ja" zu Jesus sagt und ihm die Führung seines ganzen Lebens anvertraut, findet zu Gottes Bestimmung zurück und wird ein „neuer Mensch" (siehe Johannes 3,1-8).

Wie beginnen Sie ein Leben mit Jesus?

Sie können Jesus Christus jetzt im Gebet einladen. Gott kennt Ihr Herz. Ihm kommt es nicht auf gut formulierte Worte an, sondern auf Ihre ehrliche Einstellung. Folgendes Gebet ist eine Möglichkeit, Ihr Vertrauen zu Gott zum Ausdruck zu bringen:

„Jesus Christus, ich danke dir, dass du mich liebst und dass du als Gott Mensch geworden bist. Mir ist klar geworden, dass ich mein Leben selbst bestimmt habe. Vergib mir meine Schuld. Danke, dass du mir alles vergeben hast, weil du für mich am Kreuz gestorben bist. Ich öffne dir mein Herz als meinem Herrn und Erlöser. Bitte komm in mein Leben! Heile du alle Wunden meines Lebens und verändere mich durch deinen Heiligen Geist so, wie du mich haben willst. Ich danke dir, dass du dieses Gebet erhört hast. Amen"

Entspricht dieses Gebet Ihrem Verlangen? Wenn ja, dann können Sie es zu Ihrem eigenen Gebet machen, und Jesus wird so, wie er es versprochen hat, in Ihr Leben kommen. Und Sie erfahren sinnerfülltes Leben, wie nur er es geben kann.

Woher wissen Sie, dass Christus Ihrer Einladung gefolgt ist?

Weil er selbst es versprochen hat, dass er eine persönliche Beziehung mit Ihnen aufbauen wird, sobald Sie ihn in Ihr Leben treten lassen. Und er führt Sie niemals in die Irre. Sie können Gott und seinem Wort, der Bibel, vertrauen. Er erhört Ihr Gebet.

„Gott aber hat ganz eindeutig erklärt, dass er uns das ewige Leben schenkt, und zwar nur durch seinen Sohn Jesus Christus. Wer also an den Sohn glaubt, der hat das Leben; wer aber nicht an Jesus Christus glaubt, der hat auch das Leben nicht. Ich weiß, dass ihr an Jesus Christus, den Sohn Gottes, glaubt. Mein Brief sollte euch noch einmal versichern, dass ihr das ewige Leben habt." (Johannes 5, 11-13)

Können Sie sich vorstellen, dass es etwas gibt, das großartiger ist als ein Leben mit Jesus Christus? Möchten Sie Gott jetzt im Gebet für das danken, was er Ihnen Gutes getan hat? Er freut sich darüber.

Investieren Sie in Ihre Beziehung zu Gott

Jede Beziehung will gepflegt werden, auch die zu Gott. Aber die Zeit und der Einsatz lohnen sich. Ihre Beziehung mit Gott wird dadurch tiefer und Sie wachsen im Glauben.

Sie wachsen, …

► indem Sie Gottes Wort besser kennen lernen. Lesen Sie regelmäßig darin.
► indem Sie mit Gott im Gebet reden. Erwarten Sie, dass Gott zu Ihnen spricht, Ihnen hilft und Sie führt:
► indem Sie umsetzen, was Sie verstanden haben.
► indem Sie mit anderen Christen Gemeinschaft haben. Suchen Sie sich eine christliche Gemeinde als Ihr geistliches Zuhause.
► indem Sie anderen von Ihrem Glauben weitererzählen.
► indem Sie Ihre Gaben und Fähigkeiten für Gott einsetzen.

4.12 Der Prozess der Wiedergeburt

Was ist denn eigentlich eine Wiedergeburt im
biblischen Sinn?
Wann ist man wiedergeboren? Wenn man sich „für
Jesus entscheidet", ein „Sündergebet" gesprochen
oder sich „bekehrt" hat?
Der international anerkannte englische Bibellehrer
David Pawson stellt in seinem Buch „Wiedergeburt"
etablierte Positionen der klassischen evangelikalen
Bewegung, sowie der pfingstlerischen und
charismatischen Bewegung in Frage. Seine
Hauptaussage ist, dass die Wiedergeburt vielmehr ein
Prozess ist, als ein kurzzeitiger Vorgang. Durch das
Studium von „Bekehrungs"-Berichten und der Analyse
dieser Ereignisse im Neuen Testament kommt er zur
folgenden <u>Definition</u>:

Die **Wiedergeburt** aus echter Buße und echtem
Glaube geschieht, wenn sie ihren Ausdruck in der
Wassertaufe findet und mit einem bewussten
Empfangen der Person des Heiligen Geistes mit Kraft
verbunden ist.
Wir finden im Neuen Testament vier Phasen, die
Menschen durchlaufen, wenn sie wiedergeboren
werden:
- Buße gegenüber Gott (2.Kor.7,9 + 1.Thess.1,9).
- an den Herrn Jesus <u>glauben</u> (1.Kor.15,11;
  Eph.1,13).
- im Wasser <u>getauft</u> werden (Gal. 3,27; Eph. 5,26).
- den Heiligen Geist <u>empfangen</u>
  (2.Kor. 1,22; Gal.3,2).

Diese Punkte unterscheiden sich deutlich voneinander
und können sich nicht gegenseitig ersetzen. Das
Tempo dieses Prozesses ist unerheblich, wichtig ist
seine Vervollständigung.
Zu den <u>vier Phasen</u>:
- **Buße** ist die am meisten vernachlässigte Phase.
  Buße bedeutet nicht einfach Entschuldigung.
  Echte Buße beginnt, wenn uns die Folgen für Gott
  (und seinen Sohn) bewusst werden; das ist die
  „göttliche Traurigkeit", die
  zur Buße führen kann. Echte Buße beginnt, wenn
  uns klar wird, dass wir „gegen den Himmel" wie
  auch gegen andere gesündigt haben. Nur dann
  sind wir imstande zu erfassen, dass wir uns Gottes
  Autorität widersetzt, seine Gesetze übertreten,
  seinen Zorn provoziert und sein Gericht verdient
  haben. Unsere Gebrochenheit wird dann mehr zu
  einem „Von-Angst-erfüllt-sein". Biblische Buße
  berührt drei Dimensionen: Gedanken, Worte und
  Taten.

  Gedanken: „Buße tun" heißt eigentlich „seinen
  Sinn verändern".
  Worte: das Bekennen vergangener Sünden.

  Taten: Korrektur vergangener Sünden.

- **Glaube** an den Herrn Jesus: Dies ist von allen vier
  Phasen die entscheidendste. Apg.16,30: „Glaube
  an den Herrn Jesus, und du wirst gerettet werden."
  Es rettet uns nicht, dass wir sagen, wir hätten
  Glauben, sondern nur, dass wir ihn auch wirklich
  haben. Konkret heißt dies: Ich glaube, dass Jesus
  der Sohn Gottes ist, gestorben für meine Sünden
  und auferstanden - Er ist mein Retter und Herr.

- Die **Wassertaufe**: Das Wort für „taufen" im Urtext
  (baptizein) bedeutet „untergetaucht werden".
  Wichtig für diese Phase ist zu erkennen, dass der
  Taufe in der Bibel <u>immer</u> Buße und Glaube
  vorausgingen. (Phasen 1 + 2 vor Phase 3!) Zum
  Problem der Säuglingstaufe siehe ausführlich:
  Thema Nr. 38: „Taufe" oder Anhang A im Buch
  von David Pawson „Wiedergeburt")
  Eine biblische Taufe ist für die Errettung
  notwendig: „Wer glaubt <u>und</u> getauft wird, soll
  gerettet werden" Mk.16,16 (+ Joh.3,5). Zur
  Notwendigkeit der Taufe siehe ebenfalls Thema
  „Taufe".

- **Empfang des Heiligen Geistes**
  Es ist von größter Bedeutung zu beachten, dass
  im Neuen Testament der Geistesempfang nie mit
  Buße, Glaube oder Wassertaufe gleichgesetzt
  oder durch diese ausgetauscht wird. Alle vier sind
  voneinander verschieden, und alle vier sind
  notwendig.
  „An Jesus glauben" und „den Geist empfangen"
  wird fälschlicherweise oft als ein und dasselbe (als
  Simultangeschehen) aufgefasst (siehe dazu:
  Apg.8,14-19). Es gibt keinen Bericht in der Bibel
  über solche, die den Geist während der Taufe
  empfingen. Auch als Jesus selbst sich taufen ließ,
  „empfing" er den Heiligen Geist kurz danach. Doch
  was heißt „im-Geist-getauft-sein" konkret? (Siehe
  dazu: Thema „Taufe im Heiligen Geist")
  Fest steht, dass eine Erfahrung einer Geistestaufe
  von der Person selber und von anderen nicht
  unbemerkt bleibt! Wenn im Neuen Testament
  Personen mit dem Heiligen Geist getauft wurden,
  gab es immer äußere Erscheinungsformen, die
  das Erfülltsein mit der Kraft des Heiligen Geistes
  bestätigten. Meistens, aber nicht unbedingt in
  jeden Fall, ist es das Reden in anderen Sprachen
  (Zungenrede). Aber auch Lobpreis (Apg.10,46)
  und Weissagung (Apg.19,6) sind biblische
  Manifestationen, die bei Geistestaufen auftraten.
  Wie empfängt man den Heiligen Geist? Indem
  man Gott darum bittet. In aller Regel mit Gebet
  und mit Handauflegung (Apg. 8,17; 9,17; 19,6).

Zwei Beispiele für die vier Phasen (Buße tun, glauben, taufen, empfangen) im Neuen Testament:
- die Jünger von Ephesus (Apg.19,1-6)
- der römische Hauptmann Kornelius (Apg.10,44-48; auch hier wird von allen vier Phasen berichtet. Die Reihenfolge ist aber eine andere - daran sieht man, dass es mehr auf ihre Vollständigkeit ankommt.)

Erklärungen für viele andere Berichte, auch für solche, bei denen die vier Phasen zwar vorhanden waren, aber nicht immer ausdrücklich erwähnt wurden, findet man ausführlich in David Pawsons Buch.

Wann ist jemand gerettet?

Ob alle vier Phasen für die Errettung (die Rechtfertigung) notwendig sind oder nicht (David Pawson vertritt die Ansicht, dass zumindest die ersten drei notwendig seien), sind sie alle für die Heiligung von Bedeutung.

Die weit verbreitete Ansicht, dass ein „Übergabegebet" alleine als „Freikarte-für-den-Himmel" angesehen wird, deutet auf eine einseitige Auffassung von der Errettung hin. Rechtfertigung und Wiedergeburt werden als Endziel angesehen, anstatt als Mittel für jene „Heiligung, ohne die niemand den Herrn sehen wird"(Heb.12,14).

Deshalb sollte man bei evangelistischen Aufrufen eher davon sprechen, dass die Leute auf Gottes Rufen antworten und sich auf den Weg machen - Gottes Plan mit den Menschen ist damit erst teilweise erreicht.

Frage:
Bei welchen Phasen habe ich evtl. Nachholbedarf?

Literatur:
- David Pawson, *Wiedergeburt -Start in ein gesundes Leben als Christ*, Projektion-J, 1991.
- Derek Prince, *Biblische Fundamente*.

134

4.13 Der Austausch am Kreuz!

Was geschah, als Jesus aus Liebe zu uns am Kreuz von Golgatha starb?
Jesus wurde bestraft, damit uns vergeben würde.

Jesus wurde geschlagen damit wir heil würden.

Jes 53,4-5:
"Doch wahrlich, unsere Krankheit trug er, und unsere Schmerzen lud er auf sich; wir aber hielten ihn für bestraft, von Gott geschlagen und geplagt; aber er wurde durchbohrt um unserer Übertretung willen, zerschlagen wegen unserer Missetat; die Strafe, uns zum Frieden, lag auf ihm, und durch seine Wunden sind wir geheilt."
Jesus wurde zu unserer Sünde durch unsere Sündhaftigkeit, damit wir gerecht würden durch Seine Gerechtigkeit.

2.Kor 5,21: "Denn er hat den, der von keiner Sünde wusste, für uns zur Sünde gemacht, auf dass wir in ihm Gerechtigkeit Gottes würden."
Jesus starb unseren Tod, damit wir Sein Leben hätten.

Hebr 2,9:
"...den aber, der ein wenig unter die Engel erniedrigt worden ist, Jesus, sehen wir wegen des Todesleidens mit Herrlichkeit und Ehre gekrönt, damit er durch Gottes Gnade für jedermann den Tod schmeckte."
Jesus wurde zum Fluch, damit uns der Segen zuteil würde.

Gal 3,13-14:
"Christus hat uns losgekauft von dem Fluche des Gesetzes, indem er ein Fluch für uns wurde; denn es steht geschrieben: «Verflucht ist jeder, der am Holze hängt», damit der Segen Abrahams zu den Heiden käme in Christus Jesus, auf dass wir durch den Glauben den Geist empfingen, der verheißen worden war."
Jesu Tod am Kreuz macht uns zu Teilhabern des Neuen Bundes. Der Neue Bund annulliert den Alten Sinai-Bund mit seinen 613 Gesetzen (siehe Hebr. 7,18 + 8,13 + Gal.4, 24-26).

Jesus trug unsere Armut, damit wir an seiner Fülle teilhaben könnten.

2.Kor 8,9:
"Denn ihr kennet die Gnade unsres Herrn Jesus Christus, dass er, obwohl er reich war, um euretwillen arm wurde, damit ihr durch seine Armut reich würdet!"
2.Kor 9,8:
"Gott aber ist mächtig, euch jede Gnade im Überfluss zu spenden, so dass ihr in allem allezeit alle Genüge habet und überreich seiet zu jedem guten Werk, ..."

Jesus trug unsere Scham, damit wir Anteil hätten an Seiner Herrlichkeit.

Mt 27,35-36:
"Nachdem sie ihn nun gekreuzigt hatten, teilten sie seine Kleider unter sich und warfen das Los, auf dass erfüllt würde, was durch den Propheten gesagt ist: «Sie haben meine Kleider unter sich geteilt, und über mein Gewand haben sie das Los geworfen.» Und sie saßen daselbst und hüteten ihn."

Hebr 12,2:
"...im Aufblick auf Jesus, den Anfänger und Vollender des Glaubens, welcher für die vor ihm liegende Freude das Kreuz erduldete, die Schande nicht achtete und sich zur Rechten des Thrones Gottes gesetzt hat."
Hebr 2,9:
"...den aber, der ein wenig unter die Engel erniedrigt worden ist, Jesus, sehen wir wegen des Todesleidens mit Herrlichkeit und Ehre gekrönt, damit er durch Gottes Gnade für jedermann den Tod schmeckte."

Jesus trug unsere Ablehnung, damit wir Seine Annahme beim Vater hätten.

Mt 27,46-51:
"Und um die neunte Stunde rief Jesus mit lauter Stimme: Eli, Eli, lama sabachthani! das heißt: Mein Gott, mein Gott, warum hast du mich verlassen?
Etliche der Anwesenden, als sie es hörten, sprachen nun: Der ruft den Elia!
Und alsbald lief einer von ihnen, nahm einen Schwamm, füllte ihn mit Essig, steckte ihn auf ein Rohr und gab ihm zu trinken.
Die Übrigen aber sprachen: Halt, lasst uns sehen, ob Elia kommt, um ihn zu retten!
Jesus aber schrie abermals mit lauter Stimme und gab den Geist auf.
Und siehe, der Vorhang im Tempel riss entzwei von oben bis unten, und die Erde erbebte, und die Felsen spalteten sich."

Eph 1,5-6:
"...und aus Liebe hat er uns vorherbestimmt zur Kindschaft gegen ihn selbst, durch Jesus Christus, nach dem Wohlgefallen seines Willens, zum Preise der Herrlichkeit seiner Gnade, mit welcher er uns begnadigt hat in dem Geliebten;..."

Jesus wurde durch den Tod vom Vater getrennt, damit wir ewig Gemeinschaft mit Gott hätten.

Jes 53,8:
"Infolge von Drangsal und Gericht wurde er weggenommen; wer bedachte aber zu seiner Zeit, dass er aus dem Lande der Lebendigen weggerissen,

wegen der Übertretung meines Volkes geschlagen ward?"

1.Kor 6,17:
"Wer aber dem Herrn anhängt, ist ein Geist mit ihm."

Unser alter Mensch wurde in Ihm getötet, damit der neue Mensch in uns zum Leben käme.

Röm 6,6:
"...wissen wir doch, dass unser alter Mensch mitgekreuzigt worden ist, damit der Leib der Sünde außer Wirksamkeit gesetzt sei, so dass wir der Sünde nicht mehr dienen; ..."

Kol 3,9-10:
"Lüget einander nicht an, - da ihr ja den alten Menschen mit seinen Handlungen ausgezogen und den neuen angezogen habt, der erneuert wird zur Erkenntnis, nach dem Ebenbild dessen, der ihn geschaffen hat; ..."

Was sind wichtige Elemente, damit dieser Austausch in unserem Leben umgesetzt werden kann?

- Wiedergeburt / ein neuer Mensch werden (Joh.3)

- Taufe (Buße, Wassertaufe als Gläubiger, Geistestaufe)
- Beziehung zu Gott täglich pflegen (Liebesbeziehung zu Ihm aufbauen - Zeit miteinander verbringen, sich austauschen, miteinander reden z.B. durch Gebet, hören auf Gott, Bibellesen)
- Gott lieben, die Sünde hassen (W.W.J.T.)
- Aus Ehrfurcht vor Gott die Sünde lassen und umkehren (Buße tun)
- Freiheit von negativen Bindungen und zwanghaften Verhalten
- Geklärte zwischenmenschliche Beziehungen
- ...

Literatur:
- Dr. Volker Kessler, *Gottes große Angebote – Vom Noah-Bund zum Neuen Bund*
- Derek Prince, *Gebete und Proklamationen*
- Derek Prince, *Der Austausch am Kreuz*

4.14 Der religiöse Geist - Angst und Stolz sind die Bedrohung für die Gemeinde

Was ist der religiöse Geist?

Als Jesus auf der Erde wirke, hatte Er keine Probleme mit Dämonen - sie erkannten Ihn und flohen vor Ihm. Anders war es mit den "Frommen" der damaligen Zeit: Die Pharisäer und Schriftgelehrten widerstanden Ihm, wiegelten das Volk gegen Ihn auf und brachten Ihn ans Kreuz.

Der religiöse Geist ist ein antichristlicher Geist in einem christlichen Gewand. Er ist heute in den Gemeinden noch genauso zerstörerisch wirksam wie in den Tagen Jesu (Off.2,20). Wir Christen sind alle bis zu einem gewissen Grad vom Virus des religiösen Geistes befallen.

Was sind Merkmale des religiösen Geistes?

Ein religiöser Geist versucht die Kraft und das Wirken des Heiligen Geistes durch Aktionen und Programme zu ersetzen.

Der Feind zieht unsere Blicke auf das Negative/Unreife in den Gemeinden - das Ergebnis ist Niedergeschlagenheit und Lähmung des Leibes Jesu. Unsere Blicke wenden sich dann von Jesus und seinen Möglichkeiten ab. Die Gemeinde starrt auf die Probleme, anstatt sich Gott zu nähern, seine Herrlichkeit zu suchen und in diesem (heiligen) Geist, dem Geist der Liebe, Unreife, Sünde anzugehen und Vergebung zu empfangen.

Es gibt einen falschen Eifer für Gott: z.B. bei dem jungen Saulus von Tarsus oder den Pharisäern und Schriftgelehrten (Röm 10,2). Der religiöse Geist verwirrt uns damit, dass er sich ausgerechnet im Eifer für Gott einnistet.

Fünfundzwanzig Warnsymptome eines religiösen Geistes:

Eine Person mit einem religiösen Geist...

- wird es oft als primäre Aufgabe ansehen, das niederzureißen, wovon sie glaubt, es sei falsch.
- wird nicht fähig sein, eine Zurechtweisung anzunehmen, besonders von jenen nicht, die sie als weniger geistlich einschätzt als sich selbst.
- wird die Philosophie vertreten, dass man nicht auf Menschen, sondern "nur auf Gott" hören soll.
- neigt dazu, eher zu sehen, was bei anderen Menschen, Gemeinden, etc. falsch ist, als was gut bei ihnen ist.
- hat starke Schuldgefühle, weil er die Anforderungen des Herrn nie erfüllen kann.
- misst ihr geistliches Leben.
- glaubt, dass sie dazu da sei, alle anderen festzulegen (selbsternannte Wächter und Polizisten im Reich Gottes, die selten bauen, sondern eher zerstörerisch wirken).
- hat einen Leitungsstil, der herrisch, überheblich und intolerant gegenüber Schwächen der anderen

ist.
- hat das Gefühl, sie sei näher bei Gott als andere Leute, oder dass ihr Leben oder Dienst Gott besser gefällt.
- ist stolz auf seine geistliche Reife und Disziplin, besonders wenn sie sich mit anderen vergleicht.
- glaubt, dass sie im Mittelpunkt des Wirken Gottes ist.
- sie hat ein mechanisches Gebetsleben.
- macht Dinge, um von anderen Menschen beachtet zu werden.
- ist abgestoßen von Gefühlsbetontheit.
- gebraucht Gefühlsbetontheit als Ersatz für das Wirken des heiligen Geistes.
- ist ermutigt, wenn ihr Dienst besser aussieht als der anderer.
- rühmt mehr das, was Gott in der Vergangenheit getan hat, als was er heute tut.
- hat die Tendenz, gegenüber neuen Bewegungen, Gemeinden usw. misstrauisch zu sein und sie zu bekämpfen.
- hat die Tendenz, geistliche Manifestationen, die sie nicht versteht, abzulehnen.
- reagiert übermäßig auf "Fleischlichkeit" in der Gemeinde.
- reagiert übermäßig auf Unreife in der Gemeinde.
- ist stark geneigt, in Manifestationen den Beweis für Gottes Anerkennung zu sehen.
- wird unfähig sein, bei etwas mitzumachen, das sie nicht perfekt oder nicht annähernd perfekt erachtet.
- wird sehr misstrauisch sein wegen des religiösen Geistes und ihn schnell bei anderen entdecken, aber nicht bei sich selbst.
- neigt dazu, sich irgendetwas zu rühmen, nur nicht des Kreuzes Jesu, sondern dessen, was er getan hat und wer er ist.

Drei Erscheinungsformen des religiösen Geistes:

- Die unechte Gabe der Unterscheidung

Diese falsche Gabe blüht auf, indem sie eher auf das sieht, was bei anderen falsch ist, als auf das, was Gott tut, um gerade diesen Menschen weiter zu helfen. Argwohn, der aus Ablehnung oder aus der Angst, den Besitzstand zu verlieren, oder aus allgemeiner Unsicherheit geboren ist, fördert diese falsche Gabe. Die echte Gabe der Unterscheidung bringt nur in der Liebe Frucht.

- Der Geist Isebels

Isebel war die ehrgeizige und manipulierende Frau von Israels König Ahab. Dieser schwache Führer ließ zu, dass Isebel die Politik in seinem Königreich bestimmte.

Im Grunde ist der Geist Isebels eine Verbindung des religiösen Geistes mit dem Geist der Hexerei, der ein Geist der Manipulation und der Kontrolle ist. Der Geist Isebels ist oft, aber nicht immer, bei tief verletzten Frauen anzutreffen. Dieser Geist bekämpft den prophetischen Dienst energisch, sät Stolz und fördert Götzendienst (= Dinge, die wichtiger sind als Jesus). Der Geist der Isebel fordert auf, Opfer zu bringen, obwohl Jesus für uns zum Opfer wurde.

- Selbstgerechtigkeit

Wir setzen dabei unser Vertrauen eher auf Disziplin und persönliche Opfer anstatt auf den Herrn Jesus und sein Opfer am Kreuz.

Natürlich sind Disziplin und Hingabe wichtige Werte. Es kommt nur darauf an, was uns dazu treibt: Ein religiöser Geist oder der Heilige Geist? Ein religiöser Geist treibt uns durch Angst, Schuldgefühle, Stolz und Ehrgeiz. Der Heilige Geist zieht uns durch die Liebe zum Sohn Gottes. Wer Freude hat, sich selbst zu erniedrigen, kann sicher sein, dass ein religiöser Geist dahinter steckt. Eine echte Offenbarung von Gottes Gnade ist die beste Medizin gegen den religiösen Geist.

Zehn Dinge, die wir tun können, um unempfänglich für den religiösen Geist zu werden:

Entwickle eine verborgene Beziehung mit dem Herrn.

Bitte, dass dieselbe Liebe, mit der der Vater den Sohn liebte, in dir sei.

"Bemüh dich darum, dich vor Gott zu bewähren (nicht vor Menschen)"

Verbringe täglich "Qualitätszeit" mit dem Herrn.

Suche, das Reden Gottes jeden Tag zu vernehmen (Joh. 10,27).

Bitte den Herrn darum, uns die Liebe für unsere Nächsten zu geben, die er selbst für sie hat.

Versuche deine Kritik in Fürbitte umzuwandeln.

Bitte den Herrn ständig darum, seine Herrlichkeit zu sehen.

Mache es zu einem deiner höchsten Ziele, das süße Aroma der Erkenntnis Gottes überall zu verbreiten.

Wenn du darin gefehlt hast, irgendetwas davon recht zu tun, dann bitte um Vergebung und: "Ich vergesse, was dahinter ist, ... und jage auf das Ziel zu, hin zu dem Kampfpreis der Berufung Gottes nach oben in Christus Jesus." (Philipper 3,13f)

Rick Joyner betont, dass der Feind vor allem will, dass wir uns auf das Negative konzentrieren, indem wir am Baum der Erkenntnis teilhaben; denn so kann er uns von der Herrlichkeit des Herrn und seinem Kreuz fernhalten. Diese Taktik äußert sich in Form eines religiösen Geistes.

Quellen:
- Jack Deere, "Exposing the Religious Spirit",
- Kassettenserie, MorningStar Publications
- Rick Joyner,
  "Eine prophetische Vision für das 21. Jahrhundert"
- Rick Joyner, "Überwindung des religiösen Geistes"

4.15 Wie man die Bibel besser verstehen kann

Gott wählte ein Buch, um sich den Menschen zu offenbaren. Er inspirierte Menschen seine Gedanken aufzuschreiben. Daher ist die Bibel –wie Christus– sowohl göttlich, als auch menschlich. Die Bibel ist Gottes Weg, sich - seinen Charakter und seine Pläne - den Menschen zu offenbaren. Die Bibel wurde im Laufe von 1600 Jahren von 40 verschiedenen Autoren geschrieben.

Es gibt zwei Schlüssel, um die Texte der Bibel richtig zu verstehen:
1. Den Heiligen Geist bitten, einem die Worte lebendig zu machen und die wahre Bedeutung zu erschließen.
2. Die richtigen Fragen an den Text stellen:
▶ Wer ist der Schreiber, wer ist der Empfänger?
▶ Welche historische Situation liegt vor?
▶ Warum wurde der Text geschrieben?
▶ In welchem kulturellen und regionalen Umfeld wurde der Text geschrieben?
▶ Was will Gott uns mit dem Text heute sagen?

Bei allen Bemühungen den Text richtig auszulegen braucht man vor allem eine große Portion gesunden Menschenverstand.

Um einen Text richtig zu verstehen, geht es erst einmal darum zu erfassen, was der Text ursprünglich aussagen wollte. Diese Aufgabe nennt man **Exegese**. Die Übertragung der ursprünglichen Aussagen des Textes in unsere heutige Situation nennt man im engeren Sinn **Hermeneutik**.

Der Schlüssel für eine gute Exegese – und daher für eine intelligentere Art Bibel zu lesen- ist zu lernen, den Text gründlich zu lesen und die richtigen Fragen zu stellen. Es gibt zwei Arten von Basisfragen, die man an den Text stellen sollte: Fragen, die den Kontext (das Umfeld) betreffen und Fragen, die den Inhalt betreffen.
Kontextfragen behandeln die Zeit, die Kultur, die Situation, in der der Text verfasst wurde und der Grund zur Abfassung des Textes. Letztlich zählen die einfachen Fragen:

▶ Worum geht es hier eigentlich?
▶ Was will der Autor ausdrücken?
Die oben genannten Fragen reichen für die korrekte Exegese der meisten Texte. Es gibt gute Hilfsmittel, um in Zweifelsfällen mehr Sicherheit zu bekommen. Hier findet man ergänzende Informationen über die Autoren der 66 Bücher der Bibel, über die Zeit, die Kultur und die Umständen unter denen ein Buch verfasst wurde:

▶ In einem Bibellexikon,
▶ einem Handbuch zur Bibel,
▶ indem man eine oder mehrere gute Übersetzungen liest,

▶ in guten Bibel-Kommentaren.

Am Anfang einer Textauslegung steht also eine saubere Exegese. Dann geht es aber auch darum, was der Text für uns heute zu bedeuten hat. Grundsätzlich gilt: Ein Text kann heute nichts anderes bedeuten, als er ursprünglich bedeutet hat. Anders gesagt: Der Text bedeutet das, was Gott damit ursprünglich ausdrückten wollte.
Alles andere wäre eine gefährliche Fehlinterpretation. Dies ist und war der Nährboden für falsche Lehren und Sekten.
Hier ein weiterer Grundsatz für eine richtige Textauslegung:
Wann immer wir eine mit uns vergleichbare (Lebens-)Situation bei neutestamentlichen Texten vorfinden gilt: Gottes Wort an die ursprünglichen Adressaten ist das gleiche Wort Gottes an uns.

Die einzelnen Bücher der Bibel wurden ursprünglich in drei Sprachen geschrieben: Die meisten Bücher des Alten Testament in Hebräisch, eine Hälfte des Buches Daniel und Ezra in Aramäisch, das Neue Testament in Griechisch.
Das heißt, sobald wir die Bibel in Deutsch oder einer anderen modernen Sprache lesen, haben wir es schon durch die Übersetzung nicht mehr mit dem Original, sondern mit Interpretationen zu tun. Um den Sinn eines Verses möglichst gut zu erfassen ist daher das Lesen von mehreren Übersetzungen empfehlenswert. Bemerkenswert ist, dass keine Originale des Urtextes mehr existieren – es gibt jedoch tausende von Abschriften (manche aus sehr früher Zeit), die etwa über einen Zeitraum von 1400 Jahren von Hand erstellt wurden.

Um die Aussage eines Textabschnittes möglichst gut zu erfassen, ist es sinnvoll, das ganze Buch oder einzelne Kapitel vor und nach dem Textabschnitt mehrmals zu lesen. Erst dann fällt oft auf, worum es dem Verfasser eigentlich ging. Das Lesen in Zusammenhängen bewahrt vor falschen Schlussfolgerungen, die gezogen werden könnten, wenn man einzelne Verse herauspickt.
Auch wenn manche Textdetails für uns unverständlich sind (da wir z.B. nicht über alle Informationen verfügen, die der Absender und der damalige Empfänger hatten) können wir i.d.R. doch die eigentliche (Haupt-)Aussage des Textes klar erkennen. Jedoch haben selbst Auslegungs-Experten nicht auf alle Detailfragen eine schlüssige Antwort. Für uns ist es wichtig zu erkennen, was wirklich klar im Text steht. Wir müssen deutlich zwischen Fakten und

Interpretationen/Mutmaßungen/ Spekulationen unterscheiden.

Durch die Bibel teilt uns Gott alles mit, was wir wissen müssen – jedoch nicht unbedingt alles, was wir wissen wollen.

Die Berichte im Alten Testament dienen zunächst nicht der Nachahmung, sondern sie zeigen auf eindrückliche Weise, wie Gott in das Weltgeschehen eingreift. Außerdem liegt der Wert der alttestamentlichen Erzählungen –neben den historischen Fakten– darin, dass wir durch sie Gottes Charakter, seine Prinzipien und Ansichten kennen lernen.

Einige Richtlinien für das alttestamentliche Gesetz: Es ist ein Bund (= Testament) zwischen Gott und dem Volk Israel (nicht den Christen). Die über 600 Gebote in den ersten fünf Mose-Büchern sind nicht für uns heute bindend – es sei denn, dass sie ausdrücklich im Neuen Testament (im neuen Bund, dem „Gesetz Christi") wiederholt wurden! Trotzdem ist das alttestamentliche Gesetz immer noch das Wort Gottes für uns, aber nicht Gottes Anweisungen an uns.

Literatur:
- Gordon D. Fee & Douglas Stuart, *How to read the bibel for all it´s worth*, (Sehr gut! Ein Bestseller –leider nur in Englisch erhältlich) ISBN 0-310-38491-5
- Bibel-Lexika, Handbücher zur Bibel und Bibel-Kommentare gibt es im Internet oder jeder christlichen Buchhandlung.

4.16 Fakten zur Bibel und Ideen zum täglichen Bibellesen

Die Bibel besteht aus 66 einzelnen Büchern (39 Bücher im Alten Testament und 27 Bücher im Neuen Testament).
Das Alte Testament ist die Geschichte Gottes mit dem Volk Israel (der Bund Gottes mit Israel).
Das Neue Testament ist Gottes Geschichte mit der Gemeinde (der Bund der Gnade).

Die Bibel wurde im Laufe von 1600 Jahren von 40 verschiedenen Autoren geschrieben. Über diesen großen Zeitraum wurde völlig einheitlich über Gott, Mensch, Sünde, Satan, Welt, Jesus Christus und den Heiligen Geist gelehrt.
Die Bibel ist Gottes Weg, sich - seinen Charakter und seine Pläne - den Menschen zu offenbaren.
Die Bibel ist die Gebrauchsanleitung für ein erfolgreiches Leben.
Das Alte Testament wurde ursprünglich in hebräischer Sprache geschrieben. Das Neue Testament in aramäisch und griechisch. Die Originalmanuskripte existieren heute nicht mehr.
In 2.Timotheus 3,16 wird berichtet, dass alle Schrift von Gott eingegeben (inspiriert, eingehaucht) wurde. Das heißt: Gott gebrauchte Menschen, um seine Gedanken von Generation an Generation weiterzuerzählen und schließlich niederzuschreiben.
2.Petrus 1,20f: „Und das sollt ihr vor allem wissen, dass keine Weissagung in der Schrift eine Sache eigener Auslegung ist. Denn es ist noch nie eine Weissagung aus menschlichem Willen hervorgebracht worden, sondern getrieben von dem heiligen Geist haben Menschen im Namen Gottes geredet."
Paulus schreibt an die Gemeinde in Galatien: „Denn ich tue euch kund, liebe Brüder, dass das Evangelium, das von mir gepredigt ist, nicht von menschlicher Art ist. Denn ich habe es nicht von einem Menschen empfangen oder gelernt, sondern durch eine Offenbarung Jesu Christi." Gal.1,11f

In manchen Ausgaben des Alten Testaments sind zusätzliche Bücher aufgenommen (Aprokryphen). Sie gehören jedoch nicht zu dem ursprünglichen hebräischen Kanon. Sie werden im Neuen Testament nicht zitiert. Josephus, der jüdische Geschichtsschreiber, schließt sie ausdrücklich aus. Keines dieser Bücher behauptet inspiriert zu sein. Sie beinhalten historische, geographische und chronologische Fehler. Sie lehren und unterstützen Dinge, die der Lehre der Bibel widersprechen (zum Beispiel wird Lügen gutgeheißen, Zauberei praktiziert usw.). Sie wurden viel später als das Alte Testament geschrieben. Literarisch können die Apokryphen als Mythen und Legenden eingestuft werden.
Die Bibel – das Buch der Rekorde:
Seit 1815, so das Guinness-Buch der Rekorde, wurden rund 2,5 Milliarden Bibeln weltweit abgesetzt.
Im Moment verbreiten pro Jahr die 141

Bibelgesellschaften ca. 0,5 Milliarden Bibel oder Bibelteile.
In 422 Sprachen ist die ganze Bibel übersetzt, das Neue Testament in 1079 Sprachen und einzelne Teile in 2377 Sprachen (Stand 12/2004; insgesamt gibt es ca. 6500 Sprachen).

Literatur:
- Hartmut Jaeger, Joachim Pletsch (Hrsg.), „Dauerbrenner Bibel – Dichtung oder Wahrheit? Welche Bibel ist die Beste?", ISBN 3-89436-351-7

4.16 Ideen zum täglichen Bibellesen

Ziele:
1. Gott näher kennen zu lernen.
2. Seine Absichten, seinen Charakter und seine Sicht der Dinge zu erfahren.
3. Ermutigung im Alltag
   - regelmäßig mehr in der Bibel zu lesen,
   - mehr Qualitätszeit mit Gott zu verbringen.

Beobachtung (Vermutung):
   - Christen schauen täglich länger fern, als dass sie Qualitätszeit mit Gott verbringen.
   - Christen lesen täglich länger in Zeitungen und Zeitschriften, als dass sie in der Bibel lesen.
   - Christen könnten Warte- und Leerlaufzeiten und ihre Freizeit besser nutzen.

Christen werden -wenn sie täglich in der Bibel lesen …
   - Gott, Jesus und den Heiligen Geist besser kennen lernen,
   - an biblische Werte erinnert werden,
   - ermutigt werden, da sie die göttlichen Verheißungen und die göttliche Sicht der Dinge neu oder erstmalig aufnehmen.

Eine bewährte Möglichkeit ist, jeden Tag je ein Kapitel aus dem Alten Testament, der Weisheitsliteratur (Psalmen, Sprüche, Prediger, Hohelied) und dem Neuen Testament zu lesen.
Da im Durchschnitt nur ca. 5 min. Lesezeit pro Kapitel nötig sind und die Textstellen über den Tag verteilt gelesen werden können, ist diese Vorgehensweise auch im hektischen Berufsalltag praktikabel. (zum Beispiel: Wartezeit nutzen vor Terminen, beim Arzt, beim Friseur, am Bahnhof, Flughafen – allgemein auf Reisen, ...)
Vorteile:
   - Man nimmt mit der Zeit die Bibel komplett auf.
   - Man hat ein Geländer, an dem man in der „Stillen Zeit" und über den Tag entlang gehen kann.
   - Man bleibt flexibel - man hat alle Freiheit an einem Tag mehr oder weniger zu lesen.
   - Man übt gute Gewohnheiten ein.

„Wohl dem...der seine Lust hat am Gesetz des Herrn und in seinem Gesetz forscht Tag und Nacht. Der ist wie ein Baum, gepflanzt an Wasserbächen, der seine Frucht bringt zu seiner Zeit und dessen Blätter nicht verwelken, und alles, was er macht, gerät wohl."
Psalm 1,2f.
Die umseitig stehenden Lesezeichen sind ein Aufzeigen einer Möglichkeit, um regelmäßiger in der Bibel zu lesen.
Der eigentliche Kick (dass Zeit mit Gott erfrischend, tröstend und befriedigend ist) – muss einem geschenkt

werden. Es ist Gnade, wenn dies der Heilige Geist in einem bewirkt. Wir können das nur positiv beeinflussen, indem wir auf das Sehnen und Drängen des Heiligen Geistes in uns richtig reagieren (d.h. mehr Zeit mit Gott zu verbringen).

„Nahet euch zu Gott, so naht er sich zu euch!"
(Jakobus 4,8)

Kopier-Vorlagen Texte für Lesezeichen:

Lesezeichen Altes Testament
Zeit mit Gott – im Alltag!
► Täglich jeweils ein Kapitel
aus dem Alten Testament, der Weisheitsliteratur und dem Neuen Testament lesen (Zeitaufwand/ Kapitel ø 5 min.). **Nicht gesetzlich – sondern weil ich dadurch ermutigt werde.**
► Über den Tag verteilt lesen. Wartezeiten/Pausen nutzen. Mehr Bibel lesen als Zeitschriften u. Bücher. Bibel auf Kassetten/CD hören - z.B. im Auto/Zug/Flugzeug.
► Das hilft „online"/im Gespräch mit Gott zu bleiben.
► Mehr entspannte Zeit mit Gott verbringen als Fernsehen –
weil man stärker profitiert und es erfrischender ist!

Lesezeichen Weisheitsliteratur
(Psalmen, Sprüche, Prediger, Hohelied)
Warum täglich Bibellesen?
► zur Erbauung, Ermahnung, Ermutigung und Entspannung.
► weil wir so an die vielfältigen Verheißungen erinnert werden.
► weil wir so die Realität erkennen, wie sie ist.
► weil wir dadurch Gottes Charakter kennen lernen.
► weil wir dadurch an Gottes Absichten für unser Leben erinnert werden.
► Gott bitten, uns Lust auf Zeit mit Ihm zu schenken.

Lesezeichen Neues Testament
Gewinnbringend Bibel lesen!
► Warum? Weil Gott, der Schöpfer des Universums mit uns sprechen möchte.
► Wie? Gott bitten, meine Gedanken zu leiten.
► Den Heiligen Geist bitten, mir die Worte lebendig zu machen (denn Wort und Geist müssen zusammenkommen).
► Sich bewusst sein, dass der Feind Störmanöver starten wird (Ablenkungen). Oft geschieht dies durch Gedanken, z.B. an unerledigte Dinge. Tipp: Einfach aufschreiben und später erledigen!

4.17 Die Bibel – ein chronologischer Überblick
Die zeitliche Folge von Personen und Ereignissen

Vorderseite:
Das Alte Testament = Gottes Geschichte mit dem Volk Israel (der alte Bund).
Nach den biblischen Geschlechtsregistern ist die Menschheit erst ca. 6000 Jahre alt!
Rückseite:
Das Neue Testament = Gottes Geschichte mit der Gemeinde (der neue Bund).

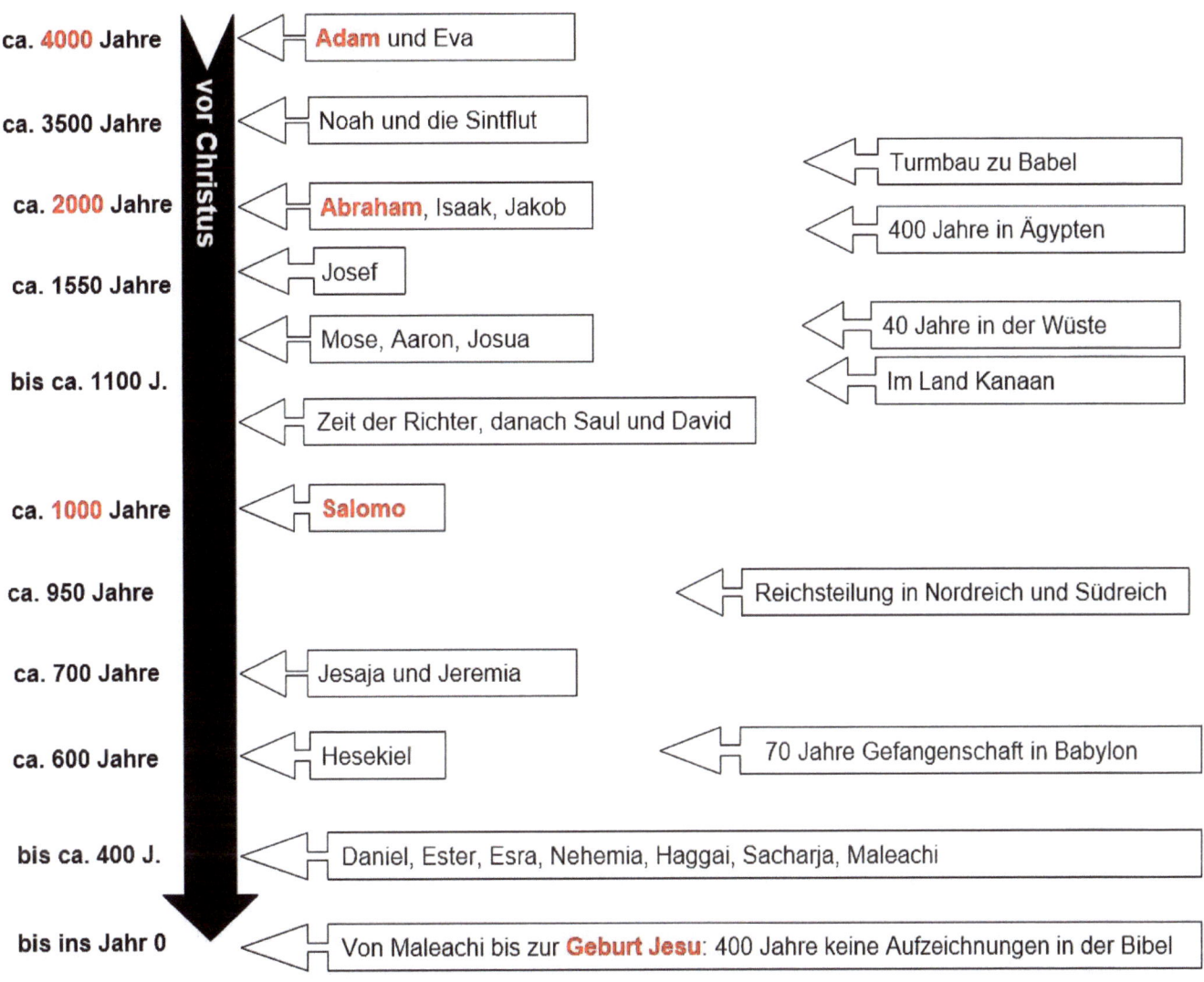

Exkurs:
Gibt es eine Parallele zwischen den sieben Schöpfungstagen und der 6000jährigen Menschheitsgeschichte?
Die Bibel spricht im Psalm 90 und in 2.Petrus 3,8 davon, dass vor Gott 1 Tag wie 1000 Jahre ist.
Wir wissen: Von Adam bis Abraham waren es ca. 2000 Jahre = 2 Tage,
von Abraham bis Jesus waren es ca. 2000 Jahre = 2 Tage,
von Jesus bis heute waren es ca. 2000 Jahre = 2 Tage.

= ca. 6000 Jahre = 6 Tage ?

Der siebte Schöpfungstag war der Ruhetag. Könnte dies ein Hinweis auf das 1000jährige Friedensreich sein? Leben wir am Ende des 6.Tages? Dann würde Jesus bald wiederkommen!

Das Neue Testament – ein Überblick

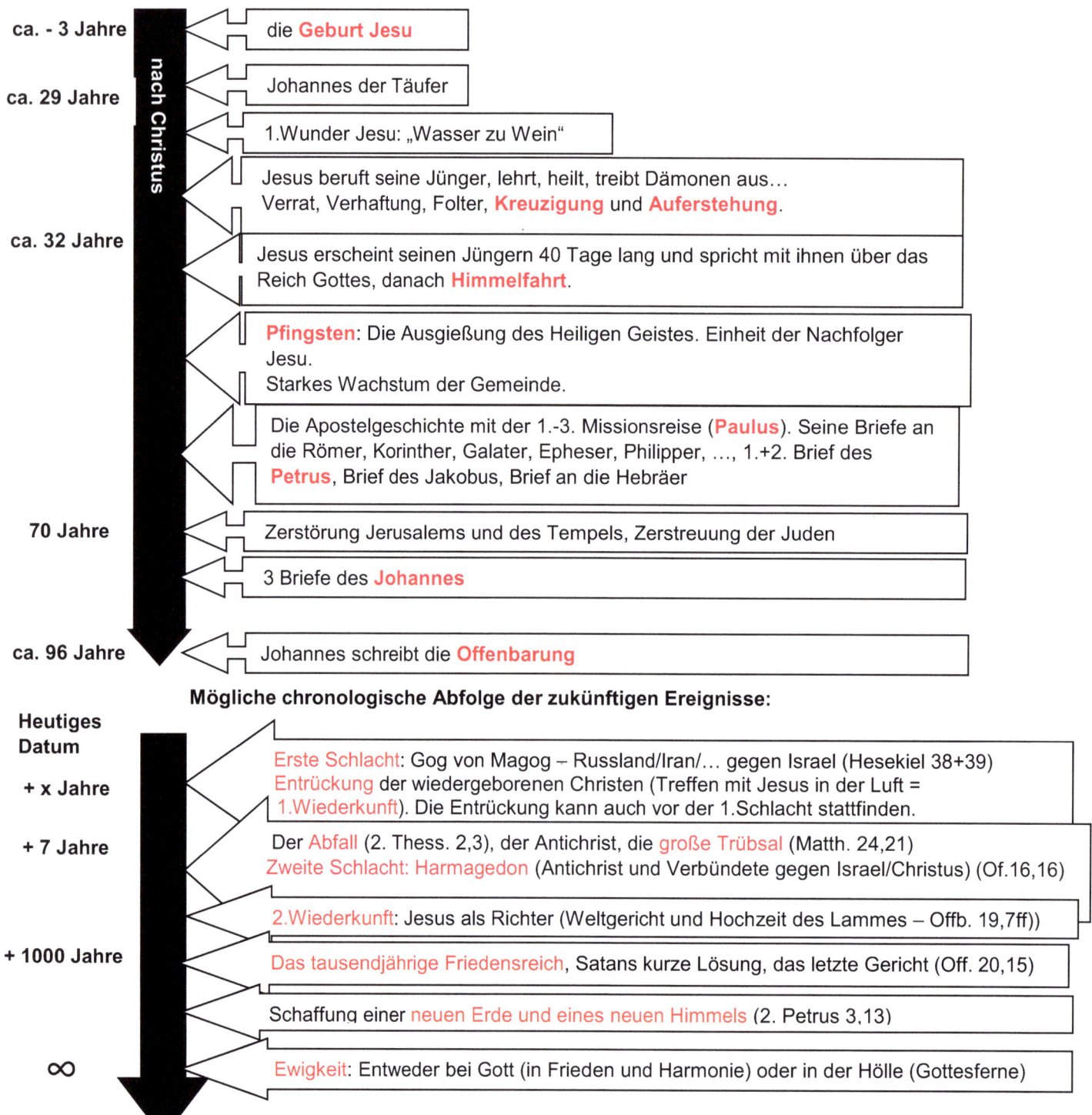

ca. - 3 Jahre	die **Geburt Jesu**
ca. 29 Jahre	Johannes der Täufer
	1.Wunder Jesu: „Wasser zu Wein"
	Jesus beruft seine Jünger, lehrt, heilt, treibt Dämonen aus… Verrat, Verhaftung, Folter, **Kreuzigung** und **Auferstehung**.
ca. 32 Jahre	Jesus erscheint seinen Jüngern 40 Tage lang und spricht mit ihnen über das Reich Gottes, danach **Himmelfahrt**.
	Pfingsten: Die Ausgießung des Heiligen Geistes. Einheit der Nachfolger Jesu. Starkes Wachstum der Gemeinde.
	Die Apostelgeschichte mit der 1.-3. Missionsreise (**Paulus**). Seine Briefe an die Römer, Korinther, Galater, Epheser, Philipper, …, 1.+2. Brief des **Petrus**, Brief des Jakobus, Brief an die Hebräer
70 Jahre	Zerstörung Jerusalems und des Tempels, Zerstreuung der Juden
	3 Briefe des **Johannes**
ca. 96 Jahre	Johannes schreibt die **Offenbarung**

nach Christus

Mögliche chronologische Abfolge der zukünftigen Ereignisse:

Heutiges Datum	
+ x Jahre	**Erste Schlacht**: Gog von Magog – Russland/Iran/… gegen Israel (Hesekiel 38+39) **Entrückung** der wiedergeborenen Christen (Treffen mit Jesus in der Luft = 1.Wiederkunft). Die Entrückung kann auch vor der 1.Schlacht stattfinden.
+ 7 Jahre	Der **Abfall** (2. Thess. 2,3), der Antichrist, die **große Trübsal** (Matth. 24,21) **Zweite Schlacht: Harmagedon** (Antichrist und Verbündete gegen Israel/Christus) (Of.16,16)
	2.Wiederkunft: Jesus als Richter (Weltgericht und Hochzeit des Lammes – Offb. 19,7ff))
+ 1000 Jahre	**Das tausendjährige Friedensreich**, Satans kurze Lösung, das letzte Gericht (Off. 20,15)
	Schaffung einer **neuen Erde und eines neuen Himmels** (2. Petrus 3,13)
∞	**Ewigkeit**: Entweder bei Gott (in Frieden und Harmonie) oder in der Hölle (Gottesferne)

Literatur:
Detaillierte Schaubilder zu verschiedenen Aspekten zur Chronologie der biblischen Menschheitsgeschichte gibt es z.B.:
► Bibel-Panorama, Alfred Thompson Eade, ISBN 3-921292-00-x
► Joachim Langhammer, „Was wird aus dieser Welt?" Erläuterungen zum Heilsplan Gottes, ISBN 3-87857-286-7.
► Wilhelm und Jolanda Biester-Walser, „Heilsplan Gottes von Ewigkeit zu Ewigkeit", ISBN 3-385810-264-4.
► Arnold G. Fruchtenbaum, Handbuch der biblischen Prophetie, ISBN 3-89437-266-4.

4.18 Was kommt auf uns zu?
Ein biblischer Blick in die Zukunft
Endzeit – eine Zusammenfassung von wichtigen Ereignissen:

▶ Grundsatz: **Jesus kann jederzeit zurückkommen!**
Es gibt zwei Wiederkünfte Jesu:
Die **1. Wiederkunft** ereignet sich <u>vor</u> der großen Trübsal. Jesus erscheint in der Luft. Die in Christus Gestorbenen stehen zuerst auf, dann werden sie zusammen mit den lebenden Wiedergeborenen in die Luft entrückt (Entrückung - 1.Thess. 4,13-15).
Die **2. Wiederkunft Jesu** ereignet sich <u>am Ende</u> der großen Trübsal.
Jetzt erscheint Jesus als Herr der Heerscharen, als Richter der Nationen, als Retter Israels.
Jesus wird nicht auf dem Ölberg wiederkommen, aber in der Art, wie er vom Ölberg in den Himmel aufgenommen wurde (Apg.1,11). Er wird in Bozra (im Land Edom/heute Südjordanien) wiederkommen (Jes. 34,1-7; Jesaja 63,1-6; Habakuk 3,3; Micha 2,12-13). Dort wird er alleine gegen die Nationen kämpfen, den Antichristen vernichten und Israel retten. Der Kampf beginnt in Bozra und zieht sich bis vor Jerusalem (Sach. 14,12-15). Der Kampf endet im Tal Josaphat (Joel 4,12-13). Der Ölberg wird sich spalten. Eine Berghälfte schiebt sich nach Norden, eine nach Süden. Dadurch entsteht das Tal Jesreel – eine Zufluchtsstätte für die angegriffenen Israelis (Sach. 14,4b-5). Erst nach dem Kampf wird Jesus – als Sieger- wieder auf dem Ölberg stehen (Sach. 14,3-4a).
▶ Es wird –neben anderer Kriege- **zwei große Schlachten/Kriege** geben:
Zunächst der Angriff Gog von Magog (Russlands), Persien (Irans) und einiger wenige weiterer Verbündete gegen Israel. Er findet <u>vor</u> der großen Trübsal statt (Hesekiel 38/39).
Gott selbst wird für Israel streiten und den Feinden übernatürlich eine schwere Niederlage zufügen. Dadurch soll Israel erkennen, dass Gott der Gott Abrahams, Isaaks und Jakobs ist (Hesekiel 39,22). Dieser Krieg ist wahrscheinlich das nächste große Ereignis der Menschheitsgeschichte. Es sei denn, dass die Entrückung vorher stattfindet.

Die zweite große Schlacht findet <u>am Ende</u> der großen Trübsal statt: Alle Nationen verbünden sich gegen Israel (Sammlung der Nationen bei Harmagedon / Meggido– Offb. 16,16). Die israelische Armee wird mit Gottes Hilfe den Nationen schwere Verluste zufügen. Dennoch wird Jerusalem zunächst erobert werden, die Häuser geplündert werden und die Frauen vergewaltigt werden. Zwei Drittel der Juden werden vernichtet werden (!) – weil sie den Hirten Gottes

(Jesus) geschlagen haben (Sach.13,7). Ein Drittel wird von Gott geläutert, wie man Silber läutert (Sacharja 12,

4-9 + 13,7-9 +14,1-2). Dieser Überrest der Juden wird Gott bitten, ihre Sünden zu vergeben und sein Volk zu retten (Jes. 64,1-11). Daraufhin erscheint Jesus als Kriegsherr in der Schlacht, die in Bozra/Jordanien beginnt und sich bis vor die Tore Jerusalems ziehen wird. Jesus hilft seinem Volk, indem er nun wieder auf dem Ölberg erscheint und dem Überrest des Volkes eine Zufluchtsstätte bereitet (das Tal, das durch die Spaltung des Ölbergs entsteht). Die Armeen der Nationen werden durch sein übernatürliches Eingreifen vernichtend geschlagen.
▶ Die heutige Stadt Bagdad im Irak (Babylon) wird vor der Schlacht von Harmagedon ein Welthandelszentrum mit großem Reichtum werden und am Ende der Trübsal plötzlich zerstört werden.
▶ Der **Tempel** wird wieder aufgebaut werden. Der Antichrist wird sich darein setzen, nachdem er Jerusalem erobert hat. Der 1. Tempel wurde von Salomo, der 2. Tempel nach der Rückkehr aus der babylonischen Gefangenschaft gebaut. Der 3. Tempel wird bald (vor der großen Trübsal, bzw. in der ersten Hälfte der Trübsal) gebaut werden.

Der zukünftige zeitliche Ablauf der Weltgeschichte (anhand der biblischen Prophetien):

heutiges Datum + x Jahre	+ 7 Jahre, große Trübsal	+ 1000 Jahre das Messianische Friedenreich	+ x Jahre Übergangszeit	+ die Ewigkeit ∞

▶ Die Entrückung kann jederzeit stattfinden! (Die Wiedergeborenen und die Toten in Christus treffen Jesus in der Luft (1.Thess. 4, 13-15). Die Entrückung findet vor der Trübsal statt – s.o.).

▶ Das nächste große Ereignis wird der Angriff Gog von Magogs (Russland) und Persien (Iran) auf Israel sein – s.o.. Dies wird vor oder nach der Entrückung geschehen.

▲ Die Trübsal beginnt mit Bruch des Friedensvertrags des Antichristen mit Israel.

▲ Die Siegel – und Posaunengerichte.

▲ Nach den ersten 3,5 Jahren bricht der Antichrist den Vertrag und lässt sich im Tempel als Gott anbeten (Daniel 9,27). Es folgen die Zorn- schalengerichte.

▶ Die Trübsal endet mit der Schlacht bei Harmagedon.

▶ Jesus hilft dem Überrest Israels und es herrscht danach 1000 Jahre Frieden.

▶ Zu Beginn der 1000 Jahre:
Die 1. Auferstehung: Die Märtyrer und die anderen Heiligen der 7-jährigen Trübsal (Offb. 20,4-6).

▶ Die Hochzeit des Lammes (Offb.19): Jesus, der Bräutigam, heiratet seine makellose Braut, die Gemeinde.

▲ Am Ende des 1000- jährigen Frieden- reichs muss Satan für kurze Zeit freigelassen werden.

▲ Es folgt das Welt- gericht (der Völker) - mit der 2. Auferstehung (die Toten). Offb. 20,12-13.

▶ Neuer Himmel, neue Erde, neues Jerusalem.

▶ Ewige Gemeinschaft mit Gott.

▶ Ewige Trennung von Gott. (Gottesferne/Hades)

Fragen zum Thema:

▲ Lebe ich mein Leben so, dass Jesus jederzeit wiederkommen kann?

▲ Lebe ich mein Leben unter der Berücksichtigung, dass viele Menschen in Ewigkeit in der Gottesferne existieren müssen – dort wo es „Heulen und Zähneklappern" gibt?

▲ Unsere Hauptaufgaben hier auf der Erde sind, Gott zu loben, Ihn und unsere Mitmenschen zu lieben und andere zu Jüngern zu machen - Lebe ich in dieser Berufung? Was muss sich ändern, damit ich mehr in diese Berufung hineinwachse?

Literatur:

Detaillierte Schaubilder zu verschiedenen Aspekten zur Chronologie der biblischen Menschheitsgeschichte gibt es z.B. hier:

▲ Der Klassiker: **Arnold G. Fruchtenbaum, Handbuch der biblischen Prophetie,** ISBN 3-89437-266-4.

▲ Bibel-Panorama, Alfred Thompson Eade, ISBN 3-921292-00-x

▲ Joachim Langhammer, „Was wird aus dieser Welt?" Erläuterungen zum Heilsplan Gottes, ISBN 3-87857-286-7.

▲ Wilhelm und Jolanda Biester-Walser, „Heilsplan Gottes von Ewigkeit zu Ewigkeit", ISBN 3-385810-264-4.

▲ Derek Prince, Die Zukunft Israels und der Gemeinde, ISBN 3-925968-51-2.

▲ Themen: „Jesus kommt bald wieder", „Chronologischer Ablauf der Weltgeschichte" und „Wie man die Bibel besser verstehen kann" unter: www.Jüngerschaft.net

4.19 Gebet bei Krankheit - Die zwei Seiten der Realität

Die zwei Seiten der Realität
Allgemeine Anmerkungen:
Wir leben ständig mit zwei Seiten der Realität (mit der Wirklichkeit, die uns umgibt).
Beide Bereiche beeinflussen uns ständig.
1. Die <u>sichtbare</u> Realität ist die Seite der Realität, die wir mit unseren fünf Sinne wahrnehmen (Sehen, schmecken, riechen, fühlen, hören).
2. Die <u>unsichtbare</u> Realität ist die unsichtbare, geistige Welt, die oft nur mit unserem Inneren wahrgenommen werden kann.
Aspekte dieser unsichtbaren Seite der Realität: Liebe, Angst, Frieden, Beklemmung, Glaube, ... , Engel/Dämonen, Gott, Jesus, der Heilige Geist und Satan.
Zu der unsichtbaren Realität gehören auch das Reich Gottes mit Jesus als König und das Reich dieser Welt. Die Bibel gibt uns verlässliche Informationen über die unsichtbare Welt.
Viele Menschen haben den Wunsch, die Welt in ihrer Ganzheit zu erkennen, so wie sie wirklich ist. Dazu gehören beide Seiten der Realität. Sie möchten nicht mit einer eingeschränkten Sicht leben.
Bei vielen besteht ein Wunsch nach Echtheit, nach Authentizität. Zu einem erfüllten Leben gehört für sie auch ein umfassendes/ganzheitliches Erkennen der Realität.
Grundsatz 1:
Die Realität ist unabhängig von der Meinung, die ich über sie habe. (Gott ist souverän.)
Grundsatz 2:
Frieden mit Gott zu haben ist wichtiger als vollständige körperliche Heilung oder vollständige materielle Versorgung.
Grundsatz 3:
Lebe ich primär erfahrungsorientiert oder verheißungsorientiert?
D.h.: Schaue ich auf das, was ich sehe/ erfahre oder vertraue ich auf die Zusagen Gottes?
Exkurs:
Matth. 11,12: „Aber von den Tagen Johannes des Täufers an bis jetzt leidet das Himmelreich Gewalt, und die, welche Gewalt anwenden, reißen es an sich."
Diesen Vers kann so auslegt werden, dass Christen die Verheißungen Gottes ernst nehmen und ihr legales Recht auf Heilung und Versorgung – das auf dem Sieg Jesu am Kreuz beruht - aus dem Unsichtbaren ins Sichtbare mit Dank und Proklamationen "herunterziehen"/ „an sich reißen".
In drei Bereichen wird die Spannung für Christen zwischen den beiden Seiten der Realität besonders deutlich:
1. Bei Krankheiten, 2. Bei finanziellen Nöten, 3. Beim Umgang mit Sorgen/schwierigen Umständen.

Die beiden Seiten der Realität bei **Krankheiten**

Die <u>sichtbare</u> Seite der Realität	Die <u>unsichtbare</u> Seite der Realität
Schmerzen, Wunden, körperliche Beeinträchtigungen („Ich bin krank")	Die Aussagen der Bibel zum Thema Krankheit (Gott: „Ich bin der Herr, dein Arzt!"; der Auftrag Jesu an seine Jünger: „Heilt die Kranken." ...) Insbesondere: Jesaja 53,5ff; Mt. 8,17; 1.Petrus 2,24; Mt.10,1; Lk 9,1+6; Jak. 5,13ff; Mk 16,15; Mk 6,13; 1. Kor. 12,9.
Gebet um Krankenheilung	Handeln im Glauben: „Im Namen Jesu, sei geheilt"; „Auf der Grundlage des vergossenen Blutes Jesu spreche ich Heilung in deinen/meinen Körper."; „Wir nehmen dankbar das legale Anrecht auf Heilung in Anspruch."
Heilung tritt sofort oder teilweise oder noch nicht ein oder gar nicht ein.	"Sofortheilung = Wunder" - oder allmähliche Heilung/Genesung oder auf Dauer keine spürbare Änderung. Gott fragen, was los ist.

Vorgehensweise bei Krankheit:
- Jesus danken, dass er (u.a.) für die Krankheit ans Kreuz gegangen ist,
- dass durch seine Striemen grundsätzlich ein legales Anrecht auf Gesundheit besteht,
- dass er aufzeigen möge, was evtl. die Heilung behindert (falsche Haltungen, Stolz, Unvergebenheit, Flüche, ein ungesunder Lebensstil, Schuld der Vorfahren, etc. …)
Die Heilung als Geschenk jetzt dankbar annehmen (in der unsichtbaren Welt) und gespannt sein, wann die Heilung (in der sichtbaren Welt) real wird.

Beispiel:
Paketdienst: Bei einer Lieferung unterschreibe ich und bestätige damit, dass ich das Paket (die Heilung) bekommen habe (= dankbarer Glaube) – auch wenn ich das Paket im Moment noch nicht in meinen Händen halte.
Beten: „Jesus, du hast durch deinen Tod am Kreuz den Preis für unsere Krankheit bezahlt!" (z.B. „Durch seine Striemen sind wir geheilt" Jes. 53,5ff / Mat. 8,17).

Proklamieren = Wahrheiten Gottes in die Situation hineinsprechen (Verheißungen/ biblische Aussagen über Heilung) – immer wieder, bis die Heilung eintritt. Auch dann, wenn zunächst nichts sichtbar ist (= verheißungsorientiert statt erfahrungsorientiert handeln). „Denn das Wort Gottes ist lebendig und wirksam und schärfer als jedes zweischneidige Schwert, …" (Hebräer 11,12)

Danken: Dass Gott alles in seiner Hand hat. Er ist der Schöpfer, der unsere Körper perfekt geschaffen hat. Er hat die Macht und den Willen der Wiederherstellung.
Hörendes Gebet praktizieren: Gibt der Heilige Geist den Betern Hinweise in Bezug auf die weitere Vorgehensweise?

Literatur:
- „Die geistliche Ursache von Krankheiten",
  Dr. Henry W. Wright, ISBN 978-3-95578-610-6

4.20 Impartation – Übertragung von Salbung

Die Bibel lehrt uns im Alten und Neuen Testament wie Menschen eine Salbung empfangen.

Salbung im Alten Testament
Zur Zeit Moses und der Propheten wurden Menschen oder Gegenstände, auf die Salböl ausgegossen wurde, für Gottes Absichten ausgesondert. Gott wies Mose an, heiliges Salböl zu mischen, als er auf dem Berg Sinai zu ihm sprach (2.Mo. 30,23-24). Dieses Öl wurde verwendet, um die Stiftshütte zu salben und ihre Einrichtung (u.a. die Bundeslade). Aaron und seine Söhne, Propheten und Könige wie Saul und David wurden gesalbt, indem das Salböl über ihren Kopf ausgegossen wurde. Öl ist das Symbol für eine Weihe.

Salbung im Neuen Testament
Im Neuen Bund ist der Heilige Geist unser Öl (Joh.20,19-23).
Unsere Salbung kommt von der Gegenwart des Heiligen Geistes in unserem Herzen. In Joh.16,7 sagte Jesus, es sei gut, dass Er weggehe - damit der Tröster / Heilige Geist kommen kann.
Die Erfüllung mit dem Geist Gottes ist keine Option, sondern eine Notwendigkeit. Sie ist für alle bestimmt und wird von allen gebraucht und ist für alle verfügbar. Deshalb fordert uns das Wort Gottes in Eph. 5,18 auf: „Lasst euch vom Geist Gottes erfüllen."
Jesus sagte Seinen Jüngern (Apg.1,5), dass sie im Heiligen Geist getauft werden würden. Das Wort heißt im griech. baptizo und bedeutet ´etwas einzutauchen´, so wie man ein Stück Stoff eintaucht. Wir können unser Fleisch nicht selbst kreuzigen, es ist ein Werk des Heiligen Geistes.
Wir brauchen ihn, damit alles Unheilige verschwindet: falsche Wünsche, schlechte Gewohnheiten und Verhaltensweisen. Er kann in uns das Leben Jesu Christi erschaffen.

Der Zweck der Salbung ist es, uns für eine Beziehung mit dem Vater auszusondern und uns zu bevollmächtigen, dass zu tun, wozu Gott uns berufen hat.
Jesus sagte in Apg. 1,8: „Aber ihr werdet die Kraft empfangen, wenn der Heilige Geist auf euch kommen wird; und ihr werdet meine Zeugen sein, ...bis an das Ende der Erde."
Wenn wir dem Heiligen Geist erlauben, uns vollkommen zu erfüllen, werden wir gesalbt und fähig zu dienen und können ein einflussreiches Leben führen.

Der Heilige Geist ist um unseretwillen in uns und um der anderen Willen auf uns.
Eine Übertragung / Salbung kann eine
- Taufe im Heiligen Geist sein,

eine Erfüllung mit dem Heiligen Geist zur Bevollmächtigung,
- eine oder mehrere Gaben des Geistes,
- eine Heilung und
- Segnung oder
- die Einsetzung in ein Amt.

Die Bibel zeigt uns zwei Wege der Übertragung von Salbung auf:
1. Durch das **Auflegen der Hände**
   (4.Mose 11,16-17: Sammlung der siebzig Ältesten; 5.Mo, 34,9: Josua wurde erfüllt mit dem Geist der Weisheit durch Handauflegung von Mose; 2.Kön. 2,9-15: Elia und Elisa)

2. Durch **Warten auf Gott im Gebet**
   (In Lukas 24,49: „...in der Stadt bleiben bis ihr ausgerüstet werdet mit der Kraft aus der Höhe"; Joh. 15,1-17: Ruhen und bleiben am Weinstock; in intimer Nähe mit Jesus sein; am verborgenen Ort im Alltag, um vorbereitet und ausgerüstet zu sein, angeschlossen an die Ressourcen des Himmels; evtl. verbunden mit dem dringenden Begehren: „Zeig uns deine Herrlichkeit"

Salbung kann von einem Menschen auf einen anderen übertragen werden.
Wichtig ist festzuhalten, dass ein Mensch so etwas niemals von sich aus tun kann. Es ist Gnade und ein souveränes Handeln Gottes. Gott entscheidet jemanden mit Gnade zu salben und wann die Hände aufzulegen sind.

Biblische Beispiele:
Die **Einsetzung in Ämter**:
1.Tim 4,14 ,1.Tim 5,22, Apg.6,6
Heilung und Segnung: Mk.10,16, Mt.19,13-15;
Segnung der Kinder, Mk.5,23; Jairus Tochter, Lk.4,40: ... sie brachten alle ihre Kranken mit mancherlei Leiden zu ihm und er legte d. Hände auf jeden und machte sie gesund; Mk.16,18 (Missionsbefehl an uns auf Kranke die Hände zu legen);
Übertragungen:
Apg.2,1-4: Das Pfingstwunder; Apg.4,29-31: Die Stätte erbebte als sie beteten, alle wurden erfüllt mit dem Heiligen Geist und ausgerüstet, das Wort mit Freimut zu predigen;
Apg.10,44-47: Petrus predigt und der Heilige Geist fällt auf alle, die dem Wort zuhörten; Apg.8,14-17: Petrus und Johannes legten die Hände auf.

Bedingungen, um eine Übertragung zu empfangen:
Wir werden uns unserer persönlichen Unzulänglichkeiten und Not in unserem Leben als Christ bewusst.

In unserem Leben geht es oft mehr um Bildung - als um Glaube, Hoffnung und Liebe - sowie um Vollmacht und Kraft.

Wir brauchen eine lebendige Beziehung und totale Abhängigkeit zum Vater. Es geht darum, Ihn besser kennenzulernen, seine Wesensart, seine Salbung, seine Gnade und die Gaben des Heiligen Geistes, damit harte Herzen aufbrechen, Menschen überführt werden und zu Jesus kommen können.

Wir brauchen eine tiefe Sehnsucht und einen Hunger und einen Durst nach Veränderung, sodass wir den geistlichen Zustand tief in uns spüren - außerdem eine ernsthafte Sehnsucht und Weckruf nach einem siegreichen Leben.

Unser Leben soll immer leerer werden von uns selbst, damit Jesus in uns alles ausfüllen kann und wir überfließen und ihm zur Ehre leben, lieben und dienen.

Achtung: Keine geistlichen Höhenflüge anstreben, um uns gut zu fühlen oder nach Erfahrungen streben, die unser Ego und geistlichen Stolz aufbauen.

Dr. Billy Graham schrieb:
Christen verschwenden ihre Zeit damit, nach Vollmacht zu suchen, die sie nicht vorhaben einzusetzen:

- Kraft im Gebet, wenn wir nicht beten.
- Stärke im Zeugnis geben, ohne Zeugnis zu geben.
- Kraft zur Heiligung, wenn wir nicht versuchen ein heiliges Leben zu führen.
- Gnade zum Leiden, wenn wir nicht bereit sind, das Kreuz auf uns zu nehmen.
- Vollmacht im Dienst, wenn wir nicht dienen.

Jemand sagte mal: Gott gibt die Gnade zu sterben nur demjenigen, der stirbt.

Erweckung hat einen hohen Preis und geistliche Übertragungen bereiten die Menschen darauf vor, diesen Preis auch bezahlen zu wollen.

Es geht nicht nur um die Kraft, die uns erfüllt, sondern auch darum, dass Er uns mit seiner Liebe tauft, die uns am Aufgeben hindert, wenn es hart wird.

Die Taufe der Kraft befähigt uns zu dienen und die Taufe der Liebe, um motiviert den Dienst durchzuhalten, wenn Leid durchzustehen ist.

Wir leben in der von Gott verheißenen Bestimmung für unser Leben - nicht nur weil wir einmal eine Übertragung oder eine Prophetie empfangen haben, sondern weil wir uns entschieden haben, im Glauben das anzunehmen, was Gott versprochen hat - was auch immer es kostet.

Wir geben uns/unser Leben Jesus hin, wir tauchen tiefer und tiefer in seine Liebe hinein, in vollkommener Unterordnung und unter seiner Führung und seinem Schutz.

Unser Schlüssel ist: Leben in Jesus! In intimer Nähe, Demut, Glaube und Hunger – dies führt uns in seine Vollmacht, seine Liebe und in radikalen Gehorsam ihm gegenüber, damit die Tage Jesu auf Erden fortgesetzt werden.

Literatur:
- Iverna Tompkins, In Gottes Zeitplan, ISBN 978-3-9807415-6-9
- Randy Clark, Es gibt mehr! ISBN 978-3-940538-68-0

4.21 Unsere Bestimmung: Mit Jesus regieren

Hier geht es um unsere Bestimmung.
Worauf laufen wir zu? Worauf werden wir vorbereitet?
Was sagt die Bibel über die letztendliche Bestimmung der Nachfolger Jesu?

Lobpreisleiter Mike Chance (Gründer der Bibelschule Bad Gandersheim) sagte in einer Predigt: „Die (primäre) Bestimmung der Christen ist nicht Gott anzubeten!"
Das ist für viele Christen zunächst ein Schock. Er erwähnte, dass wir natürlich Gott anbeten wollen, weil Er einfach anbetungswürdig ist – und Er im Lobpreis seines Volkes wohnt.
Aber über unsere eigentliche Bestimmung sagt die Bibel etwas anderes:
Gottes Masterplan sieht u.a. vor, dass seine Kinder, sein Volk, die Braut Jesu in der kommenden Welt **mit Jesus regieren** werden.

Das geht aus mehreren Bibelstellen hervor:
1.Mose 1,26: „Und Gott sprach: Lasst uns Menschen machen nach unserem Bild, uns ähnlich; die sollen herrschen über die Fische im Meer…"
Hier geht es darum, dass die Menschen über die Natur herrschen sollen.

Daniel 7,18: „… aber die Heiligen des Allerhöchsten werden die Königsherrschaft empfangen, und sie werden die Königsherrschaft bis in Ewigkeit behalten, ja, bis in alle Ewigkeit!"
Beachte: Die Heiligen werden die Königsherrschaft wird empfangen und behalten!

Römer 5,17: „Denn wenn infolge der Übertretung des einen der Tod zur Herrschaft kam durch den einen, wie viel mehr werden die, welche den Überfluss der Gnade und das Geschenk der Gerechtigkeit empfangen, im Leben herrschen durch den Einen, Jesus Christus!"

2.Tim.2,12: „ … wenn wir standhaft ausharren, so werden wir mitherrschen; wenn wir verleugnen, so wird er uns auch verleugnen;"
Wer ausharrt, wird mit Jesus herrschen.

Off. 2,26: „Und wer überwindet und meine Werke bis ans Ende bewahrt, dem werde ich Vollmacht geben über die Heidenvölker, …"

Offenbarung 5,10: „…und hast uns zu Königen und Priestern gemacht für unseren Gott, und wir werden herrschen auf Erden.

Offenbarung 22,5: „Und es wird dort keine Nacht mehr geben, und sie bedürfen nicht eines Leuchters, noch des Lichtes der Sonne, denn Gott, der Herr, erleuchtet sie; und sie werden herrschen von Ewigkeit zu Ewigkeit.
Jesus ist der ultimative Herrscher.
Er hat die Königswürde von Gott, dem Vater, empfangen. Er sitzt zu Seiner Rechten. Er regiert in Ewigkeit. Er ist das Haupt der Gemeinde. Er ist der Bräutigam, der in Ewigkeit mit seiner Braut (der Gemeinde) Gemeinschaft haben wird.
Durch seinen stellvertretenden Tod am Kreuz hat Er uns „geadelt" – weil Er uns liebt! Der Zugang zum Himmel, zu unserem Vater ist durch die Vergebung unserer Schuld möglich.
Wir werden die Aufgabe haben mit Jesus zu regieren.

Die Zeit, die wir auf der Erde verbringen, hat den Sinn, dass wir charakterlich vorbereitet werden auf die eigentliche Aufgabe, unsere eigentliche Bestimmung: Mit Jesus Gemeinschaft zu haben und mit Ihm zu regieren.
Daher ist es wichtig, die Zeit zu nutzen.
Praktisch heißt dies:
► Zeit mit Ihm verbringen,
► die Prioritäten richtig setzen,
► sein Wort studieren,
► Ihn immer besser kennenlernen,
► die Beziehungen zu unseren Mitmenschen klären,
► den Heiligen Geist in uns wirken lassen,
► in den Gaben des Geistes wachsen/ reifen, …
Das Wissen um unsere Zukunft, um unsere eigentliche Bestimmung, hilft uns bei den vielen Herausforderungen des irdischen Alltags: „So tröstet einander mit diesen Worten" (1.Thess.4,18).
Christen wissen: Das Schönste kommt noch!

Literatur:
- Paul E. Billheimer: „Bestimmt für den Thron"

- Über wen werden die Christen herrschen?
  Siehe dazu: Thema 3.10 „Die drei Ausgänge des Gerichts Gottes"

4.22 Mehr Salbung! Aber wie?

Zusammenfassung des Buches von Andreas Herrmann: „Die Salbung nach der du dich sehnst", ISBN 978-3-938677-05-6:

Jeder Christ braucht die Salbung des Heiligen Geistes auf seinem Leben.
Ohne die Salbung werden wir nur sehr begrenzt und uneffektiv den Dienst verrichten können, zu dem uns Gott berufen hat.
Die Salbung ist ein Geschenk, das Menschen beglückt, heilt und befreit und zum Glauben führt. Sie ist Gottes beglückende Gegenwart auf unserem Leben und versetzt uns in eine höhere Dimension von persönlicher Autorität in Gott.

Was ist Salbung?
Salbung ist nichts anderes als die Kraft Gottes, die sich in unserer Mitte manifestiert. Sie ist die heilige Gegenwart Gottes in und auf uns Menschen, die uns zu Außergewöhnlichem befähigt (siehe z.B. 2.Könige 13,20-21: Ein Toter wird in Elias Grab geworfen und wird lebendig).

Das Ziel der Salbung
1. Salbung für den Dienst
Jeder von uns erhält die notwendige Salbung für den Dienst, für den er oder sie von Gott berufen wurde.
Mit der Salbung bist du in der Lage die Herausforderungen, in die Gott dich stellt, erfolgreich zu meistern.
2. Die Salbung ist Gottes „Über" auf unserem „Natürlich"
Mit seiner Salbung befähigt der Heilige Geist Menschen mit seinen übernatürlichen Gaben und Fähigkeiten (siehe 1. Korinther 12,7-11).
3. Die Salbung ist uns gegeben, um ein Leben im Sieg Gottes zu führen (Epheser 6,10 + Galater 5,16).
4. Die Salbung ist auch ein Synonym für den Heiligen Geist.
Deshalb wird die Salbung in uns die Früchte des Heiligen Geistes hervorbringen (Galater 5,22f).

Das oberste Ziel der Salbung:
Die Verherrlichung Gottes, des Vaters, und seines Sohnes Jesus Christus.
Wer in der Salbung dienst, dient also ausschließlich Gott und seinem Reich.

Das Charakterfundament für eine starke Salbung:
Werden wie ein Kind (Math. 18,3f). Es ist die Demut, die gesalbte Leiter ausmacht (Mose, der demütigste Mann auf Erden).
Jakobus 4,10: „Demütigst euch vor dem Herrn und er wird euch erhöhen."
1. Petrus 5,5b-6: „Gott widersteht den Hochmütigen, den Demütigen aber gibt er Gnade. Demütigt euch unter die mächtige Hand Gottes, damit er euch erhöhe zu rechten Zeit."
Sacharja 4,6. „Nicht durch Heer oder Kraft, sondern durch meinen Geist."

Jeder Schritt unseres Lebens in die Gemeinschaft mit Gott ist ein Schritt in die höhere Salbung.
Die Verantwortung für das Maß seiner Gegenwart liegt allein in deiner Hand.
Salbung und Gegenwart Gottes bilden eine untrennbare Einheit.
Apg. 1,8: „Ihr werdet Kraft empfangen, wenn der Heilige Geist auf euch kommt."
Um unter die Salbung Gottes zu kommen, müssen wir lernen, in seiner Gegenwart zu leben, sie zu praktizieren.
Es gibt keinen Weg zur Salbung außer dem der innigen Beziehung zu Gott.
Die manifestierte Ausdrucksform der Salbung ist nicht nur vielfältig in der Ausprägung (z.B. wie ein elektrischer Strom, Wärme, Hitze oder ein Kribbeln), sondern sie wird auch in unterschiedlichen Intensitätsgraden empfunden. Jeder Mensch erlebt die Salbung individuell.
In dem Moment, in dem die Herrlichkeit Gottes in deinem Leben zunimmt, nimmt gleichzeitig auch deine Salbung zu. Die Herrlichkeit Gottes, die wir zuweilen erleben, ist die manifeste Gegenwart Gottes, wogegen die Salbung seine Kraft zum Ausdruck bringt.

Einheit im Gemeindeleben ist für die Herrlichkeit und Gegenwart des Heiligen Geistes hochattraktiv, wogegen Uneinigkeit und Kritik hochgradig dämonisches Wirken anziehen.

Jede Person, die die Herrlichkeit Gottes im eigenen Leben sucht, muss sich die charakterlichen Eigenschaften Gottes aneignen.

Der Preis der Salbung:
Demut, Abhängigkeit von Gott, Gott suchen, Zeit mit ihm verbringen, zeitweise Verzicht auf Nahrung (Fasten).
„Diese Art fährt nicht aus, außer durch Gebet und Fasten" (Math.17,21).

Gott schaut weniger auf unsere natürlichen Fähigkeiten, als vielmehr auf unsere Verfügbarkeit, Hingabe und Unterordnung unter seine Herrschaft.
„Nicht mehr lebe ich, sondern Christus lebt in mir."

„… und meine Rede und meine Predigt bestand nicht aus überragenden Worten der Weisheit, sondern in Erweisung des Geistes und der Kraft. Damit euer Glaube nicht auf Menschenweisheit, sondern auf Gottes Kraft beruhe." 1. Kor. 2,4-5

Wir brauchen das Bewusstsein, dass er in uns lebt und seine Gaben in uns lebendig sind.

„Wenn ihr in mir bleibt und meine Worte in euch bleiben, so werdet ihr bitten, was ihr wollt, und es wird euch geschehen." Joh. 15,7

Wir sind Tempel Gottes auf zwei Beinen, die Gott in dieser Welt vorstellen.

„ … denn nicht länger lebe ich, sondern Christus lebt in mir … ." Galater 2,20

Wichtig zur eigenen Ermutigung: Sich an die Menschen erinnern, die geheilt wurden – sich nicht nur an die erinnern, die nicht geheilt wurden.

Unsere geistliche Autorität ist eine Mehrbefähigung durch Gott, die sich durch das Kraftduo Glauben und Salbung in diese Welt hineinmanifestiert.

Wachstumsgrundlagen für geistliche Autorität

sind u.a.:

- eine Identitätsbildung durch das Wort Gottes
- eine Identifikation und aktive Beziehung zu Jesus
- eine wachsende Freundschaft und Verbindung zum Heiligen Geist
- ein Heiligungsprozess als Lebensstil
- die ständige Weiterentwicklung des persönlichen Glaubensmaßes.

„Seid heilig, denn ich bin heilig." 1. Petrus 1,16

Salbung setzt Demut voraus – führt aber zu einer Festigkeit und Reife des Glaubens:

„Und die Salbung, die ihr von ihm empfangen habt, bleibt in euch, und ihr bedürft nicht, dass euch jemand lehrt; sondern so, wie auch die Salbung selbst über alles lehrt, ist es wahr und keine Lüge, und wie sie euch belehrt hat, so bleibet darin!" 1. Joh. 2,27

Prinzipien, die die Salbung verstärken:

- Je mehr wir in unserer Dienstsalbung dienen, umso stärker wird sie. Diene Menschen, wende die Salbung an und deine Salbung wächst.
- Je mehr wir hergeben, umso mehr empfangen wir.
- Salbung entwickelt sich durch Gehorsam und Treue. Gott prüft uns, ob wir im Kleinen treu sind, bevor er uns Großes anvertraut (Lukas 16,10).
- Salbung gibt es nur in der Gegenwart Gottes.
- Bewusstsein für die neue Schöpfung „Christus in dir" entwickeln. Bedenke, Gott hat eine neue Adresse, sein Hauptquartier ist in dir und du stellst ihn der Welt vor.

5.1 Erfolgreich sein

Ist Gottes Maßstab gleich meinem Maßstab?

Ich will erfolgreich sein!
Jeder von uns möchte ein erfolgreiches Leben führen. Doch was heißt das? Wann ist ein Leben erfolgreich? Welche Kriterien eignen sich, um dies zu bewerten?
Für Christen gilt, dass sie die Welt so sehen wollen, wie Gott sie sieht – und damit, wie sie tatsächlich ist. Denn Gott ist der einzige, der die Realität wirklich kennt. Er ist unabhängig von den Bewertungen anderer, von Ihren Meinungen und subjektiven Argumenten.
Er definiert was gut ist und was nicht gut ist – der setzt den Maßstab, an dem jeder Mensch sich einmal messen lassen muss, ob er will oder nicht.
Wann war mein Tag erfolgreich?
Welche Anhaltspunkte erkennen wir dazu aus der Bibel? (In der Bibel dazu zu forschen ist sinnvoll, weil dies Gottes hauptsächlicher Weg ist, seinen Willen den Menschen mitzuteilen.)
Hier eine Checkliste:
► **Habe ich das höchste Gebot beachtet?** :
„Du sollst Gott lieben von ganzem Herzen und mit all deinem Sein und deinen Nächsten wie dich selbst." (Lukas 10,27) Also drei Personen soll ich jeden Tag lieben: Gott, meinen Nächsten und mich selbst.
► **Habe ich heute so gelebt, dass Gott, mein Vater, Freude daran hatte?**
(„To please my father.")
► **Was habe ich heute empfangen, was gegeben?**
(Empfangen und geben.)
► **Habe ich heute aus der Gnade gelebt?**
► **War ich fleißig, ehrlich, rechtschaffend, hatte ich genug Bewegung, habe ich mit gesund ernährt?**
► **Habe ich allen vergeben, die mich heute evtl. verletzt haben?**
Habe ich heute im ausreichenden Maße Gott angebetet?
(Durch Worte/ mein Tun/ meine Haltungen. Am besten: Ihn fragen.)
► **Habe ich heute zur Förderung seines Reiches beigetragen** – oder habe ich es eher verhindert, z.B. durch Nichtstun**?**
► **Sind heute durch mein Leben andere zu Jüngern gemacht worden?**
► **Habe ich ausreichend Zeit in der Gegenwart Gottes verbracht?**
► **Habe ich ausreichend in der Bibel gelesen?**
(Zur Ermutigung und um Gott zu mir sprechen zu lassen).
► **Habe ich mit Gottes Hilfe meine Sorgen auf ihn geworfen?**
Zur Erinnerung: Mt. 6,25-34
„Darum sage ich euch: Sorget euch nicht um euer Leben, was ihr essen und was ihr trinken sollt, noch um euren Leib, was ihr anziehen sollt. Ist nicht das Leben mehr als die Speise und der Leib mehr als die Kleidung? Sehet die Vögel des Himmels an! Sie säen nicht und ernten nicht, sie sammeln auch nicht in die Scheunen; und euer himmlischer Vater nährt sie doch. Seid ihr nicht viel mehr wert als sie? Wer aber von euch kann durch sein Sorgen zu seiner Länge eine einzige Elle hinzusetzen? Und warum sorgt ihr euch um die Kleidung? Betrachtet die Lilien des Feldes, wie sie wachsen. Sie arbeiten nicht und spinnen nicht; ich sage euch aber, dass auch Salomo in aller seiner Herrlichkeit nicht gekleidet gewesen ist wie deren eine. Wenn nun Gott das Gras des Feldes, das heute steht und morgen in den Ofen geworfen wird, also kleidet, wird er das nicht viel mehr euch tun, ihr Kleingläubigen? Darum sollt ihr nicht sorgen und sagen: Was werden wir essen, oder was werden wir trinken, oder womit werden wir uns kleiden? Denn nach allen diesen Dingen trachten die Heiden; aber euer himmlischer Vater weiß, dass ihr das alles bedürft. Trachtet aber zuerst nach dem Reiche Gottes und nach seiner Gerechtigkeit, so wird euch solches alles hinzugelegt werden. Darum sollt ihr euch nicht sorgen um den andern Morgen; denn der morgende Tag wird für das Seine sorgen. Jedem Tage genügt seine eigene Plage!
► **Habe ich heute bewusst in der Gegenwart Gottes gelebt – war ich „online"?**
► **Hatte ich heute genug zu essen, ist mir warm, habe ich nützliche Kleidung, habe ich ein Dach über dem Kopf, habe ich Geld auf dem Konto, bin ich gesund, kann ich mich waschen, bin ich heute versorgt, habe ich jemanden, den ich liebe und der mich liebt?**

Keine göttlichen Anhaltspunkte für einen erfolgreichen Tag sind:
► Die Abwesenheit von Stress und handfesten Konflikten.
► Ein ausgeglichenes Bankkonto.
► Die Akzeptanz, die Achtung, die Bewunderung meiner Person durch andere.
Die Abwesenheit von Bedrohungen für Leib und Leben, Verfolgung, Anklage, Beschimpfungen, falschen Verdächtigungen, Ungerechtigkeit.
► Die Beschädigung/Vernichtung meiner Reputation (üble Nachrede).

Definition von „**Erfolg**": (von Peter Wenz)
„Zur richtigen Zeit am richtigen Ort das Richtige tun und wissen, dass Gott mit einem ist."

► **Am Ende eines Tages Gott fragen, ob heute alles ok war? Für die unvollkommenen Vorkommnisse um Vergebung und Hilfe bei der Veränderung bitten. Vergebung erfahren und seine Liebe/ Annahme genießen.**

Sich den göttlichen Maßstab zu eigen machen. Den menschlichen Maßstab erkennen, unterscheiden lernen, durchschauen – damit man nicht unter falschen Druck kommt.

Aspekte des menschlichen Maßstabs:
Gut aussehen, schlank sein, mehr Geld als der Durchschnitt haben wollen, teures Auto, teure (Marken-)Kleidung, teurer Urlaub, schönes Eigenheim, gepflegter Garten, finanzielle Absicherung.

Der Gradmesser, inwieweit ich Gottes Sichtweise von Erfolg schon übernommen habe:
Habe ich innere Ruhe? Inneren Frieden mit Gott? Innere Ruhe über die Situation, in der ich bin? Innere Ruhe über meine Beziehungen?

Hebräer 4,9ff:
„ Also bleibt noch eine Sabbatruhe dem Volk Gottes übrig. Denn wer in seine Ruhe eingegangen ist, der ist auch zur Ruhe gelangt von seinen Werken wie Gott von seinen eigenen.
Lasst uns nun eifrig sein, in jene Ruhe einzugehen, damit nicht jemand nach demselben Beispiel des Ungehorsams falle!"
Es ist möglich auch in den größten Stresssituationen (Unfälle, Krieg, Katastrophen) innerlich ruhig zu bleiben und sich bei Gott geborgen zu wissen.
Der Maßstab für den täglichen Erfolg ist derselbe, den Gott eines Tages an mein ganzes Leben anlegen wird.
Wird er dann sagen können: „Well done, son?" (Gut gemacht, mein Sohn/meine Tochter)
Gott hat uns zur Gemeinschaft mit ihm berufen. Die Schwierigkeiten unseres Lebens dienen uns dazu, dies zu verstehen.

1. Kor. 6,11: „Ihr seid geheiligt, ihr seid gerechtfertigt worden in dem Namen unsres Herrn Jesus Christus und in dem Geist unsres Gottes!"
1. Petrus 2,9: „Ihr aber seid ein auserwähltes Geschlecht, ein königliches Priestertum, ein heiliges Volk, ein Volk des Eigentums, damit ihr die Tugenden dessen verkündiget, der euch aus der Finsternis zu seinem wunderbaren Licht berufen hat."
Römer 12,1: „Ich ermahne euch nun, ihr Brüder, kraft der Barmherzigkeit Gottes, dass ihr eure Leiber darbringet als ein lebendiges, heiliges, Gott wohlgefälliges Opfer: das sei euer vernünftiger Gottesdienst!"
Micha 6,8: „Man hat dir gesagt, Mensch, was gut ist und der HERR von dir fordert, nämlich Gottes Wort halten und Gott lieben und demütig sein vor deinem Gott?"

► Errettung ist kostenlos – Nachfolge kostet das Leben. (Das ewige Leben bekommen wir aus Gnade/Liebe geschenkt – um Jesus ganz

nachzufolgen bedarf es der eigenen Kapitulation: Nicht mehr ich bin der Herr meines Lebens, sondern der Sohn Gottes.

Math. 10,39: „Wer sein Leben findet, der wird es verlieren; und wer sein Leben verliert um meinetwillen, der wird es finden."
Weise ist, wer diese Sichtweisen Gottes über Erfolg schon früh in sein Leben/ in sein Denksystem übernimmt – es bewahrt vor viel Unruhe, schmerzlichen Verletzungen und Ressourcen-Verschwendung.

5.2 Gott hat einen Plan für mein Leben

Diejenigen, die Jesus zum Herrn ihres Lebens gemacht haben, sind geliebte Kinder des himmlischen Vaters.

(Jh 1,12: ...so viele ihn aber aufnahmen, denen gab er das Recht, Kinder Gottes zu werden, denen, die an seinen Namen glauben.)
1.Joh 3,1-3
Seht, welch eine Liebe uns der Vater gegeben hat, dass wir Kinder Gottes heißen sollen! Und wir sind es. Deswegen erkennt uns die Welt nicht, weil sie ihn nicht erkannt hat.
Geliebte, jetzt sind wir Kinder Gottes, und es ist noch nicht offenbar geworden, was wir sein werden; wir wissen, dass wir, wenn es offenbar werden wird, ihm gleich sein werden, denn wir werden ihn sehen, wie er ist.
Und jeder, der diese Hoffnung auf ihn hat, reinigt sich selbst, wie er rein ist.
Gott liebt jedes seiner Kinder mehr, als ein irdischer Vater je lieben könnte. Er sorgt sich um das Wohlergehen jedes einzelnen.
Zum Beispiel lesen wir im Psalm 139,16, dass Gott einen Plan für Davids Leben hat: „Deine Augen sahen mich, als ich noch unentwickelt war, und es waren alle Tage in dein Buch geschrieben, die noch werden sollten, als derselben noch keiner war."
Auch bei anderen Männer und Frauen erkennen wir aus ihren Bibliographien, dass Gott in seiner Liebe gute Pläne für ihr Leben hatte (dies wird z.B. deutlich bei: Mose, Abraham, Josef, Ester, Ruth, Maria, Paulus, Petrus, Barnabas...)

Im Neuen Testament wird ebenfalls klar, dass wir nicht planlos vor uns hinleben sollen:
Gal. 2, 20: Und nicht mehr lebe ich, sondern Christus lebt in mir; was ich aber jetzt im Fleische lebe, das lebe ich im Glauben an den Sohn Gottes, der mich geliebt und sich selbst für mich hingegeben hat.
Heb. 13,20+21: Der Gott des Friedens aber… rüste euch mit allem Guten aus, seinen Willen zu tun, indem er selbst in euch schafft, was vor ihm wohlgefällig ist, durch Jesus Christus. Ihm sei die Ehre von Ewigkeit zu Ewigkeit! Amen.

„Denn wir sind sein Werk, erschaffen in Christus Jesus zu guten Werken, welche Gott zuvor bereitet hat, dass wir darin wandeln sollen."(Eph.2,10)
Dieser Vers bringt viel Entspannung in unser Leben: Die Werke sind schon vorbereitet, wir brauchen uns nicht krampfhaft abzustrampeln, um Gottes Plan zu erfüllen.
Es gibt zwei Aufträge für unser Leben:
1.) Der grundlegende Auftrag:
„Du sollst den Herrn, deinen **Gott, lieben** mit deinem ganzen Herzen und mit deiner ganzen Seele und mit deinem ganzen Verstand. Dies ist das größte und

erste Gebot. Das zweite aber ist ihm gleich: Du sollst deinen **Nächsten lieben** wie dich selbst. An diesen zwei Geboten hängt das ganze Gesetz und die Propheten." (Mat.22,37-40)

2.) Der spezifische Auftrag:
Mk 16,15-16
„Und er sprach zu ihnen: **Geht hin in die ganze Welt und predigt** das Evangelium der ganzen Schöpfung! Wer gläubig geworden und getauft worden ist, wird errettet werden; wer aber ungläubig ist, wird verdammt werden."
Mt 28,18-20:
„Und Jesus trat zu ‹ihnen› und redete mit ihnen und sprach: Mir ist alle Macht gegeben im Himmel und auf Erden.
Geht nun hin und **macht alle Nationen zu Jüngern**, und tauft sie auf den Namen des Vaters und des Sohnes und des Heiligen Geistes, und **lehrt sie** alles zu bewahren, was ich euch geboten habe! Und siehe, ich bin bei euch alle Tage bis zur Vollendung des Zeitalters."
Gottes Plan für mein Leben ist demnach also: Aktiv werden (hingehen), Jesus bekannt machen (die gute Nachricht weitergeben) und u.a. Freunden, Bekannten helfen, Jesus nachzufolgen.

Gottes Plan für mein Leben ist es also zunächst einmal, dass ich Ihn kennen und lieben lerne. Das ist die Basis für den Auftrag, der mein Leben prägen soll: **andere zu Jüngern machen**.
Es geht in meinen Leben also darum, dass andere zu Jüngern gemacht werden.
Neben der Liebe zu Gott ist nichts wichtiger als diesen Auftrag umzusetzen!

Wenn ich also Pläne für meine Zukunft mache, wenn ich einen Arbeitsplatz wähle, wenn ich mich verliebe, wenn ich Reisen plane, wenn ich Hobbys ausübe, wenn ich Anschaffungen mache, wenn ich Verpflichtungen eingehe (Kredite etc.) – dann ist es gut für mich zu überlegen, inwieweit dies meinen Auftrag (andere zu Jüngern zu machen) fördert oder behindert.

Da eine Gemeinde aus der Summe einzelner Christen besteht, geht es bei ihr nicht um eine gute Zeit, die man miteinander hat, es geht nicht um warme Gefühle und nette Unterhaltungsprogramme, sondern es geht in der Gemeinde darum, dass andere zu Jüngern gemacht werden.

Im 24.Kapitel des Matthäus-Evangeliums lesen wir vom zweiten Kommen Jesu. Auch die letzten Verse der Offenbarung
berichten neben vielen alttestamentlichen Stellen deutlich von der bevorstehenden Wiederkunft Jesu:

„Der diese Dinge bezeugt (Jesus), spricht: Ja, ich komme bald.
Amen, komm, Herr Jesus!" Off.(22,20)
Wir tun uns selbst den größten Gefallen, wenn wir die Realität erkennen und unser Leben nach seinen Aufträgen ausrichten. Da wir Christen diese Erkenntnis haben, brauchen wir unsere Zeit, Energie und Gaben nicht mit zweitrangigen Dingen zu verschwenden.
Ps 90,12:
„So lehre uns denn zählen unsere Tage, damit wir ein weises Herz erlangen!"
Eph 5,14-17:
„Darum spricht er: Wache auf, der du schläfst, und stehe auf von den Toten, so wird dir Christus leuchten!
Sehet nun zu, wie ihr vorsichtig wandelt, nicht als Unweise, sondern als Weise; und **kaufet die Zeit aus**, denn die Tage sind böse.
Darum seid nicht unverständig, sondern suchet zu verstehen, was des Herrn Wille sei!"
Das Ziel -tagtäglich Gottes Pläne umzusetzen- ist so attraktiv und begeisternd, dass wir keine Zeit verschwenden wollen, sobald wir checken, worum es geht.
Leben und Tod vieler Menschen sind davon betroffen.
Diese Erkenntnis sollte uns ins Gebet treiben. Aus der vertrauten Gemeinschaft mit Jesus heraus können wir dann seinen Auftrag –andere zu Jüngern zu machen- konkret anpacken – egal ob wir Hausfrau, Schüler, Opa, Angestellter oder Selbständiger sind.
In Jh 6,27 sagt Jesus: „Wirket (arbeitet) nicht für die Speise, die vergeht, sondern für die Speise, die da bleibt ins ewige Leben, die der Sohn des Menschen euch geben wird!
Für wiedergeborene Christen besteht der Lebensinhalt nicht darin, ein möglichst friedliches, komfortables (Familien-)Leben anzustreben – danach trachten diejenigen, die Jesus noch nicht kennen und lieben.
Hier ist eine gewisse Radikalität gefragt:
Wir dürfen zum einen aus der Gnade heraus leben und die liebevolle Beziehung mit Jesus genießen.
Wir dürfen als Kinder Gottes Hilfe, Schutz, Verheißungen und Versorgung in Anspruch nehmen.

Gleichzeitig heißt die völlige Hingabe an Jesus und Nachfolge auch die Aufgabe jeglicher persönlicher Rechte (auf meine Zeit, mein Vermögen, meine Pläne etc...)
Es geht dann nicht mehr um mich, sondern um Jesus. Er wird sich dann um alles kümmern, was ich brauche. Dies sind die beiden Seiten derselben Medaille.
Jer 29,11:
Denn ich kenne ja die Gedanken, die ich über euch denke, spricht der HERR, Gedanken des Friedens und nicht zum Unheil, um euch Zukunft und Hoffnung zu gewähren.
Fragen zur Vertiefung:
1.) Sind durch mein Leben in letzter Zeit andere zu Jüngern Jesu gemacht worden? - Wie? Wenn nein -warum nicht?
2.) Was behindert die Umsetzung des Auftrags - andere zu Jüngern zu machen- in meinem Leben?
3.) Welche konkreten Punkte will ich um-setzen? Was soll sich ändern?

Gebet: Danke Vater, dass du uns die Augen öffnest, damit wir erkennen können, was du von uns möchtest.

Literatur zum Thema:

- Um seine Gaben besser kennen zu lernen, gibt es einen exzellenten Test von Christan A. Schwarz: „Der Gabentest"
- Andreas Herrmann: „In dir steckt mehr als du denkst"
- Derek Prince: „Deine Berufung ist heilig- wie man seinen Platz findet"

Beispiele für Menschen in der Bibel bei denen deutlich wird, dass Gott einen Plan für das einzelne Leben hat:
Mose, Josef, Ester (Ester 4,14), Gideon (Richter 13,5), David (2.Samuel 7,8-13), Salomo (2.Samuel 7,12-16), Johannes (Lukas 1, 15-17), Jesus (Lukas 1,32), Paulus (Apg.9,15) …

5.3 Gnade
Der revolutionäre Lebensstil der Gnade

Worum geht es?
Jesus verheißt seinen Jüngern ein erfülltes Leben (Joh.10,10). Wie kommen wir dahin, fröhlich, entspannt und erfüllt zu leben - und das trotz großer Probleme?
Der Schlüssel ist das Einüben des Lebensstils der Gnade. Mit anderen Worten: Es geht darum, alles, was Jesus für uns am Kreuz erworben hat, in unserem Leben anzuwenden (Römer 8,32; Jesaja 26,12).
Biblische Grundlage:
1.Petr 1,13: Deshalb umgürtet die Lenden eurer Gesinnung, seid nüchtern und hofft völlig auf die Gnade, die euch gebracht wird in der Offenbarung Jesu Christi!
Röm 11,6: Wenn aber durch Gnade, so nicht mehr aus Werken; sonst ist die Gnade nicht mehr Gnade.
Röm 5,17: Denn wenn durch die Übertretung des einen der Tod durch den einen geherrscht hat, so werden viel mehr die, welche den Überfluss der Gnade und der Gabe der Gerechtigkeit empfangen, im Leben herrschen durch den einen, Jesus Christus.
Ps 90,14: Sättige uns am Morgen mit deiner Gnade, so werden wir jubeln und uns freuen in allen unseren Tagen.
Hebr 12,15: ...und achtet darauf, dass nicht jemand an der Gnade Gottes Mangel leide, dass nicht irgendeine Wurzel der Bitterkeit aufsprosse und ‹euch› zur Last werde und durch sie viele verunreinigt werden,...
Apg 4,32-33: Die Menge derer aber, die gläubig geworden, war ein Herz und eine Seele; ... . Und mit großer Kraft legten die Apostel das Zeugnis von der Auferstehung
des Herrn Jesus ab; und große Gnade war auf ihnen allen.
Ps 103,4: Der dein Leben erlöst aus der Grube, der dich krönt mit Gnade und Erbarmen.
Psalm 145,8: Gnädig und barmherzig ist der Herr, geduldig und von großer Güte.
2. Petrus 3,18a: Wachset aber in der Gnade und Erkenntnis unseres Herrn und Heilands Jesus Christus.
Joh. 1,16: Von seiner Fülle haben wir alle genommen Gnade um Gnade.
1.Petrus 5,10: Der Gott aller Gnade aber, der uns berufen hat zu seiner ewigen Herrlichkeit in Christus Jesus, er selbst möge euch, nachdem ihr eine kurze Zeit gelitten habt, völlig zubereiten, festigen, stärken, gründen!
Psalm 89,18: ... durch deine Gnade wirst Du unser Haupt erhöhen.
Titus 2,12: Die heilsame Gnade Gottes erzieht uns, ...(durch unverdiente Freundlichkeiten)

Sacharja 12,10: ...ich will ausgießen den Geist der Gnade und des Gebets.
Apo. 6,8: Stephanus aber, voll Gnade und Kraft, tat Wunder und große Zeichen unter dem Volk.
Wie sieht der Lebensstil der Gnade praktisch aus?
Gnade heißt: Unverdient Gutes empfangen.
Gnade ist ein Geschenk Gottes. Gnade drückt den Charakter Gottes aus.

Der Lebensstil bedeutet:
► Leben in dem Bewusstsein, dass mir alle Sünden vergeben sind, dass Gott mich liebt und mich gut findet.
► täglich Gnade annehmen, weil ich erkannt habe, dass ich es aus eigener Kraft nicht schaffe. Gott will die Quelle der Hilfe sein.
► täglich mit Wundern Gottes im Alltag rechnen, sie regelrecht erwarten- nicht mit weniger zufrieden zu sein- weil es ohne Gottes Eingreifen sehr mühsam ist.
► gnädig mit sich selbst umzugehen (auch mit der eigenen Vergangenheit).
► täglich die Liebe Gottes genießen, mit Ihm Gemeinschaft haben, täglich aus der Gnade und Vergebung leben.
► ein Kanal für die Gnade und Liebe Gottes sein. D.h., Gott segnet andere Menschen durch mich. Er erfüllt mich mit mehr als ich brauche – daher kann ich freigiebig weitergeben.
► Lust am Herrn zu haben, an der Gemeinschaft mit Ihm.
► Jesus steht im Mittelpunkt meines Lebens (im Denken, Verhalten, Planen...)
► Freiheit vom Erwartungsdruck, den andere auf mich ausüben.
► Nachgeben können, z.B. in Diskussionen.
► anstatt zu kritisieren in die Fürbitte zu gehen.
► auch durch extreme Stresssituationen souverän hindurchzugehen.
► es dürfen Fehler gemacht werden.
Das Gegenteil des Lebens aus Gnade ist ein Lebensstil des Gesetzes (Joh.1,17).
Christus hat uns zur Freiheit berufen (Gal.5,1). Am Kreuz bahnte Er den Weg, damit wir heute nicht mehr gesetzlich leben müssen.
Merkmale des Lebensstils des Gesetzes sind:
► Gesetzlichkeit (auch gerade fromme!), Ungnade, Härte, Bitterkeit, Rechthaberei, auf seinem Recht beharren, zynisches Reden, Anklage, Neid.
► negative Kritik an Vorgesetzten, Leitern, Familienangehörigen, Freunden, anderen Christen (Mt.18,15-17), Ichbezogenheit (meine Meinung aggressiv vertreten, mein Recht-Lk.18,7), Aufregung, Entrüstung, negative Kommentare, sich selbst helfen wollen, Verurteilung, Beleidigtsein, ...

► Unabhängigkeit von Gott (=Sünde).
Die Bibel nennt das Stolz.
Gott widersteht dem Stolzen, dem Demütigen gibt Er
Gnade (1.Petrus 5,5).

Voraussetzungen, um den Lebensstil der Gnade leben zu können:
Lebensübergabe an Jesus: Er ist nicht nur mein
Erretter, sondern auch mein Herr -d.h., Er ist die Nr.1
in meinem Leben!
Bereitschaft, ständig beschenkt zu werden, ohne
    dass man es verdient hat.
-   Das Eingeständnis der eigenen Hilflosigkeit und
    Ohnmacht. (Das ist Demut.)
-   Sich aus Überzeugung in die totale Abhängigkeit
    von Gott zu begeben.

Menschen, die den Lebensstil der Gnade leben,
strahlen Frieden, Freude, Gelassenheit,
Weitherzigkeit aus.

Wichtige Aspekte zum Thema:
► Ich erwarte die Lösung meiner Probleme allein
von Gott (nicht aus meiner Kraft, Klugheit...- auch
nicht von anderen Menschen!) Das heißt aber nicht,
dass ich mich faul zurücklehnen soll (2.Thess.3,10;
Spr.6,6).
► Es ist leicht zu leben unter der Gnade!
► Wenn wir verletzt oder kritisiert wurden und nicht
vergeben – dann wird eine bittere Wurzel uns
gefangen nehmen
(Ungnade, Bitterkeit, Beleidigtsein, Härte, Neid -
Mth.18,21-35).
► Angst ist das Eingeständnis, dass die
zerstörerischen Kräfte des Teufels größer sind als
die Fürsorge, die Gott uns über seine Gnade zuteil
werden lassen möchte.
Mottos zum Proklamieren:
► „Ich nehme Gottes Gnade für diese Situation in
Anspruch" Nehmen heißt Glauben.
(Jesus hat den Preis dafür bezahlt! Römer 8,32),
► „Ich lasse den Herrn ran",
► „Das Entscheidende muss der Herr tun."
Wie komme ich zu dem Lebensstil der Gnade?
-   Gott um Vergebung bitten, weil ich oft versucht
    habe, unabhängig von Ihm zu leben – aus
    eigener Kraft.
-   z.B: zu Gott kommen mit offenen Händen und
    sagen: „Hier bin ich, beschenke Du mich aus
    Gnade, ich bin völlig abhängig von Dir."
-   „Ja"-sagen: „**Ich will** den Lebensstil der Gnade
    annehmen. **Ich will** da mit Gottes Hilfe
    hineinwachsen".
Die Lebensqualität steigt enorm, wenn wir uns auf
den Lebensstil der Gnade einlassen- trotz vieler
Probleme. Jesus bietet ihn uns an.
Literatur:
-   Christoph Häselbarth, *Aus Gnade leben*, Verlag
    Gottfried Bernhard , 2013
-   Wolfhard Margies, *Lust am Herrn*, Aufbruch-
    Verlag, Berlin 1991;

-   Wolfhard Margies, *Gnade – Geschenk des
    Lebens*, Aufbruch-Verlag, Berlin 2013, einige
    Zitate hieraus:
„Das Leben unter den Bedingungen der Gnade ist
berauschend schön."
„Menschen der Gnade können nicht seelisch krank
werden."
„Das Hauptproblem unseres Lebens ist unsere
hartnäckige Weigerung, uns ständig beschenken zu
lassen."
„Alle Geschenke Gottes sind Ausdruck seiner
Gnade."
„Die Gnade wird wirksam durch glaubende
Annahme."
„Die Gnade Gottes ist darauf gerichtet,
ununterbrochen alles, was es an Negativem, Schuld,
Problemen und Nöten gibt, umzudrehen."
„Lob und Dank sind die angemessenen Antworten
auf seine Gnadengeschenke."
„Wenn wir uns ständig in der Gnade bewegen, hat
unser Nervensystem keine Chance mit
Krankheitssymptomatik zu reagieren oder im Stress
mit Überforderungs-manifestationen zu antworten."
„Die aus der Gnade leben sind freundlich, entspannt
und natürlich. Das Besondere an ihnen ist eine
anmutige Leichtigkeit und Fröhlichkeit, die sie mit
Toleranz und Wahrhaftigkeit auf der einen und
Barmherzigkeit auf der anderen Seite zu verbinden
vermögen."
„Nur wer sich ununterbrochen beschenken lässt und
weiß, dass er nicht alle Dinge verfolgen, realisieren
und sichern muss, kann sich erlauben, sanft zu sein.
Wenn es ihm widerfährt, dass eine Planung oder
aktuelle Handlung durch irgendwelche Umstände
durchkreuzt wird, dann wird er nicht bitter, hart oder
laut. Er weiß, dass er nicht selbst mit seiner Leistung
für das Projekt verantwortlich ist. Als Gnadenmensch
ist das Bewusstsein tief in seinem Herzen verankert,
dass die letzte Verantwortung bei Gott liegt und dass
von ihm ein ständiger Strom und Nachschub von
Gedanken, Plänen, Energie und Gelingen kommt."
„Der durch Gnade Sanfte weiß: Gott macht es in
jedem Fall gut."
„Wir sollen uns nicht mehr abmühen im Kampf gegen
die Sünde, sondern dafür sorgen, dass durch das
Wort Gottes die Gnade unseres Herrn reichlich in
uns ist. Die Gnade wird es dann machen, nicht wir
selbst, dass die Sünde ihre Macht über uns verliert
und wir in die Freiheit treten."
„Wenn Gnade sogar im Stande ist, uns
unansprechbar für die Sünde zu machen, uns vom
Fluch der Unabhängigkeit von Gott, des Lebens aus
eigener Kraft und der Aufstellung von immer neuen
Leistungsmaxien zu befreien, wenn sie so viel
Frieden und Entspannung, Leichtigkeit und Freude,
Segen und Liebe freisetzt, gibt es dann einen Grund,
einem anderen Ideal oder einem anderen Weg zu
folgen? Es drängt sich die Frage auf, ob Gott will,
dass wir allein aus Gnade leben sollen. Die Antwort

kann nur lauten: Ja, so ist es. Für uns ist ausschließlich die Gnade als Lebensmittel reserviert: 1.Petrus 1,13.

Römer 8, 32:
„Er, der sogar seinen eigenen Sohn nicht verschont hat, sondern ihn für uns alle dahingegeben hat, <u>wie sollte er uns mit ihm nicht auch alles schenken</u> (!).“

Gott beschenkt uns - mit allem, was wir brauchen.

5.4 Versorgung

Worum geht es?

Jesus hat durch seinen Tod am Kreuz den Preis dafür bezahlt, dass wir nicht mehr aus unserer eigenen Leistung heraus leben müssen. <u>Liebe und Gnade - statt Leistung und Angst.</u> Geprüft wird diese theologische Erkenntnis sowohl im Alten wie auch im Neuen Testament anhand des siebenfachen Tests.

Die wichtigsten Bibelstellen:
Der siebenfache Test besagt, dass grundlegende theologischen Wahrheiten an mindestens sieben Stellen der Bibel im Ansatz vorhanden sind: im 1.Buch Mose, im Gesetz, in den Propheten, in der Weisheitsliteratur, in den Evangelien, in der Apostelgeschichte, den Episteln (Briefen):

1.Mose 2,8-9
Und Gott, der HERR, pflanzte einen Garten in Eden im Osten, und er setzte dorthin den Menschen, den er gebildet hatte.
Und Gott, der HERR, ließ aus dem Erdboden allerlei Bäume wachsen, begehrenswert anzusehen und gut zur Nahrung und den Baum des Lebens in der Mitte des Gartens und den Baum der Erkenntnis des Guten und Bösen.

> ⇨ Gott hat also von Anfang an alles vorbereitet und den Menschen zur Verfügung gestellt.

5.Mose 8,18
Sondern du sollst des HERRN, deines Gottes, gedenken; denn er ist es, <u>der dir Kraft gibt, solchen Reichtum zu erwerben;</u>
auf dass er seinen Bund aufrechterhalte, den er deinen Vätern geschworen hat, wie es heute geschieht.

Ps 23,1-3+5
Der HERR ist mein Hirte, mir wird nichts mangeln.
Er lagert mich auf grünen Auen,
er führt mich zu stillen Wassern.
Er erquickt meine Seele.
Er leitet mich in Pfaden der Gerechtigkeit, um seines Namens willen.
...<u>Du</u> bereitest vor mir einen Tisch angesichts meiner Feinde;
<u>du</u> hast mein Haupt mit Öl gesalbt, mein Becher fließt über.
Ebenso: Psalm 37,3-7, Psalm 40,18, Psalm 44,4.

Spr.10,22:
Der Segen des Herrn allein macht reich und nichts tut eigene Mühe hinzu.

Jes 40,29-31
<u>Er</u> gibt dem Müden Kraft und dem Ohnmächtigen mehrt er die Stärke.
Jünglinge ermüden und ermatten, und junge Männer straucheln ‹und› stürzen.
Aber die auf den HERRN hoffen, gewinnen neue Kraft: sie heben die Schwingen empor wie die Adler, sie laufen und ermatten nicht, sie gehen und ermüden nicht.

Jes 41,9-10
Mein Knecht bist du, <u>ich</u> habe dich erwählt und nicht verworfen - fürchte dich nicht, denn <u>ich</u> bin mit dir! Habe keine Angst, denn <u>ich</u> bin dein Gott! <u>Ich</u> stärke dich, ja, <u>ich</u> helfe dir, ja, <u>ich</u> halte dich mit der Rechten meiner Gerechtigkeit.

Gottes Versorgung hört mit dem Alten Testament nicht auf:
Mt 6,25-33
Deshalb sage ich euch: Seid nicht besorgt für euer Leben, was ihr essen und was ihr trinken sollt, noch für euren Leib, was ihr anziehen sollt! Ist nicht das Leben mehr als die Speise und der Leib mehr als die Kleidung?
Seht hin auf die Vögel des Himmels, dass sie weder säen noch ernten, noch in Scheunen sammeln, und <u>euer himmlischer Vater</u> ernährt sie ‹doch›. Seid ihr nicht viel wertvoller als sie?
Wer aber unter euch kann mit Sorgen seiner Lebenslänge eine Elle zusetzen?
Und warum seid ihr um Kleidung besorgt? Betrachtet die Lilien des Feldes, wie sie wachsen: sie mühen sich nicht, auch spinnen sie nicht.
Ich sage euch aber, dass selbst nicht Salomo in all seiner Herrlichkeit bekleidet war wie eine von diesen.
Wenn aber Gott das Gras des Feldes, das heute steht und morgen in den Ofen geworfen wird, so kleidet, ‹wird er das› nicht viel mehr euch ‹tun›, ihr Kleingläubigen?
So seid nun nicht besorgt, indem ihr sagt: Was sollen wir essen? Oder: Was sollen wir trinken? Oder: Was sollen wir anziehen?
Denn nach diesem allen trachten die Nationen; denn euer himmlischer Vater weiß, dass ihr dies alles benötigt.
Trachtet aber zuerst nach dem Reich Gottes und nach seiner Gerechtigkeit! Und <u>dies alles wird euch hinzugefügt werden</u>.

Römer 8,32 beschreibt die absolute Grundlage für unsere Versorgung heute und gleichzeitig den größten Erweis der Liebe des Vaters:

„Er, der doch seinen eigenen Sohn nicht verschont, sondern ihn für uns alle hingegeben hat: wie wird er uns mit ihm nicht auch <u>alles</u> schenken?"
Es ist bei der materiellen Versorgung wie mit Krankheiten: Jesus starb für beides am Kreuz, er bezahlte den Preis, damit wir versorgt und gesund sind (Jesaja 53,4). Das ist die legitime Grundlage! Daran gilt es festzuhalten und es zu proklamieren! Dennoch erleben auch Christen Zeiten des materiellen Mangels und der Krankheit – denn wir leben noch in dieser Welt, sind aber nicht von dieser

Welt. Als Kinder Gottes und Erben der himmlischen Verheißungen verlassen wir uns aber auf die Zusagen Gottes, die in Jesus erfüllt sind!

2.Kor 9,8
Gott aber vermag euch jede Gnade überreichlich zu geben, damit ihr in allem allezeit alle Genüge habt und überreich seid zu jedem guten Werk;

2.Kor 9,11
...und **ihr werdet in <u>allem</u> reich gemacht** zu aller Freigebigkeit, die durch uns Danksagung Gott gegenüber bewirkt.

⇨ Trotzdem ist Gott Gott!

Jes 55,8-9
Denn meine Gedanken sind nicht eure Gedanken, und eure Wege sind nicht meine Wege, spricht der HERR.
Denn ‹so viel› der Himmel höher ist als die Erde, so sind meine Wege höher als eure Wege und meine Gedanken als eure Gedanken.

Jak 4,2-3
Ihr begehrt und habt nichts; ihr tötet und neidet und könnt nichts erlangen; ihr streitet und führt Krieg. Ihr habt nichts, weil ihr nicht bittet;
ihr bittet und empfangt nichts, weil ihr übel bittet, um es in euren Lüsten zu vergeuden.
(Jesaja 55,1-3 und Offenbarung 21,3 lesen)

Weitere wichtige Aspekte zum Thema:
Gott hat durch die gesamte Menschheits-geschichte hindurch stets sein Volk versorgt. Angefangen hat es mit der Schöpfung (eine Art Rundumversorgung, die es ohne Gegenleistung gab, dann z.B. Geschenke der Ägypter beim Auszug des Volkes Israel; das Manna während Wüstenwanderung; das fruchtbare Land Kanaan (das Land in dem Milch und Honig floss); Geschenke und sogar Steuergelder beim Auszug aus Babylon, später dann Jesus mit der Speisung der Volksmengen (5000 und 4000 Männer, Mt.14,15ff +15,32ff); die Verheißungen im Neuen Testament in Bezug auf die materielle Versorgung der Christen; bis hin zum Ende, wenn Gott eine neue Erde und einen neuen Himmel schaffen wird (auch hier wieder: „Vollversorgung" für sein Volk).

Mangel an lebensnotwendigen Dingen ist für Christen ein unnatürlicher Zustand.
Gott fragen, ob Er uns durch eine Situation des Mangels auf etwas aufmerksam machen möchte – z.B. ist Sünde in unserem Leben, waren wir ungehorsam, haben wir allen vergeben, liegt eine Vorfahrenschuld vor, leben wir noch in einer Phase, die für uns nicht mehr dran ist, sind wir zu faul (Spr.6,6; 2.Thess.3,10), dienen wir dem Mammon (Geld, schönen Dingen) anstelle von Gott, sind wir noch gebunden an Gier, Angst etc.?
Haben wir Frieden darüber, dass wir uns noch am richtigen Platz, zur richtigen Zeit befinden und das Richtige tun?
Wenn ja, dann dürfen wir getrost darauf vertrauen:
Gott bezahlt, was er bestellt!
Gott gebraucht Schwierigkeiten in unserem Leben, damit wir wachsen können. In diesem Sinne dürfen wir Gott dankbar sein für handfeste Krisen und Stresssituationen. Sie dienen uns dazu, näher zu Jesus zu kommen und bereiten uns auf die Ewigkeit vor, in der Gott alle Tränen abwischen wird und es kein Leid mehr geben wird!
Off.22,11b: „...der Heilige heilige sich weiter."
1.Joh.3,1: „Seht, welch eine Liebe uns der Vater gegeben hat, dass wir Gottes Kinder heißen sollen!"
Einer der acht hebräischen Namen Gottes in der Bibel ist: „Jahwe-Jireh".
Dieser Name bedeutet: „Gottes Versorgung wird sichtbar werden".

Weiterführende Literatur zum Thema:
- Derek Prince, *Gottes Plan für Ihre Finanzen,* IBL Trostberg,1999.
- Wolfhard Margies, *Lust am Herrn,* AV Berlin, 1991.
- Christian A.Schwarz, *Anleitung für christliche Lebenskünstler,* C&P, Emmelsbüll,1996.
- Joy Dawson, *Innige Freundschaft mit Gott,* JmeM-Verlag, 1994

5.5 Christen sind nicht abgabepflichtig
Der Zehnte - und neutestamentliches Geben

1. Prinzip:
Christen sind nicht abgabepflichtig.
Das Geben des Zehnten ist heute als Gesetz nicht mehr gültig (genauso wie z.B. das Halten des Sabbats - obwohl beides sinnvoll ist).
Es ist aber eine von mehreren Möglichkeiten, um regelmäßiges und großzügiges Geben einzuüben.
Den Zehnten zu geben, ist eine Gott wohlgefällige, alttestamentliche Grundhaltung.
Heute hat jedoch das persönliche Hören auf Gott und gehorsames Handeln Vorrang (denn wir leben unter dem neuen Bund).
Wir müssen bei diesem Thema deutlich zwischen dem alten und neuen Bund unterscheiden. Die Leute unter dem alten Bund waren unter dem Gesetz. Der neue Bund besteht darin, dass Jesus uns durch sein vergossenes Blut vom Gesetz freigekauft hat und wir aus der Gnade heraus leben dürfen (Römer 7,6; Römer 8,2; Galater 3,13). Er ist nicht gekommen, um das Gesetz aufzuheben, sondern zu erfüllen (Mt.5,17). Das Gesetz ist also in Jesus erfüllt.
Im Neuen Testament werden nur die <u>Juden, die unter dem alten Bund lebten</u>, aufgefordert, den Zehnten zu zahlen – die Gläubigen des neuen Bundes sind frei.
Alle Stellen über den Zehnten im Neuen Testament beziehen sich auf Personen, die unter dem alten Bund noch lebten und auf alttestamentliche Ereignisse (Matthäus 23,23, Lukas 11,42 + 18,12; Hebräer 7).

2. Prinzip:
Das Prinzip des Gebens im neuen Bund basiert auf dem alttestamentlichen Geben des Zehnten und hat diese drei Aspekte:
1. Gott   <u>fragen</u>
2. auf Eindrücke   <u>hören</u>
3. gehorsam   <u>handeln</u>

Auf der Grundlage des allgemeinen Priestertums kann jeder wiedergeborene Christ Gottes Stimme hören. (1.Petrus 2,5+9 ; Offenbarung 1,6 + 5,10; Johannes 10,27 + 18,37).
Gott möchte, dass jeder Christ zu einem geistlich reifen Mann (Frau) Gottes heranwächst.
Die neutestamentliche Gemeinde finanzierte ihre Mitarbeiter und Nöte durch freiwillige Spenden.
*   „Wer im Wort unterrichtet wird, der gebe dem, der ihm unterrichtet" (Galater 6,6) ;
*   „Die Ältesten halte man doppelter Ehre wert, ..., der Arbeiter ist seines Lohnes wert" (1.Timotheus 5,17+18);
*   „So hat auch der Herr verordnet, dass die, welche das Evangelium verkündigen, vom Evangelium leben sollen." (1.Korinther 9,14)
*   „... einen fröhlichen Geber hat Gott lieb" (2.Korinther 9,7).

Das neutestamentliche Geben geht in aller Regel weit über das Geben des Zehnten hinaus.

3. Prinzip:
Es geht heute im neuen Bund nicht um den Zehnten (10%), sondern um freiwilliges, großzügiges Teilen (bis zu 100%!).
Völlige Hingabe an Jesus schließt das persönliche Hab und Gut mit ein. „So kann auch keiner von euch, der nicht <u>allem</u> entsagt, was er hat *(Geld, Besitz)*, mein Jünger sein." (Lukas 4,33, Markus 10,21, Haggai 2,8)
Es soll bei einem wiedergeborenen Christen keine Unterscheidung geben zwischen den Bereichen, in die Jesus hineinsprechen darf und solche, in der wir Ihm nicht erlauben hineinzusprechen (z.B. in den Bereich unserer Finanzen, unseres Vermögens).
➢   Ein weiterer Segen beim Geben des Zehnten ist oft die Befreiung von der Macht der Gier, der Macht der Liebe zum Geld, der Macht des Mammons. Oft gilt es, erst einmal vor Gott Buße zu tun über die Liebe zum Geld und die Verehrung Mammons. Nachdem wir uns Gott diese Schuld bekannt haben, können wir durch das Blut Jesu von den falschen Bindungen frei werden.

4. Prinzip:
An die Stelle des Zehnten tritt im neuen Bund ein anbetungsorientiertes, dankbares, ehrfürchtiges und großzügiges Geben.
*   Geben ist ein Teil der <u>Anbetung</u>.
*   Geben ist ein Ausdruck unserer <u>Dankbarkeit</u> gegenüber Gott für seine Versorgung. (5.Mose 14,23)
*   Durch das Geben bekennen wir und zeigen unsere <u>Abhängigkeit von Ihm</u>, unserem Versorger.
*   Geben ist ein Ausdruck meiner <u>Ehrfurcht</u> vor Gott (5.Mose 14,23).
*   Geben ist ein Ausdruck meines <u>Glaubens</u>, dass Gott mein Versorger ist. (2.Korinther 8,2 + 9,1-15)

Wichtige Stellen im Neuen Testament zum Geben:
Mt 6,3-4; Lk 3,11; Lk 6,38; Apg 20,35;1.Petrus 3,9; Epheser 2,10; Lk 12,31; Lk 12,33-34; Mt 6,19-21; Spr 3,9-10; Lk 6,38; Hebräer 13,16; Gal 6,7-10; Mk 10,28-30:
Da hob Petrus an und sprach zu ihm: Siehe, wir haben alles verlassen und sind dir nachgefolgt!
Jesus antwortete ihm und sprach: Wahrlich, ich sage euch, es ist niemand, der Haus oder Brüder oder Schwestern oder Vater oder Mutter oder Kinder oder Äcker um meinetwillen und um des Evangeliums willen verlassen hat, der nicht **hundertfältig**

163

empfinge, <u>jetzt in dieser Zeit</u> Häuser und Brüder und Schwestern und Mütter und Kinder und Äcker, unter Verfolgungen, und in der zukünftigen Weltzeit ewiges Leben.

Es ist notwendig, die richtige Herzenseinstellung beim Geben zu haben:
1.Kor 13,3: "Und wenn ich alle meine Habe austeile und meinen Leib hergebe, damit ich verbrannt werde, habe aber <u>keine Liebe, so nützt es mir nichts!</u>"

Das Prinzip von Saat und Ernte:
2.Kor 9,6-8
Das aber bedenket: <u>Wer kärglich sät, der wird auch kärglich ernten</u>; und wer im Segen sät, der wird auch im Segen ernten. Ein jeder, wie er es sich im Herzen vorgenommen hat; nicht mit Unwillen oder aus Zwang; <u>denn einen fröhlichen Geber hat Gott lieb!</u> Gott aber ist mächtig, euch jede Gnade im <u>Überfluss</u> zu spenden, so dass ihr in allem allezeit alle Genüge habet und <u>überreich seiet</u> zu jedem guten Werk.

5. Prinzip
Das Geben des Zehnten im Alten Testament ist wesentlich vielschichtiger als das heutige weit verbreitete Verständnis, dass der Zehnte schwerpunktmäßig zur Finanzierung von Pastoren gegeben werden soll und zum Bau oder zur Unterhaltung von Kirchengebäuden / Gemeindezentren.
Im Alten Testament wird von verschiedenen Verwendungsarten des Zehnten berichtet, die heute kaum gelehrt werden – z.B. wurde der Zehnte „von allem" dazu verwendet, dass die Familie des Gebers ausreichend Lebensmittel und Wein –sogar starkes Getränk- <u>von ihrem Zehnten</u> zum Feiern während ihrer Pilgerreise in Jerusalem kaufen sollte:
„...sondern vor dem Herrn, deinem Gott, sollst du solches essen ... und fröhlich sein ..." (5.Mo 12, 7+18; 5.Mo 14,23+28)
Die Israeliten sollten den Zehnten für folgende Zwecke verwenden:
1. Versorgung der Leviten,
2. zur eigenen Versorgung (Geld zum Feiern und Urlaub machen in Jerusalem!),
3. zur Versorgung von Mägden, Knechten, Waisen, Fremden –sowohl in Jerusalem im jeweils ersten und zweiten Jahr, als auch in den Privathäusern, im dritten Jahr (5.Mose 26,12).

Es wird z.T. gelehrt, dass der Zehnte nach Maleachi 3 ganz in die Gemeinde gegeben werden soll, in der man Zuhause ist und seine geistliche Nahrung bekommt. Es ist eine gute, mögliche Richtlinie – aber kein Gesetz. Solange Gott nichts anderes will, ist es ratsam, seine Finanzen in der Gemeinde zum Bau des Reiches Gottes zu investieren, in der man geistlich ernährt wird. Loren Cunningham sagt dazu: „Man bestellt ja auch nicht im Wienerwald und zahlt bei MacDonald."

164

6. Prinzip
Gottes Standard ist, dass wir, seine Kinder, durch Jesus Christus <u>mehr als genug</u> haben, um selbst versorgt zu sein mit allem, was zum Leben nötig ist und um darüber hinaus großzügig geben zu können.
2.Kor 9,10-12
"Er aber, der dem Sämann Samen darreicht und Brot zur Speise, der wird [auch] euch die Saat darreichen und mehren und die Früchte eurer Gerechtigkeit wachsen lassen, **damit ihr an allem reich werdet zu aller Gebefreudigkeit**, welche durch uns Dank gegen Gott bewirkt. Denn der Dienst dieser Hilfeleistung füllt nicht nur den Mangel der Heiligen aus, sondern überfließt auch durch den Dank vieler gegen Gott."
Mehr Bibelstellen zum "Mehr-als-genug-haben":
Joh.10,10; 3.Joh.2; 2.Kor.8,9; 2.Kor.9,8; 2.Kor.11,7-9; 1.Tim.6,17-19; Philipper 4,19; Rö.8,32.
Gott möchte, dass Überfluss bei seinen Kindern normal ist- damit sie großzügig geben können.
Was heißt „Überfluss"? <u>Überfluss ist all das, was wir nicht existenziell zum Leben brauchen.</u>
Warum sollten wir Geld und Vermögenswerte anhäufen? Es möge jeder für sich prüfen, ob es Gottes Wille ist, lieber diese Ressourcen jetzt ins Reich Gottes zu investieren. Clive Pick: "Unsere Berufung besteht nicht darin, Geld zu sammeln, sondern Geld freizusetzen." "Gott stellt den Christen Geld zu Verfügung, um selbst genug zu haben und um die endzeitliche geistliche Ernte zu finanzieren."
Noch ein weiteres Argument gegen das Geben des Zehnten ist: Die Nichterwähnung des Zehnten - in den Evangelien, in der Apostelgeschichte und in den Briefe - für Gläubige des neuen Bundes.
Wie nahe liegend wäre es für Paulus oder auch Petrus gewesen, die Heidenchristen zum Geben des Zehnten aufzufordern,
- z.B. in Galater 6,6: „Wer im Wort unterrichtet wird, der gebe dem, der ihn unterrichtet."
- z.B. in 1.Timotheus 5,17+18: „ ...der Arbeiter ist seines Lohnes wert."
- z.B. beim Ergebnis des ersten Apostelkonzils, als es darum geht, welche Gesetze die gläubig gewordenen Nichtjuden halten sollten. Hier wurde das Zehntengeben nicht erwähnt! (Es ging nur um die Verunreinigung durch die Götzen, um die Unzucht, um das Erstickte, Enthaltung vom Blut - Apostelgeschichte 15,20) Das Ergebnis des Apostelkonzils wurde besiegelt mit den Worten: „Es hat dem heiligen Geist und uns gefallen, euch keine weitere Last aufzulegen."(Vers 28) – damit auch <u>nicht</u> die Last den Zehnten zu geben.
Bibelstellen zum Zehnten:
<u>Altes Testament:</u> 1.Mose 14,18-20; 1.Mose 28,20-22; 2.Mose 23,16-19; 2.Mose 34,22+26; 3.Mose 27,30-34; 4.Mose 18,6-32; 5.Mose 12,6-32, 5.Mose 14,22-29, 5.Mose 16,13-17; 5.Mose26,10-14; 2.Chronik 3-12; Nehemia 10,34-39; Nehemia 12,44-45; Nehemia 13,5; 1.Samuel 8,15+17; Amos 4,4; Maleachi 3,7-12.

Neues Testament: Matthäus 23,23; Lukas 11,42; Lukas 18,12; Hebräer 7,1-28.

Fazit:

Den Zehnten in seine Gemeinde geben ist eine gute Richtschnur. Aber jeder soll vor allem Gott fragen und offen sein, was er wann, wo, wem großzügig geben soll. Es geht darum, sich ihm ganz zur Verfügung zu stellen (mit seiner Person und allem Hab und Gut).

Das monatliche Geben des Zehnten an die Gemeinde ist unter dem Gesichtspunkt des miteinander Teilens <u>richtig</u>, aber als Geben des Zehnten theologisch nicht schlüssig begründbar!

Mit anderen Worten:

<u>Miteinander zu teilen ist heute wichtiger als den Zehnten zu geben!</u>

Zitate von Peter Wenz:

„<u>Wer mehr hatte, als er braucht, teilt mit dem, der Mangel hat.</u>"

"Die traditionelle Ein-Pastoren-Kirche wird und wurde finanziert vom Zehnten und von Opfern. Die neutestamentliche Hausgemeinde finanziert sich dadurch, dass man miteinander teilt, was man hat." (Zeitung „Praxis", Heft 3/1999, Seite 13).

Bill Bright, Gründer von Campus für Christus

„Den Zehnten oder mehr zu geben, ist keine Forderung des Gesetzes, sondern eine Tat der Liebe und des Gehorsams. Alles gehört Gott, seit wir unter der Gnade leben."

In seinem Buch: "Hilfe - wir sind gestresst!" sagt er:

"**<u>Der Zehnte</u>** - mindestens den zehnten Teil Ihres Einkommens oder ihrer Mittel, Gott zur Verfügung zu stellen - **<u>dient als praktische Leitlinie</u>** für das Geben und garantiert beständige Haushalterschaft."

Da Christen unter dem neuen Bund leben, gilt für sie nicht mehr das Geben des Zehnten, sondern der **Grundsatz der Gleichheit:** „...nach dem Grundsatz der Gleichheit soll in der jetzigen Zeit euer Überfluss dem Mangel jener abhelfen, auf dass auch ihr Überfluss eurem Mangel abhelfe, damit ein Ausgleich stattfinde, wie geschrieben steht: «Wer viel sammelte, hatte nicht Überfluss, und wer wenig sammelte, hatte nicht Mangel.»" (2.Kor.8,13bff)

Buchtipp:

- Prof. Dr. Rudolf H. Edenharder:
  „Der Zehnte in der Bibel und in Freikirchen"
  (Endlich ein grundlegendes Werk dazu von einem deutschen Autor.)

5.6 Die Illusion der Unabhängigkeit

Von Derek Prince:

„.......und ihr werdet sein wie Gott und wissen, was gut und böse ist." (1 Mose 3,5) Das ist sicherlich ein hohes und lobenswertes Ideal – wie Gott zu sein. Was könnte daran falsch sein? Im Munde Satans jedoch – der in Form einer Schlange erschien – verleitete es Adam und Eva zu einem Handeln, das in einem Fiasko endete und dessen schlimme Konsequenzen sich auf all ihre Nachkommen ausgewirkt haben.

Was stellte die unsichtbare Falle dar, der Adam und Eva zum Opfer fielen? Sie lag in dem unausgesprochenen, aber angedeuteten Beweggrund – d.h., dem Versprechen der Unabhängigkeit: Wenn man Gut und Böse erkennt, ist man frei seine eigenen Entscheidungen zu treffen. Man ist nicht mehr abhängig von Gott.

Dieses selbstbestätigende Verlangen nach Unabhängigkeit ist auf dem Wege der Vererbung auf die gesamte von Adam und Eva abstammende Menschheit übertragen worden. Es ist das charakteristische Merkmal des „alten Adams" – die gefallene, sündhafte Natur, die uns allen anhaftet.

Verschiedene Wege zur Unabhängigkeit

Historisch gesehen hat die Menschheit auf der Suche nach Unabhängigkeit von Gott viele verschiedene Wege eingeschlagen. Der erste davon ist der Weg der Erkenntnis. Im Paradies gab es zwei besondere Bäume – den Baum des Lebens und den Baum der Erkenntnis. Es war ein kritischer Augenblick in der Geschichte, als sich Adam und Eva von dem Baum des Lebens ab- und dem Baum der Erkenntnis zuwandten.

Seit diesem Zeitpunkt ist das Bestreben, Erkenntnis zu erlangen, eines der Hauptziele der Menschheit. Im Verlauf der letzten zwei oder drei Jahrhunderte ist dies durch eine ständig zunehmende Fokussierung auf die Wissenschaft zum Ausdruck gebracht worden. (Das englische Wort „science" ist eine direkte Ableitung des lateinischen Wortes „scientia", was „Wissen" oder „Erkenntnis" bedeutet.)

Diese Explosion im Bereich der Wissenschaft hat jedoch die grundlegenden Probleme der Menschheit – Ungerechtigkeit, Grausamkeit, Krieg, Armut, Krankheit – nicht gelöst. Im Gegenteil, in gewisser Weise hat sie diese sogar noch vermehrt.

Die Wissenschaft hat dem Menschen Waffen der Massenvernichtung in die Hand gegeben, durch die die gesamte menschliche Rasse ausgerottet und die ganze Erde eine trostlose Wüste werden könnte. Nicht nur dass: Einige dieser Waffen befinden sich im Besitz von grausamen und bösartigen Menschen, die sich nicht durch irgendwelche Rucksichten auf Barmherzigkeit oder Moral davon abhalten lassen würden, sie auch einzusetzen.

Der zweite Weg, den die Menschheit einschlug, um von Gott unabhängig zu sein, ist zunächst überraschend. Es ist der Weg der Religion. Auf

unterschiedliche Art und Weise haben Menschen religiöse Regeln und Anbetungssysteme entwickelt, die so vollständig und allumfassend sind, dass sie Gott selbst überhaupt nicht mehr brauchen. Sie müssen nur ihre Regeln einhalten.

Das trifft für einige Formen zu, die in mehreren Hauptreligionen der Welt praktiziert werden – im Judaismus, Islam, Buddhismus und sogar in verschiedenen christlichen Versionen. Innerhalb all dieser Religionen können sich Menschen derart zufrieden geben mit ihren Regeln und Verfahrensweisen, dass sie von Gott selbst völlig unabhängig sind. Deshalb tun sich ernsthafte, religiöse Menschen oft am schwersten, wenn es darum geht, die Gnade des Evangeliums – die man nicht verdienen kann– anzunehmen.

Ein weiterer Weg, durch den sich der Mensch von Gott unabhängig machen will, ist die Anhäufung von enormen finanziellen und materiellen Gütern. Jesus erzählte ein Gleichnis von einem reichen Landbesitzer, der so eine reiche Ernte hatte, dass der Platz in seiner Scheune nicht ausreichte. Er beschloss, noch größere Lagerungsmöglichkeiten zu schaffen, um danach zu seiner Seele sagen zu können: „Liebe Seele, du hast einen Vorrat für viele Jahre; habe nur Ruhe, iss, trink und habe guten Mut!" Aber Gott sprach zu ihm: „Du Narr! Diese Nacht wird man deine Seele von dir fordern; und wem wird dann gehören, was du angehäuft hast?" (Lukas 12,16-20) Unzählige Menschen haben sich im Lauf der Geschichte von diesem Verlangen nach Unabhängigkeit verleiten lassen, den gleichen tragischen Fehler zu machen. Zahllose Menschen machen diesen Fehler auch heute noch.

Dieses Verlangen, von Gott unabhängig sein zu wollen, ist das kennzeichnende Merkmal all derer, die dem Königreich Satans angehören – Engel in Rebellion, Dämonen, die gefallene Menschheit. Es ist auch kennzeichnend für die „Welt", die Jesus folgendermaßen von seinen Jüngern unterschied: „Sie sind nicht von der Welt, wie auch ich nicht von der Welt bin." (Johannes 17,16)

In diesem Sinne besteht die „Welt" aus all den Menschen, die sich niemals der Autorität des von Gott eingesetzten Königs – dem Herrn Jesus Christus – untergeordnet haben. Einige von ihnen sind moralische, religiöse Menschen, aber wenn sie mit der Forderung Gottes, sich der Herrschaft Jesu uneingeschränkt unterzuordnen, konfrontiert werden, kommt der rebellische, unabhängige „alte Mensch" zum Vorschein und sie weisen Gottes Angebot „der Errettung durch Gnade allein" zurück.

Die einsame, verfremdete Menschheit

Das Verlangen, von Gott unabhängig zu sein, unterscheidet die Menschen von den übrigen

Geschöpfen Gottes, die in bedingungsloser Abhängigkeit zu ihrem Schöpfer miteinander leben. Unter den Gestirnen gibt es keinerlei Anzeichen dafür, dass sie sich nach Unabhängigkeit sehnen. „Du hast den Mond gemacht, das Jahr danach zu teilen; die Sonne weiß ihren Niedergang." (Psalm 104,19) „Er zählt die Sterne und nennt sie alle mit Namen." (Psalm 147,4)

Wie turbulent die Elemente auch manchmal zu sein scheinen, sie gehorchen dennoch immer ihrem Schöpfer – „Feuer, Hagel, Schnee und Nebel, Sturmwinde, die sein Wort ausrichten" (Psalm 148,8) Das gleiche gilt für die Tiere. „Die jungen Löwen, die da brüllen nach Raub und ihre Speise suchen von Gott." (Psalm 104,21) „Da ist das Meer, das so groß und weit ist, da wimmelt`s ohne Zahl, große und kleine Tiere ..... Es warten alle auf dich, dass du ihnen Speise gebest zur rechten Zeit." (Psalm 104,25 und 27) Was die Vögel anbelangt, so sagt uns Jesus: „Euer himmlischer Vater ernährt sie doch." (Matthäus 6,26)

Kein Wunder, dass sich der rebellische Mensch manchmal einsam fühlt und sich dem Universum gegenüber – in dem die übrigen Kreaturen alle in bedingungsloser Abhängigkeit von ihrem Schöpfer miteinander leben – verfremdet vorkommt.

Der Weg zurück in die Abhängigkeit

Am Kreuz stellte Jesus einen zweifachen Ausweg für unseren gefallenen Zustand zur Verfügung. Erstens zahlte er an unserer Statt die gesamte Strafe für alle unsere Sünde, wodurch Gott unsere Sünden vergeben konnte, ohne dabei seine eigene Gerechtigkeit zu verletzen. Zweitens identifizierte sich Jesus auch mit dem unabhängigen, selbstsüchtigen „Ich", das unsere gefallene Natur beherrscht. In Jesus wurde dieser Rebell hingerichtet. „Wir wissen ja, dass unser alter Mensch (der Rebell) mit ihm gekreuzigt ist." (Römer 6,6)

Um Jünger Jesu zu werden, muss jeder einzeln von uns dieses zweifache Heilmittel anwenden: Erstens müssen wir dafür sorgen – durch Buße und Glauben – dass all unsere Sünden vergeben worden sind. Zweitens müssen wir das Todesurteil annehmen, das über unser rebellisches unabhängiges „Ego" ausgesprochen worden ist.

Deshalb hat Jesus Bedingungen an seine Jünger gestellt: „So auch jeder unter euch, der sich nicht lossagt von allem, was er hat, der kann nicht mein Jünger sein." (Lukas 14,33)

Das Wort, das hier mit „lossagen" übersetzt wurde, könnte man auch als „sich verabschieden von" wiedergeben. Ein Jünger Jesu zu werden heißt, dass man sich verabschieden muss von allem, auf das man sich normalerweise verlässt – Familie, Freunde, Geld, Karriere, Ehre oder Ruhm dieser Welt. Nachdem wir uns wirklich losgesagt haben von all diesen Dingen, wird Gott uns dann vielleicht diejenigen wieder zurückerstatten, die in seinen Plan für unser Leben passen. Aber wir sind nun nicht mehr Eigentümer, sondern nur noch Verwalter und müssen uns dafür verantworten, wie wir das, was uns anvertraut ist, einsetzen. Wir sind jedoch ausschließlich von Gott abhängig.

Manchmal bedarf es möglicherweise einer Krise – oder sogar einer vermeintlichen Katastrophe –ehe wir bereit sind, unsere Abhängigkeit von Gott voll anzuerkennen. In diesem Zusammenhang fällt mir die Reise des Paulus nach Rom ein, die in Apostelgeschichte 27 beschrieben ist. Gott hatte einen ganz bestimmten Plan, weswegen Paulus nach Rom gehen sollte. In seiner Eigenschaft als „Apostel für die Nichtjuden" hatte er einen einzigartigen Beitrag zur dortigen Gemeinde zu leisten.

Aber Paulus reiste als Gefangener in Ketten. Das Schiff, auf dem er sich befand, geriet in einen derartigen Sturm, dass zwei Wochen lang weder die Sonne bei Tag noch die Sterne bei Nacht zu sehen waren. Schließlich erlitten sie Schiffbruch an der rauen Küste von Malta, wo Paulus – um das Fass zum Überlaufen zu bringen – dann auch noch von einer giftigen Schlange gebissen wurde (s. Apg. 27,13-28,20). Wenn es Gottes Wille war, dass Paulus nach Rom reisen sollte, warum war er dann unterwegs solchen außerordentlichen Schwierigkeiten ausgesetzt?

Als ich mir darüber Gedanken machte, fiel mir eine Stelle in Apostelgeschichte 27,20 ein: „... all unsre Hoffnung auf Rettung war dahin." Das war der Grund für die Schwierigkeiten, die Paulus überwinden musste: Er kam an den Punkt, **„an dem alle Hoffnung auf Rettung dahin war"**. Jetzt konnte Paulus seine Hoffnung nur noch auf Gott setzen. Nun war Gott in der Lage, auf praktische Weise zu demonstrieren, dass er allein genügt: Er bringt uns an den Punkt, an dem wir vollständig von ihm abhängig sind, um uns zu zeigen, dass man sich wirklich auf ihn verlassen kann.

Als Paulus diesen Punkt völliger Abhängigkeit von Gott erreicht hatte, war er für seinen Dienst gegenüber den Christen in Rom ausgestattet. Seine Reise dorthin hatte ihn vorbereitet. Befreit von jeglicher Form der Selbstgenügsamkeit, war er ein hingegebenes Gefäß, durch das der Segen Gottes auf die römischen Christen überfließen könnte. Wir vergessen manchmal, dass Paulus – obwohl er ein Apostel war – gleichzeitig noch ein Jünger war und als solcher der Disziplin des Herrn unterstellt war.

Im Laufe der Jahre habe ich diese Lektion der völligen Abhängigkeit von Gott allmählich gelernt. Ich muss gestehen, dass ich ein langsamer Schüler war. Gott hat verschiedene Umstände zu verschiedenen Zeiten benutzt, um mich diese Lektion zu lehren, aber ich habe eines erkannt: Je mehr ich mich von Gott alleine abhängig war, desto mehr hat er mich durch die daraus folgenden Auswirkungen überrascht – Auswirkungen, die es niemals gegeben hätte, solange ich mich auf meine eigenen Bemühungen verließ.

Die Kapitulation Jakobs

Jakob ist eine jener Personen in der Bibel, die einen sprichwörtlichen körperlichen Kampf durchfechten mussten, ehe sie ihre Unabhängigkeit aufgeben konnten. Als junger Mann war er schlau, ehrgeizig und auf seinen eigenen Vorteil bedacht. Er nutzte die momentane körperliche Schwäche seines Bruders aus, um sich von ihm dessen Erstgeburtsrecht für eine Schüssel Suppe zu verkaufen. Danach spielte er seinem blinden Vater Isaak ein Täuschungsmanöver vor, indem er vorgab, Esau zu sein, um somit den väterlichen Segen – der normalerweise mit dem Erstgeburtsrecht einherging – zu erhalten.

Aber weder das Erstgeburtsrecht noch der väterliche Segen wirkten sich zu Jakobs Vorteil aus. Um sich dem Zorn Esaus zu entziehen, floh er nach Mesopotamien und kam als Flüchtling bei seinem Onkel Laban unter, wo er erneut seine Schlauheit unter Beweis stellte. Er heiratete die zwei Töchter Labans und erwarb den größten Teil von dessen Reichtum.

Dann gab ihm der Herr zu verstehen, dass es an der Zeit war, in das Land seiner Erbschaft zurückzukehren. Auf der Rückkehr dorthin begegnete er jedoch einem mysteriösen Fremden, mit dem er die ganze Nacht hindurch kämpfte. Schließlich verrenkte ihm der Fremde den Hüftmuskel (den stärksten Muskel in seinem ganzen Körper), so dass sich Jakob in hilfloser Abhängigkeit an ihn klammerte.

Erst nach dieser Begegnung war Jakob in der Lage, tatsächlich zu seiner Erbschaft zurückzukehren. Aber für den Rest seines Lebens musste er hinken – als äußeres Zeichen der aufgegebenen Unabhängigkeit.

Wer war der Fremde, der mit Jakob kämpfte? Zuerst wird er als ein Mensch bezeichnet, aber am nächsten Morgen sagte Jakob: „Ich habe Gott von Angesicht zu Angesicht gesehen." (1 Mose 32,24-30) Später machte der Prophet Hosea folgende Aussage im Hinblick auf diese Begegnung: „Er (Jakob) kämpfte mit dem Engel ... ." (Hosea 12,5)

Diese Person war also ein Mensch, aber dennoch Gott und außerdem auch ein Engel. Es gibt nur eine einzige Person im gesamten Universum, auf die diese Beschreibung zutrifft: Ein Mensch und dennoch Gott gleichzeitig ein Bote Gottes. Es ist die Person, die in der Geschichte der Menschheit als Jesus von Nazareth erschien – ein Mensch, aber dennoch Gott und ein Bote Gottes an die Menschen.

Das Schicksal Jakobs wurde durch diese Begegnung endgültig besiegelt. Danach wurde ihm sein Erbe zurückerstattet und er versöhnte sich auch wieder mit seinem Bruder Esau.

Vielleicht hast du in dieser Erfahrung Jakobs einen Teil deiner selbst wiedererkannt. Du hast ebenfalls mit deiner eigenen Kraft gekämpft, um ein geistliches Erbe anzutreten, dass Gott deiner Meinung nach für dich bereitgestellt hat und dass dir dennoch irgendwie immer noch verschlossen ist. Wenn das so ist, dann musst du genau das tun, was Jakob getan hat: Du musst dich dem Herrn Jesus Christus bedingungslos anvertrauen.

Hier ist ein Gebet, das du dann in dieser Situation beten kannst:

Herr Jesus, ich glaube, dass du wirklich mein Retter bist und dass du ein Erbe für mich bereitgestellt hast. Aber ich erkenne nun, dass ich mich auf meine eigene Stärke verlassen habe, um dieses Erbe anzutreten. Dafür möchte ich jetzt Buße tun! Ich lege meine Unabhängigkeit nieder und stelle mich völlig unter deine Herrschaft. Von nun an will ich nur von deiner allumfassenden Gnade abhängig sein.

Aber vergiss dabei eines nicht: Es könnte sein, dass du von nun an hinkst!

Weitere exzellente Literatur von Derek Prince gibt es bei:
IBL-Deutschland
Schwarzauerstr. 56
83308 Trostberg
Tel. 08621- 64146
Email IBL.de@t-online.de
www.ibl-dpm.de

5.7 Motivation für den Alltag-
Was treibt mich an?

„Wenn das Leben keine Vision hat, nach der man strebt, nach der man sich sehnt, die man verwirklichen möchte, dann gibt es auch kein Motiv sich anzustrengen." (Erich Fromm)

Was motiviert mich?

Was gibt mir die Kraft durchzuhalten? Was treibt mich an?

Es ist wichtig zu wissen, was einen langfristig motiviert.

Die Motivationen, etwas zu erreichen, sind höchst unterschiedlich! Was den einen motiviert, lässt den anderen kalt.

Die Psychologie kennt 16 verschiedene Lebensmotive- 16 Motivationen, die uns antreiben:

- Macht (Streben nach Einfluss, Erfolg, Leistung, Führung)
- Unabhängigkeit (Streben nach Freiheit. Geheimnis: Wahre Freiheit ist nur in der bewussten Abhängigkeit von Gott zu erreichen)
- Neugier (Streben nach Wissen und Wahrheit. Der Naturwissenschaftler Agassi sagte einmal: „Meine Zeit ist zu wertvoll, um sie mit Geldverdienen zu verschwenden.")
- Anerkennung (Streben nach sozialer Akzeptanz – Gefahr: Ich lebe für andere, um anderen zu gefallen. Ich werde gelebt.)
- Ordnung (Streben nach Klarheit, guter Organisation, Struktur, Stabilität).
- Sparen (Streben nach Anhäufung materieller Güter und nach Eigentum, sammeln).
- Ehre (z.B. Familienehre, Kompanieehre, falls nicht erfüllt: Schamgefühle)
- Idealismus (Streben nach sozialer Gerechtigkeit und Fairness)
- Beziehungen (Streben nach Freundschaft, Nähe zu anderen, Humor)
- Familie (Streben nach Familienleben und der Erziehung eigener Kinder)
- Status (Streben nach öffentlicher Aufmerksamkeit, Titeln, Reichtum)
- Rache (Streben nach Konkurrenz, Kampf, Aggression, Vergeltung – oft aus Verletzung heraus)
- Eros (Streben nach Sex, einem erotischen Leben)
- Essen (Streben nach Nahrung, Freude am Essen)
- Körperliche Aktivität (Fitness, Körperkult)
- Ruhe (Streben nach Entspannung, emotionaler Sicherheit)

Ein Geheimnis: Die wichtigsten und schönsten Dinge im Leben sind kostenlos!

Lebensglück hängt von Faktoren ab, die nicht mit Geld zu bezahlen sind: Gottes Liebe kennen lernen, Freundschaften, liebevolle Beziehungen, Sex.

Was wollen Sie eigentlich?

Haben sie einen Traum? Wollen sie ihn verwirklichen? Leben sie ihren Traum? Wenn nein, warum eigentlich nicht? Könnte es sein, dass sie selbst das größte Hindernis sind, um Ihren Traum zu verwirklichen? Welche Ängste halten mich vom Handeln ab?

Die Höhe/Die Stärke der Motivation hängt von der Attraktivität der Ziele ab.

Sich bewusst machen: Welche Ziele empfinde ich als attraktiv? Und warum?

Motivation hat viel mit der Sinnfrage zu tun!

Um diesen Punkt zu klären, ist es wichtig, die **Realität** zu erkennen. Was ist die Realität? Es geht darum, die Realität –die Wirklichkeit, die uns umgibt, besser zu begreifen. Um die Realität zu beschreiben, kann man verschiedene Prämissen/ Eckpunkte annehmen:

1. Es gibt neben der sichtbaren, materiellen Welt auch eine nichtsichtbare, immateriellen Welt.
2. Wenn die Bibel Recht hat, gibt es einen souveränen, unabhängigen, liebenden und gerechten Gott (den man als Person -inkl. seinem Charakter- in der Bibel kennen lernen kann).
   Das ist Gottes Weg sich und seine Pläne den Menschen zu offenbaren.
   Wenn es einen Gott gibt, welche Konsequenzen hat das für mich?
3. Zur Realität gehört, dass es eine subjektive Wahrheit im Universum gibt. Die Formel: „Alles ist relativ und nur eine Sache des Blickwinkels" ist nicht zutreffend.
   Jesus sagt: „Ich bin die Wahrheit!"
   Der Schriftsteller C.S. Lewis sagt dazu: Entweder ist Jesus verrückt oder er lügt oder er ist tatsächlich Gottes Sohn!
4. Ein Geheimnis ist: **„Die Realität ist unabhängig von der Meinung die ich über sie habe!"** d.h. Meine Meinung ist gar nicht so wichtig. Durch meine Meinung verändert sich die Realität nicht. Ob ich an Gott glaube oder nicht – spielt für die Existenz Gottes keine Rolle.
   Meine Meinung und das daraus resultierende Verhalten werden aber – zum Teil verheerende- Auswirkungen auf mich haben. Das macht bescheiden/demütig.

Dauerhafte Motivation ist sinnorientiert – nicht materiell orientiert.

Das, was wirklich wichtig ist, muss es auch mit dem Tod aufnehmen können.

Was heißt das für mein Leben?

Nur zu arbeiten, um die Brötchen zu verdienen, reicht nicht aus, um dauerhaft motiviert zu sein.

- Gott ist mein Versorger!

- Jeder Mensch strebt nach Sinn, nach einem erfüllten Leben.
  Wo kommt der Sinn her?
  Der Sinn hat seinen Ursprung bei unserem Schöpfer. Wozu bin ich erschaffen?

In erster Linie, um mit Gott Gemeinschaft zu haben – um ein geliebtes Kind des perfekten himmlischen Vaters zu sein.

Zweitens: Es geht um das Reich Gottes! Jesus hatte nach der Auferstehung 40 Tage lang bis zur Himmelfahrt dies als zentrales Thema (Apg. 1,3). Das Reich Gottes ist das spannendste Thema unserer Tage. Gott will und wird sein Reich hier auf der Erde bauen. Und wir dürfen und sollen dabei sein. Was hat das mit meiner Motivation zu tun? Eine ganze Menge: **Ich werde dann hoch motiviert sein, wenn ich weiß, was meine Berufung ist.** Wird durch mein Leben der Bau von Gottes Reich gefördert oder behindert? Unsere Aufgabe ist nicht in erster Linie, Geld zu verdienen und einen möglichst hohen Lebensstandard zu haben. Unsere Aufgabe ist „Salz und Licht" zu sein, verbal und nonverbal das Reich Gottes durch unser Sein und Handeln zu fördern.

Ich bin motiviert, wenn ich zur richtigen Zeit am richtigen Ort bin, das Richtige tue und weiß, dass Gott mit mir ist.

Das ist gleichzeitig das Geheimnis, um erfolgreich zu leben.

- Wenn ich im Moment leide, leide ich für das Richtige?
- Hechel ich falschen Zielen hinterher?

Früchte meines Lebens

Wann war mein Leben erfolgreich? Nicht erst im Alter sein Leben rückwirkend beurteilen. Ist mein Leben aus Gottes Sicht erfolgreich?

Was sind seine Kriterien?

Habe ich auf sein Rufen und Begehren (mit mir Beziehung und Gemeinschaft zu haben) richtig geantwortet? Unser Part ist, die richtigen Entscheidungen im Leben zu treffen.

Was sind seine Aufträge?

- Liebe Gott, den Herrn, von ganzen Herzen und deinen Nächsten wie dich selbst.
- „Gehet hin und machet zu Jüngern alle Völker, indem ihr sie taufet auf den Namen des Vaters und des Sohnes und des Heiligen Geistes und sie halten lehrt alles, was ich euch befohlen habe. Und siehe, ich bin bei euch alle Tage, bis ans Ende der Welt." (Mt.28,18-20)

Ich bin dauerhaft hochgradig motiviert, wenn ich die Realität erkannt habe und wenn ich, basierend auf der Erkenntnis der Realität, die richtigen Entscheidungen in meinem Leben getroffen habe.

Literatur zum Thema:
- „Kreative Lebensplanung", Paul Donders
- „Mehr als ein Job", Dieter Keil
- „Der Gabentest", Christian Schwarz

5.8.1 Hingabe: Mein Vertrag mit Gott

Bibelverse zum Thema „Hingabe":
Math. 10,
37 Wer Vater oder Mutter mehr liebt als mich, der ist meiner nicht wert; und wer Sohn oder Tochter mehr liebt als mich, der ist meiner nicht wert.
38 Und wer nicht sein Kreuz nimmt und mir nachfolgt, der ist meiner nicht wert.
39 Wer sein Leben findet, der wird es verlieren; und <u>wer sein Leben verliert um meinetwillen, der wird es finden</u>.
Phil. 1,
22 Wenn aber das Leben im Fleische mir Gelegenheit gibt zu fruchtbarer Wirksamkeit, so weiß ich nicht, was ich wählen soll.
23 Denn ich werde von beidem bedrängt: Ich habe Lust, abzuscheiden und bei Christus zu sein, was auch viel besser wäre;
24 aber es ist nötiger, im Fleische zu bleiben um euretwillen.
Joh. 15,
13 <u>Größere Liebe hat niemand als die, dass er sein Leben lässt für seine Freunde.</u>
14 Ihr seid meine Freunde, wenn ihr alles tut, was ich euch gebiete.
15 Ich nenne euch nicht mehr Knechte; denn der Knecht weiß nicht, was sein Herr tut; euch aber habe ich Freunde genannt, weil ich alles, was ich von meinem Vater gehört habe, euch kundgetan habe.
2. Kor. 1,
3 Gelobt sei der Gott und Vater unsres Herrn Jesus Christus, der Vater der Barmherzigkeit und Gott alles Trostes,
4 der uns tröstet in all unsrer Trübsal, auf dass wir die trösten können, welche in allerlei Trübsal sind, durch den Trost, mit dem wir selbst von Gott getröstet werden.
5 Denn gleichwie die Leiden Christi sich reichlich über uns ergießen, so fließt auch durch Christus reichlich unser Trost.
6 Haben wir Trübsal, so geschieht es zu eurem Trost und Heil; werden wir getröstet, so geschieht es zu eurem Trost, der sich kräftig erweist in standhafter Erduldung derselben Leiden, welche auch wir leiden, und unsre Hoffnung für euch ist fest;
7 denn wir wissen, dass, gleichwie ihr der Leiden teilhaftig seid, so auch des Trostes.
8 Denn wir wollen euch, Brüder, nicht in Unkenntnis lassen über die Trübsal, die uns in Asien widerfahren ist, dass wir übermäßig schwer zu tragen hatten, über Vermögen, so dass wir selbst am Leben verzweifelten;
9 ja wir hatten bei uns selbst schon das Todesurteil über uns gefällt, damit wir nicht auf uns selbst vertrauten, sondern auf den Gott, der die Toten auferweckt.
10 Er hat uns denn auch von solchem Tod errettet und rettet uns noch, und wir hoffen auf ihn, dass er

uns auch ferner erretten wird,
11 vorausgesetzt, dass auch ihr uns behilflich seid durch eure Fürbitte, damit für die von vielen Personen für uns erbetene Gnadengabe auch von vielen gedankt werde für uns.
12 Denn unser Ruhm ist der: das Zeugnis unsres Gewissens, dass wir in Einfalt und göttlicher Lauterkeit, nicht in fleischlicher Weisheit, sondern in göttlicher Gnade gewandelt sind in der Welt, allermeist aber bei euch.
Kol. 3,
1 Seid ihr nun mit Christus auferstanden, so suchet, was droben ist, wo Christus ist, sitzend zu der Rechten Gottes.
2 Trachtet nach dem, was droben, nicht nach dem, was auf Erden ist;
3 denn ihr seid gestorben, und euer Leben ist verborgen mit Christus in Gott.
4 Wenn Christus, euer Leben, offenbar werden wird, dann werdet auch ihr mit ihm offenbar werden in Herrlichkeit.
5 Tötet nun eure Glieder, die auf Erden sind: Unzucht, Unreinigkeit, Leidenschaft, böse Lust und die Habsucht, welche Götzendienst ist;
6 um welcher Dinge willen der Zorn Gottes über die Kinder des Unglaubens kommt;
7 in welchen auch ihr einst wandeltet, als ihr darin lebtet;
8 nun aber leget das alles ab, Zorn, Grimm, Bosheit, Lästerung, hässliche Redensarten aus eurem Munde.
9 Lüget einander nicht an: da ihr ja den alten Menschen mit seinen Handlungen ausgezogen
10 und den neuen angezogen habt, der erneuert wird zur Erkenntnis, nach dem Ebenbild dessen, der ihn geschaffen hat;
11 wo nicht mehr Grieche und Jude ist, Beschneidung und Vorhaut, Ausländer, Scythe, Knecht, Freier, sondern alles und in allen Christus.
12 Ziehet nun an als Gottes Auserwählte, Heilige und Geliebte, herzliches Erbarmen, Freundlichkeit, Demut, Sanftmut, Geduld,
13 ertraget einander und vergebet einander, wenn einer wider den andern zu klagen hat; gleichwie Christus euch vergeben hat, also auch ihr.
14 Über dies alles aber *habet* die Liebe, welche das Band der Vollkommenheit ist.
15 Und der Friede Christi herrsche in euren Herzen, zu welchem ihr auch berufen seid in einem Leibe. Seid auch dankbar!
16 Das Wort Christi wohne reichlich unter euch; lehret und ermahnet euch selbst mit Psalmen, Lobgesängen und geistlichen Liedern; singet Gott lieblich in euren Herzen.
17 Und was immer ihr tut in Wort oder Werk, das tut im Namen des Herrn Jesus und danket Gott und dem Vater durch ihn.

Gal. 2,

19 Nun bin ich aber durchs Gesetz dem Gesetz gestorben, um Gott zu leben, ich bin mit Christus gekreuzigt.

20 Und <u>nicht mehr lebe ich, sondern Christus lebt in mir</u>; was ich aber jetzt im Fleische lebe, das lebe ich im Glauben an den Sohn Gottes, der mich geliebt und sich selbst für mich hingegeben hat.

2. Kor. 5,

14 Denn die Liebe Christi hält uns zusammen, die wir dafürhalten, dass, wenn einer für alle gestorben ist, so sind sie alle gestorben;

15 und er ist darum für alle gestorben, damit die, welche leben, nicht mehr sich selbst leben, sondern dem, der für sie gestorben und auferstanden ist.

Mein Vertrag mit Gott:

Danke, Jesus, dass Du Dein Leben für mich aus Liebe gegeben hast!

Ich übergebe Dir daher die Herrschaft über mein Leben.
Du bist mein Gott und mein König und mein Herr.
Ich gehöre Dir.
Ich liefere mich Dir aus:
Mein Leben, meine Finanzen, meine Zeit, meine Energie, meinen Ehepartner,
meine Kinder, meine Familie, meine Freunde, meine Hobbies, meinen Besitz,
mein Haus, meine Gemeinde, meine Gesundheit sind in Deiner Hand.
All dies gehört nicht mehr mir, sondern Dir!
Du kannst hiermit machen, was Du willst!
Ich lasse alles los!
Dein Reich komme! Dein Wille geschehe!

Unterschrift

_____

5.8.2 Leben in Fülle: Durchbruch zum Zerrbruch

Der gebrochene Mensch
„Gebrochenheit" ist in diesem Zusammenhang durchweg positiv zu verstehen, wie die nachstehenden Ausführungen deutlich machen.

Gott hat mit jedem Menschen eine persönliche Historie. Gott wirbt um uns und sehnt sich danach, dass wir reifen und in das Leben in Fülle hineinkommen, das er uns in Johannes 10,10 versprochen hat. Die Geschwindigkeit des inneren Wachstums hängt stark von unseren Antworten auf Gottes Werben ab. Welches sind die zentralen Bibelstellen zum Thema „innerer Zerrbruch"?

Psalm 51,15-19: „Die Gott wohlgefälligen Opfer sind ein zerbrochener Geist; ein zerbrochenes und zerschlagenes Herz wirst du, o Gott, nicht verachten."

Psalm 34, 18: „Der HERR ist nahe denen, die zerbrochenen Herzens sind, und hilft denen, deren Geist zerschlagen ist."

Mat. 10,39: „Wer sein Leben findet, der wird es verlieren; und wer sein Leben verliert um meinetwillen, der wird es finden."

Lukas 20, 17+18: „Der Stein, den die Bauleute verworfen haben, der ist zum Eckstein geworden? Wer auf diesen Stein (Jesus) fällt, der wird zerschmettert werden; auf welchen er aber fällt, den wird er zermalmen.

Joh. 3,30: „Er muss wachsen, ich aber muss abnehmen."

Jesus ist das große Vorbild eines zerbrochenen Menschen: In seinem Verhalten und sogar physisch:
1.Kor. 11, 24: „Nehmet, esset, das ist mein Leib, der für euch gebrochen wird, solches tut zu meinem Gedächtnis!"

Innerer Zerrbruch ist eine Entscheidung. Und es ist ein Wirken des Heiligen Geistes im Leben des einzelnen Christen und somit kein eigener Verdienst.
Zerrbruch ist ein Prozess: Er beginnt mit der Erkenntnis, dass ich mit meiner Schuld nicht vor Gott bestehen kann. Er geht weiter mit dem bewussten Erleben was Gnade, Liebe und Hingabe bedeutet. Während des weiteren Prozesses sehnt man sich mehr danach, dass Gottes Willen statt des eigenen Willens geschieht. Der Prozess des Zerrbruchs mündet in einer freiwilligen Hingabe an Gott. Dies können materielle Dinge sein (Geld, Haus, sonstiges Vermögen), Beziehungen oder sogar das eigene Leben (Märtyrertod).
Markus 10, 29 „Jesus antwortete ihm und sprach: Wahrlich, ich sage euch, es ist

niemand, der Haus oder Brüder oder Schwestern oder Vater oder Mutter oder Kinder oder Äcker um meinetwillen und um des Evangeliums willen verlassen hat, der nicht hundertfältig empfinge, jetzt in dieser Zeit Häuser und Brüder und Schwestern und Mütter und Kinder und Äcker, unter Verfolgungen, und in der zukünftigen Weltzeit ewiges Leben."
Offb.12,11 „Und sie haben ihn (Satan) überwunden durch des Lammes Blut und durch das Wort ihres Zeugnisses und haben ihr Leben nicht geliebt bis in den Tod!"

Man spürt im Umgang mit Menschen, ob Gott in seiner Liebe schon jemand zu einem inneren Zerrbruch geführt hat.
Hier zunächst mögliche Kennzeichen nicht gebrochener Menschen:
Aufbrausend, egoistisch, auf sein Recht beharrend, stolz, auf Status-Symbole wert legend, herrisch, ungeduldig, neidisch, „ständig unter Strom", Diskussionen liebend, es kommt auf seine Argumente und Positionen an, taktisches Verhalten, misstrauisch, auf sein Fremdbild bedacht, ehrenrührig, sich gut verkaufen wollen, sich in ein gutes Licht rücken, Fehler anderer betonen, kritisieren, schlecht über andere reden, Machtspielereien, psychosomatische Beschwerden, gesetzliches Verhalten, sich Absondern von anders Denkenden/ Glaubenden, innerlich eher unfrei, will Gott und Menschen durch gute Taten imponieren, oft ehrgeizig (geizt nach Ehre).
Die Auswirkungen eines inneren Zerrbruchs sind ebenfalls beobachtbar:
Demütigende, dienende Grundhaltung, den anderen höher achtend als sich selbst, geduldig, sanftmütig, klar unterscheidend, kühn, mutig, leidenschaftlich, ist bestrebt, Gottes Willen in einer Sache zu suchen und umzusetzen, dies ist ihm/ihr wichtiger als die eigene Meinung,
die Nähe/ Intimität Gottes suchend, hat innere Überzeugung, dass es auf Gottes Eingreifen ankommt, dass von Gott die entscheidende Lösung bei Problemen zu erwarten ist, lebt nicht aus eigener Kraft, lebt täglich aus Gnade, erwartet täglich Wunder, weiß, dass er von Gottes Führung und seiner Background-Arbeit abhängig ist, lässt sich von Jesus heiligen und heiligt sich nicht selbst (Heb.10,10+14, Joh. 17,19), ein gebrochener Mensch erkennt, dass eigene Charakter- und Verhaltens-Änderungen ein Wirken des Heiligen Geistes in seinem Leben ist und nur durch die bewusst gesuchte Nähe zu Gott gefördert werden kann,

174

Zerbrochene sind oft Teamplayer und keine Einzel-Helden, bei wichtigen Entscheidungen achten sie auf Einheit („Es hat dem Heiligen Geist und uns gefallen…" Apg. 15,28), sie sehen die Notwendigkeit aller Gaben des Heiligen Geistes und der verschiedenen Ämter (Fünffältiger Dienst nach Eph. 4,11), sie bedienen sich der Gaben des Heiligen Geistes, sie freuen sich, wenn andere mehr gesegnet werden als sie selbst, sie stellen Gott ihr Hab und Gut und ihr Leben zur Verfügung, sie kämpfen nicht unbedingt für ihre Rechte – sie lassen Gott Raum einzugreifen („Rächt euch nicht selbst, ihr Lieben, sondern gebet Raum dem Zorne Gottes; denn es steht geschrieben: „Die Rache ist mein, ich will vergelten, spricht der Herr." Römer 12,19), der Zerbrochene arbeitet nicht um der Anerkennung willen, sondern um des Auftrags und der Aufgabe willen, er muss keine Streitgespräche führen, er muss sich nicht ständig rechtfertigen, kontra geben, seine Position verteidigen und sich selbst erklären, Zerbrochene sind innerlich fest, reif im Glauben, überzeugt, können sich einordnen und unterordnen, sind bescheiden, leben entspannter – mit weniger Bauchschmerzen, Stress und Unruhe, weil sie versuchen mit dem Willen Gottes in Übereinstimmung zu leben, sie hassen und lassen Sünde (mehr und mehr), die Nähe zu Gott prägt und verändert alle Bereiche ihres Lebens und ihres Charakters.

Es ist wesentlich leichter als Zerbrochener zu leben (aus Gnade), man muss sich nicht ständig rechtfertigen, seine Meinung durchsetzen und aus eigener Kraft agieren. Es befreit. Mit zerbrochenen Menschen zusammen zu leben und zu arbeiten ist leichter und angenehmer. Sie leben mehr und mehr „online", das heißt, sie achten auch im oft hektischen Alltag auf das Drängen des Heiligen Geistes mit Gott in (ständiger) Verbindung zu bleiben.

Zerrbruch heißt nicht, dass man seine Persönlichkeit aufgibt. Man ist weiterhin für sein Leben und Handeln verantwortlich – gegenüber Gott und den Menschen.

Zerrbruch ist vielmehr eine Haltung, ein geistgewirkter Lebensstil.

Menschen im direkten sozialen Umfeld werden den fortschreitenden Prozess des Zerrbruchs durch Verhaltensänderungen bemerken. Wie kann ich den Durchbruch zum Zerrbruch in meinem Leben fördern?

1. Indem ich den Heiligen Geist bitte in mir die Liebe und Gnade Gottes lebendig zu machen.
2. Indem ich bete: „Herr, verändere mich in das Bild, das Du von mir hast."

Einem Zerbrochenen fällt es leichter seine Sorgen Gott abzugeben: „Sorget um nichts, sondern in allem lasset durch Gebet und Flehen mit Danksagung eure Anliegen vor Gott kundwerden. Und der Friede Gottes, der allen Verstand übersteigt, wird eure Herzen und Sinne bewahren in Christus Jesus." Phil.4,6

5.9 Wer bin ich? Und das positive Glaubensbekenntnis

ICH BIN...
- geheiligt (1.Kor.6,11)
- gerechtfertigt (Römer 5,1)
- ein Sohn Gottes (Römer 8,14)
- ein Kind Gottes (Römer 8,16)
- eine neue Schöpfung (2.Kor.5,17)
- ein Mitarbeiter Gottes (1. Kor.3,9)
- das Licht der Welt (Matthäus 5,14)
- ein Priester und ein Heiliger (Off.2)
- ein Nachahmer Christi (Epheser 5,1)
- mehr als ein Überwinder (Römer 8,37)
- geleitet vom Geist Gottes (Römer 8,14)
- nicht vom Sichtbaren bewegt (2.Kor.4,18)
- geheilt durch seine Wunden (1.Petrus 2,24)
- ein Erbe des ewigen Lebens (1.Joh.5,11+12)
- ein Botschafter an Christi statt (2.Kor. 5,20)
- Erbe des Segens Abrahams (Galater 3,13+14)
- bewahrt auf allen meinen Wegen (Psalm 9,11)
- errettet aus Gnade durch Glauben (Epheser 2,8)
- Teilhaber seiner göttlichen Natur (2.Petrus 1,4)
- ein täglicher Überwinder des Teufels (1. Joh. 4,4)
- gesegnet mit jeder geistigen Segnung (Epheser 1,3)
- losgekauft vom Fluch des Gesetzes (Galater 3,13)
- erlöst aus der Hand des Bedrängers (Psalm 107,2)
- ein Repräsentant Jesu hier auf der Erde (1.Kor. 4,1)
- ein Kraft über den Feind Ausübender (Lukas 10,19)
- errettet von der Macht der Finsternis (Kolosser 1,13)
- ein Erbe Gottes und ein Miterbe Christi (Römer 8,17)
- verwandelt durch einen erneuerten Sinn (Römer 12,1+2)
- wandelnd im Glauben und nicht im Schauen (2.Kor.5,7)
- ein alle Vernünfteleien Niederwerfender (2.Kor.10,4+5)
- stark im Herrn und in der Macht seiner Stärke (Epheser 6,12)
- ständig aufwärtssteigend und nicht hinuntersinkend (5.Mose 28,13)
- in all meinen Bedürfnissen völlig versorgt durch Jesus (2.Korinther 8,9)
- gesegnet bei meinem Eingang und bei meinem Ausgang (5.Mose 28,6)
- ein alles Vermögender durch Christus, der mich stärkt (Philipper 4,13)
- ein jeden Gedanken unter den Gehorsam Christi Bringender (2. Kor.15)
- ein den Worten Gottes Gehorchender und danach Handelnder (5.Mose 28)
- ein Überwinder durch Jesu Blut und durch das Wort meines Zeugnisses (Off.1)
- ausgestattet mit dem Geist der Kraft, der Liebe und der Besonnenheit (2.Tim.1,7)

176

Das positive Glaubensbekenntniseine tägliche Proklamation
(von Markus Rapp)

„Wer mit dem Herzen glaubt und mit dem Mund bekennt,
wird Gerechtigkeit und Heil erlangen." (Römer 10,10)

1. Gott ist meine Zuflucht und meine Stärke, ein bewährter Helfer in allen Nöten. (Ps. 46,1)

2. Ich bitte und empfange;
ich suche und finde;
ich klopfe an und mir wird aufgetan! (Matt.7,7)

3. Alles ist möglich, dem der glaubt! (Markus 9,23)

4. Bitte und empfange!
Alles, worum ihr betet und bittet, glaubt nur,
dass ihr es schon erhalten habt, dann wird es euch zuteil.
(Markus 11,24)

5. Der Herr ist mein Hirte, mir wird nichts mangeln. (Ps.23,1)

6. Ich werfe alle meine Anliegen auf den Herrn
- der wird für mich
sorgen! (Ps.55,23)

7. Ich vergesse, was hinter mir liegt,
und strecke mich aus, nach dem, was vor mir liegt. (Phil. 3,13)

8. Ich vermag alles durch Christus, der mich stark macht. (Phil. 4,13)

9. Ich zweifle nicht im Unglauben an der Verheißung Gottes,
sondern ich werde stark im Glauben und erweise Gott die Ehre.
Ich bin fest davon überzeugt, dass Gott die Macht besitzt zu tun,
was Er verheißen hat. (Römer 4, 20+21)

10. Ich weiche nicht mehr zurück im Unglauben.
Ich fürchte mich vor gar nichts,
denn Gott ist mit mir in allem, was ich tue.

11. Alle Dinge müssen zum Besten dienen,
denen, die Gott lieben,
und die Er berufen hat. (Römer 8,28)

5.10 Geduld – der segensreiche Charakterzug

Sprüche 25,15:
Durch **Geduld** wird ein Richter überredet, und die weiche Zunge zerbricht Knochen.

Lukas 8,15:
Das in dem guten Erdreich aber sind die, welche das Wort, das sie gehört haben, in einem feinen und guten Herzen behalten und Frucht bringen in **Geduld**.

Lukas 21,17-19:
...und ihr werdet von allen gehasst sein um meines Namens willen.
Und kein Haar von eurem Haupte wird verloren gehen. Durch eure **Geduld** gewinnet eure Seelen!

Römer 2,4
Oder verachtest du den Reichtum seiner Güte, **Geduld** und Langmut, ohne zu erkennen, dass dich Gottes Güte zur Buße leitet?

Römer 9,22
Wenn aber Gott, da er seinen Zorn erzeigen und seine Macht kundtun wollte, mit großer **Geduld** die Gefäße des Zorns getragen hat, die zum Verderben zugerichtet sind, ...

Römer 15,4+5
Was aber zuvor geschrieben worden ist, das wurde zu unserer Belehrung geschrieben, damit wir durch die **Geduld** und durch den Trost der Schrift Hoffnung
fassen.
Der Gott der **Geduld** und des Trostes aber gebe euch, untereinander eines Sinnes zu sein, Christus Jesus gemäß, ...

2. Korinther 6,3
Wir geben niemandem irgendeinen Anstoß, damit der Dienst nicht verlästert werde; sondern in allem erweisen wir uns als Diener Gottes: in großer **Geduld**, in Trübsalen, in Nöten, in Ängsten, ...

Galater 5,22
Die Frucht des Geistes aber ist Liebe, Freude, Friede, **Geduld**, Freundlichkeit, Gütigkeit, Treue, Sanftmut, Enthaltsamkeit.

Epheser 4,1
So ermahne ich euch nun, ich, der Gebundene im Herrn, dass ihr würdig wandelt der Berufung, zu welcher ihr berufen worden seid, so dass ihr mit aller Demut und Sanftmut, mit **Geduld** einander in Liebe ertraget.

Kolosser 1,10
...damit ihr des Herrn würdig wandelt zu allem Wohlgefallen: in allem guten Werk fruchtbar und in der Erkenntnis Gottes wachsend, mit

aller Kraft gestärkt nach der Macht seiner Herrlichkeit zu aller Standhaftigkeit und **Geduld**, mit Freuden, ...

Kolosser 3,12
Ziehet nun an als Gottes Auserwählte, Heilige und Geliebte, herzliches Erbarmen, Freundlichkeit, Demut, Sanftmut, **Geduld**, ertraget einander und vergebet einander, wenn einer wider den andern zu klagen hat; gleichwie Christus euch vergeben hat, also auch ihr.

2.Thessalonicher 3,5
Der Herr aber lenke eure Herzen zu der Liebe Gottes und zu der **Geduld** Christi!

1.Timotheus 1,16
Aber darum ist mir Erbarmung widerfahren, damit an mir zuerst Jesus Christus alle **Geduld** erzeige, zum Beispiel denen, die an ihn glauben würden zum ewigen Leben.

1.Timotheus 6,11
Du aber, Gottesmensch, fliehe solches, jage aber nach Gerechtigkeit, Gottseligkeit, Glauben, Liebe, **Geduld**, Sanftmut! Kämpfe den guten Kampf des Glaubens, ...

2.Timotheus 3,10
Du aber bist mir nachgefolgt in der Lehre, in der Lebensführung, im Vorsatz, im Glauben, in der Langmut, in der Liebe, in der **Geduld**, in den Verfolgungen, in den Leiden, ...

2.Timotheus 4,2
Predige das Wort, tritt dafür ein, es sei gelegen oder ungelegen; überführe, tadle, ermahne mit aller **Geduld** und Belehrung!

Titus 2,1 Du aber rede, was der gesunden Lehre entspricht: dass alte Männer nüchtern seien, ehrbar, verständig, gesund im Glauben, in der Liebe, in der **Geduld**...

Hebräer 6,11
Wir wünschen aber, dass jeder von euch denselben Fleiß bis ans Ende beweise, entsprechend der vollen Gewissheit der Hoffnung, dass ihr ja nicht träge werdet, sondern Nachfolger derer, welche durch Glauben und **Geduld** die Verheißungen ererben.

Jakobus 1,2-4
Meine Brüder, achtet es für lauter Freude, wenn ihr in mancherlei Anfechtungen geratet, da ihr ja wisset, dass die Bewährung eures Glaubens **Geduld** wirkt. Die **Geduld** aber soll ein vollkommenes Werk haben, damit ihr vollkommen und ganz seiet und es euch an nichts mangle.

Jakobus 5,7-9+10
Nehmet, Brüder, zum Vorbild des Unrechtleidens und der **Geduld** die Propheten, die im Namen des Herrn geredet haben. Siehe, wir preisen die selig, welche ausgeharrt haben. Von Hiobs **Geduld** habt ihr gehört, und das Ende des Herrn habt ihr gesehen; denn der Herr ist voll Mitleid und Erbarmen.

2.Petrus 3,15
Und die **Geduld** unsres Herrn achtet für euer Heil, wie auch unser lieber Bruder Paulus nach der ihm verliehenen Weisheit euch geschrieben hat, ...

Offenbarung 1,9
Ich, Johannes, euer Mitgenosse an der Trübsal und am Reich und an der **Geduld** Jesu Christi, war auf der Insel namens Patmos, um des Wortes Gottes und um des Zeugnisses Jesu willen.

Offenbarung 2,2
Ich weiß deine Werke und deine Arbeit und deine **Geduld**, und dass du die Bösen nicht ertragen kannst,...
Offenbarung 2,19
19 Ich weiß deine Werke und deine Liebe und deinen Glauben und deinen Dienst und deine **Geduld** und dass deiner letzten Werke mehr sind als der ersten.

Offenbarung 3,10
Weil du das Wort meiner **Geduld** bewahrt hast, will auch ich dich bewahren vor der Stunde der Versuchung, die über den ganzen Erdkreis kommen wird, zu versuchen, die auf Erden wohnen.

Römer 2,6
Gott, welcher einem jeglichen vergelten wird nach seinen Werken; denen nämlich, die mit **Ausdauer** im Wirken des Guten Herrlichkeit, Ehre und Unsterblichkeit erstreben, ewiges Leben; ...

Hebräer 10,36
Denn **Ausdauer** tut euch Not, damit ihr nach Erfüllung des göttlichen Willens die Verheißung erlanget.

Hebräer 12,1
...lasset uns jede Last und die uns so leicht umstrickende Sünde ablegen und mit **Ausdauer** die Rennbahn durchlaufen, welche vor uns liegt, ...

2.Petrus 1,5
...so setzet nun all euren Fleiß zu dem hinzu und reichet dar in eurem Glauben die Tugend, in der Tugend aber die Erkenntnis, ... in der Erkenntnis aber die Enthaltsamkeit, in der

Enthaltsamkeit aber die **Ausdauer**, in der **Ausdauer** aber die Gottseligkeit, ...

Offenbarung 2,3: ...und du hast **Ausdauer**, und um meines Namens willen hast du getragen und bist nicht müde geworden.
Prinzipien zum Thema „Geduld":
• „Geduld ist ein Baum, dessen Wurzeln bitter, dessen Frucht aber sehr süß ist." (Persisches Sprichwort)
• Geduld ist ein Charakterzug Gottes. (2. Petrus 3,15)
• „Wer sich recht sieht, sieht ein Bild von Gottes Geduld." (Dietrich Bonhoeffer)
• Wie lernt man Geduld?
Geduld lernt man durch geduldig sein.
• Geduld ist von Vorteil, denn es kommt im Leben entscheidend auf den richtigen Zeitpunkt an (grie. kairos). Um den richtigen Zeitpunkt zu erkennen, ist eine enge, geübte, vertraute Gemeinschaft mit dem Heiligen Geist nötig.
• Es gibt eine Spannung zwischen „Geduld" und „Sorgen". Solange wir uns noch Sorgen machen, haben wir die anstehenden Dinge nicht wirklich dem Herrn abgegeben.
• Aktionismus aus Ungeduld führt zu (z.T. teuren) Fehlentscheidungen.
• Zeiten des Wartens in der Bibel: Jesus lebte ca. 33 Jahre auf der Erde – er war aber nur die letzten drei Jahre aktiv im Dienst.

o Das Volk Israel wanderte 40 Jahre durch die Wüste, bis es in das verheißende Land kam.

o Josef war noch zwei Jahre im Gefängnis, ehe sich der Mundschenk des Pharaos an ihn erinnerte.

o David hütete die Schafe bis seine Zeit gekommen war und er König wurde.

o Paulus verbrachte viele Monate im Gefängnis (z.B. Epheser 4,1).

• Wie stärke ich mich in Zeiten des Abwartens?

o Bewusst Zeit mit Gott verbringen. („Nahet euch zu Gott, so naht sich Gott zu euch" Jakobus 4,8)

o Philipper 4,6: Sorget um nichts; sondern in allem lasset durch Gebet und Flehen mit Danksagung eure **Anliegen** vor Gott kundwerden.
Und der Friede Gottes, der allen Verstand übersteigt, wird eure Herzen und Sinne bewahren in Christus Jesus!

o Unser Ziel ist: Den Frieden Gottes in uns zu spüren.

1.Korinther 15,48 - Paulus schreibt:

„Darum, meine geliebten Brüder, seid fest, unbeweglich,

nehmet immer zu in dem Werke des Herrn,

weil ihr wisset, dass eure Arbeit nicht vergeblich ist

in dem Herrn!"

• Was tun bei Ungeduld?

• Vergebung erbeten und empfangen. Gott nach der Ursache der Ungeduld fragen (welche Ängste/Defizite/Minderwertigkeiten spielen eine Rolle?).

5.11 Was sagt die Bibel zum Thema Weisheit

Weisheit kommt von Gott.

Er gibt den Geist der Weisheit
..., die ich mit dem Geist der **Weisheit** erfüllt habe, ... 2.Mose 28,3
...und habe allen Weisen die **Weisheit** ins Herz gegeben, ... 2.Mose 31,6

Empfang des Geistes der Weisheit durch Handauflegung:
Josua aber, der Sohn Nuns, war mit dem Geist der **Weisheit** erfüllt; denn Mose hatte seine Hände auf ihn gelegt; ... 5.Mose 34,9

Und Gott gab Salomo **Weisheit** und sehr viel Verstand und Weite des Herzens, wie der Sand, der am Meeresufer liegt. Und die **Weisheit** Salomos war größer als die **Weisheit** aller Söhne des Morgenlandes und als alle **Weisheit** der Ägypter. 1.Könige 4,29

So gib mir nun **Weisheit** und Erkenntnis, dass ich vor diesem Volk aus und einzugehen weiß; denn wer kann dieses dein großes Volk richten? Da sprach Gott zu Salomo: Weil du das im Sinne hast und nicht um Schätze, Reichtum, Ehre, noch um den Tod deiner Feinde, noch um langes Leben gebeten hast, sondern um **Weisheit** und Erkenntnis, mein Volk zu richten, über das ich dich zum König gemacht habe, so sei dir nun **Weisheit** und Erkenntnis gegeben!
Dazu will ich dir Reichtum, Schätze und Ehre geben, dergleichen kein König vor dir gehabt hat, noch nach dir haben soll! 2.Chronik 1,10ff

Korallen und Kristall sind nichts gegen sie, und der Besitz der **Weisheit** geht über Perlen. Hiob 28,18

Siehe, die Furcht des Herrn, das ist **Weisheit**, und vom Bösen weichen, das ist Verstand! Hiob 28,28

...siehe, du verlangst Wahrheit im Innersten: so tue mir im Verborgenen **Weisheit** kund! Psalm 51,6

Die Furcht des HERRN ist der **Weisheit** Anfang; sie macht alle klug, die sie üben. Sein Ruhm besteht ewiglich. Psalm 111,10

Die Furcht des HERRN ist der Anfang der Erkenntnis; nur Toren verachten **Weisheit** und Zucht! Sprüche 1,7

Mein Sohn, wenn du meine Worte annimmst und meine Gebote bei dir bewahrst, so dass du der **Weisheit** dein Ohr leihst und dein Herz zur Klugheit neigst; wenn du um Verstand betest und um Einsicht flehst, wenn du sie suchst wie Silber und nach ihr forschest wie

nach Schätzen, so wirst du die Furcht des HERRN verstehen und die Erkenntnis Gottes erlangen. Denn der HERR gibt **Weisheit**, aus seinem Munde kommen Erkenntnis und Verstand. Er sichert den Aufrichtigen das Gelingen und beschirmt, die unschuldig wandeln, ... Sprüche 2,1ff

Erwirb **Weisheit**, erwirb Verstand; vergiss die Reden meines Mundes nicht und weiche nicht davon ab! Verlass du sie nicht, so wird sie dich bewahren; liebe du sie, so wird sie dich behüten! Der **Weisheit** Anfang ist: Erwirb **Weisheit** und um allen deinen Erwerb erwirb Verstand! Halte sie hoch, so wird sie dich erhöhen; sie wird dich ehren, wenn du sie liebst. Sie wird deinem Haupt einen lieblichen Kranz verleihen, eine prächtige Krone wird sie dir reichen. Sprüche 4,5ff

Ja, **Weisheit** ist besser als Perlen, und keine Kleinodien sind ihr zu vergleichen. Ich, die **Weisheit**, wohne bei dem Scharfsinn und gewinne die Erkenntnis wohldurchdachter Pläne.
Die Furcht des HERRN ist ein Hassen des Bösen; Stolz und Übermut, schlechten Wandel und ein verdrehtes Maul hasse ich. Von mir kommt Rat und Tüchtigkeit; ich bin verständig, mein ist die Kraft. Sprüche 8,11ff

Der **Weisheit** Anfang ist die Furcht des HERRN, und die Erkenntnis des Heiligen ist Verstand. Sprüche 9,10

Auf Übermut folgt Schande; bei den Demütigen aber ist **Weisheit**. Sprüche 11,2

Durch Übermut entsteht nur Zank, wo man sich aber raten lässt, da wohnt **Weisheit**. Sprüche 13,10

Die **Weisheit** lässt den Klugen merken, welchen Weg er gehen soll; aber die Torheit der Narren betrügt sie selbst. Sprüche 14,8

Die Furcht des HERRN ist die Schule der **Weisheit**, und der Ehre geht Demut voraus. Sprüche 15,33

Wie viel besser ist's, **Weisheit** zu erwerben als Gold, und Verstand zu erwerben ist begehrenswerter als Silber! Sprüche 16,16

Kaufe Wahrheit und verkaufe sie nicht, **Weisheit** und Zucht und Vernunft! Sprüche 23,23

Denn dem Menschen, der Ihm wohlgefällt, gibt Er **Weisheit** und Erkenntnis und Freude; aber dem Sünder gibt er Plage, dass er sammle und zusammenscharre, um es dem zu geben, welcher Gott gefällt. Klagelieder 2,26

Denn die **Weisheit** gewährt Schutz, und auch das Geld gewährt Schutz; aber der Vorzug der Erkenntnis ist der, dass die **Weisheit** ihrem Besitzer das Leben erhält. Klagelieder 7,12

Die **Weisheit** macht den Weisen stärker als zehn Gewaltige, die in der Stadt sind. Klagelieder 7,19

Wer ist wie der Weise, und wer versteht die Deutung der Worte? Die **Weisheit** eines Menschen erleuchtet sein Angesicht, und die Kraft seiner Augen wird verdoppelt. Klagelieder 8,1

Da sprach ich: **Weisheit** ist besser als Stärke! Klagelieder 9,16

Weisheit ist besser als Kriegsgerät; Klagelieder 9,18

...aber durch **Weisheit** kommt man zum Gelingen. Klagelieder 10,10

...auf demselben wird ruhen der Geist des HERRN, der Geist der **Weisheit** und des Verstandes, der Geist des Rats und der Stärke, der Geist der Erkenntnis und der Furcht des HERRN. Jesaja 11,2
Daniel hob an und sprach: Gepriesen sei der Name Gottes von Ewigkeit zu Ewigkeit! Denn sein ist beides, **Weisheit** und Macht. Er führt andere Zeiten und Stunden herbei; er setzt Könige ab und setzt Könige ein; er gibt den Weisen ihre **Weisheit** und den Verständigen ihren Verstand. Daniel 2,20

...denn ich will euch Mund und **Weisheit** geben, welcher alle eure Widersacher nicht sollen widersprechen noch widerstehen können. Lk.21,15

Hat nicht Gott die **Weisheit** dieser Welt zur Torheit gemacht? Denn weil die Welt durch ihre **Weisheit** Gott in seiner **Weisheit** nicht erkannte, gefiel es Gott, durch die Torheit der Predigt diejenigen zu retten, welche glauben. 1.Kor. 1,20

Sondern wir reden Gottes **Weisheit** im Geheimnis, die verborgene, welche Gott vor den Weltzeiten zu unserer Herrlichkeit vorherbestimmt hat, ... 1.Kor.2,7

Denn die **Weisheit** dieser Welt ist Torheit vor Gott; ... 1.Kor.3,19

Dem einen nämlich wird durch den Geist die Rede der **Weisheit** gegeben, einem andern aber die Rede der Erkenntnis nach demselben Geist; ... 1.Kor.12,8

...dass der Gott unsres Herrn Jesus Christus, der Vater der Herrlichkeit, euch den Geist der **Weisheit** und Offenbarung gebe in der Erkenntnis seiner selbst, ... Eph.1,17

... damit jetzt den Fürstentümern und Gewalten in den himmlischen *Regionen* durch die Gemeinde die mannigfaltige **Weisheit** Gottes kund würde, ... Eph 3,10

...dass ihr erfüllt werdet mit der Erkenntnis Seines Willens in aller geistlichen **Weisheit** und Einsicht, damit ihr des Herrn würdig wandelt zu allem Wohlgefallen: in allem guten Werk fruchtbar und in der Erkenntnis Gottes wachsend, ...Kol.1,9

Den verkündigen wir, indem wir jeden Menschen ermahnen und jeden Menschen lehren in aller **Weisheit**, um einen jeden Menschen vollkommen in Christus darzustellen, ... Kol.1,28

Christus, in dem alle Schätze der **Weisheit** und der Erkenntnis verborgen sind. Kol.2,13

Wandelt in **Weisheit** gegen die, welche außerhalb *der Gemeinde* sind, und kaufet die Zeit aus. Kol.4,5

Wenn aber jemandem unter euch **Weisheit** mangelt, so erbitte er sie von Gott, der allen gern und ohne Vorwurf gibt, so wird sie ihm gegeben werden. Er bitte aber im Glauben und zweifle nicht; denn wer zweifelt, gleicht der Meereswoge, die vom Winde hin und her getrieben wird. Jak.1,5ff

Die **Weisheit** von oben aber ist erstens rein, sodann friedsam, gelinde, folgsam, voll Barmherzigkeit und guter Früchte, nicht schwankend, ungeheuchelt. Jak.3,17

Würdig ist das Lamm, das geschlachtet ist, zu empfangen die Macht und Reichtum und **Weisheit** und Stärke und Ehre und Ruhm und Lobpreisung! Off. 5,12

... und sprachen: Amen! Lobpreisung und Ruhm und **Weisheit** und Dank und Ehre und Macht und Stärke sei unsrem Gott von Ewigkeit zu Ewigkeit! Amen. Off.7,12
Die Frucht des Gerechten ist ein Baum des Lebens, und wer Seelen gewinnt, der ist **weise**. Sprüche 11,30

Der Umgang mit den Weisen macht dich **weise**; ... Sprüche 13,20

Sei nicht allzu gerecht und erzeige dich nicht übermäßig **weise**! Warum willst du dich selbst verderben? Klagelieder 7,16

Niemand betrüge sich selbst! Dünkt sich jemand unter euch **weise** zu sein in dieser Weltzeit, so werde er ein Tor, damit er **weise** werde! 1.Kor.318

... weil du von Kindheit an die heiligen Schriften kennst, welche dich **weise** machen können zum Heil durch den Glauben in Christus Jesus. 2.Tim 3,15

Wer ist **weise** und verständig unter euch? Der zeige durch einen guten Wandel seine Werke in Sanftmut der Weisheit! Jak.3,13

Der Umgang mit den **Weisen** macht dich weise; ... Sprüche 13,20

5.12 Was sagt die Bibel zum Thema „Stolz"

Die zerstörerische Macht

Hinter den meisten Problemen sitzt eine Haltung von Stolz und Rebellion. So oft schwächen oder zerstören sich Menschen selbst oder ihren Dienst mit solch einer Haltung.

Was teilt uns Gott in der Bibel zum Thema Stolz mit?

Vor dem Zusammenbruch wird man stolz, und Hochmut kommt vor dem Fall. Sprüche 16,18

Denn es kommt ein Tag vom HERRN der Heerscharen über alles Stolze und Hohe und über alles Erhabene, dass es erniedrigt werde; ... Jesaja 2,12

Denn du rettest alles elende Volk, aber du erniedrigst die Augen aller Stolzen. 2.Sam. 22,28

Alle stolzen Herzen sind dem Herrn ein Gräuel; die Hand darauf! sie bleiben nicht ungestraft. Sprüche 16,5

Liebet den Herrn, alle seine Frommen! Der Herr bewahrt die Treuen und vergilt reichlich dem, der Hochmut übt. Psalm 31,23

Der Hochmut des Menschen erniedrigt ihn; aber ein Demütiger bekommt Ehre. Sprüche 29,23

Denn die Menschen werden selbstsüchtig sein, geldgierig, prahlerisch, hochmütig, Lästerer, den Eltern ungehorsam, undankbar, gottlos ... 2.Tim. 3,2

„Wahrlich, wahrlich, ich sage euch, wenn das Weizenkorn nicht in die Erde fällt und erstirbt, so bleibt es allein; wenn es aber erstirbt, so bringt es viele Frucht. Wer seine Seele liebt, der wird sie verlieren; wer aber seine Seele in dieser Welt hasst, wird sie zum ewigen Leben bewahren. Wer mir dienen will, der folge mir nach; und wo ich bin, da soll auch mein Diener sein; und wer mir dient, den wird mein Vater ehren." Joh. 12,24ff

Eine Lebensübergabe an Jesus heißt auch: Gib´ deine Rechte auf! Dein Recht auf Selbstbestimmung, eigene Lebensplanung, Dein Recht auf Zeit für dich. Es geht auch letztlich nicht um deine Meinung – vielmehr zählt, wie Gott die Dinge sieht. „Er muss wachsen, ich aber muss abnehmen." Joh. 3,20

Die Errettung ist kostenlos – die Nachfolge kostet mein Leben.

Nehmet auf euch mein Joch und lernet von mir; denn ich bin sanftmütig und von Herzen demütig; so werdet ihr Ruhe finden für eure Seelen; … . Mat.11,29

Demütigt euch vor dem Herrn, so wird er euch erhöhen. Jak.4,10

Denn «Gott widersteht den Hoffärtigen, aber den Demütigen gibt er Gnade». 1.Petrus 5.5
Vor dem Zusammenbruch erhebt sich des Menschen Herz; aber der Ehre geht Demut voraus. Sprüche 18,12

Der Lohn der Demut und der Furcht des Herrn ist Reichtum, Ehre und Leben. (Sprüche 22,4)

Woran erkennt man verdeckten Stolz im eignem Leben?
• abfällige Bemerkungen und Gedanken über andere Menschen und Organisationen
• evtl. die Art meiner Kleidung, mein Auto, meine Sprache, Verwendung von Statussymbolen, mein Lebensstil...
• Perfektionismus kann eine verdeckte Form von Stolz sein.
• Um interessanter zu sein, neigt man bei Erzählungen zu Übertreibungen. Jede Übertreibung ist letztlich eine Lüge.

Mein Wertesystem kann auf Stolz basieren: Ich will von anderen geachtet werden. Ich will wer sein. Ich will etwas darstellen. Mir soll Respekt entgegen gebracht werden. Es geht mir (unbewusst) mehr darum, vor Menschen gut dazustehen, anstatt Gott gehorsam zu sein.

Stolz sein heißt:
• Unabhängig zu sein von Gott und besser und größer sein zu wollen als andere (statt den anderen höher zu achten als sich selbst).
• Aus eigener Anstrengung groß, wichtig und geehrt sein, indem wir in der falschen Annahme leben, wir könnten unser Leben selbst meistern und gestalten, wie wir es uns vorstellen. Jesus sagt dazu: „...ohne mich könnt ihr nichts tun."
• Stolz ist Götzendienst, da wir uns und unsere Fähigkeiten auf den Thron gesetzt haben.
• Aus eigener Kraft leben. Glauben, das Leben meistern zu können, ohne von Gott abhängig zu sein. Es geht vielmehr um ein Leben aus Gnade und den Gehorsam, Gottes Pläne für mein Leben umzusetzen.

Satan fördert immer unseren Stolz. Zuerst hetzt er uns auf: „Streng dich mehr an, du kannst viel mehr sein, du bist etwas Besonderes." Wenn wir dann überfordert und ausgebrannt sind, sagt er: „Du bist ein Versager, aus dir wird nie etwas." So verfallen wir dann in Rückzug und Selbstmitleid, was auch eine Variante von Stolz ist.

Weitere Varianten des Stolzes:
• Ehrgeiz, Neid, Habsucht und Eifersucht.
• Auf Menschen bezogen leben, statt in Unterordnung und Gehorsam zu Gott. Dazu gehören auch: Menschenfurcht, Menschenabhängigkeit und Menschengefälligkeit statt Gottesfurcht.
• Hartherzigkeit, Empfindlichkeit, Schadenfreude
• Unbelehrbarkeit, Sturheit, auf meiner Meinung beharren. Es kommt nicht auf meine Meinung an! Meine Meinung ist nicht das Wichtigste! („Unser Erkennen ist Stückwerk"). Es geht darum, wie Gott die Sache sieht – wie Er darüber denkt.
• Unversöhnlichkeit
• Liebe nicht annehmen und geben können
• In Rückzug gehen, sich entziehen, nicht mehr sprechen (z.B. in der Ehe), innerlich kündigen

• Kritik gegenüber anderen Glaubensrichtungen („Richtet nicht, damit ihr nicht gerichtet werdet.")
• Den eigenen Standpunkt, die eigene Erkenntnis nicht hinterfragen lassen.
• Gesetzliche und religiöse Lebensweise, die sich ausdrückt durch Leistung, Aburteilung, Abgrenzung gegenüber anderen, Herrschen, Kontrolle, Manipulation, Dominanz, Macht.

Der Ausweg:
• Erkennen, wie verkehrt und zerstörerisch Stolz in meinem Leben ist. Gott wegen meines Stolzes um Vergebung bitten. Ihn um Weisheit und Hilfe bitten, von jetzt an einen Lebensstil der Gnade und Demut einzuüben.

Derek Prince sagte einmal: „Der Weg nach oben führt nach unten."

Jesus als Vorbild nehmen. (Phil. 2,3-9 + 14-15)

Die aufgeführten Gedanken stammen z.T. aus dem kleinen Buch von
- Dr. Christoph Häselbarth, Von Stolz und Rebellion zu Demut und Sanftmut.

5.13 Spannungsfeld: Christen und Götzendienst

Bei allen Dingen in unserem Leben, die uns wichtiger als Jesus sind, besteht die Gefahr, dass sie für uns zu modernen Götzen werden.

Aus dem Alten und Neuen Testament wissen wir, welche dramatischen Folgen Götzendienst im Leben einzelner und auch bei Völkern hat:

2.Mose 20,1-5:
Da redete Gott alle diese Worte und sprach: Ich bin der HERR, dein Gott, der ich dich aus Ägyptenland, aus dem Diensthause, geführt habe. Du sollst keine andern Götter neben mir haben!
Du sollst dir kein Bildnis noch irgendein Gleichnis machen, weder dessen, das oben im Himmel, noch dessen, das unten auf Erden, noch dessen, das in den Wassern, unterhalb der Erde ist.
Bete sie nicht an und diene ihnen nicht; denn ich, der HERR, dein Gott, bin ein eifriger Gott, der da heimsucht der Väter Missetat an den Kindern bis in das dritte und vierte Glied derer, die mich hassen, und tue Barmherzigkeit an vielen Tausenden, die mich lieben und meine Gebote halten.
Als Mose auf dem Berg Sinai mit Gott redete, goss Aaron dem Volk Israel das goldene Kalb.

2.Mose 32,9:
Und der HERR sprach zu Mose: Ich habe dieses Volk beobachtet, und siehe, es ist ein halsstarriges Volk. So lass mich nun, dass mein Zorn über sie ergrimme und ich sie verzehre, …

3.Mose 19,4:
Ihr sollt euch nicht an die Götzen wenden und sollt euch keine gegossenen Götter machen, denn ich, der HERR, bin euer Gott.

Hesekiel 6, 5ff:
Und ich will die Leichname der Kinder Israel vor ihre Götzen werfen und will eure Gebeine rings um eure Altäre zerstreuen. An allen euren Wohnsitzen sollen die Städte öde und die Höhen verwüstet werden, dass eure Altäre verlassen und zerstört, eure Götzen zerbrochen und abgetan, eure Sonnensäulen umgestürzt und eure Machwerke vernichtet werden. Und Erschlagene sollen mitten unter euch fallen, so werdet ihr erfahren, dass ich der HERR bin!

Hesekiel 14,6: Darum sprich zu dem Hause Israel: So spricht Gott, der HERR: Kehret um und wendet euch von euren Götzen ab und wendet eure Angesichter von allen euren Gräueln ab!

Jesaja 46,9: Gedenket der Anfänge von Ewigkeit her, dass Ich Gott bin und keiner sonst, ein Gott, dem keiner zu vergleichen ist.

Prediger 23,26: Gib mir, mein Sohn, dein Herz, und deine Augen lass an meinen Wegen Gefallen haben!

Götzendienst im Neuen Testament:
Epheser 5,3:
Denn das sollt ihr wissen, dass kein Unzüchtiger oder Unreiner oder Habsüchtiger (der ein Götzendiener ist), Erbteil hat im Reiche Christi und Gottes. (!)

Galater 5,20:
Offenbar sind aber die Werke des Fleisches, welche sind: Ehebruch, … Götzendienst, … Spaltungen und dergleichen, wovon ich euch voraussage, wie ich schon zuvor gesagt habe, dass die, welche solches tun, das Reich Gottes nicht ererben werden. (!)

1.Korinther 6,9:
Wisset ihr denn nicht, dass Ungerechte das Reich Gottes nicht ererben werden? Irret euch nicht: Weder Unzüchtige noch Götzendiener, weder Ehebrecher noch Weichlinge, noch Knabenschänder, weder Diebe noch Habsüchtige, noch Trunkenbolde, noch Lästerer, noch Räuber werden das Reich Gottes ererben. (!)

1.Kor. 10,14ff:
Darum, meine Geliebten, fliehet vor dem Götzendienst! …
Was sage ich nun? Dass das Götzenopfer etwas sei, oder dass ein Götze etwas sei? Nein, aber dass sie das, was sie opfern, den Dämonen opfern und nicht Gott! Ich will aber nicht, dass ihr in Gemeinschaft der Dämonen geratet.
Ihr könnet nicht des Herrn Kelch trinken und der Dämonen Kelch; ihr könnet nicht am Tische des Herrn teilhaben und am Tische der Dämonen!
Oder wollen wir den Herrn zur Eifersucht reizen?

1.Petrus 4,3:
Denn es ist genug, dass ihr die vergangene Zeit des Lebens nach heidnischem Willen zugebracht habt, indem ihr euch gehen ließet in Ausschweifungen, Lüsten, Trunksucht, Schmausereien, Zechgelagen und unerlaubtem Götzendienst.

Hebräer 9,14:
…wieviel mehr wird das Blut Christi, der durch ewigen Geist sich selbst als ein tadelloses Opfer Gott dargebracht hat, unser Gewissen

reinigen von toten Werken, zu dienen dem lebendigen Gott!

Offenbarung 22,15:
Draußen aber sind die Hunde und die Zauberer und die Unzüchtigen und die Mörder und die Götzendiener und alle, welche die Lüge lieben und üben.

1.Johannes 5,21:
Kinder, hütet euch vor den Götzen!

Kolosser 3,2:
Trachtet nach dem, was droben, nicht nach dem, was auf Erden ist; ...

Matthäus 6,21:
Denn wo dein Schatz ist, da wird auch dein Herz sein.

1. Timotheus 6,9-11:
Denn die, welche reich werden wollen, fallen in Versuchung und Schlingen und viele törichte und schädliche Lüste, welche die Menschen in Verderben und Untergang stürzen.
Denn die Geldgier ist eine Wurzel aller Übel; etliche, die sich ihr hingaben, sind vom Glauben abgeirrt und haben sich selbst viel Schmerzen verursacht.

Römer 12, 1-2:
Ich ermahne euch nun, ihr Brüder, kraft der Barmherzigkeit Gottes, dass ihr eure Leiber darbringet als ein lebendiges, heiliges, Gott wohlgefälliges Opfer: das sei euer vernünftiger Gottesdienst!
Und passet euch nicht diesem Weltlauf an, sondern verändert euer Wesen durch die Erneuerung eures Sinnes, um prüfen zu können, was der Wille Gottes sei, der gute und wohlgefällige und vollkommene.

Beispiele für moderne Götzen
Woran erkenne ich evtl. Götzen in meinem Leben? Dinge, mit denen ich mich am liebsten beschäftigte; worüber ich ins Träumen komme; Dinge, die meine Pläne bestimmen; für die ich bereit bin, mein Geld auszugeben.

Trifft etwas davon auf mich zu?

- Bin **Ich** selbst mein Götze?

Test:
- Kann ich den „unteren" Weg gehe?
- Achte ich andere höher als mich selbst?
- Bete ich mein Bild von Gott an, meine eigene Wunschvorstellung von Gott – anstatt ihn selbst anzubeten?
- Habe ich eine oder mehrere Lehrmeinungen zum Götzen gemacht (z.B. Taufe, Gesetzlichkeit...)?
- Ist meine Arbeit ein Götze für mich? meine Firma? meine Karriere?
- Ehepartner, Familie, Kinder, Enkel
- Fernsehen, Kino, Videos
- Sex, Erotik
- Freizeit, Urlaub
- Auto, Motorrad, PC, Haus, Garten
- Bücher, Hobby, Sport
- Freund/Freundin, mein Körper, Wellness
- Falsche Sicherheiten: Das Vertrauen auf Geld, Gehalt, Versicherungen, private Altersversicherung.
- Götzenfiguren (z.B. Buddhas, Marien- und Heiligenstatuen) aus Metall, Gold, Silber, Holz etc.
- Mein Lebensstandard
- Mein Fremdbild (Wie ich von anderen gesehen werden möchte.)
- Menschenfurcht (Übersteigerten Wert auf die Meinung anderer legen.)

Wenn wir erkannt haben, dass wir – vielleicht unwissentlich - modernen Götzen dienen, sollten wir zwei Schritte gehen:
- Gott um Vergebung bitten.
- Gott bitten, uns zu helfen, ein neues Gleichgewicht zu finden.

„Trachtet aber zuerst nach dem Reiche Gottes und nach seiner Gerechtigkeit, so wird euch solches alles hinzugelegt werden." Math. 6,33

„Gehet hin und machet zu Jüngern alle Völker, indem ihr sie taufet auf den Namen des Vaters und des Sohnes und des heiligen Geistes und sie halten lehrt alles, was ich euch befohlen habe." Math. 28,19f

5.14 Träume – Gottes vergessene Sprache

Im Alten und im Neuen Testament spricht Gott durch Träume zu Christen und Nichtchristen. Welche Prinzipien können wir für uns heute von den Berichten der Bibel ableiten?

Beispiele für Träume in der Bibel:
„Joseph aber hatte einen Traum und verkündigte ihn seinen Brüdern; da hassten sie ihn noch mehr. Er sprach nämlich zu ihnen: Hört doch, was für einen Traum ich gehabt: Siehe, wir banden Garben auf dem Feld, und siehe, da richtete sich meine Garbe auf und blieb stehen; eure Garben aber umringten sie und warfen sich vor meiner Garbe nieder! Da sprachen seine Brüder zu ihm: Willst du etwa gar unser König werden? Willst du über uns herrschen? Darum hassten sie ihn noch mehr wegen seiner Träume und wegen seiner Reden. Er hatte aber noch einen anderen Traum, den erzählte er seinen Brüdern auch und sprach: Seht, ich habe wieder geträumt, und siehe, die Sonne und der Mond und elf Sterne verneigten sich vor mir! Als er aber das seinem Vater und seinen Brüdern erzählte, schalt ihn sein Vater und sprach zu ihm: Was ist das für ein Traum, den du geträumt hast? Sollen etwa ich und deine Mutter und deine Brüder kommen und uns vor dir bis zur Erde verneigen? Und seine Brüder beneideten ihn; sein Vater aber behielt das Wort im Gedächtnis." (1.Mose 37,5ff)

Jakob hatte einen göttlichen Traum:
„Und ihm träumte; und siehe, eine Leiter war auf die Erde gestellt, die rührte mit der Spitze an den Himmel. Und siehe, die Engel Gottes stiegen daran auf und nieder." (1.Mose 28,12)

Der oberste Bäcker und der oberste Mundschenk des Pharaos hatten prophetische Träume:
„Und es träumte ihnen beiden in einer Nacht, einem jeden ein Traum von besonderer Bedeutung, dem Mundschenken und dem Bäcker des Königs von Ägypten, die in dem Kerker gefangen lagen. ... Sie antworteten ihm: Uns hat geträumt; und nun ist kein Ausleger da! Joseph sprach zu ihnen: Kommen nicht die Auslegungen von Gott? Erzählt mir's doch!" (1.Mose 40,5+8)

„Es begab sich aber nach zwei Jahren, da hatte der Pharao einen Traum, und siehe, er stand am Nil. Und siehe, aus dem Nil stiegen sieben schöne und wohlgenährte Kühe herauf, die im Nilgras weideten. Nach diesen aber stiegen sieben andere Kühe aus dem Nil herauf, von hässlicher Gestalt und magerem Leib; die traten neben die Kühe am Ufer des Nils. Und die sieben hässlichen, mageren Kühe fraßen die sieben schönen, wohlgenährten Kühe. Da erwachte der Pharao. Er schlief aber wieder ein und träumte zum zweiten Mal, und siehe, da wuchsen sieben Ähren auf einem einzigen Halm, die waren voll und gut; nach denselben aber siehe, da sprossten sieben dünne und vom Ostwind versengte Ähren. Und die sieben dünnen Ähren verschlangen die sieben schweren und vollen Ähren. Da erwachte der Pharao und siehe, es war ein Traum! ... Und der Pharao sprach zu Joseph: Ich habe einen Traum gehabt, aber es kann ihn niemand auslegen; nun vernahm ich von dir, wenn du einen Traum hörest, so legest du ihn auch aus. Joseph antwortete dem Pharao und sprach: Nicht mir steht dies zu. Möge Gott antworten, was dem Pharao Heil bringt!" (1.Mose 41,1ff)

„Zu Gibeon erschien der HERR dem Salomo des Nachts im Traume. Und Gott sprach: Bitte, was ich dir geben soll!" (1.Könige 3,5)

„Sondern Gott redet einmal und zum zweiten Mal, aber man beachtet es nicht. Im Traum, im Nachtgesicht, wenn tiefer Schlaf die Menschen befällt und sie in ihren Betten schlafen, da öffnet er das Ohr der Menschen und besiegelt seine Warnung an sie, damit der Mensch von seinem Tun abstehe und er den Mann vor Übermut beschütze, dass er seine Seele von der Grube zurückhalte, und sein Leben, dass er nicht renne ins Geschoss." (Hiob 33,14ff)

„Und im zweiten Jahre der Regierung Nebukadnezars hatte Nebukadnezar Träume, also dass sein Geist sich beunruhigte und der Schlaf ihn floh. Da befahl der König, man solle die Schriftkundigen und die Wahrsager, die Zauberer und die Chaldäer zusammenrufen, damit sie dem König seine Träume kundtäten. Also kamen sie und traten vor den König. Da sprach der König zu ihnen: Ich habe einen Traum gehabt, und mein Geist ist beunruhigt, bis ich den Traum verstehe. ... Vers 19: Hierauf wurde dem Daniel in einem Gesicht des Nachts das Geheimnis geoffenbart. Da pries Daniel den Gott des Himmels. Daniel hob an und sprach: Gepriesen sei der Name Gottes von Ewigkeit zu Ewigkeit! Denn sein ist beides, Weisheit und Macht. Er führt andere Zeiten und Stunden herbei; er setzt Könige ab und setzt Könige ein; er gibt den Weisen ihre Weisheit und den Verständigen ihren Verstand. Er offenbart, was tief und verborgen ist; er weiß, was in der Finsternis ist, und bei ihm wohnt das Licht! Dir, dem Gott meiner Väter, sage ich Lob und Dank, dass du mir Weisheit und Kraft verliehen und mir jetzt kundgetan hast, was wir von dir erbeten haben; denn die Sache des Königs hast du uns kundgetan!" (Daniel 2,1ff)

Der Prophet Joel weissagte über das zukünftige Wirken Gottes:
„Und nach diesem wird es geschehen, dass ich meinen Geist ausgieße über alles Fleisch; und eure Söhne und eure Töchter werden weissagen, eure Ältesten werden Träume haben, eure Jünglinge werden Gesichte sehen; und auch über die Knechte und über die Mägde will ich in jenen Tagen meinen Geist ausgießen; ...(Joel 3,1ff)
Eingetreten ist diese Prophetie viele hundert Jahre nach Joels Ausspruch – beim Pfingstereignis. Petrus: „Denn diese sind nicht trunken, wie ihr wähnet; denn es ist erst die dritte Stunde des Tages; sondern dies ist, was durch den Propheten Joel gesagt worden ist: «Und es wird geschehen in den letzten Tagen, spricht Gott, da werde ich ausgießen von meinem Geist über alles Fleisch; und eure Söhne und eure Töchter werden weissagen, und eure Jünglinge werden Gesichte sehen, und eure Ältesten werden Träume haben; ja, auch über meine Knechte und über meine Mägde werde ich in jenen Tagen von meinem Geiste ausgießen, und sie werden weissagen. (Apostelgeschichte 2,15ff)

Die drei Weisen aus dem Morgenland:
„Und da sie im Traum angewiesen wurden, nicht wieder zu Herodes zurückzukehren, entwichen sie auf einem anderen Wege in ihr Land." (Matthäus 2,12)
„Als aber Herodes gestorben war, siehe, da erscheint ein Engel des Herrn dem Joseph in Ägypten im Traum und spricht: Steh auf, nimm das Kindlein und seine Mutter zu dir und ziehe in das Land Israel; denn sie sind gestorben, die dem Kindlein nach dem Leben trachteten! Da stand er auf, nahm das Kindlein und seine Mutter zu sich und ging in das Land Israel." (Matthäus 2,19)

Joseph: „Während er aber solches im Sinne hatte, siehe, da erschien ihm ein Engel des Herrn im Traum, der sprach: Joseph, Sohn Davids, scheue dich nicht, Maria, dein Weib, zu dir zu nehmen; denn was in ihr erzeugt ist, das ist vom heiligen Geist. Sie wird aber einen Sohn gebären, und du sollst ihm den Namen Jesus geben; denn er wird sein Volk retten von ihren Sünden." (Matthäus 1,19)

Pilatus Frau hat zur Zeit der Verurteilung Jesu einen Traum:
„Als er aber auf dem Richterstuhl saß, sandte sein Weib zu ihm und ließ ihm sagen: Habe du nichts zu schaffen mit diesem Gerechten; denn ich habe heute im Traume seinetwegen viel gelitten!" (Matthäus 27,19)

Und es erschien dem Paulus in der Nacht ein Gesicht: „Ein mazedonischer Mann stand vor ihm, bat ihn und sprach: Komm herüber nach Mazedonien und hilf uns! Als er aber dieses Gesicht gesehen hatte, trachteten wir alsbald nach Mazedonien zu ziehen, indem wir daraus schlossen, dass uns der Herr berufen habe, ihnen das Evangelium zu predigen." (Apostelgeschichte 16,9)

Welche Prinzipien lassen sich von diesen Berichten ableiten:
• Gott spricht durch Träume. Träume sind ein Weg, wie Gott mit Menschen kommuniziert.
• Gott warnt durch Träume.
• Gott fordert uns evtl. durch einen Traum auf, gegen zukünftige Ereignisse in unserem Leben zu beten („Widersteht dem Feind, so flieht er von euch." Jakobus 4,7)
• Gott bereitet durch Träume auf Krisen vor. (Je krasser die Krise, desto deutlicher der Traum – als Trost für die Zeit in der Krise.)
• Alle Traumdeutung kommt von Gott.

Tipps zum Umgang mit Träumen:
• Damit rechnen, dass Gott zu mir durch Träume redet.
• Träume, von denen man spürt, dass sie bedeutungsvoll sind, direkt aufschreiben - auch wenn man noch nicht die Auslegung kennt.
• Gott fragen, was der Traum bedeutet. Ihn bitten, einem die Bedeutung deutlich zu machen.
• Die Bibel erklärt sich selbst: Welche Symbole tauchten im Traum auf? Wie werden diese Symbole (z.B. Zahlen) in der Bibel verwendet?
• Wie oft habe ich den Inhalt geträumt? (1.Mose 41,32!)
• Was habe ich bei dem Traum gefühlt (Angst, Freude, Erstaunen...)?
• Stimmen die Schlussfolgerungen aus dem Traum mit den Aussagen in der Bibel überein?
• Wird durch die Schlussfolgerungen aus dem Traum das Reich Gottes gefördert oder behindert?

Literatur:
- Dr. Helmut Hark, Der Traum als Gottes vergessene Sprache, ISBN 3-530-32400-0.
- Kevin J. Conner, Interpreting the symbols and types, ISBN 0-914936-51-4.
- Ira Milligan, Träume deuten -Träume verstehen, mit Bedeutungswörterbuch, ISBN978-3-926395-39-9.

5.15 Sex

Zunächst einmal ist festzustellen, dass Gott die Sexualität erfunden hat.

Es ist ein Geschenk von Ihm. Die Sexualität dient nicht nur der Fortpflanzung, sondern ist von Gott auch zu unserer Freude und Entspannung geschaffen worden: *„Freue dich des Weibes deiner Jugend! ... möge dich ihr Busen allezeit ergötzen, mögest du dich an ihrer Liebe stets berauschen."* Sprüche 5,19.

Im Alten und Neuen Testament erkennen wir ein durchgehendes Bild, dass <u>ein</u> Mann <u>eine</u> Frau haben soll. Im Alten Testament führte Vielweiberei zu großen Spannungen und Problemen (z.B. bei Abraham mit Sahra und Hagar; aber auch bei König Salomo, dessen 700 Frauen und 300 Nebenfrauen ihn durch Götzendienst letztlich zum Fall gebracht haben – obwohl die Bibel von ihm sagt, dass er der weiseste Mensch war, der jemals gelebt hat).

Sex mit verschiedenen Partnern ist aus verschiedenen Gründen nicht von Gott her vorgesehen:
Gottes Anweisung für das Volk Israel klingt für unsere Ohren vielleicht krass.
Dadurch erfahren wir aber Gottes Ansicht und Denkweise:
„Wenn die Jungfrauschaft einer Tochter nicht erwiesen werden kann, so soll man sie vor die Tür ihres väterlichen Hauses führen, und die Leute der Stadt sollen sie zu Tode steinigen, weil sie eine Schandtat in Israel begangen hat, indem sie Unzucht getrieben hat in ihres Vaters Haus. Also sollst du das Böse ausrotten aus deiner Mitte." 5.Mose 22, 20+21

Außerehelicher Verkehr ist in Gottes Augen also Unzucht.
- „... so habe ein jeglicher seine eigene Frau und eine jegliche ihren eigenen Mann"
1.Kor.7,2
Sex mit einem Partner hat seinen Platz im geschützten Rahmen der Ehe.
- „Darum wird der Mensch seinen Vater und seine Mutter verlassen und seinem Weibe anhangen, dass sie <u>zu einem Fleische werden</u>. Und sie waren beide nackt, der Mensch und sein Weib, und schämten sich nicht."
1.Mose 2,24-25 + auch Maleachi 2,14f
- Diese Aussage wiederholt Jesus im Neuen Testament und deutet die entstehende geistliche Einheit an: «Darum wird ein Mensch Vater und Mutter verlassen und seiner Frau anhängen, und es werden die zwei ein Fleisch sein», - so dass sie nicht mehr zwei sind, sondern ein Fleisch. Was nun Gott zusammengefügt hat, soll der Mensch nicht scheiden." (Mat. 19,5+6)

- „Wisset ihr aber nicht, dass, wer einer Hure anhängt, ein Leib mit ihr ist? «Denn es werden», spricht er, «die zwei ein Fleisch sein.» Wer aber dem Herrn anhängt, ist ein Geist mit ihm. Fliehet die Unzucht! Jede Sünde, die ein Mensch [sonst] begeht, ist außerhalb des Leibes; der Unzüchtige aber sündigt an seinem eigenen Leib. Oder wisset ihr nicht, dass euer Leib ein Tempel des in euch wohnenden heiligen Geistes ist, welchen ihr von Gott empfangen habt, und dass ihr nicht euch selbst angehöret? Denn ihr seid teuer erkauft; darum verherrlichet Gott mit eurem Leibe!" 1.Kor 6,16-20

Beim Geschlechtsverkehr wird neben der körperlichen Vereinigung also auch eine geistliche Vereinigung vollzogen. Es entsteht – ob gewollt oder nicht – eine geistliche Einheit und Bindung zwischen den beiden Beteiligten.

Gemeinsames, voreheliches Übernachten:
Das, was in unserer Gesellschaft gängige Norm ist, muss nicht mit Gottes Willen übereinstimmen.
Jeder von uns kann sich vorstellen, wie schön ein gemeinsames Übernachten für Verliebte ist – auch wenn es nicht zu Sex kommt. Bei einem gemeinsamen Übernachten vor der Ehe ergeben sich verschiedene Gefahren:
Es kann zu vorschnellen körperlichen Annäherungen kommen, die die Entwicklung der Beziehung eher hindern, anstatt sie zu fördern. Schließlich sind starke Gefühle involviert.
Außerdem ist gemeinsames Übernachten kein gutes Zeugnis für andere Unverheiratete. Es kann missverstanden werden, dass Sex vor der Ehe im Willen Gottes ist.
Grundsätzlich ist zu diesem Punkt zu sagen:
Es ist nicht gut so zu leben als sei man verheiratet, ohne tatsächlich verheiratet zu sein!

Der richtige Umgang mit meiner Sexualität
Gott ist pro Sex! Er ist nicht körperfeindlich. Wichtig zu wissen ist lediglich, dass alles in diesem Bereich nach Gottes Ordnung geschehen soll.
Die Sexualität gehört zu den schönsten Dingen, die Gott uns geschenkt hat. Wie alle guten Dinge wird auch sie oft vom Feind pervertiert.
Gottes Wort ist sehr klar, was den Umgang mit der Sexualität angeht:
In Galater 5,19+21 steht: „Offenbar sind die Werke des Fleisches, welche sind: Ehebruch, Unzucht, Unreinigkeit, Ausschweifungen. ...wer solches tut wir das Reich Gottes nicht ererben." Das ist eine deutliche Aussage.

Das Wort „Unzucht" heißt im griechischen „porneia" (=>Porno! Es wird heute in den Medien oft gleichgesetzt mit dem harmloser klingenden Wort „Erotik").
Porneia heißt übersetzt: „Unzucht treiben, Hurerei, außereheliche Geschlechtsverkehr, Götzendienst."

Sex gehört in die Ehe – nicht vor die Ehe und nicht parallel zur Ehe (Seitensprung). Der Ehebund beinhaltet die persönliche Entscheidung der Liebenden zu einander, und das Schließen des Bundes vor Gott und der Öffentlichkeit.

Warum gehört Sex in die Ehe?
-    Weil es Gottes Ordnung ist und man als Christ Ihn lieben und Ihm gefallen möchte. Weil Er weiß, was gut für einen ist.
-    Weil beim Geschlechtsverkehr Mann und Frau „eins werden". Die Bibel zeigt uns, dass dies „Eins-werden" sich nicht nur auf den körperlichen Akt bezieht, sondern auch eine geistliche Dimension hat.
Christen, die Jesus persönlich kennen gelernt haben und ihn lieben, wollen immer mehr so denken und handeln, wie Jesus es tat. Darin liegt die größtmögliche Freiheit, die man hier auf der Erde erleben kann – auch auf sexuellem Gebiet.
Und die Liebe zu Jesus ist die Motivation, Ihm auch mit der Sexualität zu gefallen.

Selbstbefriedigung
Statistiken sagen, dass die meisten Männer und etwa jede zweite Frau Erfahrungen mit Selbstbefriedigung haben. Bei Christen ist das vermutlich kaum anders. Unsere Sexualität ist uns von Gott geschenkt, damit wir unseren Ehepartner glücklich machen. Sie dient nicht in erster Linie unserer eigenen Befriedigung. Gottes Grundgedanke bei der Schaffung der Sexualität ist demnach, dass zu einer erfüllten Sexualität zwei Ehepartner gehören.
In 1.Kor 7,1-5 steht:
„Was aber das betrifft, wovon ihr mir geschrieben habt, so ist es ja gut für den Menschen, kein Weib zu berühren; um aber Unzucht zu vermeiden, habe ein jeglicher seine eigene Frau und eine jegliche ihren eigenen Mann.
Der Mann leiste der Frau die schuldige Pflicht, ebenso aber auch die Frau dem Manne.
Die Frau verfügt nicht selbst über ihren Leib, sondern der Mann; gleicherweise verfügt aber auch der Mann nicht selbst über seinen Leib, sondern die Frau.
Entziehet euch einander nicht, außer nach Übereinkunft auf einige Zeit, damit ihr zum Gebet Muße habt, und kommet wieder zusammen, damit euch der Satan nicht versuche um eurer Unenthaltsamkeit willen."

Ein Single hat seit der Pubertät die körperlichen Voraussetzungen, sexuell aktiv zu sein.
Da die Sexualität jedoch in diesem Alter i.d.R. nicht ausgelebt und genossen werden kann, muss es einen Weg geben, mit seinem Trieb so umzugehen, dass es Gott gefällt und für den Single lebbar ist.
Gott will Christen keine Vergnügungen vorenthalten. Er möchte sie lehren, was für ihre Entwicklung gut und förderlich ist. Wenn sie nach seinen göttlichen Ordnungen leben, werden sie in die volle Freiheit, die Gott ihnen verheißen hat, hineinkommen.
Gerade auf dem sexuellen Gebiet gibt es jedoch große Gebundenheiten, Zwänge und Süchte, die mit der angestrebten Freiheit nichts mehr zu tun haben.
Ps.119,105: „Wie wird ein Junge seinen Weg unsträflich gehen? Wenn er sich hält an Gottes Wort."
Einige Hilfen, wie man mit seinen Hormonen und seinem Trieb besser umgehen kann, finden wir im Wort Gottes:
Hiob machte einen Bund mit seinen Augen: „Mit meinen Augen schloss ich einen Vertrag (Bund), niemals ein Mädchen lüstern anzusehen. Was hätte ich sonst von Gott zu erwarten? Was wäre seine Antwort auf mein Tun?" Hiob 31,1+2
Jesus sagt in Mat.5,28: „Wer ein Weib ansieht, ihrer zu begehren, der hat in seinem Herzen schon Ehebruch mit ihr begangen."
Die Begierde kommt vom Hinsehen!
Im Alten Testament wird ein wichtiges Prinzip deutlich:
Eva sah die Frucht an und bekam Lust sie zu essen (1.Mose3,6).
David sah eine nackte Frau (Batseba) beim Baden und bekam Lust mit ihr zu schlafen (2.Sam.11,2).

Durch das Hinsehen kommt die Lust – und die Lust gebiert die Sünde.
Das ist ein Mechanismus, den wir kennen müssen.
Für uns ist dieses Wissen eine Hilfe.
Singles/Teenies können besser mit ihrer Sexualität umgehen, wenn sie bewusst wegschauen! Das Wegsehen erfordert Disziplin und Übung - aber es funktioniert.
Praktisch heißt dies: Wegsehen z.B. bei Sex-Szenen in Filmen und Nacktaufnahmen in Zeitschriften. Wir entscheiden, was wir an uns heranlassen und was uns beeinflussen soll.

Tipp: Keine Erotik-Filme anschauen (Fernsehen/Video/Kino/Internet), keine Erotik-Magazine ansehen, keine gemischte Sauna besuchen und manchem hilft es, nicht an einen See zu baden, bei dem Oben-ohne oder FKK normal sind.

Man kann (sollte) sich bewusst entscheiden keine Erotik- und Sex-Seiten im Internet anzusehen.

Das gilt für Singles und für Verheiratete. Die Strategie heißt also:

- Reize vermeiden
- Wegsehen
- Vergebung annehmen, dort wo wir versagt haben (dafür ist Jesus gestorben).

Es gibt niemanden, der noch nie Probleme mit seiner Sexualität hatte. Außer Jesus gibt es wohl keinen Menschen, der auf diesem Gebiet noch nicht versucht wurde und nicht gesündigt hat.

Eine gute Sache ist, dass Gott durch unser Gewissen spricht und wir deshalb oft wissen, was wir tun oder lassen sollen. Folgende Frage kann in Zweifelsfällen weiterhelfen: „Würde Jesus diesen Film, diese Internetseite ansehen oder diese Zeitschrift kaufen? Wie würde Jesus diese Frau anschauen?"

Homosexualität

Auch in diesem Problembereich herrscht viel Unsicherheit. Dabei gibt Gott eindeutige und klare Wegweisung, wie man damit umgehen soll. Auch hier nimmt die Bibel kein Blatt vor den Mund: wir lesen z.B. in Römer 1, Verse 26-32:

„Darum hat sie Gott auch dahingegeben in entehrende Leidenschaften. Denn ihre Frauen haben den natürlichen Gebrauch vertauscht mit dem widernatürlichen; gleicherweise haben auch die Männer den natürlichen Verkehr mit der Frau verlassen und sind gegeneinander entbrannt in ihrer Begierde und haben Mann mit Mann Schande getrieben und den verdienten Lohn ihrer Verirrung an sich selbst empfangen.

Und gleichwie sie Gott nicht der Anerkennung würdigten, hat Gott auch sie dahingegeben in unwürdigen Sinn, zu verüben, was sich nicht geziemt, als solche, die voll sind von aller Ungerechtigkeit, Schlechtigkeit, Habsucht, Bosheit; voll Neid, Mordlust, Zank, Trug und Tücke, Ohrenbläser, Verleumder, Gottesverächter, Freche, Übermütige, Prahler, erfinderisch im Bösen, den Eltern ungehorsam; unverständig, unbeständig, lieblos, unversöhnlich, unbarmherzig; welche, wiewohl sie das Urteil Gottes kennen, dass die, welche solches verüben, des Todes würdig sind, es nicht nur selbst tun, sondern auch Gefallen haben an denen, die es verüben."

3.Mose 18,22
„Du sollst bei keiner Mannsperson liegen wie beim Weib; denn das ist ein Gräuel."

3.Mose 20,13
„Wenn ein Mann bei einer männlichen Person schläft, als wäre es ein Weib, die haben beide einen Gräuel getan, und sie sollen unbedingt sterben; ihr Blut sei auf ihnen!"

1.Tim 2,4
Gott will, dass alle Menschen gerettet werden und zur Erkenntnis der Wahrheit kommen.

Diese Zitate aus der Bibel geben uns eine eindeutige Richtung: Gott hasst die Homosexualität – aber Er liebt die Homosexuellen!

5.16 Gesunder Lebensstil

Gesunder Lebensstil – Welche Empfehlungen gibt die Bibel?

„Alles ist mir erlaubt; aber nicht alles ist gut! Alles ist mir erlaubt; aber ich will mich von nichts beherrschen lassen.
Die Speisen sind für den Bauch und der Bauch für die Speisen; Gott aber wird diesen und jene abtun. Der Leib aber ist nicht für die Unzucht, sondern für den Herrn, und der Herr für den Leib. Gott aber hat den Herrn auferweckt und wird auch uns auferwecken durch seine Kraft. Wisset ihr nicht, dass eure Leiber Christi Glieder sind? Soll ich nun die Glieder Christi nehmen und Hurenglieder daraus machen? Das sei ferne! Wisset ihr aber nicht, dass, wer einer Hure anhängt, ein Leib mit ihr ist? «Denn es werden», spricht er, «die zwei ein Fleisch sein.» Wer aber dem Herrn anhängt, ist ein Geist mit ihm. Flieht die Unzucht! Jede Sünde, die ein Mensch sonst begeht, ist außerhalb des Leibes; der Unzüchtige aber sündigt an seinem eigenen Leib. Oder wisset ihr nicht, dass euer Leib ein Tempel des in euch wohnenden heiligen Geistes ist, welchen ihr von Gott empfangen habt, und dass ihr nicht euch selbst angehöret? Denn ihr seid teuer erkauft; darum verherrlicht Gott mit eurem Leibe!" 1. Kor.6,12-20

„Alles ist mir erlaubt..." (Vers 12) - Schokolade essen, Alkohol trinken, Süßigkeiten, Kuchen mit Sahne – solange es in Maßen genossen wird.

Gott hat uns wunderbar gemacht.
David in Psalm 139, 13+14:
"Denn du hast meine Nieren geschaffen, du wobest mich in meiner Mutter Schoß. Ich danke dir, dass du mich wunderbar gemacht hast; wunderbar sind deine Werke, und meine Seele erkennt das wohl!".

Römer 12,1: „Ich ermahne euch nun, ihr Brüder, kraft der Barmherzigkeit Gottes, dass ihr eure Leiber darbringet als ein lebendiges, heiliges, Gott wohlgefälliges Opfer: das sei euer vernünftiger Gottesdienst! Und passet euch nicht diesem Weltlauf an, sondern verändert euer Wesen durch die Erneuerung eures Sinnes, um prüfen zu können, was der Wille Gottes sei, der gute und wohlgefällige und vollkommene."

=> Wenn unser Körper ein lebendiges, heiliges und wohlgefälliges Opfer für Gott ist, heißt das auch, dass unser Körper nicht mehr uns selbst gehört.

Römer 1,10: "Ihr esset nun oder trinket oder was ihr tut, so tut es alles zu Gottes Ehre!"

Paulus sagt weiter in 1. Kor.9,27: "... vielmehr züchtige (diszipliniere) und unterwerfe ich meinen Leib, damit ich nicht anderen predige und selbst verworfen werde."

Einige Fakten:
▶ Bundesbürger, die an Bluthochdruck leiden: 16 Millionen (Herz-/ Kreislauferkrankungen sind die Todesursache Nr.1).
▶ Todesursache Nr. 2: Krebserkrankungen. Beide Haupt-Todesursachen in Deutschland stehen im direkten Zusammenhang mit richtiger bzw. falscher Ernährung.
▶ Dazu kommen 8 Millionen Diabetiker (Typ 1 + Typ 2).

Die Ernährungspyramide:
Eine ausgewogene Ernährung sollte wie folgt aufgebaut sein:
      5% = Süßspeisen und Fastfood
  5-10% = Fleisch und Fisch
10-15% = Milch und Milchprodukte
    15% = Obst
    20% = Gemüse
    40% = Brot und Getreideprodukte

Ausreichend Bewegung ist notwendig: Besonders geeignet sind Schwimmen und Nordic Walking (bringt Fettpolster zum Schmelzen; ist 40 bis 50 % effektiver als Walking ohne Stöcke).
Für alle Sportarten gilt: Nicht übertreiben, aber regelmäßig ausüben (2-3 in der Woche).

Viel trinken:
Mindestens 1,5 Liter über den Tag verteilt aufnehmen (ist wichtig für die Nieren; am besten Wasser, ungesüßte Getränke, Früchtetees, verdünnte Fruchtsäfte).
Kaffee in Maßen genießen.
Achtung bei gezuckerten Getränken: Eine 0,33l-Dose Coca-Cola enthält ca. 9 Teelöffel Zucker.

Ausreichend Schlafen hält fit:
Fragen: Was raubt mir meinen Schlaf? Selektiert Fernsehen, Freizeit-Stress vermeiden, Sorgen an Gott abgeben lernen, ...
.

Weitere Leitsätze:
Wir sind verantwortlich für unseren Körper.
Wir dürfen Gott nicht für körperliche Beschwerden verantwortlich machen, die durch falsche Ernährung und zu wenig Bewegung mit verursacht wurden.
Verantwortung für den Körper ja, aber Körper-Kult -der letztlich eine Form von Götzendienst ist- nein!

Paulus schreibt in Phillipper 3,18: „Denn viele wandeln, wie ich euch oft gesagt habe, nun aber auch weinend sage, als «Feinde des Kreuzes Christi», welcher Ende das Verderben ist, deren Gott der Bauch ist, die sich ihrer Schande rühmen und aufs Irdische erpicht sind."

Diäten, bei denen man sich eine Zeit lang einseitig (unnormal) ernährt, führen zwar manchmal kurzfristig zu einer Gewichtsreduzierung. Langfristig Erfolge stellen sich aber nur durch eine Umstellung der Ernährungsgewohnheiten (siehe Ernährungspyramide) und mehr Bewegung ein.

Für Alkohol-Genuss gilt:
Nicht jeden Tag und nicht im Übermaß.
"Und berauschet euch nicht mit Wein, was eine Liederlichkeit ist, sondern werdet voll Geistes." Epheser 5,8.
"Trinke nicht mehr bloß Wasser, sondern gebrauche ein wenig Wein um deines Magens willen und wegen deiner häufigen Krankheiten." 1. Tim.5,23

Zur Befreiung von Süchten und zwanghaftem Verhalten siehe Thema „Befreiung".

Fasten: Gehört zum normalen Leben eines Nachfolgers Jesu dazu. Reinigt „nebenbei" den Körper von Giftstoffen (siehe Thema Nr. 35)

Im Hinblick auf die Gefahr zuckerkrank zu werden gilt eine einfache Faustregel:
Überschreitet der Bauchumfang bei Männern 95 Zentimeter und bei Frauen 88, ist ihr Risiko Diabetes zu bekommen, deutlich (12fach) erhöht.

Zu einem gesunden Lebensstil gehört auch, täglich Zeit alleine mit Gott zu verbringen (Gemeinschaft mit Ihm haben, beten und sich durch Zusagen der Bibel ermutigen).
Zu einem gesunden Lebensstil gehört, dass man mit geklärten Beziehungen lebt.

Erkannte Sünde lassen und hassen.
(Gott und Menschen um Vergebung bitten: Umkehr befreit!)

Anderen vergeben, die an einen schuldig geworden sind.
Innere Verletzungen und Disharmonien haben oft gesundheitliche Auswirkungen.

Schritte zur Umkehr:
- Gott um Vergebung bitten für falsche Ernährung und die damit verbundene Missachtung der wahren Bedürfnisse des Körpers (der Tempel des Heiligen Geistes- siehe 1.Kor.6).
- Täglich beten: „Herr, hilf´ mir weise zu essen und zu trinken!"
- Sich gute Gewohnheiten aneignen: Gesunde Ernährung und ausreichend Bewegung.

Quellen:
- www.online-predigt.de – Derek Prince, kostenlose MP3-Vorträge zum Thema „Wie siehst Du Deinen Körper" Teile 1+2.
- Liste der Zusatzstoffe in Lebensmitteln (z.B. E-Nummern) www.zusatzstoffe-online.de
- Buch: „Gewicht im Griff", Verbraucherzentrale NRW e.V., ISBN 3-923214-66-9
- Buch: „Durstlöscher Wasser", Verbraucherzentrale, ISBN 3-933705-45-2.

5.17 Segen und Fluch

An verschiedenen Stellen im Alten Testament stellt Gott das Volk Israel vor eine klare Wahl: Entweder sie machen Gott zur Quelle ihres Lebens, akzeptieren ihn und seine Gebote, oder sie lassen Gott links liegen und befolgen seine Gebote gar nicht oder nur halbherzig. Ihre Haltung, ihre Entscheidung, hat direkte Folgen auf ihr Leben: Entweder leben sie unter dem Segen Gottes oder unter dem Fluch. Diese „schwarz-weiß" Klarstellung findet man – wie alle wichtigen Aussagen- mehrfach in der Bibel: z.B. in 3.Mose 26, 5.Mose 11 und 5.Mose, 28.

An diesen Stellen erkennen auch wir heute:
▶ wie Gott denkt (er ändert sich nicht)
▶ was Realität ist (z.B. Segen und Flüche)
▶ was uns zum Besten dient
▶ dass Gottes Verheißungen an Bedingungen geknüpft sind
▶ dass Gott die Maßstäbe setzt, nach denen er richten wird – nicht Menschen
    geben die Maßstäbe vor.

Zunächst die Stelle aus 5. Mose 28,1:
„Es wird aber geschehen, wenn du der Stimme des HERRN, deines Gottes, wirklich gehorchst und darauf achtest zu tun alle seine Gebote, die ich dir heute gebiete, dass dich dann der HERR, dein Gott, erhöhen wird über alle Völker auf Erden.

2 Und alle diese Segnungen werden über dich kommen und dich treffen, wenn du der Stimme des HERRN, deines Gottes, gehorchst.

3 Gesegnet wirst du sein in der Stadt und gesegnet auf dem Lande.

4 Gesegnet wird sein die Frucht deines Leibes und die Frucht deines Landes, die Frucht deines Viehes, der Wurf deiner Rinder und die Zucht deiner Schafe.

5 Gesegnet wird sein dein Korb und dein Backtrog.

6 Gesegnet wirst du sein, wenn du eingehst, und gesegnet, wenn du ausgehst.

7 Der HERR wird deine Feinde, die sich wider dich auflehnen, vor dir schlagen lassen; auf einem Weg werden sie wider dich ausziehen und auf sieben Wegen vor dir fliehen.

8 Der HERR wird dem Segen gebieten, dass er mit dir sei in deinen Scheunen und in allem Geschäft deiner Hand, und er wird dich segnen in dem Lande, das dir der HERR, dein Gott, gibt. 9 Der HERR wird dich aufrechterhalten als sein heiliges Volk, wie er dir geschworen hat, wenn du die Gebote des HERRN, deines Gottes, beobachtest und in seinen Wegen wandeln wirst;

10 dann werden alle Völker auf Erden sehen, dass der Name des HERRN über dir angerufen wird, und werden sich vor dir fürchten.

11 Und der HERR wird dir Überfluss geben an Gütern, an der Frucht deines Leibes, an der Frucht deines Viehes und an der Frucht deines Ackers, auf dem Lande, von dem der HERR deinen Vätern geschworen hat, dass er es dir gebe.

12 Der HERR wird dir den Himmel, seinen guten Schatz, auftun, dass er deinem Lande Regen gebe zu seiner Zeit, und dass er alle Werke deiner Hände segne. Und du wirst vielen Völkern leihen; du aber wirst nicht entlehnen.

13 Und der HERR wird dich zum Haupt machen und nicht zum Schwanz; und du wirst nur zuoberst und nicht zuunterst sein, wenn du gehorchst den Geboten des HERRN, deines Gottes, die ich dir heute gebiete, dass du sie beobachtest und tust,

14 und wenn du nicht abweichen wirst von all den Worten, die ich euch gebiete, weder zur Rechten noch zur Linken, also dass du nicht anderen Göttern nachwandelst, ihnen zu dienen. 15 Es wird aber geschehen, wenn du der Stimme des HERRN, deines Gottes, nicht gehorchst, so dass du nicht beobachtest und tust all seine Gebote und Satzungen, die ich dir heute gebiete, so werden all diese Flüche über dich kommen und dich treffen.

16 Verflucht wirst du sein in der Stadt und verflucht auf dem Lande.

17 Verflucht wird sein dein Korb und dein Backtrog. 18 Verflucht wird sein die Frucht deines Leibes, die Frucht deines Landes, der Wurf deiner Rinder und die Zucht deiner Schafe. 19 Verflucht wirst du sein, wenn du eingehst, und verflucht, wenn du ausgehst.

20 Der HERR wird gegen dich entsenden Fluch, Verwirrung und Unsegen in allen Geschäften deiner Hand, die du tust, bis du vertilgt werdest und bald umkommest um deiner bösen Werke willen, weil du mich verlassen hast.

21 Der HERR wird dir die Pest anhängen, bis er dich vertilgt hat aus dem Lande, dahin du kommst, um es einzunehmen. 22 Der HERR wird dich schlagen mit Schwindsucht, mit Fieberhitze, Brand, Entzündung, Dürre, mit Getreidebrand und Vergilben; die werden dich verfolgen, bis du umgekommen bist.

23 Dein Himmel über deinem Haupt wird ehern und die Erde unter dir eisern sein.

24 Der HERR wird den Regen für dein Land in Sand und Staub verwandeln; der wird vom Himmel auf dich herabfallen, bis du vertilgt bist. 25 Der HERR wird dich vor deinen Feinden schlagen lassen; auf einem Weg wirst du wider sie ausziehen, und auf sieben Wegen wirst du vor ihnen fliehen und misshandelt werden von allen Königreichen auf Erden.

26 Deine Leichname werden allen Vögeln des Himmels und allen wilden Tieren zur Nahrung dienen, und niemand wird sie verscheuchen.
27 Der HERR wird dich schlagen mit dem ägyptischen Geschwür; mit Beulen, Grind und Krätze, dass du nicht heil werden kannst.
28 Der HERR wird dich schlagen mit Wahnsinn und mit Blindheit und mit Verwirrung der Sinne. 29 Und du wirst am Mittag tappen, wie ein Blinder im Dunkeln tappt, und wirst kein Glück haben auf deinen Wegen, sondern wirst gedrückt und beraubt sein dein Leben lang, und niemand wird dir helfen."

In 5.Mose 11 heißt es:
„13 Werdet ihr nun meinen Geboten fleißig gehorchen, die ich euch heute gebiete, dass ihr den HERRN, euren Gott, liebet und ihm mit ganzem Herzen und mit ganzer Seele dienet,
14 so will ich eurem Lande Regen geben zu seiner Zeit, Frühregen und Spätregen, dass du dein Korn, deinen Most und dein Öl einsammeln kannst. ...
26 „Siehe, ich lege euch heute vor den Segen und den Fluch:
27 den Segen, wenn ihr den Geboten des HERRN, eures Gottes, die ich euch heute gebiete, gehorsam seid:
28 den Fluch aber, wenn ihr den Geboten des HERRN, eures Gottes, nicht gehorsam sein werdet und von dem Wege, den ich euch heute gebiete, abtretet, so dass ihr anderen Göttern nachwandelt, die ihr nicht kennet."

Freiheit ist möglich
Wie erkennt man, ob man unter dem Einfluss eines Fluchs lebt?
▶ Die angegebenen Bibelstellen durchlesen und überlegen, ob etwas auf das eigene Leben zutrifft - z.B. Rebellion gegen Gott (wenn auch nicht offensichtlich) oder versteckter Götzendienst (Was ist mir neben Gott so wichtig wie er? Was ist mir evtl. sogar wichtiger? „Ich bin der Herr, dein Gott. Du sollst keine anderen Götter neben mir haben." 2.Mose 20,1).
▶ Gott fragen, ob man unter einem Fluch lebt - und in der Stille vor ihm (im Gebet) auf Antwort warten (siehe Thema Nr. 3 „Gottes Stimme hören").
▶ Gott bitten, einen an Ereignisse in der Vergangenheit zu erinnern, die evtl. Auslöser für einen Fluch gewesen waren.

Wenn man erkannt hat, dass ein Fluch vorliegt, kann man diese Schritte tun, damit die negativen Folgen aufgehoben werden:
- Bekennen Sie Ihren Glauben an Christus und an sein Opfer, das er an Ihrer statt gebracht hat.
- Tun Sie Buße über all Ihre Rebellion und Ihre Sünden.

- Nehmen Sie die Vergebung aller Sünden in Anspruch.
- Vergeben Sie allen anderen Menschen, die Ihnen jemals Schaden angetan oder Sie ungerecht behandelt haben.
- Entsagen Sie jedem Kontakt mit okkulten oder satanischen Dingen.
- Jetzt sind Sie bereit, das Gebet um Befreiung von jeglichem Fluch zu sprechen:

„Herr Jesus Christus, ich glaube, dass Du der Sohn Gottes und er einzige Weg zu Gott bist und dass Du am Kreuz für meine Sünden gestorben und wieder von den Toten auferstanden bist. Ich gebe meine ganze Rebellion und all meine Sünden auf und unterwerfe mich Dir als meinen Herrn.
Ich bekenne alle meine Sünden vor Dir und bitte um Deine Vergebung – besonders für die Sünden, die mich in den Einflussbereich eines Fluchs gebracht haben. Befreie mich auch von den Folgen der Sünden meiner Vorfahren.
In einer Willensentscheidung vergebe ich allen, die mir Schaden angetan und mich ungerecht behandelt haben, genauso wie ich auch möchte, dass Gott mir vergibt. Im speziellen vergebe ich ...
Ich entsage jeglichem Kontakt mit okkulten oder satanischen Dingen; wenn ich irgendwelche „Kontaktgegenstände" habe, dann verpflichte ich mich hiermit, sie zu vernichten.
Ich weise jeden Anspruch Satans auf mein Leben von mir. Herr Jesus, ich glaube, dass Du am Kreuz jeden Fluch auf Dich genommen hast, der je über mich kommen könnte. Deshalb bitte ich Dich jetzt, mich von jedem Fluch über mein Leben zu befreien – in Deinem Namen, Herr Jesus Christus! Im Glauben nehme ich nun meine Befreiung an und danke Dir dafür."

Literatur:
- Aus dem Buch: Derek Prince, *Segen und Fluch - Sie haben die Wahl*, ISBN 3-925968-35-0 (Der Klassiker zu diesem Thema!).
- Buch: Derek Prince, *Sie werden Dämonen austreiben*, ISBN 3-9804453-8-0.
- Buch: Derek Prince, *Biblische Grundlage für den Befreiungsdienst*, ISBN 3-925968-64-4.
- Thema „Befreiung",
- Thema „Lebensbereinigung".

Vorträge von Derek Prince kostenlos unter www.online-predigt.de : z.B. „Befreiung vom Fluch" (Teile 1-4); „Vom Fluch zum Segen" (Teile 1-3) .

5.18 Gottes Traum für Dich: In Gemeinschaft leben!

In Gemeinschaft (grie. koinonia) leben, sein Leben miteinander teilen, dienen und empfangen, in erlösten und verbindlichen Beziehungen miteinander leben: all das ist Gottes Traum für Dich und mich. Wir sind heute sehr stark von einem Individualismus geprägt, der dem griechischen Denken entsprungen ist.

Praktisch sieht das so aus, dass es oft nur noch um meine Zeit, meinen Vorteil, mein Recht, meine Ansprüche, die Befriedigung meiner Bedürfnisse, mein Geld, meine Selbstverwirklichung etc. geht. Gottes Plan für uns Menschen -in Fülle zu leben (Joh.10,10) - wird dadurch torpediert.

Er selbst lebt permanent in Gemeinschaft: Der Vater mit dem Sohn und mit dem Heiligen Geist. Dieses ist die Urgemeinschaft, von der alle menschliche Gemeinschaft herrührt. In dieser Gemeinschaft hat Liebe Freiraum zur Entfaltung. Gott, der ein Gott der Gemeinschaft ist, hat dieses Prinzip in die Schöpfung mit hineingelegt. ”Es ist nicht gut, dass der Mensch allein ist!”(1.Mose 2,18). Deshalb schuf Gott Adam ein menschliches Gegenüber. Dadurch konnte Adam nicht nur Gemeinschaft mit Gott, sondern auch mit seinesgleichen haben. Doch bald schon kam Sünde dazwischen: Sünde, die wir in unserem Leben zulassen, zerstört - damals wie heute - nicht nur die Gemeinschaft mit Gott, sondern auch die Gemeinschaft untereinander.

Nach Gottes Schöpfungsplan gibt es verschiedene Ebenen der Gemeinschaft: Erstens die Gemeinschaft zwischen Vater, Sohn und dem Heiligen Geist, zweitens die Gemeinschaft zwischen dem dreieinigen Gott und den Menschen (die ihren Höhepunkt in der Hochzeit Jesu mit seiner Braut haben wird - Offb.19,1-10), drittens die Gemeinschaft von Gott mit dem einzelnen Gläubigen und viertens Gemeinschaft der Menschen untereinander. Es geht Gott seit der Erschaffung der Welt primär um die Gemeinschaft, die direkt mit der Gemeinde zusammenhängt, weniger um das individuelle Heil einzelner. Wir freuen uns über jeden einzelnen geretteten Menschen. Gott und die Gemeinschaft der Engel freuen sich ebenfalls über jeden einzelnen Sünder, der umkehrt. Aber in Gottes Heilsplan geht es um die große Gemeinschaft der Gläubigen, die Summe der Wiedergeborenen - die Braut Jesu, die aus allen Nationen und Sprachen der Welt bereitet wird (Offb.7,9).

In Gemeinschaft zu leben, also in verbindlichen Beziehungen zu leben, ist ein Geschenk Gottes. Er weiß, was gut für uns ist. Er weiß, dass wir Austausch und Ergänzung brauchen. Deshalb ist Gemeinschaft auch existenziell für diejenigen wichtig, die noch nicht verheiratet sind oder für die wenigen, die bewusst auf Ehe und Familie verzichten, um Gott besser dienen zu können, aber auch für diejenigen, die vielleicht nach vielen Ehejahren wieder alleine sind. Sie sollen - nach Gottes liebevollen Plan in einer Gemeinschaft eingebunden sein. Dies wird in wenigen Fällen eine klassische Wohngemeinschaft sein - vielmehr geht es um verbindliche Freundschaften und Beziehungen.

Dies kann ein fester Freundeskreis sein, ein Hauskreis, in dem Herzlichkeit, Liebe und Verbindlichkeit zu finden sind oder eine Hausgemeinde, in der zusätzlich Jüngerschaftsprozesse möglich sind. Denn es geht Gott um die Gemeinde und in ihr um Jüngerschaft.

Es gibt leider auch unter deutschen Christen eine Isolation, eine Beziehungslosigkeit, Einsamkeit und eine große Unverbindlichkeit, die insbesondere auch durch beziehungsfeindliche Strukturen der Kirchen beeinflusst wurden (wie z.B. die Ein-Mann-Gottesdienstform, in der einer redet und alle anderen sind passiv und schauen zu). Gott hat uns zu einem Leben in Gemeinschaft geschaffen:
Vertikal, Gemeinschaft mit Ihm und horizontal, Gemeinschaft untereinander.
Er hat uns auf Ergänzung angelegt. Wir schaffen es nicht alleine.
In Seiner Klugheit hat Er uns so gemacht, dass wir einander brauchen.
Seine Gaben hat Er so verteilt, dass nie einer ohne andere auskommt. Es gibt sie eben nicht, die ”Eierlegendewollmilchsau”.
Oft haben wir unsere Pastoren auf dieses Podest gehievt - aber zu ihrem und unserem Schaden. Alleskönner arbeiten meistens aus dem ”Fleisch”.

Der Heilige Geist ist es, der die Gaben verteilt, wie Er will (1.Kor.12,11).
Die Bibel gebraucht für die Gemeinschaft der Gemeinde das Bild vom menschlichen Körper: Jeder an seinem Platz, jeder mit der Gabe, mit der er mit relativer Leichtigkeit und Freude seinen Platz ausfüllen kann - zum Wohle der Gemeinschaft. Dann kommt es auch nicht zur Überforderung des Einzelnen. Zufriedenheit und Gelassenheit sind die Folge, wenn man erkennt: Ich brauche die anderen und die anderen brauchen mich und wir alle leben aus der Gnade Gottes. Individualisten und Solochristen leben am Ziel Gottes vorbei. Ihm

geht es um die Gemeinschaft in der Gemeinde. Deshalb ist Gott auch dabei, Gemeinde ganz neu zu erfinden - wieder ursprünglich zu definieren, was Gemeinde bedeutet (siehe dazu u.a. die Bücher von Wolfgang Simson).

Leben in einer Gemeinschaft bedeutet sich zu investieren, seine Gaben einzubringen, sich mitzuteilen, sich ein stückweit zu verschenken, danach zu streben, sich geistlich zu multiplizieren, aber auch empfangen, finden, lernen, von den Gaben der anderen profitieren, genießen, miteinander essen, Spaß haben - letztlich zu lieben und geliebt zu werden. All dies, obwohl man sich kennt, mit allen Stärken und Schwächen, mit allem Liebenswerten und allem Merkwürdigen. Aber diese Qualität der Gemeinschaft ist erst dann möglich, wenn wir lernen, den anderen mit Gottes Augen zu sehen. Wir können uns entscheiden zu versuchen, ihn zu lieben, so wie Gott ihn liebt.

Literatur zu Thema:
- Gilbert Bilezikian, Gemeinschaft, Gottes Vision für die Gemeinde, PJ-Verlag.
- Bruno Schär, Der Geist und die Braut sprechen: Komm! - Das Geheimnis der Gemeinde
- Jesu Christi, LCA-Verlag, Schweiz, Tel./Fax 0041-71 9512610.
- Wolfgang Simson, Häuser, die die Welt verändern, C&P Verlag.
- Wolfgang Simson, Das 1x1 der Hauskirchen, C&P Verlag

5.19 Abnehmen - ohne Diät zum Wohlfühlgewicht!

Der bekannte Body-Mass-Index, BMI, gibt das Gewicht eines Menschen im Verhältnis zu seiner Körpergröße (kg:m²). Laut Definition der WHO gelten Menschen mit einem BMI zwischen 25-30 als übergewichtig sowie Personen mit einem BMI über 30 als fettleibig. (Berechnung BMI z.B. unter www.dak.de)

Ein zweiter Problemindikator:
Der Taillenumfang
Der Taillenumfang steht eindeutig im Zusammenhang mit einem erhöhten Sterberisiko an Herz-Kreislauf-Erkrankungen. Je mehr Zentimeter der Bauchumfang desto wahrscheinlicher ist ein Todesfall durch Herzinfarkt und andere gefäßbedingte Erkrankungen. Mehrere Studien belegen: Ein Taillenumfang von über 98 cm bei Frauen und über 103 cm bei Männern ist ein eindeutiger Risikohinweis. Als Risikopatienten für Diabetes gelten Taillenumfänge mit mehr als 88 cm. (Quelle: DAK)

Bauchumfang
Die Amerikaner sagen: Bei 102 cm, da beginnt das Risiko. In Deutschland haben wir andere Grenzen. Die liegen bei 88 cm für Männer. Das Bauchfett ist das Gefährliche, nicht das Fett um die Hüfte.

Mutmacher: Wie schnell wird aus einem dicken Bauch ein normaler Bauch?
Dr. Klaus Gerlach: "Wenn ich bei 102 cm starte, dann nehme ich relativ rasch durch Kalorienreduktion und gleichzeitige Steigerung der Bewegung ab. Innerhalb von vier Wochen kann ich schon vernünftig 2 Kilo abnehmen. Unvernünftig wären jetzt 4-5 Kilo - sprich 3-4 cm Umfang - abzunehmen, denn das habe ich relativ rasch wieder drauf. Das heißt aber auch gezieltes Bauchmuskeltraining: Jeden Morgen im Bett den Käfer - d.h. auf dem Rücken liegen und im Wechsel linkes Knie an den rechten Ellenbogen und rechtes Knie an den linken Ellenbogen zusammenbringen. Sich dabei steigern auf 80-100 Wiederholungen, um auch die Bauchmuskulatur zu aktivieren. An beiden Punkten muss man arbeiten: Kalorien runter, Bewegung rauf."

Im Gegensatz zu Speck an Oberschenkel und Po kann Fett am Bauch schädlich für die Gesundheit sein. Mit der "Waist-to-Height-Ratio" können sie ausrechnen, ob sie im gefährdeten Bauchbereich liegen. *Bauchfett ist nicht nur eine untätige Schwabbelmasse. Es setzt unter anderem Hormone und Stoffe frei, die zu Entzündungen führen können. Diese Stoffe beeinflussen den Stoffwechsel negativ und fördern die Entstehung von*

Gefäßverengungen. "Damit erhöhen sie das Risiko von Herzinfarkten und Schlaganfällen",

sagt Doktor Harald Schneider von der Uniklinik München.

"Waist-to-Height-Ratio"
Der eigene Bauchfettanteil kann mit der "Waist-to-Height-Ratio" (deutsch: Verhältnis der Taille zur Körpergröße) ausgerechnet werden.
Das Ergebnis sollte nicht über einem Wert von 0,5 liegen. Ein Beispiel: Ein Mensch, der einen Taillenumfang von 80 Zentimeter hat und 190 Zentimeter groß ist, muss 80 durch 190 teilen. Er liegt mit einem Verhältnis von 0,4 im gesunden Bereich. Menschen mit einem Verhältnis über 0,5 gelten als risikogefährdet.

Essgewohnheiten und Veranlagung
Je mehr man isst, desto mehr Bauchfett sammelt man an. Allerdings hat Bauchfett auch etwas mit Veranlagung zu tun. So muss jeder im Spiegel betrachten, ob sich das Fett eher am Bauch ansammelt oder etwa am Gesäß. Die "Waist-to-Height-Ratio" gibt ein genaueres Maß und ermöglicht eine genauere Einschätzung des Bauchfetts.

Bewegung
Gegen Bauchfett hilft vor allem mehr Bewegung und weniger Essen. Die gute Nachricht ist, dass wenn man seine Gewohnheiten ändert, sich zuerst das Bauchfett verringert.

Informationen zu unseren Lebensmitteln
Die Nahrung liefert uns die Energie, die wir zum Leben brauchen:
► Kohlenhydrate (in Brot, Nudeln, Reis, Kartoffeln, Mehl, Vollkornprodukten, Zucker) und
► Fette (die „guten" ungesättigten in Olivenöl, Fisch, Nüssen – und die „bösen" gesättigten in Käse, Wurst; Fleisch)
► Insulin bringt den Zucker (der von den Kohlenhydraten kommt) in die Zellen.

Auch Vollkornprodukte machen dick, wenn die aufgenommene Energie nicht benötigt wird. Der Körper macht dann aus den Kohlehydraten Zucker, der bei Nichtverbrauch in Fett umgewandelt wird.
Fettzellen können bis auf ihre 200fache Größe anwachsen.

► Ballaststoffe befinden sich im Obst, Salat, Gemüse und Vollkornprodukten. Sie bilden im Darm eine Art Gitternetz, das dafür sorgt, dass Kohlenhydrate und Fett nicht so schnell in die

Zellen kommen. Ballaststoffe sorgen für eine gute Verdauung und schützen vor Darmkrebs.
► Fruchtzucker ist gut, weil er langsamer verbrennt.
► Viel Wasser trinken! Oder Schorle. Es füllt den Magen und sättigt dadurch. Trauben und andere wasserhaltige Nahrungsmittel sind wegen ihres Volumens zu bevorzugen.

Welche Tipps gibt es, wenn man abnehmen möchte?
1. Es geht nicht darum Gewicht abzuhungern, sondern es geht um die Veränderung unserer Essgewohnheiten.
2. Unser Problem ist ganz einfach: Wir nehmen durch die Nahrung zu viel Energie auf, die unser Körper nicht braucht. Das Ergebnis ist, dass die überflüssige Energie in Körperfett umgewandelt wird.
3. Essen Sie nur, wenn Sie tatsächlich Hunger haben (nicht aus Gewohnheit).
4. Essen Sie langsam, damit das Sättigungsgefühl Zeit hat sich zu melden.
5. Hören Sie auf mit dem Essen, wenn Sie keinen Hunger mehr haben.
6. Vor dem Essen ein großes Glas Wasser trinken (füllt den Magen mit Null Kalorien).
7. Wir geben nur einen Bruchteil unseres Einkommens für Lebensmittel aus. Deshalb: Hochwertige Lebensmittel kaufen und genießen – statt billige reinzustopfen. Unbehandelte Lebensmittel bevorzugen- statt Lebensmittel mit E-Stoffen (viele sind unzureichend auf Gesundheitsrisiken erforscht) und künstlichen Aromen. Hochwertiges, aromatisches und süßes Obst ist ein kulinarischer Genuss!
8. Es gilt der Grundsatz: Essen Sie sich satt mit Obst und Gemüse!
9. Verzichten Sie nicht auf Kuchen, Schokolade und sonstiges Süßes – reduzieren Sie einfach die Menge.
10. Machen Sie keine Diät! (Jo-Jo-Effekt) Sondern: Stellen Sie Ihre Essgewohnheiten um!
11. Um abzunehmen gilt eine einfache Formel: Mehr Kalorien pro Tag verbrauchen als zu sich zu nehmen! (Z.B. Durch den vermehrten Verzehr von Obst und Gemüse und mehr Bewegung). Dies ist möglich ohne Hunger zu leiden!
12. Es kommt auch nicht primär auf Fettvermeidung und Zuckervermeidung an – sondern die Summe der täglichen Kalorien sollte kleiner als der Verbrauch sein.
13. Grundsatz: Ihre Nahrung ist optimal, wenn Sie zu ¾ aus Obst, Gemüse und Vollkornprodukten besteht.
14. Nur um schnell Gewicht zu reduzieren eignen sich Fasten und Diäten. Die Dauerlösung ist aber stets die Veränderung der Essgewohnheiten in Verbindung mit mehr Bewegung.

15. Zehn Kilo Übergewicht belasten meinen Körper so, als wenn ich einen vollen 10 Liter Wassereimer stets mit mir herumschleppe.
16. Hören Sie auf sich ständig zu wiegen. Die meisten Leute kennen ihr Wohlfühlgewicht. Dies gilt es zu erreichen und zu halten.
17. Statt Chips vor dem Fernseher zu knabbern: Trockenobst, sonstiges Obst oder Salzbrezeln (fettarm) und ein großes Glas Schorle zu sich nehmen.
18. Mehr Bewegung: Welcher Sport passt zu mir? Welche Sportart kann ich leben (in meinen Alltag integrieren). Faustformel: Sport alle 48 Stunden oder Fitness-Studio alle 72 Stunden.
19. Treppensteigen statt den Aufzug zu benutzen.
20. Essen Sie sich satt. Fressen Sie sich nicht voll.
21. Wenn man bei Stress oder Frust isst: andere Belohnungsmechanismen erfinden (Shoppen, Sport, …)
22. Sammeln Sie kleine Erfolge auf dem Weg zu Ihrem Wohlfühlgewicht. Feiern Sie kleine Verhaltensänderungen. Belohnen Sie sich. Lassen Sie es sich gutgehen.
23. Sofortige Veränderungen wären z.B. Wasser statt Cola trinken, einen großen Salat vor der Pizza essen, mit Essen aufhören, wenn man keinen Hunger mehr hat; nur ein 0,33l-Bier statt mehrere große; wohlschmeckendes Obst beim Fernsehen statt Chips.

Hinweise für Christen:
Beim Abnehmen geht es um die Veränderung unseres Ess- und Bewegungsverhaltens. Wir dürfen Gott bitten uns beim Abnehmen zu helfen.
Denn auch für die alltäglichen Bereiche unseres Lebens gilt: „Denn Gott ist's, der in euch wirkt beides, das Wollen und das Vollbringen…" (Phil.2,13).
► Er hat uns wunderbar gemacht. Daher sollten wir verantwortungsbewusst mit unserem Körper umgehen.
► Zum Umgang mit Alkohol:
Jesus erstes Wunder war, Wasser in guten Wein zu verwandeln.
Paulus empfiehlt Timotheus: „Trinke nicht mehr nur Wasser, sondern nimm ein wenig Wein dazu um des Magens willen, und weil du oft krank bist." 1.Tim.5,23)
► Zu Fleisch und Fisch haben wir einen Hinweis in 1. Mose 9,3: „In eure Hände habe ich die Tiere der Erde und die Fische gegeben…Alles, was sich regt und lebt, soll euch zur Nahrung dienen; wie das grüne Kraut habe ich euch alles gegeben."
Römer 14,1: „Den Schwachen im Glauben nehmt an und streitet nicht über Meinungen. Der eine glaubt, er dürfe alles essen; wer aber schwach ist, der isst kein Fleisch. Wer isst, der verachte den nicht, der nicht isst; und wer nicht

isst, der richte den nicht, der isst; denn Gott hat ihn angenommen."

Es geht beim Abnehmen um einen Lustgewinn:
Lieber schlank und gesund sein, als dick und krank (mit hohem Gesundheitsrisiko)!
Oder: Lieber zufrieden mit meinem Wohlfühlgewicht leben, als unglücklich ungesunde Sachen in mich hineinstopfen.
Dieser Lustgewinn kann eine gute Motivation sein. Er hilft mir andere leckere Lebensmittel zu essen, die gut für mich sind. Diese Einsicht hilft mir mein Essverhalten und mein Bewegungsverhalten zu verändern.
Sie müssen nicht so bleiben wie Sie sind – Sie sollten sich richtig verhalten!

Also bewusst das Essen genießen und mehr Bewegung!

Literatur:
- Dr. med. Anne Fleck, *Ran an das Fett – Das Praxisbuch*, ISBN 978-3-499-63427-7.
- Dr. med. Anne Fleck, *Schlank und gesund mit der Doc Fleck Methode*, ISBN 978-3-442-17817-9.
- *„Gewicht im Griff"*, Verbraucherzentrale, ISBN 3-923214-66-9
- *„Wie wir geheilt werden können"*, Dr. Christoph Häselbarth, ISBN 978-3-934771-02-4, im Anhang: Die erprobte Diät vom „Toronto General Hospital" – sehr zu empfehlen!

5.20 Singles - Freundschaften, Liebe, Sex

Prinzipien und Orientierungshilfen um Gott zu gefallen

Das Singlesein kann ein Lebensstil im Sinne einer Berufung sein – oder auch ein erfüllender Lebensabschnitt vor oder nach der Ehe.

Das Wachstum, das die Persönlichkeit in dieser Phase des Lebens, kann eine wichtige Vorbereitung für ein erfülltes und glückliches Leben zu zweit sein.
Singles haben durch den Umstand, dass sie nicht ständig auf Familienangehörige Rücksicht nehmen müssen, eine große Freiheit, was zum Beispiel Reisen, Zeiteinteilung, Weiterbildung oder auch den Umgang mit Finanzen angeht. Sie können Gott in besonderer Weise dienen - ohne Rücksicht auf einen Partner oder Familie nehmen zu müssen.
Diese Unabhängigkeit ist ein Privileg, das man oft erst zu schätzen weiß, wenn diese Phase vorbei ist.
Ein Single zu sein heißt sicherlich nicht, dass man weniger wert ist als jemand, der verheiratet ist oder eine Partnerin/ Partner hat! Denn der Wert einer Person leitet sich nicht aus seinem Familienstand ab. Der Wert einer Person definiert sich durch Gottes Liebe zu seinem Sohn und zu seiner Tochter – seinem Geschöpf.
Es ist einfach ein anderer Stand – mit allen Vor- und Nachteilen.
„Es ist nicht gut, dass der Mensch allein ist" lesen wir ganz am Anfang der Bibel. Es ist i.d.R. Gottes Wunsch und Plan für unser Leben einen Partner zu haben. Es geht dabei zwar auch darum, evtl. selbst glücklicher zu werden, aber der Schwerpunkt sollte darauf liegen, sich gegenseitig zu dienen und den Partner glücklich zu machen.
Je besser sich ein Single auf die Ehe vorbereitet, desto mehr Erfüllung wird er später haben. Die Vorbereitungen betreffen die eigene Persönlichkeit und die Freundschaft, die dem Ehebund vorausgeht.
Die folgenden Ausführungen erheben keinen Anspruch auf Vollständigkeit. Die nachstehenden Prinzipien dienen zur Orientierung und zum Schutz vor Fehlern in den sensiblen Bereichen der Partnersuche und der Sexualität – denn: wir leben in einer Gesellschaft, in der wir mit sexuellen Reizen überflutet werden. Auf der anderen Seite dürfen wir uns von Herzen darüber freuen, dass Gott jedem Teeny und Single den Wunsch nach Ergänzung durch einen Partner schenkt und sie als sexuelle Geschöpfe kreiert hat.

Gott hat gute, wohlwollende Prinzipien für unser Leben. Wenn wir nach seiner Richtschnur leben kann sein Segen - ungehindert von Sünde- in unser Leben fließen.
Folgende Themen werden auf den folgenden Seiten angesprochen:
1. Gebet für meinen zukünftigen Partner
2. Warum soll mein zukünftiger Partner unbedingt ein Nachfolger Jesu sein?
3. Wie lernt man seinen zukünftigen Ehepartner kennen?
4. Let´s talk about Sex
5. Der richtige Umgang mit meiner Sexualität
6. Selbstbefriedigung
6.1 Die Begierde kommt vom Hinsehen!
6.2 Zwanghafte Selbstbefriedigung
7. Homosexualität
8. Teenies in Love

1. Gebet für meinen zukünftigen Partner
„Ihr habt nicht, weil ihr nicht bittet" ist eine zentrale Aussage im Neuen Testament.
Die meisten gläubigen Singles haben sicherlich schon einmal Gott um einen Partner gebeten. Aber wie spezifisch darf man werden? Weiß man eigentlich, wen man möchte? Welche Eigenschaften, Vorlieben und besonders ausgeprägte Charakterzüge der Partner haben sollte?
Wenn man nämlich weiß, was man will, weiß man auch gleichzeitig, was man nicht will. Das kann helfen, wenn man überlegt, ob diese oder jene Person die richtige sein könnte.
Wir dürfen Gott ganz spezifisch bitten. Gleichzeitig sollten wir aber auch offen sein für Korrekturen. Wir dürfen uns auch von Gott überraschen lassen, denn der Herr kennt uns besser, als wir uns selbst kennen und er weiß, wie wir uns in der Zukunft entwickeln werden. Manche Christen schreiben die gewünschten Merkmale ihres zukünftigen Partners auf. Bei ihnen gilt das Motto: „Wissen, was man will, aber korrigierbar bleiben". Manche mögen vielleicht so eine Liste erstellen und mit einem besten Freund/ Freundin einmal zusammen durchgehen, um Feedback zu bekommen und um vor unrealistischen Anforderungen an einen zukünftigen Partner besser geschützt zu sein. Falsche Vorstellungen können ein Hinderungsgrund sein, den richtigen Partner zu finden.

Wichtiger Buchtipp zu diesem Thema: Derek Prince,
„Eine verständige Frau ist vom Herrn" und
„Wie man den richtigen Partner findet"
Dies ist ein kleines, hervorragendes und ausgewogenes Buch (ISBN 3-932341-02-03).

2. Warum soll mein zukünftiger Partner unbedingt Christ sein?

Grund Nr.1: Weil das Wichtigste in Leben mit demjenigen geteilt werden soll, den man liebt. Sollte der Partner nicht Christ sein, führt dies unweigerlich zu starken Konflikten, z.B. bei gemeinsamen Interessen, bei der Gestaltung der Freizeit und im Umgang mit Geld. Außerdem sind die Lebensziele verschieden. Der ungläubige Partner kann die Dinge nicht so beurteilen, wie man selbst sie sieht - denn Geistliches muss geistlich beurteilt werden. Selbst wenn der Partner es gut meint und verspricht tolerant zu sein, kann er den anderen und seine Herzensanliegen nicht verstehen, denn sein Geist ist nicht erweckt – er ist geistlich tot. Das ist keine Frage des guten Willens, sondern eine Frage der Wiedergeburt.

Grund Nr. 2: Weil man daran gehindert wird, sich so zu entwickeln, wie Gott es in seiner Liebe geplant hat.

Die Anforderungen, die ein ungläubiger Partner an einen stellt, werden einen Christen oft daran hindern, den Weg zu gehen, den Gott in seiner Liebe für ihn geplant hat. So wird z.B. ein Ungläubiger nur schwer verstehen, dass man in den Bau des Reiches Gottes Freizeit investiert und dafür Geld gibt. Mit einem ungläubigen Ehepartner wird man nur schwer in seine Berufung hinein wachsen. Das heißt, man erreicht wesentlich schwerer das Ziel seines Lebens und kommt nicht in die Fülle des Lebens hinein, die Jesus einem verheißen hat. Deshalb ist die Wahl des richtigen Ehepartners so entscheidend wichtig. Man spricht bei der Partnerwahl auch von der zweitwichtigsten Entscheidung im Leben (die wichtigste ist die Entscheidung Jesus zum Herrn seines Lebens zu machen).

Tipp: Jemanden in deinem persönlichen Umfeld fragen, der einen ungläubigen Ehepartner hat und sich zu diesem Thema beraten lassen!

Grund Nr. 3: Weil man Gott liebt und seinen Empfehlungen gehorsam sein möchte.
2.Kor 6,14-18:
Ziehet nicht am gleichen Joch mit Ungläubigen! Denn was haben Gerechtigkeit und Gesetzlosigkeit miteinander zu schaffen? Was hat das Licht für Gemeinschaft mit der Finsternis?
Wie stimmt Christus mit Belial überein? Oder was hat der Gläubige gemeinsam mit dem Ungläubigen?
Wie reimt sich der Tempel Gottes mit Götzenbildern zusammen? Ihr aber seid ein Tempel des lebendigen Gottes, wie Gott spricht: «Ich will in ihnen wohnen und unter ihnen wandeln und will ihr Gott sein, und sie sollen mein Volk sein.»
Darum «gehet aus von ihnen und sondert euch ab, spricht der Herr, und rühret kein Unreines an, so will ich euch aufnehmen», und «ich will euer Vater sein, und ihr sollt meine Söhne und Töchter sein», spricht der allmächtige Herr.

Auch aus diesen Gründen ist es nicht gut eine Beziehung, eine Partnerschaft, mit einem Nichtchristen anzufangen! Denn eine partnerschaftliche Freundschaft sollte immer den Ehebund zum Ziel haben.

Oft hört man von Verliebten das Argument, dass der Partner sich noch bekehren kann. Bekehrungen eines ungläubigen Freundes oder einer ungläubigen Freundin sind viel seltener als die Tatsache, dass der Christ in der Regel mit der Zeit von Jesus abdriftet. Deshalb nie eine Freundschaft in der Hoffnung beginnen, dass der Partner sich irgendwann bekehrt.
Es besteht auch die Gefahr, dass die oder der Ungläubige aus dem Grund vorgibt Christ zu sein, um den Partner zu gewinnen (Gefälligkeitsbekehrung). Man darf nicht vergessen, dass hier große Gefühle und Sehnsüchte mit im Spiel sind.

Wie lernt man seinen zukünftigen Ehepartner kennen?

Das ist die Frage, die viele Singles bewegt! Zuerst ist noch einmal zu sagen, dass die Zeit des Single-Daseins eine sehr wichtige ist und dazu sehr schön sein kann. In dieser Phase hat man in der Regel viele Freiheiten, die man so als Ehepaar oder Familie nicht mehr hat. Das betrifft z.B. die freie Zeiteinteilung, man muss sich mit niemand arrangieren, kann tun und lassen, was man will und wann man will... Aber – irgendwann kommt der Zeitpunkt an dem man sich nach Ergänzung sehnt, nach Austausch, Zärtlichkeit und danach, miteinander verbindlich zu leben. So hat uns Gott geschaffen.

Aller Wahrscheinlichkeit nach hat Gott nicht nur einen ganz bestimmten Partner für uns vorgesehen. Man hat die freie Wahl (sonst würde man sich womöglich hinterher bei Ihm beschweren, was Er sich denn dabei gedacht hat, einem gerade diesen Ehepartner gegeben zu haben).
Grundsätzlich soll man natürlich Gott fragen, sobald wir vermuten, dass sich eine Partnerschaft anbahnt (Um hier die richtige Entscheidung zu fällen helfen: Fasten, Beten und ausgiebig Zeit mit Ihm verbringen).
Aber auch das Gespräch mit den eigenen Eltern ist wichtig (insbesondere dann, wenn sie wiedergeboren sind und ein weites Herz

haben), da sie meistens über sehr viel mehr Menschenkenntnis und Lebenserfahrung verfügen und das Beste für ihr Kind wünschen. Des Weiteren ist ein Gespräch mit Freunden, die einen gut kennen, und ggf. mit seinem Hauskreisleiter hilfreich, die richtige Entscheidung zu treffen.

Nun zum Thema: „Wie finde ich sie/ihn?"
a) Gebet – als Nr.1
Gott liebt uns und möchte alle unsere Bedürfnisse erfüllen– auch unser Bedürfnis nach einem Partner. Die Bibel sagt uns: „Was Gott zusammenführt, soll der Mensch nicht scheiden." Also ist Gott derjenige der zusammenführt. Das ist der absolut wichtigste Punkt bei diesem Thema!
b) Sich vorbereiten
Eine gute Übung ist, sich für einen Augenblick in die Situation deines zukünftigen Partners zu versetzen und sich die folgenden Fragen zu stellen:
Würdest man gerne mit sich verheiratet sein? Warum eigentlich? Warum eigentlich nicht? Welche Ecken und Kanten gibt es noch im eigenen Charakter und Verhalten, die einen möglichen Partner gar nicht erst auf den Gedanken kommen lässt, dass er/sie einen nett finden könnte.
Dazu gehören: Umgangsformen, Auftreten in der Öffentlichkeit/bei Freunden, äußeres Erscheinungsbild (gepflegte/ungepflegte Erscheinung, Kleidung...), Lebensstil (Wohnung, Sauberkeit...).
Wie wirkt man eigentlich auf die Leute um sich herum?
Ein Psychologe würde sagen: Stimmt das Selbstbild mit dem Fremdbild (das andere von einem haben) überein?
Tipp: Einen guten Freund fragen, worauf man seiner Meinung nach ein wenig achten sollte.
c) Ausschau halten
Wer immer nur in seinem (sozialen) Dörfchen bleibt, braucht sich nicht zu wundern, wenn er seine Traumfrau/Traummann z.B. aus der Gemeinde nebenan nicht kennen lernt. Möglichkeiten sind z.B. Freizeiten mit Leuten, mit denen man nicht ständig zusammen ist (auch christliche Single-Freizeiten), übergemeindliche Veranstaltungen (Seminare, Konzerte, etc.), christliche Dating-Apps nutzen, nette Leute einladen, ...
Einfach die Dinge wählen, zu denen man Mut hat und die für einen annehmbar sind.
Sich einen Partner zu wünschen und das zuzugeben ist nicht peinlich – im Gegenteil: Darüber zu sprechen und aktiv zu werden entkrampft die ganze Sache!

Es kommt alleine auf die Einstellung dazu an (das Problem ist oft der Kopf/ wie wir die Dinge

sehen). Auch jeden Fall ist es keine Sünde sich aktiv umzuschauen.

d) Gestalter sein – statt Opfer sein
Es gibt inzwischen gute und seriöse Möglichkeiten, wie Christen, die heiraten wollen, ihren Ehepartner finden können. In Birkenfeld bei Pforzheim gibt es z.B. einen Dienst, der ausschließlich wiedergeborenen Christen hilft einen passenden Partner zu finden – den Christliche Partnerschafts-Dienst (CPD). Dieser Dienst trägt sich durch Spenden und Beiträge – er arbeitet nicht gewinnorientiert. Inzwischen haben über 800 Hochzeiten von Teilnehmern stattgefunden, die sich über diesen Dienst kennen gelernt haben. Jeden Monat heiraten durchschnittlich 18 Paare.
Infos gibt's im Internet (www.cpdienst.de).
Trotz aller hilfreichen „Techniken" und Tools – Gott ist derjenige, der zusammenführt.
Auch für dieses Thema gilt der oben genannte Tipp, das Buch von Derek Prince zu lesen.

4. Let´s talk about Sex
Zunächst einmal ist festzustellen, dass Gott die Sexualität erfunden hat. Es ist ein Geschenk von Ihm. Die Sexualität dient nicht nur der Fortpflanzung, sondern ist von Gott auch zu unserer Freude und Entspannung geschaffen worden. „Freue dich des Weibes deiner Jugend! ... möge dich ihr Busen allezeit ergötzen, mögest du dich an ihrer Liebe stets berauschen." Sprüche 5,19.
Im Alten und Neuen Testament erkennen wir ein durchgehendes Bild, dass ein Mann eine Frau haben soll.
Im Alten Testament führte Vielweiberei zu großen Spannungen und Problemen (z.B. bei Abraham mit Sarah und Hagar; aber auch bei König Salomo, dessen 700 Frauen und 300 Nebenfrauen ihn durch Götzendienst letztlich zum Fall gebracht haben – obwohl die Bibel von ihm sagt, dass er der weiseste Mensch war, der jemals gelebt hat).
Sex mit verschiedenen Partnern ist aus verschiedenen Gründen nicht von Gott her vorgesehen:
Gottes Anweisung für das Volk Israel klingt für unsere Ohren vielleicht krass.
Dadurch erfahren wir aber Gottes Ansicht und Denkweise:
„Wenn die Jungfrauschaft einer Tochter nicht erwiesen werden kann, so soll man sie vor die Tür ihres väterlichen Hauses führen, und die Leute der Stadt sollen sie zu Tode steinigen, weil sie eine Schandtat in Israel begangen hat, indem sie Unzucht getrieben hat in ihres Vaters Haus. Also sollst du das Böse ausrotten aus deiner Mitte." 5.Mose 22, 20+21
Gut, dass bei Gott Umkehr und Heilung bei zerbrochenen Beziehungen möglich ist.

Außerehelicher Verkehr ist in Gottes Augen also Unzucht.

„Und ihr fragt: «Warum?» Weil der HERR Zeuge war zwischen dir und dem Weibe deiner Jugend, welcher du nun untreu geworden bist, obschon sie deine Gefährtin und das Weib deines Bundes ist! Und hat er sie nicht eins gemacht und geistesverwandt mit ihm? Und wonach soll das eine trachten?
Nach göttlichem Samen! So hütet euch denn in eurem Geiste, und niemand werde dem Weibe seiner Jugend untreu! Denn ich hasse die Ehescheidung, spricht der HERR, der Gott Israels, und dass man sein Kleid mit Frevel zudeckt, spricht der HERR der Heerscharen; darum hütet euch in eurem Geist und seid nicht treulos!" Maleachi 2,14ff

„... so habe ein jeglicher seine eigene Frau und eine jegliche ihren eigenen Mann" 1.Kor.7,2

Sex mit einem Partner hat seinen Platz im geschützten Rahmen der Ehe.
„Darum wird der Mensch seinen Vater und seine Mutter verlassen und seinem Weibe anhangen, dass sie zu einem Fleische werden.
Und sie waren beide nackt, der Mensch und sein Weib, und schämten sich nicht." 1.Mose 2,24-25

Diese Aussage wiederholt Jesus im Neuen Testament und deutet die entstehende geistliche Einheit an: „«Darum wird ein Mensch Vater und Mutter verlassen und seiner Frau anhängen, und es werden die zwei ein Fleisch sein», - so dass sie nicht mehr zwei sind, sondern ein Fleisch. Was nun Gott zusammengefügt hat, soll der Mensch nicht scheiden." (Mat. 19,5+6)

„Wisset ihr aber nicht, dass, wer einer Hure anhängt, ein Leib mit ihr ist?
«Denn es werden», spricht er, «die zwei ein Fleisch sein.»
Wer aber dem Herrn anhängt, ist ein Geist mit ihm.
Fliehet die Unzucht! Jede Sünde, die ein Mensch [sonst] begeht, ist außerhalb des Leibes; der Unzüchtige aber sündigt an seinem eigenen Leib.
Oder wisset ihr nicht, dass euer Leib ein Tempel des in euch wohnenden heiligen Geistes ist, welchen ihr von Gott empfangen habt, und dass ihr nicht euch selbst angehöret?
Denn ihr seid teuer erkauft; darum verherrlicht Gott mit eurem Leibe!"
1.Kor 6,16-20

Beim Geschlechtsverkehr wird neben der körperlichen Vereinigung also auch eine geistliche Vereinigung vollzogen. Es entsteht – ob gewollt oder nicht – eine geistliche Einheit und Bindung zwischen den beiden Beteiligten.
Auch hier sollte ein bewusstes Lösen von einem früheren Partner, mit dem man intim war, vollzogen werden (im Gebet, vor Gott, evtl. mit seelsorgerlichen Hilfe).
Gemeinsames, voreheliches Übernachten: Das, was in unserer Gesellschaft gängige Norm ist, muss nicht mit Gottes Willen übereinstimmen.
Jeder von uns kann sich vorstellen, wie schön ein gemeinsames Übernachten für Verliebte ist – auch wenn es nicht zu Sex kommt. Bei einem gemeinsamen Übernachten vor der Ehe ergeben sich verschiedene Gefahren:
Es kann zu vorschnellen körperlichen Annäherungen kommen, die die Entwicklung der Beziehung eher hindern, anstatt sie zu fördern. Schließlich sind starke Gefühle involviert.
Außerdem ist gemeinsames Übernachten kein gutes Zeugnis für andere Unverheiratete. Es kann missverstanden werden, dass Sex vor der Ehe im Willen Gottes ist.
Grundsätzlich ist zu diesem Punkt zu sagen: Es ist nicht gut so zu leben als sei man verheiratet, ohne tatsächlich verheiratet zu sein!

5. Der richtige Umgang mit meiner Sexualität
Also, Gott ist pro Sex! Er ist nicht körperfeindlich.
Wichtig zu wissen ist lediglich, dass alles in diesem Bereich nach Gottes Ordnung geschehen soll.
Die Sexualität gehört zu den schönsten Dingen, die Gott uns geschenkt hat. Wie alle guten Dinge wird auch sie oft vom Feind pervertiert.

Gottes Wort ist sehr klar, was den Umgang mit der Sexualität angeht:
In Galater 5,19+21 steht: „Offenbar sind die Werke des Fleisches, welche sind: Ehebruch, Unzucht, Unreinigkeit, Ausschweifungen. ... wer solches tut wir das Reich Gottes nicht ererben." Das ist eine deutliche Aussage.
Das Wort „Unzucht" heißt im griechischen „porneia" (=>Porno! Es wird heute in den Medien oft gleichgesetzt mit dem harmloser klingenden Wort „Erotik").
Porneia heißt übersetzt: „Unzucht treiben, Hurerei, außerehelicher Geschlechtsverkehr, Götzendienst."

Sex gehört in die Ehe – nicht vor die Ehe und nicht parallel zur Ehe (Seitensprung)!

Der Ehebund beinhaltet die persönliche Entscheidung der Liebenden zu einander, und das Schließen des Bundes vor Gott und der Öffentlichkeit.

Warum gehört Sex in die Ehe?

1. Weil es Gottes Ordnung ist und man als Christ Ihn lieben und Ihm gefallen möchte. Weil Er weiß, was gut für einen ist.

2. Weil beim Geschlechtsverkehr Mann und Frau „eins werden". Die Bibel zeigt uns, dass dies „Eins-werden" sich nicht nur auf den körperlichen Akt bezieht, sondern auch eine geistliche Dimension hat.

Christen, die Jesus persönlich kennen gelernt haben und ihn lieben, wollen immer mehr so denken und handeln, wie Jesus es tat. Darin liegt die größtmögliche Freiheit, die man hier auf der Erde erleben kann – auch auf sexuellem Gebiet.

Und die Liebe zu Jesus ist die Motivation, Ihm auch mit der Sexualität zu gefallen.

6. Selbstbefriedigung

Statistiken sagen, dass die meisten Männer und etwa jede zweite Frau Erfahrungen mit Selbstbefriedigung haben. Bei Christen ist das vermutlich kaum anders.

Unsere Sexualität ist uns von Gott geschenkt, damit wir unseren Ehepartner glücklich machen. Sie dient nicht in erster Linie unserer eigenen Befriedigung. Gottes Grundgedanke bei der Schaffung der Sexualität ist demnach, dass zu einer erfüllten Sexualität zwei Ehepartner gehören.

In 1.Kor 7,1-5 steht:

„Was aber das betrifft, wovon ihr mir geschrieben habt, so ist es ja gut für den Menschen, kein Weib zu berühren; um aber Unzucht zu vermeiden, habe ein jeglicher seine eigene Frau und eine jegliche ihren eigenen Mann.

Der Mann leiste der Frau die schuldige Pflicht, ebenso aber auch die Frau dem Manne.

Die Frau verfügt nicht selbst über ihren Leib, sondern der Mann; gleicherweise verfügt aber auch der Mann nicht selbst über seinen Leib, sondern die Frau.

Entziehet euch einander nicht, außer nach Übereinkunft auf einige Zeit, damit ihr zum Gebet Muße habt, und kommet wieder zusammen, damit euch der Satan nicht versuche um eurer Unenthaltsamkeit willen."

Ein Single hat seit der Pubertät die körperlichen Voraussetzungen, sexuell aktiv zu sein.

Da die Sexualität jedoch in diesem Alter i.d.R. nicht ausgelebt und genossen werden kann, muss es einen Weg geben, mit seinem Trieb so umzugehen, dass es Gott gefällt und für den Single lebbar ist.

Gott will Christen keine Vergnügungen vorenthalten. Er möchte sie lehren, was für ihre Entwicklung gut und förderlich ist. Wenn sie nach seinen göttlichen Ordnungen leben, werden sie in die volle Freiheit, die Gott ihnen verheißen hat, hineinkommen.

Gerade auf dem sexuellen Gebiet gibt es jedoch große Gebundenheiten, Zwänge und Süchte, die mit der angestrebten Freiheit nichts mehr zu tun haben.

Ps.119,105: „Wie wird ein Junge seinen Weg unsträflich gehen? Wenn er sich hält an Gottes Wort."

Einige Hilfen, wie man mit seinen Hormonen und seinem Trieb besser umgehen kann, finden wir im Wort Gottes:

Hiob machte einen Bund mit seinen Augen: „Mit meinen Augen schloss ich einen Vertrag (Bund), niemals ein Mädchen lüstern anzusehen. Was hätte ich sonst von Gott zu erwarten? Was wäre seine Antwort auf mein Tun?" Hiob 31,1+2

Jesus sagt in Mat.5,28: „Wer ein Weib ansieht, ihrer zu begehren, der hat in seinem Herzen schon Ehebruch mit ihr begangen."

6.1 Die Begierde kommt vom Hinsehen!

Im Alten Testament wird ein wichtiges Prinzip deutlich:

Eva sah die Frucht an und bekam Lust sie zu essen (1.Mose3,6).

David sah eine nackte Frau (Batseba) beim Baden und bekam Lust mit ihr zu schlafen (2.Sam.11,2). Danach ermordete er ihren Mann.

Durch das Hinsehen kommt die Lust – und die Lust gebiert die Sünde.

Das ist ein Mechanismus, den wir kennen müssen.

Für uns ist dieses Wissen eine Hilfe.

Singles/Teenies können besser mit ihrer Sexualität umgehen, wenn sie bewusst wegschauen! Das Wegsehen erfordert Disziplin und Übung - aber es funktioniert.

Praktisch heißt dies: Wegsehen z.B. bei Sex-Szenen in Filmen und Nacktaufnahmen in Zeitschriften. Wir entscheiden, was wir an uns heranlassen und was uns beeinflussen soll.

Tipp: Keine Erotik-Filme anschauen (Fernsehen/Internet), keine gemischte Sauna besuchen und manchem hilft es, nicht an einen See (Baggersee) zu gehen, bei dem Oben-ohne-baden oder FKK normal sind.

Man kann (sollte) sich bewusst entscheiden keine Erotik- und Sex-Seiten im Internet anzusehen.

Das gilt natürlich auch für Verheiratete.

Die Strategie heißt also:

1. Reize vermeiden
2. Wegsehen

3. Vergebung annehmen, dort wo wir versagt haben (dafür ist Jesus gestorben).
Es gibt niemanden, der noch nie Probleme mit seiner Sexualität hatte. Außer Jesus gibt es wohl keinen Menschen, der auf diesem Gebiet noch nicht versucht wurde und nicht gesündigt hat.
Eine gute Sache ist, dass Gott durch unser Gewissen spricht und wir deshalb oft wissen, was wir tun oder lassen sollen.

Folgende Frage kann in Zweifelsfällen weiterhelfen:
„Würde Jesus diesen Film, diese Internetseite ansehen?
Wie würde Jesus diese Frau anschauen?"
Wie oben erwähnt, ist die Sexualität in erster Linie dazu da, seinen Ehepartner zu beschenken. Die primäre Frage ist: „Wie kann ich meinen Ehepartner befriedigen?"
und nicht: „Wie kann ich Befriedigung erlangen?"
Sich selbst zu befriedigen ist kein Problem einzelner, sondern unter Teenager und Erwachsenen (auch verheirateten) stark verbreitet.
Selbstbefriedigung geht nicht nur die eigene Person etwas an, sondern sie kann meine Beziehung zu Gott evtl. auch zu der Person, die Teil meiner Fantasien war, negativ beeinflussen. Oft spielen bei der Selbstbefriedigung Träumereien von sexuellen Praktiken mit Personen, mit denen ich keine sexuelle Beziehung haben darf, eine große Rolle. Das hierbei permanent gesündigt wird ist offensichtlich.
Die Sünde besteht in dem falschen Begehren.
„Du sollst nicht begehren deines Nächsten Weib..." (2. Mose 2, 17)
Regelmäßige Selbstbefriedigung ist sicherlich nicht Gottes ursprünglicher Plan für meine Sexualität. Auf der anderen Seite gibt es in der Bibel keine direkte Aussage, dass Selbstbefriedigung in jedem Fall Sünde ist. Christen wollen Gott auch in diesem Bereich gefallen. Viele wünschen sich, diesen Bereich ihres Lebens Gott zu unterstellen. Es fehlt nicht an gutem Willen, sondern oft an mangelndem Vermögen, Kraft und Disziplin, mit der Selbstbefriedigung aufzuhören.
Wichtig hierbei: Wir werden es nicht schaffen aus eigener Kraft, nur mit eiserner Disziplin unsere Probleme auf sexuellem Gebiet zu lösen. Die einzige Chance ist uns zu Jesus zu nahen und uns durch den Heiligen Geist verändern zu lassen.
Tagträumereien und sexuelle Fantasien bauen zusätzlich z.T. große Spannungen auf.
Sexuelle Reize durch optische Wahrnehmungen sind nicht immer zu vermeiden.
Hierzu gibt es eine Redewendung, die verdeutlicht, was man in so einem Fall tun kann:
„Ich kann nicht verhindern, dass eine Schwalbe über meinen Kopf fliegt, aber ich kann verhindern, dass sie dort ein Nest baut!"
Wir können also nicht verhindern, dass uns sexuelle Gedanken oder Bilder beeinflussen, zum Teil regelrecht attackieren – es kommt vielmehr darauf an, wie wir damit umgehen. Eine Möglichkeit ist, Gott um Hilfe zu bitten, unsere Gedanken zu reinigen. Wenn wir anfangen Gott zu loben (z.B. wie gut Er ist oder Ihm danken für unsere Sexualität) weichen oft die unreinen Gedanken.
Wichtig ist einfach, dass wir nicht durch unreine Gedanken sündigen und damit das Wirken des Heiligen Geistes in unserem Leben behindern. Es kostet uns zuviel an Segen und Frieden wenn wir unguten sexuellen Reizen nachgeben.
Gott hat die Sexualität uns geschenkt, damit wir unseren Ehepartner glücklich machen und befriedigen.
Sich sexuellen Fantasien bei der Selbstbefriedigung hinzugeben und sich dabei vorzustellen Sex mit einer Person zu haben, mit der wir keinen Sex haben dürfen, ist vor Gott nicht o.k. Um auf diesem Gebiet nicht zu sündigen, müssen wir unsere Gedanken disziplinieren. Wir sind auch hier auf die Hilfe Gottes angewiesen.
Trotzdem bedarf es einer bewussten, verstandesmäßigen Entscheidung unsererseits, indem wir proklamieren: „Ich will nicht!!!"

6.2 Zwanghafte Selbstbefriedigung
Manchmal nimmt die Selbstbefriedigung suchtartige Formen an. Das hängt damit zusammen, dass man durch das wiederholte Anschauen von pornographischen Materialien unbewusst einen oder mehrere unreine Geister ins sich herein einlädt (dazu: Buch, Derek Prince, „Sie werden Dämonen austreiben", ab Seite 125, siehe www.ibl-dpm.net).
Sobald man erkennt, dass man sein Verhalten nicht mehr selbst steuern kann, wenn man von etwas „magisch" angezogen fühlt und man nicht widerstehen kann, kann eine dämonische Belastung vorliegen. Wichtig ist zu wissen, dass auch Christen dämonisch belastet sein können. Dazu hilft Gott uns durch die Gabe der Unterscheidung der Geister und durch die Gabe der Erkenntnis. Gott möchte seine Kinder in die ganze Freiheit führen, die uns durch den Tod Jesu zusteht.
Dieser Lösungsansatz ist selbst bei wiedergeborenen Christen nicht immer bekannt.
Es wurde schon der erste Schritt in die richtige Richtung erklärt: Die Vermeidung sexueller

Reize von außen. Oft ist jedoch der zweite Schritt notwendig: die Befreiung von unreinen Geistern (Dämonen).
Befreiung erfolgt – kurz skizziert- nach den in der Seelsorge angewandten Schritten:
Gott um Entschuldigung bitten (Sünde beim Namen nennen); sich reinwaschen durch das Blut Jesu (Vergebung annehmen/ zugesprochen bekommen z.B. durch einen Seelsorger), den unreinen Geistern im Namen Jesu gebieten die Person in Ruhe zulassen und auszufahren, den Heiligen Geist bitten, das entstandene Vakuum zu füllen.

7. Homosexualität

Auch in diesem Problembereich herrscht viel Unsicherheit. Dabei gibt Gott eindeutige und klare Wegweisung, wie man damit umgehen soll. Auch hier nimmt die Bibel kein Blatt vor den Mund: wir lesen z.B. in Römer 1, Verse 26-32:
„Darum hat sie Gott auch dahingegeben in entehrende Leidenschaften. Denn ihre Frauen haben den natürlichen Gebrauch vertauscht mit dem widernatürlichen; gleicherweise haben auch die Männer den natürlichen Verkehr mit der Frau verlassen und sind gegeneinander entbrannt in ihrer Begierde und haben Mann mit Mann Schande getrieben und den verdienten Lohn ihrer Verirrung an sich selbst empfangen.
Und gleichwie sie Gott nicht der Anerkennung würdigten, hat Gott auch sie dahingegeben in unwürdigen Sinn, zu verüben, was sich nicht geziemt, als solche, die voll sind von aller Ungerechtigkeit, Schlechtigkeit, Habsucht, Bosheit; voll Neid, Mordlust, Zank, Trug und Tücke, Ohrenbläser, Verleumder, Gottesverächter, Freche, Übermütige, Prahler, erfinderisch im Bösen, den Eltern ungehorsam; unverständig, unbeständig, lieblos, unversöhnlich, unbarmherzig; welche, wiewohl sie das Urteil Gottes kennen, dass die, welche solches verüben, des Todes würdig sind, es nicht nur selbst tun, sondern auch Gefallen haben an denen, die es verüben."
3.Mose 18,22
„Du sollst bei keiner Mannsperson liegen wie beim Weib; denn das ist ein Gräuel."
3.Mose 20,13
„Wenn ein Mann bei einer männlichen Person schläft, als wäre es ein Weib, die haben beide einen Gräuel getan, und sie sollen unbedingt sterben; ihr Blut sei auf ihnen!"
1.Tim 2,4

Gott will, dass alle Menschen gerettet werden und zur Erkenntnis der Wahrheit kommen.

Diese Zitate aus der Bibel geben uns eine eindeutige Richtung:
Gott hasst die Homosexualität – aber Er liebt die Homosexuellen!
Gott möchte denjenigen, die zur Homosexualität neigen, helfen. Er möchte, dass sie frei werden von falschen Bindungen und Gedanken, die sie z.T. plagen. Er hat für diese Problematik eine Lösung: Jesus starb auch für diese Schuld am Kreuz. Man darf ihn um Vergebung bitten, die Vergebung von ihm empfangen und ihn um Hilfe bitten. Außerdem haben Jünger Jesu die Macht, im Namen Jesus dämonischen Kräften zu gebieten, eine Person zu verlassen. Eine Belastung liegt in der Regel dann vor, wenn man sich selbst nicht mehr unter Kontrolle hat (eine andere Macht über einem Herrschaft ausübt), wenn man zwanghaft Dinge tun, die man eigentlich nicht tun will. Das Gute ist: Jesus hat aus Liebe die Lösung gezeigt. Umkehr und Befreiung sind möglich.

8. Teenies in Love

Gerade Teenies erleben oft eine tiefe Liebe und Leidenschaft zu Jesus. Sie wollen ihr Leben Ihm zur Verfügung stellen und nach seinen Ordnungen leben. Deshalb sollen die folgenden Zeilen Orientierung und Gesprächsstoff liefern. Sie sind als Hilfe gedacht, die Teeny-Zeit genießen zu können. Denn nur, wenn wir im Einklang mit Gottes Willen für unser Leben sind, werden wir erfüllt leben können – ohne falsche Bindungen (z.B. an Menschen oder an die eigene Sexualität).
Teenager werden sehr stark von ihrer Umgebung geprägt. Sie suchen Orientierung. Ihr Freundeskreis, die Schule und die Medien haben großen Einfluss auf die Meinungsbildung. Das gilt auch für den Bereich der Sexualität.
Für junge Christen, die Jesus von Herzen liebhaben, stellt sich die Frage, was Gott zum Thema Freundschaft und Sexualität sagt.

Einige grundsätzliche Dinge wie Selbstbefriedigung, Partnersuche oder Homosexualität sind schon auf den vorherigen Seiten angesprochen worden.
Speziell bei Teenies kommen noch einige Themen dazu:
Der Gruppenzwang, einen Freund haben zu müssen, um „in" zu sein
Wie weit darf ich gehen? (Kuss, Petting, Sex)

Teenies, die Jesus liebhaben, fragen danach, wie Er die Dinge sieht – das soll unser Maßstab sein. Sie wollen in erster Linie Gott gefallen – nicht den Menschen.
Grundsätzlich hat die Freundschaft zwischen einem Mann und einer Frau, die sich zu

Partnerschaften entwickelt, das Ziel, eine Ehe und Familie zu gründen.

Das ist Gottes Plan. Er ist kein Spielverderber, sondern Er weiß, was gut für einen ist.

Das heute Teenager mehrere kurze Freundschaften hintereinander haben, verursacht viele Tränen, Schmerzen und Bindungen – und ist so nicht von Gott geplant. Daher ist dieses Verhalten für Christen nicht o.k.!

Zu der Frage, wie weit man in einer Freundschaft gehen darf, kann man einige grundsätzliche Dinge sagen:

Der Freund oder die Freundin sollen Jesus kennen und ihr Leben Ihm übergeben haben, sonst gibt es u.U. später viele Tränen, weil der Partner nicht verstehen kann, was einem lieb und wichtig ist.

Er/sie leben nach anderen Werten, die die Umwelt vermittelt und die oft im krassen Widerspruch zu Gottes guten Ratschlägen für unser Leben sind.

1. Eine Freundschaft ist in erster Linie dazu da, den Partner kennen zu lernen (seinen Charakter, seine Pläne, Meinungen, Wünsche, Stärken, Schwächen, Träume etc.)
2. Es gilt der Grundsatz, dass Sex (Miteinander schlafen) von Gott her ausschließlich in die Ehe gehört. Begründung: A) Weil es Gottes gute Ordnung ist. B) Weil der Mann und die Frau „eins werden" beim Geschlechtsverkehr – und dies über das rein Körperliche hinausgeht! (siehe oben – Punkte 4 + 5)
3. Es gilt das Motto: „Wahre Liebe wartet!"
4. Die beiden Befreundeten sollen recht bald darüber sprechen, wo sie für sich die Grenze bei Berührungen setzen wollen. Offenheit schützt auch hier vor falschen Erwartungen.
5. Es ist nicht gut, wenn verliebte Teenies zu viel Zeit alleine verbringen. Das gegenseitige Kennenlernen geschieht am besten im Freundeskreis. Das ist auch ein Schutz vor zu schnellen körperlichen Kontakten.

Noch ein Tipp zur Kleidung:
Jungen und Männer sind leicht erregt durch körperbetonte Kleidung - dazu gehören busenbetonende T-Shirts, Bodies und andere hautenge Bekleidung.

Sie haben damit teilweise Schwierigkeiten. Es reizt sie zur Selbstbefriedigung und unreinen Gedanken. Es hilft ihnen im Umgang mit ihrer Sexualität, wenn sie nicht diesen Reizen ausgesetzt sind. Deshalb können Mädchen und Frauen die Männer ganz praktisch lieben, indem sie, wenn sie mit ihnen zusammen sind, sich zwar schick kleiden, ohne sie in Verlegenheit zu bringen.

Gut ist es, wenn wir die oben genannten Gedanken vor Gott im Gebet bewegen und Ihn um Weisheit bitten. Auch das Gespräch untereinander kann sehr dazu beitragen, dass wir sensibler werden und Gott auch in diesem oft tabuisierten Bereich gefallen. Gott möchte, dass es uns auch langfristig gut geht. Er, als unsere Schöpfer, hat die besten Standards zum Thema Freundschaft und Sex. Wir tun gut daran, sie zu beachten und uns dadurch vor viel Kummer zu schützen.

Auch bei diesem Thema gilt: Wir wollen Gott lieben und die Sünde hassen. Sünde sollen wir vor Gott auch Sünde nennen und ihn um Vergebung bitten. Ein totaler Neuanfang ist durch Jesus jederzeit möglich. Dies ist der Weg, ein erfülltes, auch ein sexuell erfülltes Leben, geschenkt zu bekommen.

Literaturempfehlung:
- Heft: „Sexualität – anregend und spannend" über Ignis-Akademie für Christliche
- Psychologie, info@ignis.de, Tel. 09321--133031.
- Buch: Derek Prince, „Eine verständige Frau ist vom Herrn und Wie man denrichtigen Partner findet" (ISBN 3-932341-02-03).
- Buch: Derek Prince, „Sie werden Dämonen austreiben", beide Bücher z.B. über:
- www.ibl-dpm.net
- Buch: Christoph Häselbarth, „Befreiung" (ISBN – 3-925968-84-9)

5.21 Gott, mein Versorger!

Einleitung
Beim Lesen der nachfolgenden Bibelverse geht es darum, Gottes Sichtweise zum Thema Finanzen besser kennen zu lernen. Viele Christen sehnen sich danach Gottes Realität und Wahrheit auch im Bereich der Finanzen und im Bereich der Versorgung zu erkennen. In dieser Ausarbeitung geht es schwerpunktmäßig darum aufzuzeigen, welche Berichte es über Gottes materielle Versorgung in der Bibel gibt.

Daraus lässt sich Gottes Charakter als guter, versorgender Vater erkennen. In den nachfolgenden Bibelversen werden auch die Voraussetzungen, um in den vollen Segen seiner materiellen Versorgung zu kommen, deutlich.
Die biblischen Berichte lassen direkte Rückschlüsse auf unsere heutige persönliche Situation zu.
Sie haben beim Lesen der folgenden Verse den größten Gewinn, wenn Sie jetzt den Heiligen Geist in einem kurzen Gebet bitten, ihnen diese Verse lebendig zu machen.
Denn: Wort und Geist müssen zusammen kommen. Sonst besteht die Gefahr, dass die aufgelisteten Verse nur eine Aneinanderreihung toter Buchstaben bleiben.
Die Bibel enthält auch im Bereich Finanzen Schätze, die es zu entdecken gilt.

Teil 1: Gott versorgt
1.1 Gottes Versorgung im Alten Testament

Einige einführende Bemerkungen:
Einer der hebräischen Namen Gottes im Alten Testament ist Jahwe Jireeh.

Er bedeutet: „Gottes Versorgung wird sichtbar sein".

Gott ist der Schöpfer, der Lebensspender, der Versorger ("Alle meine Quellen sind in Dir!" Psalm 87,8).
Gott versorgt, sodass Leben erhalten bleiben kann. Er versorgt mit Wasser, Licht, der richtigen Temperatur (durch die exakt richtige Entfernung der Erde von der Sonne), Bodenschätzen, Wärme, Mineralien, Energie.
Er ist der Ursprung des Lebens. Von ihm kommt das Leben für Menschen, Tiere und Pflanzen. Er ist derjenige, der Wachstum hervorbringt. Er hat die physikalischen Gesetze auf der Erde und im Universum geschaffen.
Unsere Aufgabe ist es, diese Ordnung pfleglich zu behandeln, künstliche Wachstumsbarrieren aus dem Weg zu räumen, sodass Wachstum geschehen kann.

Es gibt eine Vielzahl an Bibelstellen, die bezeugen, dass Gott der Versorger seiner Kinder in der Vergangenheit war und es auch heute ist und es in der Zukunft sein wird:
Am Anfang, vor dem Sündenfall, hat Gott alles geschaffen, damit die Menschen überreich versorgt sind. Es war ein Zustand der Vollversorgung für Menschen und Tiere:
1.Mose 2,
8 Und Gott der HERR pflanzte einen Garten in Eden gegen Morgen und setzte den Menschen darein, den er gemacht hatte.
9 Und Gott der HERR ließ allerlei Bäume aus der Erde hervorsprossen, lieblich anzusehen und gut zur Nahrung, und den Baum des Lebens mitten im Garten und den Baum der Erkenntnis des Guten und Bösen.

Aber der Mensch entschied sich mit der Entscheidung zu sündigen zur Unabhängigkeit von Gott. Damit kam der Fluch ins Leben der Menschen.
Dennoch versorgt Gott:
Als Abraham aus Ägypten auszog war er von Gott überreich materiell gesegnet worden:
1.Mose 13:1:
Und Abram zog mit seinem Weib und mit allem, was er hatte, auch mit Lot, von Ägypten hinauf in das südliche Kanaan.
2 Und Abram war sehr reich an Vieh, Silber und Gold.

Gott versorgt Abraham mit einem Opfertier, das er anstelle von Isaak opfern soll:
1.Mose 22,10ff

10 Und Abraham streckte seine Hand aus und fasste das Messer, seinen Sohn zu schlachten.
11 Da rief ihm der Engel des HERRN vom Himmel und sprach: Abraham! Abraham! Und er antwortete: Siehe, hier bin ich!
12 Er sprach: Lege deine Hand nicht an den Knaben und tue ihm nichts; denn nun weiß ich, dass du Gott fürchtest und hast deinen einzigen Sohn nicht verschont um meinetwillen!
13 Da erhob Abraham seine Augen und sah hinter sich einen Widder mit den Hörnern in den Hecken verwickelt. Und Abraham ging hin und nahm den Widder und opferte ihn zum Brandopfer an Stelle seines Sohnes.
14 Und Abraham nannte den Ort: Der HERR wird dafür sorgen! So dass man noch heute sagt: Auf dem Berge wird der HERR dafür sorgen!

Gott segnet Isaak materiell:
1.Mose 26:
12 Und Isaak säte in dem Lande und erntete in demselben Jahr hundertfältig; denn der HERR segnete ihn.
13 Und der Mann ward reich und immer reicher, bis er sehr reich war;
14 und er hatte Schaf und Rinderherden und eine große Dienerschaft. Darum beneideten ihn die Philister.

2.Mose 1,
20 Dafür segnete Gott die Hebammen; das Volk aber vermehrte sich und nahm gewaltig zu.
21 Und weil die Hebammen Gott fürchteten, so baute er ihnen Häuser.
Gott beschenkt das ausziehende Volk Israel:

2.Mose 3,
21 Und ich will diesem Volk Gunst verschaffen bei den Ägyptern, dass, wenn ihr auszieht, ihr nicht leer ausziehen müsst;
22 sondern ein jedes Weib soll von ihrer Nachbarin und Hausgenossin silberne und goldene Geschirre und Kleider fordern; die sollt ihr auf eure Söhne und Töchter legen und Ägypten berauben.

Gott versorgt das Volk in der Wüste. Manchmal versorgt Er nur von einem Tag auf den anderen – damit wir auf Ihn vertrauen lernen.
2.Mose 16,
4 Da sprach der HERR zu Mose: Siehe, ich will euch Brot vom Himmel regnen lassen; dann soll das Volk hinausgehen und täglich sammeln, was es bedarf, damit ich erfahre, ob es in meinem Gesetze wandeln wird oder nicht.

24 Und sie ließen es bis an den Morgen bleiben, wie Mose geboten hatte; da ward es nicht stinkend und war auch kein Wurm darin.

Prinzip: Materieller Segen kommt von Gott, wenn seine Kinder gehorsam sind:
2.Mose 23:
25 Und ihr sollt dem HERRN, eurem Gott, dienen, so wird er dein Brot und dein Wasser segnen; und ich will die Krankheit aus deiner Mitte tun.

Gott versorgt das Volk Israel mit Land:
3.Mose 25:
2 Rede mit den Kindern Israel und sprich zu ihnen: Wenn ihr in das Land kommt, das ich euch geben werde, so soll das Land dem HERRN einen Sabbat feiern.
Gott versorgt mit dem nötigen Regen, wenn sie gehorsam sind:
3.Mose 26,
3 Werdet ihr nun in meinen Satzungen wandeln und meine Gebote befolgen und sie tun,
4 so will ich euch Regen geben zu seiner Zeit, und das Land soll sein Gewächs geben und die Bäume auf dem Felde ihre Früchte bringen.

Prinzip: Gott sorgt vor, sodass kein Mangel dort sein wird, wenn sie Seine Gebote befolgen:
3.Mose 25,
4
20 Und wenn ihr sagen würdet: Was sollen wir im siebenten Jahre essen? Denn wir säen nicht und sammeln auch keine Früchte ein!
21 so will ich im sechsten Jahr meinem Segen gebieten, dass es euch Früchte für drei Jahre liefern soll;

Gottes Volk ist gesegnet und hatte 40 Jahre lang in der Wüste keinen Mangel:
5.Mose 2,
7 denn der HERR, dein Gott, hat dich in allen Werken deiner Hände gesegnet. Er hat acht gehabt auf deine Reisen durch diese große Wüste; und der HERR, dein Gott, ist diese vierzig Jahre bei dir gewesen, so dass dir nichts gemangelt hat.
5.Mose 8,
4 Deine Kleider sind nicht zerlumpt an dir, und deine Füße sind nicht geschwollen diese vierzig Jahre lang.

Prinzip: Gott ist derjenige, der Kraft schenkt, um Reichtum zu erwerben:
5.Mose 8,
18 Sondern du sollst des HERRN, deines Gottes, gedenken; denn er ist es, der dir

Kraft gibt, solchen Reichtum zu erwerben; auf dass er seinen Bund
aufrechterhalte, den er deinen Vätern geschworen hat, wie es heute geschieht.
19 Wirst du aber des HERRN, deines Gottes, vergessen und anderen Göttern
nachfolgen und ihnen dienen und sie anbeten, so bezeuge ich heute über euch, dass
ihr gewiss umkommen werdet.
5.Mose 11,
13 Werdet ihr nun meinen Geboten fleißig gehorchen, die ich euch heute gebiete,
dass ihr den HERRN, euren Gott, liebet und ihm mit ganzem Herzen und mit ganzer
Seele dienet,
14 so will ich eurem Lande Regen geben zu seiner Zeit, Frühregen und Spätregen,
dass du dein Korn, deinen Most und dein Öl einsammeln kannst.
15 Und ich will deinem Vieh auf deinem Felde Gras geben, dass ihr esset und satt
werdet.
16 Hütet euch aber, dass sich euer Herz nicht überreden lasse, dass ihr abtretet und
anderen Göttern dienet und sie anbetet,

Prinzip: Gott segnet und hält seine Versprechen:
5.Mose 12,
20 Wenn aber der HERR, dein Gott, deine Landmarken erweitern wird, wie er dir
versprochen hat, ...
Das Erbe der Ungläubigen fällt dem Volk Gottes zu:
5.Mose 12,
29 Wenn der HERR, dein Gott, die Heiden vor dir her ausrottet, da, wo du
hinkommst sie zu beerben, und wenn du sie beerbt hast und in ihrem Lande
wohnst, ...

Gott versorgt mit Wohnraum:
5.Mose 13,
2 Wenn du hörst von irgendeiner deiner Städte, die der HERR, dein Gott, dir geben
wird, um darin zu wohnen, …
Prinzip: Gott beschenkt uns überreich und wir sollen großzügig mit Bedürftigen teilen:
5.Mose 15,
4 Es sollte zwar unter euch gar kein Armer sein; denn der HERR wird dich reichlich
segnen im Lande, das der HERR, dein Gott, dir zum Erbe geben wird, um es in
Besitz zu nehmen;
5 vorausgesetzt, dass du der Stimme des HERRN, deines Gottes, gehorchest und
beobachtest alle diese Gebote, die ich dir heute gebiete, und darnach tuest.
6 Denn der HERR, dein Gott, wird dich segnen, wie er dir verheißen hat. So wirst
du vielen Völkern leihen, du aber wirst nicht entlehnen; du wirst über viele Völker

herrschen, sie aber werden nicht herrschen über dich.
7 Wenn aber ein Armer bei dir ist, irgendeiner deiner Brüder in irgendeiner Stadt in
dem Land, das der HERR, dein Gott, dir geben wird, so sollst du dein Herz nicht
verhärten noch deine Hand vor deinem armen Bruder verschließen;
8 sondern du sollst ihm deine Hand auftun und ihm reichlich leihen, je nach dem er
Mangel hat.

5.Mose 8,
18 Sondern du sollst des HERRN, deines Gottes, gedenken; denn er ist es, der dir
Kraft gibt, solchen Reichtum zu erwerben; ...

Prinzip: Gott versorgt uns, weil Er uns liebt:
5.Mose 23,
5 Aber der HERR, dein Gott, wollte nicht auf Bileam hören; sondern der HERR, dein
Gott, verwandelte für dich den Fluch in Segen, weil der HERR, dein Gott, dich liebt.
5.Mose26,
11 und sollst fröhlich sein ob all dem Guten, das der HERR, dein Gott, dir und
deinem Hause gegeben hat, du und der Levit und der Fremdling, der bei dir ist.
Prinzip: Gott versorgt - mit Qualität:
5.Mose 27,
3 Und sobald du hinübergegangen bist, sollst du alle Worte dieses Gesetzes darauf
schreiben, damit du in das Land hineinkommest, das der HERR, dein Gott, dir
gibt, ein Land, das von Milch und Honig fließt, wie der HERR, der Gott deiner Väter,
dir verheißen hat.

Prinzip: Gott versorgt:
5.Mose 28,
4 Gesegnet wird sein die Frucht deines Leibes und die Frucht deines Landes, die
Frucht deines Viehes, der Wurf deiner Rinder und die Zucht deiner Schafe.
5 Gesegnet wird sein dein Korb und dein Backtrog.
Prinzip: Der Segen kommt von Gott:
5. Mose 28,
8 Der HERR wird dem Segen gebieten, dass er mit dir sei in deinen Scheunen und in
allem Geschäft deiner Hand, und er wird dich segnen in dem Lande, das dir der
HERR, dein Gott, gibt.

Prinzip: Gott versorgt reichlich:
5.Mose 28,
11 Und der HERR wird dir Überfluss geben an Gütern, an der Frucht deines Leibes,
an der Frucht deines Viehes und an der Frucht deines Ackers, auf dem Lande, von
dem der HERR deinen Vätern geschworen hat, dass er es dir gebe.

12 Der HERR wird dir den Himmel, seinen guten Schatz, auftun, dass er deinem Lande Regen gebe zu seiner Zeit, und dass er alle Werke deiner Hände segne. Und du wirst vielen Völkern leihen; du aber wirst nicht entlehnen.
13 Und der HERR wird dich zum Haupt machen und nicht zum Schwanz; und du wirst nur zuoberst und nicht zuunterst sein, wenn du gehorchst den Geboten des HERRN, deines Gottes, die ich dir heute gebiete, dass du sie beobachtest und tust,
14 und wenn du nicht abweichen wirst von all den Worten, die ich euch gebiete, weder zur Rechten noch zur Linken, also dass du nicht anderen Göttern nachwandelst, ihnen zu dienen.

Prinzip: Gottes Charakter ist es, mit Fülle zu versorgen:
5.Mose 30,
9 Und der HERR, dein Gott, wird dir Überfluss geben in allen Werken deiner Hände, an der Frucht deines Leibes, an der Frucht deines Viehes, an der Frucht deines Landes zu deinem Besten; denn der HERR wird sich über dich wiederum freuen, zu deinem Besten, wie er sich über deine Väter gefreut hat,
10 wenn du der Stimme des HERRN, deines Gottes, gehorchest und seine Gebote und seine Satzungen befolgest, die in diesem Gesetzbuch geschrieben stehen, wenn du zu dem HERRN, deinem Gott, zurückkehrst von ganzem Herzen und von ganzer Seele.
11 Denn dieses Gebot, das ich dir heute gebiete, ist dir nicht zu wunderbar und nicht zu fern.
Josua 5,
12 Und das Manna hörte auf am folgenden Tage, da sie von der Frucht des Landes aßen; und es gab für die Kinder Israel kein Manna mehr, sondern in jenem Jahre aßen sie von den Früchten des Landes Kanaan.
Gott versorgt die Leviten mit 48 Städten. Es fehlte an nichts Gutem.
Josua 21,
41 Also betrug die Gesamtzahl der Städte der Leviten unter dem Erbteil der Kinder Israel achtundvierzig, samt ihren Weideplätzen.
42 Es war aber mit diesen Städten so, dass eine jede ihre Weideplätze um sich her hatte, eine wie die andere.
43 Also gab der HERR den Kindern Israel das ganze Land, von dem er geschworen hatte, es ihren Vätern zu geben, und sie nahmen es ein und wohnten darin.
44 Und der HERR verschaffte ihnen Ruhe ringsum, ganz so, wie er ihren Vätern

geschworen hatte, und es bestand keiner ihrer Feinde vor ihnen, sondern der HERR gab alle ihre Feinde in ihre Hand.
45 Es fehlte nichts an all dem Guten, das der HERR dem Hause Israel versprochen hatte. Es kam alles.

1.Samuel 2,
7 Der HERR macht arm und macht reich; er erniedrigt, aber er erhöht auch.
8 Er erhebt den Geringen aus dem Staub und erhöht den Armen aus dem Kot, dass er sie setze unter die Fürsten und sie den Thron der Ehren erben lasse; denn die Grundfesten der Erde sind des HERRN, und er hat den Weltkreis darauf gestellt.
9 Er wird die Füße seiner Frommen behüten; aber die Gottlosen kommen um in der Finsternis; denn nicht durch Kraft kommt der Mensch empor.
Gott versorgt das Heer Israels mit Wasser, als sie Durst haben und Ihn um Hilfe bitten:
„Und Elisa sprach: So spricht der HERR: Machet im Tale Grube an Grube!
Denn also spricht der HERR: Ihr werdet keinen Wind noch Regen sehen; dennoch soll dieses Tal voll Wasser werden, so dass ihr zu trinken habt,
auch euer kleines und großes Vieh. Und zwar ist das ein Geringes vor dem HERRN; er wird auch die Moabiter in eure Hand geben ‚..." 2.Könige 3,16-18
1.Könige 17,
2 Und das Wort des HERRN erging an ihn also:
Gehe fort von hier und wende dich gegen Morgen und verbirg dich am Bache Krit, der gegen den Jordan fließt! Und du sollst aus dem Bache trinken, und ich habe den Raben geboten, dass sie dich daselbst versorgen. Da ging er hin und tat nach dem Worte des HERRN; er ging und setzte sich an den Bach Krit, der gegen den Jordan fließt. Und die Raben brachten ihm Brot und Fleisch am Morgen und am Abend, und er trank aus dem Bache. Es begab sich aber nach einiger Zeit, dass der Bach vertrocknete; denn es war kein Regen im Lande. Da erging das Wort des HERRN an ihn also: Mache dich auf und gehe nach Zarpat, das bei Zidon liegt, und bleibe daselbst; siehe, ich habe daselbst einer Witwe geboten, dass sie dich mit Nahrung versorge!

2.Könige 3,
16 Und er sprach: So spricht der HERR: Machet im Tale Grube an Grube!
17 Denn also spricht der HERR: Ihr werdet keinen Wind noch Regen sehen; dennoch soll dieses Tal voll Wasser werden, so dass ihr zu trinken habt,

18 auch euer kleines und großes Vieh. Und zwar ist das ein Geringes vor dem HERRN; er wird auch die Moabiter in eure Hand geben, …

2.Könige 4,1
SCH 2 Kings 4:1 Und eine Frau unter den Frauen der Prophetensöhne schrie zu Elisa und sprach: Dein Knecht, mein Mann, ist gestorben; aber du weißt, dass er, dein Knecht, den HERRN fürchtete. Nun kommt der Gläubiger und will sich meine beiden Söhne zu Knechten nehmen!
2 Elisa sprach zu ihr: Was soll ich für dich tun? Sage mir, was hast du im Hause? Sie sprach: Deine Magd hat nichts im Hause als einen Krug mit Öl!
3 Er sprach: Gehe hin und erbitte dir draußen Gefäße von allen deinen Nachbarinnen, leere Gefäße, und derselben nicht wenige;
4 und gehe hinein und schließe die Tür hinter dir und deinen Söhnen zu und gieße in alle diese Gefäße; und was voll ist, trage weg!
5 Sie ging von ihm und schloss die Tür hinter sich und ihren Söhnen zu; die brachten ihr die Gefäße, und sie goss ein.
6 Und als die Gefäße voll waren, sprach sie zu ihrem Sohn: Reiche mir noch ein Gefäß her! Er sprach zu ihr: Es ist kein Gefäß mehr hier! Da stockte das Öl.
7 Und sie ging hin und sagte es dem Manne Gottes. Er sprach: Gehe hin, verkaufe das Öl und bezahle deine Schuld; du aber und deine Söhne möget von dem Übrigen leben!

2.Könige 4,38
38 Elisa aber kam wieder nach Gilgal. Und es war eine Hungersnot im Lande. Und die Prophetensöhne saßen vor ihm, und er sprach zu seinem Burschen: Setze den großen Topf auf und koche ein Gemüse für die Prophetensöhne!
39 Da ging einer aufs Feld hinaus, um Kräuter zu suchen, und er fand wilde Gurken und las davon sein Kleid voll wilder Gurken; und als er heimkam, zerschnitt er sie in den Gemüsetopf; denn sie kannten sie nicht.
40 Als man es aber zum Essen vor die Männer ausschüttete und sie von dem Gemüse aßen, schrien sie und sprachen: Der Tod ist im Topf, Mann Gottes! Und sie konnten es nicht essen.
41 Er aber sprach: Gebt Mehl! Und er warf es in den Topf und sprach: Schütte es aus für die Leute, dass sie essen! Da war nichts Böses *mehr* im Topf.
42 Aber ein Mann von Baal-Schalischa kam und brachte dem Manne Gottes Erstlingsbrote, zwanzig Gerstenbrote und zerriebene Körner in seinem Sack. Er aber sprach: Gib es dem Volk, dass sie essen!

43 Sein Diener sprach: Wie kann ich das hundert Männern vorsetzen? Er aber sprach: Gib es dem Volk, dass sie essen! Denn also spricht der HERR: Man wird essen, und es wird übrig bleiben!
44 Und er legte es ihnen vor, und sie aßen; und es blieb noch übrig, nach dem Worte des HERRN.

2.Könige 6,
4 Er sprach: Ich will mitkommen! Und er ging mit ihnen. Als sie nun an den Jordan kamen, schnitten sie Holz.
5 Und als einer einen Stamm fällte, fiel das Eisen ins Wasser. Da schrie er und sprach: O weh, mein Herr! Dazu ist es entlehnt!
6 Aber der Mann Gottes sprach: Wohin ist es gefallen? Und als er ihm den Ort zeigte, schnitt er ein Holz ab und warf es dort hinein. Da schwamm das Eisen empor.
7 Und er sprach: Hebe es auf! Da streckte er seine Hand aus und nahm es.
Gott versorgt die hungernden Israeliten in ihrer damaligen Hauptstadt Samaria mit Lebensmitteln, indem Er den belagernden syrischen Soldaten den Eindruck vermittelt, dass eine große Armee sie angreift:

2.Könige 7:
6 Denn der HERR hatte das Heer der Syrer ein Getöse von Wagen, auch ein Getümmel von Pferden und ein Geschrei einer großen Heeresmacht hören lassen, so dass sie untereinander sprachen: Siehe, der König von Israel hat die Könige der Hetiter und die Könige der Ägypter wider uns gedungen, dass sie uns überfallen sollen!
16 Da ging das Volk hinaus und plünderte das Lager der Syrer, so dass ein Maß Semmelmehl einen Silberling galt und zwei Maß Gerste auch einen Silberling, nach dem Worte des HERRN.

2.Könige 8:1 „Und Elisa redete mit dem Weibe, deren Sohn er lebendig gemacht hatte, und sprach: Mache dich auf und gehe hin mit deinem Haushalt und halte dich in der Fremde auf, wo du kannst! Denn der HERR hat eine Hungersnot herbeigerufen. Und sie kommt auch in das Land, sieben Jahre lang.
2 Das Weib machte sich auf und tat, wie der Mann Gottes sagte, und zog hin mit ihren Hausgenossen und hielt sich im Lande der Philister auf, sieben Jahre lang.
3 Als aber die sieben Jahre vorbei waren, kam das Weib wieder aus dem Lande der Philister, und sie ging hin, um den König wegen ihres Hauses und wegen ihres Ackers anzurufen.

4 Der König aber redete eben mit Gehasi, dem Knechte des Mannes Gottes, und
sprach: Erzähle mir doch alle die großen Taten, welche Elisa getan hat!
5 Während er aber dem Könige erzählte, wie jener einen Toten lebendig gemacht
hatte, siehe, da kam eben das Weib, deren Sohn er lebendig gemacht hatte, dazu
und rief den König an wegen ihres Hauses und wegen ihres Ackers. Da sprach
Gehasi: Mein Herr und König, hier ist das Weib, und dies ist ihr Sohn, den Elisa
lebendig gemacht hat!
6 Da fragte der König das Weib, und sie erzählte es ihm. Da gab ihr der König einen
Kämmerer und sprach: Verschaffe ihr alles wieder, was ihr gehört; dazu allen Ertrag
des Ackers seit der Zeit, da sie das Land verlassen hat, bis jetzt."

1.Chronik 17,
9 Und ich habe meinem Volk Israel einen Ort bereitet und es eingepflanzt, dass es
daselbst wohnen und nicht mehr beunruhigt werden soll; und die Kinder der Bosheit
sollen es nicht mehr verderben wie zuvor und seit der Zeit, als ich Richter über mein
Volk verordnete,
10 sondern ich habe alle deine Feinde gedemütigt, und ich verkündige dir, dass der
HERR dir ein Haus bauen wird.

1.Chronik 29,14
Was bin ich? Was ist mein Volk, dass wir freiwillig so viel zu geben vermochten Von
dir ist alles gekommen, und von deiner Hand haben´s wir dir gegeben.

2.Chronik 16,
9 Denn die Augen des HERRN durchstreifen die ganze Erde, um sich mächtig zu
erzeigen an denen, die von ganzem Herzen ihm ergeben sind.

2.Chronik 31,10+11
Seitdem man angefangen hat, das Hebopfer in das Haus des HERRN zu bringen,
hat man gegessen und ist satt geworden und hat noch viel übrig gelassen; denn der
HERR hat sein Volk gesegnet; daher ist eine so große Menge übrig geblieben.
Da befahl Hiskia, dass man Vorratskammern herrichte im Hause des HERRN;
Gott versorgt mit Brot:

2.Chronika 32,
26 Da demütigte sich Hiskia wegen des Hochmutes seines Herzens, er und die
Bewohner von Jerusalem; und der Zorn des HERRN kam nicht über sie in den Tagen
Hiskias.
27 Und Hiskia hatte sehr viel Reichtum und Ehre. Und er machte sich

Schatzkammern für Silber und Gold und Edelsteine und für Balsamöle und für
Schilde und für allerlei kostbare Geräte
28 und Vorratshäuser für den Ertrag an Getreide und Most und Öl und Ställe für
allerlei Vieh und Ställe für die Herden.
29 Und er legte sich Städte an und Besitz von Schafen und Rindern in Menge; denn
Gott gab ihm ein sehr großes Vermögen.

Ruth 6,
1 Da machte sie sich mit ihren beiden Schwiegertöchtern auf und kehrte zurück aus
dem Gefilde Moab; denn sie hatten daselbst vernommen, dass der HERR sein Volk
heimgesucht und ihm Brot gegeben habe.
Der Auszug des Volkes Israel aus Persien:
Wie schon beim Auszug aus Ägypten gingen sie nicht mit leeren Händen. Gott
berührte das Herz des Kores:

Esra 1,
4 Und wer noch übrig ist an allen Orten, wo er als Fremdling weilt, dem sollen die
Leute seines Ortes helfen mit Silber und Gold und Fahrnis und Vieh nebst
freiwilligen Gaben für das Haus Gottes zu Jerusalem.
6 Und alle ihre Nachbarn stärkten ihnen die Hände mit silbernen und goldenen
Geräten, mit Fahrnis und Vieh und Kleinodien, außer dem, was sie freiwillig gaben.
7 Und der König Kores gab die Geräte des Hauses des HERRN heraus, die
Nebukadnezar aus Jerusalem genommen und in das Haus seines Gottes getan
hatte.
8 Kores, der König von Persien, gab sie heraus durch Mitredat, den Schatzmeister,
und zählte sie Sesbazzar, dem Fürsten von Juda, dar.
9 Und dies ist ihre Zahl: dreißig goldene Becken, tausend silberne Becken,
neunundzwanzig Schalen.
10 Dreißig goldene Becher, und der silbernen Becher von zweiter Gattung
vierhundertzehn, und tausend andere Geräte.
11 Aller Geräte, der goldenen und silbernen, waren 5400. Diese alle brachte
Sesbazzar hinauf mit denen, die aus der Gefangenschaft gen Jerusalem
hinaufzogen.

Aufbau des Tempels in Jerusalem mit Steuergeldern einer heidnischen Nation!
Gott bewegt das Herz des König Darius:
Esra 6,
8 Auch ist von mir befohlen worden, wie ihr diesen Ältesten Judas behilflich sein sollt,
damit sie dieses Haus Gottes bauen können: man soll aus des Königs Gütern von
den Steuern jenseits des Stromes diesen Leuten die Kosten genau erstatten und

ihnen kein Hindernis in den Weg legen.
9 Und wenn sie junge Stiere oder Widder oder Lämmer bedürfen zu Brandopfern für den Gott des Himmels, oder Weizen, Salz, Wein und Öl nach Angabe der Priester zu Jerusalem, so soll man ihnen täglich die Gebühr geben, ohne Verzug; ...
10 damit sie dem Gott des Himmels Opfer lieblichen Geruchs darbringen und für das Leben des Königs und seiner Kinder beten.

Gott versorgt mit Baumaterial für den Tempel und die Stadtmauern - durch einen heidnischen König:
Nehemia 2,
8 ...auch einen Brief an Asaph, den Forstmeister des Königs, dass er mir Holz gebe
für die Balken der Tore der Burg, die zum Hause *Gottes* gehört, und für die Stadtmauer und für das Haus, darein ich ziehen soll. Und der König gab sie mir, dank der guten Hand meines Gottes über mir.

Nehemia 9,
21 Vierzig Jahre lang versorgtest du sie in der Wüste, dass ihnen nichts mangelte;
ihre Kleider veralteten nicht und ihre Füße schwollen nicht an.
25 Und sie eroberten feste Städte und ein fettes Land und nahmen Häuser in Besitz, mit allerlei Gut gefüllt, ausgehauene Brunnen, Weinberge, Ölbäume und Obstbäume in Menge; und sie aßen und wurden satt und fett und ließen sich's wohl sein in deiner großen Güte.

Gott versorgt das Volk, wenn es das Sabbatjahr hält: Im 6. Jahr ist die Ernte so gut, dass das Getreide bis zur Ernte im 8. Jahr reicht.
Nehemia 10,
31 Und dass, wenn die Völker des Landes am Sabbattag Waren und allerlei Speisen zum Verkauf brächten, wir sie ihnen am Sabbat und an heiligen Tagen nicht abnehmen, und dass wir im siebenten Jahre auf *die Bestellung der Felder* und auf jede Schuldforderung verzichten wollten.

Prinzip: Gott gehört alles:
Hiob 41,3:
Wer ist mir zuvorgekommen, dass ich es ihm vergelte? Unter dem ganzen Himmel ist alles mein!
Hiob 41,12:
Und der HERR segnete das spätere Leben Hiobs mehr als sein früheres; er bekam 14000 Schafe, 6000 Kamele, 1000 Joch Rinder und 1000 Eselinnen.
Er bekam auch sieben Söhne und drei Töchter.
17 Und Hiob starb alt und lebenssatt.

216

Ps 23,5:
Du bereitest vor mir einen Tisch angesichts meiner Feinde; du salbest mein Haupt mit Öl und schenkest mir voll ein!
Prinzip: Gott versorgt seine Kinder auch in Inflationszeiten:
Ps 33,19b:
...und sie in der Teuerung am Leben erhalte.

Ps 34,
3 Preiset mit mir den HERRN, und lasset uns miteinander seinen Namen erhöhen!
4 Da ich den HERRN suchte, antwortete er mir und errettete mich aus aller meiner Furcht.
5 Die auf ihn blicken, werden strahlen, und ihr Angesicht wird nicht erröten.
6 Da dieser Elende rief, hörte der HERR und half ihm aus allen seinen Nöten.
7 Der Engel des HERRN lagert sich um die her, so ihn fürchten, und errettet sie.
8 Schmecket und sehet, wie freundlich der HERR ist; wohl dem, der auf ihn traut!
9 Fürchtet den HERRN, ihr seine Heiligen; denn die ihn fürchten, haben keinen Mangel.
10 Junge Löwen leiden Not und Hunger; aber die den HERRN suchen, müssen nichts Gutes entbehren.
11 Kommt her, ihr Kinder, hört mir zu; ich will euch die Furcht des HERRN lehren!
12 Wer hat Lust zum Leben und möchte gern gute Tage sehen?

Psalm 36,
8 Wie köstlich ist deine Güte, Gott, dass Menschenkinder unter dem Schatten deiner Flügel Zuflucht haben!
9 Sie werden satt von den reichen Gütern deines Hauses, und du tränkst sie mit Wonne wie mit einem Strom.
10 Denn bei dir ist die Quelle des Lebens, und in deinem Lichte sehen wir das Licht.

Ps 37,
3 Vertraue auf den HERRN und tue Gutes, wohne im Lande und übe Treue;
4 und habe deine Lust an dem HERRN, so wird er dir geben, was dein Herz begehrt!
5 Befiehl dem HERRN deinen Weg und vertraue auf ihn, so wird er handeln
6 und wird deine Gerechtigkeit an den Tag bringen, wie das Licht und dein Recht wie den Mittag.
7 Halte still dem HERRN und warte auf ihn; erzürne dich nicht über den, welchem sein Weg gelingt, über den Mann, der Ränke übt!
16 Das Wenige, das ein Gerechter hat, ist besser als der Überfluss vieler Gottlosen.
17 Denn die Arme der Gottlosen werden zerbrochen;
aber die Gerechten unterstützt der HERR.

18 Der HERR kennt die Tage der Frommen, und ihr Erbe wird ewiglich bestehen.
19 Sie sollen nicht zuschanden werden zur bösen Zeit, sondern genug haben auch in den Tagen der Hungersnot;
22 Denn die *vom HERRN* Gesegneten werden das Land ererben, ...
25 Ich bin jung gewesen und alt geworden und habe nie den Gerechten verlassen gesehen, oder seinen Samen (seine Kinder) um Brot betteln.

Psalm 40,
18 Bin ich auch elend und arm, für mich sorgt der Herr. Du bist meine Hilfe und mein Erretter; mein Gott, verziehe nicht!

Psalm 44,
4 Denn nicht mit ihrem Schwert haben sie das Land gewonnen; und ihr Arm hat ihnen nicht geholfen, sondern deine rechte Hand und dein Arm und das Licht deines Angesichts; denn du hattest Wohlgefallen an ihnen.

Prinzip: Gott gehört alles:
Ps 50,12b:
...denn mein ist der Erdkreis und was ihn erfüllt.

Prinzip: Gott versorgt:
Ps 55,23:
Wirf dein Anliegen auf den HERRN, der wird dich versorgen und wird den Gerechten nicht ewiglich in Unruhe lassen!

Ps 65,
9 Du suchst das Land heim und wässerst es und machst es sehr reich; Gottes Brunnen hat Wassers die Fülle. Du bereitest ihr Korn, denn also bereitest du *das Land* zu;
10 du tränkst seine Furchen, feuchtest seine Schollen; mit Regenschauern machst du es weich und segnest sein Gewächs.
11 Du krönst das Jahr mit deinem Gut, und deine Fußstapfen triefen von Fett.
12 Es triefen die Oasen der Wüste, und mit Jubel gürten sich die Hügel.
13 Wie sich die Weiden mit Schafen kleiden, so bedecken sich die Täler mit Korn, dass man jauchzt und singt.

Psalm 78,
19 Und sie redeten wider Gott und sprachen: «Kann Gott einen Tisch bereiten in der Wüste?
20 Siehe, er hat den Felsen geschlagen, dass Wasser flossen und Bäche sich ergossen. Kann er aber auch Brot geben? Wird er seinem Volke Fleisch verschaffen?»

21 Darum, als der HERR das hörte, ward er entrüstet, und Feuer entbrannte wider Jakob, ja, Zorn stieg auf über Israel,
22 weil sie Gott nicht glaubten und nicht auf seine Hilfe vertrauten.
23 Und er gebot den Wolken droben und öffnete die Türen des Himmels;
24 und er ließ Manna auf sie regnen zum Essen und gab ihnen Himmelskorn.
25 Der Mensch aß Engelsbrot; er sandte ihnen Speise genug.
26 Er erregte den Ostwind am Himmel und führte durch seine Kraft den Südwind herbei,
27 ließ Fleisch auf sie regnen wie Staub und beschwingte Vögel wie Sand am Meer,
28 und ließ sie fallen mitten in ihr Lager, rings um ihre Wohnung her.
29 Da aßen sie und wurden allzu satt; was sie gewünscht hatten, gewährte er ihnen.
30 Sie hatten sich ihres Gelüstes noch nicht entschlagen, und ihre Speise war noch in ihrem Munde,
31 als der Zorn Gottes sich wider sie erhob und die Fetten unter ihnen erwürgte und die Jungmannschaft Israels darniederstürzte.
32 Trotz alledem sündigten sie weiter und glaubten nicht an seine Wunder.
Und er weidete sie mit aller Treue seines Herzens und leitete sie mit geschickter Hand.

Prinzip: Gott versorgt sein Volk, wenn es gehorsam ist:
Ps 81,
11 Ich bin der HERR, dein Gott, der dich aus Ägyptenland heraufgeführt hat. Tue deinen Mund weit auf, so will ich ihn füllen!
12 Aber mein Volk hat meiner Stimme nicht gehorcht, und Israel wollte nichts von mir.
14+17:
Wollte mein Volk mir gehorchen und Israel in meinen Wegen wandeln, ...
Und er würde sie mit dem besten Weizen speisen und mit Honig aus dem Felsen sättigen!»

Prinzip: Gott ist großzügig:
So ist unser Gott:
Ps.84,12+13
Denn Gott, der HERR, ist Sonne und Schild, der HERR gibt Gnade und Herrlichkeit; wer in Unschuld wandelt, dem versagt er nichts Gutes.
13 O HERR der Heerscharen, wohl dem Menschen, der auf dich vertraut!

Prinzip: Die Versorgung kommt von unserem Gott:
Psalm 87,7: Alle meine Quellen sind in dir!

Psalm104,

27 Sie alle warten auf dich, dass du ihnen ihre Speise gebest zu seiner Zeit;
28 wenn du ihnen gibst, so sammeln sie; wenn du deine Hand auftust, so werden sie mit Gut gesättigt;

Psalm 105,
37 Aber sie ließ er ausziehen mit Silber und Gold, und es war kein Strauchelnder unter ihren Stämmen.
38 Ägypten war froh, dass sie gingen; denn der Schrecken vor ihnen war auf sie gefallen.
39 Er breitete vor ihnen eine Wolke aus zur Decke und Feuer, um die Nacht zu erleuchten.
40 Sie forderten; da ließ er Wachteln kommen und sättigte sie mit Himmelsbrot.
41 Er öffnete den Felsen; da floss Wasser heraus; es floss ein Bach in der Wüste.
42 Denn er gedachte an sein heiliges Wort, an Abraham, seinen Knecht.
43 Er ließ sein Volk ausziehen mit Freuden, mit Jubel seine Auserwählten.
44 Und er gab ihnen die Länder der Heiden; und woran die Völker sich abgemüht hatten, das nahmen sie in Besitz;
45 auf dass sie seine Satzungen halten und seine Lehren bewahren möchten. Halleluja!

Psalm 107
6 Da schrien sie zum HERRN in ihrer Not, und er rettete sie aus ihren Ängsten
7 und führte sie auf den rechten Weg, dass sie zu einer bewohnten Stadt gelangten,
8 die sollen dem HERRN danken für seine Gnade und für seine Wunder an den Menschenkindern,
9 dass er die durstige Seele getränkt und die hungernde Seele mit Gutem gesättigt hat!
38 ...und er segnete sie, dass sie sich stark mehrten, und auch ihres Viehs machte er nicht wenig, ...

Psalm 111,
5 Er hat Speise gegeben denen, die ihn fürchten, seines Bundes wird er ewiglich gedenken.
6 Er hat seinem Volk seine kraftvollen Taten kundgetan, da er ihnen das Erbe der Heiden gab.
7 Die Werke seiner Hände sind treu und gerecht, alle seine Verordnungen unwandelbar,
8 bestätigt für immer und ewig, ausgeführt in Treue und Redlichkeit.

Psalm 112
1 Halleluja! Wohl dem, der den HERRN fürchtet, der große Lust hat an seinen Geboten!

2 Des Same wird gewaltig sein auf Erden; das Geschlecht der Redlichen wird gesegnet sein.
3 Reichtum und Fülle ist in seinem Hause, und seine Gerechtigkeit besteht ewiglich.

Prinzip: Es kommt auf Gottes Segen an:
Psalm 127,
1 Wo der HERR nicht das Haus baut, da arbeiten umsonst, die daran bauen; wo der HERR nicht die Stadt behütet, da wacht der Wächter umsonst.
2 Es ist umsonst, dass ihr früh aufsteht und euch spät niederlegt und sauer erworbenes Brot esset; sicherlich gönnt er seinen Geliebten den Schlaf!
3 Siehe, Kinder sind ein Erbteil vom HERRN, Leibesfrucht ist ein Lohn:

Psalm 128
1 Wohl jedem, der den HERRN fürchtet und in seinen Wegen wandelt!
2 Du wirst dich nähren von deiner Hände Arbeit; wohl dir, du hast es gut!
3 Dein Weib ist wie ein fruchtbarer Weinstock im Innern deines Hauses, deine Kinder wie junge Ölbäume rings um deinen Tisch.
4 Siehe, so wird der Mann gesegnet, der den HERRN fürchtet!
5 Der HERR segne dich aus Zion, dass du das Glück Jerusalems sehest alle Tage deines Lebens
6 und sehest die Kinder deiner Kinder! Friede über Israel!

Prinzip: Die Besitztümer der Heiden werden aufgespart für das Volk Gottes:
Psalm 135,
10 Er schlug große Nationen und tötete mächtige Könige;
11 Sihon, den König der Amoriter, und Og, den König zu Basan, und alle Könige Kanaans
12 und gab ihr Land als Erbe, als Erbe seinem Volke Israel.

Psalm 136,
24 und uns unseren Feinden entriss; denn seine Gnade währt ewiglich!
25 der allem Fleisch Speise gibt; denn seine Gnade währt ewiglich!
26 Danket dem Gott des Himmels; denn seine Gnade währt ewiglich!

Psalm138,
8 Der HERR wird es für mich vollführen! HERR, deine Gnade währt ewiglich; das Werk deiner Hände wirst du nicht lassen!

Psalm 144,
9 O Gott, ein neues Lied will ich dir singen, auf der zehnsaitigen Harfe will ich dir
spielen,
10 der du den Königen Sieg gibst und deinen Knecht David errettest von dem
gefährlichen Schwert!

Psalm 145,
14 Der HERR stützt alle, die da fallen, und richtet alle Gebeugten auf.
15 Aller Augen warten auf dich, und du gibst ihnen ihre Speise zu seiner Zeit;
16 du tust deine Hand auf und sättigst alles, was da lebt, mit Wohlgefallen.
17 Der HERR ist gerecht in allen seinen Wegen und gnädig in allen seinen Werken.
18 Der HERR ist nahe allen, die ihn anrufen, allen, die ihn in Wahrheit anrufen;
19 er tut, was die Gottesfürchtigen begehren, und hört ihr Schreien und hilft ihnen.
20 Der HERR behütet alle, die ihn lieben, und wird alle Gottlosen vertilgen!
21 Mein Mund soll des HERRN Ruhm verkündigen; und alles Fleisch lobe seinen heiligen Namen immer und ewiglich!

Psalm 147,
12 Preise, Jerusalem, den HERRN; lobe, Zion, deinen Gott!
13 Denn er hat die Riegel deiner Tore befestigt, deine Kinder gesegnet in deiner Mitte;
14 er gibt deinen Grenzen Frieden und sättigt dich mit dem besten Weizen.

Prediger 2,
26 Denn dem Menschen, der Ihm wohl gefällt, gibt Er Weisheit und Erkenntnis und
Freude; aber dem Sünder gibt er Plage, dass er sammle und zusammenscharre,
um es dem zu geben, welcher Gott gefällt. Auch das ist eitel und ein Haschen
nach Wind.

Prinzip: Reichtum kommt von Gott:
Prediger 5,
18 Auch wenn Gott irgend einem Menschen Reichtum und Schätze gibt und ihm
gestattet, davon zu genießen und sein Teil zu nehmen, dass er sich freue in seiner
Mühe, so ist das eine Gabe Gottes.

Prediger 6,
2 Wenn Gott einem Menschen Reichtum, Schätze und Ehre gibt, also dass ihm
gar nichts fehlt, wonach seine Seele gelüstet; wenn ihm Gott aber nicht gestattet,
davon zu genießen, sondern ein Fremder bekommt es zu genießen, so ist das eitel
und ein schweres Leid!

Sprüche 2,
6 Denn der HERR gibt Weisheit, aus seinem Munde kommen Erkenntnis und
Verstand.
7 Er sichert den Aufrichtigen das Gelingen und beschirmt, die unschuldig
wandeln,

Sprüche 3,
9 Ehre den HERRN mit deinem Gut und mit den Erstlingen all deines Einkommens,
10 so werden sich deine Scheunen mit Überfluss füllen und deine Keltern von
Most überlaufen.

Sprüche 10,
22 Der Segen des HERRN macht reich, und *eigene* Mühe fügt ihm nichts bei.
Sprüche 13,
22 Was ein guter Mensch hinterlässt, geht über auf Kindeskinder;
das Vermögen des Sünders aber wird für den Gerechten aufgespart.
Sprüche 15,
6 Im Hause des Gerechten ist viel Vermögen; im Einkommen des Gottlosen aber ist
Zerrüttung.

Sprüche 30
7 Zweierlei erbitte ich mir von dir; das wollest du mir nicht versagen, ehe denn ich
sterbe:
8 Falschheit und Lügenwort entferne von mir; Armut und Reichtum gib mir nicht,
nähre mich mit dem mir beschiedenen Brot,
9 damit ich nicht aus Übersättigung dich verleugne und sage: «Wer ist der HERR?»
dass ich aber auch nicht aus lauter Armut stehle und mich am Namen meines Gottes
vergreife.

Jesaja 1,
19 Seid ihr willig und gehorsam, so sollt ihr das Gut des Landes essen;
20 weigert ihr euch aber und seid widerspenstig, so sollt ihr vom Schwerte gefressen
werden! Ja, der Mund des HERRN hat es gesprochen.

Jesaja 10,
Meine Hand hat nach dem Reichtum der Völker gegriffen wie nach einem Vogelnest,
und wie man verlassene Eier wegnimmt, also habe ich alle Länder weggenommen,
und keiner war, der die Flügel regte, den Schnabel aufsperrte und piepte!

Jesaja 23,
17 Also wird es nach Verlauf der siebzig Jahre gehen; der HERR wird Tyrus
heimsuchen, und sie wird wieder zu ihrem Verdienste kommen und wird buhlen mit

allen Königreichen der Welt auf dem ganzen Erdboden.

18 Aber ihr Erwerb und Verdienst wird dem HERRN geweiht werden; er wird nicht angesammelt noch aufgespeichert werden, sondern ihr Erwerb wird denen, so vor dem Angesichte des HERRN wohnen, zur Nahrung und zur Sättigung und zu stattlicher Bekleidung dienen.

Jesaja 40,
28 Weißt du denn nicht, hast du denn nicht gehört? Der ewige Gott, der HERR, der die Enden der Erde geschaffen hat, wird nicht müde noch matt; sein Verstand ist unerschöpflich!
29 Er gibt dem Müden Kraft und Stärke genug dem Unvermögenden.
30 Knaben werden müde und matt, und Jünglinge fallen;
31 die aber auf den HERRN harren, kriegen neue Kraft, dass sie auffahren mit Flügeln wie Adler, dass sie laufen und nicht matt werden, dass sie wandeln und nicht müde werden.

Jesaja 51,
14 Eilends wird der in Ketten Gekrümmte entfesselt, damit er nicht umkomme in der Grube, noch an Brot Mangel leide.
15 Ich bin ja der HERR, dein Gott, der das Meer aufwühlt, dass seine Wellen brausen: HERR der Heerscharen ist sein Name.

Jesaja 58,
14 alsdann wirst du an dem HERRN deine Lust haben; und ich will dich über die Höhen des Landes führen und dich speisen mit dem Erbe deines Vaters Jakob! Ja, der Mund des HERRN hat es verheißen.

Jesaja 60,
5 Wenn du solches siehst, wirst du vor Freude strahlen, und dein Herz wird klopfen und weit werden; denn der Reichtum des Meeres wird dir zugewandt, die Güter der Heiden werden zu dir kommen.
6 Die Menge der Kamele wird dich bedecken, die Dromedare von Midian und Epha; sie alle werden von Saba kommen, Gold und Weihrauch bringen und mit Freuden das Lob des HERRN verkündigen.
7 Alle Schafe von Kedar werden sich zu dir versammeln, die Widder Nebajots werden dir dienen; sie werden als angenehmes Opfer auf meinen Altar kommen; und ich will das Haus meiner Herrlichkeit noch herrlicher machen.
11 Deine Tore sollen stets offen stehen und Tag und Nacht nicht zugeschlossen

werden, damit der Reichtum der Heiden herzugebracht und ihre Könige herbeigeführt werden können.
16 Du wirst die Milch der Heiden saugen und dich an königlichen Brüsten nähren; also wirst du erfahren, dass ich, der HERR, dein Erretter bin und dein Erlöser, der Mächtige Jakobs.
17 Anstatt des Erzes will ich Gold herbeibringen, und anstatt des Eisens Silber; statt des Holzes aber Erz, und statt der Steine Eisen. Ich will den Frieden zu deiner Obrigkeit machen und die Gerechtigkeit zu deinen Vögten.

Jesaja 61 ,
6 ...ihr aber werdet Priester des HERRN heißen, und man wird euch Diener unsres Gottes nennen. Ihr werdet die Güter der Nationen genießen und in ihre Machtstellung eintreten.
8 Denn ich, der HERR, liebe das Recht und hasse frevelhaften Raub; ich werde ihnen ihren Lohn getreulich geben und einen ewigen Bund mit ihnen schließen.
10 Ich freue mich hoch am HERRN, und meine Seele frohlockt über meinen Gott; denn er hat mir Kleider des Heils angezogen, mit dem Rock der Gerechtigkeit mich bekleidet, wie ein Bräutigam sich mit priesterlichem Kopfputz schmückt und wie eine Braut ihren Schmuck anlegt.

Jeremia 2,
7 Und ich brachte euch in das fruchtbare Land, damit ihr dessen Früchte und Güter genießet; da seid ihr hingegangen und habt mein Land verunreinigt und mein Erbteil zum Greuel gemacht.

Jeremia 5,
24 Lasst uns doch den HERRN, unseren Gott, fürchten, der Regen gibt, sowohl Frühregen als auch Spätregen, zu seiner Zeit; der die bestimmten Wochen der Ernte für uns einhält!

Jeremia 7,
23 sondern dieses habe ich ihnen befohlen: Gehorchet meiner Stimme, so will ich euer Gott sein, und ihr sollt mein Volk sein; und wandelt in allen Wegen, die ich euch gebieten werde, damit es euch wohl ergehe!

Jeremia 17,
5 So spricht der Herr: Verflucht ist der Mann, der auf Menschen vertraut und Fleisch für seinen Arm hält und dessen Herz vom HERRN weicht!
6 Er wird sein wie ein Strauch in der Wüste; er wird nichts Gutes kommen sehen, sondern muss in dürren Wüstenstrichen hausen, in einem salzigen Lande, wo niemand wohnt.

7 Gesegnet ist der Mann, der auf den HERRN vertraut und dessen Zuversicht der HERR geworden ist!
8 Denn er wird sein wie ein Baum, der am Wasser gepflanzt ist und seine Wurzeln zu den Bächen ausstreckt. Er fürchtet die Hitze nicht, wenn sie kommt, sondern seine Blätter bleiben grün; auch in einem dürren Jahr braucht er sich nicht zu sorgen, und er hört nicht auf, Frucht zu bringen.

Jeremia 27,
4 So spricht der HERR der Heerscharen, der Gott Israels: Also sollt ihr zu euren Herren sagen:
5 Ich habe durch meine große Kraft und meinen ausgestreckten Arm die Erde, den Menschen und das Vieh auf dem Erdboden gemacht und gebe sie, wem ich will; ...

Hesekiel 11,17:
So spricht Gott, der HERR: Ich will euch aus den Völkern sammeln und euch aus den Ländern, in welche ihr zerstreut worden seid, wieder zusammenbringen und euch das Land Israel wieder geben!

Hesekiel 34,
29 Ich will ihnen auch eine berühmte Pflanze erwecken, dass sie nicht mehr durch Hunger im Lande weggerafft werden und die Schmähung der Heiden nicht mehr tragen müssen.
30 Also werden sie erfahren, dass ich, der HERR, ihr Gott, bei ihnen bin und dass sie, das Haus Israel, mein Volk sind, spricht Gott, der HERR.
31 Und ihr seid meine Herde; ihr Menschen seid die Schafe meiner Weide! Ich bin euer Gott, spricht Gott, der HERR.

Hesekiel 36,
11 Ich will Menschen und Vieh bei euch zahlreich machen, und sie werden sich mehren und fruchtbar sein; ich will euch bevölkern wie ehedem und euch mehr Gutes erweisen als je zuvor, und ihr sollt erfahren, dass ich der HERR bin!
Hesekiel 36,
29 Und ich will euch von allen euren Unreinigkeiten befreien, und ich will dem Korn rufen und desselben viel machen und euch keine Hungersnot mehr schicken.
30 Ich will auch die Früchte der Bäume und den Ertrag des Feldes vermehren, dass ihr hinfort die Schmach des Hungers unter den Heiden nicht mehr tragen müsst.
31 Alsdann werdet ihr an eure bösen Wege gedenken und an eure Taten, welche nicht gut waren, und werdet vor euch selbst Abscheu empfinden wegen eurer Sünden und wegen eurer Greuel.

32 Nicht euretwegen werde ich solches tun, spricht Gott, der HERR, das sei euch kund! Schämt euch und errötet über euren Wandel, Haus Israel!

Prinzip: Gott schenkt Weisheit und Verstand:
Daniel 1,
17 Und Gott gab diesen vier Jünglingen Kenntnis und Verständnis für allerlei Schriften und Weisheit; vorzüglich aber machte er Daniel verständig in allen Gesichten und Träumen.

Prinzip: Gott stürzt den Stolzen und erhöht den Demütigen.
Gott nimmt dem stolzen Nebukadnezar sein Königreich und gibt es ihm wieder, als er sich demütigt:
Daniel 4,
27 ... da hob der König an und sprach: «Ist das nicht die große Babel, die ich mir erbaut habe zur königlichen Residenz, kraft meines Reichtums und zu Ehren meiner Majestät?»
28 Noch war dieses Wort im Munde des Königs, da erscholl eine Stimme vom Himmel herab: «Dir wird gesagt, König Nebukadnezar: Das Königreich ist von dir genommen!
29 Und man wird dich von den Menschen verstoßen, und du sollst bei den Tieren des Feldes wohnen; mit Gras wird man dich füttern wie die Ochsen, und sieben Zeiten sollen über dir vergehen, bis du erkennst, dass der Höchste Gewalt hat über das Königtum der Menschen und es gibt, wem er will!»
30 Im selben Augenblick erfüllte sich das Wort an Nebukadnezar: er ward von den Menschen ausgestoßen, fraß Gras wie ein Ochse, und sein Leib ward vom Tau des Himmels benetzt, bis sein Haar so lang ward wie Adlerfedern und seine Nägel wie Vogelkrallen.
31 Aber nach Verlauf der Zeit hob ich, Nebukadnezar, meine Augen zum Himmel empor, und mein Verstand kehrte zu mir zurück. Da lobte ich den Höchsten und pries den, der ewig lebt, und verherrlichte ihn, dessen Herrschaft eine ewige ist und dessen Reich von Geschlecht zu Geschlecht währt; ...

Hosea 2,
10 Sie merkte ja nicht, dass ich es war, der ihr das Korn, den Most und das Öl gab und das viele Silber und Gold, das sie für den Baal verwandt haben.
9 Darum will ich mein Korn zurücknehmen zu seiner Zeit und meinen Most zu seiner Frist und will ihr meine Wolle und meinen Flachs, womit sie ihre Blöße deckt, entziehen.

Joel 2,
19 Und der HERR antwortete und sprach zu seinem Volk: Siehe, ich sende euch
Korn, Most und Öl, dass ihr davon satt werden sollt, und ich will euch nicht mehr der
Beschimpfung unter den Heiden preisgeben;
23 Und ihr Kinder Zions, frohlocket und freuet euch über den HERRN, euren Gott;
denn er hat euch den Frühregen in rechtem Maß gegeben und Regengüsse,
Frühregen und Spätregen, am ersten *Tage* zugesandt.
24 Und es sollen die Tennen voll Korn werden und die Keltern von Most und Öl
überfließen.
25 Also will ich euch die Jahre wiedererstatten, deren Ertrag der Nager, die
Heuschrecke, der Fresser und der Verwüster verzehrt haben, mein großes
Kriegsheer, welches ich gegen euch gesandt habe;
26 und ihr sollt genug zu essen haben und satt werden und den Namen des HERRN,
eures Gottes, loben, der wunderbar an euch gehandelt hat, und mein Volk soll nicht
zuschanden werden ewiglich!
27 Und ihr sollt erfahren, dass ich in Israels Mitte bin und dass ich, der HERR, euer
Gott bin und keiner sonst; und mein Volk soll nimmermehr zuschanden werden!

Micha 4,
13 Mache dich auf und drisch, du Tochter Zion! Denn ich mache dir eiserne Hörner
und eherne Hufe, dass du große Völker zermalmest und ihren Raub dem HERRN
weihest und ihren Reichtum dem Beherrscher der ganzen Erde.
Sacharja 10:1 Erbittet vom HERRN Regen zur Zeit des Spätregens! Der HERR
macht Blitze und wird euch Regengüsse geben für jedes Gewächs auf dem Felde!
Prinzip: Gott schenkt Sieg und versorgt mit dem Reichtum der Heiden:

Sacharja 14,
14 Aber auch Juda wird kämpfen bei Jerusalem, und es wird der Reichtum aller
Heiden ringsum zusammengerafft werden, Gold und Silber und Kleider in großer
Menge.

Maleachi 3,
8 Soll ein Mensch Gott berauben, wie ihr mich beraubet? Aber ihr fragt: «Wessen
haben wir dich beraubt?» Der Zehnten und der Abgaben!
9 Mit dem Fluch seid ihr belegt worden, denn mich habt ihr betrogen, ihr, das ganze
Volk!
10 Bringet aber den Zehnten ganz in das Kornhaus, auf dass Speise in meinem

Hause sei, und prüfet mich doch dadurch, spricht der HERR der Heerscharen, ob ich
euch nicht des Himmels Fenster auftun und euch Segen in überreicher Fülle
herabschütten werde!
11 Und ich will für euch den Fresser schelten, dass er euch die Frucht der Erde nicht
verderbe und dass euch der Weinstock auf dem Felde nicht fehlschlage, spricht der
HERR der Heerscharen.
1.2 Gottes Versorgung im Neuen Testament: Die Speisung der Viertausend
Matthäus15,
35 Und er befahl dem Volk, sich auf die Erde zu lagern,
36 und nahm die sieben Brote und die Fische, dankte, brach sie und gab sie den
Jüngern, die Jünger aber gaben sie dem Volke.
37 Und sie aßen alle und wurden satt und hoben auf, was an Brocken übrig blieb,
sieben Körbe voll.
38 Die aber gegessen hatten, waren viertausend Männer, ohne Frauen und Kinder.

Prinzip: Gott versorgt - auch in weltlichen Dingen - die Steuermünze im Maul des
Fisches:
Matthäus 17,
27 Damit wir ihnen aber keinen Anstoß geben, gehe hin ans Meer und wirf die Angel
aus und nimm den ersten Fisch, den du herausziehst; und wenn du seinen Mund
öffnest, wirst du einen Stater finden; den nimm und gib ihn für mich und dich.
Lukas 1,
52 Er hat Gewaltige von den Thronen gestoßen und Niedrige erhöht.
53 Hungrige hat er mit Gütern gesättigt und Reiche leer fortgeschickt.
Lukas 12,
20 Aber Gott sprach zu ihm: Du Narr! In dieser Nacht wird man deine Seele von dir
fordern; und wem wird gehören, was du bereitet hast?
21 So geht es dem, der für sich selbst Schätze sammelt und nicht reich ist für Gott.
22 Und er sprach zu seinen Jüngern: Darum sage ich euch, sorget euch nicht um
euer Leben, was ihr essen, noch für den Leib, was ihr anziehen werdet.
23 Das Leben ist mehr als die Speise und der Leib mehr als die Kleidung.
24 Betrachtet die Raben! Sie säen nicht und ernten nicht, sie haben weder Speicher
noch Scheunen, und Gott nährt sie doch. Wie viel mehr seid ihr wert als die Vögel!
25 Wer aber von euch kann mit seinem Sorgen seiner Länge eine Elle hinzusetzen?
26 Wenn ihr nun das Geringste nicht vermöget, was sorget ihr euch um das Übrige?
27 Betrachtet die Lilien, wie sie wachsen! Sie spinnen nicht und weben nicht; ich

sage euch aber, dass auch Salomo in aller
seiner Herrlichkeit nicht gekleidet
gewesen ist wie eine von ihnen!
28 Wenn aber Gott das Gras auf dem Felde,
das heute steht und morgen in den
Ofen geworfen wird, so kleidet, wie viel mehr
euch, ihr Kleingläubigen!
29 Fraget auch ihr nicht darnach, was ihr
essen oder was ihr trinken sollt und
reget euch nicht auf!
30 Denn nach dem allem trachten die Heiden
der Welt; euer Vater aber weiß,
dass ihr dessen bedürfet.
31 Trachtet vielmehr nach seinem Reiche, so
wird euch solches hinzugelegt
werden.
32 Fürchte dich nicht, du kleine Herde; denn
es hat eurem Vater gefallen, euch das
Reich zu geben!
33 Verkaufet eure Habe und gebet Almosen!
Machet euch Beutel, die nicht veralten,
einen Schatz, der nicht ausgeht, im Himmel,
wo kein Dieb hinkommt und keine Motte
ihr Zerstörungswerk treibt.
34 Denn wo euer Schatz ist, da wird auch euer
Herz sein.
Lukas 18,
28 Da sprach Petrus: Siehe, wir haben das
Unsrige verlassen und sind dir
nachgefolgt!
29 Er aber sprach zu ihnen: Wahrlich, ich sage
euch: Es ist niemand, der Haus oder
Weib oder Brüder oder Eltern oder Kinder
verlassen hat um des Reiches Gottes
willen,
30 der es nicht vielfältig wieder empfinge in
dieser Zeit und in der zukünftigen
Weltzeit das ewige Leben!
Lukas 22,
35 Und er sprach zu ihnen: Als ich euch
aussandte ohne Beutel und Tasche und
Schuhe, hat euch etwas gemangelt? Sie
sprachen: Nichts!
36 Nun sprach er zu ihnen: Aber jetzt, wer
einen Beutel hat, der nehme ihn, gleicher
weise auch die Tasche; und wer es nicht hat,
der verkaufe sein Kleid und kaufe ein
Schwert.

Johannes 1,
16 Und aus seiner Fülle haben wir alle
empfangen Gnade um Gnade.
Jesus erstes Wunder war ein
Versorgungswunder (die Hochzeit zu Kana):

Johannes 2,
Jedermann setzt zuerst den guten Wein vor,
und wenn sie trunken geworden sind,
alsdann den geringeren; du hast den guten
Wein bis jetzt behalten!
11 Diesen Anfang der Zeichen machte Jesus
zu Kana in Galiläa und offenbarte seine
Herrlichkeit, und seine Jünger glaubten an ihn.

Johannes 3,
27 Johannes antwortete und sprach: Ein
Mensch kann nichts empfangen, es sei ihm
denn vom Himmel gegeben.

Die Speisung der Fünftausend
Johannes 6,
8 Da spricht einer von seinen Jüngern,
Andreas, der Bruder des Simon Petrus, zu
ihm:
9 Es ist ein Knabe hier, der hat fünf
Gerstenbrote und zwei Fische; aber was ist
das
unter so viele?
10 Jesus spricht: Machet, dass die Leute sich
setzen! Es war aber viel Gras an dem
Ort. Da setzten sich die Männer, etwa
fünftausend an Zahl.
11 Jesus aber nahm die Brote, sagte Dank und
teilte sie den Jüngern aus, die
Jünger aber denen, die sich gesetzt hatten;
ebenso auch von den Fischen, soviel sie
wollten.
12 Als sie aber gesättigt waren, sprach er zu
seinen Jüngern: Sammelt die übrig
gebliebenen Brocken, damit nichts umkomme!
13 Da sammelten sie und füllten zwölf Körbe
mit Brocken von den fünf
Gerstenbroten, die denen übrig geblieben
waren, welche gegessen hatten.

Johannes 21,
6 Er aber sprach zu ihnen: Werfet das Netz auf
der rechten Seite des Schiffes aus,
so werdet ihr finden! Da warfen sie es aus und
vermochten es nicht mehr zu ziehen
vor der Menge der Fische.

Jesus macht Frühstück für seine Jünger:
9 Wie sie nun ans Land gestiegen waren,
sehen sie ein Kohlenfeuer am Boden und
einen Fisch darauf liegen und Brot.

Apostelgeschichte 14,
16 Zwar hat er in den vergangenen Zeiten alle
Heiden ihre eigenen Wege gehen
lassen;
17 und doch hat er sich selbst nicht unbezeugt
gelassen, hat viel Gutes getan und
euch vom Himmel Regen und fruchtbare
Zeiten gegeben, hat euch ernährt und
eure Herzen mit Freude erfüllt.

Apostelgeschichte 17,
24 Der Gott, der die Welt gemacht hat und
alles, was darin ist, er, der Herr des
Himmels und der Erde, wohnt nicht in Tempeln
von Händen gemacht;
25 ihm wird auch nicht von Menschenhänden
gedient, als ob er etwas bedürfte, da
er ja selbst allen Leben und Odem und alles
gibt.

Römer 8,
32 Welcher sogar seines eigenen Sohnes nicht verschont, sondern ihn für uns alle dahingegeben hat, wie sollte er uns mit Ihm nicht auch alles schenken?

Römer 9,
16 So liegt es nun nicht an jemandes Wollen oder Laufen, sondern an Gottes Erbarmen.
18 So erbarmt er sich nun, wessen er will, und verstockt, wen er will.
Prinzip: Gott versorgt durch andere Christen:

Römer 15,
26 Es hat nämlich Mazedonien und Achaja gefallen, eine Sammlung für die Armen unter den Heiligen in Jerusalem zu veranstalten;
27 es hat ihnen gefallen, und sie sind es ihnen auch schuldig; denn wenn die Heiden an ihren geistlichen Gütern Anteil erhalten haben, so sind sie auch verpflichtet, jenen in den leiblichen zu dienen.

1.Korinther 3,
21 So brüste sich nun niemand mit Menschen; denn alles ist euer:
22 es sei Paulus oder Apollos, Kephas oder die Welt, das Leben oder der Tod, das Gegenwärtige oder das Zukünftige; alles ist euer;
23 ihr aber seid Christi, Christus aber ist Gottes.

1.Korinther 4,
7 Denn wer gibt dir den Vorzug? Was besitzest du aber, das du nicht empfangen hast? Wenn du es aber empfangen hast, was rühmst du dich, wie wenn du es nicht empfangen hättest?

2.Korinther 8,9:
9 Denn ihr kennet die Gnade unsres Herrn Jesus Christus, dass er, obwohl er reich war, um euretwillen arm wurde, damit ihr durch seine Armut reich würdet!

2.Korinther 9,
8 Gott aber ist mächtig, euch jede Gnade im Überfluss zu spenden, so dass ihr in allem allezeit alle Genüge habet und überreich seiet zu jedem guten Werk,
9 wie geschrieben steht: «Er hat ausgestreut, er hat den Armen gegeben; seine Gerechtigkeit bleibt in Ewigkeit.»
10 Er aber, der dem Sämann Samen darreicht und Brot zur Speise, der wird *auch* euch die Saat darreichen und mehren und die Früchte eurer Gerechtigkeit wachsen lassen,

11 damit ihr an allem reich werdet zu aller Gebefreudigkeit, welche durch uns Dank gegen Gott bewirkt.
12 Denn der Dienst dieser Hilfeleistung füllt nicht nur den Mangel der Heiligen aus, sondern überfließt auch durch den Dank vieler gegen Gott, ...

Prinzip: Wir sollen uns keine Sorge um materielle Dinge machen, stattdessen uns an Gott wenden:
Philliper 4,
6 Sorget um nichts; sondern in allem lasset durch Gebet und Flehen mit Danksagung eure Anliegen vor Gott kundwerden.
7 Und der Friede Gottes, der allen Verstand übersteigt, wird eure Herzen und Sinne bewahren in Christus Jesus!
10 Ich bin aber hoch erfreut worden im Herrn, dass ihr euch wieder soweit erholt habt, um für mich sorgen zu können; worauf ihr auch sonst bedacht waret, aber ihr waret nicht dazu in der Lage.
11 Nicht Mangels halber sage ich das; denn ich habe gelernt, mit der Lage zufrieden zu sein, in welcher ich mich befinde.
12 Ich verstehe mich so gut aufs Armsein wie aufs Reichsein;
13 ich bin in allem und für alles geübt, sowohl satt zu sein, als zu hungern, sowohl Überfluss zu haben, als Mangel zu leiden. Ich vermag alles durch den, der mich stark macht.
14 Doch habt ihr wohlgetan, dass ihr euch meiner bedrängten Lage annahmt.
15 Ihr wisset aber auch, ihr Philipper, dass im Anfang des Evangeliums, als ich von Mazedonien auszog, keine Gemeinde sich mit mir geteilt hat in die Rechnung der Einnahmen und Ausgaben, als ihr allein;
16 ja auch nach Thessalonich habt ihr mir einmal, und sogar zweimal, zur Deckung meiner Bedürfnisse gesandt.
17 Nicht dass ich nach der Gabe verlange, sondern ich verlange darnach, dass die Frucht reichlich ausfalle auf eurer Rechnung.
18 Ich habe alles, *was ich brauche*, und habe Überfluss; ich bin völlig versorgt, seitdem ich von Epaphroditus eure Gabe empfangen habe, einen lieblichen Wohlgeruch, ein angenehmes Opfer, Gott wohlgefällig.
19 Mein Gott aber befriedige alle eure Bedürfnisse nach seinem Reichtum in Herrlichkeit, in Christus Jesus!
20 Unsrem Gott und Vater aber sei die Ehre von Ewigkeit zu Ewigkeit! Amen.
Kolosser 1,
19 Denn es gefiel Gott, dass in ihm alle Fülle wohnen sollte
1.Timotheus 6,

17 Den Reichen im jetzigen Zeitalter gebiete, dass sie nicht stolz seien, auch nicht ihre Hoffnung auf die Unbeständigkeit des Reichtums setzen, sondern auf den lebendigen Gott, der uns alles reichlich zum Genuss darreicht,
18 dass sie Gutes tun, reich werden an guten Werken, freigiebig seien, mitteilsam,
19 und so für sich selbst ein schönes Kapital für die Zukunft sammeln, damit sie das wahre Leben erlangen.

2.Petrus 1
3 Nachdem seine göttliche Kraft uns alles, was zum Leben und zur Gottseligkeit (Frömmigkeit) dient, geschenkt hat, durch die Erkenntnis dessen, der uns kraft seiner Herrlichkeit und Tugend berufen hat,
4 durch welche uns die teuersten und größten Verheißungen geschenkt sind, damit ihr durch dieselben göttlicher Natur teilhaftig werdet, nachdem ihr dem in der Welt durch die Lust herrschenden Verderben entflohen seid, ...

Jakobus 1,
16 Irret euch nicht, meine lieben Brüder:
17 Jede gute Gabe und jedes vollkommene Geschenk kommt von oben herab, von dem Vater der Lichter, bei welchem keine Veränderung ist, noch ein Schatten infolge von Wechsel.

Prinzip: Gott möchte seine Kinder beschenken, aber wir müssen ihn darum bitten, damit wir später daran denken, dass alle gute Gaben von Ihm kommen:
Jakobus 4,
3 Ihr erlanget es nicht, weil ihr nicht bittet; ihr bittet und bekommt es nicht, weil ihr übel bittet, um es mit euren Wollüsten zu verzehren.

Heb.13,
5 Der Wandel sei ohne Geiz! Begnüget euch mit dem Vorhandenen! Denn er selbst hat gesagt: «Ich will dich nicht verlassen noch versäumen!»
6 Also dass wir getrost sagen mögen: «Der Herr ist mein Helfer; ich fürchte mich nicht! Was können Menschen mir tun?»

Jakobus 1,
17 Alle gute Gabe und alle vollkommende Gabe kommt von oben herab, vom Vater des Lichts.

Prinzip: Die wichtigsten Dinge im Leben sind kostenlos. Gott stellt sie zur Verfügung:
Offenbarung 21,
7 Ich bin das A und das O, der Anfang und das Ende! Ich will dem Durstigen geben

aus der Quelle des Wassers des Lebens umsonst!
Offenbarung 22,
17 "Und wen dürstet, der komme; wer will, der nehme das Wasser des Lebens umsonst."

Teil 2: Umgang mit Finanzen in der Bibel

2.1 Finanzen im Alten Testament:
Prinzip: Die ganze Erde - und damit auch alles Materielle - gehört Gott:
2.Mose 19, 5b:
...denn die ganze Erde ist mein; ...

5.Mose 10,
14 Siehe, der Himmel und aller Himmel Himmel und die Erde und alles, was darinnen ist, gehört dem HERRN, deinem Gott;
5.Mose 16,16f
Aber niemand soll mit leeren Händen vor dem HERRN erscheinen,
17 sondern ein jeder mit einer Gabe seiner Hand, je nach dem Segen, den der HERR, dein Gott, dir gegeben hat.

Hiob 41,3
Unter dem ganzen Himmel ist alles mein!

Psalm 34,11ff
Schmecket und sehet, wie freundlich der HERR ist; wohl dem, der auf ihn traut!
Fürchtet den HERRN, ihr seine Heiligen; denn die ihn fürchten, haben keinen Mangel.
Junge Löwen leiden Not und Hunger; aber die den HERRN suchen, müssen nichts Gutes entbehren.
Kommt her, ihr Kinder, hört mir zu; ich will euch die Furcht des HERRN lehren!
Wer hat Lust zum Leben und möchte gern gute Tage sehen?

Psalm 45,
15 Und die Tochter von Tyrus wird mit Geschenken kommen, die Reichsten des Volkes deine Gunst suchen.

Psalm 62,11
Verlasset euch nicht auf erpresstes Gut und auf geraubtes seid nicht stolz; nimmt das Vermögen zu, so setzet euer Vertrauen nicht darauf!

Psalm 112,
1 Halleluja! Wohl dem, der den HERRN fürchtet, der große Lust hat an seinen Geboten!
2 Des Same wird gewaltig sein auf Erden; das Geschlecht der Redlichen wird gesegnet sein.
3 Reichtum und Fülle ist in seinem Hause, und seine Gerechtigkeit besteht ewiglich.

Psalm 135

10 er schlug große Nationen und tötete mächtige Könige;

11 Sihon, den König der Amoriter, und Og, den König zu Basan, und alle Könige Kanaans

12 und gab ihr Land als Erbe, als Erbe seinem Volke Israel.

Sprüche 3,

13 Wohl dem Menschen, der Weisheit findet, dem Menschen, der Verstand bekommt!

14 Denn ihr Erwerb ist besser als Gelderwerb, und ihr Gewinn geht über feines Gold.

15 Sie ist kostbarer als Perlen, und alle deine Schätze sind ihr nicht zu vergleichen.

16 In ihrer Rechten ist langes Leben, in ihrer Linken Reichtum und Ehre.

17 Ihre Wege sind liebliche Wege und alle ihre Pfade Frieden.

18 Sie ist ein Baum des Lebens denen, die sie ergreifen; und wer sie festhält, ist glücklich zu preisen.

Sprüche 4,

4 da lehrte er mich und sprach zu mir: Dein Herz halte meine Worte fest; bewahre meine Gebote, so wirst du leben!

5 Erwirb Weisheit, erwirb Verstand; vergiss die Reden meines Mundes nicht und weiche nicht davon ab!

6 Verlass du sie nicht, so wird sie dich bewahren; liebe du sie, so wird sie dich behüten!

7 Der Weisheit Anfang ist: Erwirb Weisheit und um allen deinen Erwerb erwirb Verstand!

8 Halte sie hoch, so wird sie dich erhöhen; sie wird dich ehren, wenn du sie liebst.

Sprüche 8,

11 Ja, Weisheit ist besser als Perlen, und keine Kleinodien sind ihr zu vergleichen.

18 Reichtum und Ehre kommen mit mir, bedeutendes Vermögen und Gerechtigkeit.

19 Meine Frucht ist besser als Gold, ja als feines Gold, und was ich einbringe, übertrifft auserlesenes Silber.

20 Ich wandle auf dem Pfade der Gerechtigkeit, mitten auf der Bahn des Rechts,

21 auf dass ich meinen Liebhabern ein wirkliches Erbteil verschaffe und ihre Schatzkammern fülle.

Sprüche 10,

22 Der Segen des HERRN macht reich, und *eigene* Mühe fügt ihm nichts bei.

Sprüche 11,

24 Einer teilt aus und wird doch reicher, ein anderer spart mehr, als recht ist, und wird nur ärmer.

28 Wer auf seinen Reichtum vertraut, der wird fallen; die Gerechten aber werden

grünen wie das Laub.

Sprüche 13,

7 Einer stellt sich reich und hat doch gar nichts, ein anderer stellt sich arm und besitzt doch viel.

8 Mit seinem Reichtum kann jemand sich das Leben retten; ein Armer aber bekommt keine Drohungen zu hören.

22 Was ein guter Mensch hinterlässt, geht über auf Kindeskinder; das Vermögen des Sünders aber wird für den Gerechten aufgespart.

Sprüche 14,

23 Wo man sich alle Mühe gibt, da ist Überfluss; aber wo man nur Worte macht, da herrscht Mangel.

24 Reichtum ist der Weisen Krone; aber die Narren haben nichts als Dummheit.

Sprüche 15,

6 Im Hause des Gerechten ist viel Vermögen; im Einkommen des Gottlosen aber ist Zerrüttung.

16 Besser wenig mit der Furcht des HERRN, als großer Reichtum und ein unruhiges Gewissen dabei!

Sprüche 16,

8 Besser wenig mit Gerechtigkeit, als ein großes Einkommen mit Unrecht.

16 Wie viel besser ist's, Weisheit zu erwerben als Gold, und Verstand zu erwerben ist begehrenswerter als Silber!

Sprüche 20,

15 Es gibt Gold und viele Perlen; aber ein kostbares Geschmeide sind verständige Lippen.

Sprüche 22,

4 Der Lohn der Demut und der Furcht des HERRN ist Reichtum, Ehre und Leben.

Sprüche 23,

4 Bemühe dich nicht, reich zu werden; aus eigener Einsicht lass davon!

Sprüche 28,

6 Ein Armer, der in seiner Unschuld wandelt, ist besser als ein Reicher, der krumme Wege geht.

8 Wer sein Vermögen durch Wucherzinsen vermehrt, der sammelt es für einen, der sich des Armen erbarmt.

11 Ein Reicher kommt sich selbst weise vor; aber ein Armer, der verständig ist, durchschaut ihn.

16 Ein unverständiger Fürst erlaubt sich viele Erpressungen; wer aber ungerechten Gewinn hasst, wird lange regieren.

19 Wer seinen Acker bebaut, hat reichlich Brot; wer aber unnützen Sachen nachläuft, der hat reichlich Not.

20 Ein ehrlicher Mann hat viel Segen; wer aber schnell reich werden will, bleibt nicht unschuldig.
22 Wer nach Reichtum hastet, wird eifersüchtig und weiß nicht, dass Mangel über ihn kommen wird.
25 Aufgeblasenheit verursacht Streit; wer aber auf den HERRN vertraut, wird reichlich gesättigt.
27 Wer dem Armen gibt, hat keinen Mangel; wer aber seine Augen verhüllt, wird viel verflucht.

Sprüche 29,
3 Wer Weisheit liebt, macht seinem Vater Freude; wer aber mit Huren geht, bringt sein Vermögen durch.

Sprüche 30,
8 Falschheit und Lügenwort entferne von mir; Armut und Reichtum gib mir nicht, nähre mich mit dem mir beschiedenen Brot,
9 damit ich nicht aus Übersättigung dich verleugne und sage: «Wer ist der HERR?» dass ich aber auch nicht aus lauter Armut stehle und mich am Namen meines Gottes vergreife.

Prediger 2,
24 Es gibt nichts Besseres für den Menschen, als dass er esse und trinke und seine Seele Gutes genießen lasse in seiner Mühsal! Doch habe ich gesehen, dass auch das von der Hand Gottes kommt.
25 Denn wer kann essen und wer kann genießen ohne Ihn?
26 Denn dem Menschen, der Ihm wohl gefällt, gibt Er Weisheit und Erkenntnis und Freude; aber dem Sünder gibt er Plage, dass er sammle und zusammenscharre, um es dem zu geben, welcher Gott gefällt. Auch das ist eitel und ein Haschen nach Wind.

Prediger 3,
9 Was hat nun der, welcher solches tut, für einen Gewinn bei dem, womit er sich abmüht?
10 Ich habe die Plage gesehen, welche Gott den Menschenkindern gegeben hat, sich damit abzuplagen.
12 Ich habe erkannt, dass es nichts Besseres gibt unter ihnen, als sich zu freuen und Gutes zu tun in seinem Leben;
13 und wenn irgendein Mensch isst und trinkt und Gutes genießt bei all seiner Mühe, so ist das auch eine Gabe Gottes.
Prediger 5,
9 Wer Geld liebt, wird des Geldes nimmer satt, und wer Reichtum liebt, bekommt nie genug. Auch das ist eitel!
10 Wo viele Güter sind, da sind auch viele, die davon zehren, und was hat ihr

Besitzer mehr davon als eine Augenweide?
11 Süß ist der Schlaf des Arbeiters, er esse wenig oder viel; aber den Reichen lässt seine Übersättigung nicht schlafen.
12 Es gibt ein böses Übel, das ich gesehen habe unter der Sonne: Reichtum, der von seinem Besitzer zu seinem Schaden verwahrt wird.
13 Geht solcher Reichtum durch einen Unglücksfall verloren und hat der Betreffende einen Sohn, so bleibt diesem gar nichts in der Hand.
14 So nackt, wie er von seiner Mutter Leibe gekommen ist, geht er wieder dahin und kann gar nichts für seine Mühe mitnehmen, das er in seiner Hand davontragen könnte.
18 Auch wenn Gott irgend einem Menschen Reichtum und Schätze gibt und ihm gestattet, davon zu genießen und sein Teil zu nehmen, dass er sich freue in seiner Mühe, so ist das eine Gabe Gottes.
19 Denn er soll nicht viel denken an seine Lebenstage; denn Gott stimmt der Freude seines Herzens zu.

Jeremia 2,
13 Denn mein Volk hat eine zwiefache Sünde begangen: Mich, die Quelle des lebendigen Wassers haben sie verlassen, um sich Zisternen zu graben, löcherige Zisternen, die kein Wasser halten!

Habakuk 2,
13 Siehe, kommt es nicht vom HERRN der Heerscharen, dass Völker fürs Feuer arbeiten und Nationen für nichts sich abmühen?

Haggai 2,
7 und ich will auch alle Nationen erschüttern, und es werden die Kostbarkeiten aller Nationen kommen, und ich will dieses Haus mit Herrlichkeit erfüllen, spricht der HERR der Heerscharen.
8 Mein ist das Silber, und mein ist das Gold, spricht der HERR der Heerscharen.
2.2 Finanzen im Neuen Testament:

Matthäus 6,
8...Denn euer Vater weiß, was ihr bedürft, ehe ihr ihn bittet.
19 Ihr sollt euch nicht Schätze sammeln auf Erden, wo die Motten und der Rost sie fressen, und wo die Diebe nach graben und stehlen.
20 Sammelt euch aber Schätze im Himmel, wo weder die Motten noch der Rost sie fressen, und wo die Diebe nicht nach graben und stehlen.
21 Denn wo dein Schatz ist, da wird auch dein Herz sein.

24 Niemand kann zwei Herren dienen; denn entweder wird er den einen hassen und den andern lieben, oder er wird dem einen anhangen und den andern verachten. Ihr könnt nicht Gott dienen und dem Mammon.
25 Darum sage ich euch: Sorget euch nicht um euer Leben, was ihr essen und was ihr trinken sollt, noch um euren Leib, was ihr anziehen sollt. Ist nicht das Leben mehr als die Speise und der Leib mehr als die Kleidung?
26 Sehet die Vögel des Himmels an! Sie säen nicht und ernten nicht, sie sammeln auch nicht in die Scheunen; und euer himmlischer Vater nährt sie doch. Seid ihr nicht viel mehr wert als sie?
27 Wer aber von euch kann durch sein Sorgen zu seiner Länge eine einzige Elle hinzusetzen?
28 Und warum sorgt ihr euch um die Kleidung? Betrachtet die Lilien des Feldes, wie sie wachsen. Sie arbeiten nicht und spinnen nicht;
29 ich sage euch aber, dass auch Salomo in aller seiner Herrlichkeit nicht gekleidet gewesen ist wie deren eine.
30 Wenn nun Gott das Gras des Feldes, das heute steht und morgen in den Ofen geworfen wird, also kleidet, wird er das nicht viel mehr euch tun, ihr Kleingläubigen?
31 Darum sollt ihr nicht sorgen und sagen: Was werden wir essen, oder was werden wir trinken, oder womit werden wir uns kleiden?
32 Denn nach allen diesen Dingen trachten die Heiden; aber euer himmlischer Vater weiß, dass ihr das alles bedürft.
33 Trachtet aber zuerst nach dem Reiche Gottes und nach seiner Gerechtigkeit, so wird euch solches alles hinzugelegt werden.
34 Darum sollt ihr euch nicht sorgen um den andern Morgen; denn der morgende Tag wird für das Seine sorgen. Jedem Tage genügt seine eigene Plage!

Matthäus 13,
22 Unter die Dornen gesät aber ist es bei dem, welcher das Wort hört; aber die Sorge um das Zeitliche und der Betrug des Reichtums ersticken das Wort, und es bleibt ohne Frucht.

Lukas 3,
1 Und er antwortete und sprach zu ihnen: Wer zwei Röcke hat, gebe dem, der keinen hat; und wer Speise hat, tue ebenso!
Jesus und seine Jünger werden von wohlhabenden Frauen versorgt:

Lukas 8:
1 Und es begab sich hernach, dass er durch Städte und Dörfer reiste, wobei er

predigte und das Evangelium vom Reiche Gottes verkündigte; und die Zwölf *waren* mit ihm
2 und etliche Frauen, die von bösen Geistern und Krankheiten geheilt worden waren: Maria, genannt Magdalena, von welcher sieben Teufel ausgefahren waren,
3 und Johanna, das Weib Chusas, eines Verwalters des Herodes, und Susanna und viele andere, welche ihnen dienten mit ihrer Habe.

Lukas 14,
33 So kann auch keiner von euch, der nicht allem entsagt, was er hat, mein Jünger sein.

Lukas 16,
9 Auch ich sage euch: Machet euch Freunde mit dem ungerechten Mammon, auf dass, wenn er *euch* ausgeht, sie euch aufnehmen in die ewigen Hütten.
10 Wer im Kleinsten treu ist, der ist auch im Großen treu; und wer im Kleinsten ungerecht ist, der ist auch im Großen ungerecht.
11 Wenn ihr nun in dem ungerechten Mammon nicht treu waret, wer wird euch das Wahre anvertrauen?

Lukas 16,19
19 Es war aber ein reicher Mann, der kleidete sich in Purpur und kostbare Leinwand und lebte alle Tage herrlich und in Freuden.
20 Ein Armer aber, namens Lazarus, lag vor dessen Tür, voller Geschwüre,
21 und begehrte, sich zu sättigen von dem, was von des Reichen Tische fiel; und es kamen sogar Hunde und leckten seine Geschwüre.
22 Es begab sich aber, dass der Arme starb und von den Engeln in Abrahams Schoß getragen wurde. Es starb aber auch der Reiche und wurde begraben.
23 Und als er im Totenreich seine Augen erhob, da er Qualen litt, sieht er Abraham von ferne und Lazarus in seinem Schoß.

Lukas 18,
24 Als aber Jesus ihn so sah, sprach er: Wie schwer werden die Reichen ins Reich Gottes eingehen!
25 Denn es ist leichter, dass ein Kamel durch ein Nadelöhr gehe, als dass ein Reicher in das Reich Gottes komme.
26 Da sprachen die, welche es hörten: Wer kann dann gerettet werden?
27 Er aber sprach: Was bei den Menschen unmöglich ist, das ist bei Gott möglich.

Lukas 21,
1 Als er aber aufblickte, sah er, wie die Reichen ihre Gaben in den Gotteskasten

legten.

2 Er sah aber auch eine auf ihren Verdienst angewiesene Witwe, die legte dort zwei Scherflein ein;

3 und er sprach: Wahrlich, ich sage euch, diese arme Witwe hat mehr als alle eingelegt!

4 Denn diese alle haben von ihrem Überflusse zu den Gaben beigetragen; sie aber hat aus ihrer Armut heraus alles eingelegt, was sie zum Lebensunterhalt besaß.

Lukas 21,

34 Habt aber acht auf euch selbst, dass eure Herzen nicht beschwert werden durch Rausch und Trunkenheit und Nahrungssorgen und jener Tag unversehens über euch komme!

Lukas 22,

35 Und er sprach zu ihnen: Als ich euch aussandte ohne Beutel und Tasche und Schuhe, hat euch etwas gemangelt? Sie sprachen: Nichts!

36 Nun sprach er zu ihnen: Aber jetzt, wer einen Beutel hat, der nehme ihn, gleicher weise auch die Tasche; und wer es nicht hat, der verkaufe sein Kleid und kaufe ein Schwert.

Johannes 6,

27 Wirket nicht die Speise (genauer: Arbeitet nicht für die Speise), die vergänglich ist, sondern die Speise, die ins ewige Leben bleibt, welche des Menschen Sohn euch geben wird; denn diesen hat Gott, der Vater, bestätigt!

Römer 12,

1 Ich ermahne euch nun, ihr Brüder, kraft der Barmherzigkeit Gottes, dass ihr eure Leiber darbringet als ein lebendiges, heiliges, Gott wohlgefälliges Opfer: das sei euer vernünftiger Gottesdienst!

2 Und passet euch nicht diesem Weltlauf an, sondern verändert euer Wesen durch die Erneuerung eures Sinnes, um prüfen zu können, was der Wille Gottes sei, der gute und wohlgefällige und vollkommene.

13 Nehmet Anteil an den Nöten der Heiligen, befleißiget euch der Gastfreundschaft!

Römer 15,

25 Nun aber reise ich nach Jerusalem, im Dienste der Heiligen.

26 Es hat nämlich Mazedonien und Achaja gefallen, eine Sammlung für die Armen unter den Heiligen in Jerusalem zu veranstalten;

27 es hat ihnen gefallen, und sie sind es ihnen auch schuldig; denn wenn die Heiden

an ihren geistlichen Gütern Anteil erhalten haben, so sind sie auch verpflichtet, jenen in den leiblichen zu dienen.

1.Korinther 3,

21 So brüste sich nun niemand mit Menschen; denn alles ist euer:

22 es sei Paulus oder Apollos, Kephas oder die Welt, das Leben oder der Tod, das Gegenwärtige oder das Zukünftige; alles ist euer;

23 ihr aber seid Christi, Christus aber ist Gottes.

1.Korinther 9,

11 Wenn wir euch die geistlichen Güter gesät haben, ist es etwas Großes, wenn wir von euch diejenigen für den Leib ernten?

14 So hat auch der Herr verordnet, dass die, welche das Evangelium verkündigen, vom Evangelium leben sollen.

1. Korinther 16,

1 Was aber die Sammlung für die Heiligen anbelangt, so handelt auch ihr so, wie ich es für die Gemeinden in Galatien angeordnet habe.

2 An jedem ersten Wochentag lege ein jeder unter euch etwas beiseite und sammle, je nachdem es ihm wohl geht; damit nicht erst dann, wenn ich komme, die Sammlungen gemacht werden müssen.

3 Wenn ich aber angekommen bin, will ich die, welche ihr als geeignet erachtet, mit Briefen absenden, damit sie eure Liebesgabe nach Jerusalem überbringen.

4 Wenn es aber der Mühe wert ist, dass auch ich hinreise, sollen sie mit mir reisen.

2. Korinther 8,

1 Wir tun euch aber, ihr Brüder, die Gnade Gottes kund, welche den Gemeinden Mazedoniens gegeben worden ist.

2 Denn trotz vieler Trübsalsproben hat ihre überfließende Freude und ihre so tiefe Armut den Reichtum ihrer Gebefreudigkeit zutage gefördert.

3 Denn nach Vermögen, ja ich bezeuge es, über ihr Vermögen waren sie bereitwillig

4 und baten uns mit vielem Zureden um die Gnade, an dem Dienste für die Heiligen teilnehmen zu dürfen,

5 und nicht nur, wie wir es erhofften, sondern sich selbst gaben sie hin, zuerst dem Herrn und dann uns, durch den Willen Gottes,

6 so dass wir Titus zusprachen, dieses Liebeswerk, wie er es angefangen hatte, nun auch bei euch zu Ende zu führen.

7 Aber wie ihr in allen Stücken reich seid, an Glauben, am Wort, an Erkenntnis und an allem Eifer und der Liebe, die ihr zu uns habt, so möge auch dieses Liebeswerk reichlich bei euch ausfallen!

8 Nicht als Gebot sage ich das, sondern um durch den Eifer anderer auch die Echtheit eurer Liebe zu erproben.

9 Denn ihr kennet die Gnade unsres Herrn Jesus Christus, dass er, obwohl er reich war, um euretwillen arm wurde, damit ihr durch seine Armut reich würdet!

10 Und ich gebe meine Meinung hierüber ab: Es ist geziemend für euch, weil ihr nicht nur das Tun, sondern auch das Wollen seit vorigem Jahre angefangen habt,

11 dass ihr nun auch das Tun vollendet, damit der Geneigtheit des Willens auch das Vollenden entspreche, nach Maßgabe dessen, was ihr habt.

12 Denn wo der gute Wille vorhanden ist, da ist einer angenehm nach dem, was er hat, nicht nach dem, was er nicht hat.

13 Dieses sage ich aber nicht, damit andere Erleichterung haben, ihr aber Bedrängnis; sondern nach dem Grundsatz der Gleichheit soll in der jetzigen Zeit euer Überfluss dem Mangel jener abhelfen,

14 auf dass auch ihr Überfluss eurem Mangel abhelfe, damit ein Ausgleich stattfinde,

15 wie geschrieben steht: «Wer viel sammelte, hatte nicht Überfluss, und wer wenig sammelte, hatte nicht Mangel.»

24 So liefert nun den Beweis eurer Liebe und unsres Rühmens von euch ihnen gegenüber öffentlich vor den Gemeinden!

2. Korinther 9,
6 Das aber bedenket: Wer kärglich sät, der wird auch kärglich ernten; und wer im Segen sät, der wird auch im Segen ernten.

7 Ein jeder, wie er es sich im Herzen vorgenommen hat; nicht mit Unwillen oder aus Zwang; denn einen fröhlichen Geber hat Gott lieb!

8 Gott aber ist mächtig, euch jede Gnade im Überfluss zu spenden, so dass ihr in allem allezeit alle Genüge habet und überreich seiet zu jedem guten Werk,

9 wie geschrieben steht: «Er hat ausgestreut, er hat den Armen gegeben; seine Gerechtigkeit bleibt in Ewigkeit.»

10 Er aber, der dem Sämann Samen darreicht und Brot zur Speise, der wird *auch* euch die Saat darreichen und mehren und die Früchte eurer Gerechtigkeit wachsen lassen,

11 damit ihr an allem reich werdet zu aller Gebefreudigkeit, welche durch uns Dank gegen Gott bewirkt.

12 Denn der Dienst dieser Hilfeleistung füllt nicht nur den Mangel der Heiligen aus, sondern überfließt auch durch den Dank vieler gegen Gott,

13 indem sie durch die Probe dieses Dienstes zum Preise Gottes veranlasst werden

für den Gehorsam eures Bekenntnisses zum Evangelium Christi und für die Schlichtheit der Beisteuer für sie und für alle;

14 und in ihrem Flehen für euch werden sie eine herzliche Zuneigung zu euch haben wegen der überschwenglichen Gnade Gottes bei euch.

15 Gott aber sei Dank für seine unaussprechliche Gabe!

2.Korinther 11
8 Andere Gemeinden habe ich beraubt und von ihnen Sold genommen, um euch zu dienen; und als ich bei euch war und Mangel litt, bin ich niemand beschwerlich gefallen;

9 denn meinem Mangel halfen die Brüder ab, die aus Mazedonien kamen; und in allem habe ich mich gehütet, euch zur Last zu fallen, und werde mich ferner hüten.

2. Korinther 12,
Lass dir an meiner Gnade genügen, denn meine Kraft wird in der Schwachheit vollkommen! Darum will ich mich am liebsten vielmehr meiner Schwachheiten rühmen, damit die Kraft Christi bei mir wohne.

2. Korinther 12,
13 Denn was ist es, worin ihr den übrigen Gemeinden nachgesetzt wurdet, außer dass ich selbst euch nicht zur Last gefallen bin? Vergebet mir dieses Unrecht!

14 Siehe, zum dritten Mal bin ich nun bereit, zu euch zu kommen, und werde euch nicht zur Last fallen; denn ich suche nicht das Eurige, sondern euch. Es sollen ja nicht die Kinder den Eltern Schätze sammeln, sondern die Eltern den Kindern.

Galater 6,
2 Traget einer des anderen Lasten, und so werdet ihr das Gesetz Christi erfüllen!

3 Denn wenn jemand glaubt, etwas zu sein, da er doch nichts ist, so betrügt er sich selbst.

4 Ein jeglicher aber prüfe sein eigenes Werk, und dann wird er für sich selbst den Ruhm haben und nicht für einen andern;

5 denn ein jeglicher soll seine eigene Bürde tragen.

6 Wer im Wort unterrichtet wird, der gebe dem, der ihn unterrichtet, Anteil an allen Gütern.

7 Irret euch nicht; Gott lässt seiner nicht spotten! Denn was der Mensch sät, das wird er ernten.

8 Denn wer auf sein Fleisch sät, wird vom Fleisch Verderben ernten; wer aber auf den Geist sät, wird vom Geist ewiges Leben ernten.

9 Lasst uns aber im Gutestun nicht müde werden; denn zu seiner Zeit werden wir

auch ernten, wenn wir nicht ermatten.
10 So lasst uns nun, wo wir Gelegenheit
haben, an jedermann Gutes tun, allermeist
an den Glaubensgenossen.

Philipper 4,
10 Ich bin aber hoch erfreut worden im Herrn,
dass ihr euch wieder soweit erholt
habt, um für mich sorgen zu können; worauf ihr
auch sonst bedacht waret, aber ihr
waret nicht in der Lage dazu.
11 Nicht Mangels halber sage ich das; denn
ich habe gelernt, mit der Lage zufrieden
zu sein, in welcher ich mich befinde.
12 Ich verstehe mich so gut aufs Armsein wie
aufs Reichsein;
13 ich bin in allem und für alles geübt, sowohl
satt zu sein, als zu hungern, sowohl
Überfluss zu haben, als Mangel zu leiden. Ich
vermag alles durch den, der mich stark
macht.

1.Timotheus 6,
17 Den Reichen im jetzigen Zeitalter gebiete,
dass sie nicht stolz seien, auch nicht
ihre Hoffnung auf die Unbeständigkeit des
Reichtums setzen, sondern auf den
lebendigen Gott, der uns alles reichlich zum
Genuss darreicht,
18 dass sie Gutes tun, reich werden an guten
Werken, freigebig seien, mitteilsam,
19 und so für sich selbst ein schönes Kapital
für die Zukunft sammeln, damit sie das
wahre Leben erlangen.

2.Timotheus 2,
4 Wer in den Krieg zieht, verwickelt sich nicht
in Geschäfte des täglichen Lebens,
damit er dem gefalle, der ihn angeworben hat.
5 Und wenn jemand auch kämpft, wird er doch
nicht gekrönt, er kämpfe denn recht.

Hebräer 13,5
Euer Wandel sei ohne Geiz! Begnügt euch mit
dem Vorhandenen! Denn er selbst hat
gesagt: „Ich will dich nicht verlassen noch
versäumen!"

Hebräer 13
16 Wohlzutun und mitzuteilen vergesset nicht;
denn solche Opfer gefallen Gott wohl!
Jakobus 2,
15 Wenn es einem Bruder oder einer
Schwester an Kleidung und täglicher Nahrung
gebricht
16 und jemand von euch zu ihnen sagen
würde: Gehet hin in Frieden, wärmet und
sättiget euch, ihr gäbet ihnen aber nicht, was
zur Befriedigung ihrer leiblichen
Bedürfnisse erforderlich ist, was hülfe ihnen
das?

Jakobus 5,
1 Wohlan nun, ihr Reichen, weinet und heulet
über das Elend, das über euch kommt!
2 Euer Reichtum ist verfault und eure Kleider
sind zum Mottenfraß geworden;
3 euer Gold und Silber ist verrostet, und ihr
Rost wird gegen euch Zeugnis ablegen
und euer Fleisch fressen wie Feuer. Ihr habt
Schätze gesammelt in den letzten
Tagen!
4 Siehe, der Lohn der Arbeiter, die euch die
Felder abgemäht haben, der aber von
euch zurückbehalten worden ist, schreit, und
das Rufen der Schnitter ist zu den
Ohren des Herrn der Heerscharen gekommen.
5 Ihr habt geschwelgt und geprasst auf Erden,
ihr habt eure Herzen gemästet an
einem Schlachttag!

1.Petrus 1,
7 damit die Bewährung eures Glaubens, die
viel kostbarer ist als die des
vergänglichen Goldes (das durchs Feuer
erprobt wird), Lob, Preis und Ehre zur Folge
habe bei der Offenbarung Jesu Christi;

1.Johannes 3,
17 Wer aber den zeitlichen Lebensunterhalt
hat und seinen Bruder darben sieht und
sein Herz vor ihm zuschließt, wie bleibt die
Liebe Gottes in ihm?
18 Kindlein, lasset uns nicht mit Worten lieben,
noch mit der Zunge, sondern in der
Tat und Wahrheit!

3. Johannes,
5 Mein Lieber, du handelst getreulich in dem,
was du an den Brüdern tust, und noch
dazu an fremden.
6 Sie haben von deiner Liebe Zeugnis
abgelegt vor der Gemeinde. Du wirst wohl tun,
wenn du ihnen ein Geleite gibst, wie es Gottes
würdig ist;
7 denn um seines Namens willen sind sie
ausgezogen, ohne von den Heidnischen
etwas anzunehmen.
8 So sind wir nun verpflichtet, solche
aufzunehmen, damit wir Mitarbeiter der
Wahrheit werden.

Offenbarung 3,
17 Denn du sprichst: Ich bin reich und habe
Überfluss und bedarf nichts! und weißt
nicht, dass du elend und erbärmlich bist, arm,
blind und bloß!
18 Ich rate dir, von mir Gold zu kaufen, das im
Feuer geglüht ist, damit du reich
werdest, und weiße Kleider, damit du dich
bekleidest und die Schande deiner Blöße
nicht offenbar werde, und Augensalbe, um
deine Augen zu salben, damit du sehest.

Teil 3: Fleiß, Arbeit und Faulheit in der Bibel

Ist Arbeit ein Fluch oder ist Arbeit ein Segen?

3.1 Was sagt die Bibel zu Faulheit:
Sprüche 19:15 Faulheit versenkt in tiefen Schlaf, und eine lässige Seele muss hungern.

Sprüche 31:27 Sie behält ihre Haushaltung im Auge und isst nie das Brot der Faulheit.

Prediger 10:18 Durch Faulheit verfault das Gebälk, und wegen Nachlässigkeit der Hände rinnt das Dach.

Sprüche 10:26 Wie der Essig für die Zähne und der Rauch für die Augen, so ist der Faule für die, welche ihn senden.

Sprüche 13:4 Der Faule wünscht sich viel und hat doch nichts; die Seele der Fleißigen aber wird fett.
Sprüche 19:24 Der Faule steckt seine Hand in den Topf und mag sie nicht wieder zum Munde bringen.

Sprüche 20:4 Im Herbst will der Faule nicht pflügen; begehrt er dann in der Ernte, so ist nichts da!

Sprüche 21:25 Der Faule muss Hungers sterben, da er mit seinen Händen nicht arbeiten will.

Sprüche 22:13 Der Faule spricht: «Es ist ein Löwe draußen; der könnte mich auf offener Straße zerreißen!»

Sprüche 26:14 Die Tür dreht sich in der Angel und der Faule in seinem Bett.

Sprüche 26:15 Der Faule steckt seine Hand in die Schüssel; er bringt sie kaum mehr zum Mund zurück!

3.2 Was sagt die Bibel zu Fleiß?

Sprüche 12,24: Fleißige Hand wird herrschen, eine lässige aber muss Zwangsarbeit verrichten!

Römer 12,11 Im Fleiß lasset nicht nach, seid brennend im Geist, dienet dem Herrn!
Hebräer 6,11 Wir wünschen aber, dass jeder von euch denselben Fleiß bis ans Ende beweise, entsprechend der vollen Gewissheit der Hoffnung,
2. Petrus 1,5 so setzet nun all euren Fleiß zu dem hinzu und reichet dar in eurem Glauben die Tugend, in der Tugend aber die Erkenntnis,

5. Mose 11,13 Werdet ihr nun meinen Geboten fleißig gehorchen, die ich euch heute gebiete, dass ihr den HERRN, euren Gott, liebet und ihm mit ganzem Herzen und mit ganzer Seele dienet,

Offenbarung 3,19 Welche ich lieb habe, die strafe und züchtige ich. So sei nun fleißig und tue Buße!
Hebräer 6:11 Wir wünschen aber, dass jeder von euch denselben Fleiß bis ans Ende beweise, entsprechend der vollen Gewissheit der Hoffnung...

2. Petrus 1,
3 Nachdem seine göttliche Kraft uns alles, was zum Leben und zur Gottseligkeit dient, geschenkt hat, durch die Erkenntnis dessen, der uns kraft seiner Herrlichkeit und Tugend berufen hat,
4 durch welche uns die teuersten und größten Verheißungen geschenkt sind, damit ihr durch dieselben göttlicher Natur teilhaftig werdet, nachdem ihr dem in der Welt durch die Lust herrschenden Verderben entflohen seid,
5 so setzet nun all euren Fleiß zu dem hinzu und reichet dar in eurem Glauben die Tugend, in der Tugend aber die Erkenntnis,

Sprüche 31,
10 Ein wackeres Weib (wer findet es?) ist weit mehr wert als köstliche Perlen!
11 Auf sie verlässt sich ihres Mannes Herz, und an Gewinn mangelt es ihm nicht.
12 Sie erweist ihm Gutes und nichts Böses ihr ganzes Leben lang.
13 Sie zieht Wolle und Flachs und verarbeitet es mit willigen Händen.
14 Wie die Handelsschiffe bringt sie ihr Brot aus der Ferne herbei.
15 Bevor der Morgen graut, ist sie schon auf und gibt Speise heraus für ihr Haus und befiehlt ihren Mägden.
16 Sie trachtet nach einem Acker und erwirbt ihn auch; mit dem Ertrag ihrer Hände pflanzt sie einen Weinberg an.
17 Sie gürtet ihre Lenden mit Kraft und stählt ihre Arme.
18 Sie sieht, dass ihre Arbeit gedeiht; ihr Licht geht auch des Nachts nicht aus.
19 Sie greift nach dem Spinnrocken, und ihre Hände fassen die Spindel.
20 Sie tut ihre Hand dem Unglücklichen auf und reicht ihre Hände dem Armen.
21 Vor dem Schnee ist ihr nicht bange für ihr Haus, denn ihr ganzes Haus ist in Scharlach gekleidet.
22 Sie macht sich selbst Decken; Linnen und Purpur ist ihr Gewand.
23 Ihr Mann ist wohlbekannt in den Toren, wenn er unter den Ältesten des Landes sitzt.

24 Sie macht Hemden und verkauft sie und liefert dem Händler Gürtel.
25 Kraft und Würde ist ihr Gewand, und sie lacht des künftigen Tages.
26 Ihren Mund öffnet sie mit Weisheit, und freundliche Unterweisung ist auf ihrer Zunge.
27 Sie behält ihre Haushaltung im Auge und isst nie das Brot der Faulheit.
28 Ihre Söhne wachsen heran und preisen sie glücklich; ihr Mann rühmt sie ebenfalls:
29 «Viele Töchter sind wackere Frauen geworden; aber du übertriffst sie alle!»
30 Anmut besticht und Schönheit vergeht; ein Weib, das den HERRN fürchtet, soll man loben.
31 Gebt ihr von den Früchten ihres Wirkens, und ihre Werke werden sie loben in den Toren!

3.3 Was sagt die Bibel zu Arbeit?
Vor dem Sündenfall:
1.Mose 1
15 Und Gott der HERR nahm den Menschen und setzte ihn in den Garten Eden, dass er ihn baute und bewahrte.
Nach dem Sündenfall:

1.Mose 5,
29 ... den nannte er Noah, indem er sprach: Der wird uns trösten ob unserer Hände Arbeit und Mühe, die herrührt von dem Erdboden, den der HERR verflucht hat!

2.Mose 31,
14 Und zwar sollt ihr den Sabbat beobachten, weil er euch heilig sein soll. Wer ihn entheiligt, der soll des Todes sterben; wer an demselben eine Arbeit verrichtet, dessen Seele soll ausgerottet werden aus seinem Volk!
15 Sechs Tage soll man arbeiten; aber am siebenten Tage ist der Sabbat, die heilige Ruhe des HERRN. Wer am Sabbattag eine Arbeit verrichtet, der soll des Todes sterben!
16 Und zwar sollen die Kinder Israel den Sabbat halten, damit sie ihn für alle ihre Geschlechter zum ewigen Bunde machen.
17 Er ist ein ewiges Zeichen zwischen mir und den Kindern Israel; denn in sechs Tagen machte der HERR Himmel und Erde; aber am siebenten Tage ruhte er und erquickte sich.

2.Mose 35,
31 Und der Geist Gottes hat ihn erfüllt mit Weisheit, Verstand und Geschicklichkeit für allerhand Arbeit;
32 auch dass er kunstreiche Arbeit erfinden kann zur Ausführung in Gold, Silber und Erz;

33 im Schneiden und Einsetzen der Edelsteine, im Zimmern des Holzes, um allerlei kunstvolle Arbeit zu machen.
34 Auch hat er ihm ins Herz gegeben, dass er unterweisen kann; er und Oholiab, der Sohn Ahisamachs, vom Stamme Dan.
35 Er hat sie mit weisen Herzen erfüllt, zu machen allerlei Werk eines Künstlers und Erfinders und Buntwirkers in Stoffen von blauem und rotem Purpur und
36 Karmesinfarbe und von feiner weißer Baumwolle, und eines Webers, dass sie allerlei Werke machen und sinnreiche Arbeit erfinden.

3.Mose 23,
27 Am zehnten Tag in diesem siebenten Monat ist der Versöhnungstag, da sollt ihr eine heilige Versammlung halten und eure Seelen demütigen und dem HERRN Feueropfer darbringen;
28 und ihr sollt an diesem Tage keine Arbeit verrichten; denn es ist der Versöhnungstag, zu eurer Versöhnung vor dem HERRN, eurem Gott.
29 Welche Seele sich aber an diesem Tage nicht demütigt, die soll ausgerottet werden aus ihrem Volk;
30 und welche Seele an diesem Tag irgendeine Arbeit verrichtet, die will ich vertilgen mitten aus ihrem Volk.
31 Ihr sollt keine Arbeit verrichten. Das ist eine ewig gültige Ordnung für eure Geschlechter an allen euren Wohnorten.

4.Mose 4,
19 Darum sollt ihr solches mit ihnen tun, damit sie leben und nicht sterben, wenn sie sich dem Allerheiligsten nahen: Aaron und seine Söhne sollen hineingehen und einem jeden seine Arbeit und seine Last anweisen.
23 von dreißig Jahren an und darüber, bis zum fünfzigsten Jahr sollst du sie zählen, alle Diensttauglichen zur Arbeit an der Stiftshütte.
30 Von dreißig Jahren an und darüber, bis ins fünfzigste Jahr sollst du sie zählen, alle Diensttauglichen zur Arbeit an der Stiftshütte.
31 Ihre Aufgabe im Dienste der Stiftshütte ist, die Bretter der Wohnung, ihre Riegel, Säulen und Füße zu tragen, ...

2.Chronik 8,
9 Aber von den Kindern Israel machte er keine zu Leibeigenen für seine Arbeit, sondern sie waren seine Kriegsleute und Oberste seiner Wagenkämpfer und seine Reiter.

Nehemia 4,
17 verrichteten mit der einen Hand die Arbeit, während sie mit der andern die Waffe

hielten.

Psalm 104,
23 der Mensch aber geht aus an sein
Tagewerk, an seine Arbeit bis zum Abend.

Psalm 128,
2 Du wirst dich nähren von deiner Hände
Arbeit; wohl dir, du hast es gut!

Sprüche 31,
18 Sie sieht, dass ihre Arbeit gedeiht; ihr Licht
geht auch des Nachts nicht aus.

Klagelieder 2,
18 Ich hasste auch alle meine Arbeit, womit ich
mich abgemüht hatte unter der
Sonne, weil ich sie dem Menschen überlassen
soll, der nach mir kommt.
19 Und wer weiß, ob derselbe weise sein wird
oder ein Tor? Und doch wird er über
all das Macht bekommen, was ich mit Mühe
und Weisheit erarbeitet habe unter der
Sonne. Auch das ist eitel!
20 Da wandte ich mich, mein Herz verzweifeln
zu lassen an all der Mühe, womit ich
mich abgemüht hatte unter der Sonne.
21 Denn das Vermögen, das einer sich
erworben hat mit Weisheit, Verstand und
Geschick, das muss er einem andern zum
Erbteil geben, der sich nicht darum
bemüht hat; das ist auch eitel und ein großes
Unglück!
22 Denn was hat der Mensch von all seiner
Mühe und dem Dichten seines Herzens,
womit er sich abmüht unter der Sonne?
23 Denn er plagt sich täglich mit Kummer und
Verdruss, sogar in der Nacht hat sein
Herz keine Ruhe; auch das ist eitel!
24 Es gibt nichts Besseres für den Menschen,
als dass er esse und trinke und seine
Seele Gutes genießen lasse in seiner Mühsal!
Doch habe ich gesehen, dass auch
das von der Hand Gottes kommt.

Klagelieder 6,
7 Alle Arbeit des Menschen ist für seinen
Mund; und die Seele wird nicht gesättigt!

Jesaja 53,
11 An der Arbeit seiner Seele wird er sich satt
sehen; durch seine Erkenntnis wird
er, mein Knecht, der Gerechte, viele gerecht
machen, und ihre Schulden wird er auf
sich nehmen.

Hesekiel 2,
4 …seid stark, spricht der HERR, und arbeitet!
Denn ich bin mit euch, spricht der
HERR der Heerscharen.
5…; fürchtet euch nicht!

Johannes 4,
35 Saget ihr nicht: Es sind noch vier Monate,
dann kommt die Ernte? Siehe, ich sage
euch, hebet eure Augen auf und beschauet die
Felder; sie sind schon weiß zur
Ernte.
36 Wer erntet, der empfängt Lohn und
sammelt Frucht zum ewigen Leben, auf dass
sich der Sämann und der Schnitter miteinander
freuen.
37 Denn hier ist der Spruch wahr: Der eine sät,
der andere erntet.
38 Ich habe euch ausgesandt zu ernten, woran
ihr nicht gearbeitet habt; andere
haben gearbeitet, und ihr seid in ihre Arbeit
eingetreten.

Johannes 6,
27 Wirket (arbeitet) nicht die Speise, die
vergänglich ist, sondern die Speise, die ins
ewige Leben bleibt, …

1.Korinther 3,
5 Was ist nun Apollos, was ist Paulus? Diener
sind sie, durch welche ihr gläubig
geworden seid, und zwar, wie es der Herr
einem jeglichen gegeben hat.
6 Ich habe gepflanzt, Apollos hat begossen,
Gott aber hat das Gedeihen gegeben.
7 So ist also weder der etwas, welcher pflanzt,
noch der, welcher begießt, sondern
Gott, der das Gedeihen gibt.
8 Der aber, welcher pflanzt und der, welcher
begießt, sind einer wie der andere; jeder
aber wird seinen eigenen Lohn empfangen
nach seiner eigenen Arbeit.
9 Denn wir sind Gottes Mitarbeiter; ihr aber
seid Gottes Ackerfeld und Gottes Bau.
10 Nach der Gnade Gottes, die mir gegeben
ist, habe ich als ein weiser Baumeister
den Grund gelegt; ein anderer aber baut
darauf. Ein jeglicher sehe zu, wie er darauf
baue.
11 Denn einen anderen Grund kann niemand
legen, außer dem, der gelegt ist,
welcher ist Jesus Christus.
12 Wenn aber jemand auf diesen Grund Gold,
Silber, kostbare Steine, Holz, Heu,
Stroh baut,
13 so wird eines jeden Werk offenbar werden;
der Tag wird es klar machen, weil es
durchs Feuer offenbar wird. Und welcher Art
eines jeden Werk ist, wird das Feuer
erproben.

1.Korinther 9,
6 Oder haben nur ich und Barnabas keine
Vollmacht, die Arbeit zu unterlassen?
7 Wer zieht je auf eigene Kosten ins Feld? Wer
pflanzt einen Weinberg und isst nicht
von dessen Frucht? Oder wer weidet eine
Herde und nährt sich nicht von der Milch
der Herde?

1.Korinther 15,
58 Darum, meine geliebten Brüder, seid fest,
unbeweglich, nehmet immer zu in dem
Werke des Herrn, weil ihr wisset, dass eure
Arbeit nicht vergeblich ist in dem Herrn!

2.Korinther 10,
15 Wir rühmen uns auch nicht ins Maßlose auf
Grund der Arbeiten anderer, haben
aber die Hoffnung, wenn euer Glaube wächst,
bei euch noch viel mehr Raum zu
gewinnen, unserer Regel gemäß,
16 um das Evangelium auch in den Ländern zu
predigen, die über euch hinaus
liegen, und uns nicht nach fremder Regel dort
Ruhm zu holen, wo die Arbeit schon
getan ist.

2.Korinther 11,
27 in Arbeit und Mühe, oftmals in
Nachtwachen, in Hunger und Durst; oftmals in
Fasten, in Kälte und Blöße;
28 zu alledem der tägliche Zulauf zu mir, die
Sorge für alle Gemeinden.

1.Thessaloniker 2,
27 in Arbeit und Mühe, oftmals in
Nachtwachen, in Hunger und Durst; oftmals in
Fasten, in Kälte und Blöße;
28 zu alledem der tägliche Zulauf zu mir, die
Sorge für alle Gemeinden.

2.Thessaloniker 3,
10 Denn als wir bei euch waren, geboten wir
euch dies: wenn jemand nicht arbeiten
will, soll er auch nicht essen.
11 Wir hören nämlich, dass etliche von euch
unordentlich wandeln und nicht
arbeiten, sondern unnütze Dinge treiben.
12 Solchen gebieten wir und ermahnen sie
durch unsren Herrn Jesus Christus, dass
sie mit stiller Arbeit ihr eigenes Brot verdienen.
Hebräer 6,
10 Denn Gott ist nicht ungerecht, dass er eurer
Arbeit und der Liebe vergäße, die ihr
gegen seinen Namen bewiesen habt, indem ihr
den Heiligen dientet und noch dienet.

Offenbarung 2,
2 Ich weiß deine Werke und deine Arbeit und
deine Geduld, und dass du die Bösen
nicht ertragen kannst, und dass du die geprüft
hast, die sich Apostel nennen und es
nicht sind, und hast sie als Lügner erfunden;
3 und du hast Ausdauer, und um meines
Namens willen hast du getragen und bist
nicht müde geworden.

Nach der Wiederkunft Jesu:
1.Korinther 6,
2 Wisset ihr nicht, dass die Heiligen die Welt
richten werden? ...

3 Wisset ihr nicht, dass wir Engel richten
werden?

Offenbarung 20,
6 Selig und heilig ist, wer teilhat an der ersten
Auferstehung. Über diese hat der
zweite Tod keine Macht, sondern sie werden
Priester Gottes und Christi sein und mit
ihm regieren tausend Jahre.

3.4 Was sagt die Bibel zu „bürgen"?

Spr.6
1 Mein Sohn, hast du dich für deinen Nächsten
verbürgt, für einen Fremden dich
durch Handschlag verpflichtet;
2 bist du durch ein mündliches Versprechen
gebunden, gefangen durch die Reden
deines Mundes,
3 so tue doch das, mein Sohn: Rette dich;
denn du bist in die Hand deines Nächsten
geraten! Darum gehe hin, wirf dich vor ihm
nieder und bestürme deinen Nächsten.
4 Gönne deinen Augen keinen Schlaf und
deinen Augenlidern keinen Schlummer!
5 Rette dich aus seiner Hand wie eine Gazelle
und wie ein Vogel aus der Hand des
Vogelstellers!

Sprüche 11,
15 Wer für einen andern bürgt, der wird
Schaden haben; wer aber sich hütet, Bürge
zu sein, geht sicher.

Sprüche 17,
18 Ein Tor ist, wer in die Hand gelobt und
Bürge wird für seinen Nächsten.
Sprüche 22,
26 Sei nicht einer von denen, die mit ihrer
Hand haften und für Schulden Bürge
werden;

3.5 Was sagt die Bibel zu Geiz?

1.Kor.5:
11 Ihr sollt nichts mit einem zu schaffen haben,
der sich Bruder nennen lässt und ist
ein Unzüchtiger oder ein Geiziger oder ein
Götzendiener oder ein Lästerer oder ein
Trunkenbold oder ein Räuber; mit so einem
sollt ihr auch nicht essen.

1.Kor.6,
9 Oder wisst ihr nicht, dass die Ungerechten
das Reich Gottes nicht ererben werden?
Lasst euch nicht irreführen! Weder Unzüchtige
noch Götzendiener, Ehebrecher,
Lustknaben, Knabenschänder,
10 Diebe, Geizige, Trunkenbolde, Lästerer
oder Räuber werden das Reich Gottes
nicht ererben.

2.Kor.4:
5 So habe ich es nun für nötig angesehen, die Brüder zu ermahnen, dass sie
voranzögen zu euch, um die von euch angekündigte Segensgabe vorher fertig zu machen, so dass sie bereitliegt als eine Gabe des Segens und nicht des Geizes.
6 Ich meine aber dies: Wer da kärglich sät, der wird auch kärglich ernten; und wer da
sät im Segen, der wird auch ernten im Segen.
7 Ein jeder, wie er's sich im Herzen vorgenommen hat, nicht mit Unwillen oder aus Zwang; denn einen fröhlichen Geber hat Gott lieb.
8 Gott aber kann machen, dass alle Gnade unter euch reichlich sei, damit ihr in allen Dingen allezeit volle Genüge habt und noch reich seid zu jedem guten Werk;
9 wie geschrieben steht: »Er hat ausgestreut und den Armen gegeben; seine Gerechtigkeit bleibt in Ewigkeit.«

Teil 4: Gott vollendet das in uns, was er angefangen hat

Jesaja 26,
12 Uns aber, HERR, wirst du Frieden schaffen; denn auch alle unsre Werke hast du für uns vollbracht.

Römer 8,
31 Was wollen wir nun hierzu sagen? Ist Gott für uns, wer mag wider uns sein?
32 Welcher sogar seines eigenen Sohnes nicht verschont, sondern ihn für uns alle dahingegeben hat, wie sollte er uns mit ihm nicht auch alles schenken?

Epheser 2,
10 Denn wir sind sein Werk, erschaffen in Christus Jesus zu guten Werken, welche Gott zuvor bereitet hat, dass wir darin wandeln sollen.

Philipper 1,
6... und weil ich davon überzeugt bin, dass der, welcher in euch ein gutes Werk angefangen hat, es auch vollenden wird bis auf den Tag Jesu Christi.

Philipper 2,
13 denn Gott ist es, der in euch sowohl das Wollen als auch das Vollbringen wirkt, nach Seinem Wohlgefallen.

Johannes 15,
16 Nicht ihr habt mich erwählt, sondern ich habe euch erwählt und gesetzt, dass ihr hingehet und Frucht bringet und eure Frucht bleibe, auf dass, was irgend ihr den Vater bitten werdet in meinem Namen, er es euch gebe.

Hebräer 13,
20 Der Gott des Friedens aber, der den großen Hirten der Schafe, unsern Herrn Jesus, von den Toten heraufgeführt hat durch das Blut des ewigen Bundes,
21 der mache euch tüchtig in allem Guten, zu tun seinen Willen, und schaffe in uns, was ihm gefällt, durch Jesus Christus, welchem sei Ehre von Ewigkeit zu Ewigkeit! Amen.

Teil 4: Andere Bereiche, in denen Gott uns beschenkt

Dass Gott unser materieller Versorger ist, ist nur ein Aspekt wie er uns beschenkt. Er will für alles die Quelle sein. Wir sollen zu ihm kommen und uns bei Ihm Hilfe holen. Weitere Bereiche, in denen Gott uns beschenkt:

Psalm 103,
Lobe den HERRN, meine Seele, und alles, was in mir ist, seinen heiligen Namen!
2 Lobe den HERRN, meine Seele, und vergiss nicht, was er dir Gutes getan!
3 Der dir alle deine Sünden vergibt und alle deine Gebrechen heilt;
4 der dein Leben vom Verderben erlöst, der dich krönt mit Gnade und Barmherzigkeit;
5 der dein Alter mit Gutem sättigt, dass du wieder jung wirst wie ein Adler.
Jesaja 53,

Bericht über Jesus:
3 Verachtet war er und verlassen von den Menschen, ein Mann der Schmerzen und mit Krankheit vertraut; wie einer, vor dem man das Angesicht verbirgt, so verachtet war er, und wir achteten seiner nicht.
4 Doch wahrlich, unsere Krankheit trug er, und unsere Schmerzen lud er auf sich; wir aber hielten ihn für bestraft, von Gott geschlagen und geplagt;
5 aber er wurde durchbohrt um unserer Übertretung willen, zerschlagen wegen unserer Missetat; die Strafe, uns zum Frieden, lag auf ihm, und durch seine Wunden sind wir geheilt.

Das heißt: Durch Jesu Tod am Kreuz können wir körperlich gesund werden. (Nicht Selbstheilungskräfte des Körpers, sondern dahinter steht Gottes Kraft, die Leben ermöglicht).

Epheser 1,
Das ist unser Gebet:
17 dass der Gott unseres Herrn Jesus Christus, der Vater der Herrlichkeit, euch gebe den Geist der Weisheit und der Offenbarung, ihn zu erkennen.

Epheser 1,
18 Und er gebe euch erleuchtete Augen des Herzens, damit ihr erkennt, zu welcher Hoffnung ihr von ihm berufen seid, wie reich die Herrlichkeit seines Erbes für die Heiligen ist…

Führung: Sprüche 3,
5 Vertraue auf den Herrn von ganzem Herzen und verlasse dich nicht auf deinen Verstand; erkenne ihn auf allen deinen Wegen, so wird er deine Pfade ebnen.

Weisheit: Jakobus 1,
5 Wenn es aber jemandem unter euch an Weisheit mangelt, so bitte er Gott, der jedermann gern gibt und niemanden schilt; so wird sie ihm gegeben werden.
6 Er bitte aber im Glauben und zweifle nicht; denn wer zweifelt, der gleicht einer Meereswoge, die vom Winde getrieben und bewegt wird.
7 Ein solcher Mensch denke nicht, dass er etwas von dem Herrn empfangen werde.
Galater 3,
13 Christus hat uns losgekauft von dem Fluche des Gesetzes, indem er ein Fluch für uns wurde; denn es steht geschrieben: «Verflucht ist jeder, der am Holze hängt»,
14 damit der Segen Abrahams zu den Heiden käme in Christus Jesus, …

=> Gott hat Abraham in allen Dingen gesegnet (1.Mose 26,3+24)!
„Euch ist es gegeben die Geheimnisse des Himmels zu verstehen" Mt.13,11
Uns ist es also gegeben/geschenkt. Das ist von unserer Seite passiv, von Gottes Seite aktiv. Unverdient empfangen wir auch in diesem Bereich Gutes (das ist Gnade).
Was für ein Privileg die Geheimnisse des Himmels verstehen zu können! Die Realität zu erkennen. Die Welt zu sehen, wie sie tatsächlich ist! Die Zusammenhänge zu begreifen.

Was sind die Geheimnisse des Himmels? Hier eine kleine Auflistung:
Gott ist der alleinige Gott
In keinem anderen als in Jesus ist unser Heil.
Jesus ist der Weg, die Wahrheit und das Leben.
Das wichtigste Ereignis in der Menschheitsgeschichte ist, dass Jesus aus Liebe zu uns stellvertretend für unsere Schuld starb und auferstand.
Er hat sogar den Tod besiegt.
Durch Bekennen unserer Schuld ist ein Neuanfang in unserem Leben möglich.
Die Geheimnisse der Wiedergeburt (Johannes 3), das Reich Gottes, die Wiederkunft

Jesu, die Hochzeit des Lammes mit der Braut (Offb. 19) und das ewigen Lebens.
Körperliche Heilung und Heilung von seelischen Verletzungen sind möglich.
All das ist atemberaubend! Es ist faszinierend und menschlich undenkbar.
Aber neben allem Staunen – was machen wir mit dem Wissen?
Welche Auswirkungen haben diese geschenkten Erkenntnisse in unserem tagtäglichen Leben?
Welche Konsequenzen ziehen wir? Können wir so weiter leben wie bisher?

Was sagt die Bibel dazu?
▶ Zuerst: Liebe Gott und deinen Nächsten wie dich selbst.
Das heißt: Gott besser kennen und lieben lernen hat oberste Priorität. Praktisch bedeutet dies: Zeit mit ihm verbringen, die Beziehung zu ihm pflegen, lesen, wie er ist und wie er die Dinge sieht.
▶ Danach: Es geht darum, das andere durch uns zu Jüngern gemacht werden! Es geht um Evangelisation als anfänglicher Teil der Jüngerschaft:

Matthäus 28,
18 Und Jesus trat herzu und sprach zu ihnen: Mir ist gegeben alle Gewalt im Himmel und auf Erden.
19 Darum gehet hin und machet zu Jüngern alle Völker: Taufet sie auf den Namen des Vaters und des Sohnes und des heiligen Geistes
20 und lehret sie halten alles, was ich euch befohlen habe. Und siehe, ich bin bei euch alle Tage bis an der Welt Ende.

Markus 16,
15 Und er sprach zu ihnen: Gehet hin in alle Welt und predigt das Evangelium aller Kreatur.
16 Wer da glaubt und getauft wird, der wird selig werden; wer aber nicht glaubt, der wird verdammt werden.
17 Die Zeichen aber, die folgen werden denen, die da glauben, sind diese: in meinem Namen werden sie böse Geister austreiben, in neuen Zungen reden,
18 Schlangen mit den Händen hochheben, und wenn sie etwas Tödliches trinken, wird's ihnen nicht schaden; auf Kranke werden sie die Hände legen, so wird's besser mit ihnen werden.

Was ist das größte Wunder, das ich erleben kann?
Eine körperliche Heilung, ein Lottogewinn, eine harmonische Partnerschaft? Die Bibel sieht als größtes Wunder die Umkehr eines Menschen zu Gott an. Da jubeln sogar die Engel im Himmel (Lukas 15, 7+10).

237

Darauf sollte mein Denken und Planen ausgerichtet sein – und wenn dies geschieht, ist dies wiederum geschenkt: Philipper 2,13 „denn Gott ist es, der in euch sowohl das Wollen, als auch das Vollbringen wirkt, nach Seinem Wohlgefallen."

Teil 5: Segen und Fluch – wir haben die Wahl!
Im 5.Buch Mose, Kapitel 28, macht Gott deutlich, dass er sein Volk liebt und es segnen möchte.
Es gibt jedoch eine klare Voraussetzung, dass sein Segen – auch in Form materieller Dinge – seinem Volk, seinen „Kindern", zugute kommt: GEHORSAM!
Das heißt praktisch:
Gott als alleinigen Gott anbeten,
ihn an die erste Stelle meines Lebens setzen,
Götzendienst unbedingt aufgeben (dies können sein: Gier nach materiellen Dingen, nach Status, Sexualität, Karriere, Familienangehörige, Autos, Computer, Fernsehen,
Sport, Streben nach Unabhängigkeit von Gott,…),
Buße tun (ihn um Vergebung bitten und umkehren)

Für uns ist es entscheidend wichtig, das richtige Gottesbild zu haben – das heißt, Gott so zu erkennen, wie er tatsächlich ist; nicht wie wir meinen, dass er ist.

Die Bibel beschreibt Gott als den liebenden, barmherzigen, geduldigen, gnädigen, langmütigen, treuen Vater. Aber, und das ist wichtig, auch als den allmächtigen, zornigen, strafenden, verdammenden, gerechten Gott. Dies immer dann, wenn sein Volk nicht gehorcht, wenn seinen Kinder andere Dinge wichtiger werden, als er selbst. Gottes Gnade ist nicht grenzenlos. Das ist die Realität!
Zum verdeutlichen, dass Gott der Liebende aber auch der Gerechte ist, folgende Schriftstellen:
Nahum 1,
2 Ein eifernder und rächender Gott ist der HERR; ein Rächer ist der HERR und voller Zorn; ein Rächer ist der HERR gegenüber seinen Widersachern, er verharrt im Zorn gegen seine Feinde.
3 Der HERR ist langmütig und von großer Kraft; aber er lässt gewiss nicht ungestraft.
Hebräer 10,
31 Schrecklich ist es, in die Hände des lebendigen Gottes zu fallen!

Joel 2,
13 Zerreißet eure Herzen und nicht eure Kleider und kehret zurück zu dem HERRN, eurem Gott; denn er ist gnädig und barmherzig, langmütig und von großer Gnade

und lässt sich des Übels gereuen.

Psalm 145,
8 Gnädig und barmherzig ist der HERR, geduldig und von großer Güte!

1.Johannes 4,
7… Denn die Liebe ist aus Gott, und wer liebt, der ist aus Gott geboren und kennt Gott.
8 Wer nicht liebt, kennt Gott nicht; denn Gott ist Liebe.

In der bewussten Abhängigkeit von Gott und im Gehorsam ihm gegenüber ist der Schlüssel zu unserer materiellen Versorgung.

Hier einige Zitate aus 5.Mose 28, dem Kapitel über Segen und Fluch:
1 Wenn du nun der Stimme des HERRN, deines Gottes, gehorchen wirst, dass du hältst und tust alle seine Gebote, die ich dir heute gebiete, so wird dich der HERR, dein Gott, zum höchsten über alle Völker auf Erden machen,
2 und weil du der Stimme des HERRN, deines Gottes, gehorsam gewesen bist, werden über dich kommen und dir zuteil werden alle diese Segnungen:
3 Gesegnet wirst du sein in der Stadt, gesegnet wirst du sein auf dem Acker.
4 Gesegnet wird sein die Frucht deines Leibes, der Ertrag deines Ackers und die Jungtiere deines Viehs, deiner Rinder und deiner Schafe.
5 Gesegnet wird sein dein Korb und dein Backtrog.
6 Gesegnet wirst du sein bei deinem Eingang und gesegnet bei deinem Ausgang.
7 Und der HERR wird deine Feinde, die sich gegen dich erheben, vor dir schlagen. Auf einem Weg sollen sie ausziehen wider dich und auf sieben Wegen vor dir fliehen.
8 Der HERR wird gebieten dem Segen, dass er mit dir sei in dem, was du besitzt, und in allem, was du unternimmst, und wird dich segnen in dem Land, das dir der HERR, dein Gott, gegeben hat.
9 Der HERR wird dich zum heiligen Volk für sich erheben, wie er dir geschworen hat, weil du die Gebote des HERRN, deines Gottes, hältst und in seinen Wegen wandelst.
10 Und alle Völker auf Erden werden sehen, dass über dir der Name des HERRN genannt ist, und werden sich vor dir fürchten.
11 Und der HERR wird machen, dass du Überfluss an Gutem haben wirst, an Frucht deines Leibes, an Jungtieren deines Viehs, an Ertrag deines Ackers, in dem Lande, das der HERR deinen Vätern geschworen hat, dir zu geben.

12 Und der HERR wird dir seinen guten Schatz auftun, den Himmel, dass er deinem Land Regen gebe zur rechten Zeit und dass er segne alle Werke deiner Hände. Und du wirst vielen Völkern leihen, aber von niemand borgen.

13 Und der HERR wird dich zum Kopf machen und nicht zum Schwanz, und du wirst immer aufwärts steigen und nicht herunter sinken, weil du gehorsam bist den Geboten des HERRN, deines Gottes, die ich dir heute gebiete zu halten und zu tun,

14 und nicht abweichst von all den Worten, die ich euch heute gebiete, weder zur Rechten noch zur Linken, und nicht andern Göttern nachwandelst, um ihnen zu dienen.

15 Wenn du aber nicht gehorchen wirst der Stimme des HERRN, deines Gottes, und wirst nicht halten und tun alle seine Gebote und Rechte, die ich dir heute gebiete, so werden alle diese Flüche über dich kommen und dich treffen:

16 Verflucht wirst du sein in der Stadt, verflucht wirst du sein auf dem Acker.

17 Verflucht wird sein dein Korb und dein Backtrog.

18 Verflucht wird sein die Frucht deines Leibes, der Ertrag deines Ackers, das Jungvieh deiner Rinder und Schafe.

19 Verflucht wirst du sein bei deinem Eingang und verflucht bei deinem Ausgang.

20 Der HERR wird unter dich senden Unfrieden, Unruhe und Unglück in allem, was du unternimmst, bis du vertilgt bist und bald untergegangen bist, um deines bösen Treibens willen, weil du mich verlassen hast.

21 Der HERR wird dir die Pest anhängen, bis er dich vertilgt hat in dem Lande, in das du kommst, es einzunehmen.

22 Der HERR wird dich schlagen mit Auszehrung, Entzündung und hitzigem Fieber, Getreidebrand und Dürre; die werden dich verfolgen, bis du umkommst.

23 Der Himmel, der über deinem Haupt ist, wird ehern werden und die Erde unter dir eisern.

24 Statt des Regens für dein Land wird der HERR Staub und Asche vom Himmel auf dich geben, bis du vertilgt bist.

25 Der HERR wird dich vor deinen Feinden schlagen. Auf einem Weg wirst du wider sie ausziehen, und auf sieben Wegen wirst du vor ihnen fliehen und wirst zum Entsetzen werden für alle Reiche auf Erden.

26 Deine Leichname werden zum Fraß werden allen Vögeln des Himmels und allen Tieren des Landes, und niemand wird sie verscheuchen.

27 Der HERR wird dich schlagen mit ägyptischem Geschwür, mit Pocken, mit Grind und Krätze, dass du nicht geheilt werden kannst.

28 Der HERR wird dich schlagen mit Wahnsinn, Blindheit und Verwirrung des Geistes.

29 Und du wirst tappen am Mittag, wie ein Blinder tappt im Dunkeln, und wirst auf deinem Wege kein Glück haben und wirst Gewalt und Unrecht leiden müssen dein Leben lang, und niemand wird dir helfen.

33 Den Ertrag deines Ackers und alle deine Arbeit wird ein Volk verzehren, das du nicht kennst, und du wirst geplagt und geschunden werden dein Leben lang

34 und wirst wahnsinnig werden bei dem, was deine Augen sehen müssen.

35 Der HERR wird dich schlagen mit bösen Geschwüren an den Knien und Waden, dass du nicht geheilt werden kannst, von den Fußsohlen bis zum Scheitel.

38 Du wirst viel Samen auf das Feld säen, aber wenig einsammeln; denn die Heuschrecken werden's abfressen.

44 Er wird dir leihen, du aber wirst ihm nicht leihen können; er wird der Kopf sein, und du wirst der Schwanz sein.

45 Alle diese Flüche werden über dich kommen und dich verfolgen und treffen, bis du vertilgt bist, weil du der Stimme des HERRN, deines Gottes, nicht gehorcht und seine Gebote und Rechte nicht gehalten hast, die er dir geboten hat.

46 Und diese Flüche werden Zeichen und Wunder sein an dir und an deinen Nachkommen immerdar,

47 weil du dem HERRN, deinem Gott, nicht gedient hast mit Freude und Lust deines Herzens, obwohl du Überfluss hattest an allem.

Teil 6: Was soll ich tun?

Wenn der Grundsatz gilt, dass Gott mich in allen Bereichen beschenken möchte und er die Quelle sein möchte – was ist dann meine Aufgabe? Was ist mein Part? Das sind die Voraussetzungen, dass Gott mich so segnen kann, wie er möchte:

Hingabe
Mich, mein Leben und alles was ich bin und habe, ihm freiwillig zur Verfügung stellen. Denn er hat sein Leben für mich -aus Liebe zu mir- gegeben.

Die Aufgabe des Knechts ist es dem Meister zu dienen – die Aufgabe des Meisters ist, den Knecht zu versorgen.

Aufarbeitung der Vergangenheit
Keine Altlasten mit sich herumschleppen.
Beziehungen klären.
Leuten, die mich verletzte haben, vergeben.
Die richtigen Entscheidungen treffen.

Sünde hassen und lassen (Beten, dass Gott dies in mir bewirkt).
Die richtigen Prioritäten setzten.
Mein Leben ist erfolgreich, wenn ich zur richtigen Zeit am richtigen Platz bin, dass Richtige tue und die Gewissheit habe, dass Gott mit mir ist.
Außerdem geht es um folgende Punkte, die unsere stärksten Waffen beschreiben:
Buße tun,
wenn ich mir über materielle Sorgen gemacht habe und ihm nicht vertraut habe, dass er mich versorgen kann und will.

Philipper 4,
6 Sorgt euch um nichts, sondern in allen Dingen lasst eure Bitten in Gebet und Flehen mit Danksagung vor Gott kundwerden!
7 Und der Friede Gottes, der höher ist als alle Vernunft, bewahre eure Herzen und Sinne in Christus Jesus.

Danken, loben, Gott danken, dass er unser Versorger ist und sein will – aus Liebe zu uns.
Ihm danken, dass er bis jetzt immer treu für uns gesorgt hat und dass sich dies auch nicht ändern wird.

Proklamieren,
insbesondere, wenn Zweifel in uns hochkommen und uns Ängste
(Existenzängste)
quälen wollen:
Bibelverse, in denen Gott zusichert, unser Versorger zu sein, laut aussprechen
(= proklamieren).

Bei konkreten Anliegen ihm sagen:
„Vater, ich bin gespannt, wie Du dieses Problem wieder lösen wirst!"

Beispiele für Proklamationen:
Psalm 55,
23 „Wirf dein Anliegen auf den Herrn, der wird dich versorgen und den Gerechten nicht ewiglich in Unruhe lassen."

Psalm 27,
1 „Der Herr ist mein Licht und mein Heil, vor wem (*oder was*, A.d.Rd.) sollte ich mich fürchten?
Der Herr ist meines Lebens Kraft, vor wem (*oder was*, A.d.Rd.) sollte mir grauen?"

Sprüche 3,
5 „Vertraue auf den Herrn von ganzem Herzen und verlass dich nicht auf deinen Verstand; erkenne ihn auf allen deinen Wegen, so wird er deine Pfade ebnen."

Galater 3,
13 „Durch das Opfer Jesu am Kreuz bin ich befreit worden von dem Fluch und bin

eingetreten in den Segen Abrahams, den Gott in allen Dingen gesegnet hat."

2. Timotheus 1,
7 „... denn Gott hat uns nicht einen Geist der Furcht gegeben, sondern der Kraft, der Liebe und der Besonnenheit."

Teil 7: Zeugnisse

Finanzielle Wunder gehören zu den häufigsten. Es gibt kaum jemanden, der auf diesem Gebiet nicht schon z.T. erstaunliche Erfahrungen gemacht hat – z.B. dass er unverdient oder unerwartet Finanzmittel zur Verfügung bekommen hat.
Gott ist auch heute noch der materielle Versorger seiner Kinder. Es liegt in der Natur des Schöpfers seine Geschöpfe zu versorgen

Zitat des international anerkannten englischen Bibellehrer Derek Prince in einem Vortrag wenige Jahre vor seinem Tod: „Gott ist treu. Gott ist treu. Gott ist treu."

Hier ein Zeugnis von Jan Schlegel, Herrnhut: Erschienen in der Zeitschrift „Charisma" (Januar-März 2005 – Abdruck mit Genehmigung des Autors)

Neue Wege gehen...
Von der Aldi-Milch zum Wasserschloss
Die Titelgeschichte unserer aktuellen Ausgabe beinhaltet ein Glauben stärkendes und sehr ermutigendes Zeugnis – einen Bericht von Gottes Wirken in unserer Zeit und unseren Breitengraden, nicht importiert, sondern live in Deutschland erlebt! Lassen wir Jan Schlegel, seit elf Jahren bei Jugend mit einer Mission tätig, persönlich berichten:
In nur vier Wochen 270.000 Euro Spenden zum Kauf des Wasserschlosses in Herrnhut zu sammeln, das war unsere Herausforderung und der Beginn einer abenteuerlichen Geschichte, in die ich dich mit hinein nehmen will.
Wie alles begann...
Ich sah uns in eine Aldi-Filiale gehen. Wir liefen geradewegs zum Kühlregal, holten einen Liter Milch heraus, gingen zur Kasse, zahlten die gewünschten 59 Cent, verließen das Geschäft und tranken unsere Milch. Mit diesem Traum hatte alles begonnen, und er bestätigte unseren Eindruck, dass wir das Wasserschloss in bar kaufen sollten.
Gott hatte uns von Anfang an herausgefordert, qualitativ sehr gute, aber günstige, das heißt für jeden erschwingliche Schulungen durchführen, Wir wollten den Kauf des Gebäudes nicht durch hohe Schulgebühren oder durch Mieteinnahmen

finanzieren. So soll unsere Jüngerschaftsschule nur 1000,- Euro kosten. Nach der Zusage für den Erwerb des Wasserschlosses für 270.000 Euro hatten wir gerade noch fünf Wochen Zeit. Am 1. Juli war der Termin, an dem wir einziehen sollten, und bis dahin wollte der bisherige Eigentümer unseren Finanzierungsnachweis haben. Ich erinnere mich noch gut, wie ich in unserem letzten Rundbrief schrieb:"... erst wenn die komplette Kaufsumme zusammen ist, werden wir das Wasserschloss kaufen!" Mit dieser Aussage legten wir uns fest, sie erlaubte keine Alternative, wie etwa einen Teil der Summe über ein Darlehen zu finanzieren. Wir haben mit Freunden und auch mit der Leitung von JMEM Deutschland über unseren Eindruck kommuniziert. Wir bekamen Ermutigung, es zu wagen, aber stark waren auch die Stimmen, die uns davon abrieten und uns zur Aufstellung eines alternativen Finanzierungsplans durch eine Bank rieten. Doch wir empfanden, dass dies nicht der Weg war, den Gott für uns hatte. Es war wie eine Achterbahnfahrt! Bei einer unserer „Talfahrten" hatten wir eine Krisen-Gebetszeit. Wir konnten uns nicht vorstellen, wie wir das Geld zusammenbekommen sollten – in nur vier bis fünf Wochen! Im Gebet wuchs unser Glaube, und wir fragten Gott, was sein Plan war. Wir hatten den Eindruck, dass wir das Mögliche tun sollten, Gott würde dann das Unmögliche tun. In dieser Gebetszeit empfanden wir auch, dass wir nach Korea und Amerika gehen sollten, um die koreanischen und amerikanischen Gemeinden um Hilfe zu bitten. Sofort begannen wir mit der Planung... die Uhr tickte.
Noch 29 Tage. Korea.
Ich schrieb eine E-Mail an die Yoido Church, die größte Gemeinde der Welt mit über 880.000 Mitgliedern, und bat um ein Gespräch mit deren Pastor Dr. Yonggi Cho. Wenn uns eine Gemeinde helfen konnte, dann diese! Zwei Tage später kam prompt die Antwort: Ich hatte einen Termin! Das war schon ein Wunder an sich und zusammen mit Fred Markert flog ich nach Korea. Pastor Chos Assistentin bereitete uns auf das Treffen vor. Sie meinte, dass Pastor Cho pro Monat nur vier Ausländer empfängt, und hunderte würden um einen Termin bitten. Wir spürten, dass Gott hier etwas vorbereitet hatte – wir waren begeistert. Der letzte Satz der Assistentin, bevor wir zu dem Treffen gingen, war: "Ihr dürft um alles bitten, nur nicht um Geld! Es wäre sehr peinlich in der koreanischen Kultur, wenn Pastor Cho Nein sagen müsste." Das war hart! Deswegen waren wir schließlich nach Korea geflogen! Mit großer Leidenschaft erzählten wir von Gottes Führung, in Herrnhut

ein Ausbildungszentrum für Missionare aufzubauen, von Deutschlands Bestimmung, und dass wir glauben, dass Gott in Deutschland und Europa eine neue Welle von Missionaren freisetzen möchte. Der Geist Gottes war am Wirken, und Pastor Cho hörte uns aufmerksam zu. Er erklärte uns, dass er seit langem für Deutschland betet und dass er unserer Sache eine große Bedeutung beimisst. Er versprach, speziell für unsere Arbeit zu beten. Zwei Tage später verließen wir Korea – ohne 270.000 Euro. Das wäre zu einfach gewesen.
Noch 20 Tage. USA.
Wir versuchten auch Termine bei Pastoren von verschiedenen Gemeinden in den USA zu bekommen. Nichts klappte, es war einfach zu wenig Zeit. Wir überlegten, nach Dallas zu fliegen...dort gibt es die größten Gemeinden der USA. Die könnten doch ein Opfer für uns sammeln! Oder vielleicht wird einer der zahlreichen Millionäre berührt, dann wären wir aus dem Schneider.
Nachts um 2.00 Uhr kam unerwartet ein Telefonanruf. TBN, der größte christliche Fernsehsender, war in der Leitung und lud mich für eine Live-Fernsehsendung nach Dallas ein. Ich sagte natürlich sofort zu. In Dallas angekommen, holte uns eine Limousine am Flughafen ab und brachte uns zu unserer Suite im Hilton-Hotel. Alle Kosten wurden vom Fernsehsender übernommen, sogar 60 Dollar Taschengeld waren hinterlegt. Unglaublich, so etwas hatten wir noch nie erlebt! Am nächsten Tag ging es dann los: Ted Haggard, der Pastor der New Life Church und Präsident der Association of the Evangelical Church of America, moderierte das Programm. Die Sendung hatte bereits begonnen, und gerade, als ich zum Podium laufen wollte, kam die Programmleiterin zu mir und sagte: „Sie können über alles sprechen, aber nicht um Geld bitten." Nein, nicht schon wieder! Ich hatte doch meinen Spendenaufruf so gut vorbereitet!
Ted Haggard interviewte mich ein paar Minuten, und danach konnte ich 15-20 Minuten lang zu mehreren Millionen Zuschauern auf der ganzen Welt darüber predigen, was auf meinem Herzen lag: Gottes Herz für die Verlorenen. – Es war offensichtlich, dass Gott dies alles vorbereitet hatte... aber wozu?
Wir entschlossen uns, einige Tage in der Wüstenlandschaft des „Death Valley" zu verbringen, um Ruhe zu haben und Gott zu begegnen. Wir spürten deutlich die Uhr ticken, mit jedem Tag kamen wir dem 1.Juli näher. Unser Spendenaufruf war schon seit zehn Tage versandt, es waren bereits 22.682 Euro eingegangen. Wir waren dankbar, aber ehrlich gesagt, wogen die 250.000 Euro, die noch fehlten, stärker in

unseren Gedanken als die 22.682 Euro, die wir schon erhalten hatten.

Mal waren wir sehr ermutigt und voller Glauben, und nur Stunden später schien uns die Realität einzuholen. Kurz vor unserer Heimreise am 14.Juni hatten sich 44.636 Euro an Spenden angesammelt. Das war doppelt so viel, aber immer noch zu wenig, um guter Dinge zu sein. Immer wieder fragten wir uns, warum Gott wollte, dass wir unser Wasserschloss in bar kauften. Um unsere Schulungen günstig anbieten zu können, das war uns klar. *Aber zunehmend verstanden wir, dass Gott uns und allen Christen in Deutschland zeigen wollte, dass er versorgen kann, dass es für ihn möglich ist 270.000 Euro in vier Wochen zu geben.* Das wollten wir erleben! Wir waren in der Schule Gottes, Gott arbeitete an unserem Charakter. Wir mussten lernen, Jesus ganz und gar zu vertrauen und nicht auf Menschen zu hoffen! Deswegen ließ Gott keinen Plan B zu. Wir wussten, wir hatten alles getan, was wir tun konnten – aber das allein konnte nicht das Entscheidende vor Gott sein. So wurde unser Flehen vor Gott immer ernsthafter und verzweifelter. Wie schon vor einem Jahr (damals standen wir kurz vor dem Kauf einer Grundschule) saßen wir wieder auf gepackten Umzugskisten, und die Lkws für den Umzug waren bestellt.

Wieder und endlich waren wir an dem Punkt, Gott alles in die Hände zu legen und ihm zu vertrauen.

Noch 12 Tage......

Bei einem weiteren Telefonanruf wurde uns das Angebot unterbreitet, die komplette Summe von 270.000 Euro als zinsloses Darlehen zu erhalten. Die Rückzahlung könnte in dem Maß erfolgen, wie die Spenden eingingen. Wir freuten uns schon, doch schnell wurde uns klar, dass wir dieses Angebot nicht annehmen durften.

Unser Wort war ja, wir kaufen, wenn wir die komplette Summe bar zusammen haben! So rief ich die betreffende Person an und lehnte ab. Wir vereinbarten aber einen Termin, um uns kennen zu lernen. Mittlerweile waren 55.113 Euro an Spenden eingegangen.

Noch 8 Tage.....

Ein Brief erreichte uns, in dem uns jemand anbot, das Wasserschloss zu kaufen, um es uns für 99 Jahre kostenlos zu überlassen. Wow! Mit so etwas hatten wir nicht gerechnet! Thomas, meine Frau Ute und ich fuhren gleich am nächsten Tag nach Hessen, um den Briefschreiber kennen zu lernen und um eventuell Details mit ihm auszuhandeln. Es war eine tolle Begegnung, und irgendwie entstand auch gleich eine echte Vertrautheit.

Nur noch 5 Tage.....

Zurück in Herrnhut, kauften wir zwei Flaschen Champagner und feierten. Die Gläser klirrten, wir dankten Gott und freuten uns. Es war ein richtig guter Tag, bis----bis sie kam, die sanfte Stimme, die mir allen Frieden und alle Freude nahm: „Ihr dürft das Angebot nicht annehmen!" In der folgenden Nacht konnte ich kaum schlafen, und ich erinnerte mich wieder an den Traum von der Aldi-Milch. Am nächsten Morgen ging es mir dann richtig schlecht. Mir war klar, wir müssen das Angebot ablehnen. Ich sagte dies zuerst meiner Frau und dann Tobias, der das Team in Herrnhut leitete; alle hatten denselben Eindruck. Auf der Fahrt nach Hause überlegte ich, wie ich dem guten Mann aus Hessen bloß begreiflich machen sollte, dass wir sein großartiges Angebot nicht annehmen konnten. Wir wussten, er würde enttäuscht sein, und wir wollten ihn nicht verletzen. Doch der Eindruck, das Angebot abzulehnen zu müssen, bestätigte sich noch, als wir feststellten, dass nur eine gemeinnützige Organisation das Wasserschloss kaufen kann, da es vor ein paar Jahren mit entsprechenden Fördermitteln renoviert wurde. Unser Notar meinte, dass der Kauf durch eine Privatperson nur mit Hilfe von Tricks machbar wäre. Tricks wollten wir nicht, sondern einen sauberen Weg.

Auf der Rückfahrt von Herrnhut am 26.Juni trafen wir uns mit jener Familie, die uns das zinslose Darlehen angeboten hatte. Es war ein schönes, gemütliches Beisammensein. Unsere Kinder spielten im Garten und wir erzählten von dem, was uns beschäftigte, einschließlich der Packung Milch beim Aldi. Hans (Name geändert) fragte uns nach dem aktuellen Spendenstand. Ich nannte ihm 72.945 Euro. Dann fand zwischen uns folgender Dialog statt:

Hans: „Bis wann braucht ihr das Geld?"
Jan: „Bis zum 1.Juli."
Jans: „Was kostet das Wasserschloss genau?"
Ute: „270.000 Euro"
Hans: „Aber da kommen sicherlich noch mindestens 15.000 Euro Gebühren dazu, also kostet es eigentlich 285.000 Euro. ..."
Jan: „Stimmt."
Hans: „Jetzt nehmen wir einmal an, ihr hättet nur 50.000 Euro an Spenden bis heute bekommen, denn Geld braucht man immer."
Jan: „Wir haben die Auflage bekommen, eine Feuertreppe als zweiten Rettungsweg anzubauen, und eine Industrieküche müssen wir auch noch einbauen."
Hans: „Dann fehlen euch 235.000 zum Kauf des Wasserschlosses!"

Wie sollten wir in fünf Tagen die restlichen 235.000 Euro zusammenbekommen?! Aber das Gespräch ging noch weiter.

Hans: „Wohin soll ich das Geld überweisen? Wir möchten euch die noch fehlenden Summe spenden."

Jan und Ute: Sprachlos!
Das hatte uns regelrecht umgehauen! Man kann in Worten nicht wiedergeben, was uns alles durch den Kopf schoss und wie wir uns fühlten. Es war unglaublich ... Sekunden, die alles veränderten ... .

Hans und seine Frau erklärten, dass sie unsere Arbeit schon seit einiger Zeit wohlwollend beobachtet hatten. Als sie unseren Rundbrief und den Spendenaufruf bekamen, hatten sie unabhängig voneinander den Eindruck, dass sie geben sollten. Da sie keine bestimmte Summe von Gott hörten, entschlossen sie sich, die uns noch fehlende Summe zu spenden. Eine solche Großzügigkeit hatten wir noch nie erlebt! Am Telefon erzählten wir dann unserem Team, was geschehen war. Jetzt war wirklich die Zeit, zu feiern! Am 1. Juli hatten wir die komplette Summe beisammen

Wir hatten für 270.000 Euro gebetet und in unserem Rundbrief um Spenden gefragt. 370.000 Euro sind an Spenden eingegangen. Wir hatten nur vier Wochen und dachten, wir würden es gerade irgendwie schaffen. Gott ist mächtig und wir können im Glauben mutig voran gehen. Gott lässt uns nicht im Stich! Gott hat es uns bewiesen, er kann versorgen, es ist für ihn ein Leichtes, 270.000 Euro zu geben und noch mehr!

Dieses Zeugnis ist auch für dich. Du kannst mit Gott Neues wagen!
Diese ganze Geschichte hat uns verändert. Wir haben in all dem gelernt, Gott mehr zu vertrauen. Wir hätten leicht Abkürzungen nehmen können, aber es war wichtig, Gott bis zuletzt für das Maximale zu vertrauen – für das, was er uns zugesagt hatte.

1. Juli 2004
An diesem Tag fand die Schlüsselübergabe statt. Unglaublich, wir hatten es tatsächlich geschafft! Wir durften ein Wunder Gottes erleben, eine mächtige Bestätigung für unsren Dienst. Geld aus Korea oder den USA wäre nicht richtig gewesen. Gott brachte uns deshalb nach Korea, weil er die Koreaner dazu gebrauchten wollte, für uns zu beten. Als sie von unserer Vision und Herausforderung hörten, veranstalteten sie eine Gebetsnacht mit 4000 Fürbittern.

Wir Christen aus Deutschland haben Verantwortung übernommen. Das war Gottes Plan. Es geht um Deutschlands Bestimmung und Erbe. Gott hat oft viel größere Pläne, als wir es uns vorstellen können. Und gerade vor ein paar Tagen bekam ich von Yonggi Cho die Zusage, nächstes Jahr als Sprecher auf unsere mission-live-Konferenz 2005 zu kommen. Und der Fernsehauftritt bei TBN in Dallas?

Wir bekamen viele Einladungen aus vielen verschiedenen Ländern für Konferenzen oder ähnliche Veranstaltungen.

24. September 2004
an diesem Tag begann unsere erste Jüngerschaftsschule in Herrnhut. Voller Spannung erwarteten wir unsere Studenten. Als wir diese Jüngerschaftsschule ein Jahr zuvor auf unserer mission-live-Konferenz 2003 ankündigten, hatten wir noch keine Mitarbeiter oder gar Leiter dafür. Wir hatten Glauben für 20 Studenten und hoffen auf 30. Freunde meinten, dass wir bei der ersten Schule mit höchstens 7 bis 10 Studenten rechnen könnten – das sei das Übliche. Im Laufe der Wochen kam erst Tonia, unsere Schulleiterin, dann folgten weitere Mitarbeiter. So entstand unser Schulteam für eine Schule mit 20 bis 30 Studenten. Im Juli hatten wir unsere ersten 20 Anmeldungen, Mitte August waren es 30 und schließlich 45! Unglaublich! Weitere Mitarbeiter, die wir für eine solch große Schule benötigen, kamen in letzter Minute hinzu. Am 24. September reisten dann 42 Studenten aus Deutschland, den USA, Österreich, Nepal, Pakistan, Tschechien, Polen und der Ukraine bei uns im Wasserschloss an! Es war ein großer Tag, lange hatten wir darauf gewartet und dafür gearbeitet.

Das Ziel: Eine neue deutsche Missionsbewegung.
Es geht nicht um das Wasserschloss; das ist nebensächlich. Es geht vielmehr um Gottes Traum, dass Tausende HIV-infizierter Kinder in Afrika nicht als Waisen auf der Straße leben müssen, dass kleine Mädchen aus Nepal nicht mehr nach Indien in die Prostitution verkauft werden, dass im Sudan keine Kinder mehr als Soldaten kämpfen müssen, dass die Prostituierten in Bombay Gottes Liebe und Vergebung erfahren, dass Frauen in Äthiopien und anderen afrikanischen Ländern nicht mehr beschnitten werden, dass Kinder in Pakistan nicht mehr in die Sklaverei verkauft werden, dass jede Sprache und Kultur vor Gottes Thron stehen und ihn anbeten wird. Gott sieht all die Not und das Leid dieser Welt. Er sucht nach Männern und Frauen, die bereit sind, in die bedürftigsten und unerreichtesten Gebiete zu gehen, um seine Liebe an diese Orte zu bringen. Auch wir wenden uns nicht ab. Durch unseren Dienst wollen wir einzelne Christen und ganze Gemeinden in Deutschland und Europa gewinnen, sich in der Weltmission zu engagieren. Wir wollen, dass Christen Gottes Herz für die Verlorenen bekommen und die Leidenschaft und das Verlangen empfangen, dort hinzugehen wohin Gott sie ruft.

Deshalb hat uns Gott das Wasserschloss
geschenkt!
Jan Schlegel

Literatur
Bücher zum Thema:
- Wolfgang Simson und Dr. Thomas Giudici, *Der Preis des Geldes*, *ISBN 3865060536*
- Dr. Thomas Giudici, *Geld macht glücklich*, ISBN 3761552734
- Earl Pitts, *Mäuse, Motten und Mercedes*, ISBN 3884041223
- Floyd McClung, *Das Vaterherz Gottes* , ISBN 389895031X
- Derek Prince, Segen und Fluch – Sie haben die Wahl, ISBN 3925968350

5.22 Körper, Leib und Seele – Das biblische Menschenbild

„Jeder von uns ist als geistliches Wesen mit einem Körper, einer Seele und einem Geist geschaffen worden.

Unser Geist ist der Teil, der mit Gott verbunden ist. Wenn jemand Jesus in sein Leben aufnimmt, dann verbindet sich Gottes Geist mit unserem Geist und sie werden vereint mit Jesus. Gottes Geist bezeugt unserem Geist, dass wir Kinder Gottes sind (Römer 8,16). Wenn Sünde uns von Gott trennt, dann funktioniert unser Geist zwar noch immer, doch weil der Geist dazu geschaffen wurde, mit Gott verbunden zu sein und in einer Beziehung zu Ihm zu stehen, führt die Sünde dazu, dass er von Gott getrennt wird.

Die Seele ist ebenfalls ein Teil unseres inneren Menschen. Sie enthält unseren Verstand, der uns die Fähigkeit zu denken gibt, unseren Willen, der es uns ermöglicht zu wählen, und unsere Emotionen, die es uns ermöglichen zu fühlen.

Unser Körper ist der Tempel des Heiligen Geistes. Er gibt uns unsere körperliche Identität und befähigt uns, mit der stofflichen Welt um uns herum in Beziehung zu treten.

Zum Zeitpunkt unserer Bekehrung werden wir komplett erlöst – unser Körper, unsere Seele und unser Geist. Der Geist ist vollständig erlöst, wenn sich Gottes Geist mit unserem verbindet. Die Seele, bestehend aus Denken, Willen und Gefühlen, ist ebenfalls erlöst. 1.Korinther 2,16 besagt, dass wir das Denken Christi haben. In Philliper 2,13 steht, dass Gott in uns ist, um in uns das Wollen und das Vollbringen nach Seinem Wohlgefallen zu wirken. Mit anderen Worten, Gott gibt uns die Sehnsucht und die Kraft dazu, Seinen Willen zu tun. Er erlöst unsere Gefühle durch die Frucht Seines Geistes, die Liebe, Freude, Frieden, Geduld, Freundlichkeit, Güte, Sanftmut, Treue und Selbstkontrolle ist (Gal. 5,22-23).“
Quelle: Dr. Randy Clark, Der biblische Wegweiser für den Befreiungsdienst, S. 57.

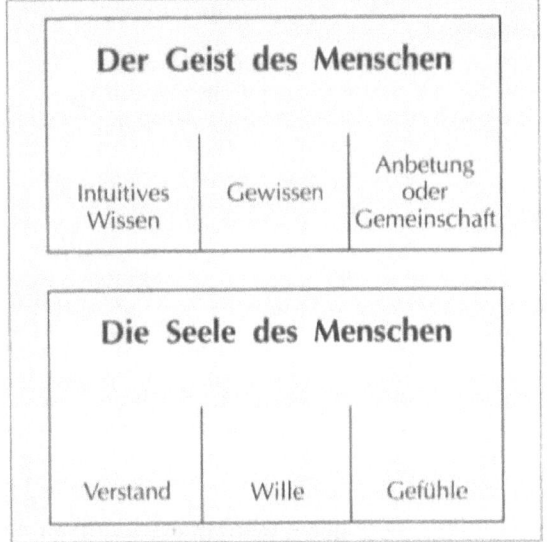

Quelle: Tom Marshall, Endlich Frei

Was sagt die Bibel über Körper, Seele und Geist?
Die wichtigsten Bibelstellen zu „Körper":
1.Kor.15, 38 Gott aber gibt ihm einen Leib, wie er es gewollt hat, und zwar einem jeglichen Samen seinen besonderen Leib.
39 Nicht alles Fleisch ist von gleicher Art; sondern anders ist das der Menschen, anders das Fleisch vom Vieh, anders das Fleisch der Vögel, anders das der Fische.
40 Und es gibt himmlische Körper und irdische Körper; ...
42 So ist es auch mit der Auferstehung der Toten: Es wird gesät verweslich und wird auferstehen unverweslich; ...
44 es wird gesät ein natürlicher Leib und wird auferstehen ein geistiger Leib. Gibt es einen natürlichen Leib, so gibt es auch einen geistigen Leib.
45 So steht auch geschrieben: Der erste Mensch, Adam, wurde zu einer lebendigen Seele; der letzte Adam zu einem lebendig machenden Geiste.
46 Aber nicht das Geistige ist das erste, sondern das Seelische, darnach kommt das Geistige.
47 Der erste Mensch ist von Erde, irdisch; der zweite Mensch ist der Herr vom Himmel.
48 Wie der Irdische beschaffen ist, so sind auch die Irdischen; und wie der Himmlische beschaffen ist, so sind auch die Himmlischen.
... 50 Das aber sage ich, Brüder, dass Fleisch und Blut das Reich Gottes nicht ererben können; auch wird das Verwesliche nicht ererben die Unverweslichkeit.
51 Siehe, ich sage euch ein Geheimnis: Wir werden nicht alle entschlafen, wir werden aber alle verwandelt werden,
52 plötzlich, in einem Augenblick, zur Zeit der letzten Posaune; denn die Posaune wird erschallen, und die Toten werden auferstehen

unverweslich, und wir werden verwandelt werden.

53 Denn dieses Verwesliche muss anziehen Unverweslichkeit, und dieses Sterbliche muss anziehen Unsterblichkeit.

Joh. 20, 16 Jesus spricht zu ihr: Maria! Da wendet sie sich um und spricht zu ihm: Rabbuni! (das heißt: Meister!)
17 Jesus spricht zu ihr: Rühre mich nicht an, denn ich bin noch nicht aufgefahren zu meinem Vater. Gehe aber zu meinen Brüdern und sage ihnen: Ich fahre auf zu meinem Vater und eurem Vater, zu meinem Gott und eurem Gott.

Joh. 20, 19 Als es nun an jenem ersten Wochentag Abend geworden war und die Türen verschlossen waren an dem Ort, wo sich die Jünger versammelt hatten, aus Furcht vor den Juden, kam Jesus und trat mitten unter sie und spricht zu ihnen: Friede sei mit euch!

Math. 10, 28 Und fürchtet euch nicht vor denen, die den Leib töten, die Seele aber nicht zu töten vermögen, fürchtet vielmehr den, welcher Seele und Leib verderben kann in der Hölle.

Lukas 12,22 Und er sprach zu seinen Jüngern: Darum sage ich euch, sorget euch nicht um euer Leben, was ihr esset, noch für den Leib, was ihr anziehen werdet.
23 Das Leben ist mehr als die Speise und der Leib mehr als die Kleidung.
24 Betrachtet die Raben! Sie säen nicht und ernten nicht, sie haben weder Speicher noch Scheunen, und Gott nährt sie doch. Wie viel mehr seid ihr wert als die Vögel!

1. Kor.6, 13 Die Speisen sind für den Bauch und der Bauch für die Speisen; Gott aber wird diesen und jene abtun. Der Leib aber ist nicht für die Unzucht, sondern für den Herrn, und der Herr für den Leib.
14 Gott aber hat den Herrn auferweckt und wird auch uns auferwecken durch seine Kraft.
15 Wisset ihr nicht, dass eure Leiber Christi Glieder sind? Soll ich nun die Glieder Christi nehmen und Hurenglieder daraus machen? Das sei ferne!
16 Wisset ihr aber nicht, dass, wer einer Hure anhängt, ein Leib mit ihr ist? «Denn es werden», spricht er, «die zwei ein Fleisch sein.»
17 Wer aber dem Herrn anhängt, ist ein Geist mit ihm.
18 Fliehet die Unzucht! Jede Sünde, die ein Mensch sonst begeht, ist außerhalb des Leibes; der Unzüchtige aber sündigt an seinem eigenen Leib.
19 Oder wisset ihr nicht, dass euer Leib ein Tempel des in euch wohnenden heiligen Geistes ist, welchen ihr von Gott empfangen habt, und dass ihr nicht euch selbst angehöret? 20 Denn ihr seid teuer erkauft; darum verherrlichet Gott mit eurem Leibe!

1. Thess. 5, 23 Er selbst aber, der Gott des Friedens, heilige euch durch und durch, und euer ganzes Wesen, der Geist, die Seele und der Leib, werde unsträflich bewahrt bei der Wiederkunft unsres Herrn Jesus Christus!

Jak. 2, 26 Denn gleichwie der Leib ohne Geist tot ist, also ist auch der Glaube ohne Werke tot.

Und: Jakobus 3:1-6; Judas 1,9; 2. Könige 13, 20+21; Römer 6, 5-16;

Bibelstellen zum Geist des Menschen:
Hiob 32,8 Aber der Geist ist es im Menschen und der Odem des Allmächtigen, der sie verständig macht.
Sprüche 20, 27 Der Geist des Menschen ist eine Leuchte des HERRN; sie durchforscht alle Kammern des Leibes.
Zacharia 12:1 Dies ist der Ausspruch, das Wort des HERRN über Israel: Es spricht der HERR, der den Himmel ausspannt und die Erde gründet und den Geist des Menschen in seinem Innern bildet:
1.Kor.2, 11 Denn welcher Mensch weiß, was im Menschen ist, als nur der Geist des Menschen, der in ihm ist? So weiß auch niemand, was in Gott ist, als nur der Geist Gottes.
12 Wir aber haben nicht den Geist der Welt empfangen, sondern den Geist aus Gott, so dass wir wissen können, was uns von Gott gegeben ist;
13 und davon reden wir auch, nicht in Worten, die von menschlicher Weisheit gelehrt sind, sondern in solchen, die vom Geist gelehrt sind, indem wir Geistliches geistlich beurteilen.
14 Der seelische Mensch aber nimmt nicht an, was vom Geiste Gottes ist; denn es ist ihm eine Torheit, und er kann es nicht verstehen, weil es geistlich beurteilt werden muss.
15 Der geistliche Mensch aber erforscht alles, er selbst jedoch wird von niemand erforscht;
16 denn wer hat des Herrn Sinn erkannt, dass er ihn belehre? Wir aber haben Christi Sinn.

1.Thess. 5, 23; 1.Kor. 5, 3-5; Galater 6, 18

Epheser 6, 18 Bei allem Gebet und Flehen aber betet jederzeit im Geist, und wachet zu diesem Zwecke in allem Anhalten und Flehen für alle Heiligen,

1.Kor.14, 14 Denn wenn ich in Zungen bete, so betet zwar mein Geist, aber mein Verstand ist ohne Frucht.

1. Kor.2, 9 Sondern, wie geschrieben steht: «Was kein Auge gesehen und kein Ohr gehört und keinem Menschen in den Sinn gekommen ist, was Gott denen bereitet hat, die ihn lieben»,

10 hat Gott uns aber geoffenbart durch seinen Geist; denn der Geist erforscht alles, auch die Tiefen der Gottheit.

11 Denn welcher Mensch weiß, was im Menschen ist, als nur der Geist des Menschen, der in ihm ist? So weiß auch niemand, was in Gott ist, als nur der Geist Gottes.

12 Wir aber haben nicht den Geist der Welt empfangen, sondern den Geist aus Gott, so dass wir wissen können, was uns von Gott gegeben ist;

13 und davon reden wir auch, nicht in Worten, die von menschlicher Weisheit gelehrt sind, sondern in solchen, die vom Geist gelehrt sind, indem wir Geistliches geistlich beurteilen.

Wichtige Bibelstelle zu „Seele":

1.Mose 2, 7 Da bildete Gott der HERR den Menschen, Staub von der Erde, und blies den Odem des Lebens in seine Nase, und also ward der Mensch eine lebendige Seele.

Matth.10, 28 Und fürchtet euch nicht vor denen, die den Leib töten, die Seele aber nicht zu töten vermögen, fürchtet vielmehr den, welcher Seele und Leib verderben kann in der Hölle.

Lukas 17, 33 Wer seine Seele zu erhalten sucht, der wird sie verlieren, und wer sie verliert, der wird ihr zum Leben verhelfen.

3. Joh.1,2 Mein Lieber, ich wünsche dir in allen Stücken Wohlergehen und Gesundheit, wie es deiner Seele wohlgeht!

5.23 Glücklichsein – Erkenne, was dich glücklich macht

Was ist Glück?

Der Duden definiert Glück als eine "angenehme und freudige Gemütsverfassung, in der man sich befindet, wenn man in den Besitz oder Genuss von etwas kommt, was man sich gewünscht hat". Es sei ein "Zustand der inneren Befriedigung und Hochstimmung".

Gott hat den Menschen mit der Fähigkeit geschaffen, glücklich zu sein. Menschen haben -im Gegensatz zu Tieren- die Möglichkeit ihren Gemütszustand zu reflektieren und Glück zu empfinden.

Ist Glück erleben höchst individuell oder gibt es allgemeine Kriterien?

Manche erleben Glücksgefühle bei einem speziellen Hobby (Reiten, Segeln, Kochen, Surfen, Bergwandern etc.).

Andere genießen gemeinsame Zeiten mit Freunden und Familie.

Was macht mich eigentlich glücklich?

Bin ich glücklich, wenn ich erfolgreich bin? Was ist Erfolg? Erfolg ist, zur richtigen Zeit, am richtigen Ort sein, das Richtige tun und wissen, dass Gott mit mir ist.

Wege zum Glücklichsein:

Glücklichsein hat oft mit Liebe zu tun:

Das wichtigste biblische Gebot ist: „Liebe Gott und deinen Nächsten, wie dich selbst." (Also drei Personen lieben: Gott, meinen Nächsten und mich selbst!)

Die Bibel spricht davon, dass Gott Liebe ist.

Liebe braucht Beziehungen.

Verliebtsein ist ein besonderes Glücksgefühl. Ebenso Liebe in der Ehe – mit der Intimität/Besonderheit der Beziehung und der Sexualität. Das sind Glücksgefühle auf höchstem Niveau.

Tiefste Glücksgefühle erzeugt auch die Beziehung zu Gott. Er ist die Quelle aller Liebe.

Wer seine schöpfungsgemäße Bestimmung als Sohn/Tochter des allmächtigen Vaters erkennt, erlebt Glück, Freiheit, Identität, Bestätigung und Dankbarkeit.

Ein großes Geheimnis ist das Glück: „To please my father!" (Meinem Vater im Himmel gefallen!)

Großes Glück ist, mit Gott entspannt Gemeinschaft zu haben und seine Liebe, Annahme, Weisheit und praktische Hilfe im Alltag zu genießen. (Im Segen Gottes zu leben.)

Dankbarkeit macht glücklich.

Wer dankbar ist, beschäftigt sich mit den guten Dingen im Leben.

Durch die Dankbarkeit betont man die positiven Seiten.

Wofür kann ich heute dankbar sein?

Es gilt: „Loben zieht nach oben. Danken hilft vor wanken."

„Ist das Glas halbvoll oder halbleer? Die objektive Situation ist dieselbe –manchmal entscheidet der Blickwinkel, ob man glücklich ist.

Das Hauptschlachtfeld für das Glücklichsein ist der Kopf. Hier geht es um Einstellungen, Bewertungen und Erkenntnisse.

Voraussetzungen, um anhaltend glücklich zu sein:

- Die Basisbedürfnisse müssen gestillt sein (Nahrung, Unterkunft, i.d.R. körperliche Unversehrtheit, materielle Versorgung, gesunde liebevolle Beziehungen (Freundschaften, Familie.)
- Das Wissen, dass meine Schuld, meine Sünden vergeben sind, dass ich eine liebevolle Gemeinschaft mit meinem Schöpfer haben darf.
- Heilung von seelischen Verletzungen.

Ps.34,13-14:
„Wer hat Lust zum Leben und möchte gerne gute Tage sehen?

Behüte deine Zunge vor Bösem und deine Lippen, dass sie nicht trügen; weiche vom Bösen und tue Gutes, suche nach Frieden und jage ihm nach."

Was ist das Wichtigste im Leben?

Gesundheit ist wichtig, aber nicht das Wichtigste im Leben. Denn auch kranke oder behinderte Menschen können tiefes Glück empfinden.

Was fördert Glücklichsein?

- Ausreichend schlafen.
- Einen Ruhetag pro Woche bewusst genießen.
- Das essen, was mir guttut: Weniger Zucker, weniger Kohlenhydrate, weniger verarbeitete Lebensmittel, mehr Ballaststoffe, mehr gute Fette (Omega 3 & 6), Fleisch, Fisch, Vitamine und Mineralien. Auf meinen Körper hören: Was möchte mein Körper jetzt essen? Was tut mir gut?
- Alkohol genießen – ohne den Körper zu vergiften.
- Ausreichend Bewegung – täglich. Wie kann ich mich mehr bewegen? Welche Bewegung/ welcher Sport passt zu mir?
- Zeit in der Natur verbringen.
- Geld bewusst ausgeben. 10% Spenden, 10% sparen.

Was verhindert glücklich zu sein?

- Ungeklärte Beziehungen, besonders innerhalb der Familie.
- Unvergebenheit.
- Ballast entsorgen. Konflikte angehen und klären. Befreit leben.
- Hass, Stolz, sich mit anderen vergleichen, Neid.
- Negatives Reden und Denken.
- Zeit verschwenden.

Gott gehorsam zu sein ist wichtiger als glücklich zu sein. Gott gehorsam zu sein führt jedoch zum Glücklichsein.

Aufgaben
Um das Glücksbewusstsein zu stärken: Denke über fünf Dinge nach, die dich glücklich machen?

Warum machen sie dich glücklich?

Was kannst du dazu tun, diese Glückmomente häufiger zu erleben?

Belohne dich selbst!
Kleinigkeiten im Alltag ermöglichen uns viele Glücksmomente (Etwas Gutes essen, Freunde treffen, ausschlafen, Nichtstun, …).

Gott ist ein großzügiger Vater. Er stimmt unsere Freude an schönen Dingen zu!

Das Leben bewusst leben: Ziele setzen, die sich für mich lohnen und begehrenswert sind. Jeden Tag einen Schritt auf diese Ziele zugehen. Groß denken und konsequenter handeln.
Welchen Traum möchtest Du in Deinem Leben umgesetzt sehen?

Wofür lohnt es sich zu sterben?

Ziele/Träume setzen Lebensenergie frei. Hoffnung motiviert und erzeugt Leben.

Die besten Grundlagen um glücklich zu sein sind:

- Zu wissen und zu spüren, dass ich von Gott geliebt bin. Ich bin ein geliebter Sohn/ eine geliebte Tochter meines himmlischen Vaters.
  Das ist unsere bestimmungsmäßige Identität!
- Durch den stellvertretenden Tod Jesu am Kreuz sind meine Schulden vergeben, Heilung – körperlich und seelisch – ist möglich. Durch das Kreuz bin ich versorgt und ich werde die Ewigkeit mit Ihm verbringen.
- Gott hat einen guten Plan für mein Leben und Er hilft mir ihn umzusetzen.
- Alle meine Quellen sind in Ihm.

Literatur:
Dr. Emilia Vuorisalmi, *Super-Gefühle, Die besten Tipps und Tools, um Glückshormone (Dopamin, Oxytocin, Serotonin) in dir auszulösen*, ISBN 978-3-431-07042-2.

Mehr unter www.Jüngerschaft.net:
Thema 4.2 Lebensbereinigung,
Thema 5.9 Wer bin ich?

5.24 Das Geheimnis der Ehe

Es ist ein Geheimnis:
„Drei Dinge sind mir zu wunderbar, ja, vier begreife ich nicht: Den Weg des Adlers am Himmel, den Weg der Schlange auf einem Felsen, den Weg des Schiffes mitten im Meer, und den Weg des Mannes zu einer Jungfrau."
Sprüche 30,18ff

Die Ehe zwischen einem Mann und einer Frau ist etwas ganz Besonderes.

Die Ehe ist ein Teil der genialen Schöpfungsordnung Gottes. (1.Mose 1,27)

Die Ehe hat eine spirituelle Dimension: Paulus deutet das Geheimnis der Ehe auf die Beziehung von Jesus zu seiner Braut, der Gemeinde (Epheser 5,32, Off. 19,7+8).

Die Ehe gibt es von Anfang der Menschheit an. 1.Mose 2,18: „Und Gott der Herr sprach: Es ist nicht gut, dass der Mensch allein sei; ich will ihm eine Gehilfin machen, die ihm entspricht!"

Sprüche 18,22: „Wer eine Ehefrau gefunden hat, der hat etwas Gutes gefunden und hat Gunst erlangt von dem Herrn."

Die Grundlage der Ehe ist Liebe.
Die Liebe ist neben Emotionen, eine Entscheidung. Gefühle kommen und gehen.

Die Entscheidung der Eheleute füreinander hält die Ehe. Der Bund hält die Ehe – nicht die Gefühle.

Maleachi 2,16: „Denn ich hasse die Ehescheidung, spricht der Herr, der Gott Israels, … werdet nicht untreu!"

Liebe ist der Hauptcharakterzug Gottes.

Johannes 4, 7f: „Geliebte, lasst uns einander lieben! Denn die Liebe ist aus Gott, und jeder, der liebt, ist aus Gott geboren und erkennt Gott. Wer nicht liebt, der hat Gott nicht erkannt; denn Gott ist Liebe."

Die Liebe, die ihren Ursprung in Gott selbst hat, ist der Kern der Ehe.

Mat. 19, 4ff: „Habt ihr nicht gelesen, dass der Schöpfer sie am Anfang als Mann und Frau erschuf und sprach: »Darum wird ein Mann Vater und Mutter verlassen und seiner Frau anhängen; und die zwei werden ein Fleisch sein«? So sind sie nicht mehr zwei, sondern ein Fleisch. Was nun Gott zusammengefügt hat, das soll der Mensch nicht scheiden!"

„Eins sein": Einander vertrauen, die besten Freunde sein, Gemeinschaft haben, körperliche Verbundenheit (Freude an Sex), ohne Scham (1.Mose 2,25: „Sie waren beide nackt und schämen sich nicht"), emotional, seelische Verbundenheit, Lebensplanung/ Berufung, finanzielle Verbundenheit, einander ergänzen, ermutigen, helfen, auf einander achthaben, bei Krankheit und Pflege einander unterstützen, versorgen. Freude und Leid im Leben werden miteinander geteilt.

„Ein Fleisch sein" beschreibt die tiefgreifende, ganzheitliche Verbindung von Mann und Frau in der Ehe. Es geht um körperliche, emotionale, geistige und soziale Einheit, die von Gott gewollt und gesegnet ist. Die Ehe wird so zu einem Ausdruck von Liebe, Treue und gegenseitigem Ergänzen.

Achtung: Das seelische/spirituelle „Eins-Sein" geschieht auch bei sexuellen Kontakten außerhalb der Ehe-Ordnung. 1.Kor. 6,16: Oder wisst ihr nicht, dass, wer einer Hure anhängt, ein Leib mit ihr ist? »Denn es werden«, heißt es, »die zwei ein Fleisch sein.«"

Sprüche 30,20: „Ebenso unbegreiflich ist mir der Weg einer Ehebrecherin: Sie isst und wischt ihr Maul und spricht: »Ich habe nichts Böses getan!«".

Heb. 13,4: „Die Ehe soll von allen in Ehren gehalten werden und das Ehebett unbefleckt; die Unzüchtigen und Ehebrecher aber wird Gott richten!"

Nach vorehelichem Sex ist es gut, die Bindungen (des Eins-Seins) zu lösen – um frei von alten Bindungen zu sein. Dies geschieht durch Bekennen, Buße, Absagen und Lösen im Namen Jesu.

Sex ist wichtig in der Ehe. Sex macht nur ca. 5% der Ehe aus. Wenn es hier aber Defizite gibt, wenn Probleme mit der gemeinsamen Sexualität nicht besprochen und Einvernehmen herbeigeführt werden, hat dies Auswirkung auf 95% der Ehe. Eine Ehe ohne Sex entspricht nicht der Schöpfungsordnung und führt ins Chaos.

Sprüche 5,19+20: „ … ihre Brüste sollen dich berauschen jederzeit, in ihrer Liebe sollst du taumeln immerdar!
Warum solltest du, mein Sohn, an einer Fremde taumeln und den Busen einer anderen umarmen?"

Im Neuen Testament wird immer von der Ein-Ehe, der Beziehung von einem Mann zu einer Frau, berichtet:

1.Tim. 3,2: „Nun muss aber ein Aufseher untadelig sein, Mann einer Frau, nüchtern, besonnen, anständig, gastfreundlich, fähig zu lehren; …"

Es gibt aber auch die Gabe der Ehelosigkeit.

Paulus in 1. Kor. 7, 32ff:
„Ich will aber, dass ihr ohne Sorgen seid! Der Unverheiratete ist für die Sache des Herrn besorgt, wie er dem Herrn gefällt; der Verheiratete aber sorgt für die Dinge der Welt, wie er der Frau gefällt. Es ist ein Unterschied zwischen der Ehefrau und der Jungfrau. Die Unverheiratete ist besorgt um die Sache des Herrn, dass sie heilig sei sowohl am Leib als auch am Geist; die Verheiratete aber sorgt für die Dinge der Welt, wie sie dem Mann gefällt. … Also, wer verheiratet, handelt recht, wer aber nicht verheiratet, handelt besser."

Für Singles gilt aber auch, liebvolle Gemeinschaft und vertrauensvollen Austausch mit anderen zu pflegen.

Das Single-Sein hat Vorteile und das Verheiratet-Sein hat Vorteile.

Gott selbst lebt in Gemeinschaft (Vater, Sohn und Heiliger Geist) - ein Vorbild für Singles und Verheiratete.

„Drum prüfe, wer sich ewig bindet":

Neben der Entscheidung Jesus nachzufolgen, ist die Wahl des Ehepartners die wichtigste im Leben eines jeden Menschen.

Grundsatz bei der Suche nach einem Partner: Gott um einen Ehepartner bitten.
Wenn man seine eigene Berufung kennt, ist es einfacher einen geeigneten Partner zu finden.

Die Lebensentwürfe/Vorstellungen/Pläne/Prioritäten der Partner müssen kompatibel sein.

Dies gilt es ausführlich vor der Ehe, vor dem körperlichen Zusammensein, zu besprechen.

Ein weiterer Grundsatz für eine erfolgreiche Ehe ist das wichtigste Gebot:

„Liebe Gott und deinen Nächsten, wie dich selbst."

Für eine gesunde Ehe soll ich also 3 Personen innig lieben:

Gott, meinen Ehe-Partner und mich selbst. Keiner darf zu kurz kommen – sonst kommt die Ehe aus dem Gleichgewicht.

Eine wichtige Regel: Viel miteinander reden - reden, reden, reden. Erwartungen, Hoffnungen, Befürchtungen, Verletzungen – mitteilen, austauschen, ausdiskutieren.

Wenn sich zu viel Unausgesprochenes ansammelt, besteht die Gefahr des Scheiterns.

In der Ewigkeit (im Himmel) wird es keinen Sex mehr geben - Mat. 22,30. Aber die liebevolle Gemeinschaft mit Jesus wird so viel besser sein, dass wir an Sex und Ehe gar nicht mehr denken werden. (Off. 21,3ff)

1.Kor. 13, 4ff: „Die Liebe ist langmütig und gütig, die Liebe beneidet nicht, die Liebe prahlt nicht, sie bläht sich nicht auf; sie ist nicht unanständig, sie sucht nicht das Ihre, sie lässt sich nicht erbittern, sie rechnet das Böse nicht zu; sie freut sich nicht an der Ungerechtigkeit, sie freut sich aber an der Wahrheit; sie erträgt alles, sie glaubt alles, sie hofft alles, sie erduldet alles. Die Liebe hört niemals auf. …

Nun aber bleiben Glaube, Hoffnung, Liebe, diese drei; die größte aber von diesen ist die Liebe."

Über 100 weitere Themen unter www.Jüngerschaft.net .

5.25 Zahlensymbolik in der Bibel

Zahlen sind ein Teil der Schöpfungsordnung Gottes. Viele Zahlen in der Bibel haben neben ihrem eigentlichen Wert, eine symbolische Bedeutung. Es gehört zu den Besonderheiten von Gottes Wort, der Bibel, dass manche Wahrheiten nicht sofort offensichtlich sind. Sie sind manches Mal - oberflächlich betrachtet - verborgen.
In Buch der Prediger heißt es im Kapitel 25,2:
„Gottes Ehre ist es, eine Sache zu verbergen, die Ehre der Könige aber, eine Sache zu erforschen.“

Psalm 51,8:
„Siehe, dir gefällt Wahrheit, die im Verborgenen liegt, und im Geheimen tust du mir Weisheit kund.“

Obwohl die Bibel von verschiedenen Personen verschiedener Generationen geschrieben wurde, fällt eine wunderbare Kontinuität in dem Gebrauch und in der Harmonie der Bedeutung von Zahlen auf.

Es gibt einen feinen Unterschied zwischen der Bedeutung von biblischer Zahlensymbolik und der Nummerologie, die eine Vergötterung und Verselbstständigung von Zahlendeutungen darstellen kann. Um die wahre Deutung der Zahlen zu erkennen, sollte man die Grenzen der Schrift nicht überschreiten.

Um die wahre Bedeutung von Zahlen richtig zu interpretieren, sollten folgende **Prinzipien** beachtet werden:
1. Zahlen bewusst wahrnehmen - seien sie als solche direkt genannt oder indirekt -z.B. in Aufzählungen - verborgen.

2. Die erste Erwähnung einer Zahl in der Bibel ist i.d.R. bedeutsam für ihre geistliche Bedeutung.

3. Gott ist ein Gott der Kontinuität. Daher ist auch die geistliche Bedeutung einer Zahl i.d.R. in der ganzen Schrift gleich.

4. Die geistliche Bedeutung einer Zahl ist manchmal nicht offensichtlich, sondern verborgen und bedarf der Entdeckung. Dies geschieht oft durch den Vergleich mit anderen Versen, in denen die Zahl vorkommt.

5. Wie in allen geistlichen Angelegenheiten gibt es auch bei der Zahlensymbolik göttliche Wahrheiten und satanische Verfälschungen.

6. Die Zahlen Eins bis Dreizehn sind die Basiszahlen mit geistlicher Bedeutung. Die Vielfachen dieser Zahlen tragen oft dieselbe Bedeutung – nur das damit eine Verstärkung verbunden ist.

Zahl	Interpretation	Bibelstellen
Eins	Die Zahl Gottes, Beginn, Quelle, Anfang, der Erste, zusammengesetzte Einheit,	1. Mose 1,1 Matthäus 6,33 Joh. 17,21-23, 1.Mose 2,21-24; Mal. 2,14-15, Eph. 2,16; 1.Mose 22,2, Sach. 12,10 mit Joh. 3,16
Zwei	Zahl der Zeugen, Zahl der Teilung (1 gegen 1)	Joh. 8,17+18, 5.Mose 17,6; 19,15; Mt.18,16, Offb. 11,2-4; Lk 9,30-31; 10,1; 2.Mose 8,23;31,18 Mt 7; 1. Mose 19, 1.Mose 1,6-8; Mt 24,40-41
Drei	Zahl des dreieinigen Gottes, Zahl der göttlichen Vollkommenheit, perfektes Zeugnis	1. Joh. 5,6-7, Mt. 28,19 5. Mose 17.6; Mt 12,40, Hesekiel 14,14+18; Offb. 7,1+2; Mk 13,27

Vier	Zahl der Erde, der Schöpfung, der Welt, mehr als drei, Vier Winde, Jahreszeiten, Enden der Erde.	1. M 2,10; 3. M 11,20-27; Jer. 49,36; Hesekiel 37,9; 1.Kor. 15,39, Offb. 7,1-2, Mk 13,27
Fünf	Zahl der Gnade, der Buße, des Lebens, des Kreuzes, der fünffältige Dienst; die fünf „ich will" des Satans; fünf Wunden Jesu am Kreuz; fünf Bücher Moses; fünf Brote	1 M 1,20-23; 3 M 1-7 (fünf Opfer); Eph. 4,11; 2 M 13,18; Josua 1,14; Jesaja 14,12-14; 2 M 26,3 + 9 + 27 + 37; 27,1+18; Mk 6,38-44; Lk 9, 13-16
Sechs	Zahl des Menschen, des Biests, Satans. Der 6. Schöpfungstag; Sechs Generationen von Kain; sechs tausend Jahre.	1 M 26-31; 1 Sam 17,4-7; 2 Sam 21,30; 1 M 4,17+18; 4 M 35,15 (6 Städte), Ps 90,4 mit 2 Pe 3,8
Sieben	Zahl der Vollendung, Zahl der Perfektion, Sieben offenbarende Bücher; Die Zahl Sieben erscheint über 600x in der Bibel.	1 M 2,1-3; 5,24; Jud 14; Jos 6; 3 M 14,7; 16; 27; 51 (die 7 Zeiten); Off 1,4; 11; 12,16,20; 2,1; 4,5; 5,1; 8,2; 10,3+4; 12,3 etc.
Acht	Zahl der Auferstehung	3 M 14,10-23; 2 M 22,30; 1 M 17,12; 1 Pe 3,20; Mt 28,1; Joh 20,26.
Neun	Zahl der Beendigung, der Fülle, der Fruchtbarkeit, Zahl des Heiligen Geistes, Zahl der Frucht des Mutterleibs	1 M 17,1; Mt 27,45; Gal. 5,22+23; 1 Kor 12,1-11; (9 Gaben, 9 Früchte des Geistes)
Zehn	Zahl des Gesetzes, der Gebote, der Regierung, der Wiederherstellung, Zahl der Versuche, der Tests und der Verantwortung; der Zehnte.	1 M 1: und Gott sprach – 10x, 2 M 34,28: 10 Gebote Da 2 : 10 Zehen; Da 7: 10 Hörner; Offb 12,3; Mt 25,1-13; Lk 15,8; 19,13-25; 5 M 14,22; Offb. 2,10; 4 M 27,32; 2 M 2,3
Elf	Zahl der Unvollständigkeit, der Desorganisation, der Desintegration (einer mehr als zehn, einer weniger als zwölf) Zahl der Gesetzlosigkeit, Unordnung, Antichrist	1 M 27,9; 32,22; Mt 20,6; 2 M 26,7; 5 M 1,1-8 Da 7 (Das kleine Horn, das elfte)
Zwölf	Zahl des göttlichen Regierens, apostolische Fülle, Zahl 12 in der Heiligen Stadt Gottes	1 M 49,28; 2 M 15,27; 24,4; 28,15-21; Mt 19,28; Lk 6,13; Offb 12,1 4 M 24,5; Offb. 21-22
Dreizehn	Zahl der Rebellion, des Zurückgleitens, der Abtrünnigkeit; Zahl der Dopplung (12+1=13)	1 M 14,4; 10,10 (Nimrod, 13ter von Adam); 1 M 17,25; Est 9,1; 1 Kö 7,1; 1 M 48; Ephraim 13ter Stamm; Judas oder Paulus, 13ter Apostel
Vierzehn	Zahl des Passahs (2x7=14)	2 M 12,6; 5M 9,5; 1 M 31,41; Ap. 27,27-33
Siebzehn	Zahl der geistlichen Ordnung (10+7=17) (Wandeln mit Gott, der 7te und 10te Mensch von Adam)	1 M 37,2; 1 Ch 25,5; Jer 32,9; 1 M 7,11; 8,4; 1 M 5,24; 6,9 (Enoch/Noah)
Vierundzwanzig	Zahl der priesterlichen Ordnung, regierende Perfektion (2x12=24)	Jos 4,2-9; 1 Kö 19,19; 1 Ch 24,3-5; 25,1-12; Offb. 4,4-10 (24 Älteste)

Dreizig	Zahl der Weihe, der Reife für den Dienst	4 M4,3; 1 M 41,46; 2Sa 5,4; Lk 3,23; Mt 26,15
Vierzig	Zahl der Bewährung, des Tests, Zahl der Beendigung in Sieg oder Niederlage	4 M 13,25; 14,33; 34; Mt 4,2; Apg 1,3; 2.M 34,27,28; Hes. 4,6; Apg 7,30; 1 Kö 19,4-8.
Fünfzig	Pfingstzahl, Zahl der Freiheit, der Befreiung, Jubel-/ Erlasszahl.	2 M 26,5+6; 3 M 25,10+11; Apg 2,1-4; 3 M 23,16; 2 Kö 2,7; 1 Kö 18,4,13; 4 M 8,25.
Siebzig	Zahl repräsentiert eine große Menschenmenge; Zahl vor der Zunahme	1 M 4,24; 11,26; 46,27; 2 M 1,5-7; 4 M 11,25: 3 M 15,27; 24,1,9; Lk 10,1
Fünfundsiebzig	Zahl der Absonderung, der Reinigung, der Reinheit	1 M 12,4; Da 12,5-13
Einhundertzwanzig	Zahl des Endes allen Fleisches, Zahl des Beginns des Lebens im Geist	1 M 6,3; 5 M 34,7; 2 Ch 3,4; 5,12; 7:5; Apg 1,5
Einhundertvierundvierzig	Zahl der Vollkommenheit von Gottes Schöpfung und Erlösung (12x12=144)	Offb. 21,17; 1 Ch 25,7; Offb 7, 1-6; 14,1-3
Einhundertdreiundfünfzig	Zahl der Wahl Gottes, Zahl der Erweckung, der Sammlung, der Ernte (9x17= 153)	Joh 21,6-11 (153 Fische)
Dreihundert	Zahl des treuen Überrests	1 M 5,22, 6,15; Richter 8,4; 15,4.
Sechs- Sechs- Sechs	Zahl des Antichristen, Satans, das Mahl der Verdammten, das Mahl des Menschen, der das Biest ist	Da 3; 1 Sa 17; Da 7 mit Offb 12,18; 14,9-11 (Beachtenswert sind die Sechsen in diesen Kapiteln)

Quelle:
Interpreting the symbols and types, Kevin J. Conner, ISBN 0-914936-51-4

Literatur:
Bullinger, Ethelbert W., Number in Scripture, Kregel Publications
Payne, F.C., The Seal of God in Creation and The Word, Adelaide, Australia
Vallowe, Ed F., Keys to Scripture Numerics, 528 Pine Ridge Drive, Forest Park, Georgia 30050, USA

5.26 Zahlenwerte von Namen

Hebräische und griechische Buchstaben haben einen Zahlenwert.

Damit kann man Namen einen Zahlenwert zuschreiben.

Damit wird sich z.B. der Name des Antichristen bestimmen lassen, wenn er auf der Weltbühne auftaucht.
Der Zahlenwert seines Namens ist 666 (siehe Offenbarung 13,18).

Lateinisches Alphabet	Hebräisches Alphabet	Zahlenwert
Aa	Aleph	1
Bb	Beth	2
Cc Gg	Gimel	3
Dd	Daleth	4
Ee	He	5
FfUuVv WwYy	Waw	6
Zz	Zajin	7
Hh	Chet	8
?	Tet	9
Jj Ii	Jod	10
Kk	Kaph	20
Ll	Lamed	30
Mm	Mem	40
Nn	Nun	50
Xx	Samech	60

<u>Oo</u>	Ajin	70
<u>Pp</u>	Pe	80
-	Tzade	90
<u>Qq</u>	Qoph	100
<u>Rr</u>	Resch	200
<u>Ss</u>	Sin, Schin	300
<u>Tt</u>	Taw	400

Griechische Buchstaben haben auch Zahlenwerte.

Und zwar im Rahmen eines alten Zahlensystems, das als griechisches Zahlensystem oder Ionisches Zahlensystem (auch Milesisches System) bekannt ist. Dieses System wurde im antiken Griechenland verwendet, bevor sich das heute gebräuchliche arabische Zahlensystem durchsetzte.

Zuordnung der Zahlenwerte:
Im griechischen Zahlensystem repräsentieren die Buchstaben des Alphabets Zahlen. Die Buchstaben sind in drei Gruppen aufgeteilt: Einheiten (1–9), Zehner (10–90) und Hunderter (100–900). Um alle Werte abzudecken, wurden auch einige alte Buchstaben verwendet, die nicht mehr im modernen Griechisch vorkommen.

Einheiten (1–9):

α' = 1

β' = 2

γ' = 3

δ' = 4

ε' = 5

ϛ' = 6 (Digamma, ein veraltetes Zeichen)

ζ' = 7

η' = 8

θ' = 9

Zehner (10–90):

ι' = 10

κ' = 20

λ' = 30

μ' = 40

ν' = 50

ξ' = 60

ο' = 70

π' = 80

Ϟ' = 90 (Koppa, ein weiteres veraltetes Zeichen)

Hunderter (100–900):

ρ' = 100

σ' = 200

τ' = 300

υ' = 400

φ' = 500

χ' = 600

ψ' = 700

ω' = 800

Ϡ' = 900 (Sampi, ein weiteres veraltetes Zeichen)

Schreibweise:

Um zu zeigen, dass ein Buchstabe als Zahl verwendet wird, wird oft ein Apostroph (') nach dem Buchstaben gesetzt, z. B. α' für 1 oder β' für 2. Für Tausenderzahlen wurde manchmal ein kleines Strichzeichen vorangestellt.

Verwendung:

Dieses System wurde in der Antike unter anderem für Datumsangaben, Buchnummerierungen und mathematische Berechnungen verwendet. Heute begegnet es uns manchmal in der Bibelwissenschaft (z. B. bei Kapiteln und Versen) oder in historischen Texten.

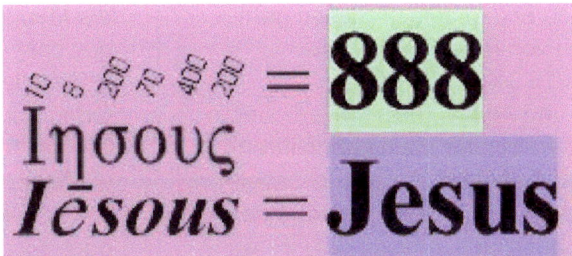

Der Name „Jesus" im Griechischen:

6.1 Die dritte Reformation -
Die Wiederentdeckung der neutestamentlichen Gemeindestruktur
(von Wolfgang Simson)

1. Reformation (Die Reformation der Theologie): Luther entdeckt die Erlösung durch die Gnade und den Glauben wieder.

2. Reformation (Die Reformation der Spiritualität):
Seit dem 17.Jahrhundert entdecken Erneuerungsbewegungen -wie z.B. der Pietismus- die Wichtigkeit der persönlichen Gottesbeziehung des Einzelnen wieder.

3. Reformation (Die Reformation der Struktur):
Heute - Wiederentdeckung der Strukturen, wie sie in den Anfängen der Gemeinden seit Pfingsten üblich war.

Die drei Stufen der Gemeinde:
Hausgemeinden, Stadtgemeinden und die weltweite Gemeinde
In dieser kurzen Ausarbeitung wird untersucht, in welchen strukturellen Formen sich die Christen im 1.Jahrhundert nach Christus trafen. Wir haben den Eindruck, dass Gott heute dabei ist, ganz neu zu zeigen, wie er sich die Struktur seiner Gemeinde vorgestellt hat.

1. Hausgemeinden in den Briefen des Paulus
Dass die Christen sich in den ersten Jahrhunderten n.Chr. in ihren Häusern trafen, kann man neben den Berichten aus den Evangelien und aus der Apostelgeschichte auch aus den Briefen des Apostel Paulus erkennen. Vier Bibelstellen aus den Briefen erwähnen ausdrücklich Gemeinden in privaten Häusern: Bei den ersten beiden Stellen geht es um das Haus von Prisca und Aquila.
(Paulus in Röm 16,3-4):
"Grüßet Prisca und Aquila, meine Mitarbeiter in Christus Jesus, welche für mein Leben ihren Nacken dargeboten haben, denen nicht allein ich danke, sondern auch alle Gemeinden der Heiden; grüßet auch die Gemeinde in ihrem Hause."
1.Kor 16,19: „Es grüßen euch die Gemeinden in Asien. Es grüßen euch vielmals im Herrn Aquila und Priscilla samt der Gemeinde in ihrem Hause."
In dem Brief des Paulus an die Kollosser wird die Hausgemeinde des Nymphas erwähnt.
Kol 4,15: „Grüßet die Brüder in Laodizea und den Nymphas und die Gemeinde in seinem Hause."

Auch Philemon hatte eine Gemeinde in seinem Haus. Phlm 1-2:
"Paulus, ein Gebundener Christi Jesu, und Timotheus, der Bruder, an Philemon, den geliebten und unsren Mitarbeiter; und an Apphia, die geliebte, und Archippus, unseren Mitstreiter, und an die Gemeinde in deinem Hause."
Die Christen trafen sich also in ihren Häusern. Dort spielte sich ein Großteil des Gemeindelebens ab. Hier hatten sie Gemeinschaft, aßen zusammen, halfen, ermutigen einander und "machten" Jünger. Neben diesen Treffen, die die Größe hatten, in ein damaliges Wohnhaus zu passen, kamen die Christen auch zu größeren Treffen zusammen.

2. Die Stadtgemeinde
Wir wissen aus dem neuen Testament, dass sie sich zu bestimmten Anlässen als Christen einer Stadt und einer Region versammelten. Diese Stadtgemeindetreffen, bei denen die Christen aus allen Hausgemeinden zusammen kamen, fanden z.B. in Antiochia und in Jerusalem statt.
Von den Gemeinden in Korinth, in Kolossä, in Laodizea und Thessaloniki lesen wir, dass die Briefe des Apostels „allen heiligen Brüdern" der jeweiligen Stadt vorgelesen wurden. Das Neue Testament gibt keine Auskunft darüber, wo sich die Menge der Gläubigen (die Gesamtheit der Hausgemeinden = die Stadtgemeinde) traf.
Wahrscheinlich wird es nicht erwähnt, weil der Ort unwichtig ist. Es muss ganz einfach ein für die Menge der Gläubigen geeigneter Ort gewesen sein.
Es wird lediglich von einigen verschiedenen Orten berichtet: die Christen trafen sich im Tempel (der 70 n.Chr. zerstört wurde und nicht wieder aufgebaut wurde - Apostelg. 2,46 + 5,42), in einer Philosophen-Schule (Apg. 19,9) oder auch im Obergemach eines Hauses (Apg. 28). Von einem Kindergottesdienst, wie er bei uns üblich ist, lesen wir nichts im Neuen Testament. Die geistliche Erziehung der Kinder erfolgte in der Familie. Die Eltern waren für die Jüngerschaft der Kinder zuständig und verantwortlich. Außerdem erlebten die Kinder in der Hausgemeinde, wie Christsein im Alltag gelebt wurde. In diesem Beziehungsgefüge erlebten sie bei sich zu Hause, wie für Kranke gebetet wurde, wie das Abendmahl gefeiert wurde, wie man Gottes Wort las, wie man

miteinander teilte und mit Freunden gemeinsame Mahlzeiten zu sich nahm.

Interessant ist, dass nirgendwo im neuen Testament berichtet wird, dass Christen eine Kirche oder ein Gemeindehaus bauten! Und dies, trotz der vorhandenen Bautradition: die Juden bauten Synagogen, die Heiden bauten Tempel, aber die Christen bauten keine Kirchen. Nach Derek Prince fand erst im Jahre 222 n.Chr. der Bau der ersten Kirche statt – also rund 200 Jahre nach Pfingsten. Welche Bedeutung hat diese Tatsache für uns heute?

Kommen wir zurück zu den stadtweiten Treffen der Christen. Sie fanden, wie gesagt, an geeigneten Plätzen statt -wie oft und ob regelmäßig, ist nicht bekannt. Derek Prince berichtet von Studien, die besagen, dass die Gemeinde in Antiochia zu der Zeit als Paulus und Barnabas dort wirkten, ca. 40.000 Christen umfasste. Sie kamen wahrscheinlich nicht immer alle in dieser Anzahl zusammen. Aber wenn nur die Hälfte der Gläubigen zu diesen stadtweiten Veranstaltungen kam, waren es immerhin ca. 20.000 Leute.
Die Größe der damaligen Gemeinde in Jerusalem wird auf 50.000 geschätzt, die in Korinth auf ca. 25.000.
Wo stehen die neutestamentlichen Belege für diese Gesamttreffen? Für Antiochia: Paulus und Barnabas kehren nach der ersten Missionsreise nach Antiochia zurück: Apg 14,27:"Als sie aber angekommen waren, versammelten sie die Gemeinde (Singular!) und erzählten, wieviel Gott mit ihnen getan und dass er den Heiden die Tür des Glaubens aufgetan habe."
Von einem weiteren Treffen in Antiochia wird berichtet, als Paulus und Barnabas mit den Beschlüssen des ersten Apostelkonzil in Jerusalem in die Stadt kamen (Apg 15,30).
Auch aus Jerusalem wird berichtet, dass die Menge der Gläubigen zusammen kam, um Paulus berichten zu hören. (Überhaupt ist es interessant, mit Hilfe einer Konkordanz zu erforschen, wann im Neuen Testament "die Menge" zusammen kam. Einige Beispiele dafür: Apg 21,22; Apg.15,4; Apg.15,12.)
Ein weiterer deutlicher Hinweis, dass Gott die Gesamtheit der Christen einer Stadt als Einheit sieht, geht auch aus dem 2.und 3.Kapitel der Offenbarung hervor. Die hier beschriebenen Sendschreiben sind jeweils für den gesamten Leib Christi in jeder der sieben Städte bestimmt.
Im Brief des Paulus an die Epheser kommt Gottes Plan für die lokale Stadtgemeinde klar zum Ausdruck: (Eph 4,1-6)

"So ermahne ich euch nun, ich, der Gebundene im Herrn, dass ihr würdig wandelt der Berufung, zu welcher ihr berufen worden seid, so dass ihr mit aller Demut und Sanftmut, mit Geduld einander in Liebe ertraget und fleißig seid, die Einheit des Geistes zu bewahren in dem Bande des Friedens: ein Leib und ein Geist, wie ihr auch berufen seid zu einer Hoffnung eurer Berufung; ein Herr, ein Glaube, eine Taufe; ein Gott und Vater aller, über allen, durch alle und in allen."

Die Christen in Ephesus mussten damals schon von Paulus ermahnt werden, sich nicht in einzelne Gruppierungen zu spalten. Eine Stadt (Ephesus) sollte nur eine Gemeinde haben, in der alle Christen Teil des lokalen Leibes Christi waren
(eine stadtweite Gemeinde, die aus der Summe der wiedergeborenen Christen bestand).
Paulus erinnert sie daran, dass es nur einen Herrn und eine Gemeinde gibt.
Für Paulus ist es demnach selbstverständlich, dass neben den Hausgemeinden die Gesamtheit aller Gläubigen einer Stadt den lokalen Leib Christi bilden: (Kol 4,16)
„Und wenn der Brief bei euch gelesen ist, so sorget dafür, dass er auch in der Gemeinde zu Laodizea gelesen werde und dass ihr auch den aus Laodizea leset." (siehe auch: 1.Thess 5,27)
Bei anderen Briefen wird schon in der Anrede deutlich, dass für Paulus die Vereinigung der Christen zu einer lokalen Gemeinde selbstverständlich ist:
Korinth (Griechenland): (1.Kor 1,1-2)
„Paulus, berufener Apostel Jesu Christi durch Gottes Willen, und Sosthenes, der Bruder, an die Gemeinde (Singular!) Gottes, die in Korinth ist, an die Geheiligten in Christus Jesus, an die berufenen Heiligen, samt allen, die den Namen unsres Herrn Jesus Christus anrufen an jedem Ort, bei ihnen und bei uns."
(zur Erinnerung: Die Gemeinde in Korinth Bestand zu dieser Zeit aus ca. 25.000 Christen) (siehe auch: Eph 1,1; Röm 1,7; Philipper 1,1).

Im 11. Kapitel des ersten Korintherbriefes wird deutlich, dass die Gesamtheit der Christen als lokaler Leib Christi (Stadtgemeinde) zusammenkam. Dies wird deutlich, weil Paulus sagt, dass die Christen in ihren Häusern ihren Hunger stillen sollten und dann gemeinsam das Abendmahl als lokaler Leib Christi würdig feiern sollten (Vers 33).

1.Kor 11,18 "Denn erstens höre ich, dass, wenn ihr in der Gemeinde zusammenkommt, ...

20.Wenn ihr nun auch am selben Orte zusammenkommt, so ist das doch nicht, um des Herrn Mahl zu essen...

22.Habt ihr denn keine Häuser, wo ihr essen und trinken könnt? ...

33.Darum, meine Brüder, wenn ihr zum Essen (Abendmahl) zusammenkommt, so wartet aufeinander! 34.Hungert aber jemand, so esse er daheim, ... (das heißt im Umkehrschluss, dass die Versammlung als lokales Treffen der Christen -als Gesamtgemeinde- in Korinth stattfand).

Die drei biblischen Ebenen der Gemeinde:
Die einzelnen Christen waren also Teil einer Hausgemeinde
des lokalen Leibes Christi (der Stadtgemeinde/ das Treffen der Christen)
des weltweiten Leibes Christi (der Braut).

Bibelstellen zur Existenz der Gemeinde als weltweiter Leib Christi (die Braut):
Ps 45,10; Jes.62,5; 2.Kor.11,2; Offb.19,7-9; Offb.21,9; Offb.22,17.

Fünf Thesen über die Entwicklung der Gemeinde:
Die Bedeutung der verschiedenen Kirchen, Konfessionen und Denominationen wird abnehmen. (Epheser 4,13)
Das allgemeine Priestertum wird neu entdeckt und gelebt werden. (1.Petrus 2,9; Off.1,6 ; Off. 5,10)

Erweckte Gemeinden werden sich freundschaftlich vernetzen.
Die Hausgemeinden werden wiederhergestellt.
Die Gottesdienste der einzelnen Kirchen und Gemeinschaften werden an Bedeutung verlieren.
Eine andere Form der Treffen wird wiederentdeckt werden:
Christen einer Stadt werden zusammenkommen, um von Apostel, Propheten, Lehrern, Evangelisten, Hirten Dienste zu empfangen (Epheser 4,11) und um miteinander Abendmahl zu feiern (1.Korinther 11,18).

Zusammenfassung:
Die Haupterkenntnis ist, dass die Christen sich früher in zwei strukturellen Formen trafen: regelmäßige Treffen in privaten Häusern (Hausgemeinden) und
b) Gesamttreffen als Christen einer Stadt.

Literatur:
- Derek Prince: Vortragsserie "Die Gemeinde".
- Tim Dowley (Hrg.): Handbuch- Die Geschichte des Christentums.
- Joachim Gnilka: Die frühen Christen(Herders Theologischer Kommentar).
- Wolfgang Simson: Häuser, die die Welt verändern.

6.2 Wie hat Gott „Gemeinde" geplant?
Die Zusammenfassung

Die fünf Aspekte der neutestamentlichen Gemeindestruktur:

1. Ein Ort - eine Gemeinde
(ein Leib Jesu, dem alle Nachfolger Jesu des Ortes angehören mit Jesus als Haupt)
(siehe 1. Kor. 12,12; Kol. 1,18; Eph. 1,22+23; Eph. 4,15+16; Eph. 5,30)

Diese Argumente sprechen dafür, dass Gott eine Gemeinde pro Stadt möchte:
► Im ganzen Neuen Testament – von der Geburtsstunde der Gemeinde in der Apostelgeschichte bis zur Offenbarung – lesen wir immer nur von einer Gemeinde pro Stadt! Wenn man in der Konkordanz alle neutestamentlichen Stellen nachschaut, in denen die Worte "Gemeinde" und "Gemeinden" enthalten sind, erhält man diese interessante Statistik (von Derek Prince- siehe Literaturangaben):

- Gemeinde in Häusern : 4x
- Gemeinde als weltweiter Leib
  (die Braut Jesu): 15x
- Gemeinde (Einzahl) in einer Stadt: 61x
- Gemeinden (Plural, als Summe von Stadtgemeinden, z.B. Region: 35x
- Gemeinden (Plural) in einer Stadt: 0x !!!

► Gott hasst Gemeindespaltungen
Jesus betet zu seinem Vater für seine Jünger: "Ich bitte aber nicht für diese allein, sondern auch für die, welche durch ihr Wort an mich glauben werden, auf dass sie alle eins seien, gleichwie du, Vater, in mir und ich in dir; auf dass auch sie in uns eins seien, *damit* die Welt glaube, dass du mich gesandt hast. Und ich habe die Herrlichkeit, die du mir gegeben hast, ihnen gegeben, auf dass sie eins seien, gleichwie wir eins sind. Ich in ihnen und du in mir, auf dass sie zu vollendeter Einheit gelangen, *damit* die Welt erkenne, dass du mich gesandt hast und sie liebst, gleichwie du mich liebst. (Joh. 17,20-23)

► Die Spaltungen der Gemeinde Jesu an einem Ort haben jeweils ihren Ursprung in Verletzungen, Streit, Unfrieden, Anklagen, Stolz, Besserwisserei, anderen Erkenntnissen. Dies führt zur Abgrenzung voneinander, zu Sprachlosigkeit, Verwirrung, Uneinigkeit. Sie sind daher keine Bereicherung des geistlichen Lebens in einer Stadt, sondern ein Armutszeugnis der Christen. Außerdem ist es ein Sieg des Feindes, der durch die Zerstörung der Einheit die Gemeinden erfolgreich in ihrer Außenwirkung lähmt (Joh. 17,21!). Das muss nicht so bleiben. Buße/ Umkehr ist möglich.

2. Hausgemeinden, die sich untereinander vernetzten und sich selbst multiplizieren
Die Erwähnungen von Hausgemeinden im Neuen Testament befinden sich hier: Römer 16,3+4; 1.Korinther 16,19; Kolosser 4,15; Philemon 1+2.
In den Hausgemeinden lebten die Christen in verbindlicher Gemeinschaft. Durch sie wurde evangelisiert, es wurden Leute zu Jüngern gemacht und das Leben geteilt.
Es gibt im Neuen Testament nur drei Ebenen von Gemeinden: Hausgemeinden, die Stadtgemeinde und die weltweite Gemeinde der Christen aller Zeiten.

3. Gesamttreffen der Christen einer Stadt
Die Christen der Hausgemeinden kamen zu stadtweiten Treffen zusammen, um Lehre zu empfangen, Reiseberichte der Apostel zu hören und Abendmahl zu feiern
(u.a. Apg. 14,26-28, Apg. 15,22, Apg. 21,2-22, 1.Kor. 11,18ff, 1.Kor. 14,23, 1. Thess.5,27).
Heute sind diese Treffen auch geeignet, um Gott gemeinsam zu loben, für die Stadt zu beten und Einheit am Ort zu demonstrieren.

4. Der fünffältige Dienst
„Und Er hat gegeben etliche zu Aposteln, etliche zu Propheten, etliche zu Evangelisten, etliche zu Hirten und Lehrern, um die Heiligen zuzurüsten für das Werk des Dienstes, zur Erbauung des Leibes Christi, bis dass wir alle zur Einheit des Glaubens und der Erkenntnis des Sohnes Gottes gelangen und zum vollkommenen Manne *werden*, zum Maße der vollen Größe Christi." Eph. 4,11-13, siehe auch: 1.Kor.12,28+29; Apg. 3,21.
Der fünffältige Dienst wurde von Gott der Gemeinde gegeben, damit die Christen zugerüstet werden. Fehlt ein oder mehrere Dienste herrscht Mangel in der Gemeinde. Wachstumsstörungen und Lähmungen sind die Folge.

5. Ein Ältestenrat im Ort
Idealerweise hat eine Stadtgemeinde einen Ältestenrat, der verantwortlich die Gesamtgemeinde der Stadt leitet und ihr vorsteht. Im Alten Testament wird davon berichtet, dass das Volk Israel von Ältesten geleitet wurde. Im Neuen Testament wurden in den Gemeinden jeweils Älteste (immer im Plural) eingesetzt.
Ein Ältestenrat besteht aus geistlich reifen Männern und Frauen, die dazu berufen sind. Sie übernehmen vor Gott Verantwortung für das, was z.B. in Nümbrecht im geistlichen/spirituellen Bereich geschieht, bzw. nicht geschieht.
Von Paulus erhalten wir einen deutliche Hinweis auf die Ältesten der Stadtgemeinde

(Apg. 20,17): „Von Milet aber schickte er gen Ephesus und ließ die Ältesten der Gemeinde herüberrufen."

Fragen zu praktischen Überlegungen:
Wenn „Gemeinde" so von Gott geplant war...
Was würde dies für mich bedeuten?
Was würde dies für meinen Dienst bedeuten?
Was würde dies für meine Gemeinde bedeuten?
Was würde dies für die Zusammenarbeit der einzelnen Gemeinden in der Stadt bedeuten?

Tipp:
Ins Gebet gehen; in der Stille vor Gott diese Gedanken bewegen;
Ihn um Weisheit und Klarheit bitten;
offen sein für das oft leise Reden des Heiligen Geistes. Auch hier gilt: Alles prüfen – und das Gute behalten.

Literatur:
- Derek Prince, *Die Gemeinde*, Teil 1+ 2, ISBN: 3-932341-41-4 + ISBN: 3-932341-40-6.
- Jens Kaldewey, *Die starke Hand Gottes – der fünffältige Dienst*, ISBN-10: 3928093398.
- Wolfgang Simson, *Häuser, die die Welt verändern*, ISBN-10: 3928093126.
- Frank Viola, Georg Barna, *Heidnisches Christentum?, Über die Hintergründe mancher unserer vermeintlich biblischen Gemeindetraditionen*, ISBN-978-3-936322-43-9.
- Frank Viola, *Ur-Gemeinde – Wie sich Jesus seine Gemeinde eigentlich vorgestellt hatte*, ISBN- 978-3-936322-47-7.
- Frank Viola, *Ur-Praxis, Gründung und Aufbau organischer Gemeinden*, ISBN-978-3-936322-59-0.

6.3 „Gemeinde" (Ekklesia) im Neuen Testament

Welche Informationen wir in der Bibel zum Begriff „Gemeinde" finden.

Sicherlich ist es hilfreich zu untersuchen, was in der Bibel zum Thema „Gemeinde" steht: „Gemeinde" wird insgesamt 301mal im Alten Testament und Neuen Testament erwähnt.

Wie oft wird von <u>einer</u> Gemeinde in der Stadt gesprochen?
Und an welchen Stellen? Und von welcher Stadt ist die Rede?
Statistik: Beschreibung des Leibes Jesu in einer Stadt:

<u>Eine</u> Gemeinde pro Stadt:
In 36 Bibelstellen.

<u>Mehrere</u> Gemeinden in einer Stadt:
In 0 Bibelstellen.

Anzahl der in der Bibel namentlich erwähnten Städte, die genau eine Gemeinde hatten: 17.
Anzahl der in der Bibel namentlich erwähnten Städte, die mehrere Gemeinden hatten: 0.

Es werden diese 17 Städte namentlich genannt, die genau <u>eine</u> Gemeinde hatten!
Es ist die Gemeinde (Singular) in Jerusalem, Antiochia, Lystra, Ikonium, Cäsarea, Ephesus, Kenchreä, Korinth, Philippi, Kolossä, Laodizäa, Thessaloniki, Smyrna, Pergamus, Thyatira, Sardes und Philadelphia.
An keiner Stelle des Neuen Testaments gibt es eine Stadt, die mehr als eine Gemeinde hatte!

Es gibt weltweit bereits ca. 41.000 Denominationen!
(Quelle: Center for the Study of Global Christianity (CSGC) am Gordon-Conwell-Seminary - www.gordonconwell.edu)
Das sind Zehntausende von verschiedenen Kirchen, Gemeinden und Gruppierungen. Oft sind sie durch eine Spaltung entstanden und haben sich selbst ein oder mehrmals in ihrer Geschichte gespalten.
Dies ist sicherlich nicht die Einheit, für die Jesus seinen Vater in Johannes Kapitel 17,21 bat: „Vater, mache sie eins, damit die Welt erkennt, dass du mich gesandt hast".

Die Zersplitterung des Leibes Jesu in einer Stadt hat wenig mit der Einheit des Leibes Jesu in einer Stadt zu tun.
Widerspricht die heutige Struktur (viele Gemeinden in einer Stadt) Gottes ursprünglichem Plan?
Ist die heutige Struktur der Gemeindelandschaft in den Städten der Einheit der Christen eher förderlich oder eher hinderlich?

Wolfgang Simson fragt in seinem Buch (Titel: Häuser, die die Welt verändern):
„Warum brauchen Christen besondere Namen, Logos und Fahnen?"

Eine der wichtigsten Frage ist, ob Gott die heutigen Gemeindestrukturen verändern, anpassen und seinen ursprünglichen Plan für Gemeinde wiederherstellen möchte?
Bisher haben wir oft nur die heute existierende Zersplitterung des Leibes Jesu in viele verschiedene Denominationen erlebt.
Für viele ist dies der Normalzustand der „Gemeinde" in einer Stadt.
Diese Zerrissenheit des Leibes wird manchmal als „Einheit in der Vielfalt" gutgeheißen.
Real sieht diese „Einheit" leider oft so aus, als wenn man sich über einem Gartenzaun die Hand gibt – aber ansonsten auf seiner Seite bleibt.
Oft beschränkt sich die Einheit auf einzelne Programme (Veranstaltungen) - wie die Gebetswoche der Ev. Allianz oder ProCrist.
Es stellt sich die Frage, ob die Abspaltungen, durch die viele Gemeinden entstanden sind, im Willen Gottes waren – oder das Werk von Menschen bzw. des Feindes.

> Ist die heutige Zersplitterung der Gemeinde in einer Stadt im Willen Gottes – oder nicht?
> Ist die Gliederung in Denominationen in einer Stadt aus Seiner Sicht gut – oder nicht?

Auch in diesem Punkt gilt: Es kommt darauf an, wie Gott die Dinge sieht.
Unsere persönliche und meine Meinung dazu ist zunächst zweitrangig.

Würde Gott der Meinung sein, dass die Aufteilung des Leibes Jesu nicht in seinem Sinn ist, würde dies praktische Konsequenzen nach sich ziehen:
Dann würden diejenigen, die Gottes Willen an die erste Stelle ihres Lebens stellen, anfangen Ihn zu fragen, wie wir mit der jetzigen Situation umgehen sollen.
Sie würde in etwa so beten: „
Herr, Dein Reich komme, Dein Wille geschehe!
Was soll sich in unserer Stadt ändern?
Was möchtest Du, was wir tun sollen?
Möchtest Du die biblischen Gemeindestrukturen wiederherstellen?
Oder ist die jetzige Struktur „ok" in Deinen Augen?"
Wie die biblischen Strukturen der Gemeinde aussahen, kann man hier nachlesen: www.ein-herr-eine-gemeinde.de .

Wichtig:
Gott sieht alle Wiedergeborenen, alle

Nachfolger Jesu, in einer Stadt als <u>eine</u> Gemeinde an!

Exkurs zum Begriff „Kirche":

Unter „Kirche" wird heute hauptsächlich
- Gebäude (Kirchengebäude),
- als Beschreibung einer fest definierten, abgrenzten Gruppe von Gläubigen angesehen (im Sinne einer Mitgliedschaft in einer Organisation),
- als juristische Person (Kirche des öffentliches Rechts - K.d.ö.R.)

angesehen.

Zunächst zum Begriff „Kirche":

„Kirche" ist kein biblisches Wort.
„Kirche" ist ein Begriff, der erst hunderte Jahre nach Abschluss des Neuen Testaments aufkam.
„Kirche" kommt weder im Alten Testament noch im Neuen Testament vor.
Für „Kirche" gibt es kein hebr. oder griechisches Wort in den biblischen Urtexten.
Es ist heute oft ein Begriff der Abgrenzung zu unterschiedlichen theologischen Erkenntnissen und unterschiedlichen Organisationsformen (z.B. die der Ev. Kirche, Kath. Kirche, Ev.-Methodistische Kirche, Lutherische Kirche, Römisch-Katholische Kirche, Orthodoxe Kirche, Kirche für Oberberg, …).

Woher kommt der Begriff „Kirche"?
Kirche (alemannisch *kilche,*
hile, althochdeutsch *chirihha,* mittelniederdeutsch *kerke,* entlehnt aus
spätgriechisch κυριακόν*kyriakon* ‚Gotteshaus') ist eine
soziale Organisationsform von Religionen. Der Begriff wurde (nach Heinrich Friedrich Jacobson) durch keltische Christen von Britannien aus nach Mitteleuropa gebracht oder während der konstantinischen Epoche im Christentum der römischen Kolonialstädte (Metz, Trier, Köln) aufgenommen. Er findet seither überwiegend Anwendung auf Religionsgemeinschaften einer christlichen Konfession.
(Quelle: Wikipedia)

Fazit: Da der Begriff „Kirche" keine biblische Grundlage hat und heute – wenn oft unbeabsichtigt- auch zur Abgrenzung von anderen Gruppierungen dient, sollte er von Christen für die Gemeinde Jesu <u>nicht</u> verwendet werden.

Was heißt das alles für uns heute?
Welche praktischen Auswirkungen hat Gottes Sicht über „Gemeinde" für uns?

Dazu zwei Fragen:
1. Wegen der hohen Mobilität ist es heute normal, dass Christen eine Gemeinde außerhalb ihres Wohnorts besuchen. Hier stellt sich die Frage, ob sich dadurch Gottes Sicht von Gemeinde geändert hat (die besagt, dass es <u>eine</u> Gemeinde am Wohnort gibt).
Hat sich das biblische „Wohnortsprinzip" durch ein „Lebensraumprinzip" weiterentwickelt?
Das heißt, ist es aus Gottes Sicht ok, die Gemeinde zu besuchen, in deren Umfeld ich lebe?
Dies würde jedoch nicht das Prinzip der <u>einen</u> Gemeinde am Ort, der alle Wiedergeborenen angehören, aufheben.

3. Haben die Spaltungen des Leibes Jesu in der Kirchengeschichte Gottes Sicht von der einen Gemeinde in der Stadt verändert?

4. Hat Gott seine Sicht von Gemeinde der heutigen Situation, der Realität, (dass es viele unterschiedliche Gemeinden in einer Stadt gibt) angepasst?
Hat sich Gottes Plan für Gemeinde geändert, weil es heute 41.000 Denominationen gibt?

Durch diese Bibelstellen wird die Herzenseinstellung Jesu zum Thema „Gemeinde" deutlich:
Jesus betet in Joh. 17,21 zu seinen Vater:
„Vater, mache sie eins, damit die Welt erkennt, dass du mich gesandt hast."

Im Alten Testament lesen wir in Psalm 133:
Siehe, wie fein und lieblich ist's, wenn Brüder einträchtig beisammen wohnen!
2 Wie das feine Öl auf dem Haupt, das herabfließt in den Bart, den Bart Aarons, das herabfließt bis zum Saum seiner Kleider;
3 wie der Tau des Hermon, der herabfällt auf die Berge Zions; denn daselbst hat der HERR den Segen verheißen, Leben bis in Ewigkeit.

6.3 Das Gemeindeverständnis

"Gemeinde" hat folgende Merkmale:

Es gibt im Neuen Testament nur drei Ebenen der "Gemeinde"
a) Hausgemeinden b) die Ortsgemeinde c) die weltweite Gemeinde.

Den Hausgemeinden und der Ortsgemeinde standen Älteste vor, die von Diakonen unterstützt wurden.

Den Ältesten wurde -zusammen mit der Gemeinde- von Aposteln, Propheten, Lehrern, Hirten und Evangelisten gedient.

Es gab im NT immer nur eine Gemeinde pro Stadt.

Die Ortsgemeinden waren voneinander unabhängig.

Es gab keine Gemeindeverbände, keine Kirchen, freie Gruppierungen oder sonstige Denominationen.

Spaltungen unter wiedergeborenen Christen sind Sünde.

Es gab keinen Pfarrer, Pastor oder Gemeindeleiter, der einer Gemeinde vorstand - nur Älteste als Team.

Welche Schlussfolgerungen kann man aus diesen Erkenntnissen ziehen?

Wir wollen keine unabhängige evangelische Freikirche mehr sein.

Wir werden uns keinem Gemeindeverband oder einer Denomination anschließen.

Stattdessen streben wir danach, dass die Hausgemeinden, die Ortsgemeinde sowie eine apostolische Begleitung wiederhergestellt werden.

Wir beten, dass die Ortsgemeinde in den Ortschaften, in denen wir leben, ihre wahre Identität findet. Gemeinsame Veranstaltungen als Ortsgemeinde werden angestrebt (Hausgemeinden und die wiedergeborenen Christen aus den Kirchen und Denominationen).

Wir beten um die Wiederherstellung des fünffältigen Dienstes (Apostel, Propheten, Lehrer, Evangelisten, Hirten).

Das Ziel der Gemeinde ist Jüngerschaft.

Der Logik-Faktor: Selbst für Nichtchristen ist es logisch, dass Christen, die Jesus als gemeinsamen Herrn anerkennen, auch zusammen eine Ortsgemeinde bilden (Spaltungen, Abgrenzungen und parallel laufende, konkurrierende Gottesdienste sind unlogisch). Was würde Jesus tun?

Wir sehnen uns nach einer stadtweiten Gebetsoffensive: Anhaltendes Gebet und Fasten für die Verlorenen und für die Stadt (24-Stunden-Gebet).

Wir beten für ein "Pastorenfrühstück".

Aufarbeitung der Geschichte unserer Stadt (Welche Sünde der Vergangenheit hat Auswirkungen auf die heutige geistliche Situation?).

Die Haus- und die Ortsgemeinde ist beziehungs- und nicht programmorientiert.

Wer leitet und wer ist verantwortlich für die Menschen der Hausgemeinde?
Dies kann ein geisterfüllter Mann oder eine Frau sein, im Idealfall ein Ältestenehepaar.

Wer leitet die Ortsgemeinde und ist für die Gläubigen des Orts verantwortlich?

Die Ältesten der Stadt.
Finanzierung von Ältesten, Gemeindegründern im In- und Ausland etc. über Hausgemeinden.
Das heißt konkret: Jede Hausgemeinde unterstützt ihre(n) eigene(n) Ältesten oder Missionar; plus anteilige Beteiligung an den anfallenden Kosten des Leibes Jesu in der Stadt (z.B. für den apostolischen Dienst oder die Treffen der Christen).

Literatur:
- Derek Prince: "Die Gemeinde" Teile 1+2
- Watchmann Nee, Die Ortsgemeinde
- Watchmann Nee, Der Leib Christi
- Watchmann Nee, Ist Christus denn zertrennt?
- Francis Frangipane, Das Haus des Herrn
- Wolfgang Simson, Häuser die die Welt verändern
- John So, Einheit der Gemeinde- sichtbar oder unsichtbar
- Joachim Gnilka, Die frühen Christen (Herders Theologischer Kommentar)
- Tim Dowley (Hrg.): Handbuch - Die Geschichte des Christentums
- Zeitschrift: Praxis Nr.78 "Hauskirchen"

6.4.1 Biblische Struktur: Ein Ältestenrat pro Stadt

Ein Ältestenrat in einer Stadt?
Wenn ja, warum?
Gründe:
Im Alten Testament ist der Ältestenrat das Leitungsgremium des Volkes Israel in einer Stadt.
Ältestenkreise im AT (Beispiele):
5.Mose 19,12: „… so sollen die Ältesten seiner Stadt hinschicken und ihn von da holen lassen und ihn in die Hände des Bluträchers geben, dass er sterbe."

5.Mose 21,4: „Und die Ältesten jener Stadt sollen die junge Kuh hinabführen in das Tal eines immer fließenden Baches, wo weder gearbeitet noch gesät wird, und sollen dort der jungen Kuh bei dem Bach das Genick brechen."

5. Mose 21,6: „Und alle Ältesten der Stadt, die dem Erschlagenen am nächsten liegt, sollen ihre Hände waschen über der jungen Kuh, der im Talgrund das Genick gebrochen ist."

5.Mose 21,19+20: „…so sollen sein Vater und seine Mutter ihn ergreifen und zu den Ältesten seiner Stadt führen und zu dem Tor jenes Ortes, 20 und sie sollen zu den Ältesten seiner Stadt sagen: Dieser unser Sohn ist störrisch und widerspenstig und gehorcht unserer Stimme nicht; er ist ein Schlemmer und ein Säufer!

5. Mose 22,15: „…so sollen der Vater und die Mutter der jungen Frau sie nehmen und die Zeichen der Jungfräulichkeit der jungen Frau zu den Ältesten der Stadt an das Tor hinausbringen."

5. Mose 22,17+18: „Und sie sollen das Tuch vor den Ältesten der Stadt ausbreiten. 18 Dann sollen die Ältesten jener Stadt den Mann nehmen und ihn bestrafen; …"

5. Mose 25,8: „Dann sollen die Ältesten der Stadt ihn herbeirufen und mit ihm reden."
Josua 20,4 „Und wer zu einer dieser Städte flieht, soll draußen vor dem Stadttor stehen bleiben und vor den Ältesten der Stadt seine Sache vorbringen; dann sollen sie ihn zu sich in die Stadt nehmen und ihm Raum geben, bei ihnen zu wohnen."

Richter 8,16: „Und er ließ die Ältesten der Stadt ergreifen und ließ Dornen aus der Wüste und Disteln holen und züchtigte die Leute von Sukkot damit."
Richter 11,5: „Als nun die Ammoniter mit Israel kämpften, gingen die Ältesten von Gilead hin,

um Jeftah aus dem Lande Tob zu holen, …"
So auch in den Versen 7,8,9,10+11.

Ruth 4,2: „Und Boas nahm zehn Männer von den Ältesten der Stadt und sprach: Setzt euch hierher!"

1.Samuel 16,4: „Und Samuel machte es so, wie es ihm der HERR gesagt hatte, und begab sich nach Bethlehem. Da kamen die Ältesten der Stadt ihm zitternd entgegen und sprachen: Bedeutet dein Kommen Frieden?

1.Könige 21,11: „Und die Männer seiner Stadt, die Ältesten und die Edlen, die in seiner Stadt wohnten, taten, wie Isebel ihnen aufgetragen hatte, wie in den Briefen geschrieben stand, die sie ihnen zugesandt hatte. Sie ließen ein Fasten ausrufen …"
2.Könige 10,1: „Ahab aber hatte siebzig Söhne in Samaria. Und Jehu schrieb Briefe und sandte sie nach Samaria, zu den Obersten der Stadt, zu den Ältesten und Vormündern der Söhne Ahabs; …"

2. Könige 10,5: „Und der Vorsteher über das Haus, der Vorsteher über die Stadt und die Ältesten und die Erzieher sandten hin zu Jehu und ließen ihm sagen: Wir sind deine Knechte und wollen alles tun, was du uns sagst! Wir wollen niemand zum König machen; tue, was dir gefällt!

Esra 10,14: „Lasst doch unsere Obersten für die ganze Gemeinde einstehen; und alle aus unseren Städten, die fremde Frauen heimgeführt haben, sollen zu bestimmten Zeiten kommen, und mit ihnen die Ältesten jeder Stadt und deren Richter, bis der glühende Zorn unseres Gottes,…"

Ps107,32: „Rühmen sollen sie ihn in der Volksversammlung und im Ältestenrat ihn loben."

Es sind also 17 Stellen im Alten Testament, an denen von „Älteste der Stadt" berichtet wird.

Im Neuen Testament ist der Ältestenrat in einer Stadt das Leitungsgremium der Gemeinde.

Ältestenkreise im NT:
Apg. 15,2: „Da sich nun Zwiespalt erhob und Paulus und Barnabas nicht geringen Streit mit ihnen hatten, ordneten sie an, dass Paulus und Barnabas und einige andere von ihnen dieser

Streitfrage wegen zu den Aposteln und Ältesten nach Jerusalem hinaufziehen sollten.

Apg. 15,4: „Als sie aber nach Jerusalem kamen, wurden sie von der Gemeinde (Singular!), den Aposteln und den Ältesten empfangen und berichteten, wie vieles Gott mit ihnen getan habe."

Apg. 15,22 Jerusalem: „Da gefiel es den Aposteln und den Ältesten samt der ganzen Gemeinde, Männer aus ihrer Mitte zu erwählen und mit Paulus und Barnabas nach Antiochia zu senden, …"

Apg. 16,4: „Indem sie aber die Städte durchzogen, übergaben sie ihnen zur Befolgung die von den Aposteln und Ältesten in Jerusalem gefassten Beschlüsse."

Apg. 20,7: „ Aber von Milet sandte er nach Ephesus und ließ die Ältesten der Gemeinde (Singular!) rufen."
(Paulus ließ nicht die Pastoren oder Pfarrer rufen – sondern die Ältesten.
Man beachte: Es gab in Ephesus –wie überall im Neuen Testament- nur eine Gemeinde pro Stadt.)

Apg.21,17+18 Paulus in Jerusalem: „Und als wir in Jerusalem angekommen waren, nahmen uns die Brüder mit Freuden auf. Am folgenden Tage aber ging Paulus mit uns zu Jakobus, und alle Ältesten fanden sich ein."

Apg. 22,5: (Paulus:) „Der Hohepriester und der gesamte Ältestenrat (von Jerusalem) können das bestätigen. Von ihnen ließ ich mir sogar Empfehlungsbriefe an die jüdische Gemeinde in Damaskus geben. Ich reiste in jene Stadt, um auch dort die Anhänger der neuen Lehre festzunehmen und sie dann in Ketten nach Jerusalem bringen zu lassen, wo sie bestraft werden sollten."

Titus 1,5: „Ich habe dich zu dem Zweck in Kreta zurückgelassen, damit du das, was noch mangelt, in Ordnung bringst und in jeder Stadt Älteste einsetzt, so wie ich dir die Anweisung gegeben habe: …"

1. Petrus 5,1: „ Die Ältesten unter euch ermahne ich, der Mitälteste und Zeuge der Leiden Christi, der ich auch teilhabe an der Herrlichkeit, die offenbart werden soll:
2 Weidet die Herde Gottes, die euch anbefohlen ist, und achtet auf sie, nicht gezwungen, sondern freiwillig, wie es Gott gefällt, nicht um schändlichen Gewinns willen, sondern von Herzensgrund, 3 nicht als solche, die über die Gemeinden herrschen, sondern als Vorbilder der Herde. 4 So werdet ihr, wenn erscheinen wird der Erzhirte, die

unverwelkliche Krone der Herrlichkeit empfangen.
5 Desgleichen ihr Jüngeren, ordnet euch den Ältesten unter.
Alle aber miteinander bekleidet euch mit Demut; denn Gott widersteht den Hochmütigen, aber den Demütigen gibt er Gnade."

Zusammenfassung:
1. Ein Ältestenrat in der Stadt ist daher sowohl eine alttestamentliche, wie auch eine neutestamentliche Ordnung Gottes, eine Struktur, die Er vorgegeben hat.
2. Durch die Einführung eines Ältestenrats wird die Einheit der Christen in einer Stadt maßgeblich gefördert.
Die Ältesten müssen nicht immer dieselbe theologische Meinung und Erkenntnis haben. Es geht vielmehr darum, Gottes Willen für die Stadt zu erkennen, gemeinsam Verantwortung zu übernehmen und gemeinsam Leitungsaufgaben zu erfüllen.
3. Durch die Leitung und die Übernahme von Verantwortung stärkt der Ältestenrat die Gemeinde in der Stadt (klare Strukturen – vor allem vor der unsichtbaren Welt).
4. In der Bibel gibt es, von der Apostelgeschichte bis zur Offenbarung, immer nur eine Gemeinde pro Stadt. Es gab pro Stadt einen Ältestenrat.

5. In der Bibel (AT und NT) werden „Älteste in der Stadt" 23x erwähnt. Die Nachfolger Jesu, die Gott hingebungsvoll lieben und das Wort Gottes ernstnehmen, werden Gott fragen, was Er der heutigen Gemeinde dadurch sagen möchte.
Kann es sein, dass Gott diese Ordnung für die Endzeitgemeinde, für die letzte große Ernte, wiederherstellen möchte?

Was spricht dafür, was spricht dagegen, z.B. in einer Stadt wie Gummersbach einen Ältestenrat zu etablieren?
Argumente dafür:
- Ein Ältestenrat in einer Stadt ist eine Ordnung Gottes in seinem Königreich.
- Ein Ältestenrat fördert die Einheit der Gemeinde in der Stadt.
- Durch die zunehmende Einheit hat es der Feind deutlich schwerer Unruhe und Verderben zu stiften.

Argumente dagegen:
- Ist ein Ältestenrat noch zeitgemäß?
- Die Bildung eines Ältestenrats ist unrealistisch/schwärmerisch.
- Die Entwicklungen der Kirchengeschichte in den letzten Jahrhunderten mit der Bildung der Denominationen widersprechen einem gemeinsamen Leitungskreis in der Stadt.

Die eigentliche Frage ist:
Möchte Gott in unserer Zeit einen Ältestenrat pro Stadt haben?
Wie kann die Bildung eines Ältestenrats in einer Stadt praktisch aussehen?

- Beten und Fasten: Gott um Bestätigung, Korrektur und Leitung bitten.
- Informationen und Lehre über Gottes Ordnungen und Strukturen.
- Eine Koalition der Willigen bilden: Bereits eingesetzte Älteste, Pastoren und Leiter starten einen gemeinsamen (zunächst vielleicht kleinen) Ältestenkreis.
- Andere Älteste, Pastoren und Leiter in der Stadt werden informiert und eingeladen zu fragen, ob sie persönlich einen Ruf, in einem Ältestenrat in der Stadt zu wirken, haben.

Gott mag keine Denominationen. Die Zersplitterung seines Leibes in weltweit über 41.000 Kirchen und Gruppierungen ist ihm ein Gräuel.
Die kirchenhistorischen Spaltungen sind ein Werk des Feindes.
Jesus sagt in Mat.18,16, dass Er seine Gemeinde bauen wird.

6.4.2 Eine Stadt - eine Gemeinde - ein Leib - eine Ältestenschaft

Jesus: "Ich bitte aber nicht für diese allein, sondern auch für die, welche durch ihr Wort an mich glauben werden, auf dass sie alle eins seien, gleichwie du, Vater, in mir und ich in dir; auf dass auch sie in uns eins seien, damit die Welt glaube, dass du mich gesandt hast. Und ich habe die Herrlichkeit, die du mir gegeben hast, ihnen gegeben, auf dass sie eins seien, gleichwie wir eins sind.

Ich in ihnen und du in mir, auf dass sie zu vollendeter Einheit gelangen, damit die Welt erkenne, dass du mich gesandt hast und sie liebst, gleichwie du mich liebst. (Joh 17,20-23)

1. Eine Stadt - eine Gemeinde - eine Ältestenschaft
Im Neuen Testament lesen wir, dass es immer nur jeweils eine christliche Gemeinde in einer Stadt gab (u.a. Apg.14,27 +15,30, Off.2+3, Eph.1,1+4,1-6, Kol.4,16, 1.Kor.1,1-2+11,18).
Die Christen trafen sich in vielen, kleinen Hausgemeinden, die über die ganze Stadt verstreut waren (Rö.16,3+4, 1.Kor.16,19, Kol.4,15, Philemon 1+2).
Außerdem kamen die Christen der Hausgemeinden zu stadtweiten Treffen zusammen, um Lehre zu empfangen, Reiseberichte der Apostel zu hören und Abendmahl zu feiern (u.a. 1.Kor.11,18).

Die heutige Situation, dass es z.T. mehrere dutzend Kirchen, freie Gemeinden und Gemeinschaften in einer Stadt gibt, ist ein unnormaler, nicht schriftgemäßer Zustand (z.B. Joh.17,20-23, Epheser 4,1-6).
Die verschiedenen Gruppierungen entstanden meist durch Spaltungen - selbst die evangelische Kirche. Meistens war es so, dass jemand eine biblische Wahrheit neu erkannte und dann eine neue Richtung einschlug z.B. Luther: Errettung allein durch die Gnade Gottes oder dass es biblisch ist, Erwachsene statt Säuglinge zu taufen (später ging Luther jedoch Kompromisse in der Tauffrage ein).

Der heutige Zustand: Es gibt viele Gemeinden in einer Stadt, die sich zwar oft gegenseitig als Brüder und Schwestern des einen Herrn akzeptieren, aber eigentlich nie als Christen einer Stadt - als Leib Jesu einer Stadt- zusammenkommen und Gemeinschaft haben. Auch an diesem Schwachpunkt innerhalb des Leibes Jesu beginnt der Heilige Geist zu wirken. Erweckung wird ausbleiben, solange die Christen einer Stadt nicht miteinander versöhnt sind - solange Unordnung und Uneinigkeit im Leib Jesu einer Stadt herrscht.
Im Neuen Testament gibt es immer jeweils nur eine Gemeinde pro Stadt, der eine

gemeinsame Ältestenschaft vorstand (Titus 1,5; Ag.20,28).
So hat Gott den lokalen Leib Jesu geplant und der Heilige Geist ist heute dabei, diese Art der lokalen Gemeinde wiederherzustellen.
Gedient wurde den Christen auch durch den fünffältigen Dienst: Apostel, Propheten, Lehrer, Evangelisten und Hirten (Eph.4,11).

Die alttestamentliche Parallele
Das, was im Neuen Testament die Hausgemeinde und stadtweite/weltweite Gemeinde ist, hat seinen Ursprung im Alten Testament:
AT: Gott berief Israel zum Volk seines Eigentums. Das Volk bestand aus einzelnen Großfamilien.
NT: Gott beruft ein zweites Volk:
Das weltweite Volk Gottes (Sünder, die zu wiedergeborenen Christen werden).
Auch sie trafen sich am Anfang - in den ersten beiden Jahrhunderten - in "Familien" (Hausgemeinden) bis man anfing Kirchen zu bauen -ca. 222 n.Chr. .
2. Gott hat gute Absichten mit den verschiedenen Gemeinden einer Stadt
Gott möchte die Zersplitterung im Leib Jesu überwinden. Er fängt an, Christen aus verschiedenen Kirchen und Gemeinden eine Liebe für einander zu schenken.
Wiedergeborene und geisterfüllte Christen werden anfangen, Gott in ihrer Stadt gemeinsam anzubeten, für die Stadt zu beten und Einheit zu leben.
Praktisch umgesetzt wird dies heute schon auf der Leiterebene durch die freundschaftlichen Verbindungen in den regionalen Netzwerken und auch durch die 24-Stunden-Gebetsinitiativen.

3. Spaltung ist Sünde wie z.B. Ehebruch (siehe Gal.5,19-21!)
Die Spaltungen, die die Gemeinden im Laufe der Geschichte erlitten haben, sind keine Kavaliersdelikte. Das Wort Gottes ist sehr scharf und klar, was mit Leuten passiert, die Spaltungen verursachen: "Welche solches tun, werden das Reich Gottes nicht ererben!"
Durch Bekennen und Buße ist jedoch jetzt noch Umkehr möglich.
Inwieweit sind Mitglieder einer Kirche oder Gemeinschaft Gefangene der dort gelehrten Denkweisen und Dogmen (Glaubensgrundsätze)?

4. Was ist das Ziel?
Der Heilige Geist wird Jesus bei der Hochzeit des Lammes eine reine und makellose Braut (die Gemeinde) zuführen.

Gott möchte, dass allen Menschen geholfen wird und sie zur Erkenntnis der Wahrheit kommen (= Erweckung)!

Es geht auch darum, dass die Christen einer Stadt in Einheit zusammen stehen, um Gott anzubeten, um voneinander zu lernen, um Gemeinschaft zu haben und auch um mit Kraft dem Feind Widerstand leisten zu können - damit Friede und Ordnung in der Stadt herrschen und es einfach für Menschen wird, gerettet und zu Jüngern gemacht zu werden.

5. Wer sind unsere geistlichen Brüder und Schwestern?

Wer gehört z.B. zum Leib Jesu einer Stadt? Letztlich können wir Menschen dies nicht beurteilen. Aber es gibt klare biblische Anhaltspunkte:
- Diejenigen, die Jesus lieben (Joh.14,23+Titus 3,5)
- und anerkennen, dass er der Herr ist (Lukas 2,11),
- dass er am Kreuz für unsere Sünden starb, auferstand und wieder lebt (Rö 5,8f),
- dass er jetzt zur Rechten des Vaters sitzt (Heb.1,3),
- dass es notwendig ist geistlich wiedergeboren zu sein (Joh.3,3),
- die glauben, dass die Bibel das inspirierte Wort Gottes ist (2.Tim 3,16),
- die sich nach der leibhaftigen Wiederkehr des Herrn Jesus sehnen (Off.22,20).

6. Was bedeutet dies alles praktisch heute für uns?
- Beten, dass Gottes Wille geschehen wird (evtl. 24-Stundengebet zusammen mit anderen Christen des Ortes).
- Aufarbeitung der Vergangenheit: Wo sind wir als Christen aneinander schuldig geworden.
- Buße tun, dort wo wir Spaltung verursacht haben - sich `ent´-schuldigen.
- Freundschaften und Kontakte zu anderen Christen am Ort pflegen, ihnen dienen und gemeinsam vor Gott treten.

7. No names! Wozu brauchen Christen zusätzliche Namen und Bezeichnungen?
Entweder man ist wiedergeborener Christ oder nicht. Wenn ja, gehört man zum Leib Jesu - zur stadtweiten Gemeinde und sollte einer Hausgemeinde angehören.

Wozu brauchen wir die Abgrenzungen wie z.B. evangelisch, katholisch, ev.-freikirchlich, römisch-orthodox, methodistisch, mennonitisch, baptistisch etc.?

Das einzige biblische Kriterium für die Abgrenzung von Gemeinden ist geographischer Natur. Alleine die Stadtgrenze bestimmte die Abgrenzung zu anderen Gemeinden. Wir lesen von der Gemeinde (Einzahl!) in Jerusalem, von der in Lystra, Korinth, Derbe, Kolossä, Troas, Philippi, Rom, Thessalonich, Antiochia usw. .

Im Neuen Testament gibt es auch keine landesweiten Gemeindeverbände, stattdessen einen apostolischen Dienst.

Das ist Gottes Plan, wie wir ihn im neuen Testament lesen. Es wird Zeit, wieder zu den biblischen Gemeindestrukturen zurückzukehren - und zwar um Gott gehorsam zu sein und auch um der Verlorenen willen! Jesus Wunsch ist nach wie vor: Joh.17,23: "...damit sie zur vollendeter Einheit erlangen, damit die Welt erkenne, dass du mich gesandt hast und sie liebst...).

Das Gute an unserer heutigen Situation ist, dass Gottes Liebe in den Christen anfängt zu wirken, so dass sie ihren Bruder und ihre Schwester in der anderen Kirche und Gemeinschaft erkennen und sie schätzen und lieben lernen. Es liegt auf dem Herzen unseres gemeinsamen Herrn den normalen Zustand des Leibes Jesu in einer Stadt wiederherzustellen. Gott möchte es tun - und bei ihm ist kein Ding unmöglich!

Literatur:
- John So, Einheit der Gemeinde
- Francis Frangipane, Das Haus des Herrn
- Wolfgang Simson, Häuser, die die Welt verändern
- Derek Prince, Die Gemeinde, Teil 1 + 2
- Watchman Nee, Die Ortsgemeinde
- Frank Viola, Georg Barna, Heidnisches Christentum? Über die Hintergründe mancher unserer vermeintlich biblischen Gemeindetraditionen.
- Frank Viola, Ur-Gemeinde – Wie sich Jesus seine Gemeinde eigentlich vorgestellt hatte.
- Frank Viola, Ur-Praxis, Gründung und Aufbau organischer Gemeinden.

6.5 und 6.6 (Tabelle) Der fünffältige Dienst

Der fünffältige Dienst wurde von Gott der Gemeinde gegeben, damit die Christen zugerüstet werden.
Fehlt ein oder mehrere Dienste herrscht Mangel in der Gemeinde.
Wachstumsstörungen und Lähmungen sind die Folge. Dies passiert in Gemeinden, die dominierend von einem Pastor (lat. „Hirte") geleitet werden.
Alle fünf Dienste sind zum gesunden Wachstum der Gemeinde von Gott vorgesehen.
Bibelstellen zum fünffältigen Dienst:
„Und er (Gott) hat gegeben etliche zu Aposteln, etliche zu Propheten, etliche zu Evangelisten, etliche zu Hirten und Lehrern, um die Heiligen zuzurüsten für das Werk des Dienstes, zur Erbauung des Leibes Christi, bis dass wir alle zur Einheit des Glaubens und der Erkenntnis des Sohnes Gottes gelangen und zum vollkommenen Manne werden, zum Maße der vollen Größe Christi." Eph. 4,11-13,

„Ihr aber seid Christi Leib, und jedes in seinem Teil Glieder. Und so hat Gott in der Gemeinde gesetzt erstens Apostel, zweitens Propheten, drittens Lehrer, danach Wundertäter, sodann die Gaben der Heilung, der Hilfeleistung, der Verwaltung, verschiedene Sprachen. Es sind doch nicht alle Apostel, nicht alle Propheten, nicht alle Lehrer, nicht alle Wundertäter? Haben alle die Gaben der Heilung? Reden alle mit Zungen? Können alle auslegen? Strebet aber nach den besten Gaben; doch zeige ich euch jetzt einen noch weit vortrefflicheren Weg" 1.Kor. 12,27+31.

„So seid ihr nun nicht mehr Fremdlinge und Gäste, sondern Mitbürger der Heiligen und Gottes Hausgenossen, auferbaut auf die Grundlage der Apostel und Propheten, während Jesus Christus selber der Eckstein ist, in welchem der ganze Bau,

zusammengefügt, wächst zu einem heiligen Tempel im Herrn, ..." Eph. 2,19-21.

Die mobilen Dienste sind die der Apostel,

Propheten, Lehrer und Evangelisten.
Ortsgebunden Dienste sind die der Hirten und Diakone.
Der Theologe Jens Kaldewey bezeichnet den fünffältigen Dienst als den „Schlüsseldienst Gottes". Er schreibt:
„Wenn ein Apostel auftaucht, geraten Dinge in Bewegung. Neues beginnt."
„Ein Prophet Gottes ist ein Mensch, der von Gott etwas vernimmt und es weitersagt."
„Ein Lehrer zieht den Vorhang zur Seite, der die Schrift so oft verdeckt."
„Der Hirte fragt nicht nach besonderen Leistungen, sondern nach dem Menschen selbst."
„Ich glaube, dass Gott den evangelistischen Dienst viel stärker beglaubigen will durch Zeichen und Wunder – auch bei uns."

Im neuen Testament werden 28 Personen als Apostel bezeichnet, zehn Personen als Propheten. Im Gegensatz dazu wird nur eine Person als Evangelist bezeichnet.

Christen, die Jesus bewusst nachfolgen, die sich nach der Ausbreitung des Reiches Gottes an ihrem Ort sehen, werden immer mehr fragen, wie Gott ursprünglich „Gemeinde" geplant hatte. Dies wird zu Veränderungen führen: kirchenhistorisch gewachsene Strukturen kommen auf den Prüfstand. Inwieweit stimmen sie mit den weisen Planungen Gottes für seine Gemeinde überein. Eine Auswirkung wird eine stärkere Rückbesinnung auf die Förderung des fünffältigen Diensts sein.

Literatur
- Jens Kaldewey, *Die starke Hand Gottes - der fünffältige Dienst*, ISBN 3-928093398
- Derek Prince, *Die Gemeinde, Band 1 - Einführung /Ämter*, ISBN 3 932341-41-4
- Ulrich Wößner, *Die Gemeinde des Messias*, Vom organisierten und kontrollierten Christentum zu christlicher Freiheit und Verantwortung, 2024, ISBN 978-3-95578-640-3.

Der fünffältige Dienst (Epheser 4,11) aus Jens Kaldewey: *Die starke Hand Gottes*

	Apostel	Prophet	Lehrer	Hirte	Evangelist
Vorlieben Was er liebt:	Länder, Regionen, Völker. Strategien entwerfen und umsetzen	Das Herz Gottes spüren, die Stimme Gottes hören	Das Wort Gottes studieren, verstehen und verständlich machen	Eine Gemeinde, einzelne Christen, individuelle Menschen: Beziehungen zu Gläubigen aufbauen	Die Welt der Nichtchristen: Gottes Handeln an Nichtchristen hier und jetzt erwarten und freisetzen
Wohin er schaut:	In die Weite	In die Tiefe	In das Wort Gottes	In die Gesichter der Christen	In die verlorene Welt
Hauptverantwortung	Gründen, berufen, senden, multiplizieren. Das Ganze im Auge zu behalten. Langfristig und strategisch denken und planen.	Die Stimme Gottes hören und das Gehörte weiterleiten.	Das Wort Gottes verständlich lehren, Menschen im Wort gründen.	Den Schafen (Christen) nachgehen und sie fürsorglich betreuen.	Kontakte zu Nichtchristen aufbauen und ihnen das Evangelium verkünden, Gläubige zur Evangelisation ermutigen.
Risiken und Gefahren bei Überbetonung	Starkult, personenabhängige Megagemeinde mit vielen unmündigen Gläubigen und ausgebrannten Mitarbeitern	Unmündigkeit der Gläubigen, fehlende Stabilität, Verführungsgefahr, Hin- und Hergeworfensein der Gläubigen, geistliche Sensationsgier	Dogmatismus, Starrheit, Kopflastigkeit, zu wenig Aktion, Gesetzlichkeit.	Verwöhnen, „Kuschelchristentum", Wachstumsstopp, Betonung des eigenen „Stallgeruchs"	Hohe „Kindersterblichkeit", keine bleibende Frucht, keine Wachstum sichernde Maßnahmen, Gefahr der Zerstreuung des Gläubigen.
Wirkungen und Frucht	Bewegung, Ausbreitung, Multiplikation	Betroffene Herzen, Umkehr, Motivation	Stabilität, Reife, Ausrüstung	Heilung, Geborgenheit, Offenheit, Schutz	Neue Menschen, neue Frische, zahlenmäßiges Wachstum
Varianten der Dienste	Gemeindeleiter einer großen, wachsenden und sendenden Gemeinde, Gemeindegründer, Pioniermissionar, Gründer translokaler (die örtliche Region überschreitender christlicher Werke, die nachher noch lange Zeit vor Ort selbstständig weiterarbeiten	Vollmächtiger Prediger, welche die Glaubigen zurückführen zu Gott und zur ersten Liebe; Fürbitter, die nicht nach Listen beten, sondern ihre Anliegen direkt von Gott erhalten und häufig Offenbarungen erfahren über andere Menschen, für die sie beten; Seelsorger, deren Hauptinstrument in der Seelsorge die Offenbarung ist und weniger irgendeine spezielle seelsorgerliche Technik	Prediger mit dem Schwerpunkt guter, verständlicher Predigten, Mentor, Schriftsteller, Bibelschullehrer, Hauskreisleiter mit dem Schwerpunkt Lehre.	geistliche Mütter und Väter, Leiter von Großfamilien oder therapeutischen Einrichtungen, Seelsorger, Hauskreisleiter, väterlicher Leiter kleiner Gemeinden, Kindergärtnerinnen, Schulleiter.	Pastor einer jungen (!) wachsenden Gemeinde, Missionar, Leiter von Straßeneinsätzen, Jugendgruppenleiter

6.7 Der Dienst der Ältesten (der Älteren)

Der Dienst des Ältesten darf und soll angestrebt werden (1.Timotheus 3:1)! Wenn wir verstehen, dass in der Gemeinde um Dienen geht, zeugt es von Reife, wenn jemand anstrebt ein Ältester/ ein Älterer zu sein.

Warum „Älterer" statt „Ältester"?
Die in vielen Bibelübersetzungen gewählte Bezeichnung „Ältester" entspricht nicht dem griechischen Text. Darauf macht der Theologe Ulrich Wößner aufmerksam (siehe Literaturangaben). Seine Erklärung:
Beim griechischen Wort „presbyteros" (was meist mit „Ältester" übersetzt wird) handelt es sich nicht um den <u>Superlativ</u> von „presby", was „ältester" hieße, sondern um den <u>Komperativ</u>, der korrekt mit „älter" oder „Älterer" zu übersetzen ist. Das Wort „Ältester" wäre auf das griechische „prebytatos" zurückzuführen und somit eine falsche Übersetzung.

Alttestamentlicher Hintergrund:
⇨ Familien- und Sippenälteste (1.Mose 50:7; 2. Mose 12:21)
⇨ Mitverantwortliche bei Mose (4.Mose 11:16-17)
⇨ eine Art Stadtrat (1.Könige 20:8; 21:11)
⇨ Synagogenvorsteher (Matthäus 16:21; Apg. 4:5)

<u>Ältere im Neuen Testament:</u>
1. Wer sind Ältere? (Bibelstellen bitte nachlesen!)
⇨ Hirten (1.Petrus 5:1-4) - sie versorgen und leiten die Herde Gottes
⇨ Aufseher (Apg. 20:17+28) - sie haben die Aufsicht und die Übersicht
⇨ Väterliche Führer (Hebräer 13:7 + 17) - sie stehen vor der Gemeinde und gehen voran.

Übrigens: Ältere werden im Neuen Testament stets *im Plural* erwähnt. Sie bilden ein Team und arbeiten miteinander! (1.Timotheus 5:17 ff)

2. Wozu gibt es Ältere?
⇨ zum <u>Vorbild</u> (1.Timotheus 5:17) Sie geben Beispiel, leiten an, trainieren,
⇨ in Bezug auf <u>Lehre</u> (Titus 1:9) - sie sind für die gesunde Lehre in der Gemeinde verantwortlich.
⇨ Seelsorge - sie sind für die Seelen der Gläubigen <u>verantwortlich</u>, in dem Sinn, dass Gott von den Älteren Rechenschaft über ihren Dienst an den Heiligen fordert (Heb.13,17!).

3. Sie sollen *gut* vorstehen (1.Tim.5:17)
Apg. 20:27-32:
⇨ den ganzen Ratschluss Gottes verkündigen
⇨ Sorge für jeden Einzelnen
⇨ Schutz vor Irrlehre und Wölfe (1. Petrus 5:1-5).
⇨ nicht gezwungen, sondern freiwillig und gerne
⇨ eifrig aber nicht um eigener Ehre willen
⇨ demütig und nicht herrschsüchtig
⇨ nicht als Besitzer der Herde, sondern als berufene Haushalter

4. Qualitäten eines Älteren
(1.Timotheus 3:1-6)
vorbildlicher Lebensstil:
♦ nüchtern (nicht fanatisch)
♦ besonnen (ausgewogen)
♦ ordentlich (nicht durcheinander, chaotisch)
♦ nicht den eigenen Vorteil suchend
♦ nicht einer Sucht verfallen
♦ Mann <u>einer</u> Frau oder ledig (wie Paulus)
♦ guter Ruf in der Öffentlichkeit

Führungsqualitäten:
♦ die eigene Familie führen können
♦ schon länger in der Mitarbeit
♦ lehrfähig (kann anderen was beibringen) (siehe 1.Titus 1,9)

5. Wie wird man ein „Älterer"?
1. Durch das <u>eigene Zeugnis</u>: Es muss eine Sehnsucht des Anwärters zum verantwortlichen Dienst am Hause Gottes gewachsen sein (1.Tim.3,1).
2. <u>Ältere werden durch den Heiligen Geist „gesetzt"!</u> (Apg.20,17+28)
3. Durch die <u>Bestätigung des apostolischen Dienstes</u> (z.B. Titus 1,5 + Apg 14,14+23).

6. Wie sollen Ältere eingesetzt werden?
Es gibt im Neuen Testament keine allgemeingültige Handhabung - jedoch zwei Berichte von der Einsetzung von Älteren bei Gemeindegründungen: A) Von den Aposteln Barnabas und Paulus in Städten in der heutigen Türkei (Apo. 14,14+23) und B) Von Titus während seines apostolischen Dienstes in verschiedenen Städten auf Kreta (Titus 1,5). - Petrus schreibt, dass er als Apostel Mitälterer ist (1.Petrus 5,1). Die neuen Älteren wurden von den vorhandenen Mitälteren ausgesucht (in Ephesus waren dies die Apostel Paulus und Barnabas) und vom Heiligen Geist „gesetzt": „So habt nun acht auf euch selbst und auf die ganze Herde, in welcher <u>der heilige Geist</u> euch zu Aufsehern <u>gesetzt</u> hat, die Gemeinde Gottes zu weiden, welche er durch das Blut seines eigenen Sohnes erworben hat!"
Apostelg.20,28

„Gesetzt" werden auch diejenigen, denen ein Amt des fünffältigen Dienstes gegeben wurde (und zwar von Gott – nach Epheser 4,11). 1.Kor 12,28a: „Und so hat Gott in der Gemeinde gesetzt erstens Apostel, zweitens Propheten, drittens Lehrer, ..." Eph 4,11: „Und er hat die einen als Apostel gegeben und andere als Propheten, andere als Evangelisten, andere als Hirten und Lehrer. Eine demokratische Abstimmung oder Wahl durch die Gemeinde wird bei Älteren an keiner Stelle erwähnt. Es sprechen einige biblische Argumente für die Benennung der neuen Älteren durch bereits vorhandene Ältere.

1. Bei Gemeindegründungen lesen wir davon, dass die Apostel die Älteren eingesetzt haben - und nicht die Gemeinde im Allgemeinen. Hier setzen Apostel unter dem Einfluss des Heiligen Geistes (Apg.20,28) Ältere ein.
2. Es gehört zum Aufgabenbereich der Älteren, der Gemeinde vorzustehen (1.Tim.5,1+Heb. 13,17), sie zu weiden, zu leiten und zu führen (Apg.20,28).

Folgende mögliche Vorgehensweise ist nach dem heutigen Erkenntnisstand korrekt: Wenn die vorhandenen Älteren die Berufung zum Älteren in anderen erkannt haben und sich mit Gebet und Fasten einig geworden sind, ist es sinnvoll, der Gemeinde die Vorschläge zu unterbreiten - mit der Bitte um Prüfung. Die Gemeinde ist aufgefordert zu beten, ob sie das auch so sehen kann. Bedenken können den vorhandenen Älteren oder dem begleitenden Apostel mitgeteilt werden. Dann beraten die Älteren nochmals über die eingegangenen Reaktionen. Ist eine Übereinstimmung festzustellen, werden die neuen Älteren unter Handauflegung offiziell vor der Gemeinde eingesetzt.

7. Die Gemeinde und ihre Älteren
Die Hauptverantwortlichen werden in der Bibel als Ältere bezeichnet (1.Petr. 5,1-4).
⇨ Ihnen soll Achtung und Gehorsam entgegengebracht werden (1.Tim. 5:17, Hebr. 13:17, 2.Thess 3:14+15).
⇨ Sie sollen materielle Versorgung erhalten (1.Korinther 9:7-14).
⇨ Klagen gegen einen Älteren werden nur angenommen, wenn zwei oder drei Zeugen auftreten (1.Tim.5:19+20).

8. Ämter der neutestamentlichen Ortsgemeinde (Begriffserklärungen)
In der Hausgemeindebewegung wird angestrebt, nur Ämter und Dienste zu haben, die biblisch belegbar sind. Daher ist die Kenntnis über die Bedeutung und die Ursprünge der Begriffe Älterer, Diakon, Bischof, Aufseher, Pastor wichtig.

Älterer (presbyteros), Bischof /Aufseher (episkopos) und Hirte (= lat. Pastor, grie. poimen) beschreiben interessanterweise das gleiche Amt, den gleichen Dienst bzw. die gleiche Funktion in der Gemeinde. Die verschiedenen Begriffe beschreiben dieselbe Person oder denselben Dienst lediglich aus verschiedenen Blickwinkeln.

Die Qualifikation ist die eines Älteren, der geistliche Dienst ist der eines Hirten und das Werk, das getan werden muss, ist das eines Aufsehers. Das geht aus Apg. 20, 17+28, Titus 1,5-7 und 1.Petrus 5,1+2 hervor. Ältere werden im Neuen Testament immer im Plural erwähnt. Die Gemeindeleitung durch einen Pfarrer oder Pastor ist eine Erfindung der Kirchengeschichte.

10. Ältere als Väter und Richter
Paulus erklärt wiederholt, dass die Älteren auch die Aufgabe der Zurechtweisung haben (1.Thess.5:12; 2.Tim.2:24+25). Dennoch sollte die Zurechtweisung im väterlichen Stil stattfinden und nicht im Stil eines Zuchtmeisters (1.Kor.4:15); denn in Christus sind wir nicht mehr unter dem Zuchtmeister (Gesetz), sondern sind Söhne und Töchter geworden (Gal.3:25). Zurechtweisung, Zucht, Erziehung muss sich an der Vaterschaft Gottes orientieren, von dem alle Vaterschaft kommt und nicht an der Pädagogik der gegenwärtigen Gesellschaft. Es ist unser Auftrag "Menschen zu Jünger zu machen und sie zu lehren alles zu halten, was Jesus befohlen hat"- darum sollen wir ringen!

11. Voraussetzungen, um Älterer zu sein (nach 1.Tim.3,1-7 u. Titus 1,5-9)
Er soll „tadellos", gerecht, heilig, Ehemann einer Frau (oder ledig), nüchtern, ehrlich, gastfrei, geschickt zu lehren, nicht vom Rausch abhängig, nicht gewalttätig und streitsüchtig, nicht geizig und wer jung im Glauben steht, soll nicht Älterer werden.

12. Verantwortlichkeiten des Älteren
Der Ältere ist natürlich zuerst für sich selbst vor Gott und Menschen verantwortlich, aber auch für seine Familie und für die ihm anvertrauten Leute (z.B. der Hausgemeinde, die er leitet. Er soll zu ihnen eine verantwortliche, verbindliche Jüngerschaftsbeziehung haben). Hebr 13,17: „Gehorcht und fügt euch euren Führern! Denn sie wachen über eure Seelen, als solche, die Rechenschaft geben werden, damit sie dies mit Freuden tun und nicht mit Seufzen; denn dies wäre nicht nützlich für euch." Er ist auch den anderen Älteren und -soweit schon vorhanden- dem apostolischen Dienst gegenüber rechenschaftspflichtig. Die Älteren einer Gemeinde, bzw. einer Stadt, haben die Verantwortung dafür, was im Leib Jesu passiert und auch was nicht geschieht.

1.Thess.5,12 „Wir bitten euch aber, ihr Brüder, anerkennet diejenigen, welche an euch arbeiten und euch im Herrn vorstehen und euch ermahnen; haltet sie um ihres Werkes willen desto größerer Liebe wert; lebet im Frieden mit ihnen!"

Literatur:
- Ulrich Wößner, *Die Gemeinde des Messias*, Vom organisierten und kontrollierten Christentum zu christlicher Freiheit und Verantwortung, 2024, ISBN 978-3-95578-640-3.
- Ulrich Wößner, *Jesus der Messias,* Das Neue Testament – aus dem griechischen Grundtext übersetzt, 2024, ISBN 978-3-95578620-5
- Michael Winkler: Älteste in der Gemeinde- Inkubator für Älteste, Seminarunterlagen.
- Derek Prince: Vortragsserie-„Die Gemeinde" Teil 1 und 2.
- Anton Schulte, Unsere Gemeinde kann wachsen, Brendow Verlag.

6.8 Der Dienst der Diakone

Diakone in der Gemeinde
Das Wort Diakon kommt von dem griech. Wort "diakonos" was soviel wie "Diener" bedeutet oder noch genauer: "der zu Tische dient". Dieses Wort kommt 24mal im N.T. vor – es wird aber nur viermal im Sinne eines speziellen Dienstes verwendet.

1. Ursprung:
Apg 6,1-7:
„In diesen Tagen aber, als die Jünger sich mehrten, entstand ein Murren der Hellenisten gegen die Hebräer, weil ihre Witwen bei der täglichen Bedienung übersehen wurden.
Die Zwölf *(Apostel/Älteste)* aber riefen die Menge der Jünger herbei und sprachen: *Es ist nicht gut, dass wir das Wort Gottes vernachlässigen und die Tische bedienen.*
So seht euch nun um, Brüder, nach sieben Männern unter euch, von ‹gutem› Zeugnis, voll Geist und Weisheit, die wir über diese Aufgabe setzen wollen!
Wir aber werden im Gebet und im Dienst des Wortes verharren.
Und die Rede gefiel der ganzen Menge; und sie erwählten Stephanus, einen Mann voll Glaubens und Heiligen Geistes, und Philippus und Prochorus und Nikanor und Timon und Parmenas und Nikolaus, einen Proselyten aus Antiochia.
Diese stellten sie vor die Apostel; und als sie gebetet hatten, legten sie ihnen die Hände auf. Und das Wort Gottes wuchs, und die Zahl der Jünger in Jerusalem mehrte sich sehr; und eine große Menge der Priester wurde dem Glauben gehorsam."

Die Voraussetzungen, die für Älteste und Diakone gleichermaßen gelten:
1.Tim 3,1-13:
„Das Wort ist gewiss: Wenn jemand nach einem Aufseherdienst trachtet, so begehrt er ein schönes Werk.
Der Aufseher nun muss untadelig sein, Mann einer Frau, nüchtern, besonnen, sittsam, gastfrei, lehrfähig, kein Trinker, kein Schläger, sondern milde, nicht streitsüchtig, nicht geldliebend,
der dem eigenen Haus gut vorsteht und die Kinder mit aller Ehrbarkeit in Unterordnung hält - wenn aber jemand dem eigenen Haus nicht vorzustehen weiß, wie wird er für die Gemeinde Gottes sorgen? -, nicht ein Neubekehrter, damit er nicht, aufgebläht, dem Gericht des Teufels verfalle. Er muss aber auch ein gutes Zeugnis haben von denen, die draußen sind, damit er nicht in übles Gerede und in den Fallstrick des Teufels gerät.
Ebenso die Diener (grie.diakonoi): ehrbar, nicht doppelzüngig, nicht vielem Wein ergeben, nicht schändlichem Gewinn nachgehend, die das Geheimnis des Glaubens in reinem Gewissen bewahren.
Auch sie aber sollen zuerst erprobt werden, dann sollen sie dienen, wenn sie untadelig sind.
Ebenso sollen die Frauen ehrbar sein, nicht verleumderisch, nüchtern, treu in allem.
Die Diener seien ‹jeweils› Mann einer Frau und sollen den Kindern und den eigenen Häusern gut vorstehen;
denn die, welche gut gedient haben, erwerben sich eine schöne Stufe und viel Freimütigkeit im Glauben, der in Christus Jesus ist."
Röm 16,1:
„Ich empfehle euch aber unsere *Schwester* Phöbe, *die eine Dienerin (von: diakonos) in der Gemeinde in Kenchreä ist.*"
Diakone können also im Gegensatz zu Ältesten, die die letzte Verantwortung für die Gemeinde vor Gott tragen, sowohl Männer als auch Frauen sein.

2. Aufgabe
➢ den Ältesten zu dienen, indem sie eine *Teilverantwortung* übernehmen z.B. Finanzen, Soziale Dienste, Hausmeister, Jugendarbeit etc.
3. Qualitäten
➢ siehe: 1.Tim. 3:8-13: und Apg.6:1-7

4. Einsetzung
➢ Die Anforderungen sind dieselben wie bei den Ältesten.
➢ Die Gemeinde erwählt aus ihrer Mitte die Diakone.
➢ Die Ältesten bestätigen und bevollmächtigen durch Handauflegung.

5. Weitere Punkte und Unterschiede zwischen Ältesten und Diakonen
• Für Diakone und Älteste wird eine Art Probe am Anfang ihres Dienstes empfohlen (1.Tim3,10: „Auch sie sollen geprüft und erst darauf zum Dienst zugelassen werden...").
• Von einem Diakon wird nicht gefordert, dass er fähig ist, andere zu lehren. Er soll das Geheimnis des Glaubens mit reinem Gewissen bewahren. Glauben und Leben sollen bei ihm übereinstimmen. Das verhilft ihm zu einem guten Ruf in der Öffentlichkeit.
• Die Ältesten sollen im Gebet und im Dienst am Wort stehen.
Die Diakone haben praktische Dienste: Organisation, Armenspeisung etc.
Die meisten Diakone übten praktische Dienste aus.
Von einzelnen Diakonen werden weitere Aufgaben und Tätigkeiten im Neuen Testament berichtet:

Beispiel: Der Diakon Stephanus
Aus der Apostelgeschichte (6,3ff+7,54-60) wissen wir, dass er

- ein gutes Zeugnis bei anderen hatte,
- voll heiligem Geist und Weisheit war,
- bei den Tischen diente,
- voll Gnade und Kraft,
- Wunder und große Zeichen unter dem Volk tat,
- ein guter Redner war und gut argumentieren konnte,
- ein Visionär war: Er sah Jesus zur Rechten Gottes sitzen. Er sah die Herrlichkeit Gottes,
- stellvertretend für seine Feinde um die Vergebung ihrer Schuld bat,
- der erste Märtyrer war.

Beispiel: Der Diakon Philippus

- Er predigte das Evangelium (Apostelgeschichte 8,5).
- Er reiste viel.
- Er tat Zeichen und Wunder (8,6).

- Durch seinen Dienst wurden viele Kranke gesund (8,7).
- Er taufte (8,12+ 8,38).
- Der Heilige Geist sprach zu ihm und gab ihm glasklare Anweisungen (8,26).
- Er wurde vom Heiligen Geist übernatürlich von einem Ort zum anderen Ort „gebeamt" (8,39).

6. Das Verhältnis von den Diakonen zu den Ältesten
Die Diakone unterstützen die Ältesten, indem sie klar abgegrenzte Aufgabenbereiche eigenverantwortlich leiten (wobei die letzte Verantwortung bei den Ältesten bleibt).
Die Diakone setzen damit die Ältesten frei, damit sie „im Gebet und im Dienst des Wortes verharren können" (Apostelgeschichte 6,4).

Über die Diakone wird berichtet:
„Die, welche gut gedient haben, erwerben sich eine schöne Stufe und viel Freimütigkeit im Glauben, der in Christus Jesus ist." 1.Tim.3,13

6.9 Das Abendmahl

Die Bedeutung des Abendmahls
Das Feiern des Abendmahls ist für Christen
eine Erinnerung an den Sieg, den Jesus am
Kreuz für jeden einzelnen von uns errungen
hat (z.B. Freiheit von Schuld, Krankheit,
Mangel; außerdem haben wir dadurch direkten
Zugang zum himmlischen Vater und ewiges
Leben).
Neben dem Dank für seinen Gehorsam und
seine Liebe erinnert uns der Weinkelch daran,
dass wir in einen Neuen Bund (Lukas 22,20)
berufen sind:
Wir sind erlöst, damit wir unser Leben in
Gottes Sachen investieren (1.Petrus 2,9)!!!

Die biblische Grundlage des Abendmahls
Die wichtigsten Bibelstellen:
Math.26,26-30; Markus 14,22-25;
Lukas 22,14-20; Joh. 6,54-56, Joh.13,1-30;
1.Kor.10,16+17 und der am häufigsten
verwendete Einführungtext bei einer
Abendmahlfeier –
1.Kor.11,23-32:
23 Denn ich habe von dem Herrn empfangen,
was ich auch euch überliefert habe, dass der
Herr Jesus in der Nacht, in der er überliefert
wurde, Brot nahm
24 und, als er gedankt hatte, es brach und
sprach: Dies ist mein Leib, der für euch ist;
dies tut zu meinem Gedächtnis!
25 Ebenso auch den Kelch nach dem Mahl
und sprach: Dieser Kelch ist der neue Bund in
meinem Blut, dies tut, sooft ihr trinkt, zu
meinem Gedächtnis!
26 Denn sooft ihr dieses Brot esst und den
Kelch trinkt, verkündigt ihr den Tod des Herrn,
bis er kommt.
27 Wer also unwürdig das Brot isst oder den
Kelch des Herrn trinkt, wird des Leibes und
Blutes des Herrn schuldig sein.
28 Der Mensch aber prüfe sich selbst, und so
esse er von dem Brot und trinke von dem
Kelch.
29 Denn wer isst und trinkt, isst und trinkt sich
selbst Gericht, wenn er den Leib ‹des Herrn›
nicht ‹richtig› beurteilt.
30 Deshalb sind viele unter euch schwach und
krank, und ein gut Teil sind entschlafen.
31 Wenn wir uns aber selbst beurteilten, so
würden wir nicht gerichtet.
32 Wenn wir aber vom Herrn gerichtet werden,
so werden wir gezüchtigt, damit wir nicht mit
der Welt verurteilt werden.

Alttestamentliche Wurzel des Abendmahls
Das Abendmahl hat seinen Ursprung im
jüdischen Passafest. Das Passafest erinnert
das Volk Israel an ihre Befreiung von der
ägyptischen Gefangenschaft.

Im übertragenen Sinn erinnert uns das
Abendmahl an unsere Befreiung
z.B. von dem Getrenntsein von Gott, von
Sünde und von der Unfähigkeit, die (geistliche)
Realität zu erkennen (Joh.3,3).
Die Passafeier wurde vom Familienoberhaupt
in den Häusern geleitet (2.Mose 12).

Die Einsetzung des Abendmahls
Als Jesus kurz vor seiner Gefangennahme das
Passamahl mit seinen Jüngern aß, wusch er
seinen Jüngern –während des Abendessens-
die Füße, setzte sich anschließend wieder an
den Tisch, zerbrach ein Brot, gab ihnen einen
Weinkelch und erklärte ihnen diese
symbolischen Gesten (Joh.13).

Die Bedeutung von Brot und Wein
Christen glauben oft, dass es bei Brot und
Wein zweimal um die gleiche Sache geht,
nämlich um die Vergebung unserer Schuld und
unsere Annahme bei Gott.
Das ist aber nicht zutreffend. Das Neue
Testament macht an mindestens vier
verschiedenen Stellen deutliche Unterschiede
zwischen Brot und Wein.
Beim Brot geht es in der Tat darum, dass sein
Körper am Kreuz „zerbrochen"/ getötet wurde,
damit wir unsere ganz persönliche Versöhnung
mit Gott, die Befreiung von der trennenden
Sünde erleben können.
Und es ist richtig, dass Jesus uns mit seinem
Blut freigekauft und uns zu Gottes Kindern
gemacht hat (z.B. 1.Petrus1,18ff). Trotzdem
geht es beim Wein des Abendmahls um einen
wichtigen zusätzlichen Aspekt, der fast immer
vernachlässigt wird:
Wir lesen in allen vier Berichten des Neuen
Testamentes, dass der Weinkelch „der neue
Bund in meinem Blut ist" (Lukas 22,20;
1.Kor.11,25, Mt.26,28; Mk. 14,23).
Das heißt konkret: Es geht beim Wein –neben
der Erlösung – um den Neuen Bund, den
Jesus mit seinen Jüngern geschlossen hat.
Worum geht es in diesem Neuen Bund?
(s. Thema Nr.8: Alter Bund-Neuer Bund)
1. Wir sind herausgerufen in das Königreich
    Gottes.
2. Wir sind herausgerufen, damit wir die
    Tugenden dessen verkündigen, der uns
    berufen hat (1.Petrus 2,9; Mt.28,18-20;
    Mk.16,15-20).
1.Petr 2,9:
„Ihr aber seid ein auserwähltes Geschlecht, ein
königliches Priestertum, eine heilige Nation,
ein Volk zum Besitztum, damit ihr die
Tugenden dessen verkündigt, der euch aus
der Finsternis zu seinem wunderbaren Licht
berufen hat."

Das Abendmahl erinnert uns also daran, dass wir auserwählt und als Gemeinde gesandt und bevollmächtigt sind, seine Taten zu verkündigen.

Zum Abendmahl gehört deshalb auch, dass die Gemeinde sich neu auf ihre Identität als Volk Gottes besinnt und ihre Berufung feiert und gestärkt wird.

Mit anderen Worten:
„Wir sind das Volk!" - das erwählte, das bevollmächtigte und das gesandte Volk.

Wir erkennen hieran, dass beim Abendmahl nicht mein persönliches, individuelles Heil im Mittelpunkt steht (es geht nicht nur um meine Sünde, meine Errettung, mein ewiges Leben). Es geht um viel mehr! Die Gemeinde ist als Volk Gottes aus der Finsternis ins Licht, ins Reich Gottes und in den Neuen Bund berufen worden.

Zuerst die Erlösung, die Befreiung, die Berufung – dann aber auch die Sendung, der Auftrag, Reich Gottes zu bauen. Gesandt zu sein, heißt nicht nur im Ausland seine Taten zu verkündigen, sondern genauso in meinem Beziehungskreisen - hier und heute.

Die Erlösung hat nämlich ein Ziel:
Wir sind erlöst, damit wir würdig (im Sinne von heilig/gerecht) und fähig sind, gesandt zu werden.

Die Einsetzung des Abendmahls durch Jesus ist also weit mehr als eine private Abschiedsfeier im Jüngerkreis und auch mehr als eine seelsorgerliche Vergewisserung des persönlichen Heils. Jesus hat mit dem Abendmahl vielmehr einen heilsgeschichtlichen Meilenstein gesetzt (Erlösung und Sendung!).

Der Wunsch der meisten Christen ist, Gott zu lieben. Das bedeutet auch: seine Sicht der Dinge anzunehmen. Gott denkt von seinen Zielen her, vom Bau des Reiches Gottes. Und dazu braucht er die Gemeinde, ein Volk, das er senden kann.

Und wenn sein Reich in der neuen Welt vollendet sein wird, wird Jesus das Abendmahl wieder mit seinen Jüngern feiern.

Es geht beim Abendmahl nicht um ein trauriges Ritual, sondern um eine lebendige, freudige Feier:
1. weil Jesus uns erlöst hat.
2. weil wir in seinem Reich leben dürfen und zum Weiterbau berufen und bevollmächtigt sind.

Wir können beim Abendmahl über die Liebe Gottes zu den Menschen staunen, sein Erbarmen erkennen und gestärkt und motiviert in den Alltag zurückkehren.

Literatur:
- Wolfgang Kraska, Unsere Abendmahlfeiern – nur eine halbe Sache? in: `Praxis´ 1/00.
- Ian Seaders, Erste Schritte, Kapitel 8: Das Abendmahl.
- Mike Chance, Erlöst durch sein Blut.

6.10 Gemeinsam für unsere Stadt

Was ist „Gemeinsam für unsere Stadt"?
„Gemeinsam für unsere Stadt" ist eine Initiative von Christen aus verschiedenen Gemeinden, die gemeinsam Gottes Reich in der Stadt fördern möchten.

Ziele von „Gemeinsam für unsere Stadt":
▶ Christen helfen und engagieren sich gemeinsam in den verschiedenen Gesellschaftsbereichen.
▶ Stärkung der Einheit der Christen der Stadt.
▶ Bürger der Stadt lernen Jesus kennen und lieben.

Das geschieht durch:
▶ Die Vernetzung der bestehenden Dienste und Angebote,
▶ neue praktische Hilfsangebote,
▶ die zunehmende Einheit der Christen der Stadt.
Daraus resultiert ein wichtiger Nebeneffekt: Gottes Reich in der Stadt wird von außen stärker erkennbar.

Warum gibt es „Gemeinsam für unsere Stadt"?
▶ Jesus betete in Johannes 17: „Vater, mache sie eins, damit die Welt erkennt, dass Du mich gesandt hast!".
Die Einheit der Christen in der Stadt ist eine Voraussetzung, dass eine bemerkenswerte Anzahl von Bürgern der Stadt Jesus kennen lernen, gerettet und zu Jüngern werden. Das ist das zentrale Anliegen von „Gemeinsam für unsere Stadt".
▶ „Gemeinsam für unsere Stadt" möchte bei praktischen Nöten helfen.
▶ „Gemeinsam für unsere Stadt" fördert die bestehenden Dienste und Angebote durch eine professionelle Öffentlichkeitsarbeit und die Vernetzung Gleichgesinnter.

Die Struktur:
„Gemeinsam für unsere Stadt" ist ein kleiner, schlagkräftiger, eingetragener und gemeinnütziger Verein, dessen Mitglieder in den verschiedenen Gemeinden und Kirchen beheimatet sind.
„Gemeinsam für unsere Stadt" ist nicht unter dem Dach einer Kirche und auch keine neue Gemeinde oder Sekte.
„Gemeinsam für unsere Stadt" versteht sich als ein nichtkommerzieller Dienstleister. Die Finanzierung erfolgt auf Spendenbasis.
Als zentrale Anlaufstelle ist die Einrichtung eines Ladenlokals in der Stadt geplant.
Ein regionaler „Thing Tank" (Christen mit Leitungsfunktionen in Gemeinden, Politik und Wirtschaft) berät die Initiative.
Kommunikation: Der Schwerpunkt liegt auf persönlichen Kontakten und freundschaftlichen Beziehungen. Der Kommunikation dienen auch das Ladenlokal, die Homepage, Artikel in der Lokalpresse und Informations-Broschüren/Flyer.
Mögliche Betätigungsfelder von „Gemeinsam für unsere Stadt":

▶ Gemeinsames Gebet für unsere Stadt: Förderung der Gebetsinitiativen mit Christen aus verschiedenen Gemeinden (z.B. regelmäßige Gebetstreffen, Worship-Nights, 24h-Gebet ...)

▶ Lokalisierung der Probleme in der Stadt (z.B. Arbeitslosigkeit, Verschuldung, Drogen, Alkoholmissbrauch, zerbrochene Familien, Alleinerziehende, Alte, Kranke, Einsame, Migranten, Sprachprobleme, ...)

▶ Ansprechpartner sein bei praktischen Problemen (Kleine handwerkliche Hilfen, Rasenmähen, Babysitter, Einkäufe, Hundesitter, Blumengießen, Fahrdienste, Hilfe bei Behördengängen ...)

▶ Einrichtung einer Freiwilligen-Agentur.

▶ Ansprechpartner für Notfälle: Seelsorger-Vermittlung, Missbrauch Fälle, Kinder-/Schüler Sorgentelefon... evtl. 24h-Hotline/Bereitschaft

▶ Gesprächsangebote im Ladenlokal – z.B. bei einer Tasse Kaffee.

▶ Hausaufgabenbetreuung

▶ Vernetzung Gleichgesinnter
„Gemeinsam für unsere Stadt" möchte christliche Werte in den verschiedenen Gesellschaftsbereichen fördern – in der Wirtschaft, in der Politik, in den Medien, im Sozialbereich, beim Sport und im Bildungswesen. Weitere Foren sollen entstehen: z.B. Forum Jugendarbeit, Forum International (Angebote für Migranten), ...)

▶ Initiator und Träger regelmäßiger gemeinsamer Treffen der Christen in der Stadt.

▶ ...

Die theologische Begründung für „Gemeinsam für unsere Stadt":
Aus diversen Versen im Neuen Testament (von der Apostelgeschichte bis zur Offenbarung) wird deutlich: Gott sieht die wiedergeborenen Christen (nach Johannes 3) als eine Gemeinde in der Stadt/ im Dorf an.
Details dazu unter:
www.das-Wichtigste-auf-zwei-Seiten.de .
Es geht darum, uns immer mehr Gottes Sicht von „Gemeinde" anzueignen.

Gott ist dabei Gemeinde so zu bauen, wie er sie von Anfang an geplant hat.

Ein wichtiger Teil davon sind gemeinsame Treffen aller Christen in einer Stadt/ in einem Dorf.

„Suchet der Stadt Bestes, ..., und betet für sie zum HERRN; denn wenn's ihr wohlgeht, so geht's auch euch wohl." Jeremia 29,7

„Und Jesus sprach zu seinen Jüngern: „Gehet hin in alle Welt (damit auch: in jeden Gesellschaftsbereich) und predigt das Evangelium aller Kreatur. Wer da glaubt und getauft wird, der wird selig werden; wer aber nicht glaubt, der wird verdammt werden." Markus 16,15ff.

Ähnliche Initiative gibt es bereits in Berlin (www.gfberlin.de), Hamburg (Gemeinsam für Hamburg), Nürnberg (Gemeinsam für Nürnberg), Siegen, Augsburg und an anderen Orten.

6.11 Einheit statt Spaltungen

"Ist den Christus zertrennt?" fragte Paulus die Christen in Korinth, als die Gefahr von Spaltung der einen Stadtgemeinde bestand. Er ermahnt sie einerlei Rede zu führen, Spaltungen nicht zuzulassen, sondern in derselben Gesinnung und derselben Meinung zusammenzuhalten. (1.Kor.1,10-13). Weniger Verse weiter fährt er fort: "Denn erstens höre ich, dass, wenn ihr in der Gemeinde zusammenkommt, Spaltungen unter euch sind, und zum Teil glaube ich es; denn es müssen ja auch Parteiungen unter euch sein, damit die Bewährten offenbar werden unter euch!"

Hier wird die ganze Problematik deutlich: Sind Spaltungen in christlichen Gemeinden von Gott gewollt, gehasst oder nur geduldet, "damit die Bewährten offenbar werden" (und die richtige Lehre Raum zur Entfaltung hat)?

Was passierte im Laufe der Kirchengeschichte?
In den ersten beiden Jahrhunderten gab es jeweils nur eine Gemeinde pro Stadt. In der Apostelgeschichte und in den Briefen, selbst in der Offenbarung gibt es ausschließlich Ortsgemeinden (z.B. die Gemeinde in Rom, die in Korinth, die in Antiochia, die in Kollossä, die in Srymna...). Das Aufkommen der Staatsreligion im Jahre 313 unter Kaiser Konstantin dem Großen war ein Schlag gegen die unabhängige, örtlich begrenzte Gemeindestruktur. Im 16.Jahrhundert führte die Reformation zur ersten Spaltung in der Kirchengeschichte. Die Evange-lische Kirche wurde abgespalten. Ab dem 17.Jahrhundert spalteten sich von ihr die Freikirchen. Sie litten jedoch später unter dem gleichen Phänomen: Ab dem 20. Jahrhundert spalteten sich von ihnen freie Gruppen ab. Die Zahl der Kirchen und Denominationen liegt heute weltweit bei ca. 30.000!
War diese Entwicklung im Sinne Gottes?

Was sagt die Bibel zur Einheit, zu Spaltungen und zum Einssein des Leibes?
Jud 22:
Und weiset diejenigen zurecht, welche sich trennen.
Gal 5,19-21
Offenbar sind aber die Werke des Fleisches, welche sind: Ehebruch, Unzucht, Unreinigkeit, Ausschweifung;
Götzendienst, Zauberei, Feindschaft, Hader, Eifersucht, Zorn, Ehrgeiz, Zwietracht, Spaltungen, Neid, Mord;
Trunkenheit, Gelage und dergleichen, wovon ich euch voraussage, wie ich schon zuvor

gesagt habe, dass die, welche solches tun, das Reich Gottes nicht ererben werden.

Jesus verursachte bei mehreren Anlässen Spaltungen:
Jh 7,43- beim Volk:
Es entstand nun seinetwegen eine Spaltung in der Volksmenge.
Jh 10,19- bei Juden:
Da entstand wiederum eine Spaltung unter den Juden um dieser Worte willen.
Jh 9,16- bei Pharisäern:
Dieser Mensch ist nicht von Gott, weil er den Sabbat nicht hält! ...Und es entstand eine Spaltung unter ihnen.
Lk 12,49- Jesus sagt:
Ich bin gekommen, Feuer auf die Erde zu schleudern, und wie wollte ich, es wäre schon entzündet! Aber ich habe eine Taufe zu bestehen, und wie drängt es mich, bis sie vollbracht ist! Meinet ihr, dass ich gekommen sei, Frieden zu spenden auf Erden? Nein, ich sage euch, sondern eher Zwietracht.
Denn von nun an werden fünf in einem Hause entzweit sein, drei wider zwei und zwei wider drei, der Vater wider den Sohn und der Sohn wider den Vater, die Mutter wider die Tochter und die Tochter wider die Mutter, die Schwiegermutter wider ihre Schwiegertochter und die Schwiegertochter wider ihre Schwiegermutter.
Apg 14,4:
Die Menge der Stadt aber war entzweit, und die einen waren mit den Juden, die anderen mit den Aposteln.
Ps 133,1-3:
 Ein Wallfahrtslied. Von David.
Siehe, wie gut und wie lieblich ist es, wenn Brüder einträchtig beieinander wohnen. Wie das köstliche Öl auf dem Haupt, das herabfließt auf den Bart,
auf den Bart Aarons, der herabfließt auf den Halssaum seiner Kleider.
Wie der Tau des Hermon, der herabfließt auf die Berge Zions.
Denn dorthin hat der HERR den Segen befohlen, Leben bis in Ewigkeit.
Zeph 3,9:
Dann aber werde ich den Völkern andere, reine Lippen geben, damit sie alle den Namen des HERRN anrufen und ihm einmütig dienen.
Phil 2,1-3:
Wenn es nun irgendeine Ermunterung in Christus ‹gibt›, wenn irgendeinen Trost der Liebe, wenn irgendeine Gemeinschaft des Geistes, wenn irgendein herzliches ‹Mitleid› und Erbarmen, so erfüllt meine Freude, dass ihr dieselbe Gesinnung und dieselbe Liebe habt, einmütig, eines Sinnes seid, nichts aus Eigennutz oder eitler Ruhmsucht ‹tut›, sondern

dass in der Demut einer den anderen höher achtet als sich selbst.

Jh 17,20-23:
Ich bitte aber nicht für diese allein, sondern auch für die, welche durch ihr Wort an mich glauben werden,
auf dass sie alle eins seien, gleichwie du, Vater, in mir und ich in dir; auf dass auch sie in uns eins seien, <u>damit</u> die Welt glaube, dass du mich gesandt hast.
Und ich habe die Herrlichkeit, die du mir gegeben hast, ihnen gegeben, <u>auf dass sie eins seien</u>, gleichwie wir eins sind.
Ich in ihnen und du in mir, <u>auf dass sie zu vollendeter Einheit gelangen</u>, <u>damit</u> die Welt erkenne, dass du mich gesandt hast und sie liebst, gleichwie du mich liebst.

Eph 4,1-6:
So ermahne ich euch nun, ich, der Gebundene im Herrn, dass ihr würdig wandelt der Berufung, zu welcher ihr berufen worden seid, so dass ihr mit aller Demut und Sanftmut, mit Geduld einander in Liebe ertraget und fleißig seid, die <u>Einheit des Geistes</u> zu bewahren in dem Bande des Friedens: ein Leib und ein Geist, wie ihr auch berufen seid zu einer Hoffnung eurer Berufung; ein Herr, ein Glaube, eine Taufe; ein Gott und Vater aller, über allen, durch alle und in allen.

Versuch eines Fazits:
• Gott liegt die Einheit der wieder geborenen Christen am Herzen. Sein Ziel ist, eine Braut für Jesus zu bereiten.
• Spaltungen wurden von Jesus dann verursacht, wenn Religiosität die Wiedergeburt der Menschen verhindert.
• Einheit nicht um jeden Preis. Wiedergeburt, Jüngerschaft, Heiligung etc. müssen möglich sein.
• Spaltungen unter wiedergeborenen Christen sind nicht akzeptabel. D.h., keine neue Gemeinde gründen, wenn es am Ort schon eine Ortsgemeinde gibt, die eine Sicht für den Leib Jesu der Stadt hat und die ihrerseits keine Gemeinde ist, die auf speziellen Erkenntnisse basiert (z.B. Glaubenstaufe oder Geistesgaben). Die Basis der Gemeinde darf nur Jesus sein (kein Gründer, kein Glaubensbekenntnis, keine Erkenntnisse).
Heute gibt es bei uns in jeder größeren Stadt mehrere, meist kleine Gemeinden mit wiedergeborenen Christen. Sie akzeptieren sich manchmal, haben aber i.d.R. selten oder gar keine Gemeinschaft miteinander.

Fragen:
- Könnte es sein, dass der Heilige Geist heute nicht nur eine geistliche Einheit unter den Gläubigen einer Stadt haben möchte, sondern auch eine von außen sichtbare, organisatorische Einheit?
- Könnte es sein, dass der Heilige Geist heute wieder die ursprüngliche Gemeindestruktur einführen möchte (eine Gemeinde pro Stadt, die unabhängig ist von einer nationalen Kirche oder Verbänden)?
Welche Konsequenzen hätte dies?
- Ist die Wiedereinführung der im Neuen Testament genannten Ebenen der Gemeinde eine Voraussetzung für eine Erweckung in Deutschland?

<u>Die drei Gemeindeebenen:</u>
- Ebene: Hausgemeinden (4x im Neuen Testament erwähnt),
- Ebene: Eine Gemeinde pro Stadt (61x),
- Ebene: Die weltweite Gemeinde (15x)
Mehrere Gemeinden in einer Stadt werden 0x (!) erwähnt.

Einheit ist die effektivste Form der Evangelisation (Joh. 17,21).

Einheit wird möglich, wenn zuerst die Vertikale stimmt (Liebesbeziehung zu Gott) - dann ist auch die Horizontale möglich (Einheit unter den Geschwistern).

Die größten Hindernisse von Einheit sind falsche/ unzureichende Lehre und der Ehrgeiz/ Stolz der Leiter.

Es geht bei der Einheit der Nachfolger Jesu an einem Ort nicht um Ökumene. Es geht nicht um den Zusammenschluss von Namenschristen. Es geht nicht um die Einheitskirche der Endzeit. Es geht nicht um die Verschmelzung bestehender Kirchen.

Es geht bei der Einheit, die Jesus vom Vater erbittet (Joh. 17,21), um die Gemeinde Jesu, die aus seinen wiedergeborenen Nachfolgern besteht (seine Braut - Off. 19, 7+8).

6.12 Die Hausgemeinde-Bewegung

Worum geht´s?
- Gottes Reich in den verschiedenen gesellschaftlichen Bereichen fördern.
- Jesus bekannt machen, damit Menschen, errettet werden und zu Jüngern gemacht werden.
- Durch: Sich selbst multiplizierende Gruppen/Hauskreise/Hausgemeinden.
 (Es geht um exponentielle Multiplikation von Gruppen - anstelle einer Addition.)

Die Ausgangslage:
- Das Reich Gottes wird im Moment in den verschiedenen Gesellschaftsbereichen nur sehr zögerlich gebaut. Von einem Durchdringen mit christlichem Gedankengut und Werten kann nicht die Rede sein.
- Kaum jemand findet eine persönliche Beziehung zu Jesus.
- Die bisherigen Ansätze, Konzepte und Ideen für Evangelisation haben Resultate, die gegen Null gehen.
- Christen spielen in den meisten Bereichen der Gesellschaft im Moment noch eine unbedeutende, insgesamt kaum wahrnehmbare Rolle.
Es muss sich etwas ändern!
- Die Lage ist dramatisch! Millionen Leute gehen in dieser Generation verloren – sie werden die Ewigkeit nicht bei Gott verbringen! („Wer nicht im Buch des Lebens steht, wird in den Feuersee geworfen." Offb. 20,15)

Wie sieht Gott die Lage?
- Er liebt jeden Einzelnen. Jesus hat sein Leben für sie gegeben.
- Er möchte, dass sie die Wahrheit erkennen, frei, errettet und zu Jüngern gemacht werden.
- Er möchte durch die Gaben, Fähigkeiten und Finanzen sein Reich weltweit bauen.

Merkmale dieser Gruppen – aus den weltweit gemachten Erfahrungen bei Kleingruppen-bewegungen:
• Was ist eine Hausgemeinde-Bewegung? Def.: Eine schnelle und exponentielle Multiplikation von Kleingruppen.
• Ein exponentielles Wachstum ist nur möglich, wenn neue Gruppen von bestehenden Gruppen gegründet werden.
• Es sind Gruppen, deren Teilnehmer die gleiche Sprache sprechen und die gleiche Kultur pflegen: z.B. Geschäftsleute und ihre Familien.
• Die Gruppen sind gegründet auf dem Wort Gottes und dem allgemeinen Priestertum.
• Gebet ist eine Schlüsselkomponente. Intensives Gebet ist Teil der DNS der Kleingruppen. Anbetung spielt eine zunehmend wichtige Rolle. (Gott ist ein Gott, der angebetet werden möchte)

• Die Bewegung sollte gespeist werden von: Gebet, Jüngerschaft, Leiterschaftstraining und der Kleingruppen-Methodik.
• Die Gruppen beten und strecken sich danach aus, dass ein missionarischer Eifer zunimmt.
• Die Kleingruppen werden nicht von außen kontrolliert, sondern von einem apostolischen Dienst begleitet (z.B. von einem Strategie-Koordinator).
• Das Evangelium wird breit und mit hohem Aufwand gestreut. Rückmeldungen sollen möglich sein – Leute, die Interesse bekunden, sollen Gesprächspartner finden.
• Die fünf grundlegenden Prinzipien sind:
1. Partizipatives Bibelstudium (d.h. jeder ist aktiv beteiligt),
2. Gehorsam dem Wort Gottes gegenüber (dies ist der Maßstab für erfolgreiches Handeln),
3. Die Kleingruppen werden von im Beruf stehenden Laien geleitet,
4. Wird die Kleingruppe zu groß, wird sie geteilt (höchstens 15 Teilnehmer),
5. Die Kleingruppen treffen sich nicht in Kirchen, sondern in Privathäusern, Restaurants oder Firmen.
• Neugläubige werden sofort getauft und gelehrt, dass es selbstverständlich ist, andere für Christus zu gewinnen und zu neuen Kleingruppen zu formieren.
• Lukas 10 ist eine geeignete Missionsstrategie (Zu zweit ausgesandt, um den „Mann des Friedens" zu finden und ihn und sein soziales Umfeld zu Gott zu führen).
• Jeder Angelegenheit des Glaubens und des praktischen Lebens werden folgende Fragen gegenübergestellt:
- Was würde Jesus in dieser Situation tun?
- Was sagt Gottes Wort?
• Die 10 gemeinsamen Elemente erfolgreicher Kleingruppenbewegungen:
- Gebet ist die Quelle der Kraft für den Gründer und gibt ihm auf effektivste Weise den größten Reichtum weiter, den er in seine Arbeit mitnimmt.
- Reichliches Säen des Evangeliums „Wer überschwänglich sät, wird überschwänglich ernten."
- Bewusste und vorsätzliche Multiplikation von Kleingruppen von der ersten Gründung an.
- Die Heilige Schrift hat oberste Autorität.
- Geleitet werden die Kleingruppen dezentral, von lokalen Leitern.
- Die Leiter sind Laien.
- Die Struktur besteht aus Kleingruppen.
- Multiplikation durch das Gründen von Kleingruppen durch Kleingruppen.
- Schnelle Reproduktion ist für die Existenz einer Bewegung notwendig. Sie

unterstreicht die Wichtigkeit und die Dringlichkeit, zum Glauben an Jesus zu kommen.
- Gesunde Kleingruppen.

In allen erfolgreichen Bewegungen haben Kleingruppen diese fünf Werte gemeinsam:
- Schulung und Jüngerschaft
- Anbetung/Gebet/Bibelstudium
- Gemeinschaft
- Evangelistische und missionarische Bemühungen
- Dienst (diakonisch)

Die weltweit zehn häufig vorkommenden Faktoren erfolgreicher Bewegungen
- Anbetung/Gebet/Studium in einer kulturell angepassten Art.
- Evangelisation hat gemeinschaftliche Konsequenzen
  in der eigenen Familie,
  in der Firma,
  im sonstigen sozialen Umfeld.
- Taufe direkt nach der Bekehrung.
- Schnelle Eingliederung Neugläubiger in das Leben und den Dienst der Kleingruppe.
- Direkt evangelistisch handeln und leben.
- In Jüngerschaft wachsen und andere zu Jüngern machen.
- Mithelfen neue Kleingruppen ins Leben zu rufen.
- Leidenschaft und Furchtlosigkeit.
- Sinn für die Dringlichkeit und die Wichtigkeit der Erlösung und Notwendigkeit einer Bekehrung.

Zehn praktische Ratschläge:
- Von Anfang an auf eine Kleingruppen-gründungsbewegung hinarbeiten.
- Eine umfassende Strategie entwickeln und anwenden. Sie steht auf mindestens vier Säulen:
  > Gebet
  > Gottes Wort
  > Evangelisation
  > Kleingruppengründung
- Plus Ergänzung durch humanitäre Hilfe, Kommunikation und andere Bemühungen.
- Alles in Bezug auf das Erreichen der Endvision beurteilen. Lernen, „nein" zu sagen.
- Zielorientiertes Ernten anwenden. Mit Rückantwortmöglichkeiten arbeiten.
- Interessierte versammeln und gewinnen.
- Mehrere Leiter pro Kleingruppe einsetzen.
- „Väter und Mütter in Christo"/ Älteste (im Plural).

- Die Wichtigkeit des Zeugnisgebens von Anfang an deutlich machen.
- Die Kleingruppen fördern die Einheit der Gemeinde vor Ort (Joh. 17), da sie nicht konfessionell gebunden sind!

In den Gruppen:
- Evangelisation der Zielgruppe
- Jüngerschaft (Lehre)
- Mentorenbeziehungen
- Gebet für Kranke
- Abendmahl – Verkündigungsmahl, Proklamation
- Befreiungsdienst (Habsucht, Süchten, etc.)
- Anbetung – Gott ist ein Gott, der angebetet werden möchte (Lobpreis + Leben)

Wie können das z.B. Geschäftsleute leben?
- Fürbitte, konkret – Top Ten Gebetskarte
- Fasten
- Den Heiligen Geist in einer guten Art einbinden (biblische Lehre über Geistestaufe + die Umsetzung in die Praxis)
- Apostolisch begleitet
- Prayer Force
- Taufen
- U.a. in Unternehmen diese Gruppen gründen
- Aufarbeitung von Sünden der Vergangenheit in den einzelnen Städten
- Trachten nach Einheit in der Stadt („Daran wird die Welt erkennen, dass du mich gesandt hast, wenn sie eins sind." Joh. 17)
  Bewusst die Gemeinschaft und Einheit mit anderen Christen am Ort suchen und leben.
- Die Kleingruppen agieren wie kleine Gemeinden.
  Def: Gemeinde: „Eine Versammlung von Christen unter Leitung."
- Jede Kleingruppe ist vernetzt mit anderen Christen vor Ort und wird apostolisch begleitet/ ggfs. korrigiert.

Literatur:
- Gemeinde-Gründungs-Bewegung, David Garrison, Freitagsfax Verlag, ISBN 3-927934-99-4.
- www.gloryworld.de,
- www.churchplantingmovements.com
- Häuser, die die Welt verändern, Wolfgang Simson, ISBN 3-928093-12-6.

6.13 Mit „Alpha-Kursen" Hausgemeinden gründen und multiplizieren

Die Ausgangsfrage lautet:
Wie können Menschen in der Wirtschaft nachhaltig mit dem Evangelium erreicht werden, zu Jüngern gemacht werden und in Gemeinden integriert werden?

Dazu gibt es zwei Formen, die sich gut miteinander verknüpfen lassen:
Den Glaubensgrundkurs „Alpha am Arbeitsplatz" und Hausgemeinden für Geschäftsleute.
Warum passen beide so gut zusammen und ergänzen sich?
- Die Alpha-Kurse legen eine fundierte Grundlage und sind in unserer Kultur das effektivste Tool, um Leute mit dem Evangelium zu erreichen (bundesweit gibt es inzwischen über 1000 Alpha-Kurse).
- Geschäftsleute haben z.T. Schwierigkeiten sich in bestehenden Gemeinden wohl zu fühlen.
- Die bestehenden Gemeindestrukturen sind z.T. nur bedingt geeignet, um das Reich Gottes in der Wirtschaft zu fördern.
- Auch die Familien der Geschäftsleute finden in den speziellen Hausgemeinden ein Umfeld, indem sie sich zuhause fühlen und zu Jüngern gemacht werden.
Zunächst zum Alphakurs am Arbeitsplatz:
Was macht ihn aus? Was sind die Besonderheiten?
Alpha am Arbeitsplatz ist eine fünfzehnteilige, praktisch orientierte Einführung in den christlichen Glauben, die in erster Linie für kirchendistanzierte Menschen und neue Christen entwickelt wurde. Jede Woche essen die Gäste gemeinsam eine kleine Mahlzeit, während sie einen Vortrag live oder auf Video bzw. DVD zu einem zentralen Thema des christlichen Glaubens sehen. Im Anschluss an den Vortrag haben die Gäste die Möglichkeit, in einem offenen und neutralen Umfeld über dessen Inhalt zu diskutieren und ihre Eindrücke zu vergleichen. Wie im ursprünglichen Alpha Kurs, verbringen die Teilnehmer nach ungefähr der Hälfte des Kurses ein Wochenende oder einen Tag gemeinsam, um sich mit der Person des Heiligen Geistes zu beschäftigen.

Zwischen Alpha am Arbeitsplatz und Alpha in einer Gemeinde bestehen einige grundlegende Unterschiede:
• die Dauer der Treffen ist kürzer
• Treffpunkt ist der Arbeitsplatz, nicht die Gemeinde
• während des Kurses findet kein Lobpreis statt, mit Ausnahme des gemeinsamen Wochenendes bzw. Tages

• der Aufbau von Beziehungen erfordert, aufgrund der kürzeren Zeit der einzelnen Treffen, mehr Anstrengung.
Auf der ganzen Welt führen Geschäftsleute Alpha am Arbeitsplatz durch. Geschäftsführer veranstalten den Kurs im Besprechungsraum der Firmenleitung. Marketing Manager treffen sich dafür im abteilungseigenen Büroraum. Sogar Fabrikarbeiter führen den Kurs in ihrer Kantine durch. Alpha am Arbeitsplatz wurde so entwickelt, dass er für jeden Arbeitnehmer an jedem Arbeitsplatz passt.
Und nun zu den Hausgemeinden:
Was sind Hausgemeinden?
► Hauskreise, die wie Mini-Gemeinden agieren.
► Sie bilden die neutestamentliche Gemeindestruktur.
► Hausgemeinden gehören keiner Konfession an.
► Hausgemeinden sind unabhängig – aber vernetzt mit anderen Hausgemeinden der Stadt.
► Hausgemeinden suchen Gemeinschaft und Kontakte zu anderen Christen am Ort. Ein Ziel sind regelmäßige gemeinsame Treffen aller wiedergeborenen Menschen der jeweiligen Stadt.
► Hausgemeinden werden von Laien (Ältesten) geleitet.
► Sie werden von apostolisch begabten Leuten und den anderen Personen des fünffältigen Dienstes betreut (Epheser 4,11- Apostel, Lehrer, Propheten, Hirten, Evangelisten).
► Hausgemeinden multiplizieren sich ständig.
► In Hausgemeinden wird viel gebetet, Gemeinschaft gepflegt, gegessen, gelehrt, sich gegenseitig korrigiert.
► Man lebt in verbindlichen Beziehungen.
► Business-Hausgemeinden bestehen aus Familien, deren Mitglieder in der Wirtschaft involviert sind (z.B. durch Selbstständigkeit oder Personalverantwortung).
► In Business-Hausgemeinden gibt es neben den grundsätzlichen Jüngerschaftsthemen auch Lehre und Austausch über spezifische Herausforderungen, die der Wirtschaftsalltag mit sich bringt.
► Diese Elemente sollen in einer Hausgemeinde vorkommen:
- Gemeinschaft
- Jüngerschaft
- Dienste
- Evangelisation/ Mission
- Anbetung
► Gemeinde gibt es im Neuen Testament nur auf drei Ebenen: 1. Hausgemeinden, 2. Stadtgemeinde, 3. die weltweite Gemeinde

Wie sieht die Kombination vom Alpha-Kurs am Arbeitsplatz mit Business-Hausgemeinden praktisch aus?

- Am Anfang wird ein Alpha-Kurs in einer Firma oder einem Privathaus durchgeführt - vorbereitet von Christen, die ein Kernteam bilden. Zielgruppe sind Kollegen, Mitarbeiter, Kunden, Lieferanten, etc. . – Menschen aus der Wirtschaft, die Jesus noch nicht persönlich kennen.

- Nach ca. 3 Monaten wird ein Fest gefeiert, zu dem Leute aus dem sozialen Umfeld der jetzigen Teilnehmer eingeladen werden. Ziel: Ein weiterer Alpha-Kurs am Arbeitsplatz mit Leuten aus ihrem sozialen Umfeld.

- Die „alten" Teilnehmer organisieren den neuen Kurs und treffen sich – zusammen mit ihren Familien – zusätzlich in Hausgemeinden - um Gemeinschaft zu haben und zur eigenen Weiterbildung.

Die 10 Leitlinien, die weltweit in allen Hausgemeinde-Bewegungen zu beobachten sind:

5. Intensives und anhaltendes Gebet
6. Eine Last für die Verlorenen, die zur Evangelisation motiviert (breite Streuung des Evangeliums)
7. Die Hausgemeinden sind von Anfang an auf Multiplikation angelegt
8. Gottes Wort hat die oberste Priorität
9. Lokale Leitung
10. Laien-Leiterschaft
11. Hausgemeinden sind die strukturelle Basis
12. Hausgemeinden gründen Hausgemeinden
13. Schnelle Reproduktion
14. Gesunde Gemeinden

Der Anspruch - Dieses soll durch Hausgemeinden möglich sein soll:

Mk. 15,16:
„Und er sprach zu ihnen: Gehet hin in alle Welt und prediget das Evangelium der ganzen Schöpfung!*(somit auch in der Wirtschaft)* Wer glaubt und getauft wird, soll gerettet werden; wer aber nicht glaubt, der wird verdammt werden. Diese Zeichen aber werden die, welche glauben, begleiten: In meinem Namen werden sie Dämonen austreiben, mit neuen Zungen reden, Schlangen aufheben, und wenn sie etwas Tödliches trinken, wird es ihnen nichts schaden; Kranken werden sie die Hände auflegen, und sie werden sich wohl befinden. …Sie aber gingen aus und predigten allenthalben; und der Herr wirkte mit ihnen und bekräftigte das Wort durch die begleitenden Zeichen."

Natürlich ist die Kombination von Alpha am Arbeitsplatz und Hausgemeinden nur eine Möglichkeit, wie Menschen in der Wirtschaft erreicht werden können.

Die Integration in andere Gemeindestrukturen ist ebenfalls sinnvoll - das Ziel, diese Zielgruppe zu Jüngern zu machen, bleibt bestehen.

Literatur:
Ausführliche Informationen gibt es unter:
- www.alphakurs.de/kurse/arbeitsplatz.html -
- www.hauskirche.de
- www.house2house.tv
- www.gloryworld.de
- Wolfgang Simson, Häuser, die die Welt verändern.
- David Garrison, House Church Movement
- Mike & Sue Dowgiewicz , Zeiten der Wiederherstellung

6.14 Was ist eine Taufe?

Ist eine Säuglings-„Taufe" eine biblische Taufe?
Was ist die Wahrheit beim Thema „Taufe"?

Die Wahrheit erkennt man durch das Wort Gottes (die Bibel) und den Heiligen Geist.
Jh 8,31-32:
„Da sprach Jesus zu den Juden, die an ihn gläubig geworden waren: Wenn ihr in meinem Worte bleibet, so seid ihr wahrhaftig meine Jünger, und ihr werdet die Wahrheit erkennen, und die Wahrheit wird euch frei machen!"
Daher gilt für Nachfolger Jesu, dass den Aussagen der Bibel eine höhere Priorität eingeräumt wird, als Beschlüssen von kirchlichen Konzilen und Traditionen. Anhand der Bibel und mit der Hilfe des Heiligen Geistes ist es nicht schwer, Gottes Sicht über die Taufe zu erfahren. Was der Einzelne oder Denominationen über Taufe denken ist eher unwichtig - wichtig ist ausschließlich: den Willen Gottes zu erkennen.
Welche Arten von Taufe kommen im Neuen Testament vor?
- Die Taufe des Johannes (die Taufe zur Buße).
- Die Wassertaufe (die Taufe, der Buße und Glauben vorausgehen müssen). Sie ist ein öffentliches Zeichen vor der sichtbaren und der unsichtbaren Welt.
- Die Geistestaufe =„getauft werden im Heiligen Geist"

Warum ist es wichtig getauft zu sein?
- weil es in der Bibel steht:
  „Wer glaubt und getauft ist, der wird gerettet."(Mk 16,16)
- weil Jesus es befohlen hat: Predigt das Evangelium aller Welt und taufet sie...
- weil es ein Bekenntnis vor der sichtbaren und unsichtbaren Welt ist.

Aspekte der Taufe:
Buße:
Apg 2,37-38:
„Als sie aber das hörten, ging es ihnen durchs Herz, und sie sprachen zu Petrus und den übrigen Aposteln: Was sollen wir tun, ihr Männer und Brüder? Petrus aber sprach zu ihnen: Tut Buße, und ein jeder von euch lasse sich taufen auf den Namen Jesu Christi zur Vergebung eurer Sünden; so werdet ihr die Gabe des heiligen Geistes empfangen."

Glaube:
Mk 16,15-16
Und er sprach zu ihnen: Gehet hin in alle Welt und prediget das Evangelium der ganzen Schöpfung! Wer glaubt und getauft wird, soll gerettet werden; wer aber nicht glaubt, der wird verdammt werden.

Apg 8,36-38
Als sie aber des Weges dahin zogen, kamen sie zu einem Wasser, und der Kämmerer spricht: Siehe, hier ist Wasser! Was hindert mich, getauft zu werden? Da sprach Philippus: Wenn du von ganzem Herzen glaubst, so ist es erlaubt. Er antwortete und sprach: Ich glaube, dass Jesus Christus der Sohn Gottes ist! Und er hieß den Wagen anhalten, und sie stiegen beide in das Wasser hinab, Philippus und der Kämmerer, und er taufte ihn.
Hebr 6,1-2
„Darum wollen wir [jetzt] die Anfangslehre von Christus verlassen und zur Vollkommenheit übergehen, nicht abermals den Grund legen mit der Buße von toten Werken und dem Glauben an Gott, mit der Lehre von Taufen, von der Handauflegung, der Totenauferstehung und dem ewigen Gericht."

Die Bitte um ein gutes Gewissen:
1.Petr 3,21:
„Als Abbild davon rettet nun auch uns die Taufe, welche nicht ein Abtun fleischlichen Schmutzes ist, sondern die an Gott gerichtete Bitte um ein gutes Gewissen, durch die Auferstehung Jesu Christi, ..."
Zusammenfassend kann man die Voraussetzungen für eine Wassertaufe wie folgt beschreiben: Eine Person, die getauft werden möchte, muss erstens das Evangelium gut genug gehört haben, um es verstehen zu können, zweitens Buße tun (umkehren) und drittens glauben, dass Jesus stellvertretend für die Sünde starb.

Ein Jünger werden:
Mt 28,19-20
„Gehet hin und machet zu Jüngern alle Völker, indem ihr sie taufet auf den Namen des Vaters und des Sohnes und des heiligen Geistes und sie lehrt halten alles, was ich euch befohlen habe. Und siehe, ich bin bei euch alle Tage bis ans Ende der Weltzeit!"

Fakten über die Säuglingstaufe:
• Das griechische Urwort von „taufen" heißt „ein-/untertauchen" (nicht besprengen).
• Zuerst der Glaube, dann die Taufe. (Alles andere ist gut gemeint - aber biblisch nicht haltbar)
• Das Wort Gottes ist der Maßstab – nicht eine Tradition.
• Die Säuglingstaufe findet man an keiner Stelle des Neuen Testaments.

Gegenargument:
Befürworter der Säuglingstaufe geben als neutestamentlichen Beleg die Bibelstellen an, in denen davon berichtet wird, dass ein Bekehrter mit seinem ganzen Haus getauft

wurde (hier unterstellt man, dass auch Säuglinge mitgetauft wurden). Jedoch wird in diesen Versen deutlich, dass diejenigen getauft wurden, die das Evangelium hörten, glaubten, Buße taten (dies schließt jedoch die Säuglinge eindeutig aus).
- Es gibt auch keine Taufe durch Besprengung mit Wassertropfen in der Bibel - weder bei Erwachsenen noch bei Kindern.
- Wer als Säugling kirchlich „getauft" wurde, ist im biblischen Sinn noch nicht getauft. Buße und Glauben fehlten als Voraussetzung zur Taufe.
- Was viele nicht wissen: Die Reformatoren Luther, Zwingli und Calvin waren zuerst gegen die Säuglingstaufe. Sie gingen jedoch später Kompromisse ein.
- Auch in der Ev. Kirche ist es offiziell möglich, einen Säugling statt der Taufe segnen zu lassen (die Taufe kann dann später erfolgen, wenn der Täufling zu Jesus umkehren und an Ihn glauben kann).

Warum werden Säuglinge getauft?
Man nimmt an, dass die Taufe Gnade vermittelt.
Damit „die Befleckungen der Geburt abgewaschen werden" (Origenes)
Im Jahr 251 n.Chr. wurde auf einer Synode von 66 Bischöfen schriftlich festgelegt, dass man durch die Taufe wiedergeboren ist („auf dass wir die Seele des Kindes nicht der Gefahr ewiger Verdammnis aussetzen"). So auch im Luthertum: „...im Wasser der Taufe werden wir zu Kindern Gottes wiedergeboren..."
Mit Konstantin (312 n.Chr.) bekam die Säuglingstaufe eine politische -Macht erhaltende- Bedeutung: So wie man Römer wurde ohne persönliche Überzeugung, wurde man Christ ohne persönliche Überzeugung.
Calvin verband die Taufe nicht mit der Wiedergeburt, sondern meinte: dadurch „werde *der Same der Buße* durch das verborgene Wirken des Heiligen Geistes in die Säuglingen gelegt."

Bromiley meint, dass die Säuglingstaufe ein Zeichen des Neuen Bundes sei, so wie die Beschneidung ein Zeichen im Alten Bund war.

Zusammenfassend sei hierzu gesagt: Sobald man eine biblisch nachvollziehbare Lehre verlässt, seiner eigenen Meinung folgt, kommt unweigerlich Chaos auf.

> Mt.15,3: „Warum übertretet ihr Gottes Gebot um eurer Überlieferungen willen?"

Empfehlung:
- Säuglinge statt der „Taufe" segnen zu lassen (Jesus: „Lasst die Kinder zu mir kommen und wehrt ihnen nicht").
- Jeder, der als Säugling kirchlich „getauft" wurde, prüfe die Aussagen der Bibel und bitte den Heiligen Geist zu bestätigen, ob eine Taufe, der Buße und Glaube vorausgeht, für sich selbst dran ist.
- Jesus ruft uns auf, im Frieden miteinander zu leben.

Literatur:
- Die Bibel u. Konkordanz: „Taufe"
- David Pawson, *Wiedergeburt*, Anhang A: Die Hintergründe der Säuglingstaufe - Geschichte und theologische Diskussionen.
- Derek Prince, *Die Grundlagen des christlichen Glaubens*, Die Lehre von der Taufe
- Matthias Hüttl, Biblische Kurzstudien Nr.5, - *Wassertaufe*, Josua Verlag
- Handbuch *Die Geschichte des Christentums*, Stichwort „Taufe"
- Erwin W. Lutz, *Gefährliche Weichenstellung*, Geschichte der Säuglingstaufe (Seite 121-145)
- Bruno Schär, Der Geist und die Braut sprechen: Komm!, Seiten 134-140, LCA-Verlag, Tel. 0041 719512610)

6.15 Gibt es eine Taufe im Heiligen Geist?

Die Bibel ist der Maßstab für die Dinge, die wir glauben. Alles, was in der Bibel steht, ist wichtig für unsere Theologie. Alles, was nicht darin steht, ist menschliches, oft gesetzliches oder von der Tradition bestimmtes Beiwerk.

Was sagt die Bibel eigentlich zum Thema "Taufe im Heiligen Geist"?
Es gibt sechs Bibelstellen, die wortwörtlich die Taufe des Heiligen Geistes erwähnen: Apg.1,5 + 11,17; Mat. 3,11, Mk. 1,8; Lukas 3,16b; Joh.1,33:

Apg 1,5:
"...denn Johannes hat mit Wasser getauft, ihr aber sollt im heiligen Geiste getauft werden, nicht lange nach diesen Tagen."
Apg 11,16:
"Da gedachte ich an das Wort des Herrn, wie er sagte: Johannes hat mit Wasser getauft, ihr aber sollt im Heiligen Geist getauft werden. Wenn nun Gott ihnen die gleiche Gabe verliehen hat, wie auch uns, nachdem sie an den Herrn Jesus Christus gläubig geworden sind, wer war ich, dass ich Gott hätte wehren können?"
Mt 3,11: Johannes: "Ich taufe euch mit Wasser zur Buße; der aber nach mir kommt, ist stärker als ich, so dass ich nicht gut genug bin, ihm die Schuhe zu tragen; der wird euch im Heiligen Geist und mit Feuer taufen."
Mk 1,8: Johannes: "Ich habe euch mit Wasser getauft; er aber wird euch mit Heiligem Geiste taufen."
Lk 3,16: Johannes: "Ich taufe euch mit Wasser; es kommt aber einer, der stärker ist als ich, dem ich nicht gut genug bin, den Riemen seiner Schuhe zu lösen; der wird euch im heiligen Geist und Feuer taufen."
Jh 1,33:
"Und ich kannte ihn nicht; aber der mich sandte, mit Wasser zu taufen, der sprach zu mir: Auf welchen du den Geist herabsteigen und auf ihm bleiben siehst, der ist's, der im Heiligen Geiste tauft."

Es ist also biblisch gesehen korrekt, von einer Taufe im Heiligen Geist zu sprechen und sie zu begehren.

Sieben weitere Bibelstellen berichten von dem Erleben der Geistestaufe bei Juden und Christen: Joh.3,5 + 20,23; Apg.2,1 + 8,15 + 9,17-18 + 10,44-46 + 19,6-7.
Es sind also insgesamt 13 Bibelstellen, die dieses Ereignis belegen.
z.B. Apg 8,15-17:
"Johannes und Petrus kamen hinab und beteten für sie, dass sie den heiligen Geist empfingen; denn er war noch auf keinen von ihnen gefallen, sondern sie waren nur getauft auf den Namen des Herrn Jesus. Da legten sie ihnen die Hände auf, und sie empfingen den heiligen Geist."

Apg 9,17
Da ging Ananias hin und trat in das Haus; und er legte ihm die Hände auf und sprach: Bruder Saul, der Herr hat mich gesandt, Jesus, der dir erschienen ist auf der Straße, die du herkamst, damit du wieder sehend und mit dem Heiligen Geiste erfüllt werdest!
Apg 10,44-47: "Während Petrus noch diese Worte redete, fiel der Heilige Geist auf alle, die dem Wort zuhörten. Und die Gläubigen aus der Beschneidung, so viele ihrer mit Petrus gekommen waren, erstaunten, dass die Gabe des Heiligen Geistes auch über die Heiden ausgegossen wurde. Denn sie hörten sie in Zungen reden und Gott hoch preisen. Da antwortete Petrus: Kann auch jemand das Wasser verwehren, dass diese nicht getauft werden, die den heiligen Geist empfangen haben, gleichwie wir?"
Apg 19,5-7
"Als sie (Gläubige in Ephesus) das hörten, ließen sie sich taufen auf den Namen des Herrn Jesus. Und als Paulus ihnen die Hände auflegte, kam der Heilige Geist auf sie, und sie redeten in Zungen und weissagten. Es waren aber im ganzen etwa zwölf Männer."

Was ist eine Taufe im Heiligen Geist?
Durch die Wassertaufe wird man gerettet, wiedergeboren, man macht Jesus zu seinem Herrn und erhält ewiges Leben.
- Die Taufe im Heiligen Geist ist ein Erfülltwerden mit dem Heiligen Geist (Apg.9,17 + 11,15 + 19,6).
- Durch die Taufe im Heiligen Geist wird das vollmächtige Wirken des Heiligen Geistes freigesetzt (Apg.9,17).
- Die geistlichen Gaben kommen zur Entfaltung, die der Heilige Geist austeilen möchte. Oft ist damit das Beten in anderen Sprachen verbunden (Zungenrede) - Apg.2,4 + 9,17 + 19,6 + 1.Kor.12,10 + 14,15.

Der Heilige Geist arbeitet schon vor der Bekehrung und vor der Wassertaufe in uns, denn niemand kann Jesus "Herrn" nennen, außer durch den Heiligen Geist -1.Kor.12,3.
Die Bibel unterscheidet also klar zwischen der Wiedergeburt (Joh.3), der Wassertaufe (Apg.22,16) und der Taufe im Heiligen Geist (Apg.11,16b).
Die Taufe im Heilige Geist geschieht überwiegend durch Handauflegung (siehe Apg.8,17 + 9,17 + 19,6; aber auch ohne Handauflegung in Apg.2,1-4 + 10,44-46).

Daher ist es biblisch korrekt, wenn wiedergeborene Christen, die als Gläubige getauft sind, sich die Hände auflegen lassen, um die Taufe im Heiligen Geist zu empfangen. Mit der Taufe ist der Wunsch des Täuflings verbunden, dass der Heiligen Geist alle für ihn bestimmten Gaben zur Entfaltung bringt. Der Täufling stellt sich mit der Taufe dem Wirken des Heiligen Geistes ganz zur Verfügung.

Als Christen sollen wir dem Geist nicht widerstreben (Apg.7,51) und Ihn nicht dämpfen (1.Thess.5,19). Das sollten wir schon aus eigenem Interesse nicht tun. Deshalb sollten wir -auch wenn wir einer Kirche angehören, die Taufe im Heiligen Geist weder lehrt, noch praktiziert- dem Wort Gottes gehorsam sein und die Taufe im Heiligen Geist empfangen - sei es mit oder ohne Handauflegung.

Die Taufe kann z.B. im Hauskreis durch den Hauskreisleiter, durch Älteste der Gemeinde oder durch apostolisch dienende Leute per Handauflegung erfolgen.

Ist das Erfülltwerden mit dem Heiligen Geist ein einmaliger Vorgang?

Nein! Zwar ist die Taufe im Heiligen Geist eine einmalige Angelegenheit (wie die Wassertaufe), jedoch gibt es mehrere Stellen in der Bibel bei denen Christen, auf die der Heilige Geist fiel, zu einem späteren Zeitpunkt erneut von Ihm erfüllt wurden (z.B. Apg.2,4 + 3,14).

Außerdem schreibt Paulus den geisterfüllten Ephesern: "...werdet voll Geistes!" (Eph. 5,18). Paulus und der Hauptmann Kornelius erlebten zuerst die Taufe im Heiligen Geist -beide konnten danach in Sprachen beten-, dann ließen sie sich im Wasser taufen.

Manche Ausleger behaupten, dass die Taufe im Heiligen Geist immer direkt mit der Bekehrung verbunden ist. Diese Behauptung ist aus biblischer Sicht nicht haltbar. So legten z.B. Petrus und Johannes wiedergeborenen und wassergetauften Gläubigen die Hände auf, damit sie die Taufe im Heiligen Geist empfingen (Apg. 8,15-17).

Paulus erlebte sein Bekehrungswunder vor Damaskus. Hier nannte er Jesus "Herr" und fragte Ihn, was er tun solle. Drei Tage später legt Ananias ihm die Hände auf, damit er mit dem Heiligen Geist erfüllt wird. Aus dem Korintherbrief wissen wir eine Folge dieses Erfülltwerdens: Paulus spricht mehr in Zungen als die anderen Christen.

Kornelius betete ohne Unterlass zu Gott, obwohl er kein Jude war. Er war fromm, hatte eine göttliche Vision, war gottesfürchtig und beim Volk hoch angesehen (Apg.10). Als Petrus zu ihm redete fiel der Heilige Geist auf ihn und die Umstehenden. Sie erlebten als Nichtjuden die Taufe im Heiligen Geist - diesmal ohne Handauflegung. Das Ergebnis war, dass sie ihn Zungen redeten und Gott hoch priesen.

Die Jünger in Ephesus: Auch für sie war die Bekehrung und die Taufe im Heiligen Geist zeitlich auseinander. Diese Jünger wurden von Johannes getauft (Taufe zur Buße). Johannes sagte ihnen, dass sie an Jesus glauben sollen. Aber erst Paulus erklärt den an Jesus Gläubigen (Apg.19,2ff) die Taufe auf den Namen Jesus und die Geistestaufe. Er legte ihnen die Hände auf, der Heilige Geist kam auf sie und sie redeten in Zungen und weissagten.

Biblische Fakten über die Taufe im Heiligen Geist:

- Es gibt eine Taufe im Heiligen Geist.
- Die Taufe im Heiligen Geist ist ein einmaliges Ereignis im Leben eines Christen, wie z.B. die Wassertaufe. Die Erfüllung mit dem Heiligen Geist dagegen kann ein mehrfaches Erleben sein.
- Die Taufe im Heiligen Geist kann durch Handauflegung empfangen werden oder durch ein anderes souveränes Handeln Gottes.
- Die sichtbaren Folgen der Taufe im Heiligen Geist sind in den überwiegenden Fällen das Zungenreden, aber u.a. auch die Gabe der Weissagung und Lobpreis.
- Die Taufe im Heiligen Geist kann direkt bei der Bekehrung erlebt werden oder auch zu einem späteren Zeitpunkt.

Welche prakt. Auswirkungen kann eine Taufe im Heiligen Geist haben?
- Freisetzung von Gaben nach 1.Kor.12
- große Freiheit evangelistisch zu wirken (z.B. Saulus/Paulus)
- Mut statt Angst - z.B. Petrus Verhalten verändert sich durch die Erfüllung mit dem Heiligen Geist. Vom Feigling in Mat.26,72 zum Mutigen in Apg.2,33.
- körperliche Heilung (Apg.9,18)
- Reden in anderen Zungen – dies ist die häufigste Begleiterscheinung (Apg.2,4+ 9,17+19,6+1.Kor.12,10+14,15).

Literatur:
- David Pawson, Wiedergeburt
- Derek Prince, Biblische Fundamente
- Jüngerschaftsthema 4.12:
  Der Prozess der Wiedergeburt
- Bruno Schär, Die Erfüllung mit dem Heiligen Geist , 2.Teil: „Wiedergeburt" PLUS „Geistestaufe"?, LCA-Verlag,
  Tel. 0041 71 9512111

6.16 Gott:„I have a dream..."

Gott hat einen Traum
... dass eines Tages die Christen in ihrer Stadt erkennen, dass sie unzertrennlich zusammen gehören:
Ein Leib und ein Geist, eine Hoffnung; ein Herr, ein Glaube und eine Taufe.
(Eph. 4,1ff)

... dass eines Tages die Christen in einer Stadt in aller Demut und Sanftmut, in Geduld und in Liebe einander ertragen. (Eph.4,2)

... dass eines Tages die Christen in ihrer Stadt die Einigkeit im Geist durch das Band des Friedens bewahren. (1.Kor.1,10-17)

... dass eines Tages die Christen in jeder Stadt gemeinsam Ihn anbeten werden. (Apg. 5,12b)

... dass eines Tages die Christen aller Denominationen einer Stadt sich gemeinsam versammeln.
(Apg. 13,44 + Apg.21,22)

... dass eines Tages unter den Christen Versöhnung möglich ist, einander um Vergebung gebeten wird und gegenseitig zugeführte Verletzungen geheilt werden.
(Ps. 133 + Lukas 6,37 + Heb. 12,14+15)

... dass eines Tages die Christen in Einheit leben, damit die Menschen in ihrer Stadt endlich erkennen, dass Gott Jesus gesandt hat. (Joh.17!)

Gott hat einen Traum
... dass eines Tages die Christen aus allen Kirchen, Gemeinden und christlichen Werken und Gruppierungen gemeinsam eine Sicht für ihre Stadt entwickeln. (Jer. 29,7)

... dass eines Tages die Christen Verantwortung in ihrer Stadt übernehmen.

... dass eines Tages die Christen gemeinsam den Nöten in ihrer Stadt begegnen werden. (Gal. 6,9+10 + Römer 12,21 + 1.Tim. 6,18)

... dass eines Tages die Christen gemeinsam alle Bereiche der Gesellschaft ihrer Stadt nachhaltig mit christlichen Werten und Prinzipien durchdringen.

Gott hat einen Traum
... dass eines Tages die Christen gemeinsam neu entdecken, wie Gott seine Gemeinde ursprünglich geplant hatte. (Phil. 2 + Apg. 5,12 + Offb. 7,9 + Eph. 4,11)

... dass eines Tages die Christen gemeinsam für Ihre Stadt in den Riss treten, gemeinsam zu Ihm beten und um Gnade flehen. (Psalm 106,23)

... dass eines Tages die Christen gemeinsam wegen der Verlorenen in ihrer Stadt weinen können. (Markus 6,34)

... dass eines Tages die Christen gemeinsam den Heiligen Geist einladen in ihrer Stadt so zu wirken, wie er es möchte.

... dass eines Tages die Christen Jesus seine Gemeinde in ihrer Stadt bauen lassen und bereit sind, gemeinsam mitzuhelfen.
(Matthäus 16,18 + Markus 16,15ff)

Gebet:
„Herr, bitte bewirke in mir, dass meine Gedanken und Argumente immer mehr mit deinem Willen überstimmen." (Römer 12,2 + Matthäus 6,10)

6.17 Die Tempel der verschiedenen Epochen

Ca. 1500 v.Chr.: **Die Stiftshütte**
- zur Zeit Moses (Auszug aus Ägypten)
  (1492/1448 – 968/961 v. Chr.)
- „Die Herrlichkeit Gottes bei den Menschen"

Ca. 1000 v.Chr.: **1.Tempel**
- gebaut von König Salomo (968/961 v.Chr.)
  - zerstört durch die Babylonier (586 v.Chr.)

515 v.Chr.: **2.Tempel**
- nach der babylonischen Gefangenschaft
- gebaut unter Serubbabel (516 v.Chr.)
- auch herodianischer Tempel genannt,
  weil Herodes ihn in 21 v.Chr. erweitern ließ;
- 70 n.Chr. zerstört (durch die Römer)

bis ca. 30 n.Chr.: Jesus
Der **Tempel seines Leibes** (Joh. 2,21)

ab ca. 27 n.Chr.: Der **Tempel der Gemeinde**
- alle Wiedergeborenen (Joh. 3),
- alle Nachfolger Jesu
  (1.Kor.3,16; 1.Kor.6,19; 2.Kor.6,16; Eph. 2,21).
- Zeitspanne: Von Pfingsten bis zur Entrückung der Heiligen.
- Ein Tempel, aber kein Gebäude.

heutiges Datum plus x-Jahre:
3.Tempel
- Die Vorbereitungen zum Bau sind im vollen Gang:
  siehe www.templeinstitute.org .
- Der Antichrist wird sich dort hineinsetzen und sich als Gott erklären.
- Zerstörung am Ende der 7-jährigen Trübsalszeit

Nach der Trübsalszeit:
4. Tempel
- während des 1000-jährigen Friedensreichs = der Tempel aus Hesekiel 40-48

Nach dem 1000-jährigen Friedensreichs:
- Kein Tempel mehr.
- **„Gott wird ihr Tempel sein."**
- Offb. 21 + 22

Literatur
- Bibel-Panorama, Die sieben Zeitalter des biblischen Heilsweges in zwölf farbigen Darstellungen, CV Dillenburg.
- Der kommende Tempel des Messias, John W. Schmitt/ J. Carl Laney.
- Countdown zum Finale der Welt, Tim LaHaye/Thomas Ice.
- Was wird aus dieser Welt? Joachim Langhammer.
- Heilsplan Gottes – von Ewigkeit zu Ewigkeit, Wilhelm und Jolanda Biester-Walser, Verlag Mitternachtsruf.

6.18 „Die Frau schweige in der Gemeinde? Und bedecke ihr Haupt"?

Theologische Aspekte zum Thema „Die Frau schweige in der Gemeinde"!?

Die Bibelstelle:
1. Korinther 14,
34 Wie in allen Gemeinden der Heiligen, so <u>sollen die Frauen in den Gemeinden schweigen</u>; denn es ist ihnen nicht gestattet zu reden, sondern sie sollen untertan sein, wie auch das Gesetz sagt.
35 Wollen sie aber etwas lernen, so mögen sie daheim ihre Männer fragen; denn es steht einem Weibe übel an, in der Gemeinde zu reden.
36 Oder ist von euch das Wort Gottes ausgegangen? Oder ist es zu euch allein gekommen?

Um die Bedeutung dieser Verse für die heutige Gemeindepraxis richtig zu interpretieren, ist es wichtig folgende Fragen zu stellen:
▪ In welchem Zusammenhang, in welcher Situation macht Paulus diese Aussage?
▪ Warum sieht Paulus es als nötig an, diese Aussage so zu treffen?
▪ Was bewegt Paulus? Was bezweckt er?

Darüber hinaus:
▪ Ist diese Aussage so auch für unsere Gemeindepraxis gültig?

Dazu folgende Aspekte:
► Wichtige und allgemein gültige theologische Grundsätze stehen immer an mehr als einer Stelle in der Bibel (in der Regel mindestens dreimal und zusätzlich sowohl im Alten Testament, wie auch im Neuen Testament).
„Die Frau schweige in der Gemeinde" steht nur an einer Stelle.

► Paulus macht diese Aussage im Brief an die Korinther. Die Gemeinde in Korinth war in diese Zeit in einer Phase der großen Unordnung – dies in Bezug auf sexuelle Verirrungen und geistliches Durcheinander (Erklärungen zum ordentlichen Gebrauch der Geistesgaben in den Kapitel 12 + 14).

► Die kulturelle Stellung der Frau war damals eine völlig andere als heute. Deshalb waren sie auch eher wenig gebildet und hatten weniger Zugang zu grundlegender Lehre. Paulus wehrt hier eher der Geschwätzigkeit.
Er ist nicht grundsätzlich dagegen, dass Frauen in der Gemeinde reden: In 1. Korinther 11,5 sagt er ausdrücklich, dass Frauen beten und weissagen können:
„Jede Frau aber, welche betet und weissagt …"

► In 1. Kor. 11 geht es Paulus um das

Verhalten der Frau in der Gemeinde. In Vers 3 betont er die Schöpfungsordnung: Christus ist des Mannes Haupt, der Mann ist das Haupt seiner Frau.
Daraus folgt für unsere Gemeindepraxis: Wenn der Mann einer verheirateten Frau nichts dagegen hat, dass sie in der Gemeinde betet, weissagt, Zeugnis gibt oder lehrt – gibt es dazu theologisch keine Einwände.
Unverheirateten Frauen, die in Gemeinde reden wollen, brauchen den Schutz – die geistliche Abdeckung – von den Ältesten, die die Verantwortung in der Gemeinde haben.

Ein weiterer Punkt:
Bei der Auslegung von Bibelstellen ist es auch wichtig den Heiligen Geist um Weisheit zu bitten, wie eine bestimmte Bibelstelle heute zu verstehen ist.
2.Korinther 3,6: „Er hat uns fähig gemacht, Diener des Neuen Bundes zu sein, nicht des Buchstabens, sondern des Geistes. Denn der Buchstabe tötet, der Geist aber macht lebendig."
D.h., geht man stur nach den Buchstaben – ohne den Heiligen Geist, besteht die Gefahr der Gesetzlichkeit.

Eine ähnliche Fragestellung: „Sollen Frauen beim Beten ihren Kopf bedecken?"

Die Bibelstelle:
1. Korinther 11, 4 Jeder Mann, der betet oder weissagt und etwas auf dem Haupt hat, schändet sein Haupt. 5 Jede Frau aber, die mit unbedecktem Haupt betet oder weissagt, schändet ihr Haupt; es ist

ein und dasselbe, wie wenn sie geschoren wäre!

6 Denn wenn sich eine Frau nicht bedecken will, so soll ihr auch das Haar abgeschnitten werden! Wenn es aber für eine Frau schändlich ist, sich das Haar abschneiden oder abscheren zu lassen, so soll sie sich bedecken.

7 Denn der Mann darf das Haupt nicht bedecken, weil er Gottes Bild und Ehre ist; die Frau aber ist die Ehre des Mannes. 8 Denn der Mann kommt nicht von der Frau, sondern die Frau vom Mann; 9 auch wurde der Mann nicht um der Frau willen erschaffen, sondern die Frau um des Mannes willen. 10 Darum soll die Frau [ein Zeichen der] Macht auf dem Haupt haben, um der Engel willen.

11 Doch ist im Herrn weder der Mann ohne die Frau, noch die Frau ohne den Mann.

12 Denn gleichwie die Frau vom Mann [kommt], so auch der Mann durch die Frau; aber alles [kommt] von Gott. 13 Urteilt bei euch selbst, ob es schicklich ist, dass eine Frau unbedeckt zu Gott betet! 14 Oder lehrt euch nicht schon die Natur, dass es für einen Mann eine Unehre ist, langes Haar zu tragen?

Auch hier geht es darum, den Heiligen Geist zu fragen, was dies für einen persönlich bedeutet. Eine Frau, die den Eindruck hat, sie soll ihren Kopf beim Beten mit einem Kopftuch verdecken –aus Respekt vor Gott und seinem Wort- sollte dies tun.

Sie sollte aber anderen die Freiheit lassen, jeweils selbst -vor Gott- darüber zu entscheiden.

6.19 Die Wiederherstellung der Gemeinde

Der Prozess der Wiederherstellung der Gemeinde
Gott hat einen Masterplan. Von der Schöpfung bis in die Ewigkeit. Die Weltgeschichte läuft danach ab.
Er hat alles unter Kontrolle. Das trifft besonders auf Israel und auf seine Gemeinde zu. Seit ihrer Geburtsstunde (Pfingsten) blühte sie auf und verbreitete sich mit Zeichen und Wundern in der damaligen Welt.
Seit Konstantin (330 n.Chr.), seit dem 4. Jahrhundert, erfolgte eine 1000jährige Degeneration der Gemeinde im finsteren Mittelalter. Erst 100 Jahre vor Martin Luther (1517 n. Chr.) kann es unter dem Vor-Reformator Jan Hus in Prag zu einer ersten Phase der Wiederherstellung der Gemeinde Jesu (Gottesdienste in der Landessprache, statt in Latein. Erste Abkehr vom religiösen System der Kath. Kirche. Persönliche Gotteserfahrungen.)
Martin Luther erkannte dann in der Reformation:
Sola gracia – allein aus Gnade (Errettung durch den stellvertretenden Tod Jesu.)
Sola scriptura – allein die Schrift (ohne die kirchliche Tradition.)
Sola fide – allein aus Glauben (Errettung nicht durch gute Werke.)
Weitere 100 Jahre später übte John Wesley großen Einfluss mit der Heiligungsbewegung aus (u.a. der Methodismus; im 18. Jahrhundert).
Danach kamen Glaubensheilungsbewegungen (u.a. John Alexander Dowie, John G. Lake, Smith Wigglesworth).
Die Wiederherstellung der Gemeinde erlebte einen weiteren großen Schub durch die Ausgießung des Heiligen Geistes um das Jahr 1903 n.Chr. (Pfingsterweckungen, u.a. William J. Seymour, Charles F. Parham.)
Um das Jahr 1950 Reaktivierung der **Evangelisten** durch die Spätregen-Bewegung und die Befreiungsevangelisation.
1960: Die Charismatische Bewegung. Reaktivierung der **Pastoren**, Wiederentdeckung der Gaben des Heiligen Geistes in den verschiedenen Denominationen.
1970: Die Wort- und Glaubensbewegung. Reaktivierung der **Lehrer**. Siegreiche Haltung und siegreiches Leben.
1980: Die Prophetische Bewegung. Reaktivierung des Amtes der **Propheten**. (Auf Gott hören, Gabe der prophetischen Rede, Prophetien für einzelnen Gläubige bis zu Prophetien über Nationen.)
1990: Die Apostolische Bewegung. Reaktivierung und Anerkennung des Amtes der **Apostel**. Apostolische Gemeinden und Netzwerke. Endgültige Wiederherstellung des fünffältigen Dienstes.

Welche Wiederherstellungsprozesse der Gemeinde Jesu laufen momentan?
• Überwindung von Religiosität und kirchlicher Macht.

• Mitgliederschwund der Volkskirchen. Alte Kirchenstrukturen und auch die **Gemeindestrukturen** der Freikirchen stehen auf dem Prüfstand. (Wie wollte Jesus seine Gemeinde bauen – und was haben wir Menschen daraus gemacht? Stichworte sind hier: Hausgemeinden, fünffältiger Dienst, ein Ort – ein Leib.
• Eine (innere) Überwindung der Zersplitterung der Gemeinde Jesu in weltweit mehr als 40.000 Denominationen. Denn: Jesus bat den Vater um **Einheit** des Leibes Jesu (Joh. 17,21). Deshalb wird die Einheit kommen.

Dann werden wir endlich in die Phase eintreten, die Dr. Bill Hamon den **„Tag (die Zeit) der Heiligen"** nennt.
Dies ist die Wiederherstellung der vollständigen Salbung der Christen des 1. Jahrhunderts:
„Gehet hin und predigt das Evangelium der ganzen Schöpfung … Diese Zeichen werden die begleiten, die glauben: In meinem Namen werden sie Dämonen austreiben und in neuen Zungen reden, Schlangen aufheben, und wenn sie etwas Tödliches trinken, wird es ihnen nichts schaden; Kranken werden sie die Hände auflegen und sie werden sich wohl befinden … und der Herr wirkte mit ihnen und bekräftigte das Wort durch die begleitenden Zeichen." Matt. 28, 15-20

Haben unsere Gebete im Moment noch keine volle Durchschlagskraft, weil die Zeit Gottes dafür noch nicht reif ist? (Wegen: Mangelnder Heiligung, falscher Strukturen, fehlender Einheit, …?)

Das große **Ziel** der Menschheitsgeschichte ist die Hochzeit des Lammes (Off. 19,6): Jesus wird in Ewigkeit Gemeinschaft mit seiner perfekten Braut haben.
Die Braut sind die wiedergeborenen Nachfolger Jesu und Israel. Auf diesen Höhepunkt läuft das ganze Weltgeschehen zu.

Seine von Ihm selbst erkaufte Braut wird mit Ihm in Ewigkeit **regieren**. Und zwar über die Milliarden Menschen aller Zeiten, die nicht im neuen Jerusalem und nicht in der ewigen Verdammnis sind! Siehe dazu: Jens Kaldeway – Thema 3.10 „Die drei Ausgänge des Gerichts Gottes.

Wir sind mitten in dem Prozess der Wiederherstellung der Gemeinde. Die Zeiten zwischen den Erneuerungsphasen wird kürzer – zuerst dauerte es 100te von Jahren, zuletzt nur Jahrzehnte!

In Christus hat Gott die Gemeinde und das Volk Israel gemeinsam erwählt (Römer 10,12).

Parallel zur Wiederherstellung der Gemeinde Jesu erfolgt die Wiederherstellung des Volkes **Israel** als gottesfürchtige Nation.

Die Entwicklung der Gemeinde innerhalb von Gottes Masterplan -auch mit dem Volk Israel- sind (erfreulicherweise) unaufhaltsam.

Die Wiederherstellung der Gemeinde

➤ ca. 34 n.Chr.: **Pfingsten** – kann als Geburtsstunde der Gemeinde angesehen werden.

➤ ca. 330 n.Chr.: Kaiser Konstantin: 1. Splittung der Gemeinde in Klerus und Laien –
                             statt des allgemeinen Priestertums.
                           2. Bau von Kirchengebäuden – statt Hausgemeinden, Gesamttreffen vor Ort.
                           3. Verschmelzung der Macht von Staat und Kirche - statt Unabhängigkeit.

➤ Die Folge: Degeneration der Gemeinde für ca. 1000 Jahre - das "finsteres Mittelalter."

➤ Neue Impulse für die Gemeinde: Vor-Reformator Jan Hus in Prag.

➤ Ca. 1500 n.Chr.: Martin Luther, Johannes Zwingli, John Knox, Georg Fox, …

➤ Ca. 1600 n. Chr.: Evangelikale Bewegung – Wassertaufe, Trennung von Staat und Kirche.

➤ Ca. 1700 n.Chr.: John Wesley – die Heiligungsbewegung.

➤ Ca. 1800 n.Chr.: Glaubensheilungsbewegung –
u.a. Maria Woodworth-Etter, Smith Wiggelsworth, Aimee Semple McPherson, …

➤ Um 1900 n.Chr.: Pfingstbewegung - Azusa Street, William Braham, A.A. Allen, Jack Coe, …

➤ Ca. 1950 n.Chr.: Spätregenbewegung, der Dienst der **Evangelisten** wird reaktiviert. Massenevangelisation –
                    u.a. Billy Graham

➤ Ca. 1960 n.Chr.: Charismatische Bewegung

➤ Ca. 1970 n.Chr.: Wort- und Glaubensbewegung

➤ Ca. 1980 n.Chr.: Prophetische Bewegung

➤ Ca. 1990 n.Chr.: Apostolische Bewegung

➤ Heute: Wiederentdeckung der ursprünglichen Gemeindestrukturen (Hausgemeinden, fünffältiger
         Dienst, Älteste, gemeinsame Treffen der Christen vor Ort, …),
         Einheit der Christen – (innere) Überwindung der Denominationen.
         Jesus, der gemeinsame Herr. Joh. 17,21.

➤ Danach: Wiederherstellung der Verkündigung mit der Bestätigung von Zeichen und Wundern.
         Mk. 16, 15-20. („Der Tag der Heiligen".) Flächendeckende Jüngerschaft.

➤ Hochzeit des Lammes mit der perfekten Braut. (Off. 19)

∞

➤ Gemeinschaft und Regieren.

Literatur:

▪ Dr. Bill Hamon, „Der Tag der Heiligen", ISBN 3-938972-00-9.

▪ Dr. Derek Prince, „Die Gemeinde", www.ibl-dpm.de.

▪ Dr. Roberts Liardon, „Die Generäle Gottes", Bände 1-5,
  ISBN 978-3-931484-10-1.

▪ Paul E. Billheimer, „Für den Thron bestimmt", ISBN 3-931025-66-7

▪ Themen 6.0 bis 6.11 (Gemeinde) als kostenlose Downloads unter
  www.Jüngerschaft.net .

Band 3 „Heilige Kühe" schlachten

Worum geht es hier?

Es geht um Jesus.

Es geht um seine Gemeinde.

Es geht um sein Königreich.

Es geht um Traditionen in der Gemeinde Jesu, die sich im Laufe der Jahrhunderte verfestigt haben.

Manche dieser Traditionen sind gut. Manche Traditionen behindern jedoch das Wachstum von Gottes Reich. Der Heilige Geist ist seit Jahrhunderten dabei, solche Missstände zu korrigieren. Das macht Er Schritt nach Schritt und mit viel Liebe und Weisheit.

Schon zur Zeit Jesus gab es Konflikte wegen der Höherstellung der Tradition über die Schrift seitens der Pharisäer und der Schriftgelehrten. Anweisungen und Gebote Gottes wurden auch damals zugunsten der Überlieferungen missachtet.

In Mt 15,3 weißt Jesus die Schriftgelehrten zurecht: „Warum übertretet ihr das Gebot Gottes um eurer Überlieferungen willen? Und in Vers 8: „Vergeblich ehren sie mich, indem sie Lehren vortragen, die Menschengebote sind."

Der Vor-Reformator John Wycliffe prangerte schon im Jahre 1360 n.Chr. unbiblische kirchliche Traditionen an, die geistliches Wachstum des Volkes verhinderten. Schon vor Martin Luther erkannte er: Sola Scriptura! – Alleine die Schrift! (Glaubensgrundsätze dürfen sich nur auf biblisches Fundament gründen – nicht auf kirchliche Traditionen und päpstliche oder konziliare Entscheidungen.)

Im Laufe der letzten Jahrhunderte haben sich einige „Menschengebote" in den Gemeindealltag festgesetzt. Sie gilt es zu erkennen und zu entfernen – wenn sie der Bibel widersprechen. Zu ihnen gehören die hier beschriebenen „Heiligen Kühe".

Eine heilige Kuh zu schlachten bedeutet: Eine bislang unantastbare Sache ändern, ein religiöses Tabu brechen.

Welche „Heilige Kühe" sind gemeint?

Es sind theologische Tabuthemen.

Themen, die man nicht anfassen darf, ohne Entrüstung auszulösen. Es sind grundsätzliche Themen, die Kirchen und freie Gemeinden betreffen. Themen, die sie an ihrer Basis erschüttern: Es geht um Meinungen, um Geld und um Macht. Es geht um die Finanzierung der Kirchen und Gemeinden, es geht um ihre Leitungsämter und die organisatorischen Strukturen.

Den Volkskirchen laufen die Mitglieder zu Hunderttausenden davon. Das sind meistens Leute, die Jesus und seine Gemeinde in den Kirchen nicht wirklich erlebt haben. Das ist traurig! Vielleicht ist es aber auch ein Hinweis Gottes, dass Er grundsätzliche Dinge ändern möchte.

Um möglichst viel von diesem Buch zu profitieren, hier ein Hinweis über die beste Herangehensweise:

Es geht bei den einzelnen Themen einzig und allein darum, wie Gott die Dinge sieht. Seine Meinung ist ausschlaggebend – nicht die Meinung des Autors, noch die irgendeiner theologischen Richtung.

Gott macht uns seine Sicht der Dinge durch die Bibel deutlich. Die Aussagen der Bibel werden durch den Heiligen Geist lebendig gemacht und können so auf unsere konkreten Situationen angewendet werden.

Martin Luther formulierte dieses Prinzip mit „sola scriptura" – allein die Schrift. Die Aussagen der Bibel zählen und sind alleine maßgeblich. Die kirchlich überlieferte Tradition mit ihren Regeln und Gesetzen ist den Aussagen der Bibel -von ihrer Gewichtung her- nicht gleichzustellen. Die Traditionen der Kirchen sind der Bibel unterzuordnen! Das ist eine wichtige Voraussetzung, um Klarheit bei den folgenden Themen zu bekommen.

Ziel dieser Ausarbeitung ist, sensibler zu werden, zu hören, wie der Heilige Geist die einzelnen Themen sieht.
Dieses Buch wurde aus Liebe zur Gemeinde Jesu geschrieben.
Und aus der Sehnsucht, dass wir dem Heiligen Geist nicht im Wege stehen, während er das zweites Kommen Jesu auf die Erde vorbereitet.
Der Evangelist und Gründer des Missionswerks „Neues Leben", Anton Schulte, sagte einmal, dass man in Deutschland manchmal mit der flachen Hand in den vollen Suppenteller hauen müsse – damit die Leute aufhorchen. Manche werden die folgenden Zeilen so empfinden.
Das hier Geschriebene basiert auf dem Herzenswunsch, dass Seine Gemeinde Seine Herrlichkeit widerspiegelt. Jetzt, in unserer Zeit.
Sein Reich komme! Sein Wille geschehe!

Die Heilige Kuh „Unsere Gemeinde"

Hier geht es um unser Gemeindeverständnis.
Was ist mit „Gemeinde" ursprünglich gemeint gewesen?
Was sind Gottes Pläne für „Gemeinde"?
Was haben wir Christen im Laufe der Jahrhunderte aus seiner Gemeinde gemacht?
Um es vorab deutlich zu sagen: Mein Eindruck ist, dass die Aufteilung der Gemeinde Jesu in weltweit ca. 40.000 Denominationen und die Zersplitterung des Leibes Jesu in verschiedene Kirchen in einer Stadt dem Herrn ein Gräuel ist!
Dieser Standpunkt widerspricht fundamental der jetzigen Sichtweise der meisten Christen.
Für viele sind die Spaltungen der Gemeinde eine „Einheit in Vielfalt". Nun, Einheit ist dies sicherlich viel zu oft nicht!
Auch hier gilt: Eine persönliche Meinung ist letztlich nicht wichtig. Wichtig ist allein, wie Gott die Dinge sieht. Wie macht Gott seine Sichtweise bekannt? Durch die Aussagen der Bibel, die der Heilige Geist in uns lebendig macht.
Hier zunächst eine kurze historische Übersicht, wie „Gemeinde" sich entwickelt hat.

Die Heilige Kuh der Kirchen-/ Gemeindestrukturen

Jede Denomination hat im Laufe der Jahrhunderte eigene Leitungsstrukturen entwickelt, die sich zum Teil deutlich vom neutestamentlichen Masterplan unterscheiden.
Die Katholische Kirche hält an der zentralen Leitung Roms, des Papsttums und ihrer (Erz-) Bistümer fest.
Die Evangelische Kirche in Deutschland ist der Zusammenschluss der 20 weithin selbstständigen lutherischen, reformierten und unierten Landeskirchen. Geleitet wird jede Landeskirche von ihrer Synode, durch sie gewählte Theologinnen und Theologen (meist mit der Amtsbezeichnung Bischof/Bischöfin), Landeskirchenämtern und weitere Leitungsgremien.
Die meisten Freien Gemeinden sind in deutschlandweiten und weltweiten Bünden organisiert.
Darüber hinaus gibt es eine große Anzahl von unabhängigen Freikirchen und Hausgemeinden.

► Jede Denomination macht (organisatorisch), was sie will.
Dürfen wir das?
Welche Strukturen hat Gott für die Gemeinde Jesu vorgesehen?

Welche Informationen haben wir im Neuen Testament?
Wie ist „Gemeinde" aus Gottes Sicht definiert?

Es gibt fünf Aspekte der Gemeindestruktur im Neuen Testament:
1. Ein Ort hat eine Gemeinde
(ein Leib Jesu, dem alle Nachfolger Jesu des Ortes angehören, mit Jesus als Haupt)
(1. Kor. 12,12; Kol. 1,18; Eph. 1,22+23; Eph. 4,15+16; Eph. 5,30)

Diese Argumente sprechen dafür, dass Gott eine Gemeinde pro Stadt sieht:
► Im ganzen Neuen Testament – von der Geburtsstunde der Gemeinde in der
Apostelgeschichte bis zur Offenbarung – lesen wir immer nur von einer Gemeinde pro Stadt!
Wenn man in der Konkordanz alle neutestamentlichen Stellen nachschaut, in denen die
Worte "Gemeinde" und "Gemeinden" enthalten sind, erhält man diese interessante Statistik
(von Dr. Derek Prince- siehe Literaturangaben):
- Gemeinde in Häusern: 4x
- Gemeinde als weltweiter Leib (die Braut Jesu): 15x
- Gemeinde (Einzahl) in einer Stadt: 61x
- Gemeinden (Plural, als Summe von Stadtgemeinden, z.B. in einer Region: 35x
- Gemeinden (Plural) in einer Stadt: 0x !!!

► Gott hasst Gemeindespaltungen
Jesus betet zu seinem Vater für seine Jünger:
"Ich bitte aber nicht für diese allein, sondern auch für die, welche durch ihr Wort an mich
glauben werden, auf dass sie alle eins seien, gleichwie du, Vater, in mir und ich in dir; auf
dass auch sie in uns eins seien, damit die Welt glaube, dass du mich gesandt hast. Und ich
habe die Herrlichkeit, die du mir gegeben hast, ihnen gegeben, auf dass sie eins seien,
gleichwie wir eins sind. Ich in ihnen und du in mir, auf dass sie zu vollendeter Einheit
gelangen, damit die Welt erkenne, dass du mich gesandt hast und sie liebst, gleichwie du
mich liebst. (Joh. 17,20-23)

► Die Spaltungen der Gemeinde Jesu an einem Ort haben oft ihren Ursprung in
Verletzungen, Streit, Unfrieden, Anklagen, Stolz, Besserwisserei oder in verschiedenen
theologischen Erkenntnissen. Dies führt zur Abgrenzung voneinander, zu Sprachlosigkeit,
Verwirrung, Uneinigkeit. Sie sind daher keine Bereicherung des geistlichen Lebens in einer
Stadt, sondern ein Armutszeugnis der Christen. Außerdem ist es ein Sieg des Feindes, der
durch die Zerstörung der Einheit die Gemeinden erfolgreich in ihrer Außenwirkung lähmt
(Joh. 17,21!). Das muss nicht so bleiben. Buße/ Umkehr ist möglich.

2. Hausgemeinden, die sich untereinander vernetzten und sich selbst multiplizieren
Die Erwähnungen von Hausgemeinden im Neuen Testament befinden sich in Römer 16,3+4;
1.Korinther 16,19; Kolosser 4,15 und Philemon 1+2.
In den Hausgemeinden lebten die Christen in verbindlicher Gemeinschaft. Durch sie wurde
evangelisiert, es wurden Leute zu Jüngern gemacht und das Leben geteilt.

Es gibt im Neuen Testament nur drei Ebenen von Gemeinden:
Hausgemeinden, die Stadtgemeinde und die weltweite Gemeinde der Christen aller Zeiten.

3. Gesamttreffen der Christen einer Stadt
Die Christen der Hausgemeinden kamen zu stadtweiten Treffen zusammen, um Lehre zu
empfangen, Reiseberichte der Apostel zu hören und Abendmahl zu feiern
(u.a. Apg. 14,26-28, Apg. 15,22, Apg. 21,2-22, 1.Kor. 11,18ff, 1.Kor. 14,23, 1. Thess.5,27).
Heute sind diese Treffen auch geeignet, um Gott u.a. gemeinsam zu loben, für die Stadt zu
beten und Einheit am Ort zu demonstrieren.

4. Der fünffältige Dienst

„Und Er hat gegeben etliche zu Aposteln, etliche zu Propheten, etliche zu Evangelisten, etliche zu Hirten und Lehrern, um die Heiligen zuzurüsten für das Werk des Dienstes, zur Erbauung des Leibes Christi, bis dass wir alle zur Einheit des Glaubens und der Erkenntnis des Sohnes Gottes gelangen und zum vollkommenen Manne werden, zum Maße der vollen Größe Christi.“
Eph. 4,11-13, siehe auch 1.Kor.12,28+29; Apg. 3,21.
Der fünffältige Dienst wurde von Gott der Gemeinde gegeben, damit die Christen zugerüstet werden. Fehlt ein oder mehrere Dienste herrscht Mangel in der Gemeinde. Wachstumsstörungen und Lähmungen sind die Folge.

5. Ein Ältestenrat im Ort

Idealerweise hat eine Stadtgemeinde einen Ältestenrat, der verantwortlich die Gesamtgemeinde der Stadt leitet und ihr vorsteht. Im Alten Testament wird davon berichtet, dass das Volk Israel von Ältesten geleitet wurde. Im Neuen Testament wurden in den Gemeinden jeweils Älteste (immer im Plural) eingesetzt.
Ein Ältestenrat besteht aus geistlich reifen Männern und Frauen, die dazu berufen sind. Sie übernehmen vor Gott Verantwortung für das, was in der Stadt im geistlichen/spirituellen Bereich geschieht, bzw. nicht geschieht.
Von Paulus erhalten wir einen deutlichen Hinweis auf die Ältesten der Stadtgemeinde (Apg. 20,17): „Von Milet aber schickte er gen Ephesus und ließ die Ältesten der Gemeinde herüberrufen.“

Fragen zu praktischen Überlegungen:
Wenn „Gemeinde“ so von Gott geplant war ...
▪ Was würde dies für mich bedeuten?
▪ Was würde dies für meinen Dienst bedeuten?
▪ Was würde dies für meine Gemeinde bedeuten?
▪ Was würde dies für die Zusammenarbeit der einzelnen Gemeinden in der Stadt bedeuten?

Tipp:
Ins Gebet gehen; in der Stille vor Gott diese Gedanken bewegen; Ihn um Weisheit und Klarheit bitten; offen sein für das oft leise Reden des Heiligen Geistes.
Auch hier gilt: Alles prüfen – und das Gute behalten.

Die Anzahl der Christen wuchs in den 200 Jahren zwischen dem Jahr 100 n.Chr. und dem Jahr 300 n.Chr. von 25.000 auf bis zu 20 Millionen. (Quelle: Alan Hirsch, The Forgotten Ways, Seite 18ff)

Wie haben sie das getan?
(Ohne Kirchengebäude, Klerus, landes- und freikirchliche Strukturen – etwa genau deshalb?)

Literatur hierzu:
▪ Derek Prince, Die Gemeinde, Teil 1+ 2,   ISBN: 3-932341-41-4 + ISBN: 3-932341-40-6
▪ Jens Kaldewey, Die starke Hand Gottes – der fünffältige Dienst,   ISBN-10: 3928093398
▪ Wolfgang Simson, Häuser, die die Welt verändern,   ISBN-10: 3928093126
▪ Alan Hirsch, The Forgotten Ways,   ISBN-10: 1-58743-164-5

Weitere Informationen dazu unter www.Jüngerschaft.net :
▪ zum Thema „Älteste“: Thema Nr. 6.7
▪ zum Thema „Diakone“: Thema Nr. 6.8
▪ zum Thema „fünffältiger Dienst“: Thema Nr. 6.5 und 6.6

Die Heilige Kuh der Mitgliedschaft in einer Kirche oder freien Gemeinde

In der Bibel gibt es keine Kirchenmitgliedschaft.
Das ist eine Heilige Kuh, die endlich geschlachtet werden muss. Denn die Bibel kennt nur die
Nachfolge Jesu, die der Wiedergeburt folgt. Jeder Jünger Jesu ist damit automatisch Teil der
Gemeinde Jesu vor Ort. Die Mitgliedschaft – wie in einem Verein – ist die Folge eines
verfälschten Gemeindeverständnisses.
Durch dieses Ordnungsmerkmal der Mitgliedschaft erfolgt eine klare organisatorische
Abgrenzung zu anderen Christen am Ort. Die Mitgliedschaft in deiner Gemeinde behindert
die Einheit des Leibes Jesu in der jeweiligen Stadt.
Das Thema Mitgliedschaft ist eng verbunden mit Geld (Kirchensteuer/ Zehnten geben) und
Macht (Einfluss). Ein Übel kommt selten allein.
Ohne Mitgliedschaft würden die Nachfolger Jesu in den Hausgemeinden über ihre Finanzen
selbst entscheiden, bzw. sie den Ältesten in der Stadt und Aposteln zur Verfügung stellen –
wie in der Apostelgeschichte.
Auch bei diesem Thema ist es wichtig, Gott zu fragen, wie Er dies heute praktiziert haben
möchte.

Impuls:
Begeisterung für „unsere Gemeinde" kann Götzendienst sein.
Erfreuen wir uns, gemeinsam mit unseren geistlichen Geschwistern, an Jesu oder sind wir
begeistert von unserer Gemeinde?

Die Heilige Kuh des Zehnten

Das freikirchliche Gemeindemodell lebt finanziell zum großen Teil vom Geben des Zehnten.
Damit sind 10% des Einkommens der einzelnen Gemeindemitglieder gemeint. Im Alten
Testament war das Geben des Zehnten eines von über 600 Geboten und Vorschriften. Das
Geben des Zehnten war ausschließlich an das Volk Israel gerichtet.

An keiner Stelle des Neuen Testaments werden wiedergeborene Nachfolger Jesu
aufgefordert, den Zehnten zu geben.
Jesus hatte nie davon gesprochen. Paulus hat in keinem seiner Briefe das Geben des
Zehnten verlangt. Petrus auch nicht. Keiner der 12 Jünger Jesu hat jemals den Zehnten
nach ihrer Begegnung mit Jesus gezahlt.

Das Geben des Zehnten taucht im Neuen Testament nur für diejenigen auf, die nicht
wiedergeboren sind und noch unter dem Gesetz leben (Pharisäer und Schriftgelehrte).
Es ist theologisch unhaltbar, dieses Gebot auf die Finanzierung von heutigen freien
Gemeinden anzuwenden!

Anstelle des Zehnten tritt im Neuen Testament das Prinzip des großzügigen Gebens und des
ausgleichenden miteinander Teilens!

Das Prinzip des Gebens im Neuen Bund diese drei Aspekte:
1. Gott fragen, wieviel ich geben soll – und was ich wem geben soll.
2. Hören, was Gott sagt.
3. Gehorsam und freudig geben.

Auf der Grundlage des allgemeinen Priestertums kann jeder wiedergeborene Christ Gottes
Stimme hören. (1.Petrus 2,5+9; Offenbarung 1,6 + 5,10; Johannes 10,27 + 18,37).
Gott möchte, dass jeder Christ zu einem geistlich reifen Mann (Frau) Gottes heranwächst.

Die neutestamentliche Gemeinde finanzierte ihre Mitarbeiter und Nöte durch freiwillige Spenden.
• „Wer im Wort unterrichtet wird, der gebe dem, der ihm unterrichtet" (Galater 6,6);
• „Die Ältesten halte man doppelter Ehre wert, ... , der Arbeiter ist seines Lohnes wert" (1.Timotheus 5,17+18);
• „So hat auch der Herr verordnet, dass die, welche das Evangelium verkündigen, vom Evangelium leben sollen." (1.Korinther 9,14)
• „ ... einen fröhlichen Geber hat Gott lieb" (2.Korinther 9,7).

Das neutestamentliche Geben geht in aller Regel weit über das Geben des Zehnten hinaus. Es geht heute im Neuen Bund nicht um den Zehnten (10%), sondern um freiwilliges, großzügiges Teilen (bis zu 100%).
Völlige Hingabe an Jesus schließt das persönliche Hab und Gut mit ein.
„So kann auch keiner von euch, der nicht allem entsagt, was er hat (Geld, Besitz), mein Jünger sein." (Lukas 4,33, Markus 10,21, Haggai 2,8)
Es soll bei einem wiedergeborenen Christen keine Unterscheidung geben zwischen den Bereichen, in die Jesus hineinsprechen darf und solche, in der wir Ihm nicht erlauben hineinzusprechen (z.B. in den Bereich unserer Finanzen, unseres Vermögens).
Ein weiterer Segen beim Geben ist oft die Befreiung von der Macht der Gier, der Macht der Liebe zum Geld, der Macht des Mammons. Oft gilt es, erst einmal vor Gott Buße zu tun über die Liebe zum Geld und die Verehrung Mammons. Nachdem wir Gott diese Schuld bekannt haben, können wir durch das Blut Jesu von den falschen Bindungen frei werden.
An die Stelle des Zehnten tritt im neuen Bund ein anbetungsorientiertes, dankbares, ehrfürchtiges und großzügiges Geben.
• Geben ist ein Teil der Anbetung.
• Geben ist ein Ausdruck unserer Dankbarkeit gegenüber Gott für seine Versorgung. (5.Mose 14,23)
• Durch das Geben bekennen wir und zeigen unsere Abhängigkeit von Ihm, unserem Versorger.
• Geben ist ein Ausdruck meiner Ehrfurcht vor Gott (5.Mose 14,23).
• Geben ist ein Ausdruck meines Glaubens, dass Gott mein Versorger ist. (2.Korinther 8,2 + 9,1-15)

Wichtige Stellen im Neuen Testament zum Geben:
Mk 10,28-30:
28.Da hob Petrus an und sprach zu ihm: Siehe, wir haben alles verlassen und sind dir nachgefolgt!
29.Jesus antwortete ihm und sprach: Wahrlich, ich sage euch, es ist niemand, der Haus oder Brüder oder Schwestern oder Vater oder Mutter oder Kinder oder Äcker um meinetwillen und um des Evangeliums willen verlassen hat,
30.der nicht hundertfältig empfinge, jetzt in dieser Zeit Häuser und Brüder und Schwestern und Mütter und Kinder und Äcker, unter Verfolgungen, und in der zukünftigen Weltzeit ewiges Leben.
Es ist notwendig, die richtige Herzenseinstellung beim Geben zu haben:
1.Kor 13,3: "Und wenn ich alle meine Habe austeile und meinen Leib hergebe, damit ich verbrannt werde, habe aber keine Liebe, so nützt es mir nichts!"
Das Prinzip von Saat und Ernte: 2.Kor 9,6-8
"Das aber bedenket: Wer kärglich sät, der wird auch kärglich ernten; und wer im Segen sät, der wird auch im Segen ernten. Ein jeder, wie er es sich im Herzen vorgenommen hat; nicht mit Unwillen oder aus Zwang; denn einen fröhlichen Geber hat Gott lieb! Gott aber ist mächtig, euch jede Gnade im Überfluss zu spenden, so dass ihr in allem allezeit alle Genüge habet und überreich seiet zu jedem guten Werk."

Weitere wichtige Bibelstellen: Mt 6,3-4; Lk 3,11; Lk 6,38; Apg 20,35; 1.Petrus 3,9; Epheser 2,10; Lk 12,31; Lk 12,33-34; Mt 6,19-21; Spr 3,9-10; Lk 6,38; Hebräer 13,16; Gal 6,7-10.

Das Geben des Zehnten im Alten Testament ist wesentlich vielschichtiger als das heutige weit verbreitete Verständnis, dass der Zehnte schwerpunktmäßig zur Finanzierung von Pastoren gegeben werden soll und zum Bau oder zur Unterhaltung von Kirchengebäuden / Gemeindezentren.

Im Alten Testament wird von verschiedenen Verwendungsarten des Zehnten berichtet, die heute kaum gelehrt werden – z.B. wurde der Zehnte „von allem" dazu verwendet, dass die Familie des Gebers ausreichend Lebensmittel und Wein –sogar starkes Getränk- von ihrem Zehnten zum Feiern während ihrer Pilgerreise in Jerusalem kaufen sollte:

„ ... sondern vor dem Herrn, deinem Gott, sollst du solches essen ... und fröhlich sein ..."
(5.Mo 12, 7+18; 5.Mo 14,23+28)

Die Israeliten sollten den Zehnten für folgende Zwecke verwenden:
1. Versorgung der Leviten,
2. zur eigenen Versorgung (Geld zum Feiern und Urlaub machen in Jerusalem!),
3. zur Versorgung von Mägden, Knechten, Waisen, Fremden – sowohl in Jerusalem im jeweils ersten und zweiten Jahr, als auch in den Privathäusern, im dritten Jahr (5.Mose 26,12).

Gottes Standard ist, dass wir, seine Kinder, durch Jesus Christus mehr als genug haben, um selbst versorgt zu sein mit allem, was zum Leben nötig ist und um darüber hinaus großzügig geben zu können.
2.Kor 9,10-12:
"Er aber, der dem Sämann Samen darreicht und Brot zur Speise, der wird [auch] euch die Saat darreichen und mehren und die Früchte eurer Gerechtigkeit wachsen lassen, damit ihr an allem reich werdet zu aller Gebefreudigkeit, welche durch uns Dank gegen Gott bewirkt. Denn der Dienst dieser Hilfeleistung füllt nicht nur den Mangel der Heiligen aus, sondern überfließt auch durch den Dank vieler gegen Gott."
(Mehr Bibelstellen zum "Mehr-als-genug-haben": Joh.10,10; 3.Joh.2; 2.Kor.8,9; 2.Kor.9,8; 2.Kor.11,7-9; 1.Tim.6,17-19; Philipper 4,19; Rö.8,32.)

Gott möchte, dass Überfluss bei seinen Kindern normal ist- auch damit sie großzügig geben können.
Was heißt „Überfluss"? Überfluss ist all das, was wir nicht existenziell zum Leben brauchen. Warum sollten wir Geld und Vermögenswerte anhäufen? Es möge jeder für sich prüfen, ob es Gottes Wille ist, lieber diese Ressourcen jetzt ins Reich Gottes zu investieren. Clive Pick: "Unsere Berufung besteht nicht darin, Geld zu sammeln, sondern Geld freizusetzen." "Gott stellt den Christen Geld zu Verfügung, um selbst genug zu haben und um die endzeitliche geistliche Ernte zu finanzieren."
Bibelstellen zum Zehnten:
Altes Testament: 1.Mose 14,18-20; 1.Mose 28,20-22; 2.Mose 23,16-19; 2.Mose 34,22+26; 3.Mose 27,30-34; 4.Mose 18,6-32; 5.Mose 12,6-32, 5.Mose 14,22-29, 5.Mose 16,13-17; 5.Mose26,10-14; 2.Chronik 3-12; Nehemia 10,34-39; Nehemia 12,44-45; Nehemia 13,5; 1.Samuel 8,15+17; Amos 4,4; Maleachi 3,7-12.
Neues Testament: Matthäus 23,23; Lukas 11,42; Lukas 18,12; Hebräer 7,1-28.

Fazit:
Als Christ den Zehnten zu geben, ist theologisch nicht begründbar.
Aber jeder soll vor allem Gott fragen und offen sein, was er wann, wo, wem großzügig geben soll. Es geht darum, sich ihm ganz zur Verfügung zu stellen (mit seiner Person und allem Hab und Gut).

Da Nachfolger Jesu unter dem Neuen Bund leben, gilt für sie nicht mehr das Geben des Zehnten, sondern der Grundsatz der Gleichheit: „...nach dem Grundsatz der Gleichheit soll in der jetzigen Zeit euer Überfluss dem Mangel jener abhelfen, auf dass auch ihr Überfluss eurem Mangel abhelfe, damit ein Ausgleich stattfinde, wie geschrieben steht: «Wer viel sammelte, hatte nicht Überfluss, und wer wenig sammelte, hatte nicht Mangel.»" (2.Kor.8,13bff)

Die ständige Diskussion um den Zehnten hat ihre Grundlage in einem nichtbiblischen Gemeindeverständnis. Gäbe es keine Gemeindehäuser und Gehälter zu finanzieren, gäbe es sicherlich keine Diskussion um den Zehnten.
Diese alte Heilige Kuh des Zehnten ist nun endlich endgültig reif für die Schlachtung.

Zum Thema „Alter Bund – Neuer Bund" siehe Thema Nr. 4.1 unter www.Jüngerschaft.net .

Die Heilige Kuh der ungeklärten Beziehungen

Bei dieser Heiligen Kuh geht es um mangelnde Einheit. In Ehen, Familien, Freundeskreisen und in und unter Gemeinden.
Jesus bittet Gott: „Vater, mache sie eins, damit die Welt erkennt, dass Du den Sohn gesandt hast." (Joh. 17,21)
Wenn Jesus seinen allmächtigen Vater um etwas bittet, dann wird Er alles in seiner Macht Stehende tun, dass der Bitte entsprochen wird.
Also, Einheit -auch unter Christen- wird kommen – wenn wir das nicht boshaft verhindern.
Um in Einheit leben zu können, muss man mit sich selbst versöhnt leben. Tipps dazu gibt es unter dem Thema Nr. 4.2 „Lebensbereinigung" (www.Jüngerschaft.de).
Außerdem hat die Einheit unter Eheleuten und in der Familie höchste Priorität. Einheit fängt im Kleinen an.
Für die Durchschlagskraft des Evangeliums und des Reich Gottes in einer Stadt ist die Einheit unter den Christen existentiell notwendig („ … , damit die Welt erkennt …" Joh. 17,21).
Gelebte Praxis ist, dass in den Städten z.T. dutzende Gemeinden parallel zueinander existieren. Jede Gemeinde ist so mit eigenen Programmen beschäftigt, dass kaum Zeit und Energie für den Gesamtleib Jesu in der Stadt übrigbleibt. Dies ist die Folge (der Fluch) eines falschen Gemeindeverständnisses. Die meisten Gemeinden einer Stadt sind durch die Abspaltung aus einer anderen Gemeinde entstanden, die sich dann meistens wiederum selbst spalten. Gründe für die Spaltungen können u.a. besondere theologische Erkenntnisse sein, Besserwisserei, religiöser Stolz, Unversöhnlichkeit oder Streit unter Geschwistern sein.

"Ist den Christus zertrennt?" fragte Paulus die Christen in Korinth, als die Gefahr von Spaltung der einen Stadtgemeinde bestand. Er ermahnt sie einerlei Rede zu führen, Spaltungen nicht zuzulassen, sondern in derselben Gesinnung und derselben Meinung zusammenzuhalten. (1.Kor.1,10-13).

Was sagt die Bibel zur Einheit, zu Spaltungen und zum Einssein des Leibes?
Jud 22:
Und weiset diejenigen zurecht, welche sich trennen.
Gal 5,19-21:
Offenbar sind aber die Werke des Fleisches, welche sind: Ehebruch, Unzucht, Unreinigkeit, Ausschweifung; Götzendienst, Zauberei, Feindschaft, Hader, Eifersucht, Zorn, Ehrgeiz, Zwietracht, Spaltungen, Neid, Mord; Trunkenheit, Gelage und dergleichen, wovon ich euch voraussage, wie ich schon zuvor gesagt habe, dass die, welche solches tun, das Reich Gottes nicht ererben werden.

Psalm 133:

Ein Wallfahrtslied. Von David.

Siehe, wie gut und wie lieblich ist es, wenn Brüder einträchtig beieinander wohnen. Wie das köstliche Öl auf dem Haupt, das herabfließt auf den Bart, auf den Bart Aarons, der herabfließt auf den Halssaum seiner Kleider. Wie der Tau des Hermon, der herabfließt auf die Berge Zions. Denn dorthin hat der HERR den Segen befohlen, Leben bis in Ewigkeit.

Zeph 3,9:

Dann aber werde ich den Völkern andere, reine Lippen geben, damit sie alle den Namen des HERRN anrufen und ihm einmütig dienen.

Phil 2,1-3:

Wenn es nun irgendeine Ermunterung in Christus ‹gibt›, wenn irgendeinen Trost der Liebe, wenn irgendeine Gemeinschaft des Geistes, wenn irgendein herzliches ‹Mitleid› und Erbarmen, so erfüllt meine Freude, dass ihr dieselbe Gesinnung und dieselbe Liebe habt, einmütig, eines Sinnes seid, nichts aus Eigennutz oder eitler Ruhmsucht ‹tut›, sondern dass in der Demut einer den anderen höher achtet als sich selbst.

Jh 17,20-23:

Ich bitte aber nicht für diese allein, sondern auch für die, welche durch ihr Wort an mich glauben werden, auf dass sie alle eins seien, gleichwie du, Vater, in mir und ich in dir; auf dass auch sie in uns eins seien, damit die Welt glaube, dass du mich gesandt hast.

Und ich habe die Herrlichkeit, die du mir gegeben hast, ihnen gegeben, auf dass sie eins seien, gleichwie wir eins sind.

Ich in ihnen und du in mir, auf dass sie zu vollendeter Einheit gelangen, damit die Welt erkenne, dass du mich gesandt hast und sie liebst, gleichwie du mich liebst.

Eph 4,1-6:

So ermahne ich euch nun, ich, der Gebundene im Herrn, dass ihr würdig wandelt der Berufung, zu welcher ihr berufen worden seid, so dass ihr mit aller Demut und Sanftmut, mit Geduld einander in Liebe ertraget und fleißig seid, die Einheit des Geistes zu bewahren in dem Bande des Friedens: ein Leib und ein Geist, wie ihr auch berufen seid zu einer Hoffnung eurer Berufung; ein Herr, ein Glaube, eine Taufe; ein Gott und Vater aller, über allen, durch alle und in allen.

Fazit:

• Gott liegt die Einheit der wiedergeborenen Christen am Herzen.

Sein Ziel ist, eine Braut für Jesus zu bereiten.

• Spaltungen unter wiedergeborenen Christen sind nicht akzeptabel.

Die Basis der Gemeinde darf nur Jesus sein (kein Gründer, kein Glaubensbekenntnis, keine besonderen Erkenntnisse).

Einheit wird möglich, wenn zuerst die Vertikale stimmt (Liebesbeziehung zu Gott) - dann ist auch die Horizontale möglich (Einheit unter den Geschwistern).

Die Heilige Kuh: Festklammern an bestehenden Dogmen

Dogmen (Glaubensüberzeugungen) bilden sich oft über Jahrzehnte und teilweise über Jahrhunderte.

Der Grund des Festhaltens ist manches Mal, dass diese Dogmen in einer Domination als überlebenswichtig und identitätsspendend angesehen werden. („Das sind wir – das macht uns aus.")

Beispiel: Die Taufe von Säuglingen in der Ev. Kirche. Mit der Taufe (und der Konfirmation) ist das Kind (Mit-)Glied der Ev. Kirche. Erst nach der Taufe und der Konfirmation werden Jugendliche zum Abendmahl zugelassen.

Die Kindertaufe wird ohne Genehmigung des Täuflings an ihm vollzogen – ein Unding im biblischen Sinne.
In der Bibel gibt es weder Kindertaufen und auch keine Konfirmation.

Das Kind besucht als Schüler den ev. Religionsunterricht und zahlt später Kirchensteuer.
Die dogmatische Überzeugung hier ist, dass eine Säuglingstaufe aus Gottes Sicht eine biblische Taufe sei.
Der Maßstab sollte das Wort Gottes sein, das der Heilige Geist lebendig macht. Die Tradition einer Kirche sollte diesen Maßstab nicht ersetzen. Nochmal: Kommt die Säuglingstaufe in der Bibel vor? Nein.
Dort heißt es: Wenn ein Mensch glaubt, soll er seinen Glauben an Jesus mit einer Taufe bestätigen. Zuerst der persönliche Glaube, dann die Taufe.
Neutestamentlich belegbar ist die in Mk.10,14 erwähnte Kindersegnung – aber nirgendwo ist von Kleinkindertaufen die Rede.
Wie in diesem Fall wird manchmal die Tradition dem Wort Gottes gleich- bzw. höhergestellt. Ganz im Gegensatz zu Luthers „sola scriptura" – allein die Schrift. Ein weiteres Beispiel des Festhaltens an ungewöhnlichen Glaubensgrundsätzen:

Das Dogma der Unfehlbarkeit des Papstes.
Das I. Vatikanische Konzil nimmt am 18. Juli 1870 mit 533 Jastimmen und 2 Gegenstimmen das Dogma der Unfehlbarkeit des Papstes an. Das bedeutet: 1. Der Papst regiert die Kirche, wie er es für richtig hält. 2. Wenn der Papst als Oberhaupt der katholischen Kirche Entscheidungen in Glaubensfragen trifft, dann sind diese Entscheidungen unangreifbar, und jeder Katholik muss sich danach richten. Vor allem Bischöfe aus Deutschland, Österreich und Frankreich warnten vor der Verkündigung des Dogmas. Sie reisten vor der Abstimmung ab. (Quelle: Die Geschichte des Christentums, Tim Dowley (Hrsg.))
Weitere Heilige Kühe der katholischen Kirche sind die biblisch nicht haltbare Lehre vom Fegefeuer, der Marien-Kult (auch um die schwarzen Madonnen in Altötting und Tschenstochau/Polen), der Reliquien-Kult, die Gebete zu Toten (Heiligen-Kult).

Es stellt sich die Frage: Wo fängt bei diesen Themen Götzendienst an?
Götzendienst fängt immer dann, wenn jemand oder etwas die Stellung Jesu, die nur Ihm gebührt, in unserem Leben einnimmt. So auch bei der Anrufung von Maria. Das Neue Testament ist eindeutig. Es sind keine Gebete um Vermittlung an Maria (Ave Maria) oder an Tote (Heilige) statthaft: „Denn es ist ein Gott und ein Mittler zwischen Gott und den Menschen, der Mensch Christus Jesus." 1.Tim 2,5
Ein weiteres - für einige unverrückbares – Dogma ist letztlich die Missachtung des Heiligen Geistes. Die meisten glauben zwar, dass es den Heiligen Geist gibt und dass er Gott ist. Sie glauben auch, dass er in den Gläubigen wirkt.
Viele negieren jedoch wichtige Aspekte wie die Taufe im Heiligen Geist. Über sie wird in manchen Gemeinden nicht gelehrt und sie wird nicht praktiziert. Manchmal, weil dies ihrer Theologie nicht endspricht oder weil die Leiter die Taufe im Heiligen Geist selbst nicht erfahren haben.
Das Neue Testament spricht an mehreren Stellen wortwörtlich von der Taufe im Heiligen Geist. Ebenso wird in manchen Kirchen über einige Gaben des Heiligen Geistes nicht gelehrt und ihnen bei den Gemeindetreffen kein Platz eingeräumt. Dazu gehören oft die Gaben der Zungenrede, der prophetischen Reden und das Praktizieren der Gabe der Heilung. (Mehr dazu unter www.Jüngerschaft.net, Thema 2.7 „Wer ist der Heilige Geist?", Thema 3.4 „Die Geistesgaben" und Thema 6.15 „Taufe im Heiligen Geist")
Mit solchen Dogmen wurden Kirchen, juristische Personen, riesige Organisationen erschaffen und ihre Machtgefüge durch das Festhalten an diesen Glaubensgrundsätzen gefestigt.

Das Hauptproblem des Festhaltens an falschen Dogmen liegt darin, dass der biblische Masterplan von „Gemeinde" verlassen wurde. Das führte zu fast endlosen Problemen und theologischen Verwirrungen.

Der Konflikt könnte theoretisch ganz einfach gelöst werden: Zurück zu den Wurzeln der Gemeinde und Gemeinde so bauen, wie Jesus sie geplant hatte (Hausgemeinden, gemeinsame Treffen am Ort, fünffältiger Dienst, Älteste, …).

Erfahrungsgemäß lassen sich bestehende Organisatoren nur extrem schwer verändern. Reformbemühungen oder Richtungswechsel erzeugen oft Streit, Unverständnis und Unfriede.

Es ist in der Regel weiser, sich still und friedlich aus den Organisationen zurückzuziehen und sie zu verlassen. Und dann das tun, was man -von Gott her- erkannt hat. Dabei immer Gott fragen, was man in seiner persönlichen Situation wann und wie tun soll.

Ein Beispiel für Schwierigkeiten bei Veränderungen:
Die Ev. Allianz. Sie steht für die Einheit der Christen am Ort. Die jährliche Allianzgebetswoche ist wunderbar. Das Problem der Ev. Allianz ist, dass es die Ev. Allianz ist: Das heißt, katholische Brüder und Schwestern fühlen sich schon durch die Namensgebung oft nicht angesprochen – weil es ein evangelisches Projekt ist.

Der eingereichte Vorschlag, den Namen der Ev. Allianz in den Namen „Jesus-Allianz" zu ändern, wurde mit dem Hinweis zurückgewiesen, dass dies nicht mehrheitsfähig sei,– obwohl, so hieß es, dies ein guter Vorschlag sei.

Also: Je älter und je größer eine Organisation ist, desto geringer sind meistens die Chancen für nachhaltige Richtungskorrekturen.

Die Heilige Kuh des Tragens eines Talars und von Priestergewändern

Warum tragen Pastoren im Gottesdienst schwarze, knöchellange Roben mit weißem Bäffchen am Kragen?

Warum tragen katholische Geistliche bei Amtshandlungen bunte Priestergewänder?

Die Amtstracht hat ihre Grundlage in der alttestamentlichen Kleidung der Priester:

„Dies aber sind die Kleider, die sie anfertigen sollen: eine Brusttasche und ein Efod und ein Oberkleid, einen Leibrock aus gewirktem ⟨Stoff⟩, einen Kopfbund und einen Gürtel. Diese heiligen Kleider sollen sie für deinen Bruder Aaron und für seine Söhne anfertigen, damit er mir den Priesterdienst ausübt." 2.Mose 28,4 (Siehe auch: 2.Mose 28,26-28.)

Diese festliche Bekleidung war für Aaron und seine Söhne, um den Priesterdienst in der Stiftshütte und später im Tempel auszuüben.

Von dieser besonderen Ausstattung lesen wir nur im Alten Testament. Diese besondere Bekleidung finden wir in der Bibel nur für Priester, die im Alten Bund leben (dem Bund Gottes mit dem Volk Israel).

Im Neuen Bund (heute) bedarf es keiner besonderen Kleidung. Denn das Priestertum des Alten Bundes ist im Neuen Bund auf die wiedergeborenen Nachfolger Jesu übergegangen. Warum?

Weil durch den Tod Jesu am Kreuz das Priestertum des Stammes Aaron auf die Nachfolger Jesu erweitert wurde. Im Neuen Bund gilt für die Nachfolger Jesu das allgemeine Priestertum:

„Ihr aber seid ein auserwähltes Geschlecht, ein königliches Priestertum, eine heilige Nation, ein Volk zum Besitztum, damit ihr die Tugenden dessen verkündigt, der euch aus der Finsternis zu seinem wunderbaren Licht berufen hat; …" 1. Petrus 2,9

„Dem, der uns liebt und uns von unseren Sünden erlöst hat durch sein Blut und uns gemacht hat zu einem Königtum, zu Priestern seinem Gott und Vater: Ihm sei die Herrlichkeit und die Macht von Ewigkeit zu Ewigkeit! Amen." Off. 1,6

„ … hast durch dein Blut Menschen für Gott erkauft aus jedem Stamm und jeder Sprache und jedem Volk und jeder Nation und hast sie unserem Gott zu einem Königtum und zu Priestern gemacht, und sie werden über die Erde herrschen!" Off. 5,10

Die alttestamentliche Aufgabe von Priestern, Vermittler zwischen Gott und dem Volk zu sein, gibt es heute nicht mehr. Jesus ist der einzige und neue Mittler zwischen dem Vater und den Menschen:
„Denn es ist ein Gott und ein Mittler zwischen Gott und den Menschen, nämlich der Mensch Christus Jesus, …" 1Tim 2,5
„Nun aber hat er ein höheres Amt empfangen, wie er ja auch der Mittler eines besseren Bundes ist, der auf bessere Verheißungen gegründet ist." Hebr 8,6
„Und darum ist er auch der Mittler des neuen Bundes, auf dass durch seinen Tod, der geschehen ist zur Erlösung von den Übertretungen unter dem ersten Bund, die Berufenen das verheißene ewige Erbe empfangen." Hebr 9,15
„ … und zu dem Mittler des neuen Bundes, Jesus, und zu dem Blut der Besprengung, das besser redet als Abels Blut." Hebr 12,24
Daher sind abgrenzende Amtsbekleidungen für die Gemeinde heute irrelevant.
Kaiser Konstantin führte ca. im Jahr 330 n.Chr. den Unterschied zwischen Klerus und Laien ein. Danach ging es mit der Gemeinde Jesu ca. 1000 Jahre bergab.
Die heutige Amtskleidung von Pastoren und Priestern ist eine Spätfolge dieser Verfehlung.
Jesus, unser Hohepriester nach der Ordnung Melchisedeks, hat nie Priestergewänder getragen.
Die 12 Jünger, Paulus, Petrus und alle anderen Nachfolger trugen normale Kleidung.
Die Unterscheidung von Klerus und Laien in den Volkskirchen und freien Gemeinden ist biblisch nicht haltbar. Sie ist eine weitere Folge eines falschen Gemeindeverständnisses.
Wahre Nachfolger Jesu, die zurzeit ein Pastoren- oder Priesteramt bekleiden, erhalten ihre Autorität nicht durch Roben und Gewänder – der Heilige Geist rüstet sie aus. Er schenkt Ihnen Weisheit und Salbung.

Was wäre, wenn sie auf Amtskleidung verzichten und das allgemeine Priestertum fördern würden?
Auch bei dieser Heilige Kuh -der Amtskleidung- geht es ausschließlich darum, wie Gott die Dinge sieht. Seine Sicht ist der alleinige wahre Maßstab. Darum prüfe auch dies ein Jeder und behalte das Gute.

Frage zu Schluss:
Wer oder was wird in der Kath. Kirche durch das Tragen von bunten, edlen Gewändern gefeiert? Jesus, Gott oder feiert die Kirche sich selbst?

Die neutestamentlichen Aussagen über „Gemeinde" sind zweifelsohne eine große Herausforderung für heutige Kirchen und freie Gemeinden.
Mehr Details zum „Allgemeinen Priestertum der Heiligen" siehe Thema 3.3 unter www.Jüngerschaft.net .

Die Heilige Kuh der Kirchensteuer

Seit Kaiser Konstantin gibt es die enge Verbindung von kirchlicher und weltlicher Macht. Bei Macht geht es oft um Geld.
Geregelt wird dies in Verträgen. Verträge zwischen der katholischen Kirche und dem Staat nennt man Konkordaten. Bei den Protestanten werden sie als Kirchenverträge bezeichnet.
Im Jahre 2022 flossen ca. 600 Mio.€ deutsche Staatsleistungen an die Katholische und Evangelische Kirche (zusammen).

Grundsätzlich ist es gut, dass ein Staat finanziell Projekte unterstützt, die eine positive Auswirkung auf die Gesellschaft und das Zusammenleben haben.

In einigen wenigen Ländern der Welt gibt es eine Kirchensteuer, dazu gehört Deutschland. Knapp 13 Milliarden Euro Kirchensteuer haben die katholische und die evangelische Kirche 2022 erhalten.

Kirchensteuer wird von den Kirchen-(Mit-)Gliedern bezahlt.

In der Bibel gibt es keine Mitglieder. Entweder man ist ein wiedergeborener Nachfolger Jesu, dann gehört man zur Gemeinde – sonst gehört man nicht dazu.

Dieses mitgliederbasierte Finanzierungssystem hat keine schriftbezogene Daseinsberechtigung.

Das Problem mit der Kirchensteuer ist, dass unbiblische Gemeindestrukturen (in den Kirchen des öffentlichen Rechts) am Leben erhalten werden.

Grundsätzlich positiv ist die Möglichkeit der steuerlichen Absetzbarkeit von Spenden an Gemeinden. Aber dies ist letztlich nicht nötig, um die Gemeinde Jesu mit Finanzen zu versorgen.

Die Bibel spricht oft über Geld.

Gott ist der Versorger der Gemeinde und jedes einzelnen Nachfolgers. Alles was Er plant und was Er als sinnvoll ansieht, wird überreich finanziell ausgestattet sein.

Daher plädiere ich für ein „Nein" zur Kirchensteuer, wenn es um die Finanzierung der Gemeinde Jesu geht!

„Ja" zur Entflechtung von Staat und der Gemeinde Jesu.

Und „Ja" zu freiwilligen projektbezogenen finanziellen Unterstützungen des Staates.

Man kann sicherlich nicht die Kirchensteuer von heute auf morgen abschaffen. Durch den Staatszuschuss von 600 Mio.€ und die 13 Mrd.€ Kirchensteuereinnahmen werden viele soziale Dienste finanziert (Beratungsstellen, Kindergärten, Schulen, Krankenhäuser etc.). Aber auch die neutestamentlich nicht begründbaren riesigen Kirchenorganisationen werden dadurch am Leben erhalten.

Die Heilige Kuh der Kirchensteuer krankt – hauptsächlich, weil sie mit der Finanzierung der Gemeinde Jesu, so wie Gott sie plant, nicht viel zu tun hat.

So kann man das sehen.

Entscheidend ist aber auch hier: Was meint der Heilige Geist dazu?

Viele derjenigen, die im Moment finanziell von dem System Kirche abhängig sind, werden Änderungen in Richtung der Gemeindestrukturen des Neuen Testaments vehement bekämpfen. Denn es geht um ihr Einkommen, die finanzielle Absicherung ihrer Familien und ihre Altersversorgung. Dieser Widerstand ist verständlich. Das Dilemma kann nur überwunden werden, wenn die betroffenen Hauptamtlichen offen sind, Gott zu fragen, was wann für sie dran ist. Das ist sehr individuell. Manche werden im alten System bleiben. Oft hat Gott sie jedoch schon seit Jahren auf die anstehenden Veränderungen vorbereitet. Manche können in ihre alten Berufe zurückkehren oder in neuen Berufen fußfassen.

Die Leute des fünffältigen Dienstes (Apostel, Propheten, Lehrer, Hirten und Evangelisten) können ein Gehalt von einem lokalen eingetragenen Verein (e.V.) erhalten, der von den Christen der Stadt finanziert wird - durch großzügige Spenden, statt Kirchensteuer und Zehnten. Teilweise gibt es diese Strukturen heute schon (wie den „Förderverein Gottes Reich in Oberberg e.V.).

Die Heilige Kuh der Häuser mit Glockentürmen

Als „Turmhäuser" bezeichnete der Reformator Georg Fox im 17. Jahrhundert die Kirchenbauten. Er war der Meinung, dass nach der Schrift Gott kein besonderes Gebäude benötigt. Sein Tempel besteht aus Fleisch und Blut, aus Gläubigen, die die neue Geburt erlebt haben und auf den Heiligen Geist schauen, um von ihm geleitet zu werden. George Fox war überzeugt, dass die wahren Gläubigen die geistliche Gemeinde bildeten und dass ihre Leiber der Tempel Gottes sein. (Siehe dazu: Dr. Roberts Liardon, Gottes Generäle II, Die Reformatoren, Seiten 335ff.)

Die neutestamentliche Gemeinde braucht weder Kirchengebäude noch Gemeindehäuser. Die Nachfolger Jesu im Neuen Testament trafen sich in Häusern, Open Air und z.B. in den Hallen Salomos. Für heutige gemeinsame Treffen aller Christen vor Ort ist die Anmietung von Seminarräumen in Hotels, Konferenzsälen, Messehallen und Fußfallstadien wesentlich sinnvoller und kostengünstiger als eigene Immobilien zu bauen und zu unterhalten.

Beispiel zu den Kosten: In der Stadt Gummersbach und in der Stadt Wiehl wurden vor wenigen Jahren die Kirchtürme der Ev. Kirchen jeweils mit einem Millionen-Euro-Aufwand saniert.

Heute ist es normal, dass ca. 80% der Einnahmen von Kirchen und freien Gemeinden für Gebäude und Personalkosten ausgegeben werden (nicht etwa für Evangelisation, Mission oder diakonische Dienste). Das System ist krank! Warum? Weil wir den Masterplan Gottes – wie er Gemeinde will – verlassen haben.

Große Teile der Bevölkerung merken intuitiv seit langen, dass etwas nicht stimmt – und verlassen die Kirchen. Oft gilt bei ihnen: Gott ja, Kirche nein.

Die Chance liegt in der Umkehr von falschen Pfaden. Bei Gott sind alle Dinge möglich. Sein Herz schlägt für die Verlorenen und die Nachfolger Jesu. Er hat gute Pläne.

Mein Eindruck ist: Er wartet auf uns.

Die Heilige Kuh des Abendmahlverständnisses

Beim gebrochenen Brot geht es in der Tat darum, dass Jesu Körper am Kreuz „zerbrochen"/ getötet wurde, damit wir unsere ganz persönliche Versöhnung mit Gott, die Befreiung von der trennenden Sünde, erleben können.

Beim Wein geht es darum, dass Jesus uns mit seinem Blut freigekauft und uns zu Gottes Kindern gemacht hat (z.B. 1.Petrus1,18ff). Es geht beim Wein auch um einen wichtigen zusätzlichen Aspekt:

Wir lesen in allen vier Berichten des Neuen Testamentes, dass der Weinkelch „der neue Bund in meinem Blut ist" (Lukas 22,20; 1.Kor.11,25, Mt.26,28; Mk. 14,23).

Das heißt konkret: Es geht beim Wein –neben der Erlösung – um den Neuen Bund, den Jesus mit seinen Jüngern geschlossen hat.

Die meisten Kirchen und Gemeinden verstehen Brot und Wein im Abendmahl als symbolischen Leib und als symbolisches Blut Jesu.

Die Katholische Kirche hält an ihrem Dogma fest, dass beim Abendmahl das Brot sich in den tatsächlichen Körper Jesu und der Wein in das tatsächliche Blut Jesu verwandelt - in der priesterlichen Vergegenwärtigung des einen Opfers Christi während der Wandlungsworte (Transsubstantiationslehre).

Das ist eine jahrhundertealte theologische These, die keine neutestamentliche Begründung hat – so die Einschätzung der nicht katholischen Christen. Die Verwandlung in den tatsächlichen Leib Jesu und sein Blut fördert lediglich das mystische Erleben in einer Messe und stärkt die Macht der katholischen Kirche.

Das strikte Festhalten an diesem Dogma verhindert die Abendmahlsgemeinschaft mit wiedergeborenen Nachfolgern Jesu aus allen anderen Gemeinden (dies blockiert Einheit). Das ist ein Skandal!

Könnte es sein, dass die Katholische Kirche an diesem Alleinstellungsmerkmal festhält, um sich bewusst abzugrenzen und Macht zu demonstrieren? Oder ist es tatsächlich eine exklusive Erkenntnis der katholischen Priester und des Papstes?

Immer dann, wenn Christen den neutestamentlichen Masterplan zum Bau von der Gemeinde Jesu verlassen, kommt es zu Verwirrungen und theologischen Auswüchsen. So auch hier.

Deshalb gilt für das Abendmahl: Nur die neutestamentlichen Aussagen sind maßgeblich – nicht die Beschlüsse von Konzilen und keine kirchliche Tradition.

Nachfolger Jesu tun gut daran, die Bibel zu lesen und den Heiligen Geist auch zu diesem Thema zu befragen. Seine Sicht ist entscheidend.

Die Heilige Kuh des Zölibats

Auch hier ist die Bibel eindeutig: Das Zölibat ist grundsätzlich gut. Was ist aber mit dem Pflicht-Zölibat?

Jesus spricht in Math. 19,12 über die Ehe: „… es gibt Verschnittene, die sich selbst verschnitten haben um des Himmelsreichs willen. Wer es fassen kann, der fasse es!"

Es gibt die Gabe der Ehelosigkeit. Diese haben Männer und Frauen, die ihre Zeit und Energie ganz Gott und seinem Königreich zur Verfügung stellen. Sie machen das aus Liebe zu Gott, nicht weil sie keinen passenden Ehepartner gefunden haben. Diese Gabe haben wenige.
Gott schuf den Menschen mit seiner Sexualität. Sie dient nach Gottes Plan nicht nur der Fortpflanzung, sondern dem Einssein in der Ehe – Spaß, Freude und tiefe Befriedigung miteinander: „… möge dich ihr Busen allezeit ergötzen, mögest du dich an ihrer Liebe stets berauschen!" Spr. 5,19
Paulus in 1.Kor. 7,1-9: „Was aber das betrifft, wovon ihr mir geschrieben habt, so ist es ja gut für den Menschen, keine Frau zu berühren; um aber Unzucht zu vermeiden, soll jeder [Mann] seine eigene Frau und jede [Frau] ihren eigenen Mann haben. … Entzieht euch einander nicht, außer nach Übereinkunft eine Zeit lang, damit ihr euch dem Fasten und dem Gebet widmen könnt; und kommt dann wieder zusammen, damit euch der Satan nicht versucht um eurer Unenthaltsamkeit willen. Das sage ich aber aus Nachsicht und nicht als Befehl. Denn ich wollte, alle Menschen wären wie ich; aber jeder hat seine eigene Gnadengabe von Gott, der eine so, der andere so. Ich sage aber den Ledigen und den Witwen: Es ist gut für sie, wenn sie bleiben wie ich. Wenn sie sich aber nicht enthalten können, so sollen sie heiraten; denn heiraten ist besser als in Glut geraten."
Auch der Apostel Petrus, auf den sich der Pabst bezieht, war verheiratet (Mk 1,30).
Wenn die Ehe per Dogma für Priester ausgeschlossen wird (Pflicht-Zölibat), widerspricht dies nicht nur der Schöpfungsordnung, sondern führt bei manchen Priestern zu Exzessen wie Knabenschänderei, Kindesmissbrauch, Homosexualität und unehelichen Geschlechtsverkehr (im Mittelalter Mätressen, heute Frauen u.U. aus dem direkten Umfeld der Priester, Seelsorgefällen, …).

Was gut gemeint ist (Gott ganz zur Verfügung zu stehen), wird durch die kirchliche Pflicht pervertiert. Auch in diesem Punkt steht die Tradition einer Kirche über den biblischen Aussagen. Das führt automatisch zu Chaos, Tränen und schwerem Leid.

Der beste Ausweg: Buße tun und zurück zu den neutestamentlichen Vorgaben.

Die Heilige Kuh der Religion

Leben unter einem religiösen Geist führt zu einem schlechten Gewissen, zu Schuldgefühlen und in Knechtschaft.
Geistliches Leben aus einer persönlichen Liebesbeziehung zu Gott führt dagegen in die verheißene Freiheit der Kinder Gottes: „Denn wo der Geist des Herrn ist, da ist Freiheit" 2. Kor. 3,17

Schon zur Zeit Jesu gab es Religiosität: Die Schriftgelehrten und Pharisäer waren über Jesus erbost, dass er am Sabbath eine verkrüppelte Hand heilte (Mk 3,1). Sie hatten einen falschen Eifer für Gott. Für sie war das Einhalten der Gesetze wichtiger als das Wohlergehen eines Menschen. Sie waren eifersüchtig auf die Vollmacht, mit der Jesus wirkte. Religiosität führte zu so einem starken Hass in ihnen, dass sie Jesus auflauerten, um ihn umzubringen (Mk. 3,2). Religiosität führt zu Verhärtung, Rechthaberei, Stolz und gebiert den Tod.

Wie erkennt man Religiosität?
Religiosität ist in den Kirchen teilweise weit verbreitet. Sie erstickt geistliches Leben. Sie breitet sich dort aus, wo es an Leben aus dem Heiligen Geist mangelt. Sie ersetzt die liebevolle Beziehung zwischen Gott und seinen Söhnen und Töchtern durch Rituale und Gesetzlichkeit.

„Tun" steht dann vor dem „Kind-Gottes-Sein".
Werke für Gott zu tun stehen dann vor der Beziehung zu Gott.
Man zelebriert fromme Dinge ohne die Gegenwart des Heiligen Geistes. Das kann auch das Abhalten von Messen, Gottesdiensten und sonstigen kirchlichen Programmen sein. Religiös wird es dann, wenn etwas „blutleer"-ohne die Anwesenheit der Herrlichkeit Gottes- abgespult wird.
Merkmale kirchlicher Religiosität: Eigentliche Leere, religiöser Stolz, Angst und Manipulation.

In religiösen Gemeinden üben der Bischof oder der Pastor starke Kontrolle aus. Kaum etwas geschieht ohne ihre Zustimmung. Diese Leiter haben oft Angst die Kontrolle zu verlieren. Ihre innere (geistliche) Leere mündet in intellektuellen Stolz, Härte und Kontrolle.

Wie wird man persönlich frei von Religiosität?
1. Entwickle eine verborgene Beziehung zu Gott.
2. Bitte, dass dieselbe Liebe, mit der der Vater den Sohn liebte, in uns sei.
3. Bemühe dich darum, dich vor Gott zu bewähren (nicht vor Menschen) (2. Tim 2,15).
4. Verbringe täglich „Qualitätszeit" mit dem Herrn.
5. Suche, das Reden Gottes jeden Tag zu vernehmen.
6. Bitte den Herrn darum, uns die Liebe für unsere Nächsten zu geben, die er selbst für sie hat.
7. Versuche, deine Kritik in Fürbitte umzuwandeln.
8. Bitte den Herrn ständig darum, seine Herrlichkeit zu sehen.
9. Mache es zu einem deiner höchsten Ziele, dass süße Aroma der Erkenntnis Gottes überall zu verbreiten.
10. Wenn du darin gefehlt hast, irgendetwas davon recht zu tun, dann bitte um Verzeihung und: „vergesse, was dahinten, … und jage auf das Ziel zu. Hin zu dem Kampfpreis der Berufung Gottes noch oben in Christus Jesus." (Phil. 3, 13+14)
(Quelle: „Überwindung des religiösen Geistes", Rick Joyner)

Tabellarische Übersicht der Heiligen Kühe

	Situation heute:	Gottes ursprünglicher Plan:
Leitung	Papst, (Erz-) Bistümer, Synoden, Kirchenparlamente, Ein-Pastoren-Leitung, Presbyterium, Gemeindeleiter Landes-, Bundes- und Weltverbände	Älteste, die im Team leiten und geistlich die Verantwortung in einer Stadt übernehmen. Sie werden unterstützt von Diakonen und vom fünffältigen Dienst (Eph. 2,20): Von Aposteln, Propheten, Lehrer, Hirten und Evangelisten.
Einheit	Gute Ansätze wie z.B. die Ev. Allianz. Aber Zersplitterung des Leibes Jesu in weltweit über 40.000 Denominationen. Diverse Gemeindespaltungen vor Ort.	Im Neuen Testament hat ein Ort nicht mehr als eine Gemeinde. Sie treffen sich in Hausgemeinden und bei gemeinsamen Treffen der Christen im Ort.
Autorität	Die Bibel - manchmal hat die Tradition der Kirche mehr Autorität.	Die Bibel, deren Aussagen den Gläubigen durch den Heiligen Geist lebendig gemacht werden. Sola scriptura. Traditionen sind der Bibel untergeordnet.
Hauptthema	Häufige Themen: Liebe Deinen Nächsten, seid nett zueinander, Klima, Politik, Gesellschaft (Gender, sexuelle Identität), Feminismus. Kurz gesagt: Wenn die Hauptsache nicht mehr die Hauptsache ist, wird eine Nebensache zur Hauptsache.	Jesus first, Gott erheben, Jüngerschaft, das Reich Gottes.
Organisatorische Basis	(Mit-)Gliedschaft, Sonntags-Gottesdienst, Messen.	Durch die Wiedergeburt ist gehört man zur Gemeinde. Treffen in Hausgemeinden + Treffen am Ort.
Mittelpunkt	Sonntags-Gottesdienst, Messe	Leben teilen in einer Hausgemeinden
Homosexualität	Oft: Hauptsache Liebe; gesegnet wird, wer sich liebt.	Römer 1, 26 + 27, Heterosexualität; Gott schuf den Menschen als Mann und Frau. Vereinigung von Mann und Frau als Sinnbild für Christus und die Gemeinde.
Klima	Grüne Politik wird manchmal zur (Ersatz-) Religion erhoben.	Achtung der Schöpfung, Wissen um eine neue Erde und einen neuen Himmel.
Immobilien	Kirchen und Gemeindehäuser, identitätsstiftend (das sind wir). Hohe Bau- und Unterhaltskosten.	Treffen in Privathäusern. Für gemeinsame Treffen am Ort: Anmietung von Seminar- und Konferenzräumen in Hotels, Sporthallen, Messehallen, Fußballstadien.

Geld	Kirchensteuer, Vermächtnisse, Zehnter, Spenden.	Das neutestamentliche Gesetz des Ausgleichs. Grundsatz: Gott fragen, wieviel man wem geben soll. Geld den Aposteln am Ort zur Verfügung stellen.
Vernetzung	Nationale und weltweite Kirchenstrukturen innerhalb jeder einzelnen Denomination.	Hausgemeinde-Netzwerk in der Stadt. Weltweite Verbundenheit zu den Nachfolgern Jesu in den einzelnen Ländern. Ein-Leib-Gedanke: Die Wiedergeborenen aller Zeiten und aus allen Nationen bilden die eine Gemeinde Jesu.
Prioritäten	Programme müssen laufen, Erhalt des Kirchensystems, Einfluss ausüben, Der Mensch mit seinen Bedürfnissen steht oft im Mittelpunkt (Humanismus).	Jesus zuerst, Gott im Mittelpunkt, Was sagt der Heilige Geist? Was ist dran? Lobpreis und Anbetung, Gebet, Evangelisation und Jüngerschaft,
Bestimmung der Leitung	Durch Konklave: Wahl des Papstes, Demokratische Wahlen in Synoden, Kirchenparlamente, Presbyterium und Gemeindeversammlungen.	3fache Berufung: Durch Gott, eigenen Eindruck und Bestätigung von außen. Apostel setzen Älteste ein.
Namen und Logos	Jede der 40.000 Denominationen haben einen eigenen Namen und ein Logo. Zur Identifikation (das sind wir). Dadurch Abgrenzung zu anderen Christen.	Kein Name und kein Logo. Keine Abgrenzung zu anderen Christen. Ein Ort hat eine Gemeinde. Zur Identifikation reicht der Name der Stadt und die Adresse der Hausgemeinde.
Ausbildung der Leiter	Priester, Pastoren: Ein 5-7jähriges theologisches Hochschulstudium ohne sonstige Berufsausbildung. Pastoren der freien Gemeinden: Bibelschule und Berufsausbildung. In den ersten 3 Jahrhunderten verbreitete sich die Gemeinde über die ganze damals bekannte Welt – mit großem Erfolg wurde das Evangelium vom Reich Gottes gepredigt. Gott bestätigte dies durch Zeichen und Wunder. Nach der Einführung der Staatskirche und der Einführung der Unterscheidung zwischen Klerus und Laien wurden Leiterausbildungen geschaffen. Die Gemeinde wurde kraftloser. Kein Jünger Jesu, kein Apostel hat in den ersten drei Jahrhunderten ein Theologiestudium, einen Master-Studiengang oder eine mehrjährige Bibelschule absolviert. Nie wurde einer von ihnen ordiniert.	Persönliche Beziehung zu Gott, dreifache Berufung, persönliche Begabung, intensives Bibelstudium, learning by doing, Apostel bringen Apostel hervor, Propheten bringen Propheten hervor, ... Anforderungsprofil für Älteste: 1.Tim 3,1-7. Beispiele von Männern und Frauen in der Geschichte, die jeweils Millionen zu Christus geführt haben – ganz ohne Theologiestudium und Bibelschule, aber geisterfüllt, mit Bibelkenntnis und Hingabe: John Alexander Dowie, Maria Woodworth-Etter, Evan Roberts, William J. Seymour, Smith Wigglesworth, Aimee Semple McPerson, Kathryn Kuhlmann, William Braham, F.F. Bosworth, George Jeffreys, Oral Roberts, Georg Fox, William Carey, Hudson Taylor, Amy Carmichael, ... (Quelle: Die Generäle Gottes, Dr. Roberts Liardon). Natürlich gab es auch Intellektuelle, die stark von Gott gebraucht wurden. Aber ein Studium ist keine notwendige Voraussetzung. Wichtiger sind: Hingabe, Bibelkenntnis und Erfüllung mit dem Heiligen Geist.

Ablauf von Gottesdiensten, Messen	Feste Struktur, Liturgie, Gebrauch von Kirchengesangsbücher, in freien Gemeinden oft Lobpreis.	Freie Verkündigung, Grundsatzfrage ist: Was ist heute für die Leute von Gott her dran? Austausch, Zeugnisse, Bibellehre, Gebet, Segnungen, Fürbitte, Gemeinschaft.
Predigt	Predigttext wird von der Kirchenleitung vorgegeben (Beachtung des Kirchenjahrs), der Pastor hält die Predigt, die Predigt wird oft abgelesen.	Freie Rede, Verkündiger (Ältester, Apostel, Lehrer etc.) bereitet das Thema/ den Bibeltext vor. Der Heilige Geist hat stets Vorfahrt und kann den Ablauf des Treffens bestimmen.
Lieder und Musik	Orgel, Chöre und Kirchengesangsbücher, in freien Gemeinden oft Lobpreis-Bands.	Lobpreis und Anbetungsmusik, live oder gestreamt, meistens zeitgenössische Lieder.
Versammlungen	Der Sonntagmorgen-Gottesdienst ist der Mittelpunkt, während der Woche Bibelstunde, Hauskreise und Zielgruppen-Programme (Kinder, Teenies, Senioren, ...)	Leben teilen – hin und her in den Häusern. Mehrere Kontakte pro Woche. Viel Kommunikation und Interaktion live und über die sozialen Medien. Gesamttreffen der Christen am Ort.
Evangelisation	„Komm zu uns"- Mentalität, Evangelisationsveranstaltungen. Evangeliumsverkündigung im Sonntags-Gottesdienst.	Beziehungsevangelisation im natürlichen Umfeld. „Geh"-Mentalität.
Lehre	Durch Predigt, Bibelstunde, Hauskreise und Bücher.	Hausgemeindetreffen, persönliches Bibellesen, Bücher, MP3-Vorträge, Online-Seminare.
Geld	Kirchensteuer, „Opfer" im Gottesdienst, Zehnter, Spenden. 80% der Einnahmen werden für Gebäude und Personalkosten aufgewendet. 13,6 Mrd.€ Einnahmen in 2022 insg. für beide Volkskirchen.	Hier gilt das neutestamentliche Gesetz des Ausgleichs. Gott fragen, was ich wann wem geben soll. Nicht opferorieniert/ notorientiert geben – sondern Gott gehorsam sein. Für eine Hausgemeindestruktur ist kein Finanzbudget erforderlich.
Immobilien	Kirchen, die oft nur einmal in der Woche genutzt werden (für den Gottesdienst am Sonntag). Gemeindehäuser. Jede Denomination baut ihre eigenen Gemeindehäuser. Für Treffen und Programme während der Woche.	Keine Gemeindehäuser/Kirchen notwendig (= keine Kosten). Treffen in Privathäusern. Anmietung großer Räume bei Gesamttreffen.
Kasualien; Hochzeiten, Taufen, Beerdigungen	Sind Amtspflichten des Pastors/ Priesters.	Alles dezentral in der Hausgemeinde, im natürlichen Umfeld. Ohne Priester, ohne Pastor. Verantwortlich sind die Ältesten.
Kinderdienste	Krabbelgruppe, Kindergottesdienst, Jungschar, Teenykreis, CVJM, oft im Gemeindehaus durch ehrenamtliche Mitarbeiter.	Die Eltern sind dafür verantwortlich, dass die Kinder Jesus kennenlernen.

Angestellte	Bezahlter Klerus und bezahlte Laien, in der EKD ca. 20.000 Theologen, insg. ca. 237.000 Angestellte.	Kein bezahlter Pastor, kein Kirchenamt, kein organisatorischer Überbau, kein Altersversorgungswerk, stattdessen: Finanzielle Unterstützung des fünffältigen Dienstes, von Ältesten und Diakonen. Plus weltweite Unterstützung von Mitarbeitern im Reich Gottes.
Hierarchien	Der Papst als das Oberhaupt der Kath. Kirche, (Erz-)Bistümer, Pfarreien, Laien. Ev. Kirche: Synoden, Kirchenparlamente, Presbyterien. Frei Gemeinden: Bundes- und Landesverbände, Gemeindeleitung, Gemeindeversammlung	Die Ältesten der Stadt haben die Verantwortung und die Autorität im geistlichen Bereich. Unterstützt werden sie vom fünffältigen Dienst.
Einheit	Jede Denomination grenzt sich von den anderen ab. Gute Ansätze sind z.B. die Ev. Allianz.	Hier gibt es keine Gemeindespaltungen mehr. Sollten unterschiedliche Erkenntnisse vorliegen können sich einfach neue Hausgemeinden bilden. Die Ältesten der Stadt wachen über evtl. Fehlentwicklungen (Gemeindezucht).
Gemeindezucht	Der Papst entscheidet (Enzykliken), Synoden entscheiden, bei freien Gemeinden die Gemeindeversammlung, Bundes- oder Landesvorstände.	Die Ältesten vor Ort entscheiden im Team. Ergänzung erfahren sie insb. durch Apostel, Propheten, Lehrer, Hirten.
Bibellesen und Gottesdienste	2-6% der Mitglieder der Volkskirchen besuchen regelmäßig den Sonntagsgottesdienst. Bibeltexte oft in der Predigt und individuell zuhause.	Es gibt keine einzelnen Gottesdienste, aber Gesamttreffen der Christen am Ort. In der Hausgemeinde: „Wenn ihr zusammenkommt, so hat jeder von euch etwas: einen Psalm, eine Lehre, eine Offenbarung, eine Zungenrede, eine Auslegung; alles geschehe zur Erbauung." 1. Kor. 14,26 Die Leute werden ermutigt selbst jeden Tag in der Bibel zu lesen und Zeit mit Gott zu verbringen.
Diakonische Dienste	Kitas, Kindergärten, Schulen, Altenheime, Krankenhäuser, Beratungsstellen, Suppenküchen, …	Gott fragen, welcher Not man in der Stadt wie begegnen soll. Sich nicht von der Not leiten lassen, sondern vom Reden Gottes. Auf sein Reden hören – und gehorsam handeln.

Schlusswort

Wir wissen: Unser Erkennen ist Stückwerk (1. Kor. 13,9)!
Daher sollte man alles prüfen und das Gute behalten (1. Thess. 5,21).
Das Hauptargument der Kritiker dieser beschriebenen Sicht von Gemeinde ist:
„Die Strukturen der Kirchen und freien Gemeinden haben sich über 1700 Jahre so entwickelt, wie sie im Moment sind. Das gilt es einfach zu akzeptieren. Wir müssen das Beste daraus machen."

Dazu ist zu sagen:
1. Wenn etwas seit 1700 Jahren in die falsche Richtung läuft, wird es dadurch nicht automatisch richtig.
Die Frage ist, ob Gott die gewachsenen Strukturen akzeptiert oder nicht!

2. Vieles ist über die Jahrhunderte schiefgelaufen. Jetzt kommt es darauf an, Gott zu fragen, was Er von uns in dieser real existierenden Kirchen- und Gemeindelandschaft möchte.

3. Eine Möglichkeit ist:
- Forschen, wie Gott Gemeinde geplant hatte. Gott fragen und im Neue Testament nachlesen, was dort über Strukturen steht.
- Rausgehen, wenn man falsche Kirchen- und Gemeindestrukturen erkannt hat. Vorher Gott fragen, ob und wann man die Strukturen verlassen soll.
- Reingehen in die Strukturen, die Er vorgesehen hat (Hausgemeinden, fünffältiger Dienst, Älteste und Diakone, gemeinsame Treffen der Christen am Ort, ohne Denominationen, ohne Namen, ohne Logos).

Kurze Zusammenfassung:
„Wahrheit" ist eine Person und hat einen Namen: Jesus (Joh. 14,6).
Wir haben das Privileg, seine Sicht über „Gemeinde" durch das Lesen der Bibel kennenzulernen. Und wir haben die Verheißung, dass der Heilige Geist uns hilft, die Aussagen der Bibel richtig einzuordnen und richtig zu verstehen.
Der Heilige Geist lehrt uns in aller Wahrheit (Joh. 16,13).
Bei der Beurteilung, was richtig ist, sind seine Aussagen der Maßstab. Die kirchlichen Traditionen sind ihnen unterzuordnen.
Jesus sagte, dass Er seine Gemeinde bauen wird. Daher wird alles so kommen, wie Er es möchte.
Er wird eine perfekte Braut (seine Gemeinde) heiraten (Offb. 19).
Und wir dürfen dabei sein!

Also: Lasst uns (fröhlich) Heilige Kühe schlachten.
Aus Liebe zu Jesus. Aus Liebe zu Seiner Gemeinde.

Literatur:
Ulrich Wößner, *Die Gemeinde des Messias*, Vom organisierten und kontrollierten Christentum zu christlicher Freiheit und Verantwortung, 2024, ISBN 978-3-95578-640-3.

Band 4 Die Etablierung einer Hausgemeinde-Bewegung in Nümbrecht

Worum geht es?
Es geht um Jesus.
Es geht um sein Königreich in Nümbrecht.

Es geht um eine alte Form von Gemeinde und eine neue Art der Evangelisation.
Es geht um Jüngerschaft.

Die Vision:
Die Ausbreitung von Gottes Reich durch eine lokale **Hausgemeinde-Bewegung.**
„An-Gott-Interessierte" werden zu „Freundestreffen" in Nümbrecht eingeladen.

Grundannahme:
Wir gehen davon aus, dass es viele Leute gibt, die allgemein an Gott glauben und die mehr wollen: Mehr Sinn, mehr Antworten, mehr Befreiung, mehr Liebe, Glaube, Hoffnung, mehr Freiheit, mehr Heilung, mehr Wissen über die geistliche Welt, mehr Freude, Gemeinschaft, … .

Bevor die Christen anfingen Kirchen und Kathedralen zu bauen, versammelten sie sich drei Jahrhunderte lang in Hausgemeinden.

Zielgruppe sind suchende Leute, die keinen Bezug zu einer Kirche haben. (Etwa 90% der Nümbrechter nehmen an keinen kirchlichen Veranstaltungen teil!)

Warum der Name „**Freundestreffen**"?
Jesus sagte: „Ich nenne euch Freunde." Joh. 15,14.
Auf der Homepage www.Freundestreffen-Nümbrecht.de wird beschrieben, dass es sich bei den Freundestreffen um eine Art der ursprünglichen Hausgemeinden handelt.

Es geht in der Vorbereitung der Bewegung darum, einen Rahmen zu schaffen, damit sich selbst multiplizierende Freundestreffen (= Hausgemeinden) entwickeln können.

Zu diesem Rahmen gehört die Beschreibung der Besonderheiten der Treffen.
Das Wichtigste zuerst: Jesus ist der Mittelpunkt der Treffen.
Der Heilige Geist hat bei den Treffen stets Vorfahrt (vor Programmen).

Was passiert bei einem Treffen?
Gemeinsam beten, gemeinsam Bibel lesen (keine „One-Man-Show"), Fragen klären, Hören auf Gott, essen, Gemeinschaft, Multiplikation, Jüngerschaft, Gebet um Heilung und Befreiung, Fürbitte, praktische Dienste, Spenden/Finanzen werden selbst verwaltet, …

Die Freundestreffen haben keinen besonderen Namen (als Name dient die Lokalität, in der man sich trifft oder der Name der Hausbesitzer) und es gibt kein Logo.

Träger der Hausgemeinde-Bewegung ist ein Ältestenkreis. Gott wird dafür Berufungen aussprechen.

Das Besondere dieser Freundestreffen ist, dass sie bewusst zu keiner Kirche/ Denomination gehören. Die Einheit der Christen am Ort wird dadurch gefördert werden. (Keine neuen Spaltungen mehr.)
Die Freundestreffen bilden also keine weitere Freikirche. Es sind -wie im Neuen Testament- einfach Christen des Leibes Jesu – der Gemeinde Jesu am Ort.

Idealerweise bedeutet das, dass die Freundestreffen gemeinsam mit anderen Christen – auch aus den bestehenden Kirchen - durchgeführt werden. Im Sinne Gottes ist es sicherlich, wenn hier freundschaftlich miteinander gedient wird. Es geht um das Königreich Gottes – und nicht mehr um einzelne Denominationen.
Entscheidend ist auch hier: Wie sieht Gott dies?

Was passiert noch bei den Freundestreffen?

Taufen finden in den Häusern oder bei geplanten größeren Gesamttreffen der Christen am Ort statt.

Das Abendmahl wird -wie im Neuen Testament- z.B. im Rahmen eines gemeinsamen Essens zuhause gefeiert. (Siehe Jüngerschaftsthema Nr. 6.9 „Abendmahl")

Trauungen, Beerdigungen, Kindersegnungen werden selbst organisiert – auf Wunsch mit Hilfe der Ältesten und der Leute des 5-fältigen Dienstes (Eph. 4,11).

Als Vorlagen für Gespräche bei den Treffen kann die „Die 100 wichtigsten Jüngerschaftsthemen" sein.

Multiplikation:
Die Erfahrung der weltweiten Hausgemeinde-Bewegungen ist, dass eine Multiplikation der Treffen nach 3-12 Monaten sinnvoll ist. Neubekehrte sind in ihrem Umfeld die besten Evangelisten.

Einheit:
Die Freundestreffen-Bewegung hat die Sicht, dass alle wiedergeborenen Nachfolger Jesu zu der -so wie Gott es wohl sieht- einen Gemeinde in Nümbrecht gehören (Einheit des einen Leibes Jesu am Ort).
Es liegt das biblische Gemeindeverständnis zugrunde, dass „Gemeinde" auf 3 Ebenen besteht: in den Häusern, im Ort und weltweit (mit den Christen aller Zeiten). (Siehe dazu: Thema Nr. 6.1 „Einheit")

Jeder hingegebene Nachfolger Jesu – ob jung oder alt -, kann ein Freundestreffen starten. Grundsätzlich braucht er dazu lediglich eine Bibel und die Hilfe des Heiligen Geistes.
Dazu können eine gute persönliche Begleitung kommen, sowie hilfreiche Materialien.

Die Freundestreffen werden von Ehrenamtlichen geleitet. Die Leute des Fünffältigen Dienstes und Älteste mit speziellen Aufgaben (z.B. Hausgemeinde-Gründungs-Koordinatoren) können angestellt werden. Dies kann über den Förderverein geschehen.

Grundsätzlich gilt:
Jeder Nachfolger Jesu hat das Potential ein neues Freundestreffen (in seinem Umfeld) ins Leben zu rufen.
Jedes Freundestreffen ist eine potenzielle neue Freundestreffen-Bewegung (exponentielle Multiplikation).
Alle Treffen werden von Laien geleitet – auf Wunsch mit Unterstützung der Ältesten/Koordinatoren.

Wie kann die zeitliche Abfolge der Etablierung der Hausgemeinde-Bewegung aussehen?

1. Das Evangelium breit streuen – z.B. Postwurfsendungen oder Anzeigen (siehe unten). In den Anzeigen kann es einen Hinweis auf ein Info-Treffen an einem neutralen Ort (z.B. in einem Hotel) geben. Und Hinweis auf einer Homepage. Hier wird -neben vielen weiteren Infos- das Evangelium erklärt.

„Over-Sowing": Den Samen des Evangeliums überreich aussäen. (z.B. über die Medien). Mit Antwortmöglichkeit: Leser können ihr Interesse anmelden.
Bild „Eiche": Eine Eiche produziert hunderte Eicheln – einige wenige werden zu neuen Bäumen. Sie produzieren dann wiederum hunderte Eicheln.

2. Das Info-Treffen: Hier werden Interessierte informiert, worum es geht (Inhalte) und wie man sich beteiligen kann. Das Treffen sollte an einem neutralen Ort (z.B. im Park-Hotel) stattfinden. Veranstalter sind Nachfolger Jesu in Nümbrecht.
Ziel des Treffens ist, Teilnehmer über die Ausrichtung zu informieren und sie zu konkreten Freundestreffen einladen.

3. Die Freundestreffen einfach starten. Sie werden („apostolisch") begleitet.
Die einzelnen Treffen sollten jeweils pro Jahr ein neues Treffen ins Leben rufen (das 1+1-Prinzip). Damit wird ein Fokus auf Fürbitte, Evangelisation, Jüngerschaft und Multiplikation gelegt.
Wichtig: Von Anfang an die Multiplikation kommunizieren, weil das Ziel eine Bewegung ist. Es geht um die Ausbreitung vom Reich Gottes in Nümbrecht.

Wie kann die Bewegung gefördert werden?

- Gebet und Fasten, auf Gott hören.
- Einen geistlichen und organisatorischen Rahmen für das Wachstum schaffen.
- Die Vision -der sich selbst multiplizierenden Treffen/ Hausgemein-den- durch wiederholte Kommunikation festigen.
- Einfach anfangen.
- Auf Wunsch enge Begleitung des Treffen-Gründers durch Berater (Strategieberater / Älteste / Leute des fünffältigen Dienstes).
- Es wird ein Handbuch für (neue) Freundestreffen-Leiter geben, das viele praktische Hinweise enthält.
- Gesprächsvorlagen/Gesprächseinstiege mit Hilfe der 100 wichtigsten Jüngerschafts-Themen".
- Regelmäßige Gesamttreffen mit möglichst vielen Christen aus der Stadt anbieten (Halle oder Open-Air).
- Pro Freundeskreis eine WhatsApp-/Telegram-/Signal-Gruppen gründen.
- Einen Ältestenrat formieren, der die Gesamtverantwortung hat.
- Den 5-fältigen Dienst in der Stadt erkennen und bekanntmachen. Wer ist apostolisch begabt? Wer prophetisch? Hirte? Lehrer? Evangelist?
- Schulungen anbieten (für Treffen-Gründer, Hausgemeindegründung-Coaches bereitstellen, …)
- Eine Homepage nutzen.
- Breite Streuung des Evangeliums – mit Antwortmöglichkeit. Die Interessierten zu Treffen einladen.
Die breite Streuung geschieht u.a. durch Anzeigen in lokalen Medien. (Jeweils mit Antwortmöglichkeit für die Leser).
- Evtl. Alpha-Kurse anbieten oder mit den 100 Jüngerschafts-Themen arbeiten (damit zeitnah die direkten Fragen der Leute beantworten).
- Praktische Dienste können folgen: Hilfe für Migranten (Muslime), Tafel, eine Gruppe, die sich mit gesunder Ernährung beschäftigt, etc. …
- Die Freundestreffen können auch als Aufhänger einen Themenschwerpunkt haben – z.B. Ernährung, Kindererziehung, Umweltschutz, Sport, Musik, Gesund leben, Heilung, etc. .
- Die 7 Leitlinien der Treffen:

- Jesus ist der Herr.
- Die Bibel hat in allen Fragen die oberste Autorität.
- Lernen, auf den Heiligen Geist zu hören. Worship.
- Gemeinsames Bibellesen (auch z.B. mit Hilfe der 100 Themen-Gesprächsvorlagen)
- Zügige Multiplikation (3-12 Monate). Mit Vormachen, Assistieren, Beobachten, Loslassen.
- Breite Streuung des Evangeliums mit Antwortmöglichkeit. (Jüngerschaft und Leiterausbildung erfolgt parallel.)
- Gemeinschaft (Leben teilen, Gebet, gemeinsames Essen, praktische Dienste, … .)

- Regelmäßige Gesamttreffen aller Nachfolger Jesu in Nümbrecht (Eingeladen sind Christen aus allen Gruppierungen/Gemeinden). Förderung der Einheit des Leibes (der Ortsgemeinde). Die großen Treffen können in einer Sport-Halle oder Open-Air stattfinden.
- Als gemeinsame Anlaufstelle im Ort ist in Zukunft ein kirchenunabhängiges „Jesus-Haus" sinnvoll (also kein Gemeindehaus – sondern eine kirchenneutrale Begegnungs- und Gebetsplattform der Christen der Stadt).
- Für ein Jesus-Haus evtl. Ladenlokal/Café anmieten. Es ist ein sichtbares Zeichen/Panier in der Stadt.
  Hier können jeden Abend und auch tagsüber Treffen stattfinden – auch an den Wochenenden.
- Es geht um eine Hausgemeinde-/Freundestreffen-<u>Bewegung</u> – nicht um einzelne Hausgemeinden.
- Warum sollten Neukehrte ermutigt werden, kurz nach der Bekehrung Jesus in ihrem Umfeld bekanntzumachen?
  1. Weil das Erlebte noch ganz frisch ist.
  2. Weil Jesus die Menschen in der Familie/ im Umfeld liebt – und sie unbedingt seine Liebe erfahren sollen.
  3. Weil Hoffnung, Glaube und Liebe auf die Leute warten.
  4. Weil Errettung nötig ist, um die Ewigkeit bei Gott zu verbringen.
  5. Weil Heilung und Leben in Fülle auf sie warten.
- Freundeskreistreffen sind die neue (alte) Gemeindeform.

- So könnte eine Zeitungsanzeige aussehen:

- Zusätzlich Hinweise geben: Unsere Angebote sind kostenlos. Wir haben keine finanziellen Interessen. Es geht um das persönliche Weiterkommen jedes Einzelnen. Wir sind keine Kirche und keine Sekte. Wir werben keine Mitglieder. Wir sind einfach Freunde Jesu in Nümbrecht. Alles geschieht auf der Grundlage der Bibel.
- Freundestreffen sind Hausgemeinden, mit der besonderen Ausrichtung sich zeitnah zu multiplizieren – damit Wachstum gleichzeitig in die Tiefe und in die Breite geschehen kann.
- Die 7 Basis-Schritte für neu Dazugekommene (Persönliches Coaching, parallel zu den Freundestreffen):
  - Erste Lektion: Sicherheit der Errettung
  - Zweite Lektion: Das persönliche Gebetsleben
  - Dritte Lektion: Die tägliche Zeit mit Gott
  - Vierte Lektion: Was heisst es „Gemeinde" zu sein?
  - Fünfte Lektion: Gott besser kennen lernen
  - Sechste Lektion: Gottes Wille für Dich
  - Siebte Lektion: Wie kann ich weitersagen? Wem?

Fünf Werte, die weltweit bei allen Hausgemeinde-Bewegungen zu beobachten sind:

1. Jesus first. Lobpreis/ eine Art Gottesdienst zuhause.
2. Breites Streuen des Evangeliums.
3. Schulung und Jüngerschaft.
4. Dienste.
5. Gemeinschaft.

Ein Fokus wird auf die Multiplikation einer Hausgemeinde innerhalb des ersten Jahres gelegt. Das schärft die Sinne für Fürbitte und das Zeugnisgeben im persönlichen Umfeld. („Willst Du wissen, was ich mit Jesus erlebt habe …?".)

Ausblick:
Wenn die sich selbst multiplizierenden Hausgemeinden laufen und sich etabliert haben, kann als 2. Phase ein zentral gelegenes Jesus-Haus folgen.
Dies wird ein Haus der Christen in Nümbrecht sein. Ein Haus der Einheit. Ein Haus des Gebets. Ein sichtbares Zeichen des Reiches Gottes im Ort. Hier können die Leute Jesus begegnen und Hilfe bekommen.
Hier finden dann jeden Tag verschiedene Hausgemeindetreffen statt. Es ist ein Gebetshaus – mit z.B. einem Café, einem Gebets-, Worship- und Healing-Room.

Fazit:
Es geht nicht darum einzelne Hausgemeinden zu gründen.
Es geht um eine Hausgemeinde-Bewegung, die aus sich selbst multiplizierenden Hausgemeinden besteht.

Warum Freundestreffen?

- weil die Ernte groß und reif ist (Gott Suchende sammeln, die vom Heiligen Geist gezogen werden und die keinen aktiven Kontakt zu einer Kirche haben.
- weil die Nöte der Leute riesig sind (Gebundenheiten, Sinn- und Hoffnungslosigkeit, offene Fragen, …)
- weil viele Leute noch nicht errettet sind.
- weil sie Jesus und Jüngerschaft brauchen.
- - …

Warum eine Hausgemeinde-Bewegung?

- weil sie der Blueprint ist, wie Gott Gemeinde geplant hat.
- weil Jesus, der Gemeindebauer, die Fehlentwicklungen der letzten Jahrhunderte im Bereich „Kirche" korrigieren kann. Letztlich wichtig ist, auch hier immer zu fragen, was der Heilige Geist, der das Wort Gottes lebendig macht, zu den dort behandelten Themen meint.

In Markus 16,15-20 sagt Jesus: „Predigt, wer glaubt wird gerettet, treibt Dämonen aus, redet in Zungen, Kranken werden sich wohl befinden …".
Viele Nachfolger Jesu leiden darunter, dass wir dies im Moment nur ansatzweise erleben. Kann es sein, dass die Hausgemeinde-Bewegung ein Schritt in die Richtung ist, diese Verheißungen zu erleben? Wenn die Bewegung von Gott ist, wird Er sicherlich diesen neuen (alten) Weg für seine Gemeinde übernatürlich bestätigen.

Wer sieht sich von Gott geführt diesem Weg mitzugehen?
(Das Evangelium breit streuen, Interessierte in „Freundestreffen" zu sammeln und diese Treffen über die natürlichen Beziehungen zu multiplizieren.)

Jeder hingegebene Nachfolger Jesu – ob jung oder alt -, kann ein Treffen starten. Er braucht dazu lediglich eine Bibel und die Hilfe des Heiligen Geistes.
Dazu kommen eine gute persönliche Begleitung und hilfreiche Materialien.

Wie kann die Bewegung gefördert werden?

- Vision der sich selbst multiplizierenden Treffen/Hausgemeinden durch wiederholte Kommunikation festigen.
- Gesprächsvorlagen: „Die wichtigsten 100 Jüngerschafts-Themen" für jedes neue Treffen.
- Wichtig: Von Anfang an die Multiplikation kommunizieren (innerhalb von 3-12 Monaten).

Wie viele Hausgemeinden werden in Nümbrecht benötigt?
Diese Frage kann von biblischen Hinweisen abhängen, wie groß die Schar der Nachfolger Jesu bei seiner Wiederkunft sein wird.

Dazu gibt es diese Hinweise:
„So wird es sein bei der Wiederkunft des Herrn…":

Lk 17,34: „Ich sage euch: In dieser Nacht werden zwei in einem Bett sein; der eine wird genommen und der andere zurückgelassen werden."

Mt 24,41 „Zwei werden auf der Mühle mahlen; die eine wird genommen, und die andere wird zurückgelassen."

Das könnte bedeuten: 50% der Bevölkerung wird errettet. Bei einer Bevölkerung von ca. 17.200 Einwohnern in Nümbrecht brauchen danach ca. 8.600 eine Gemeinde.

Zurzeit nehmen weniger als 10% der Bevölkerung an kirchlichen Programmen teil.
Es gibt bereits dutzende Hauskreise/Hausgemeinden in Nümbrecht.
Um 50% der Bevölkerung mit Jüngerschaft und Gemeinschaft versorgen zu können, sind wie viele Hausgemeinden notwendig (wenn man von durchschnittlich 10 Leuten pro Hausgemeinde ausgeht)?

Bei strategischen Überlegungen über Gemeindewachstum sollte man diese Größenordnung im Auge behalten. Das heißt, alle Planungen – wie die Ausbildung von Hausgemeindeleitern – sollten in dieser Größenordnung skalierbar sein.

Außerdem stellt sich die Frage, wie Jesus 50% der Nümbrechter in seine Nachfolge rufen wird. Was wird unser Teil dabei sein? Welche (strukturellen) Vorbereitungen sollen wir treffen? Was sollen wir wie, wann, konkret tun?

Ein wichtiger Punkt ist, den Vater um die Einheit des Leibes Jesu in Nümbrecht zu bitten (Joh. 17,21). „Mache sie eins, damit sie (die Leute in der ihrer Stadt) erkennen, dass Du den Sohn gesandt hast".

Jesus denkt nicht in Denominationen. Stattdessen fragt er: Wer liebt mich? Wer ist mir gehorsam? Wer folgt mir nach? Wer hört auf das, was der Heilige Geist der Gemeinde sagt?

Literatur:

- Derek Prince, *Die Gemeinde*, Teil 1+ 2, ISBN: 3-932341-41-4 +
  ISBN: 3-932341-40-6
  Als e-Book https://www.ibl-dpm.de/index.php/shop/kategorien/e-books/c42eb (Der theologische Klassiker.)
- Jens Kaldewey, *Die starke Hand Gottes – der fünffältige Dienst*,
  ISBN-10: 3928093398
- Frank Krause, Der fünffältige Dienst, Wenn der Leib Christi Jesu Wesen
  widerspiegelt, ISBN: 978-3-95578-634-2
- Wolfgang Simson, *Häuser, die die Welt verändern*,
  ISBN-10: 3928093126
- David Garrison, *Gemeindegründungsbewegungen*,
  ISBN 3-927934-99-4
- David Garrison, Church Planting Movements – How God is redeeming a lost world,
  ISBN 0-9747562-0-2.
- Frank Viola, *Ur-Praxis – Gründung und Aufbau organischer Gemeinden*,
  ISBN 978-3-936322-59-0
- Frank Viola, *Ur-Gemeinde – Wie Jesus sich seine Gemeinde eigentlich vorgestellt hatte*, ISBN 987-3-936322-47-7
- Wolfgang Simson, *The Starfish Manifesto*, A Prophetic Roadmap for an Apostolic Journey

Band 5: 700 gesammelte Weisheiten

„Die Furcht des Herrn ist der Anfang der Weisheit."
Ps. 111,10

**„Wenn es aber jemandem unter euch an Weisheit mangelt, so bitte er
Gott, der jedermann gern und ohne Vorwurf gibt; so wird sie ihm gegeben
werden."**
Jakobus 1,5

Gott, der Schöpfer des Universums, ermutigt uns, Ihn um Weisheit zu bitten.

Weisheit ist wertvoller als Silber und Gold.

Die Hunderte von Weisheiten und Werten wurden im Laufe von ca. 40 Jahren gesammelt.

Immer auf der Suche nach der Realität.

Zunächst die Wette des Blaise Pascals
(1623-1662 n.Chr., franz. Mathematiker, Naturwissenschaftler, Physiker, Erfinder,
Philosoph):

In seiner Wette wendet Pascal die Prinzipien der Wahrscheinlichkeitsrechnung auf die Frage
nach Gott an. Er will dem Suchenden helfen, rational einsichtig zu prüfen, ob es sich lohnt,
an Gott zu glauben. Wenn ich für die Existenz Gottes wette und Gott ist – habe ich einen
grenzenlos großen Gewinn (eine sinnvolle Existenz, das ewige Leben usw.).
Wenn ich für die Existenz Gottes wette und Gott nicht ist – habe ich keinen Verlust (mit dem
Tod ist alles aus).
Wenn ich gegen die Existenz Gottes wette und Gott ist – habe ich grenzenlosen Verlust
(Sinnlosigkeit, ewige Trennung von Gott).
Wenn ich gegen die Existenz Gottes wette und Gott ist nicht – habe ich weder Verlust noch
Gewinn.
Da jeder Mensch sein Leben entweder so führt, als gäbe es einen Gott oder gäbe es keinen
Gott, wettet jeder Mensch schon allein durch sein Leben für oder gegen die Existenz Gottes.
Zusammenfassend könnte man mit Pascal festhalten: „Wenn Gott nicht besteht, verliert man
nichts, indem man an ihn glaubt, während, wenn er besteht, man alles verliert, indem man
nicht glaubt."
(aus: „Helden des Glaubens", Michael Kotsch, Seite 162)

Zum Stöbern und Reflektieren:

1.) Befreit leben – durch schnelles Vergeben.

2.) Nicht nach hinten sehen, sondern nach vorn.

3.) Diszipliniert leben.

4.) Mich nicht sorgen.

5.) Ich will meine Lust am Herrn haben, der wird mir geben, was mein Herz sich wünscht.
    (Ps. 37,4)

6.) Geben ist seliger als nehmen.

7.) Zuschauen, wie der Herr die Lösung schenkt.

8.) Von Jesus `begeistert' sein.

9.) Das Geben des Zehnten als biblische Richtschnur -nicht als Gesetz- praktizieren.

10.) Ehrlichkeit gegenüber dem Finanzamt und meinem Arbeitgeber.

11.) Entscheiden, mehr zu lieben.

12.) Versuchen, stets pünktlich zu sein.

13.) Gott von ganzem Herzen lieben und meinen Nächsten wie mich selbst.

14.) Vor Gott knien und vor Menschen geradestehen.

15.) Demütig sein, das heißt u.a.: "Mich von Gott lieben lassen."

16.) Streben, Gott näher kennen zu lernen.

17.) Streben, Gottes Plan für mein Leben umzusetzen.

18.) Bereitsein, lebenslang zu lernen.

19.) Mich auf Gottes Wort stellen und auf seine Verheißungen.

20.) Mich meinen Leitern unterordnen.

21.) Ausreichend Sport treiben.

22.) Ausreichend Zeit mit meinem Ehepartner verbringen.

23.) Meinen Job gut und professionell erledigen.

24.) Stolz immer mehr ablegen.

25.) Offenes Herz, offenes Haus und offener Geldbeutel.

26.) Geschwindigkeitsbegrenzungen nicht mehr als 20km/h überschreiten.

27.) Meinem Gegenüber in die Augen schauen können.

28.) Bitten und Empfangen.

29.) Fehler bei anderen und bei mir selbst zulassen.

30.) Streben, effektiv und sinnvoll zu leben.

32.) Mich vom Herrn täglich beschenken lassen.

33.) Entspannt und natürlich sein und leben.

34.) Dem Feind widerstehen.

35.) Bereit sein, mich vom Herrn verändern zu lassen.

36.) Mein Äußerstes für sein Höchstes.

37.) Agieren statt reagieren - proaktiver Lebensstil.

38.) Nimm' Gnade!

39.) Mir täglich die Frage stellen: "Was bleibt?"

40.) Freiwillig verzichten, weil ich weiß, dass das Schönste noch kommt.

41.) Leben in einer in Gott ruhenden Gelassenheit und einer geistgewirkten, positiven Unruhe.

42.) Ich habe Probleme - Gott hat die Lösungen.
Der Herr bekommt „jede Kuh vom Eis".

43.) Relax - Der Herr wird für mich streiten!

44.) Let go - let God!

45.) Nicht hyperaktiv arbeiten - es powert aus.

46.) Mein himmlischer Vater meint es gut mit mir und erfüllt alle seine Zusagen.

47.) Hiob-Prinzip:
Ich will Ihn anbeten, solange ich lebe -
selbst wenn ich die Dinge, die um mich herum geschehen, nicht verstehe.
(Selbst wenn ich meine Familie, meine Gesundheit, mein Vermögen und mein Zuhause verliere.)

48.) In dem Bewusstsein leben, dass ich das Entscheidende sowieso nicht tun kann!

49.) Wenn ich auf Jesus schaue, werden aus Elefanten Mücken!

50.) Weil Gott in mir ist, gibt es für mich das Wort "unmöglich" nicht.

51.) 1. Gott ist treu! 2. Gott ist treu! 3. Gott ist treu!

52.) "Lass dir an meiner Gnade genügen, denn meine Kraft wird in der Schwachheit vollkommen!
Darum habe ich Wohlgefallen an Schwachheiten, ... denn wenn ich schwach bin, so bin ich stark."
(nach 2.Korinther 12,9+10)

53.) Yonggi Cho-Prinzip: Beten und Gehorchen.

54.) "Meine Zeit ist zu wertvoll, als das ich sie mit Geldverdienen vergeude."
(Naturwissenschaftler Agassiz)

55.) Gethsemane-Prinzip: Gethsemane heißt übersetzt "Ölpresse"
(Unter Druck Öl -Salbung- freisetzen) - Press through!

56.) Ich bin zur Gnade qualifiziert, weil ich nichts verdient habe.

57.) Jesus stand früh auf und suchte Gemeinschaft mit dem Vater!
(Nach eine anstrengenden Dienstabend) Markus 1,35

58.) Wenn wir z.B. Erweckung erleben wollen : DO NOT CONFORM!
Listen what the spirit says. (Hector aus Argentinien)

59.) Christus in mir - ist das Geheimnis meines Erfolgs.

60.) Jesus handelte nie unabhängig vom Vater - nicht aus eigener Initiative. Joh.17,4+9

61.) Alles was der Heilige Geist sagt wird funktionieren und erfolgreich sein.
Deshalb Zeit nehmen zum Hören und Gemeinschaft mit ihm haben.

62.) Prinzip: 1. Rejoice. 2. Receive.

63.) Gott wird dafür sorgen, dass ich in meine Berufung hineinwachse - wenn ich offen dafür bin.

64.) Beten für eine Gebeterweckung: In mir, in der Gemeinde und in Deutschland.

65.) Gottes Name ist Baal Perazim: "Der Herr der Durchbrüche".

66.) Der Heilige Geist wird als Feuer und Wind bezeichnet - was für eine Kombination!

67.) Glaube ist: Erwarten, dass Gott handelt, dass Er es tut.

68.) Der Geist soll den Verstand kontrollieren, nicht der Verstand den Geist.

69.) I want to be a "spiritual Lüstling". "Habe deine Lust am Herr...".

70.) "Der Mehrung der Herrschaft und des Friedens wird kein Ende sein auf dem Throne Davids und in seinem Königreich, dass er es gründe und mit Recht und Gerechtigkeit befestige von nun an bis in Ewigkeit. Der Eifer des Herrn der Heerscharen wird solches tun!" (Jesaja 9,6)

71.) Ich weiß, dass ich der einzige bin, der Gott begrenzt in der Frucht, die durch mein Leben geschieht.

"In Ihm sind wir auch zu Erben eingesetzt worden, die wir dazu vorherbestimmt sind nach dem Vorsatz dessen, der alles wirkt nach dem Ratschluss seines Willens." (Epheser 1,11)

"Da seine göttliche Kraft uns alles zum Leben und zur Gottseligkeit geschenkt hat durch die Erkenntnis dessen, der uns berufen hat durch ‹seine› eigene Herrlichkeit und Tugend, durch die er uns die kostbaren und größten Verheißungen geschenkt hat, damit ihr durch sie Teilhaber der göttlichen Natur werdet, die ihr dem Verderben, das durch die Begierde in der Welt ist, entflohen seid: eben deshalb wendet aber auch allen Fleiß auf und reicht in eurem Glauben die Tugend dar, in der Tugend aber die Erkenntnis, in der Erkenntnis aber die Enthaltsamkeit, in der Enthaltsamkeit aber das Ausharren, in dem Ausharren aber die Gottseligkeit, in der Gottseligkeit aber die Bruderliebe, in der Bruderliebe aber die Liebe!" (2.Petrus 1,3)

72.) Never tell people what to do - tell them how to do it.

73.) Ich qualifiziere mich für die Gnade dadurch, wenn ich erkenne, dass ich nichts zu geben habe.

74.) "Schütte dein Herz wie Wasser aus vor dem Angesicht des Herrn." (Klagelieder 2,19) Gott möchte meine Meinung hören. Ich darf Ihm meine Meinung sagen.

75.) Ich will meinen Verstand gebrauchen, aber nicht auf ihn vertrauen.

76.) Carpe diem - nutze den Tag.

77.) Auch wenn es turbulent wird: Immer hübsch cool bleiben! Trust God.

78.) "Alles, was dir vor die Hände kommt, es zu tun mit ganzer Kraft, das tu!" (Prediger 9,10)

79.) Ich will nicht problem- sondern verheißungsorientiert leben.

80.) Psalm 39,5-Prinzip:
"Herr lehre mich doch, dass es ein Ende mit mir haben muss und mein Leben ein Ziel hat und ich davon muss."

81.) Oh Herr - schenk` Hirn!

82.) Das letzte Hemd hat keine Taschen.

83.) Psalm 25,12:
" Wer ist der Mann, der den Herrn fürchtet? Er lehrt ihn den Weg, den er erwählen soll."

84.) Dein Reich komme! Dein Wille geschehe!

85.) Stressfrei leben, dennoch diszipliniert und fleißig seine Aufgabe erfüllen - Entspannungsphasen einbauen.

86.) Prediger 9,9-Prinzip:
"Genieße das Leben mit dem Weib, das du liebst - denn das ist dein Teil am Leben..."

87.) Leben wird so buchstabiert: R-I-S-I-K-O.

88.) Mein Ziel ist, dass wenn ich eines Tages vor Gott stehe, Er zu mir sagen kann:
"Well done, son!"

89.) Ich möchte jeden Tag so leben, dass ich abends die folgenden Fragen mit "Ja" beantworten kann:
" Bin ich heute Jesus ein Stück näher gekommen?"
" Hatte dieser Tag einen Wert, der vor Gott zählt?"

90.) "God will do nothing but in answer to prayer" (John Wesley)

91.) "The greatest thing anyone can do for God and for man is to pray." (S.D. Gordon)

92.) Eagle-Prinzip: Getragen sein vom Wind (HEILIGER GEIST), leben ohne große Anstrengung, hoch oben und trotzdem mit einem scharfen Blick, was unten passiert.

93.) "Wer Jesus nicht kennt, hat sein Leben verpennt!"

94.) Bad news are just new challenges to our faith.

95.) What you see is what you get!
What people around you see is what they get.

96.) Die Gegenwart von der Zukunft her gestalten.

97.) "Gib´ dein Bestes, bezahl´ den Preis - streng´ dich noch mehr an."
(Amerikanischer Pastor)

98.) Probleme sind fantastisch - Sie bringen mich Gott näher und fördern meine Kreativität.

99.) "Herr, nimm´ mir alles, was nicht von dir ist - alle Aufgaben, Pflichten, Ansprüche, Ideen, Glaubensgrundsätze, die nicht von dir sind!"

100.) It`s better to be criticised by men - than to disappoint God. (Jamie Buckingham)

101.) I don`t want to be a man-pleaser, I want to be a God-pleaser!

102.) "Zuflucht ist bei dem alten Gott und unter den ewigen Armen." (5.Mose 33,27)

103.) 2. Tim. 1,7: "Gott hat uns nicht gegeben einen Geist der Furcht, sondern der Kraft, der Liebe und der Besonnenheit!"
2. Tim. 1,8b: "Leide mit mir für das Evangelium."
2. Tim. 2,3: "Leide mit mir als ein guter Streiter Christi."
2. Tim. 4,5: "Du aber sei nüchtern in allen Dingen, leide willig, tu das Werk eines Predigers des Evangeliums, richte dein Amt redlich aus."
2. Tim. 3,12: "Alle, die fromm leben wollen in Christus Jesus, müssen Verfolgung erleiden.

1. Petrus 5,10+11: "Der Gott der Gnade aber, der euch zu seiner ewigen Herrlichkeit berufen hat, wird euch selbst nach kurzen Leiden zubereiten, festigen, stärken, gründen. Sein ist die Kraft von Ewigkeit zu Ewigkeit. Amen."

Off. 2,7: "Sei getrost bis in den Tod, so will ich dir die Krone des Lebens geben."

Off. 2,21: "Wer überwindet, dem will ich geben, mit mir auf dem Thron zu sitzen."

104.) Dr. Jörg Knoblauch-Prinzip: Größer Denken und konsequenter Handeln!

105.) "Herr, lehre mich doch, dass es ein Ende mit mir haben muss und mein Leben ein Ziel hat und ich davon muss!" (Ps 39,5)

106.) "Alles, was ihr im Gebet verlangt, glaubt, dass ihr es empfangen habt, so wird es euch zuteil werden." (Mk. 11,24)

107.) Galater 3,13-16: "Ich bin durch das Blut Jesu freigekauft und eingetreten in den Segen Abrahams, den Gott in allen Dingen gesegnet hat!"

108.) Populate heaven and depopulate hell!

109.) Ich strebe nach gesalbter Professionalität.

110.) Ich will ein Helfer-Typus sein - not for self-glory, but for His glory!

111.) Ich habe Zeit! Ich lasse mich nicht treiben!

112.) Was ist mein Lebens-Motto? Gott lieben – und Menschen zu Jüngern machen.

113.) Fair play.

114.) Ich brauche Probleme, um zu wachsen.
Ich kann kein Überwinder sein, wenn es nichts zu überwinden gibt.
Ich kann kein Sieger sein, wenn es keinen Kampf gibt.

115.) Luther:
Hier stehe ich.
Ich kann nicht anders.
Gott helfe mir.

116.) Der Schlüssel muss zum Schloss passen.

117.) Das jetzige Leben will ich im Blick auf das ewige Leben gestalten.
Jetzt will ich mich auf das Wesentliche konzentrieren und Verzicht üben, um später zu regieren und zu genießen.

118.) "Das Reich Gottes besteht nicht in Worten, sondern in Kraft." (1.Kor.4,20)

119.) Das 1:100-Prinzip.
Das, was der Feind mir raubt, muss er mir hundertfach zurückerstatten!

120.) Never, ever give up!

121.) Little is much in the hand of the Lord.

122.) The most painful things in my life are often the biggest blessings.

123.) Während der Kommunikation auf einwanderhebende Teile achten und nachhaken, um die Wahrheit herauszufinden.

124.) Demut ist: Alle Lasten auf den Herrn abzuladen.

125.) Prinzip: Alles ist Gnade - Familiensituation, Einkommen, Gemeindewachstum, Persönlichkeitsentwicklung, das Erreichen von Zielen, ...

126.) GRACE, GRACE !

127.) Im Kleinen treu sein - auch während der Arbeit.

128.) "Ist Gott für mich - wer mag` gegen mich sein?" (Römer 8,31)

129.) Römer 8,28-Prinzip: Alles muss mir zum Besten dienen! Alles - im Namen Jesu !

130.) Gott braucht meine Begabungen und meine Finanzen nicht.

131.) Ich will stets ein weiches Herz bewahren.

132.) "Bei Gott ist kein Ding unmöglich!" (Lukas 1,37)

133.) Ich will beGEISTert leben!

134.) Ich will so beten, als würde alles arbeiten nichts nützen und so arbeiten, als würde alles beten nichts nützen. (Joy Dawson)

135.) Bevor uns Gott etwas Neues geben kann, müssen wir oft das Alte loslassen und den Preis bezahlen. (Don Stephens)

136.) "Dem Aufrichtigen lässt es der Herr gelingen!" (Spr.2,7)

137.) "Wenn wir zu essen haben und uns kleiden können, sollen wir zufrieden sein." (1.Tim.6,8)

138.) 1. Es ist die Aufgabe eines Knechtes seinem Herrn zu folgen und zu gehorchen.
2. Der Meister verpflichtet sich, für den Knecht zu sorgen.
3. Der Knecht wird sich nicht mehr fürchten müssen.

139.) A man with God is always in the majority.

140.) Ohne eine lebendige Beziehung zu Gott verliert man den Blick für die Realität.

141.) Suche nicht die Lösungen für deine Probleme - suche vielmehr den Herrn.

142.) Es gibt Dinge im Leben, die sind wichtiger als das Leben selbst.

143.) "Wer kärglich sät, wird kärglich ernten. Wer im Segen sät, wird im Segen ernten." (2.Kor.9,6)

144.) Ich darf mir nicht selbst helfen! Immer den Herrn fragen. Der Herr wird mich versorgen!
Ich will mich ganz von Ihm abhängig machen. (Das sind die zwei Seiten der gleichen Medaille.)
Alles was ich tue, soll ich in Absprache mit dem Herrn machen.
Dem Herrn Fragen stellen: Soll ich das machen? Wie/Wann ?

145.) Im Bewusstsein der Realität leben:
"Wer nicht geschrieben wurde in das Buch des Lebens, der wird geworfen in den feurigen Pfuhl - das ist der zweite Tod." (Off. 20,15)

146.) "Der Sieg ist des Herrn!" (Psalm 3,9)

147.) Don´t crack under pressure - because God is faithful and in control.

148.) Die größte Zufriedenheit im Leben kommt von einer lebendigen Beziehung zu Gott und zu Freunden.

149.) Durch Gottes Gnade bin ich was ich bin!

150.) a) Jer.20,7: "Herr, du hast mich überredet und ich habe mich überreden lassen, du bist mir zu stark geworden und du hast mich überwunden."
b) Jer. 20,9b: " ... dann brannte es in meinem Herzen, als wäre ein Feuer eingeschlossen; ich versuchte es auszuhalten, aber ich konnte nicht."
c) Jer. 23,29: " Ist mein Wort nicht wie ein Feuer, spricht der Herr, und wie ein Hammer, der Felsen zerschmeißt?"

151.) Daniel 7,27: " Aber die Herrschaft, die Gewalt und die Macht über die Königreiche unter dem ganzen Himmel wird dem heiligen Volk des Allerhöchsten gegeben werden; sein Reich ist ein jewiges Reich, und alle Mächte werden Ihm dienen und gehorchen." 1.Kor. 7: "Wisst ihr nicht, dass ihr die Welt und die Engel richten werdet?"

152.) Micha 6,8: "Es ist dir gesagt, Mensch, was gut ist und was der Herr von dir fordert, nämlich Gottes Wort halten und Liebe üben und demütig sein vor deinem Gott."

153.) Joh. 15,16: " ... ich habe euch erwählt und gesetzt, dass ihr hingehet und Frucht bringt und eure Frucht bleibe, auf dass, was irgend ihr den Vater bitten werdet in meinem Namen, er es euch gebe. Das gebiete ich euch, dass ihr einander liebt."

154.) Prinzip: Kraft durch Gnade!
(2.Tim 2,1: Du, mein Sohn, erstarke in der Gnade, die in Christus Jesus ist.")

155.) Wenn ich sicher wäre, dass ich mich auf dem richtigen Wege befände, was würde ich jetzt zu Gottes Ehre und zum Wachstum seines Reiches tun?

156.) Prinzip: Vom Ende her planen!

157.) Der Tod ist nicht das Schlimmste. Schlimmer ist, keine Gewissheit zu haben bei Gott zu sein.

158.) Einen Tag in der Woche „Sabbat" halten! Denn der Sabbat ist für den Menschen gemacht.

159.) "Ein Mensch, der nichts hat, wofür es sich zu sterben lohnt, ist nicht reif zum Leben." (Coretta Kings -Witwe von Martin Luther King - zitiert weiter: "Er sagte auch, dass es nicht darauf ankommt, wie lange man lebt, sondern wie groß man lebt.")

160.) Die schönsten Dinge im Leben sind kostenlos!

161.) Das Kennen und Erkennen von Prinzipien ist die eine Sache, die andere ist die, sie konsequent umzusetzen.

162.) Es gibt keine Grenzerweiterung ohne Schmerzen!

163.) Hartnäckigkeit und das Hören auf Gott und die nötige Flexibilität gehören zusammen.

164.) Es ist alles erlaubt, was nicht verboten ist - wenn der Heilige Geist sein O.K. dafür gibt.

165.) Das Wirken der Engel in unserem Leben ist ein Ausdruck der Liebe Gottes zu uns.

166.) "Jesus gab uns drei grundlegende Anweisungen: Bekenne deine Sünden, liebe deinen Nächsten und gehet und machet zu Jüngern. Dies ist unser Beitrag. Gottes Beitrag ist: "Ich werde vergeben, ich werden auch deinen Nächsten akzeptieren und ich werde meine Gemeinde bauen."
W. Simson

167.) What God orders, He pays for!!!

168.) Keinen Dienst beginnen, wenn keine Mitarbeiter da sind.

169.) Gebet legt die Schienen, auf denen der Zug fährt.

170.) Think global - work local!

171.) Ich will meine Augen von meinen Problemen hin zu meiner Bestimmung aufheben.

172.) Wer fragt, stellt Weichen! Wer fragt, führt!

173.) Schuld ist wie ein Ball, den man unter Wasser drückt.

174.) Wenn ich in einem Sturm stehe, muss ich aufpassen, dass der Sturm nicht in mich hinein kommt.

175.) Gott verwendet keine Schmerzen.

176.) Don't fight forces - use them. (Buckingham Fuller)

177.) To love God is the best motivation to hate sin.

178.) David, als er vor Goliath stand: "Der Kampf ist die Sache des Herrn !" und "Nicht durch Herr oder Kraft, sondern durch meinen Geist"

179.) Strategie-Fragen der US-Army: What is happening? What is not happening? What can I do to influence the situation?

180.) Wer sich nicht unterordnen kann, kann nicht leiten.

181.) Ich bin nicht Gott! Gott ist Gott!

182.) Im Reich Gottes geht es nicht um Leistung, sondern nur um Geschenke! (Mein Papi im Himmel regelt das schon!)

183.) Wir sollen Fürbitten vor Gott bringen, aber uns keine Sorgen machen.

184.) Menschenfurcht führt zum Verzicht!

185.) Sei ein wenig in dir selbst vergnügt!

186.) "90% unsere Probleme kommen von einem falschen Bild, das wir von Gott haben." John Dawson

187.) You become like the god you worship.

188.) "Den größten Teil unserer Zeit verbringen wir damit, sie zu verschwenden." Physik - Nobelpreisträger Steven Weinberg in: Spiegel 30/1999

189.) Gemeindegründungen sind das effektivste evangelistische Mittel, das es weltweit gibt! Peter C. Wagner

190.) Ich brauche nicht zu beten und zu fasten, wenn das, was ich tun soll im Wort Gottes steht! Manela de Mela

191.) Was ist Realität? Die Dinge so sehen, wie Jesus sie sieht ! Realität ist überall dort, wo Jesus ist. Außerhalb von Jesus gibt es keine Wahrheit - er sagt: "Ich bin die Wahrheit!"

192.) You can always go so far as you can see! Rick Joyner, in "The Call".

193.) You must keep going for as far as you can see!

194.) Depression kommt, wenn ich auf mich sehe. Ich werde frei von Depression, wenn ich auf Gott schaue und damit auch in seinen Verheißungen lebe.

195.) Depressive Menschen haben ein hartes Herz!

196.) Keine Bündnisse mit Gottlosen eingehen, auch nicht zur Erreichung eines gemeinsamen Zieles. (2.Chr.20,35ff)

197.) In Not sich nicht von anderer Seite Hilfe holen, als von Gott. (2.Chr.16,7-9)

198.) Bei Krankheit sich zuerst an Gott wenden, dann vielleicht an Ärzte.

199.) Satan hält uns mit Beschäftigtsein in Schach! Rick Joyner

200.) Was gut ist, muss nicht der Wille Gottes sein.

201.) Def.: Anbetung: Anbetung ist, etwas zur wichtigsten Sache im Leben zu erklären und alle Bereiche nach dieser Mitte hin auszurichten. Anbetung ist ein Lebensstil.

202.) Der große Vorsitzende und Christenverfolger Mao Tsetung: Wir brauchen die permanente Revolution!

203.) Nimm' das Geheimnis der Theologie und du hast eine Ideologie.

204.) Demut heißt: ich stehe zu dem, der ich bin (mit allen Schwächen und Stärken).

205.) Gott kann mich nur so weit gebrauchen, wie ich Angst habe etwas zu verlieren.

206.) Die Welt ist nicht fair!

207.) You get what you preach.

208.) Ich bestimme, wer mich ärgert!

209.) Die Menschen haben zwei Motivationen:
1. Die Angst etwas zu verlieren /die Angst vor Verlust.
2. Die Hoffnung einen Vorteil zu erwerben.

210.) Gott hat uns nicht den Auftrag gegeben, Gemeinden zu gründen, sondern:
1. Busse tun, 2.den Nächsten lieben, 3. hingehen in alle Welt und Menschen zu Jüngern machen. Gemeinden zu gründen ist Sache des Herrn und eine Folge unseres Gehorsams.

211.) Wer nichts Wichtiges zu sagen hat, macht Nebensächlichkeiten zur Hauptsache.

212.) Der 7-fache Test bei grundlegenden theologischen Aussagen: Findet sich diese Aussage in Genesis wieder (als Saatgedanke), im Gesetz, in den Propheten, in den Ps./Spr./Hohel., bei Jesus in den Evangelien, in der Apostelgeschichte, in den Episteln?

213.) Weisheit ist ewig. Wissen ist wandelbar. Wichtig ist, beide nicht zu verwechseln.

214.) Gott fragen: Herr, wie siehst Du diese Situation?
(Leben im Bewusstsein der drei Ebenen)
1.Ebene: Die materielle, sichtbare Welt;
2. Ebene: Die geistliche, spirituelle (Kriegs-)Welt;
3. Ebene: Die Herrlichkeit und Gegenwart Gottes.
Auf Antwort hören und den gewonnenen Eindruck von der 3. Ebene in die 1. Ebene hineinsprechen. So kommt göttliche Weisheit und Autorität in die materielle Welt.

215.) "Der natürliche Mensch kann keine geistlichen Ergebnisse wirken." Ingolf Eissel

216.) "Dienen aus eigener Kraft ist Götzendienst in der Gemeinde."

217.) "Die meisten entscheidenden Dinge in meinen Leben ergeben sich ohne mein besonderes Zutun." I.E.

218.) Sich Sorgen zu machen ist Götzendienst.

219.) Das Leben ist der Anlauf, der Tod der Absprung und das Ziel ist das ewige Leben.

220.) "Das größte Abenteuer ist: Mitarbeiter im Reich Gottes zu sein, während Er die Gemeinde baut." Rüdiger Kurz

221.) "In einer Welt, in der die Menschen nach Liebe und Anerkennung hungern, ist eine liebevolle Gemeinschaft eine unglaubliche Attraktion und Provokation." Rüdiger Kurz

222.) "Die Mission gebiert die Kirche. Die Kirche ist quasi die manifeste Form des Missionsauftrags. Kirche kann nach biblischem Sinne also nur eine Kirche in Mission sein." Rüdiger Kurz

223.) A vision from God does two things: It unites and it divides! Lawrence Khong

224.) Without God, we cannot. Without us, God will not! Jack Hayfort

225.) Was bedeutet "natürliche Gemeindeentwicklung"? Es bedeutet die Freisetzung der Wachstumsautomatismen, mit denen Gott selbst seine Gemeinde baut. Das ist das "Von-selbst-Prinzip", das wir auch in der Natur finden. Dies ist das strategische Zentrum des Gemeindeaufbaus. Gott schenkt das Wachstum (1.Kor.3,6). Dies ist das Geheimnis des Erfolgs.

226.) Die Aufgabe der Gemeindeleitung ist, das biotische Potential (die Fähigkeit, sich selbst zu reproduzieren) in der Gemeinde freizusetzen.

227.) Es geht darum, die gemeindeinternen Faktoren einzudämmen, die Wachstum und Multiplikation verhindern.

228.) Die Freisetzung von Gottes Wachstumsmechanismen ist das Geheimnis wachsender Gemeinden. Chr. A. Schwarz

229.) Die Gemeindeleitung kann Wachstum nicht machen, nur begünstigen.
Herr, wo hindern wir dein Gemeindewachstum?

230.) Die Aufgabe der Gemeindeleitung ist, die Wachstumsblockaden aufzulösen.

231.) Nicht derjenige, der viel leistet bekommt Lohn, sondern der, der das Richtige leistet. 1.Kor.3,8

232.) Das Wort Gottes und der Heilige Geist sind wie Fahnenmast und Fahne.

233.) Wir müssen unsere Anrechte als Kinder Gottes kennen. Wir sollen diese Rechte mit Glauben verbinden. Die Rechte haben als Grundlage das Wort Gottes. Beten und Glauben.

234.) Der Grund/Sinn meines Lebens ist es, freiwillig ein Liebhaber Gottes zu werden.

235.) Erfolg ist: 1.Gott liebt mich! 2. Gott begehrt! 3. Ich bin Gottes Liebhaber geworden! 4. Ich bin geliebt und ich liebe Gott!

236.) Def. Predigen: "Das Überbringen von Wahrheit durch Persönlichkeit".

237.) Def. Experimentales Predigen: "Freisetzen des Heiligen Geistes, er selbst zu sein." Kann der Heilige Geist in der Predigt über mich hinausgehen?

238.) Als Prediger stehe ich zwischen Gott und den Menschen, um entweder zu unterbinden oder weiterzuleiten, was der HEILIGER GEIST sein und tun möchte.

239.) Bei Diskussionen enthalten die verschiedenen Argumente meistens jeweils einen Teil der Wahrheit. Aber was ist in der jetzigen Situation der entscheidende Teil der Wahrheit?

240.) Alles hat einen guten Grund.

241.) Many people are fishing for compliments.

242.) Beziehung kommt vor Inhalt.

243.) Gott hat uns zur Abhängigkeit geschaffen!!! Wahre Freiheit liegt in der Abhängigkeit von Gott. Wovon mache ich mich sonst noch abhängig?

244.) Ohnmacht gehört zur Normalität! Sonst würde ich Gott nicht brauchen.

245.) Statt immer zu klagen, dass man nicht hat, was man sich wünscht, soll man dankbar sein, dass man nicht alles hat, was man verdient. Dieter Hildebrand, Kabarettist

246.) Die meisten Gottesdienste sind Menschendienste. Michael Schiffmann

247.) Wenn wir nicht lernen Gott zu fürchten, werden wir Angst haben. Michael Schiffmann

248.) Gott beruft nicht die Qualifizierten, sondern er qualifiziert die Berufenen (siehe z.B. Mose, Gideon, Saul, David).

249.) Die Leute spenden für eine Vision, nicht für eine Not!

250.) Demut heißt, mich so zu sehen, wie Gott mich sieht.

251.) Fasten heißt, sich demütigen vor Gott.

252.) Religiösität ist: Fromme Dinge tun, ohne den Heiligen Geist.

253.) Eine Gemeinde ist: Eine Gemeinschaft von Christen unter Leiterschaft.

254.) Ehrfurcht vor Gott und Hingabe plus Zeichen und Wunder bedingen sich gegenseitig.

255.) Das Erste, was Du hörst, ist vom Herrn. Das Zweite, was Du hörst, ist der Zweifel.

256.) Nicht horten - sondern ins Reich Gottes investieren!

257.) Jede Predigt soll eine Kernaussage haben.

258.) Bevor ich meinen Glauben an Gott aufgebe wegen der Dinge, die ich nicht verstehe, will ich die Dinge in meinem Glaubensleben umsetzen, die ich verstehe.

259.) Prinzipien aus dem Buch „The Call" von Rick Joyner:
We should not consider doing something or going somewhere to minister unless the Lord has spoken to me in advance. Jesus did the same. He did not respond to human needs: He only did what He saw the Father doing. We do not have time to go places or start things that God is not leading us to do.

260.) I view prophety like the manna that the Lord served in the wilderness.

261.) What is my present sphere of authority?

262.) If we look at ourself, we will always be confused and it is hard to hear from God.

263.) You can never make yourself into who you should be, but you must trust Me to make you into who you should be.

264.) I desire to learn how to abide in His presents and allow His life to flow through me in order to touch others. I had to abide in the Holy Spirit and allow Him to use me. This is my call.

265.) You walk on the edge of hell every day. Through the midst of it, there is a path of life.

266.) Taking your eyes off of Me is all you have to do to drift from the path of life. When you abide in Me, you will see nothing but glory.

267.) Depression is the deception that comes from seeing the world from your perspective. Truth comes from from seeing the world through My eyes from where I sit, at the right hand of the father.

268.) „When you start to live by what you see with the eyes of your heart, you will walk with Me, and you will see My glory. The eyes of your heart are the window into the realm of the spirit.
Through the eyes of your heart, you may come to My Throne of Grace, at any time.
If you will come to Me, I will be more real to you. I will also trust you with more power."

269.) I AM Wisdom and I AM the Judge in every realm, but I Am also much more. Because you have asked, I will show you who I AM.

270.) Being different is not enough! The power of the Holy Spirit to convict of sin is released by the spoken word.

271.) You must seek His judgement every day, and you must make them known on the earth.

272.) The people of the earth are blind. They will not see if you simply try to be a witness. The message of judgement must go forth in words.

273.) The judgement of God is about to be revealed on the earth. If you will warn the people that His judgement are near, his mercy will save many.

274.) You can come boldly before His Throne of Grace at any time and for any need, but rarely do you come. Yearning for His presence is not enough. You must come to Him. If you draw near to Him, he will draw near to you. You are always as close to Him as you want to be.

275.) Great storms are coming upon the earth – and the church is sleeping.

276.) The church is running from the presence of the Lord.

277.) The minds of Christians are so entangled with the world, and they have fallen to such depths, that many have no hope of getting free.

278.) You must not only seek His presence, but you must abide in His presence continually.

279.) Those who have tried to follow Him by just seeking Him once a week in a church service while they spend the rest of the week seeking the world will soon fall away. The judgement is going to begin with His own household.

280.) Do not become presumptuous because of what you have seen. Never become proud because of your visions: This will always lead to a fall.

281.) I will give to the church the power of preaching like Jonah's preaching in the last days. This is the power of conviction.

282.) If you do not use the time I give you, the coming troubles will overtake you.

283.) Warn My people that in My mercy, I will no longer let them presume on my mercy. In My mercy, My discipline will be upon them. Warn them not to harden their hearts, but to repent and turn to Me.

284.) Many of My people still love sin. Those who love sin and their own comfort and prosperity
more than Me will soon know My severity.

285.) The greatest distraction of My people has not been the difficulties, but the prosperity.

286.) My people will prosper in earthly riches in the times ahead, even in the times of trouble, but the riches will be from Me and not of the prince of this present evil age. If I cannot trust you with earthly riches, how can I trust you with the powers of the age to come?

287.) There is a prosperity of the world and there is the prosperity of My kingdom.

288.) This is the reality for which you have asked – to see as I see. Reality is, where I am. Apart from Me, there is no life, and there is no truth.

289.) You must learn not to just look for Me, but at Me.

290.) Wisdom is knowing Me, knowing my Father and knowing Our love.

291.) You love Me more when you see Me with your heart and obey Me, even though your eyes cannot see Me.

292.) Obedience in the fear of God is the beginning of wisdom, but the fullness of wisdom is to obey because of your love for God.

293.) I can be as real to you on earth as I am to you now, and when you know the reality of My presence, you are walking in truth.

294.) To know My wisdom is also to know My times. They will be at the wrong places, doing the wrong things, and even preaching the wrong message. Sow when there is the time to sow - reap when there is the time to reap.

295.) I was answering your prayers every day through all that I allowed to happen in your life.

296.) The lukewarm are about to be removed among My people.

297.) I will also impart more grace to you to live the truth that you know, but you must come to My Throne of Grace every day to get it. I say to you again, the time has come upon the earth when no one will be able to stand in truth without coming to My Throne of Grace each day.

298.) I am about to release My last-day apostels to build highways through wilderness and rivers through the desert.

299.) Nobody tried to escape from the Prison, because they did not realise that they were captives.

300.) Wisdom: „You must return to the prison yard. I will be with you. Know that you have the vision to escape any trap or weapon. Only remember that fear can blind you (z.B. nicht versorgt zu werden oder nicht verstanden zu werden). As you walk in the faith that I am with you, you will always see the way to go. You must also be careful to reveal your vision to those to whom I lead you. Vision is what the guards fear the most.

301.) Every day you must do that which will help to increase your vision.
Stay away from people and things that make you lose your vision.

302.) To know our purpose is one of the greatest ways that our vision grows.
It is also one of our greatest defences against things like discouragement which destroys vision.

303.) You must also remember that you will always know your purpose in a situation by seeing with the eyes of your heart. What you see from your innermost being will always reveal your purpose.

304.) You can always go as far as you can see. If you can see the top of the wall, you can get there. When you get to the top of the wall, you will be able to see further than you have ever seen before. You must keep going for as far as you can see. Never stop as long as you can still see further.

305.) If you do not use your vision by walking in what you see, you will lose it.

306.) You have vision, but you lack faith. Vision and faith must work together. Faith comes from knowing who Wisdom really is. You must know His true name: Jesus.

307.) You cannot live as others do. You are called to be a soldier of the cross.

308.) You can see Him with the eyes of your heart at any time.

309.) On your journey, there will be many doors that you must go through. You never know where they will lead. Do not choose doors by their appearance, but always ask Wisdom to help you.

310.) The wall of the prison is made of fear. (Mauern der Illusion, Verblendung, Angst behindern uns.

311.) To conquer your fears, you must face them alone.

312.) Wisdom always chooses the highest mountain to climb. I know that the greatest treasure is always at the end of the longest, most difficult journey.

313.) Impatience is really a lack of faith. Impatience will never lead you to the highest purpose of God.

314.) Good can be the greatest enemy of best.

315.) Now is the time to establish a pattern in your life of always choosing the highest and the best. This is the way to remain close to Wisdom.

316.) It takes faith to keep going, and they chose to follow fear rather than faith.

317.) If your path is more difficult, it is because of your high calling.

318.) Run the race that is set before you, and the prize will be greater than you can understand at this time. You know the discipline that it takes to prepare for the race. Now discipline yourself for righteousness. I have called all to run, but few run so as to win. Discipline yourself to win.

319.) Selfishness destroys.

320.) My generals are responsible for the condition of My soldiers.

321.) As you can see, this army is marching, but there will be times when it camps. The camping is as important as the marching. It is the time for planing, training and sharpening skills and weapons. Until now when my army camped, most of the time has been wasted.

322.) My army has lost many battles because it attacked the enemy when I did not give the command. Others were defeated because they attacked the enemy with untrained people.
Wisdom is needed.

323.) Do what you do because of love, and you will always triumph. Love is the source of courage. Love will prevail in the end. Encourage My builders with this words.

324.) I knew that the church was still very long away from being united.

325.) I accomplished the unity of My people on the cross. Even thought it looks like the enemy has prevailed since the cross, has actually only worked into the plan which My father and I had from the beginning. When you preach the cross and live by it's power, you will do My will.

Those who serve Me and not their own ambitions will soon recognize one another and be joined together. Those who have the true fear of God do not fear anything on the earth.

Those who fear Me will not fear one another, but will love each other and sit together at My table.

326.) I have called My people to be one, and now it will come to pass!

327.) Humility and obidience will always lead to Me.

328.) My strength is made perfect in weakness, but you must never forget that in yourself you are weak, and by yourself you are foolish.

329.) The more I opened my heart to His words to expose any darkness in me and to change me, the more power His words seemed to have in me.

330.) In the presence of Wisdom, nothing seemed impossible.

331.) „Your words will have the power when you abide in Me", Wisdom interjected. „I did not call you to preach about Me; I called you to be a voice that I could speak through. As you abide in Me and My words abide in you, you will bear fruit that will remain. By My word, the creation was brought forth, and by My word the new creation will come forth in you and in My people. My words are spirit and life. You are not called to just teach about Me, but let Me teach through you. As you dwell in My presence, your words will be My words, and they will have power."

332.) „I will give My messangers the vision to see My purpose in all things."

333.) You have been given the truth that will set men free, which is My word in your heart. Go forth with My word. Go forth and you will see the power of My word.

334.) „Remember that those with whom you must walk on earth are also members of My body.
They have not yet been glorified, but you must see them as they are called to be, not as they appear now. You must love them and see the authority and grace in them that you now see in these. Remember that those with whom you walk on earth now see you as you see them.
You must learn not to see according to their present appearance, but see who they are to become."

335.) Do not strive to have men see My authority in you. When you become concerned about how others see you, you lose your authority.
In My kingdom, authority comes from who you are, not your title.
Your ministry is your function, not your rank. Here rank is earned by humility, service and love. The deacon who loves more is higher than the apostel who loves less.
On earth, prophets may be used to shake the nations, but here they will be known by their love. This is also your call – to love with My love and serve with My heart.
Then we will be one."

336.) When those who are living in such darkness and difficulty sing with true hearts to Him, it touches Him more than all the myriads of heaven can.

337.) Nothing brings Me more joy than when you worship My father.

338.) True worship from the embattled, struggling, believers on earth brings the father joy like nothing else could. We can touch the Father's heart through this.

339.) There is no higher purpose in the universe than to worship Him.

340.) Your worship when you are in the midst of difficulties touches Him even more than all of the worship in heaven.

341.) Worship the father, not for what you will receive, but to bring Him joy. You will never be stronger than when you bring Him joy, for the joy of the Lord is your strength.

342.) You must see Me in your own heart, and you must see Me in others. You must see Me in the great and in the small. Just as I appeared differently in each of these who now stand before you, I will come to you in different people. I will come to you in different circumstances.
Your highest purpose is to recognize Me, to hear My voice, and to follow Me.

343.) You can better recognize Him where He dwells- in His people. He is wisdom.
He knows how, when, and through whom to speak to you.

344.) You will be always as close to Him as you want to be.

345.) Your victory in life will be according to your desire for Him.

346.) You must never measure yourself by others, but keep pressing forward, seeking more of Him.

347.) I will always speak to you if you call on Me, but I must change the way that I speak to you.

348.) Pride always results in tragedy, darkness and suffering.

349.) Those who receive the most discipline are those who are called to walk in greater authority.

350.) The humble cannot be embarrassed. When you start to feel embarrassed, it is because you are beginning to move in pride. Let the embarressment be a warning that you have departed from wisdom. Never let embarressment control your actions.

351.) Do not boast in your strengths, but in your weaknesses. If you will openly talk more about your failures in order to help others, I will be able to more openly display your victories, „For everyone who exalts himself shall be humbled, and he who humbles himself shall be exalted."

Prinzipien von Rick Joyner: A prophetic Vision for the 21th century:
352.) Just as Jesus was sent to destroy the works of the devil, we have been sent into the world with this same commission.

353.) We must defend our families, our congregations, and our places against the words of death. At the same time, we must work each day to extend the kingdom's domain. Our battle maps are our prayer lists. We must have specific targets. We must „box in such way, as not beating the air" (1. Cor.9,26).

354.) The ultimate goal of the church is to populate heaven. Our weapon is the gospel of salvation, the words of everlasting life. The knowledge of salvation is the most precious gift anyone can have, and we, the church, have been entrusted with it.
The church is about to be given the words of life with greatly increased power.
These words will be spiritual bombs and hand grenades with the power to destroy even the most effective strongholes of the enemy.

355.) This power in words will not be gained cheaply. Those who are given this authority will have faithfully waged wars against their own tongue and their own wayward thoughts, bringing them into submission to the Holy Spirit.

356.) In this vision, I realized that the end of the field indicated that the end of our economic prosperity is now in sight. Let us built our hope and trust on the kingdom, which alone cannot be shaken.

357.) I felt that the slave ships were banks.

358.) The hospital ships were the churches. In the time ahead, the life of sacrifice and service to others will be the most desirable life in the world.
On the hospital ships was far more wealth than on the luxury ships, but the wealth was being used for service, not luxury.

359.) The mark of the beast is an economic mark. We must understand what it means to „worship the beast". Even if we do not love money, we often put our trust in it. At the end of the age, we will either be delivered from this or become totally enslaved by it. We will either be God's slave or the devil's.

360.) Probably the number one reason Christians are not free today to respond to the call of God in their lives is financial debt. The question: „Can I afford to follow my call?" is a clear indication that we may be taking on the mark of the beast.

361.) Debt is a yoke of slavery that victimizes most Americans.

362.) More than any other single factor, money reveals commitment. By looking at a man's check stubs, you can write his biography.

363.) „God, who gives us richly all things to enjoy." (1. Tim.6,17)

364.) As C.S. Lewis once pointed out, once we miss a turn and start down the wrong road, it will never become the right road. The only way we can get back on the right road is to go back to where we missed that original turn.

365.) The biblical definition of financial independence is not necessarily being wealthy. The goal is to never have make a decision based on financial considerations but simply on God's will.
This should be the financial goal for every one of us.

366.) Unity in the church is the greatest threat to Satan's domain.

367.) If we want to receive grace, we had better learn to give grace, because we are going to reap what we sow. If we expect to receive mercy, we had better start sowing mercy, because most of us are going to need all the mercy we can get.

368.) Let's turn our criticisms into intercession.

369.) The true bond servant is a slave. He does not own anything, but everything that he has belongs to his master. Even his time is not his own. Many claim this position, but few truely live it. A true bond servant cannot lose anything in the stock market, or in any other business, because he does not own anything. He may be steward of much, but it is not his, and he does not treat anything as if it were his.

370.) „The wealth of the nations will come to you... and the nations will be utterly ruined." (Jes.60,5+12)

371.) That's why God's people have nothing to fear when they do not take the mark of the beat that will allow them to buy, sell, or trade. A great provision of God will be coming to those who are faithful.

372.) Those who have truely submitted to the lordship of Jesus are soon to be rulers themselves.

373.) There is a biblical place for setting up reserves, and some are feeling called to help prepare „Joseph's storehouses". One thing we are not to do is hoard. Everything we do we are to do with our neighbours in mind.

374.) How many Christans do you know who are fulfilling their potential?
How many churches?
Few indeed.

375.) Five characters of Achievers:

1. They have a clear vision of their purpose.

2. They stay focused on their goal.

3. They have the wisdom and resolve to gather the necessary resources or training to accomplish their purpose.

4. They do not associate with „problem-oriented people" but with „solution-oriented people".

5. They refuse to let obstacles or opposition stop them; they stay resolutely on the course to fulfilling their purpose, regardless of setbacks and disappointments.

376.) Usually only 1 percent of the entire audience acknowledge that they know their calling and are walking in it.

377.) Each of us needs to have a clear vision of our purpose.

378.) Our vision will be general at first, and then get more specific as we proceed toward the goal. Salomo observed: „But the path of the righteous is like the light of dawn, that shines brighter and brighter until the full day" (Prov.4,18). This means that our path should become clearer as we proceed. If it is not, something is probably wrong with our walk.

379.) Actually, the answer to what we are called to be is usually found in our own hearts, because living waters can only come out of the ‚innermost being'.

380.) We are not called to be conformed to the image of another person or even another ministry.

381.) The gift of prophecy is sometimes used for confirming gift and ministries, just as we see in 2. Timothy 1,6. However, we must be careful in how we use this gift. If I prophetically perceive a person's calling, I seldom share what I see until I know that he has begun to see it himself.
When vision comes prematurely or too easily, it will bring forth a superficial ministry at best.

382.) One of the hardest tests we must pass if we are going to fulfill our ultimate calling is not to be distracted by all the other things God is doing.

383.) There will always be a time of education and training. Paul was called as an apostel somewhere from eleven to thirteen years before he was commissioned to that ministry in Antioch. But he did not just sit back and wait; he spend much of the time in the wilderness seeking his own revelation of God's purpose in his life as well as deeper understanding of the gospel he was to preach (Gal.1).

384.) Those who fail to plan, plan to fail.

385.) It is during the times of your preparation that you will be able to lay the best plans for your life and ministry.

386.) It is also obvious that the ability to formulate a clear, effective plan is a rare human quality that almost separates those who are leaders from those who will always be followers.

387.) Achievers have a clear vision of their purpose, they stay focused on their goals, they have the wisdom and resolve to gather the necessary resources to accomplish their purpose, and they surround themselves with „solution-oriented people.“

388.) The degree of our fruitfulness will always depend on the strength of our union with the Vine.

389.) I believe an opportunity exists in every crisis.

390.) If you are going to accomplish your goals, you must get rid of the people on your leadership team who are more focused on the problems than solutions.
This is the principle of the ten spies at Kadesh-barnea. The evil, negative report of these ten spies cost their entire generation their inheritance. If you cannot change such people, you must remove them, or they will cost you your vision.

391.) From eagles we can learn an important principle: If they face an opposing wind at the proper angle, they will be carried higher. They use opposing winds to reach the greatest heights.
The same is true of those who learn to soar spiritually. Every opposing wind is an opportunity to go higher, if you will approch it at the proper angle or with the right attitude.

392.) Adversity will cause the truly devoted to work harder, which will cause them to become stronger. If success comes too easily, we will be weaker.

393.) I do believe in prophetic impartation, but I think that very few people really understand it.
Even spiritual gifts are imparted as seeds that must be cultivated and cared for with great patience and devotion.

394.) The only way we can come to know the voice of the Lord is the same way that the sheep came to know their shepherd's voice- through time spent in his presence.
The single greatest endeavor to help us cultivate this is to love the Lord. And the single greatest thing we can do to cultivate that love is to ask for it.

395.) It is the Father's will that the same love that he has for His Son would be in us! (John17,26)

396.) The first step is to love Him so much that we will seek Him until we find Him.

397.) Paul Cain: „Everyone of us is as close to the Lord as we want to be.“

398.) Much of the Lord's communication with us is not meant to concern matters of great eternal or strategic gravity, but is simply the communication of a lover.

399.) When we can touch God's heart and move Him to action, we have an authority that is greater than any governmental or spiritual office on this earth. The foundation of this greatest of powers is simple intimacy with Him.

400.) The Lord is not nearly as religious as we tend to be.

401.) We cannot expect to know His voice if we do not worship Him. Possibly the most telltale sign of what we truely worship will be found in what we do with our free time.

402.) Compared to eternity, all of the treasures in this world would be less than a grain of sand in the ocean. We are both very wealthy and very poor. Humility comes by simple dependence on God for everything we are or have, including our next breath.

403.) Money can be anyone's god, not just the rich. I have seen those who are poor more consumed with seeking money than many wealthy I know.

404.) We all would like to have a basic formula for interpreting dreams, but there simply is none.

405.) Joseph had no guidelines for determining that cows and ears of corn represented years-the Holy Spirit had to tell him this. We can learn from biblical examples and then from our own experience; but with every revelation of the Holy Spirit, he will hold the key to interpretation, and he must unlock it.

406.) Humilty simply opens us to grace.

407.) It is difficult for many to understand that most of the secrets the Lord shares with us are meant to be just that-secrets.

408.) Much of the power of prophetic ministry is related to proper timing. Learning to keep secrets until He instructs us to share them is crucial if we are to receive the more important revelations from Him.

409.) When the Holy Spirit sent out the apostles Paul and Barnabas, they were sent with a general directive: Go to the Gentiles. They made most of their own decisions about where and to whom to go because they were mature and had the mind of Christ. The Scriptures reveal that the Lord then gave them dreams, visions, and prophecies when they needed a course correction. As we mature, we should not continue to be led around by the hand, directed specifically in every little decision; instead, we are sent.

410.) No single denomination or movement has the whole truth, and no prophet has the whole revelation. Even if we have been given the biggest part, it will still be small part of the entire truth. That is why the apostel Paul said, "but we (not I) have the mind of Christ" (1.Cor.2,16).

411.) There is spiritual racism between the churches.

412.) It is a basic doctrine of Islam to subject the entire world to Allah, either by conversion or by force of arms (Jihad-holy war).

413.) The foremost and most powerful divisions were pride, self-righteousness, respectability, selfish ambition and unrighteous judgement, but the largest of all was jealousy.

414.) Eight keys to successful Spiritual Warfare:

1. We must be lovers first, then warriors.

2. We must be committed to the fight.

3. We must have the wisdom to know our own ignorance.

4. We must know when not to fight.

5. We must know our weapons well.

6. We must know our battle plan.

7. We must know our enemy.

8. We must keep focused to the end.

415.) The church has the general commission to „go therefore and make disciples of all the nations" (Mat.28,19).
But this general commission does not give us the liberty to just go anywhere we want at any time. The Lord gives specific commissions. We have the authority only to the degree that we are under His authority. It is foolish to attack the enemy's strongholds without a mandate, but when we get the commission we cannot be timid.

416.) We must always guard our minds. (TV, books, newspapers...)

417.) Francis Frangipane likes to say: ‚With new levels come new devils."
The more spiritual authority we have, and the more of a threat we are to the enemy, the more of a target we will be.

418.) The greatest revivals in all of church history have been the result of the church effectively engaging in this level of spiritual warfare. Before we engage a principality, we must know we are going where the Lord has sent us.

419.) The primary battlefield in spiritual warfare is for people's minds.

420.) Logic is not an adequate weapon against delusions. Sound biblical truth- not human logic - sets people free.

421.) In a movie it is not the amount of skin that is shown; it is the spiritual power behind a movie that counts.

422.) One of the most devastating misconceptions that dilutes the church's witness is the belief that we can best reach those who are from our own backgrounds. This seems reasonable, but it is contrary to the Lord's strategy, which is why He sent Peter to the Jews and Paul to the Gentiles.

423.) Many of our ministries stay in trouble because we do not stay in the place of our anointing, which is the only place where we will ever have true spiritual authority.

424.) When we try too hard to be like those to whom we are sent, we compromise our position of spiritual authority.

425.) If we are compelled to act in a way what will make us acceptable to men, we will be doing what is detestable to God.

426.) One of the oldest most effective military strategies is called concentration of forces.

427.) Music will be one of the main spiritual battlegrounds of the new millennium since it has the potential for providing one of the greatest spiritual breakthroughs in the war against darkness.

428.) Christians should pray for their newspaper.

429.) The grace with which He moved and spoke made Him the most attractive person I had ever seen.

430.) This garden is in your heart because the Creator Himself is within you.

431.) The deadly enemy of true religion is a religious spirit. A religious spirit is an evil spirit that seeks to substitute religious activity for the power of the Holy Spirit in the believer's life.
The religious spirit feeds human pride. Pride is the most difficult stronghold to correct or remove. A religious spirit keeps us from hearing God's voice by having assume that we already know that God is saying and what pleases Him.

One of the most deceptive characteristics of the religious spirit is that it is founded on zeal for God. (for example: the pharisees)

432.) The religious spirit seeks to have us serve the Lord to gain His approval, rather than knowing that our approval comes through the cross of Jesus.

433.) The religious spirit bases its relationship to God on personal discipline rather than on the propitious sacrifice of Christ.

434.) Fear and pride are the two basic results of the Fall, and our deliverance from them is usually a long progress. That is why the lord even gave Jezebel „time to repent" (Rev.2,20-21). However, even though the Lord gave Jezebel this time, He rebuked the church of Thyatira for tolerating her (v.20). We can be patient with people who have religious spirits, giving them time to repent, but we must not tolerate their ministry in our midst while we're waiting! If this spirit is not confronted quickly, it will do more damage to the church, our ministries, our families and our lives than possibly any other assault we can suffer.

435.) Those gripped by this form of a religious spirit will often be the most zealous to preach the cross, but this is a perversion because it emphasizes their cross more than the cross of Jesus.

436.) The foundation of fear is guilt. And the foundation of pride is idealism. Idealism, a form of humanism, is one of the most deceptive and destructive disguises of the religious spirit.
Idealism tries to impose standards on others that are beyond what God has required or has given grace for. For example: praying for two hours.

437.) Far more carnality likely exists in the church and a lot less of the Holy Spirit than even the most critical person would think.

438.) Whenever someone submits a judgement or criticism about another person or group, I disregard it unless I know that person truely loves the other person or group and has "investment" of service to them.

439.) Basically, the spirit of Jezebel is a combination of the religious spirit and the spirit of witchcraft that is the spirit of manipulation and control. This spirit is often, but not always, found in deeply wounded women.

440.) Every trial in our lives will either make us bitter or better, and the cross will heal every spiritual wound if we will turn to it.

441.) A religious spirit produces religious pride. God will not communicate with those who are proud.

442.) The religious spirit attacks the prophetic ministry.

443.) Another form of a religious spirit is self-righteousness. This results in our putting confidence in discipline and personal sacrifice rather than in the Lord and His sacrifice. A religious spirit motivates through fear, guilt, or pride and ambition.
The motivation of the Holy Spirit is love for the Son of God.

444.) To be a true martyr for the faith is one of the greatest honours that we can receive in this life.
When this is perverted, it is a tragic form of deception. When a religious spirit is combined with martyr syndrome, it is almost impossible for that person to be delivered from his deception.

445.) We must bring correction for mistakes in the church, because that is how we learn, but it must be a correction that encourages and frees, not one that condemns and crushes initiative.

446.) Because the whole creation was created through Him and for Him, we all have a huge, Jesus-size hole in our soul. Nothing else will ever satisfy us or bring us peace but a genuine relationship with Him.

447.) Money will be the ultimate god at the end of the age.

448.) The unity of the church is one of the most important issues with the Lord.
One of His own most pressing prayers on the night before He laid down His life for the church was „ that they will be one heart and mind" (John 17,21).

449.) Because the sea sometimes represents mass humanity in Scripture (Off. 17,15), the multitudes are going to rise up in great waves that will destroy much of the present, visible structure of the church. Those who are true lights will not be swept away by the waves because those who walk in truth have a foundation that cannot be shaken. The Lord's command to release the sea did not cause the sea to rise up, but just removed that which was restraining it. The sea then came against the island with fury, as if it were being controlled by a great hatred. I believe this represented a great hatred against visible, institutional Christianity that will arise, and the Lord will allow it to destroy these institutions. When these great tidel waves had stopped, there were no Christian institutions as represented by previous buildings.
However, all of the real Christians remained. I do not think that it is wrong to keep trying to repair these structures (as the Lord honoured and preserved those who did), but this vision affirmed deep within me the need to focus on building people.
The house of the Lord was a brand-new building, but those who became its main supports were from almost every denomination and movement. The Lord is „ the wise Man who brings forth from His treasures things both new and old."
The Lord does have new wine to serve, but Isaiah 25,6 declares that the Lord will also serve „refined, aged wine." The Lord will not use either the old or the new but both the old and the new.

450.) Every time the Lord has shown me the coming harvest, He has shown it to me in two great waves. The first wave of revival will only be a blessing to churches that have been using their time wisely and have been truly equipping the saints to do the work of the service. The body of Christ must likewise be built up. Every muscle and every limb, or every individual part of the body, must be properly exercised and brought to full strength.

451.) Obedience, not sacrifice, will keep us in the will of God.

452.) One of the greatest stumbling blocks to walking in true ministry is the tendency to take the people's yokes instead of the Lord's. The people's yokes will have us busy doing many things that appear good and fruitful, but they will not have us doing the Lord's will.

453.) The Lord does not do anything without His people. God commissioned Adam to „cultivate the garden". As Ps.115,16 states, „ The heavens are the heavens of the Lord; but the earth He has given to the sons of men." That is why He will not do anything unless we pray. He has delegated to the church the awesome responsibility to bind and to loose on the earth.
However, when we pray for things, such as revival, we should start preparing for them.

454.) The surfer: Beside him stood the largest surfboard I had ever seen. He was ready. For the big one, we need to be ready.

455.) Gott kann uns noch keine Erweckung schenken, weil wir nicht vorbereitet sind.

456.) Wir sind noch nicht vorbereitet, weil wir Jesus zu wenig lieben, weil wir noch mit zu vielen anderen Sachen beschäftigt sind, weil wir noch anderen Göttern nachfolgen.

457.) Def.: Revival: „A restoration after a decline of true religious faith among those who have become indifferent."

458.) Whatever a man sows, this he will also reap. (Gal.6,7)

459.) Is our criticism intended to build up or just tear down?

460.) Journalists: press freedom requires responsibility.

461.) Repentance is more than asking for forgiveness for our wrongs- repentance is going back to where we missed the turn and getting on the right road, which often includes restitution when we have injured others.

462.) Possibly the main reason the church is so full of unrighteous judgement is because no format exists for righteous judgement. The elders need to take their proper place in the city gates.

463.) The prophet's calling is to equip the church to know the Lord's voice and to be used in the prophetic gifts.

464.) Prophecy is a primary way that He communicates with us.

465.) Even the most prophetically gifted people have a difficult time hearing from God for themselves; they often ask other prophets for personal direction.

466.) The prophets under the old covenant were used mostly to bring correction to the Lord's people, but this is not the case in the New Testament. In the New Testament the apostles and elders assumed this duty. This does not mean that a prophet cannot be used to bring correction, but it is no longer a primary responsibility. And when prophets are used this way, they must comply with the new covenant procedure for correction given in Mat 18 and Gal.6,1.
Anyone who tries to bring correction to someone else publicly and has not first been to him or her privately, and then with another witness, is at best out of order. At worst, they are a stumbling block.

467.) Normally, prophetic words are general.

468.) Prophecy is seldom given to convince someone that the Lord exists, or to testify that we are His messengers. It is given for revealing His strategic will and for awakening the church to her need to prepare for coming events or conditions. The Lord wants prophecy to be general enough to require those who receive it to both know His voice and still have to walk in faith and wisdom. Many have turned a good prophecy into a false one by trying to go beyond what they were given to make it more spectacular. Paul Cain once said: „ Almost every heresy was the result of men trying to carry to logical conclusions that which God has only revealed in part"

469.) „Wizard spirits" have usually a clean, professional appearance.

470.) Only when My truth comes from the heart does it have the power to change men. Living waters must come from the innermost being- the heart. Just as you flet My truth cleansing you, I am making My messengers flames of fire who will speak truth, not to just giving understanding, but with the power to change men's hearts. The truth that I am sending will not just convict My people of their sin, but will cleanse them from their sin.

471.) Achtung bei Bündnissen mit Ungläubigen: Sich auf den Herrn verlassen und nicht auf den Bundesgenossen.
(Siehe König Asa und der syrische König Benhadad- 2. Chr.16,7)

472.) Bei Krankheit den Herrn suchen und nicht (zuerst) die Ärzte! (2.Chr.16,13)

473.) In der Stille oder bei Problemen Gott Fragen stellen: „Herr, was würdest du mir jetzt gerne eingeben, wenn mein Verstand nur groß genug wäre, dich zu fassen?" oder „Herr, was möchtest Du mir mitteilen?" oder „Herr, wie siehst du meine Situation?".

474.) Sich an der Schönheit des anderen Geschlechts erfreuen, ohne begehrlich zu werden!

475.) Es geht nicht darum, dass ich in meinem Dienst schon geistliche Früchte sehe, sondern darum, dass ich sicher bin, in meiner Berufung zu leben. Die Frucht stellt sich oft erst nach vielen Jahren ein.

476.) Die Leute gehen nicht in die Kirche, weil sie schon mal drin waren.

477.) Ich bin ein Optimist, weil ich die letzte Seite der Bibel gelesen habe!

478.) Sein Reich wird durch sterben gebaut.

479.) Glauben heißt nicht jammern und betteln. Glauben heißt nehmen.

480.) Was ist das Ziel Gottes? Es ist nichts anderes, als alle Dinge und vor allem alle Menschen dieser Erde unter die Herrschaft Christi zu bringen.

481.) Das Reich Gottes ist schon da, aber noch nicht hier! (unbekannt)

482.) Ich bin ein Gast auf Erden! (Ps 119,19)

483.) Herr gib´ mir die Kühnheit, deine Aufträge für mich auch gegen Widerstand durchzusetzen.
Und gib´ mir die Demut bei anderen Dingen ein weites Herz zu haben. (Gib´ mir eine harte Stirn und ein weiches Herz!).

484.) Erkenntnis allein verletzt und isoliert. Erkenntnis mit Liebe gepaart baut auf und verbindet.

485.) Nicht leichtsinnig – sondern leichten Sinnes leben".

486.) (Nur) wer Gnade erfahren hat, kann gnädig sein.

487.) Vergeben heißt Gnade geben.

488.) Make room for the anointing! Than the anointing will make room for you!
(2.Könige 4, 8ff) –
Nahet euch zu Gott, so naht sich Gott zu euch.

489.) George Fox, der Gründer der Quäker, weigerte sich zu sprechen, bevor „der Heilige Geist auf ihn gekommen war", selbst wenn das bedeutete, lange Zeit schweigend auf der Kanzel zu stehen.

490.) „Wonach wir also wirklich suchen, wenn es um Leitung in der Gemeinde geht, ist ein Umfeld, das es Gott ermöglicht zu leiten." Tony Dale

491.) Salbung fließt, wenn Gottes Herrlichkeit da ist.

492.) Schwierigkeiten und Hindernisse werden von Gott zugelassen, damit wir durch sie Gott als Person und seine Charaktereigenschaften kennen lernen.
(Mara: 2. Mose 15,25+26 bitteres Wasser -> Ich bin der Herr dein Arzt)

493.) Menschliche Enttäuschungen sind in Wirklichkeit speziell für uns vereinbarte göttliche Termine.

494.) Große Siege bereiten uns auf große Prüfungen vor.

495.) Erst der Tod – dann die Auferstehung! – Ein universelles Prinzip.

496.) Wer für sich sorgt, schafft sich Sorgen. (Margies)

497.) Echte, wahre Früchte gibt es nur in der Abhängigkeit von Jesus.

498.) Gehe ich in erster Linie arbeiten, um Geld zu verdienen, oder weil ich in meiner Berufung lebe?

499.) Gier frisst Hirn!

500.) Nicht problemorientiert denken, sondern lösungsorientiert!

501.) Glücklich sind die, die Träume haben und bereit sind den Preis zu zahlen, damit sie wahr werden.

502.) Sich nicht besser machen als man ist.

503.) Was möchte ich als Lebensbotschaft hinterlassen?

504.) An welchen Werten möchte ich erkannt werden?

505.) Die Dinge, die ich in meinem Leben nicht ändern kann, will ich lieben lernen.

506.) Jedem Gefühl –ob positiv oder negativ- steht eine tiefliegende Denkhaltung zugrunde.
Um Lebenslügen aufzudecken, muss man diese Denkhaltungen erkennen und den Aussagen der Bibel gegenüberstellen.

507.) Die Leute sind hochgradig religiös –sie wissen es nur nicht.

508.) Materielle Dinge sind Mittel – nicht Ziele!

509.) Das Gedankensystem, das hinter dem „Karriereleiter-Denken" steht ist eine Lüge!

510.) Das, was uns stark macht, kommt nicht aus dem Leistungsbereich.

511.) Das Urerlebnis – als Baby geliebt zu werden – können wir nicht leisten.

512.) Arbeite ich, damit ich wertvoll bin? Oder: Arbeite ich, weil ich wertvoll bin?

513.) Mein Rezept als Unternehmensberater ist, dass ich kein Rezept habe.
(Johannes Czswalina)

514.) Krisen sind keine Krisen, sondern Liebeszeichen Gottes, um unsere Wurzeln tiefen zu setzen.

515.) Lieben heißt: Die Leute so zu sehen, wie Gott sie gemeint hat!

516.) Gott ist ein Gott, der angebetet werden möchte!

517.) Mangelnde Einheit ist das größte Hindernis für Erweckung.

518.) Phasen von Menschen in der Hausgemeindebewegung:
Gemeindegründungsträumer, GG-Experimentierer, GG-Praktiker, GG-Trainer.

519.) Es geht nicht um mich!

520.) Jeder Mensch wird von irgendetwas angetrieben.

521.) Die Art und Weise, wie sie ihr Leben sehen, formt ihr Leben.

522.) Es dreht sich alles um Ihn. It´s all about Jesus.

523.) Das Herz der Anbetung ist Hingabe.

524.) Sie selbst entscheiden, wie nahe Sie Gott sind.

525.) Im Leben dreht sich alles um Liebe.

526.) Gott verfolgt mit jedem Problem eine bestimmte Absicht.

527.) Gott liebt es, schwache Menschen zu gebrauchen.

528.) Gesegnet sind die Ausgeglichenen, denn sie werden überleben.

529.) Existiere ich – oder lebe ich schon?

530.) Sich in Stresssituationen fragen:
„Was bedeutet dieser Augenblick im Licht der Ewigkeit?“ –
Sehr viel Stress entsteht durch die Überbewertung des Augenblicks.

531.) Damit Mitarbeiter/Zuhörer auf Dauer motiviert sind, brauchen sie bei
Veranstaltungen/Seminaren eine Begegnung mit Gott.

532.) „Je länger ich lebe, desto mehr begreife ich die Wirkung, die unsere persönliche
Einstellung auf das Leben hat. Ich bin davon überzeugt, dass mein Leben zu
10 Prozent aus dem besteht, was mir geschieht, uns zu 90 Prozent aus dem, wie ich
darauf reagiere.“ (Charles Swindoll)

533.) Bei Spendenaufrufen: Das geben, was ich von Gott hergeben soll! Ihn fragen und
gehorsam handeln.

534.) Es kommt nicht darauf an der Beste zu sein. Es kommt auch nicht darauf an der
Größte und der am härtesten Arbeitende zu sein. Es kommt darauf an ein auf Gott
Hörender und dann ein 100% Gehorsamer zu sein!

535.) Ken Blachard: „Wir leben in Zeiten, da kann man alles im Geschäft richtig machen
und trotzdem in die Insolvenz gehen.“

536.) Das Wichtigste, was ich habe ist Zeit, nicht Geld.

537.) Wie Simon auf Antrieb des Geistes in den Tempel ging um Jesus zu sehen, will ich
mich auch von Ihm leiten lassen (Lukas 2,27).

538.) Das Leben ist eine Vorbereitung auf die Ewigkeit! Deshalb sollten wir viele Dinge und
Probleme nicht so wichtig nehmen – andere, die Ewigkeitswert haben, hingegen
sehr!

539.) Ich will bereit sein, meine Meinung zugunsten neuer Erkenntnisse über die Wahrheit
zu ändern.

540.) Weil Gott gnädig ist, arbeitet er an uns in dem Tempo, das wir vertragen können.

541.) Wenn du einen Ruf für die Geschäftswelt hast, dann fokussiere deine Kraft, deine
Zeit und Finanzen auf diesen Bereich. Und habe kein schlechtes Gewissen, wenn du
nicht an allen Gemeindeaktivitäten teilnehmen kannst. Dein geistlicher Dienst ist
deine Arbeit.

542.) Soli Deo Gloria! – Allein dem Herrn sei Ehre!

543.) Nihil sine Deo – nichts ohne Gott! (Leitspruch der Familie Hohenzollern).

544.) Entweder es geht einfach oder es geht einfach nicht.

545.) Wenn wir aber Nahrung und Kleidung haben, soll uns das genügen. Paulus in 1.Tim 6,8

546.) Wenn Gott nicht alle unsere Wünsche erfüllt hat er etwas Besseres mit uns vor!

547.) Die Kraft kommt vom Ziel!

548.) Gebet bei Chaos: „Komm bitte, Heiliger Geist, jetzt, in diese Situation!"

549.) Gott hat keine Finanz-Probleme!

550.) Wenn die Hauptsache nicht mehr die Hauptsache ist, füllt eine Nebensache das Vakuum.

551.) Ehrt das Jesus? Statt „What would Jesus do?"

552.) Ich sehne mich nach einer Hausgemeinde-Bewegung mit dem vollen Programm: Evangelisation und Jüngerschaft, Liebe, Gemeinschaft, Heilungsgebet, Dämonenaustreibung, Geistestaufe, alle Gaben des Geistes, den fünffältigen Dienst und ein Streben nach Einheit in der Stadt.

553.) Die meisten Gemeinden haben Mitglieder, aber keine Jünger, evtl. weil die viele Gemeindeleiter selbst keine Jüngerschaftsausbildung erhalten haben.

554.) Jeder ist das Produkt seines Umfelds.

555.) Wenn wir Gott heute und morgen erleben wollen, müssen wir auf die Stufe der Reinheit hinarbeiten, die Gott von uns verlangt. Oder eher noch: ...müssen wir uns Gott nahen, damit er in uns die Veränderung herbeiführt!

556.) Der Missionsbefehl, wie er aus der Originalsprache zu verstehen ist (von Chris Daza): „Durch den jüngerartigen Lebensstil, den ihr unter den heidnischen Völkern führen werdet, werden diese Völker in diesen (selben) Lebensstil getauft (eingetaucht), so dass sich ihr Verhalten ändern wird. Und ihr (die Gesandten) werdet dann anfangen, sie zu lehren, alle Dinge zu beachten, die ich euch befohlen habe. Und ich werde bei euch sein bis ans Ende der Zeit.

557.) Ein erneuerter Sinn weiß, dass der einzige Weg zu überleben und bei der Erfüllung des Missionsbefehls, den Jesus seinen Jüngern hinterlassen hat, erfolgreich zu sein, der ist, sich in Demut vollkommen auf die Gnade Gottes zu verlassen und aufzuhören zu denken, wir wüssten, wie man etwas macht.

558.) Wir müssen schnell lernen, dass unser Erfolg nicht darin liegt, wie gut wir diesen ganzen Auftrag strategisch planen, sondern vielmehr, wie wir die Befehle am besten befolgen.

559.) Keiner von uns weiß, was getan werden muss. Wir werden ständig vor Gott bleiben müssen, damit er uns alles Stück für Stück zeigt, und dann können wir so tun, wie er uns zeigt.
Sie können das nicht organisieren, weil dies der Heilige Geist bereits tut. Das Beste, was wir tun können, ist uns auf ihn auszurichten - und dies wird uns unsere Leben kosten.

560.) Why am I doing what I am doing?

561.) What does God really put on my heart?

562.) Tränen helfen nur den Starken, Schwache machen sie nur krank. Dietrich Bonhoeffer

563.) Es kommt nicht darauf an am Leben zu bleiben; es kommt darauf an den Willen Gottes zu tun.

564.) Es geht bei der Einheit der Christen um ein Miteinander, nicht um ein paralleles Nebeneinander.

565.) Sobald wir zu Gott gehören haben wir ausgesorgt! Helmut Bauer.

566.) Vision: "If you can´t see it before you see it, you´re never going to see it."

567.) Bei Entscheidungen oder in schwierigen Situationen:
„How can I best glorify Christ in this situation?"

568.) What you see is an interpretation of what you see.

569.) Die Richtung, in die wir sehen, entscheidet über Sieg oder Niederlage.
(Petrus auf dem Wasser)

570.) Give me your nothing – I will give you my strength.

571.) Charles Finney: "Weißt du wie sehr dich Gott liebt?",
„Wenn du betest und das Richtige tust, wird Gott Erweckung schenken."

572.) Wir müssen sein Herz suchen und finden.

573.) Die Krise ist seine Methode der Beförderung. Alles, was wir tun müssen, ist zu sagen: „Herr, ich entscheide mich, Dir zu glauben und mich auf Dich zu verlassen".

574.) „Wir haben Hunger nach Dir! Was immer es braucht, zeig uns den Weg. Sprich! Was immer wir auch brauchen, wir wissen es nicht, aber Du weißt es."
Das ist der Anfang der Demut. (John Mulinde)

575.) Wir fühlen uns wohl in einem verunreinigten System, einem kranken System, das dem Geist Gottes Beschränkungen auferlegt hat.

576.) Wir sind nicht zerbrochen vor Gott, weil wir unser Leben mehr lieben als Ihn.

577.) Wie lange werden wir noch Dinge tun, die keine Ergebnisse hervorbringen?
Wie lange wollen wir noch so tun als ob, wo wir doch tief in uns wissen, dass es nicht funktioniert? Wie lange wollen wir die Routine noch aufrecht erhalten, wo wir doch zweifellos wissen, dass es nichts ändert?

578.) Wenn ihr für Meine Pläne betet, wird sich das Land, in dem Maße wie sich Meine Pläne erfüllen, verändern, und das Reich Gottes wird sich manifestieren.

579.) Wir haben erkannt, dass Gottes Interesse darin besteht, dass das Reich der Finsternis vertrieben und das Reich Gottes aufgerichtet wird.

580.) Gebet, das sich auf Probleme konzentriert, bringt einen Teufelskreis hervor.
Wenn wir das Problem wegnehmen, weil es nicht auf das Reich Gottes ausgerichtet ist, entstehen bald andere Dinge, die für das Herz Gottes ein Ärgernis sind.

581.) Es geht darum, andere zu Jüngern zu machen und den Missionsbefehl zu erfüllen.

582.) Worum geht es im Reich Gottes? Es geht um das Zerstören der Macht des Reiches der Finsternis, damit das Reich des Lichts hervorbricht. Das Reich Gottes bringt zwei Handlungsbewegungen, wenn es in ein Land kommt: 1. Niederreißen, ausreißen, zerstören. 2. aufbauen, pflanzen, errichten.

583.) „Herr, gib mir Frieden ins Herzen. Ich fühle eine Panik in mir aufkommen".
Gott: „Ich will, dass Du alles niederlegst, und wenn Du das nicht tust, werde ich nicht mit Dir gehen. Lege dein Leben nieder. Lass los."

584.) „Ich musste alles, was mein war, niederlegen, um Gottes Vision zu ergreifen."
John Mulinde

585.) „Es ist mein Gebet, dass Gott uns helfen wird, Schleier um Schleier von unserem Denken zu nehmen, und jenseits aller zu sehen, dass wir es mit einem treuen Charakter zu tun haben.
Er ist kein Lügner und er ist auch keine Pokermaschine, dass wir raten müsste, ob er unsere Gebete erhört oder nicht." John Mulinde

586.) Es ist Christus, der Nationen verändern wird, und nicht wir, nicht unsere Taktiken und Methoden oder Strategien. John Mulinde

587.) Eine Familie zu gründen und zu arbeiten, um Nahrung zu haben und die Miete zahlen zu können reicht nicht aus – was ist meine Bestimmung?
Die materiellen Notwendigkeiten werden mir dann hinzugelegt werden (Matthäus 6).

588.) Def. Wisdom: The ability to make godly decisions in life. (Die Fähigkeit gottgewirkte Entscheidungen im Leben zu treffen. Oder: Die Fähigkeit Entscheidungen zu treffen, die mit dem Willen Gottes übereinstimmen.)

589.) It´s better to be kind than to be right.

590.) The trouble, it seems, is that God is not in a hurry, and I am.

591.) Be willing for God to twist you until you are the right shape to contain your dream.

592.) Don´t let the world – or the church – mold you into its image.

593.) Some of my friends do not understand my sometimes strange ways, but I am determined to hear and do the will of God for me – despite what others think I should do. I am not perfect, but I shall not be ashamed – or afraid – of my imperfection.
And I shall push on, despite my flaws, and present my body a living sacrifice. For it is better to risk and fail than to count myself unworthy and not risk at all. That means I must be willing to be myself – and live with others' anger and not grow angry in return.
(aus: Jamie Buckingham, Where eagle soar)

594.) Gott ist der Pilot – ich bin der Co-Pilot.

595.) Der Gemeinschaft mit Christus darf nichts vorgezogen werden.

596.) God never brings a hindrance into our lives that He does not intend to be used to open another door that would not have opened otherwise. (Jamie Buckingham)

597.) Übernimm Verantwortung – strebe aber nicht nach Positionen!

598.) Es ist Christus in uns, der die Kranken heilt. Wir sollen so Kranken heilen.
„Heilet Kranke!" Nicht: Bittet Gott, dass er Kranke heilt.

599.) Wann hören wir endlich auf die Dinge zu tun, von denen wir wissen, dass sie nicht funktionieren?

600.) Wenn ich vor Entscheidungen stehen und bete: „ Herr, ich muss das jetzt wissen!"
Dann antwortet Er manchmal: „Musst Du gar nicht! Das einzige, was Du wissen musst ist – dass ich treu bin. Das lernst Du gerade. Außerdem musst Du lernen geduldig zu sein und darauf zu vertrauen, dass ich Gott bin, der liebende, zur richtigen Zeit versorgende Vater, der nie zu spät kommt, dem alles möglich und untertan ist. Das ist alles, was Du jetzt wissen musst!"

601.) Jesus hat am Kreuz das Problem mit dem Tod gelöst!
Jesus solved the problem of death!

602.) Die Erde ist voll der Güte und Gnade des Herrn! – In diesem Bewusstsein leben.

603.) Transformation means – coming in line with God´s principles.

604.) Täglich proklamieren: "Jesus liebt mich! Ich liebe Jesus! Was brauchte ich mehr?"
(dazu: Psalm 73,24+25).

605.) You choose: Love it, leave it or change it!

606.) Danken schützt vor Wanken; Loben zieht nach oben!

607.) „Sorge dich nicht darum, ob andere dich so sehen, wie du wirklich bist; sorge dich nur
darum, dass du andere erkennst, wie sie wirklich sind, und dass du mich (Gott) in
ihnen erkennst.
Wenn du dich darum sorgst, wie andere dich sehen, verlierst du deine Autorität.
Wenn die Autorität zu deinem Ziel wird, wirst du die wahre Autorität verlieren."
Aus: Rick Joyner, Der Ruf, S. 141.

608.) „Du darfst nicht versuchen nach der Frucht zu urteilen, die du auf Erden siehst,
sondern du sollst deine Aufgaben erledigen, weil es richtig ist. Dein Ruf soll weniger
sein, Frucht zu bringen, als vielmehr den Herrn zu kennen. Wenn du ihn suchst, wirst
du ihn finden. Er ist immer nahe denen, die sich ihm nahen. Viele wollen seine
Gegenwart, nähern sich ihm aber nicht. Du musst mehr als nur ihn zu wollen.
Du musst ihn suchen. Das ist Teil deiner Berufung.
Eine höhere Bestimmung gibt es nicht. Dein Sieg wird daran gemessen werden, wie
sehr du Gott gesucht hast. Du wirst ihm immer so nahe sein, wie du möchtest.
Dein Sieg im Leben wird deiner Sehnsucht nach ihm entsprechen."
Aus Rick Joyner, Der Ruf, S.151.

609.) „Dem Demütigen ist nichts peinlich. Wenn dir etwas peinlich wird, fängst du an, stolz
zu werden. Lass dir deine Verlegenheit eine Warnung sein, dass du von der Weisheit
weggelaufen bist.
Nimm jede Gelegenheit wahr, dich demütigen zu lassen; dann werde ich dir mehr
Autorität anvertrauen können." Aus Rick Joyner, Der Ruf, S.155.

610.) Denn wer sich erhöht, der soll erniedrigt werden, und wer sich erniedrigt, der soll
erhöht werden.

611.) „Schau auf zu Gott: Stress ist immer ein Alarmzeichen, dass du deinen Fokus von
Gott weggenommen hast und von deinem begrenzten Standpunkt aus auf deine
Probleme schaust.
Wir nehmen uns selbst zu ernst und Gott nicht ernst genug." Rick Warren

612.) „Das Herz hat seine Gründe, von denen der Verstand nichts weiß." Blaise Pascal

613.) „Gott lieben, das heißt, sich an ihm freuen, gerne an ihn denken, gerne zu ihm beten."
Dietrich Bonhoeffer

614.) Das „Von-selbst-Prinzip": Letztlich kommt alles auf Gottes Zutun an – er schenkt das
Wachstum, die Versorgung, alles, was wir zum Leben brauchen. Die wirklich
entscheidenden Dinge kommen direkt von ihm. Wir sind lediglich die
Verwalter/Manager/Verteiler dessen, was er uns vor die Füße legt.
Deshalb müsste es eigentlich das „Von-Gott-Prinzip" heißen.
Auch für den Gemeindebau.

615.) Mein Lebensziel: „Ich möchte meinem Vater im Himmel gefallen!" -
„I want to please my father in heaven!"

616.) Fünf grundlegende Erfolgsprinzipien, die man überall beobachten kann, wo Menschen besondere Leistungen erbringen:

   1. Sie haben eine klare Vorstellung davon, wozu sie berufen sind.

   2. Sie lassen sich nicht von ihrer Berufung ablenken.

   3. Sie sind weise genug, sich alle nötigen Kenntnisse und Ressourcen anzueignen, die sie brauchen, und scheuen dabei auch keine Mühe.

   4. Sie geben sich nicht mit problemorientierten Menschen ab, sondern suchen Kontakt zu lösungsorientierten Menschen.

   5. Sie lassen sich durch äußere Hindernisse und Widerstände vonseiten anderer nicht aufhalten. Sie bleiben unbeirrt auf Kurs und verlieren das Ziel nicht aus den Augen, auch wenn sie dabei Rückschläge und Enttäuschungen wegstecken müssen.
   (aus Rick Joyner „Den Geist der Armut überwinden")

617.) Albert Einstein: When the solution is simple – God is speaking!

618.) „Habe deine Lust am Herrn!" – Wir sollen unsere Lust am Herrn haben – nicht primär an unseren Gebetserhörungen. Deshalb gibt es im Leben der Gläubigen noch Schwierigkeiten.

619.) „Glauben heißt, auf der Ebene einer Vertrauens- und Liebesbeziehung das von Jesus zu beanspruchen, was wir zuvor genau erkannt und bewertet haben, es gehört uns, es steht uns zum Segen und zum Genuss zur Verfügung und es wird uns nur als Geschenk, also im Sinne der Gnade zuteil und kann nicht verdient werden."
Wolfhard Margies

620.) „Surfing on the edges of Chaos" beschreibt oft der Normalzustand eines Christen. Hier sind wir total abhängig von Gott. Hier pulsiert das Leben. Hier ist es möglich die Weichen zu stellen.

621.) „Fleiß" heißt, dass man in Ruhe und souveräner Gelassenheit einzelne Handlungsschritte ohne Angst und Hektik und Stress vollzieht. (Wolfhard Margies)

622.) „Was würdest du tun, wenn du keine Angst hättest?"

623.) Zu viele Menschen versuchen den Willen Gottes für ihr Leben zu erfahren, indem sie die falschen Fragen stellen: Was soll ich tun? Wohin soll ich gehen? Diese Fragen haben allesamt ihre Berechtigung, doch die wichtigste Frage muss ihnen vorranggestellt werden: „Gott, wirst Du mir deine Herrlichkeit zeigen?" Dann findet sich der Wille Gottes auf ganz natürliche Weise: wenn wir seine Herrlichkeit sehen, sie schmecken und uns ihr ausliefern. (Floyd McClung)

624.) Gott wird die Erde mit seiner Güte, Freundlichkeit und Schönheit erfüllen, damit sie voll der Anbetung seines Sohnes werde. Das tiefste Sehnen des menschlichen Herzens und die tiefste Bedeutung von Himmel und Erde in dem einen Begriff zusammengefasst sind: die Herrlichkeit Gottes. (Floyd McClung).

625.) „Versuchen Sie nicht, die Gemeinde zu reparieren."
„Neue Wege, Gemeinde zu leben, werden auf den Knien geboren, aus der Verzweiflung vor Gott."
„Gott leidenschaftlich zu lieben heißt, zu lieben, was und wen er liebt."
„Ich habe erkannt, dass ich mich nicht von Menschen eingrenzen lassen darf, die meinen Traum von der Berufung der Gemeinde nicht teilen." Floyd McClung

626.) Die beiden Haupthindernisse zur geistlichen Gesundung in der Seelsorge sind Unversöhnlichkeit und Stolz. Es geht dabei in erste Linie um Haltungssünden, nicht Tatsünden. Z.B. muss ein Depressiver auch um Vergebung für seine Reaktion auf die Verletzung bitten (Flucht, Abschottung, übermäßige Anstrengung, Stolz). Es gilt in der Seelsorge der Grundsatz: Die Reaktion auf die Verletzung macht krank! (Margies)

627.) Dürfen Frauen leiten? Dürfen sie pastorale oder apostolische Dienste führen? In dieser Frage muss man deutlich zwischen der Leitungsfrage und der Autoritätsfrage unterscheiden. Meine Meinung: Ja, sie darf leiten, aber sie soll keine letzte Autorität über Männer ausüben.

628.) Anstatt die Kirche im Dorf zu lassen, sollten wir die Gemeinde Jesu ins Zentrum rücken.

629.) I need a prophetic business advice.

630.) Gottes Liebe zu mir ist umfassend und bedingungslos. Seine Gnade erhalte ich täglich unverdienterweise. Sein Segen ist jedoch immer an Bedingungen geknüpft (Wenn ihr das tut, dann …).

631.) Die drei Stufen beim Umgang mit Prophetien: 1. Relevation, 2. Interpretation, 3. Application.

632.) „Nicht wie viel wir haben, macht uns glücklich, sondern wie sehr wir es genießen." C.H. Spurgeon

633.) Was ist Erwachsensein? Reife.
Was ist Reife?
Leben ohne Furcht.
Wie fürchtet man sich nicht?
Indem man ein Kind wird, das sich keine Sorgen macht.
Und wie werde ich ein Kind?
Indem du im Zelt der Begegnung erkennst, dass du eines bist.
(Frank Krause in seinen Buch „Hirtenherz", Seite 87)

634.) Die begleitenden Zeichen und Wunder waren die Kraft des Christentums in den ersten beiden Jahrhunderten.

635.) Lebensprinzip:
Täglich zum Thron der Gnade kommen – und Gnade empfangen, damit wir leben können:
„Darum lasst uns hinzutreten mit Zuversicht zu dem Thron der Gnade, damit wir Barmherzigkeit empfangen und Gnade finden zu der Zeit, wenn wir Hilfe nötig haben." (Eph. 4,16)

636.) „Gesegnet ist der Mann, der auf den HERRN vertraut und dessen Zuversicht der HERR geworden ist!" (Jer 17,7)

637.) Beantworte bei einem Interview nicht die Frage, die dir gestellt wurde, sondern die Frage, die du beantwortet haben möchtest.

638.) Bei allen Problemen im Leben auf die Barmherzigkeit Gottes vertrauen und sie proklamieren.
Nur dadurch werde ich überleben.

639.) „Don´t crack under pressure! – Redirect it!" Stress auf den Herrn umleiten: „Sorget nicht!".
(Epheser 2,4);

Heb. 4,16: „Darum lasst uns hinzutreten mit Zuversicht zu dem Thron der Gnade, damit wir Barmherzigkeit empfangen und Gnade finden zu der Zeit, wenn wir Hilfe nötig haben."

640.) Das Gegenteil von Faulheit ist nicht Anstrengung, sondern Fleiß. Fleiß ist das Bemühen, in vielen kleinen und möglichen Schritten in Zusammenwirkung mit dem Heiligen Geist und der Abhängigkeit vom Herrn voranzukommen. Der Fleißige braucht ständig Gnade und bekommt sie kraft der Tatsache, dass er mit seinem Fleiß Demut ausdrückt. Er beweist seine Treue im Kleinen, tut das Nächstliegende, um keinem zur Last zu fallen und wartet auf die Barmherzigkeit Gottes und die Erhöhung durch ihn. (Wolfhard Margies)

641.) "Gewonnen und verloren wird zwischen den Ohren!"

642.) Probleme sind wie Wachstumshormone. Probleme sind Pro-bleme, sonst würde sie Anti-bleme heißen.

643.) Das gesunde Prinzip: Mehr Gott loben/anbeten, als für ihn tun!

644.) Bei beruflichen Schwierigkeiten ist das falsche Programm: Es muss härter und anstrengender werden! Richtig ist, sich zu fragen, wie es einfacher gehen kann, damit es besser wird!

645.) Nicht nur unseren Kindern sagen: „Das Wichtigste im Leben ist ein treuer Diener Jesu zu werden!".

646.) Druck ist eine Form von Angst.

647.) Drei Dinge blockieren uns: Angst, Gewohnheiten und Bequemlichkeiten.

648.) Um Phobien aufzulösen, muss man das machen, was die Angst auslöst.

649.) Es muss einfach gehen, sonst geht es einfach nicht.

650.) Man kann nicht immer der Erste sein, aber man kann immer 100% geben.

651.) Psychosomatische Krankheiten entstehen durch nicht getroffene Entscheidungen.

652.) Es gibt keine glücklichen Idioten!

653.) Geht nicht - gibt's nicht! Fast alles ist möglich.

Wir beschränken uns meistens durch unsere Programmierung.

Nicht die Talente entscheiden, sondern die Programmierung.

654.) Entweder ganz – oder gar nicht.

655.) Es geht um Leichtigkeit.

656.) Das Negative sehen die meisten Menschen zuerst. (Programmierung)

657.) Die Toilette – das Kreativzentrum.

658.) Wir sehen meist nur, was wir sehen wollen.

659.) Immer fragen: Was weiß ich? Und: Was vermute ich?

660.) Positive Gedanken bringen das Energiesystem nach oben.

661.) Die meisten Christen in den Gemeinden wissen noch nicht, wie sie die geistlichen Waffen gebrauchen sollen/können (Proklamationen, Gebet, Fürbitte, Fasten, …).

662.) „Vorbereiten" ist der Schlüssel für diese Zeit.

663.) Fast alle Christen, die nicht gelernt haben Buße zu tun, fallen in Stolz.
Die schlimmste Form des Stolzes ist zu denken, dass wir dem Herrn näher sein
können als andere.

664.) Ablehnung ist ein tödlicher Feind, weil sie eine grundlegende Täuschung ist.
Dein Gott wird dich niemals ablehnen.

665.) Der größte Schatz, den man finden kann, ist, seine Bestimmung und sein Ziel zu
finden und festzuhalten.

666.) Rick Joyner in seinem Buch „Der Weg": „Ich glaube, was mir am meisten geholfen
hat, war, mich selbst als mir selbst gestorben zu betrachten."

667.) „Ich wollte anfangs nicht sterben; aber als ich meinem eigenen Leben starb, fing ich
an richtig zu leben."

668.) „Wer täglich stirbt, lebt am intensivsten."

669.) „Wir legen unser Leben für ihn nieder, weil er es wert ist, so verehrt zu werden."

670.) „Eines der wichtigsten Ziele hier auf Erden ist, die großartigste Gemeinschaft
hervorzubringen, die wir auf Erden kennen: Koinonia."

671.) „Ich hatte bereits gelernt, dass, wenn jemand bezüglich einer klaren und
grundlegenden Wahrheit der Bibel einen solchen Schleier vor den Augen hat, er von
keinem noch so gutem Argument weggenommen werden kann, sondern allein durch
den Heiligen Geist."

672.) Bei Angriffen: Der Löwe in Dir ist größer als der, der dich angreift. Wir müssen lernen
dem Angreifer entgegenzutreten, sonst werden wir immer wieder weglaufen.
Wir werden die Wildnis nur überstehen, wenn wir den sehen, der in uns ist.

673.) Gott liebt es, sein Volk zu lehren.

674.) Unsere Aufgabe ist es, Jünger zu machen, nicht nur Bekehrte.

675.) Ihm zu gehorchen, bedeutet fast immer, ein Risiko einzugehen und eigene Interessen
hintenan zu stellen. Wir sollen danach streben, die Belange Jesu zu suchen.

676.) Angriffe des Feindes sind ein Ausdruck seiner Verzweiflung.

677.) Die größte Tür für Angriffe ist Uneinigkeit.

678.) Die drei größten Bedrohungen für den Feind:

- Die Stimme Gottes zu kennen,

- ihm zu gehorchen und

- in seiner Gegenwart zu bleiben.

679.) Es gibt keinen sichereren Ort als in Seinem Willen zu sein.

680.) Die großartigste Entdeckung, die ein Mensch je machen kann, ist Gott zu kennen.

681.) Alex Haley: „Wenn ein alter Mensch stirbt, ist es, als würde eine Bücherei
niederbrennen."

682.) „Gott gibt den Demütigen Gnade und die Gnade Gottes ist der kostbarste aller
Schätze."

683.) „Wir nähern uns der Zeit, in der die Demütigen die Erde besitzen werden. Sie werden
es tun, weil sie in der Gnade Gottes leben. Deshalb sind auch die Größten im Reich

Gottes die Demütigsten."

684.) „Es darf nicht unser Ziel sein, Leute einfach dazu zu bringen, das Richtige zu tun, sondern wir müssen sie dahin führen, dem König zu folgen und das Richtige zu tun, weil es in ihrem Herzen ist."

685.) Die Wahrheit ist eine Person.

686.) Das Leben dreht sich um Jesus.

687.) Die Hauptfallen für die, die in großer Kraft leben, sind, zuzulassen, dass Depression oder Arroganz uns übermannen.

688.) „Es ist ein Prinzip, dass zwischen dem Ort, an dem du eine Verheißung von Gott empfängst, und dem Ort der Erfüllung dieser Verheißung immer eine Wildnis liegt."

689.) Leben in Fülle bedeutet nicht, dass alles gut und leicht läuft, sondern dass es viel Leben gibt.

690.) „Wir müssen alle unsere Entscheidungen nach den Belangen des Reiches Gottes ausrichten und das Reich Gottes an die erste Stelle setzen, sonst werden wir von richtigen Weg abkommen.
Das ist das wichtigste Prinzip, wenn wir uns zwischenzwei Wegen entscheiden müssen.

691.) Ein weiteres Prinzip ist, dass wir nicht zurücksehen dürfen.

692.) Die größte Belohnung ist, die wir je erhalten können, ist, Ihm nahe zu sein.

693.) Johann Amos Comenius sagte einmal, dass die Natur das zweite Buch Gottes ist.

694.) Dies ist eines der wirksamsten Prinzipien der indonesischen Erweckung (1965):
Der schlichte Glaube, der genau herausfinden will, was Gott in dieser Situation tun möchte, und ihm dann durch schlichten Gehorsam die Freiheit zu geben, es zu tun.

695.) Die Leidenschaft für Jesus wird befeuert durch das Holz der Erkenntnis. (Unbekannt)

696.) „Fokus" ist der neue IQ.

697.) Meine vermeintlich guten Ideen, was für das Reich Gottes gut sei, führen oft zu Frustrationen. (Eifer ohne Erleuchtung). Elia tat das, was Gott ihm tatsächlich gesagt hatte – 1. Kö. 18,36)

698.) „Der Mensch wird am DU zum ICH. Alles wirkliche Leben ist Begegnung."
(Martin Buber)

699.) „Grace is not a license to sin! It is the way to set us free from it!" Todd White

700.) Der Unterschied zwischen Fakten und der Wahrheit: Bei Krankheit – Faktum ist z.B., dass ich Schmerzen habe. Die Wahrheit ist, dass Jesus für meine Krankheit gestorben ist (Jesaja 53).
Bei finanziellen Nöten: Faktum ist z.B., dass ich unbezahlte Rechnungen habe.
Die Wahrheit ist, dass Jesus für allen materiellen Mangel am Kreuz gestorben ist (2. Kor. 8,9).

Die wirksamste Waffe zur Lösung von Problemen ist, den Nöten die Wahrheit in Form des ausgesprochenen Worte Gottes (eine passende Verheißung) mit Glauben und Dankbarkeit entgegensetzen.

701.) Sprüche 15,15:
… ein Frohmütiger hat immerdar Festmahl. (Schlachter)

… ein fröhliches Herz hat ein ständiges Festmahl. (Elberfelder)

… ein guter Mut ist ein tägliches Fest. (Luther)

702.) „Wenn unser Einsatz für Gott kein Risiko enthält, dann ist auch kein Glaube nötig." Hudson Taylor

703.) „Das ist meine Freude, dass ich mich zu Gott halte." Ps. 73,28

704.) „Es ist ein köstlich Ding geduldig zu sein und auf die Hilfe des Herrn zu hoffen." (Klagelieder 3,26)

705.) Bei Problemen: Solange wir uns auf die Probleme fokussieren, sind wir wie gelähmt. Wenn wir trotz der vorhandenen Probleme auf Jesus schauen, auf sein Wesen und seine Verheißungen, kommen wir zur innerlich zur Ruhe – trotz der Stürme um uns herum.
Der Blickwinkel ist entscheidend, dies ist der Lösungsansatz.

706.) Kraftvolles Gebet = Beten mit der Bibel! Aussagen der Bibel (z.B. Verheißungen) in der Ich-Form formulieren, auf die jeweilige Situation beziehen und betend laut aussprechen.

707.) John Piper über Jonathan Edwards (1703 -1758):
„Das Größte, das ich von Edwards gelernt habe, ist, wie ich meine, dass Gott nicht dadurch am meisten verherrlicht wird, dass man ihn kennt oder ihm pflichtbewusst gehorcht.
Gott wird am meisten verherrlicht, indem man sich an ihm erfreut."

708.) Ein Schritt in die richtige Richtung ist noch nicht der richtige Schritt!
(z.B. „Ev. Allianz" in „Jesus Allianz" ändern)

709.) Lebensmotto: „Seid alle Zeit fröhlich! Betet ohne Unterlass! Seid dankbar in allen Dingen, denn das ist der Wille Gottes für euch in Christus Jesus!" 1. Thess.5,16f

710.) „Das ultimative Ziel des Universums ist die Gemeinde!" Paul E. Billheimer

711.) „Don´t pray for things God can do. Pray for things you believe God can do."
David Pawson

712.) Das kürzeste und wirkungsvollste Gebet: "Jesus hilf!".

713.) „Glaube besteht nicht so sehr darin, mit Wundern zu rechnen, sondern zu wissen, dass man Gottes Stimme richtig gehört hat" Charles und Frances Hunter

714.) „Gelassenheit verhindert große Sünden" Prediger 10,4

715.) „Mission bedeutet herauszufinden, was Gott gerade tut und sich daran zu beteiligen." Rowan Williams, Erzbischof von Canterbury

716.) „Was möchte der Heilige Geist jetzt durch mich tun?"

„Was möchte Gott jetzt durch mich tun?"

717.) „Vater, wie bekommen das Zeugnis Gottes/ die Herrlichkeit Gottes, die wunderwirkende Kraft Gottes in diesem Jahr in unsere Region?"

718.) Die Zersplitterung des Leibes Jesu in Denominationen ist das Ergebnis des Wirkens religiöser Geister.

719.) Die Frage bei Entscheidungen ist nicht primär: „Ist das der Wille Gottes?" – sondern:
Gott lässt uns einen relativ großen Entscheidungsspielraum. Wir sind Freunde Jesu. Wichtiger ist die Frage: „Entspricht die Entscheidung dem Herzschlag Gottes?".

Erfahrung: Das Geld folgt unseren Entscheidungen. (Daniel Wolf)
Dies gilt, solange wir im Willen Gottes uns bewegen.

720.) Beliebtsein ist oft nicht kompatibel mit der Wahrheit. (Joh.6,66-68)

721.) Gottes Antwort auf unser Gebet ist entweder „Ja", oder „Noch nicht", oder „Nein, denn ich habe etwas Besseres für Dich"!

722.) Wenn Du die Welt verändern willst, gehe erst dreimal um Dein eigenes Haus!

723.) Ich muss Gott mehr gehorchen als meinem Ehepartner, meinen Eltern, meinem Arbeitgeber.

724.) Jesus zu seinen Jüngern: „Euch ist es gegeben die Geheimnisse des Himmelreichs zu verstehen." (Mt. 13,11)
„… ich will Euch verkündigen, was von Grundlegung der Welt an verborgen war." (Vers 35)

Was für Schatz! Was für ein Vorrecht die Geheimisse zu kennen! Was für eine Verantwortung!

725.) Wenn wir die Herrlichkeit des Herrn anschauen, werden wir durch den Heiligen Geist in diese Herrlichkeit verwandelt!

„Wir alle spiegeln mit unverhülltem Angesicht die Herrlichkeit des Herrn wider und werden umgewandelt in dasselbe Bild, von Herrlichkeit zu Herrlichkeit, nämlich vom Geist Gottes." (2.Kor. 3,18)

726.) „Gut ist's, schweigend zu warten auf das Heil des Herrn." (Klagelieder 3,26)

727.) Über den verführerischen Einfluss des religiösen Geistes: „Menschen, denen ihre eigene Religion wichtiger ist als der Heiliger Geist, gehören zu den übelsten und böswilligsten Menschen überhaupt." Dr. Roberts Liardon

728.) Die zehn Stufen der Selbstreflektion:

„Wie geht es mir?"

1. Habe ich Frieden mit Gott?

2. Liebe ich Gott, meinen Nächsten und mich selbst?

3. Habe ich Schmerzen?

4. Habe ich heute genug zu essen und zu trinken?

5. Friere ich? Habe ich genug warme und saubere Kleidung und eine trockene, warme Behausung?

6. Habe ich Frieden mit meinen Mitmenschen? (Lebe ich in Vergebung?)

7. Geht es meinem Ehepartner und meinen Kindern gut?

8. Bin ich zur richtigen Zeit am richtigen Ort, tue ich das Richtige und weiß ich, dass Gott mit mir ist?

9. Kenne ich meine – mir von Gott gegebene - Bestimmung?

10. Komme ich heute der Erfüllung Seiner Vision für mein Leben ein Stück näher?

729.) The bottom line of the Middle East conflict is the spirituell battle for Jerusalem; in Jerusalem, it is the spirirtuell battle for the Temple Mount; and on the Temple Mount,

the spirituell battle is who will reign and who will be worshipped on God´s „holy hill".
Rick Ridings

730.) Mein bester Freund ist Jude. Jesus.

731.) Die Zerrissenheit des Leibes Jesu in Denominationen ist dem Herrn ein Gräuel!
Sie ist keineswegs eine „Einheit in Vielfalt".
Im ganzen Neuen Testament gibt es immer nur eine Gemeinde pro Stadt.

732.) Zur Aufdeckung meiner Handlungsmotivation: Wem will ich gefallen?
(Warum tue ich eigentlich was ich tue?)

733.) Nicht was ich sehe oder höre, sondern was ich glaube bestimmt mein Handeln!
Smith Wigglesworth

734.) Ein guter Mut ist ein tägliches Fest. (Sprüche 15,15 – Luth. 84)

735.) Ein gelassenes Herz ist des Leibes Leben. (Sprüche 15,15 – Schlachter)

736.) Die Freude am Herrn ist meine Kraft. (Neh. 8,10; Phil. 3,1 und Ps. 118,23)

737.) „Der Heiland soll uns aus den Augen heraus funkeln, dass man´s sehe, dass er in
uns lebt."
Graf Nikolaus Ludwig von Zinsendorf

738.) Oswald Chambers: „Triff nie eine Entscheidung im Blick auf das Böse!"
(Das Böse wahrzunehmen heißt noch nicht, dass es Gottes Willen für mich ist, aktiv
zu werden.)

739.) Gott hat mich nicht dazu bestimmt Opfer zu bringen. Er hat mich zum Gehorsam
berufen.
Bei Nöten soll ich Ihn fragen, ob und wie ich helfen soll.

740.) Ein gutaussehender Mensch ist ein besonderes Kunstwerk Gottes.

741.) Einstein said that when the solution is simple, God is speaking.

742.) Die Anzahl der Christen wuchs in den 200 Jahren zwischen dem Jahr 100 n.Chr. und
dem Jahr 300 n.Ch. von 25.000 auf bis zu 20 Millionen. Wie haben sie das getan?
(Ohne Kirchengebäude, Klerus, Landes- und Freikirchliche Strukturen – etwa genau
deshalb?)
(Quelle: Alan Hirsch, The Forgotten Ways, Seite 18ff)

741.) „Jesus did not come to develop, but to disciple nations." Wolfgang Simson

742.) „Die Zukunft ist so strahlend wie die Verheißungen Gottes!" Adoniram Judson

Die Basis-Richtlinien für ein erfolgreiches Leben:

Die 10 - Gebote (2.Mose 20,1-17)

1 Und Gott redete alle diese Worte und sprach:

2 Ich bin der HERR, dein Gott, der ich dich aus dem Land Ägypten, aus dem Sklavenhaus
herausgeführt habe.

3 Du sollst keine andern Götter haben neben mir. -

4 Du sollst dir kein Götterbild machen, auch keinerlei Abbild dessen, was oben im Himmel oder was unten auf der Erde oder was in den Wassern unter der Erde ist.

5 Du sollst dich vor ihnen nicht niederwerfen und ihnen nicht dienen. Denn ich, der HERR, dein Gott, bin ein eifersüchtiger Gott, der die Schuld der Väter heimsucht an den Kindern, an der dritten und vierten ‹Generation› von denen, die mich hassen,

6 der aber Gnade erweist an Tausenden ‹von Generationen› von denen, die mich lieben und meine Gebote halten. -

7 Du sollst den Namen des HERRN, deines Gottes, nicht zu Nichtigem aussprechen, denn der HERR wird den nicht ungestraft lassen, der seinen Namen zu Nichtigem ausspricht.

8 Denke an den Sabbattag, um ihn heilig zu halten.

9 Sechs Tage sollst du arbeiten und all deine Arbeit tun,

10 aber der siebte Tag ist Sabbat für den HERRN, deinen Gott. Du sollst ‹an ihm› keinerlei Arbeit tun, du und dein Sohn und deine Tochter, dein Knecht und deine Magd und dein Vieh und der Fremde bei dir, der innerhalb deiner Tore ‹wohnt›.

11 Denn in sechs Tagen hat der HERR den Himmel und die Erde gemacht, das Meer und alles, was in ihnen ist, und er ruhte am siebten Tag; darum segnete der HERR den Sabbattag und heiligte ihn.

12 Ehre deinen Vater und deine Mutter, damit deine Tage lange währen in dem Land, das der HERR, dein Gott, dir gibt. -

13 Du sollst nicht töten. -

14 Du sollst nicht ehebrechen. -

15 Du sollst nicht stehlen. -

16 Du sollst gegen deinen Nächsten nicht als falscher Zeuge aussagen. -

17 Du sollst nicht das Haus deines Nächsten begehren. Du sollst nicht begehren die Frau deines Nächsten, noch seinen Knecht, noch seine Magd, weder sein Rind noch seinen Esel, noch irgend etwas, was deinem Nächsten ‹gehört›.

Aktuelles unter

www.Jüngerschaft.net

und

www.Jesus-in-Nümbrecht.de